W0034977

Martin Gilbert
Auschwitz und die Alliierten

MARTIN GILBERT

Auschwitz und die Alliierten

VERLAG C.H.BECK MÜNCHEN

Aus dem Englischen übersetzt von Karl Heinz Siber, München
Der Übersetzung liegt folgende Ausgabe zugrunde:
Martin Gilbert, Auschwitz and the Allies
© Martin Gilbert, 1981
Lizenzausgabe mit freundlicher Genehmigung von
George Rainbird Ltd., London

Mit 19 Karten im Text
und 34 Abbildungen auf Tafeln

CIP-Kurztitelaufnahme der Deutschen Bibliothek

Gilbert, Martin:
Auschwitz und die Alliierten / Martin Gilbert. [Aus d.
Engl. übers. von Karl Heinz Siber]. – München : Beck, 1982
  Einheitssacht.: Auschwitz and the Allies ‹dt.›
  ISBN 3 406 08707 8

ISBN 3 406 08707 8

Für die deutsche Ausgabe:
© C. H. Beck'sche Verlagsbuchhandlung (Oscar Beck), München 1982
Satz und Druck: Georg Appl, Wemding
Printed in Germany

Inhalt

Dritter Teil
Das Geheimnis Auschwitz wird gelüftet

Vierter Teil
Anhang

Vorwort

Ich habe in diesem Buch darzustellen versucht, wie und wann die Alliierten von der Ausrottung der Juden durch die Nazis erfuhren und wie sie hierauf reagierten. In diesem Sinne habe ich meine Aufmerksamkeit vor allem jenen Berichten über NS-Greuel gewidmet, die noch vor Kriegsende in den Westen gelangten, und bin der Frage nachgegangen, wie die Alliierten auf diese Berichte reagiert haben. Dieses Buch erzählt somit nicht die Geschichte der Leiden der europäischen Juden, sondern summiert die Fakten der Ausrottungspolitik, zeichnet den Weg der in den Westen durchsickernden Informationen nach und berichtet über die Reaktion der Alliierten auf diese Informationen; die Darstellung setzt im Frühsommer 1942 ein, als in London und Washington eine Reihe eindeutiger, aber unvollständiger Berichte eintraf.

Um die Diskrepanz zwischen dem, was zu einem bestimmten Zeitpunkt im Westen bekannt war, und dem, was in Wirklichkeit vor sich ging, deutlich zu machen, habe ich die „statistischen" Daten zu den wesentlichen Deportationen, Massakern und Vergasungen jeweils an passender Stelle eingeflochten und dabei jedes Mal darauf hingewiesen, ob die Alliierten von dem betreffenden Vorgang Kenntnis hatten.

Spätestens im Juli 1944 wußten die Alliierten sowohl über die geographische Lage als auch über die Funktion des Vernichtungslagers Auschwitz Bescheid und kannten auch die Methode, mit der die aus ganz Europa nach Auschwitz deportierten Juden dort getötet wurden. Zwei junge Juden, die aus Auschwitz-Birkenau entflohen waren, hatten über diese Dinge berichtet. Im gleichen Monat gelangten die Alliierten auch in den Besitz einer langen und eingehenden Schilderung des täglichen Lebens im Lager Auschwitz, aus der deutlich hervorging, welche Grauen dieser Lageralltag bereithielt. Diesen Bericht hatte ein polnischer Major, ein Nichtjude, in den Westen gebracht, dem ebenfalls die Flucht aus dem Lager geglückt war.

Das Anliegen dieses Buches ist es, zu zeigen, wie die Alliierten auf jedes neue Stückchen Information reagierten, das zu ihrer Kenntnis gelangte. Im Verlauf der Darstellung beginnt man allmählich zu begreifen, wie es möglich war, daß die scheußlichsten Verbrechen begangen werden konnten, ohne daß ein nennenswerter Versuch gemacht worden wäre, dem entgegenzutreten.

Für dieses Unterbleiben von tatkräftigen Gegenmaßnahmen gab es viele Gründe. Anfänglich wußten die Alliierten kaum etwas von den Verbrechen. Häufig erfuhren sie von bestimmten Massentötungen erst nach langer Zeit. Dazu kam, daß der Zeitraum, innerhalb dessen die Tatsachen erstmals in einiger Ausführlichkeit bekannt wurden – und innerhalb dessen die Judenvernichtung ihren Höhepunkt erreichte –, mit der Periode der ausgeprägtesten militärischen

Überlegenheit der Deutschen und entsprechend der ausgeprägtesten militärischen Schwäche der Alliierten zusammenfiel. Ferner betrieben die Deutschen ganz bewußt, und häufig mit Erfolg, eine Politik der Verharmlosung und Täuschung. Als der Schleier dieser Täuschungen 1944 jedoch riß und eine Reihe authentischer Berichte über fortgesetzte NS-Greuel den Westen erreichte, da waren es nicht mehr die Täuschungsmanöver der Deutschen, sondern die Skepsis und Ungläubigkeit der Alliierten, die, zusammen mit politischen Interessen, Erwägungen und auch Vorurteilen, ein wirkungsvolles Handeln verhinderten.

9. Januar 1981   *Martin Gilbert*
                                          Merton College, Oxford

Vorwort zur deutschen Ausgabe

Die Ermordung von sechs Millionen europäischen Juden während des Zweiten Weltkriegs wird in diesem Buch im Zeichen der Fragestellung untersucht, was die alliierten Mächte zu welchem Zeitpunkt wußten, wie sie es erfuhren und wie sie darauf reagierten. Bei manchen Gelegenheiten reagierten sie durchaus schnell und heftig, wie im Dezember 1942, als sie in einer öffentlichen Erklärung die „bestialischen Verbrechen" der Nazis brandmarkten. Bei anderen Gelegenheiten hatten sie es weit weniger eilig, auf polnische oder jüdische Anregungen und Forderungen einzugehen, Forderungen nach Vergeltungsmaßnahmen, nach Zufluchtsmöglichkeiten für Verfolgte oder, im Spätsommer 1944, nach dem Einsatz alliierter Luftstreitkräfte, und wäre es nur als Geste.

Die Darstellung folgt der chronologischen Reihenfolge der Vorgänge und dokumentiert diese mit Zitaten aus authentischen Quellen; dabei gilt das besondere Augenmerk stets den drei Fragen: Was war bekannt? Ab wann? Wie wurde reagiert?

Das vielleicht überraschendste Ergebnis meiner Nachforschungen war die Erkenntnis, daß, während die Vernichtungslager Chelmno, Belzec, Treblinka, Sobibór und Majdanek spätestens Ende 1942 namentlich bekannt und geographisch lokalisiert waren, die größte aller Richtstätten, die sogenannte „Todesfabrik" Auschwitz-Birkenau, ihr Geheimnis bis zum Sommer 1944 bewahren konnte. Bruchstückhafte Hinweise darauf, daß der Bestimmungsort der meisten der zahllosen Deportationszüge aus allen Teilen Europas Auschwitz hieß, gelangten zwar schon früher in den Westen, wurden jedoch übersehen. Für die Beobachter im Westen blieb der Bestimmungsort von hunderttausenden jüdischen Deportierten zwischen März 1942, als die ersten Deportierten aus Frankreich und der Slowakei in Auschwitz eintrafen, und Juni 1944, als der Westen in unmißverständlicher Weise mit der Tatsache konfrontiert wurde, daß in diesem einen „Lager" bereits 1 700 000 Menschen vergast worden oder anderweitig ums Leben gekommen waren, de facto im dunkeln. Lesern, die sich speziell für diesen Aspekt interessieren, empfehle ich, im Sachregister unter den Stichwörtern *Auschwitz, unbekannt oder nicht erwähnt, Auschwitz, erwähnt, aber ohne Folgen* und *mit „unbekanntem Ziel"* bzw. *mit „unbekanntem Bestimmungsort"* nachzusehen.

Es ist mir ein persönliches Anliegen, Hermann Langbein meinen ganz besonderen Dank dafür auszusprechen, daß er, der selbst als Häftling in Auschwitz war, den Text durchgesehen und Anregungen eingebracht hat, wo ihm dies aufgrund seiner eigenen Erfahrungen möglich war. Wahrscheinlich kann niemand, der nicht selbst als Gefangener in einem Konzentrationslager war, die Atmosphäre des Terrors, die dort herrschte, anschaulich schildern; um so wichtiger ist es, daß Hermann Langbein und andere, die es miterlebt haben, durch ihre eige-

nen Veröffentlichungen und dadurch, daß sie denen, die nicht dabei waren, ihr
Wissen zur Verfügung stellen, dazu beitragen, daß der Nachwelt ein möglichst
vollständiges Bild von der Realität in den Vernichtungslagern erhalten bleibt.
Anderen, die mir in dieser und anderer Beziehung geholfen haben, habe ich meinen Dank an anderer Stelle ausgesprochen (s. „Danksagung", S. 459–462); besonders erwähnen möchte ich hingegen einen anderen Nichtjuden, der wie Hermann Langbein Auschwitz-Häftling war und der zu entkommen vermochte,
nachdem er in Birkenau Zeuge der Massenvergasungen geworden war, denen in
der Hauptsache Juden, daneben aber auch Polen, Zigeuner und Angehörige anderer Volksgruppen oder Gemeinschaften zum Opfer fielen. Dieser Auschwitz-
Flüchtling, der im Buch (und im Personenregister) als der „polnische Major" in
Erscheinung tritt, war in Wirklichkeit kein Major, sondern ein Medizinstudent,
der der polnischen Untergrundbewegung angehörte. Er lebt und arbeitet heute
als Kardiologe in Krakau. Seine Flucht aus Auschwitz im November 1943 ermöglichte die Abfassung des ersten Berichts über die Massenvernichtung von Juden
aus ganz Europa in Auschwitz-Birkenau, der in den Westen gelangte – allerdings erst sechs Monate später. Zusammen mit den Berichten der vier jüdischen
Auschwitz-Flüchtlinge, deren Geschichte in diesem Buch erzählt wird, öffnete
der Bericht des „polnischen Majors" dem Westen endlich – im Juni 1944 – die
Augen über den „unbekannten Bestimmungsort" der Transporte und über das
Erschütternde, das dort geschah.

Als die englische Ausgabe dieses Buchs im Januar 1981 erschien, war die Identität des „polnischen Majors" noch eines der ungelüfteten Geheimnisse der jüngeren Zeitgeschichte. Ein Jahr später ist das Rätsel um seine Person gelöst, die
Geschichte seiner Flucht in allen Einzelheiten bekannt. Dies zeigt wieder einmal,
daß der historische Erkenntnisprozeß niemals abgeschlossen ist. Doch jeder Historiker bringt ihn mit seiner Arbeit ein Stück weiter, und man kann als Historiker nur immer wieder an die Worte erinnern, die der britische Kirchengeschicht-
ler des 19. Jahrhunderts, Bischof Mandell Creighton, in seinen Grabstein mei-
ßeln ließ: „He tried to write true history."

2. Dezember 1981   *Martin Gilbert*
                                              Merton College, Oxford

Erster Teil

Die Endlösung

Einleitung

Hitlers Prophezeiung:
„Die Vernichtung der jüdischen Rasse in Europa"

Vom Ende des Ersten Weltkriegs bis zum Beginn des Zweiten hatte Adolf Hitler in Wort und Schrift ohne Unterlaß gegen die Juden gehetzt. In seinem Buch *Mein Kampf* und in seinen Reden hatte er den Juden als einen Schmarotzer, einen Bazillus und Vampir dargestellt, der allen Nationen das Blut aussauge und alles verderbe, was es im „arischen" und deutschen Leben an Edlem und Gesundem gab.

In *Mein Kampf* gab Hitler die Schuld an der deutschen Niederlage im Ersten Weltkrieg den „marxistischen Führern"; hätte man, so erklärte er, am Anfang und sogar noch im Verlauf des Krieges „einmal zwölf- oder fünfzehntausend dieser hebräischen Volksverderber ... unter Giftgas gehalten", dann wären die Millionen Toten an der Front „nicht vergeblich gewesen. Im Gegenteil", so fügte er hinzu, „zwölftausend Schurken zur rechten Zeit beseitigt, hätte vielleicht einer Million ordentlicher, für die Zukunft wertvoller Deutschen das Leben gerettet".[1]

Sogleich nach seiner Machtübernahme 1933 begann Hitler Gesetze zu erlassen, welche das deutsche Judentum nach und nach systematisch aller seiner bürgerlichen Rechte beraubten. Endgültig abgesprochen wurden den Juden diese Rechte durch die Nürnberger Gesetze von 1935. Parallel dazu trieb ein brutaler, unverhüllter, täglicher Antisemitismus mehr als 250 000 Juden, die Hälfte der jüdischen Bevölkerung Deutschlands, ins Exil. In allen deutschen Städten und Dörfern verkündeten Aufschriften und Schilder in aller Öffentlichkeit: „Der Jude ist unser Unglück", „Juden unerwünscht" und „Juda verrecke!".

Drohungen gegen die Juden gehörten zum täglichen agitatorischen Brot der Nazis, ebenso wie die Gewalttätigkeit, die ihren Höhepunkt im November 1938 mit der Zerstörung hunderter Synagogen erreichte. Und am 30. Januar 1939, sechs Jahre nach der nationalsozialistischen Machtergreifung, erklärte Hitler öffentlich, im Fall eines Krieges werde „das Ergebnis nicht die Bolschewisierung der Erde und damit der Sieg des Judentums sein, sondern die Vernichtung der jüdischen Rasse in Europa".[2]

Binnen weniger Wochen nach dem deutschen Einmarsch in Polen am 1. September 1939 waren in den Straßen von zwölf größeren polnischen Städten viele hundert Juden ermordet und weitere Tausende überall in den von Deutschland besetzten polnischen Gebieten entrechtet und brutal gefoltert worden. SS-Einsatzgruppen plünderten jüdische Geschäfte, verwüsteten die Häuser und

Wohnungen von Juden und zerstörten ihre Synagogen. Doch schien es, daß den zwei Millionen polnischen Juden, die sich nun unter deutscher Herrschaft befanden, ein noch weit schlimmeres Schicksal drohte: Am 16. Dezember 1939 veröffentlichte die *Times* einen Artikel unter der Überschrift: Steiniger Weg in die Ausrottung.

Dieser Artikel berichtete über die geplante Errichtung eines besonderen „Reststaats" auf dem von Deutschland besetzten polnischen Territorium, der als „Judenreservat" dienen sollte.

Nach Angabe der *Times* planten die Deutschen, mehr als eine Million Juden in diese „Konzentrationszone" zu deportieren. Diese Juden sollten aus allen Ländern kommen, die zu dieser Zeit unter deutscher Herrschaft standen: alle 180 000 Juden, die noch in Deutschland selbst lebten, alle 65 000 aus Österreich, alle 75 000 aus dem „Protektorat Böhmen und Mähren" sowie alle 450 000 Juden aus den jetzt von Deutschland annektierten westlichen polnischen Provinzen. Dazu kamen noch nahezu eineinhalb Millionen Juden aus dem übrigen Polen, die von ihrem bisherigen Wohnsitz vertrieben und ebenfalls in diesem abgegrenzten Gebiet angesiedelt werden sollten. Es sei „klar", so kommentierte die *Times*, daß mit diesem Plan das Ziel verfolgt werde, „eine Zone für die allmähliche Ausrottung der Juden und nicht etwa das zu schaffen, was die Deutschen als einen ‚Lebensraum' bezeichnen würden".

Weiterhin wurde in dem *Times*-Artikel die betreffende Zone als „die karge Gegend um Lublin" namhaft gemacht und auf einer beigefügten Karte umrissen. Das gesamte Projekt, so hieß es weiter, laufe auf ein „Massenmassaker hinaus, wie es sich eine Nazi-Phantasie ausmalen kann, wie es aber in der Praxis wohl selbst die Nazis nicht in voller Konsequenz durchführen können".

Die Deportationen in dieses „Lublinland" hatten bereits begonnen. Schon waren zehntausend Juden aus der tschechischen Stadt Mährisch-Ostrau mit Eisenbahnzügen dorthin befördert worden. Einer der Deportierten, dem die Flucht gelungen und der über Rußland nach Westeuropa gelangt war, hatte über diese frühe Judendeportation berichtet, und die *Times* hatte seine Geschichte in voller Länge gedruckt. Selbst Schwerkranke waren der Deportation nicht entgangen.[3]

Zur gleichen Zeit wurden Hunderttausende von Juden gezwungen, in den neuerrichteten Gettos der polnischen Städte zu bleiben, oder sie wurden in Arbeitslager an der russischen Grenze geschickt, um dort Festungsanlagen zu errichten; weitere Hunderttausende von Juden gerieten unter NS-Herrschaft, als die deutschen Heere im April 1940 Dänemark und Norwegen, im Juni 1940 Frankreich, Belgien, Holland und Luxemburg und im April 1941 Griechenland und Jugoslawien eroberten.

Der „Lublinland"-Plan war unterdessen fallengelassen worden; in Polen, Mitteleuropa und Westeuropa lebten zu diesem Zeitpunkt insgesamt an die drei Millionen Juden, sei es an ihrem hergebrachten Wohnort, sei es in den Gettos. Infolge der Politik der deutschen Besatzungsmacht wurden sie im Lauf des Jahres 1940 allmählich von ihrer gesellschaftlichen Umwelt, von der sie so lange ein Teil gewesen waren, isoliert. In einem Land nach dem anderen wurden sie gezwungen, den gelben Stern zu tragen, wurden aus den Schulen verwiesen, verloren das Recht, als Ärzte, Lehrer oder Anwälte tätig zu sein, und mußten die täglichen Entwürdigungen erleiden, die Vorurteil und Schadenfreude mit sich brachten.

Ein weiteres Attribut der Naziherrschaft war das Konzentrationslager; im Sommer 1941 gab es mehr als ein Dutzend solcher Lager sowie, über das Reich verstreut, Hunderte kleinerer Arbeits- und Internierungslager. Diese Lager waren voll mit deutschen Gegnern des NS-Regimes, mit Homosexuellen und anderen, die als Feinde der neuen Gesellschaftsordnung galten, mit polnischen Intellektuellen und politischen Gefangenen sowie, wenn auch in geringerem Ausmaß, mit Juden. Eine beispiellose Brutalität herrschte in diesen Lagern, in denen Todesfälle nach barbarischen Züchtigungen ein alltägliches Ereignis waren.

Am 3. Mai 1941 übersandte die polnische Exilregierung den Regierungen der alliierten und neutralen Mächte eine förmliche Note, in der geschildert wurde, wie „Zehntausende" polnischer Bürger in „Konzentrations- oder Internierungslager gesperrt" worden waren; vier dieser Lager wurden sodann namentlich genannt: „Oświęcim (Auschwitz), Oranienburg⁴, Mauthausen und Dachau", und sie wurden als Orte bezeichnet, deren Namen „die abscheulichsten Kapitel in den Chroniken deutscher Bestialität markieren werden".

Als Anhang waren der polnischen Note nahezu 200 Augenzeugenberichte über Mißhandlungen und Folterungen in mehreren Dutzend Konzentrations- und Internierungslagern beigefügt. Der Appendix 168 A war eine dreiseitige Zusammenfassung von „Zeugenaussagen und Berichten" über Auschwitz. Diese Zusammenfassung bezog sich auf Geschehnisse, die sich bis zum November 1940 in Auschwitz ereignet hatten, einem Zeitpunkt, zu dem die Mehrheit der dort gefangengehaltenen Personen noch aus nichtjüdischen Polen bestand. Es wurde darin beispielsweise geschildert, wie – als Vergeltung für die Ermordung zweier Wachmänner – „eine große Gruppe von Gefangenen auf ein Feld hinausgeführt wurde, den Befehl bekam, loszurennen, und von den Deutschen mit Maschinengewehren umgemäht wurde". Die Toten seien dann „im dortigen Krematorium verbrannt worden".

Ein andermal sei ein Mann, der zur Strafe für das „Verbrechen", eine doppelte Essensration ergattert zu haben, einen Schuß in den Magen bekommen hatte, bei lebendigem Leib in den Ofen des Krematoriums geworfen worden. Während eines verlängerten Appells seien einmal 86 Gefangene infolge von „Unterkühlung und Schlägen" gestorben.

Der Bericht über Auschwitz schloß mit einer Zusammenfassung; in ihr wurden zum ersten und einzigen Mal ausdrücklich die Juden erwähnt. Die Zusammenfassung lautete:

Ende November 1940 befanden sich in den Lagern von Oswiecim (Auschwitz) 8000 Polen. Theoretisch waren die Gefangenen in drei Gruppen gegliedert: 1. politische Gefangene; 2. Kriminelle; 3. Priester und Juden. Dieser letzten Gruppe wurde am stärksten zugesetzt. Kaum einer von ihnen kam lebendig heraus.

In den ersten Dezembertagen stellten die Warschauer Postämter mehrere hundert Todesanzeigen zu, die Lagerinsassen von Auschwitz betrafen. Allein im Warschauer Bezirk Zoliborz waren es 84 solche Anzeigen. Um den 20. Dezember herum wurden weitere 260 Todesanzeigen verschickt. Etwa 200 Leichen von Lagerinsassen werden im Krematorium jede Woche verbrannt.[5]

Obgleich Hitler 1941 schon acht Jahre lang gegen die Juden gewütet hatte, galt die Judenverfolgung den Rundfunkkommentatoren und Leitartiklern der alliierten Länder noch immer nicht als ein besonders wichtiges Propagandathema. In der Tat hatte das britische Informationsministerium in einer Weisung vom 25. Juli 1941 die politischen Publizisten Englands ermahnt, eine „zu extreme" Darstellung werde die Nazigefahr in den Augen des britischen Volkes weniger glaubhaft machen, weil Berichte über Konzentrationslager „den Normaldenkenden abstoßen". Ein bestimmtes Maß an Schrecken sei, so räumte der Rundbrief ein, notwendig, es müsse jedoch „sehr sparsam damit umgegangen werden, und stets im Zusammenhang mit Dingen, die unzweifelhaft unschuldigen Menschen angetan werden. Nicht aktiven politischen Widerstandskämpfern und nicht Juden".[6]

Allein, Hitlers Drohung, die Juden Europas zu „vernichten", war keineswegs bloß rhetorisch gewesen. Das einzige, was Hitler fehlte, war eine Gelegenheit, und diese Gelegenheit kam im Juni 1941, als die deutschen Armeen, die Westeuropa bereits unterworfen hatten, in die Sowjetunion einfielen. Von den allerersten Tagen des deutschen Einmarsches in Rußland an waren spezielle Tötungskommandos oder Einsatzgruppen im Gefolge der deutschen Truppen ostwärts gezogen; sie machten sich die Schrecken und Wirren des Kriegsgeschehens zunutze, um unter diesem Deckmantel Hunderttausende von Juden Stadt für Stadt und Dorf für Dorf zusammenzutreiben und an Ort und Stelle zu erschießen. Der systematische Massenmord an den Juden hatte begonnen.

Das Massaker an einer halben Million Juden in den neueroberten Regionen des westlichen Rußland und der baltischen Staaten stillte das Verlangen der Nazis nach der Ausrottung allen jüdischen Lebens in Europa noch nicht. Es regte sie vielmehr zu der Suche nach einer „Endlösung" an. Im Herbst 1941 waren in dem von Deutschland besetzten Jugoslawien Experimente zur Ermordung dort gefangengenommener Juden gemacht worden: Sie wurden in Lastwagen mit einem speziell abgedichteten Laderaum gesperrt und während der Fahrt mit den ins Innere geleiteten Auspuffgasen vergiftet.

Ein weiteres Experiment mit Nichtjuden war im September 1941 in Auschwitz durchgeführt worden; man hatte dort 600 sowjetische Kriegsgefangene und 250 Kranke – meist Polen – mit vorgehaltenen Gewehren in die Zellen des Bunkers (des Gefängnisses im KZ) getrieben und in diese dann Zyklon B hineingeworfen. Lange hatten ihre Schreie durch das Lager geklungen, aber bis zum Morgen waren sie alle tot, und andere Gefangene mußten die Leichen aus den Zellen ins Lagerkrematorium tragen.

Nachrichten über dieses letztere Experiment gelangten erst mehr als sechs Monate später in den Westen.

In Fortführung ihrer Versuchsreihe sonderte die Gestapo im November 1941 circa 1200 jüdische Arbeitssklaven aus, die sich zu diesem Zeitpunkt in dem auf deutschem Territorium gelegenen Konzentrationslager Buchenwald befanden, transportierte sie als „Geisteskranke" zur „Euthanasie"-Anstalt in Bernburg bei Berlin und vergaste sie in speziell für dieses Experiment hergerichteten Kammern. Ähnliche „Invaliden"-Transporte wurden aus anderen Konzentrationslagern ebenfalls in „Euthanasie"-Anstalten eingeliefert.

Mit der „erfolgreichen" Durchführung dieser verschiedenen Versuche war der NS-Führung der Weg zu einer praktikablen Methode der Ermordung Hunderttausender, ja Millionen von Menschen gewiesen, und gegen Ende 1941 zeichnete sich die Möglichkeit ab, einen systematischen und definitiven Vernichtungsplan zu entwerfen.

Im Spätherbst 1941, als der Krieg in sein drittes Jahr trat, lebten allein in den von Deutschland besetzten Teilen Polens noch zwei Millionen Juden. Dazu kamen kleinere, aber einst blühende jüdische Gemeinden in allen von Deutschland kontrollierten europäischen Ländern, so daß die Gesamtzahl der im direkten oder indirekten Herrschaftsbereich Deutschlands lebenden Juden mehr als vier Millionen betrug.

In Polen mußten die Juden seit Beginn des Krieges in abgesperrten, übervölkerten Gettos leben. Zwangsarbeit, Hunger und Krankheiten hatten unter ihnen bereits schrecklichen Tribut gefordert. Zur gleichen Zeit waren Zehntausende von Juden aus Deutschland und Österreich in diese östlichen Gettos deportiert worden. Im Lauf des Jahres 1941 starben im Getto von Lodz mehr als 15000 und im Warschauer Getto mehr als 40000 Juden als Folge einer vorsätzlichen deutschen Politik den Hungertod.

Diese Tatsachen waren den westlichen Alliierten nicht gänzlich unbekannt. Am 16. November 1941 führte der britische Botschafter in Schweden, Victor Mallet, ein langes Gespräch mit einem schwedischen Wirtschaftsunterhändler, der gerade aus Deutschland zurückgekehrt war. Der Schwede berichtete dem Engländer – der es seinerseits sofort nach London weitermeldete –, viele Deutschen fänden es „abscheulich, wie die Juden aus deutschen Städten nach Gettos in Polen deportiert werden". Das Los der Deportierten, so war dem Schweden berichtet worden, sei „ein schleichender Tod".[7]

Am 19. November, nur drei Tage nach dieser Zusammenkunft in Schweden, teilte ein Angehöriger der britischen Gesandtschaft in der Schweiz, David Kelly, den Inhalt eines Gesprächs mit, das er in Bern mit einem polnischen Diplomaten geführt hatte, der nunmehr im Dienst der in London residierenden polnischen Exilregierung tätig war; dieser hatte ihm berichtet, „daß ungefähr einundhalb Millionen Juden, die im (seit kurzem russisch besetzten) östlichen Polen gelebt haben, allesamt verschwunden sind; niemand weiß, wie oder wohin". Um die gleiche Zeit hatte der holländische Botschafter in Bern Kelly erzählt, „daß 50 Prozent der in die Lager deportierten holländischen Juden inzwischen tot sind".[8]

Am 22. November traf ein junger brasilianischer Diplomat, Carlos Buarque de

Macedo, damals Zweiter Sekretär bei der brasilianischen Botschaft in Berlin, zu einem achttägigen Besuch in der portugiesischen Hauptstadt Lissabon ein. Während dieses Besuchs sprachen er und seine Frau mit einem Angehörigen der britischen Botschaft in Lissabon, der sich ihre Äußerungen notierte und sie ans Auswärtige Amt in London weitergab. „Die Behandlung der Juden", berichtete der Brasilianer, „wird von Tag zu Tag widerwärtiger. Tausende werden auf offene Lastwagen gepfercht und ohne Verpflegung oder Wasser oder eine nächtliche Ruhepause nach Polen verfrachtet." Und weiter: „So schlimm ergeht es den Juden jetzt, daß sogar deutschfreundliche portugiesische Diplomaten so erschüttert sind, daß sie mitgeholfen haben, für sechs Juden, die Geld hatten, eine Heirat mit portugiesischen Staatsangehörigen zu arrangieren, um ihnen zu ermöglichen, Deutschland zu verlassen".[9]

Die außerhalb des deutschen Herrschaftsbereichs in Europa lebenden Juden hatten keinen Zugang zu diesen diplomatischen Berichten. Aber die zionistische Bewegung, einst eine so starke Kraft in Mittel- und Osteuropa, verfügte dafür über eigene „Horchposten" sowohl in der Schweiz als auch in der Türkei, die auf Schleichwegen immer wieder Informationen zugetragen erhielten. Der Jüdische Weltkongreß in Genf, eine Organisation, die kurz vor dem Krieg mit dem ausdrücklichen Ziel gegründet worden war, antijüdische Aktivitäten zu beobachten und zu registrieren, war ebenfalls eine Anlaufstelle für Informationen und Berichte. Und auch bei der *Jewish Agency for Palestine* in Jerusalem, der zionistischen Organisation, die die britische Regierung zwanzig Jahre zuvor als ihr Verbindungsglied zu den Juden in Palästina gegründet hatte, gingen fast wöchentlich Berichte aus der Schweiz und Istanbul ein.

Ein solcher Bericht wurde von Gerhart Riegner, dem Vertreter des Jüdischen Weltkongresses in Genf, mit Schreiben vom 27. Oktober 1941 an seine Direktoren in New York weitergeleitet. Er schilderte neue Deportationen aus Deutschland und der Tschechoslowakei nach Polen, die „Hölle der Deportation" und die schrecklichen Zustände in Polen selbst. „Ein Augenzeuge erzählte mir neulich", berichtete Riegner, „daß es im Warschauer Getto gegenwärtig 2000 Typhusfälle gibt..."

Riegner forderte dringend die Entsendung einer von neutralen Regierungen zu bildenden „humanitären Kommission" protestantischer Kirchenführer in die Gettos und Lager des Ostens, ferner Interventionen von protestantischer Seite beim Roten Kreuz sowie eine „feierliche Erklärung" der vielen in London residierenden Exilregierungen, in der alle von der deutschen Besatzungsmacht und ihren Kollaborateuren erlassenen antijüdischen Gesetze für „null und nichtig" erklärt würden.[10]

Einen Monat später, am 27. November, wurde ein zweiter Bericht aus Genf nach Instanbul und von da aus nach Jerusalem geschickt. In diesem weiteren Bericht ging es um Hitlers „neue Ordnung" in Europa. Die darin enthaltene Botschaft war kurz und bündig, aber bedeutungsschwer. „Was die Juden betrifft", so ließ man Jerusalem wissen, „so hat es den Anschein, daß ihnen im Europa Hitlers nirgendwo ein Platz zugedacht ist, und diejenigen, welche die Massaker, den Hunger und die Repression der Gettos lebend überstehen, sollen zweifellos irgendwohin übers Meer verschickt werden".[11]

Allein, in den Gestalt annehmenden Plänen der Nazis war gar nicht vorgesehen, daß auch nur ein Jude ihre Herrschaft überstand. Der hohe Tribut an Menschenleben, den die Gettos forderten, genügte den jetzt siegestrunkenen Nazis in Anbetracht ihres doppelten Triumphes – ihrer Todeskommandos im Osten und ihrer militärischen Vorherrschaft in ganz Europa – nicht mehr.

So hoch die Todesrate gegenwärtig war, so würde es unter diesen Umständen bis zum gänzlichen Aussterben beispielsweise der Warschauer Juden noch zehn Jahre dauern. Nun aber, da die deutschen Armeen vor den Toren Moskaus standen und die meisten europäischen Hauptstädte nach der deutschen Pfeife tanzen mußten, wurde für die Nazis der Gedanke eines rascheren und systematischeren Vorgehens interessant, mittels dessen die Tötung von Millionen von Juden nach einem klaren und sachgerechten Zeitplan würde durchgeführt werden können. Bei Einsatz der wirksamsten und modernsten Methoden würde es, das war klar, nach Ablauf dieses Zeitplans keine überlebenden Juden mehr geben.

Der erste Schritt zur Verwirklichung dieses neuen Plans erfolgte am 8. Dezember 1941, als mehrere hundert Juden aus drei polnischen Kleinstädten in ein Waldstück außerhalb des Dorfes Chelmno gebracht und in einem eigens hierfür errichteten Gebäude vergast wurden. Die NS-Planer beurteilten dieses Experiment als „erfolgreich". Es wurde übrigens als streng gehütetes Geheimnis behandelt.

Die Vergasungsaktion von Chelmno war ein Experiment. Die Entscheidung, in dem von Deutschland beherrschten Territorium alle Juden zu vernichten, blieb noch zu fällen; sie sollte auf einer für den 9. Dezember 1941 im Berliner Stadtteil Wannsee angesetzten Konferenz erörtert und endgültig beschlossen werden. Zu dieser Konferenz geladen waren Spitzenbeamte aller deutschen Ministerien, darunter auch des Justizministeriums und des Auswärtigen Amtes. Die Detailvorbereitungen für die Konferenz traf Adolf Eichmann, der Leiter des „Judenreferats" im Reichssicherheitshauptamt. Zwei Tage vor dem anberaumten Konferenztermin jedoch griffen die Japaner Pearl Harbor an, und am 11. Dezember erklärte Deutschland den Vereinigten Staaten den Krieg. Die Konferenz wurde aus diesen Gründen auf den 20. Januar 1942 verschoben.

In der Zwischenzeit, während die deutschen Beamten auf die Zusammenkunft an dem neu angesetzten Termin warteten, veröffentlichte die sowjetische Regierung detaillierte Berichte über hunderte von Greueltaten gegen die russische Zivilbevölkerung während des Vormarsches der deutschen Armeen durch Rußland zwischen Juni und Dezember 1941. Dieser Bericht wurde am 6. Januar 1942 in Form einer offiziellen diplomatischen Note herausgegeben, unterzeichnet vom sowjetischen Außenminister Wjatscheslaw Molotow, der kaum zwei Jahre zuvor einer der Mitunterzeichner des berüchtigten Hitler-Stalin-Pakts gewesen war.

Die Molotow-Note vom 6. Januar enthielt eine sachlich-nüchterne, nach Ortschaften gegliederte Darstellung der, wie es hieß, „abscheulichen Gewalttätigkeiten, Ausschreitungen und Massaker". Obwohl in keiner Weise bemüht, das Schicksal der sowjetischen Juden getrennt von dem anderer Sowjetbürger abzuhandeln, machte die Note doch in mehreren ihrer Abschnitte deutlich, in welchem Ausmaß die Juden als Opfer ausersehen waren. In einem Abschnitt war sogar ausdrücklich vom Los der Kiewer Juden die Rede, wie es von entkommenen Sowjetbürgern geschildert worden war. Es hieß dort:

Eine große Zahl von Juden, darunter Frauen und Kinder jeden Alters, wurden auf dem jüdischen Friedhof von Kiew zusammengetrieben; bevor sie erschossen wurden, wurden sie alle nackt ausgezogen und geschlagen. Diejenigen, die als erste zum Erschießen an die Reihe kamen, wurden gezwungen, sich bäuchlings in einen Graben zu legen, und wurden mit automatischen Gewehren erschossen. Dann warfen die Deutschen ein wenig Erde über sie. Die nächste zur Exekution bestimmte Gruppe wurde gezwungen, sich auf die Toten zu legen, wurde erschossen, und so weiter.

In einem weiteren Abschnitt der Molotow-Note vom 6. Januar wurden Details über die Massenmorde der Todeskommandos in der Ukraine mitgeteilt. „Diese blutigen Exekutionen", hieß es darin, „wurden im besonderen an unbewaffneten und wehrlosen jüdischen Arbeiterfamilien vorgenommen." Und im folgenden wurde die Zahl der in den verschiedenen Städten Getöteten angegeben, wobei es sich jedoch um „unvollständige Zahlen" handelte. Diese Zahlen lauteten: „Nicht weniger als 6000" in Lwow (Lemberg), 8000 in Odessa, „über 8500 Getötete oder Erhängte" in Kamenez-Podolsk, „über 10 500 mit Maschinengewehren Erschossene" in Dnjepropetrowsk, „über 7000 Personen" in Kertsch und „über 3000" in Mariupol, „darunter viele alte Männer, Frauen und Kinder, die allesamt vor der Erschießung ihrer Habe beraubt und nackt ausgezogen wurden".

Die Molotow-Note wurde am 7. Januar 1942 in der russischen Stadt Kuibyschew, in die das diplomatische Korps angesichts des deutschen Truppenvormarsches verlegt worden war, allen ausländischen Diplomaten ausgehändigt.[12]

Vertreter von neun besetzten Ländern – Polen, Belgien, Tschechoslowakei, Frankreich, Griechenland, Jugoslawien, Luxemburg, Holland und Norwegen –, die aus eigener Initiative eine „Interalliierte Konferenz über Kriegsverbrechen" einberufen hatten, gaben am 13. Januar in London eine gemeinsame Erklärung heraus, in der die deutschen Greueltaten gegen Angehörige der Zivilbevölkerung im besetzten Europa scharf verurteilt wurden. Eine der Gruppen, die auf eine solche Erklärung gedrängt hatten, war der Jüdische Weltkongreß gewesen.

Die gemeinsame Erklärung nannte die Juden nicht ausdrücklich beim Namen. Sie sprach vielmehr von einem „Terrorregime, das sich insbesondere durch Einkerkerungen, Massenvertreibungen, durch die Hinrichtung von Geiseln und durch Massaker" auszeichne, und bezeichnete es als eines der „wichtigsten Kriegsziele", diejenigen zu bestrafen, die „für diese Verbrechen Schuld und Verantwortung tragen, ob sie sie angeordnet, begangen oder sich in irgend einer Weise daran beteiligt haben".[13] Es dauerte allerdings noch vier Monate, bis die Interalliierte Konferenz über Kriegsverbrechen den offiziellen Vertretern des britischen Judentums die Zusicherung gab, daß die Erklärung vom 13. Januar auch die „an Juden verübten Verbrechen und Exzesse" mit inbegriff.[14]

Zu den Unterzeichnern der Erklärung vom 13. Januar gehörten der Premierminister der polnischen Exilregierung, General Sikorski, der auch als Konferenzpräsident amtierte, und General de Gaulle, der Präsident des Nationalkomitees Freies Frankreich. Alle waren jedoch machtlos: Im Fernen Osten befanden sich die japanischen Streitkräfte in stetigem Vormarsch gegen Amerikaner, Engländer und Holländer; weite Teile Europas waren fest in der Hand der Nazis; in Rußland hatten die deutschen Armeen die Vororte Leningrads und Moskaus erreicht. Es war ein trostloses Bild, das sich bot. Und doch sprach Winston Churchill in einer Rede vor dem Unterhaus am 27. Januar davon, daß er, obgleich die Last des Krieges ihn noch stärker als 1940 bedrücke, weiterhin voller Zuversicht der, wie er es nannte, „anschwellenden Woge des Sieges und der Befreiung" entgegensehe, einer Woge, die, wie er hinzufügte, „uns und alle gemarterten Völker sicher dem Endziel entgegenträgt".[15]

Als die Spitzen der NS-Partei und der deutschen Regierung sich am 20. Januar in Wannsee versammelten, prüften sie die von Heydrich zusammengestellten Unterlagen über die Zahl der noch zu vernichtenden Juden.[16] Zehn Tage später sprach Hitler vor einer riesigen Menschenmenge im Berliner Sportpalast. Er redete an diesem Tag über seine persönliche Siegeszuversicht und auch über die Juden; von ihnen sagte er, wie der alliierte Abhördienst am Tag darauf berichtete: „Schon seit Jahrhunderten sind sie … unsere alten unversöhnlichen Gegner. Sie haben durch uns eine Durchkreuzung ihrer Pläne oder ihres Lebens befürchtet, sie hassen uns, gerade so wie wir sie deshalb hassen müssen." Die Deutschen seien sich, so Hitler weiter, „im klaren darüber", daß im Verlauf des jetzt geführten Krieges „das Judentum aus Europa verschwindet". Dann erklärte Hitler – wie der alliierte Abhördienst es verstand und verbreitete –, die Juden hätten

… schon vom nächsten September als dem Verhängnis des Deutschen Reiches gesprochen, und mit Hilfe dieser vorzeitigen Prophezeiung, und wir sagen, daß dieser Krieg nicht so ausgehen wird, wie es sich die Juden vorstellen, nämlich daß die europäisch-arischen Völker ausgerottet werden, sondern daß das Ergebnis dieses Krieges die Vernichtung des Judentums sein wird.

Zum ersten Mal werden sie diesmal nicht andere Völker ausbluten, sondern zum ersten Mal wird diesmal das altjüdische Gesetz angewendet: Aug' um Aug', Zahn um Zahn.

Und je weiter sich diese Kämpfe ausweiten, umso mehr wird sich dieser Kampf gegen die Welt der [Juden] verbreiten, und sie werden als Nahrung für jedes Gefangenenlager und jede Familie dienen, die aufgeklärt wird, warum [...], und es wird die Stunde kommen, da der Weltfeind aller Zeiten oder wenigstens der letzten tausend Jahre seine Rolle ausgespielt haben wird.

Dies war Hitlers Ankündigung, wie sie in London und Washington gehört wurde: Der Krieg werde „mit der völligen Vernichtung der Juden" enden.[17]

Hitlers Untergebene hatten bereits verstanden, was von ihnen gefordert wurde. In den sechs Wochen vor Hitlers Sportpalastrede waren den Gaskammern von Chelmno weitere Opfer aus einem sich ständig vergrößernden Einzugsgebiet zugeführt worden: aus der jüdischen Gemeinde Polens, die man zuvor bereits in Gettos gezwungen und von jedem Kontakt mit der Außenwelt abgeschnitten hatte. Um diese Isolation noch zu verschärfen und das Durchsickern von Informationen zu verhindern, wurde den deutschen, österreichischen und tschechischen Juden im Getto von Theresienstadt am 10. Dezember mitgeteilt, daß auf „illegale Korrespondenz" künftig die Todesstrafe stehe. Nur noch von der Gestapo-Zensur durchgelassene Postkarten durften nach draußen geschickt werden. Sechs Tage später vertraute Hans Frank, Hitlers Statthalter im polnischen Generalgouvernement, seinen Spitzenbeamten bei einer Geheimklausur an: „Was die Juden betrifft – ich werde Ihnen das ganz offen sagen –, so müssen wir sie auf die eine oder andere Weise aus dem Weg räumen."[18]

1. Menschlichkeit und hohe Politik im Widerstreit

Diejenigen Juden, die jenseits der Grenzen des NS-Herrschaftsbereichs in Sicherheit lebten, bemühten sich immer wieder, Hilfe und Rettungsmöglichkeiten für ihre Glaubensbrüder zu finden, deren Leben nun in Gefahr war. Seit 1917 waren die Zionisten mit britischer Unterstützung dabei, in Palästina eine „Nationale Heimstätte der Juden" aufzubauen, und zwischen den Kriegen hatten mehr als 300 000 europäische Juden, die Mehrzahl von ihnen aus Polen, Palästina erreicht. Die Machtergreifung Hitlers in Deutschland 1933 hatte die Einwanderungswelle noch verstärkt; die palästinensischen Araber hatten sich unter diesem Druck 1936 mit Unterstützung mehrerer umliegenden arabischen Staaten gegen die britische Mandatsmacht erhoben und gefordert, der jüdischen Einwanderung ein Ende zu machen. Die britische Regierung hatte zunächst versucht, den Aufstand zu unterdrücken. Doch in den ersten Monaten des Jahres 1939, als England sich aufgrund seiner militärischen Schwäche einer zunehmenden Bedrohung seitens des nationalsozialistischen Deutschlands ausgesetzt sah, hatte die britische Regierung die Forderungen der vier unabhängigen arabischen Staaten Ägypten, Saudi-Arabien, Irak und Jemen sowie der palästinensischen Araberführer anerkannt, die jüdische Einwanderung in Zukunft auf eine Quote von höchstens zehntausend Personen im Jahr und auf eine Höchstzahl von fünfundsiebzigtausend Neueinwanderern zu begrenzen.

Diese restriktive Regelung wurde im Mai 1939 ungeachtet eines heftigen parlamentarischen Protests von Winston Churchill gesetzlich festgelegt. Die jüdischen Führer fühlten sich verraten. In ihren Augen hatte man den Juden in der Stunde ihrer größten Not die rettende Tür vor der Nase zugeschlagen. So war es in den vier Monaten bis zum deutschen Überfall auf Polen und in den darauffolgenden Kriegsjahren ein vorrangiges Ziel ihrer politischen Bemühungen, die britische Regierung zum Widerruf dieser Einschränkung zu veranlassen und jedem Juden, der aus Europa zu entkommen vermochte, die Möglichkeit zur Einwanderung nach Palästina zu geben. Allein, diese Bemühungen fruchteten nichts, und das führte zu großer Erbitterung auf jüdischer Seite und auch zu einer nicht geringen Verärgerung auf seiten der mit Palästina befaßten britischen Beamten. Geschürt wurde diese Verärgerung durch den „illegalen" Flüchtlingsstrom nach Palästina. Juden, die aus Europa entflohen waren und ohne Einwanderungserlaubnis auf Schiffen über das Schwarze und das Ägäische Meer nach Palästina zu gelangen versuchten, landeten unter Umgehung der englischen Blockadelinie heimlich an der Küste Palästinas und „verschwanden" über die Sanddünen, um bei freundlichen Asylgebern und in jüdischen Siedlungen Unterschlupf zu finden. Als eines dieser „illegalen Schiffe", die *Salvador*, am 12. Dezember 1940 im Marmarameer sank und mehr als 200 Flüchtlinge dabei umkamen, schrieb der Vorsitzende der Flüchtlingsabteilung des britischen Auswärtigen Amts, T. M. Snow, in einer Aktennotiz: „Nichts hätte in bezug auf die Unterbindung dieser Transporte gelegener kommen können als diese Katastrophe."[1]

Ein Jahr später, im Dezember 1941, riefen die britischen Behörden in Palästina mit ihrer Weigerung, einem dieser „illegalen" Flüchtlingsschiffe, der *Struma*, die Durchfahrt durch die Dardanellen nach Palästina zu gestatten, einen Proteststurm unter den Juden sowohl in London als auch in Jerusalem hervor.[2] An Bord der *Struma* befanden sich mehr als 750 jüdische Flüchtlinge, die meisten von ihnen aus Rumänien, einem Land, das eine hemmungslos antijüdische Politik verfolgte, die bereits zur Ermordung Zehntausender von Juden geführt hatte. Keinem der Flüchtlinge an Bord der *Struma* war es gelungen, ein Visum oder ein Einwanderungszertifikat für Palästina zu erhalten, da die britische Regierung Rumänien als feindliches Land betrachtete. Gleichzeitig waren aber noch mehr als 40000 Einwanderungszertifikate für Palästina, die gemäß der sogenannten Weißbuch-Vereinbarung von 1939 zur Verfügung standen, ungenutzt, darunter mehr als 6000 von insgesamt 15000, die eigens für Notsituationen reserviert worden waren.

Als die *Struma*, vom rumänischen Hafen Konstanza kommend, in Istanbul einlief, gestatteten die türkischen Behörden nur einem einzigen ihrer Passagiere, einer schwangeren Frau, von Bord zu gehen. Die türkische Regierung fragte sodann bei der britischen Botschaft an, ob die Flüchtlinge nach Palästina weiterreisen dürften. Wenn nicht, müsse das Schiff ins Schwarze Meer zurückgeschickt werden. Die Türkei bot keine Zuflucht.

Der britische Botschafter in der Türkei, Sir Hughe Knatchbull-Hugessen, gab den Türken, als ihm deren Haltung bekannt geworden war, zu verstehen, daß auch England nicht bereit war, zu helfen. Die Regierung Seiner Majestät wolle, so sagte er, „diese Menschen nicht in Palästina haben"; sie hätten „keine Genehmigung, dorthin zu fahren". Allerdings fügte der Botschafter, wie er dem Auswärtigen Amt in einem Telegramm vom 20. Dezember erklärte, hinzu, er könne aus humanitären Gesichtspunkten die türkische Absicht, das Schiff ins Schwarze Meer zurückzuschicken, nicht billigen. „Wenn die türkische Regierung das Schiff ausweisen muß", schrieb er, „weil sie die leidgeprüften Juden nicht in der Türkei behalten kann, dann soll sie sie lieber in Richtung der Dardanellen fahren lassen. Es könnte sein, daß sie, wenn sie Palästina erreichen, dort ungeachtet ihrer Illegalität eine humane Behandlung erfahren."

Kaum war der Bericht des Botschafters über sein Gespräch in London eingetroffen, da erhob das Kolonialamt Protest gegen seine Andeutung, die Flüchtlinge an Bord der *Struma* könnten eine „humane Behandlung erfahren", wenn sie ohne Zertifikate in Palästina anlangten. Am 23. Dezember 1941 fertigte S. E. V. Luke, ein Beamter im Kolonialamt, folgende Notiz an: „Trotz zahlreicher Schritte von unserer Seite hat die türkische Regierung in der Vergangenheit nie die geringsten Anstalten gemacht, uns bei der Unterbindung dieses illegalen Verkehrs von Flüchtlingsschiffen zu helfen; und nun, wo sie es zum ersten Mal tut, geht unser Botschafter hin und macht die ganze Wirkung unter Berufung auf einige grotesk mißverstandene humanitäre Gründe zuschanden." Ein anderer Beamter, E. B. Boyd, fügte hinzu: „Sir H. Knatchbull-Hugessen hat eine vom Himmel geschickte Gelegenheit erhalten, diese Leute in Istanbul stoppen und nach Konstanza zurückschicken zu lassen, und hat versäumt, sie zu ergreifen."[3]

Am 24. Dezember, Heiligabend, informierte der Kolonialminister Lord Moyne den Parlamentarischen Unterstaatssekretär von Außenminister Eden im Auswärtigen Amt schriftlich, wie er das Problem aus der Sicht Palästinas sah:

Die Ankunft weiterer 700 Einwanderer wird nicht nur die Probleme des Hohen Kommissars in beängstigender Weise verschlimmern ... sondern wird darüber hinaus die unglückselige Folge haben, daß noch mehr Juden in allen Balkanländern sich dazu ermutigt sehen werden, den Weg einzuschlagen, der ihnen vom Botschafter Seiner Majestät nunmehr geebnet worden ist. Wir haben guten Grund, zu glauben, daß die Gestapo diesen Flüchtlingsverkehr begünstigt, und unsere Sicherheitsdienste sehen es als von größter Wichtigkeit an, das Einsickern von Nazi-Agenten im Gewande von Flüchtlingen zu verhüten.

Was die humanitären Empfindungen von Knatchbull-Hugessen über ein Zurückschicken der Flüchtlinge an die Schwarzmeerküste betrifft, so scheint mir, daß diese in gleichstarker Weise den zehntausenden von Juden gelten müßten, die noch dort sind, wo sie waren, und nichts sehnlicher wünschen, als den anderen nachzufolgen.

Lord Moynes Mitteilung schloß wie folgt:

Es fällt mir schwer, mit Mäßigung über diesen Vorfall zu schreiben, der zur klar definierten Politik unserer Regierung im krassen Gegensatz steht, und ich wäre sehr froh, wenn Sie vielleicht noch zum jetzigen Zeitpunkt etwas unternehmen könnten, Stellung wiederzugewinnen, und wenn Sie darauf drängen würden, daß die türkischen Behörden aufgefordert werden, das Schiff ins Schwarze Meer zurückzuschicken, wie sie es ursprünglich vorhatten.

Die jüdischen Repräsentanten in England und Palästina erfuhren nichts von diesem ausführlichen Meinungsaustausch. Gleichwohl wußten sie, daß über das weitere Schicksal der Flüchtlinge an Bord der *Struma* in London und Jerusalem entschieden würde. Sie wußten ebenfalls, daß das britische Kabinett kurz nach Kriegsausbruch den Beschluß gefaßt hatte, allen Personen, die, aus Feindesländern kommend, britisches Territorium erreichten, den Flüchtlingsstatus zu verweigern. Und natürlich kamen nahezu alle Flüchtlinge aus Feindländern, denn sie waren ja nur zu Flüchtlingen geworden, um dem Los der Verfolgung im europäischen Machtbereich des NS-Regimes zu entgehen. Aber eben diese Tatsache machte sie für die britischen Behörden zu „unerwünschten Personen".

Am 18. Februar 1942 richtete ein bekannter und geachteter englischer Jude, Professor Lewis Namier, damals einer der führenden zionistischen Aktivisten in London, eine direkte Botschaft an Lord Moyne, in der Hoffnung, Einfluß auf dessen Entscheidung nehmen zu können. Er forderte Moyne auf, den Flüchtlingen auf der *Struma* „die Chance einer regulären und legalen Einreise nach Palästina" zu geben. Namier übermittelte Moyne Informationen, die er von der Jewish Agency in Jerusalem und von der Notgemeinschaft Zionistischer Organisationen in New York erhalten hatte. Die *Struma* sei diesen Informationen zufolge „nicht mehr seetüchtig". Die Flüchtlinge könnten, da sie nicht über Visa verfügten, ihre Reise auch nicht auf einem anderen Weg fortsetzen. Die sanitären Verhältnisse und das Verpflegungsproblem an Bord des Schiffes hätten einen katastrophalen Punkt erreicht.

Professor Namier wies Lord Moyne darauf hin, daß eine von amerikanischen Juden unterhaltene Organisation, das *Joint Distribution Committee*, eine nichtzionistische Körperschaft, bereit sei, die Kosten für den Weitertransport der Flüchtlinge von der Türkei nach Palästina zu übernehmen und darüberhinaus £ 6000 zur Erleichterung ihrer Eingliederung in Palästina beizusteuern. Weiter hieß es in Namiers Brief:

Das Problem liegt, wie mir scheint, im Grundsatz der Nichtanerkennung von Flüchtlingen aus feindlichen Ländern. Aber dieser Grundsatz hat keine und hatte nie eine absolute Geltung.

Wenige Monate vor Kriegsausbruch wurden nahezu 3000 jüdische Einwanderer aus Deutschland und Österreich in Palästina aufgenommen, anscheinend ohne daß dies unangenehme Folgen nach sich zog.

Norwegern, Holländern, Franzosen, Polen usw., die unter feindlicher Herrschaft gelebt haben, wird beständig die Einreise in dieses Land und in andere Teile des britischen Reichs wie beispielsweise Palästina gestattet...

Namier schloß sein Schreiben vom 18. Februar mit der Bitte an das Kolonialamt, bei Aufnahmeanträgen von Flüchtlingen „im Geist der Menschlichkeit und des Wohlwollens" zu verfahren.[6] Namier wußte natürlich nichts von der Auffassung, die im Kolonialamt in bezug auf „grotesk mißverstandene humanitäre Gründe" herrschte, und ebensowenig von Lord Moynes Äußerung gegenüber Eden hinsichtlich der „bedauerlichen Auswirkungen", die ein glückliches Eintreffen der *Struma*-Flüchtlinge in Palästina auf die Ausreisewilligkeit weiterer Juden zeitigen würde.

Viele der Flüchtlinge auf der *Struma* besäßen, so hob Namier in seinem Brief an Lord Moyne hervor, nahe Verwandte in Palästina, die bereit wären, ihren Teil zu den Kriegsanstrengungen Englands beizutragen, und er schloß: „Wir ersuchen Sie, diesen Umstand, wenn möglich, in Ihre Erwägungen einzubeziehen."

Aber weder humanitäre noch militärische Erwägungen vermochten etwas an der britischen Haltung zu ändern, schon gar nicht rechtzeitig genug für die Flüchtlinge an Bord der *Struma*. Angesichts des englischen Zögerns schritten die türkischen Behörden von sich aus zur Tat: Das Schiff wurde geentert, die Passagiere, die Widerstand leisteten, wurden überwältigt, und die *Struma* wurde ins Schwarze Meer zurückgeschleppt. Am folgenden Morgen explodierte sie, möglicherweise weil sie auf eine deutsche Mine aufgelaufen war. Alle Passagiere bis auf einen ertranken. Am 1. März 1942 telegrafierte der britische Hohe Kommissar in Palästina, Sir Harold MacMichael, dem Kolonialamt: „Das Schicksal dieser Menschen war tragisch, aber das ändert nichts an der Tatsache, daß sie Staatsbürger eines Landes waren, das sich im Krieg mit England befindet, und direkt von feindlichem Territorium kamen. Palästina war ihnen gegenüber zu nichts verpflichtet."[7]

Auf denselben Grundsatz berief sich Sir Harold MacMichael, als die Frage akut wurde, ob eine in der Türkei festsitzende Gruppe von zwanzig Flüchtlingen Aufnahme in Palästina finden sollte; unter ihnen waren jener einzige Überlebende der untergegangenen *Struma* und die schwangere Frau, die man in Istanbul von Bord der *Struma* hatte gehen lassen – ihr Ehemann war mit der *Struma* untergegangen, und ihr neugeborenes Kind war in einem Krankenhaus von Istanbul gestorben. Am 19. März 1942 entschied MacMichael gegen die Aufnahme der Flüchtlinge in Palästina; er beharrte darauf, daß „der Grundsatz, wonach Bürger feindlicher Staaten, die von feindlichem oder feindbeherrschtem Territorium kommen, für die Dauer des Krieges nicht in dieses Land aufgenommen werden dürfen, auf alle Einwanderer anzuwenden ist".[8]

Während das Schicksal der *Struma* sich noch in der Schwebe befand, sahen die 793 „illegalen" jüdischen Flüchtlinge auf einem anderen Schiff, der *Darien*, die von der Royal Navy aufgebracht worden war, ihrer Deportierung auf die Insel Mauritius im Indischen Ozean entgegen. Die Jewish Agency kämpfte von Jerusalem und von London aus gegen diese Entscheidung, und am 4. Februar 1942 schrieb der Sohn des Premierministers, Randolph Churchill, in dieser Angelegenheit an seinen Vater. Churchill reagierte unverzüglich, indem er am folgenden Tag an Lord Moyne schrieb, um darauf zu drängen, daß die Flüchtlinge aus der Internierung entlassen und ihnen die Einwanderung nach Palästina gestattet würde. Zur Erläuterung seines Drängens auf einen solchen Kurs wies Churchill darauf hin, daß es zu dem Zeitpunkt, an dem der Beschluß zur Deportierung der *Darien*-Flüchtlinge gefaßt worden war, so ausgesehen hätte, „als würden wir von einer illegalen Einwanderungswelle überschwemmt; heute jedoch, da ganz Südosteuropa in den Händen der Deutschen ist, besteht eine solche Gefahr nicht mehr..."[9]

Aber Lord Moyne befürwortete ungeachtet dessen weiterhin eine Deportation; er schrieb am 7. Februar an Churchill: „Jede Lockerung unserer Abschreckungsstrategie wäre dazu angetan, weitere Transporte dieser Art zu provozieren." Das Los der Passagiere der *Darien* werde, so Moyne weiter, ein Prüfstein für die Entschlossenheit der Regierung sein, an ihrer einmal verkündeten Politik festzuhalten, und jedes Zugeständnis werde dem „Ruf der Vertrauenswürdigkeit und Festigkeit", den die britische Regierung im Nahen Osten genieße, großen Schaden zufügen.[10]

Schließlich und endlich erhielten die Passagiere der *Darien*, wie Churchill gefordert hatte, die Erlaubnis, in Palästina zu bleiben. Auf einer Sitzung des Kriegskabinetts am 5. März 1942 wurde es jedoch als grundlegendes Prinzip der britischen Politik bekräftigt, daß „alle praktisch möglichen Maßnahmen ergriffen werden sollten, um die illegale Einwanderung nach Palästina zu unterbinden".

Dieser Beschluß kam im übrigen gegen die Empfehlung des Nachfolgers von Lord Moyne, Lord Cranborne, zustande, der dafür eingetreten war, den jüdi-

schen Flüchtlingen aus Mitteleuropa nicht nur die 6000 reservierten Flüchtlings-
zertifikate, sondern auch die noch nicht ausgegebenen 36 000 regulären Einwanderungszertifikate zuzugestehen.

Lord Cranborne hatte diesen seinen Standpunkt Churchill in einem Brief vom
3. März auseinandergesetzt. Aber das Kabinett entschied sich dessenungeachtet
für die Auffassung, es bestehe „die große Gefahr, daß, wenn wir uns bereit-
erklärten, illegale, vor dem Unterdrückungsregime des Feindes flüchtende Einwanderer nach Palästina zu lassen, selbst wenn es zu den vom Kolonialminister
vorgeschlagenen Bedingungen geschähe, der Zustrom bald große Dimensionen
erreichen würde".[11]

Die Führer der Jewish Agency wurden über den Kabinettsbeschluß vom
5. März nicht unterrichtet. Und weder sie noch das britische Kabinett wußten,
daß um diese Zeit in Deutschland letzte Vorbereitungen zur Deportation von Juden aus ganz Europa in die Lager in den besetzten polnischen Gebieten getroffen
wurden. Man wußte im Ausland nicht einmal, daß während der Monate Januar
und Februar Zehntausende von Juden aus Deutschland selbst sowie aus dem
Protektorat Böhmen und Mähren in die baltischen Städte Riga und Kaunas
(Kowno) deportiert und daß die meisten von ihnen unmittelbar nach ihrem Eintreffen dort in nahegelegene Wälder geführt und erschossen worden waren.

Diese Tatsachen waren noch nicht bekannt geworden. Aber die jüdischen
Führer im sicheren Ausland wußten, daß ein schreckliches Schicksal derer harr-
te, die in die Fänge der deutschen Herrschaft gelangt waren. Als Dr. Weizmann
am 6. März persönlich an Lord Cranborne schrieb und um die offizielle Zustimmung der Regierung zur Aufstellung einer rein jüdischen Kampftruppe ersuchte, die Seite an Seite mit den anderen alliierten Armeen in den Kampf gehen sollte – ein Ansinnen, das erstmals im September 1939 gestellt worden war –, fügte
er hinzu, das „nationale Überleben der Juden" hänge von einem Sieg der Alliierten ab, weil, wie Weizmann erklärte, „Hitler in bezug auf die Ausrottung der Juden sein Wort halten wird".[12]

Wenn Weizmann auch die Ziele und Methoden der Nazis kannte, so konnte er
doch nicht wissen, wie sie diese Ziele im einzelnen zu erreichen gedachten. Binnen dreier Monate nach der Inbetriebnahme des Vernichtungslagers Chelmno
im Dezember 1941 waren drei ähnliche Lager in verschiedenen Teilen des polnischen Generalgouvernements eingerichtet worden, deren einzige Bestimmung
in der Tötung derjenigen bestand, die in sie eingeliefert wurden, und zwar meist
innerhalb weniger Stunden nach dem Eintreffen. Diese Lager – Belzec, Treblinka, Sobibór und, wie gesagt, Chelmno – nahmen im Laufe des Frühjahrs 1942
Güterzüge voller Juden aus ganz Europa auf, und in weniger als einem Jahr hatten mehr als zwei Millionen Juden dort den Tod gefunden, unter Bedingungen,
die durch äußerste Brutalität einerseits, Geheimhaltung und Täuschung andererseits gekennzeichnet waren.

Den Juden, die in die Viehtransportwaggons gepfercht wurden und denen,
die ihre Verladung mit ansahen, wurde erklärt, die Züge führen zu Arbeitslagern
„im Osten". Die Juden Polens würden in eine weiter entfernte Region „umgesie-

1. Europa, Großdeutschland und die vier ersten Vernichtungslager (in weißer Schrift, mit Haken-kreuzen).

delt". Großdeutschland und das polnische Generalgouvernement sollten „ju-denfrei" werden. Aber, so fügten die Nazis hinzu, es gebe anderswo Platz genug für die Juden. Wenn sie widerstandslos mitführen, werde ihnen kein Leid ge-schehen. Wenn sie sich allerdings widersetzten, würden sie erschossen.

Die Erklärungen der Nazis erschienen in der Tat nicht unglaubhaft. Überall in Europa hatten die Deutschen gemäß ihren wirtschaftlichen Bedürfnissen Ar-beitslager eingerichtet; Lager und Gettos, in denen fabrikmäßig Bekleidung, Rü-stungsgüter und Werkzeugmaschinen hergestellt wurden, setzten im Dienst der deutschen Kriegsrüstung jüdische Arbeitssklaven ein. Es herrschten dort rauhe Bedingungen, und die Lebensmittelrationen waren dürftig; viele starben an Un-terernährung oder infolge vorsätzlicher Grausamkeiten der deutschen Wach-mannschaften, aber es war doch immer noch möglich, zu überleben. In Lager dieser Art, so versprachen die Nazis, sollten die Transporte von 1942 gehen. In Wirklichkeit aber hatten diese Deportationen nur ein Ziel: ein Vernichtungsla-ger „irgendwo im Osten".

Die Tatsache, daß die Deutschen in Europa viele Juden ermordet hatten, war den Alliierten wohl bekannt. Vom Ausbruch des Krieges an war über die Brutali-täten der Deutschen stets ausführlich berichtet worden. Aber noch wußte man bei den Alliierten nicht, daß diese Morde Bestandteil eines vorsätzlichen Plans zur Ausrottung aller europäischen Juden waren. Die Konferenz von Wannsee und die Errichtung der Vernichtungslager in Polen wurden als strenges Geheim-nis gehütet. Daß ein vorsätzlicher Plan bestand, alle europäischen Juden syste-matisch auszurotten, argwöhnte im Frühjahr und Frühsommer 1942 auf seiten der Alliierten noch niemand: Gerade aber in diesem Zeitraum erreichte das Morden mit der Vergasung von täglich vielen tausend Juden in Belzec, Chelmno, Sobibór und Treblinka seinen Höhepunkt.

Die bekannt gewordenen Morde an Juden im Lauf der ersten beiden Kriegsjahre hatten in der westlichen Öffentlichkeit große Sympathien für die jüdische Sache mobilisiert. Schließlich wurde der Krieg ja auch gegen die verbrecherischen Auswüchse des NS-Systems geführt. Aber mit einem während der ersten beiden Kriegsjahre neutral bleibenden Amerika, einem besiegten Frankreich und einem alleinstehenden Großbritannien gab es praktisch keine Mittel, den Klammergriff zu lockern, mit dem das NS-Regime Europa umspannt hielt. Auch die Russen waren nach dem deutschen Überfall auf die Sowjetunion im Juni 1941 alles andere als ein hilfreicher Bündnispartner; es schien eher, als würden sie dem deutschen Angriff erliegen. Die Vereinigten Staaten traten erst im Dezember 1941 in den Krieg ein; und auch sie befanden sich bis weit ins Jahr 1942 hinein in einer eher schwachen Position, verloren im Pazifik große Gebiete an die Japaner und waren am europäischen Geschehen kaum unmittelbar beteiligt, wenn ihnen auch Hitler seinerseits – zur Unzeit – den Krieg erklärt hatte. Zur gleichen Zeit standen die Engländer in Nordafrika am Rande einer Niederlage gegen Rommels Afrikakorps.

Der eigentliche Auftakt der „Endlösung der Judenfrage" im März 1942 fiel also mit dem Zeitpunkt der größten militärischen Schwäche der Alliierten zusammen. Dies war kein Zufall, sondern entsprach einer von mehreren Beweggründen gespeisten Absicht der Nazis: Sie wollten die europäischen Juden ausrotten, ohne weltweite Proteste zu provozieren, wollten es heimlich und in aller Stille erledigen und damit fertig werden, solange England, die Sowjetunion und die Vereinigten Staaten nichts dagegen unternehmen konnten. Selbst die Juden der neutralen Länder, der Schweiz, Schweden, der Türkei, Spaniens, Portugals und Irlands waren auf der Liste, die Heydrich der Wannsee-Konferenz vorgelegt hatte, verzeichnet gewesen; ebenso die dreiviertel Million Juden, die zu jener Zeit im erweiterten Staatsgebiet Ungarns lebten, und die 330 000 Juden in England. Sie alle sollten vernichtet werden. Einzig die Juden von Estland waren nicht aufgenommen: Sie waren schon im September und Oktober 1941 von den SS-Tötungskommandos ermordet worden.

2. Warnungen und Vorzeichen

Daß den Juden ein schreckliches Schicksal bevorstand, hatte sich aus der Gesamtheit der Informationen, die seit über einem Jahr bei den Führern der jüdischen Organisationen eintrafen, deutlich ergeben – Informationen, die oft unter unglaublichen Schwierigkeiten und großen persönlichen Gefahren aus Deutschland herausgeschmuggelt worden waren. Schon Ende 1940 hatte der ranghöchste Vertreter der Jewish Agency in Genf, Richard Lichtheim, ein führender deutscher Zionist, der bei Kriegsausbruch in der neutralen Schweiz geblieben war, erklärt, der Krieg sei für Hunderttausende von Juden „unerträglich im buchstäblichen Sinn des Wortes geworden: sie sind zugrunde gegangen".

Bis zum Ende des Jahres 1940 hatte Lichtheim mit Unterstützung mehrerer anderer jüdischer Führer, die nach dem September 1939 in der Schweiz geblieben waren, Kontakte zu Verbindungsleuten in über dreißig Städten in den von Deutschland militärisch kontrollierten Teilen Europas hergestellt. Mit Hilfe von Kurieren – darunter von Deutschen, die bereit waren, ihr Leben einzusetzen – und auch von Schmugglern, die nur an Geld interessiert waren, sorgte der Genfer „Horchposten" für einen stetigen Zufluß von Nachrichten. Die eintreffenden Botschaften waren manchmal sehr kurz und rätselhaft. Andere waren ausführlich und präzise. Und das Bild, das sie zusammengesetzt ergaben, war eindeutig und unmißverständlich. Im Mittelpunkt der Tragödie, wie Lichtheim sie schilderte, standen die eineinviertel Millionen „erniedrigte und schutzlose Menschen" in den polnischen Gettos: „die Zwangsarbeiterbataillone unbezahlter, unbekleideter, unterernährter Juden, die vor Kälte und Hunger sterbenden Kinder, die Mauern und Stacheldrahtzäune, die zu passieren den Juden verboten ist, die gelben Sterne und die Konzentrationslager".

Ein beträchtlicher Teil der Lichtheim zugehenden Informationen kam von Gerhart Riegner, dem Vertreter des Jüdischen Weltkongresses in der Schweiz, dessen Aufgabe seit Kriegsausbruch darin bestand, den Kontakt mit möglichst vielen jüdischen Gemeinden in Europa aufrechtzuerhalten. „Ich spürte, daß ich die Tatsachen bekannt machen und versuchen mußte, Vorschläge zu machen", erinnerte Riegner sich später. „Aber die Verantwortung lag draußen. Unsere Informationsfreiheit war begrenzt. Wir waren in der Falle, wenn auch auf einer kleinen Rettungsinsel. Wir wußten nicht genug von dem, was alles in allem vor sich ging. Aber wir mußten tun, was wir konnten ..."[1]

Lichtheim beschwor seine zionistischen Mitarbeiter in London, New York und Jerusalem, die Berichte über die Taten der Nazis ernst zu nehmen. „Das Leben in Europa ist zur Zeit wirklich nicht angenehm", schrieb er, „aber diejenigen können es nicht bessern, die sich vom Anblick häßlicher Dinge nicht verstören lassen wollen und die Augen davor verschließen."[2]

Das ganze Jahr 1941 hindurch hatten Lichtheim, Riegner und ihre Mitarbeiter in Genf regelmäßig Berichte an die Vorsitzenden der Jüdischen Gemeinden in England, Palästina und den Vereinigten Staaten geschickt. Es ging aus diesen Berichten klar hervor, wie brutal die Lebensbedingungen in den Gettos waren und unter welch grausamen Entbehrungen die deutschen Juden zu leiden hatten, die im Oktober 1940 in Arbeitslager im Vichy-Frankreich, darunter in das Lager von Gurs unweit der Pyrenäen, deportiert worden waren. Es wurde aus diesen Berichten ebenfalls sehr deutlich, wie drastisch sich die Lage nach dem Einmarsch der Deutschen in Jugoslawien im April und in Rußland im Juni verschlechtert hatte. Auf den Straßen Belgrads seien, wie ein zionistischer Funktionär, Dr. Kahany, am 25. Juni in einem Brief aus Genf berichtete, kaum noch Juden anzutreffen, „weil sie praktisch alle von den Deutschen zur Zwangsarbeit verschleppt worden sind".[3] Und am 16. Juli schickte Dr. Kahany eine Botschaft nach Jerusalem, die auf dem Bericht eines in Berlin tätigen schweizerischen Journalisten beruhte, der dort einen Film gesehen hatte, der „eine gewisse Vorstellung" von dem Schicksal vermittelte, das die russischen Juden beim Vormarsch der deutschen Armeen erwartete. Der weniger als drei Wochen nach dem deutschen Einmarsch in Rußland vorgeführte Film habe, so berichtete der Journalist, gezeigt, „wie die Juden die Leichen hingerichteter oder massakrierter Menschen aus den Kellern von Privathäusern, aus Gefängnissen und aus Ämtern und Büros holten und an einem Platz zusammentrugen".[4]

Die Mitteilungen aus Genf machten deutlich, daß kein Nachlassen der Schreckensherrschaft abzusehen war. Am 4. September berichtete Lichtheim in einem über Istanbul weitergeleiteten Schreiben nach Jerusalem, daß sich nunmehr 9000 kroatische Juden in Arbeitslagern befänden und daß ihre Lage dort „von Tag zu Tag verzweifelter" werde.[5] In einem weiteren, vom 20. Oktober datierten Brief schilderte er Einzelheiten über die Vertreibung Tausender weiterer deutscher Juden, dieses Mal nicht nach Frankreich, sondern ostwärts zu den polnischen Gettos. Diese Juden „erhielten zwischen zehn Minuten und drei Stunden Zeit, um ihre Wohnung zu verlassen und mit einer Reisetasche und einer Barschaft von nicht mehr als hundert Mark zum Abtransport zu erscheinen". Ähnlich war es zuvor auch den Juden von Wien und Prag ergangen. Für alle Deportierten war „körperliche Schwerarbeit" vorgesehen, und Lichtheim befürchtete, in Anbetracht aller erlittenen Erniedrigungen – der Judensterne, der Vertreibung aus dem eigenen Heim und der Deportation, wozu sich nun noch „akute Unterernährung und brutale Behandlung" gesellten – würden die jüdischen Gemeinden Deutschlands, Österreichs und der westlichen Tschechoslowakei (des jetzigen Großdeutschen Reiches) „wahrscheinlich ausgelöscht sein, ehe der Krieg zu Ende ist, und nicht allzuviele werden überleben".[6]

Was konnte man tun, um gegen soviel Brutalität etwas auszurichten? In einem Brief vom 27. Oktober riet Riegner seinen Vorgesetzten in New York dringend, in der Öffentlichkeit der alliierten Länder die verzweifelte Lage der europäischen Juden mit größtmöglicher Publizität herauszustellen.[7] Und zwölf Tage später forderte Richard Lichtheim in einem Telegramm an Dr. Weizmann seine

eigenen zionistischen Führer auf, „an eine weltweite Publizität zu denken". Erklärungen aus dem Munde von Staatsmännern und „Darstellungen durch neutrale Personen" könnten, so fügte er hinzu, eine „gewisse Wirkung" zeitigen.[8]
Und in einem Schreiben nach London verbreitete sich Lichtheim zwei Tage später darüber, welches Schicksal den Deportierten aus Mitteleuropa seiner Überzeugung nach drohte, deren Zahl nunmehr, wie er glaubte, auf die 25 000 zu-
ging. „Es kann sein", schrieb er an Joseph Linton, den Sekretär der Jewish Agency in London, „daß sie am Ende in derselben Lage sein werden wie die Mehrheit
der unter deutscher Herrschaft befindlichen polnischen Juden: Siechtum infolge
von Kälte, Hunger, Dreck, Mißhandlung und Seuchen, mit Überlebenschancen
nur für eine Minderheit der Jüngeren und Stärkeren." Was die Deportationsorte
weit im Osten betraf, wie etwa Minsk – „das natürlich in Schutt und Asche liegt,
ohne Lebensmittelreserven, Geld und Beherbergungsmöglichkeiten" –, so bedeute die Deportation dorthin für die Betreffenden nun, da der russische Winter
einsetzte, mit den Worten Lichtheims „Mord in Verbindung mit Folter".
   Lichtheim war überzeugt, „ein Wort des Mitgefühls und Trostes" werde den
noch nicht gettoisierten oder deportierten europäischen Juden Mut machen. Er
sah jedoch keine Möglichkeit zu einer direkten Verbesserung ihrer Lage. „Wir
werden Zeugen der schrecklichsten Judenverfolgung, die sich in Europa jemals
zugetragen hat", schrieb er; der Sinn von Protesten seitens der britischen und
amerikanischen Öffentlichkeit lag, wie er es sah, darin, daß die zum Untergang
verurteilten Juden auf diese Weise „wenigstens eine moralische Genugtuung"
bekämen und daß „gewisse kleinere Staaten" ebenso wie Millionen von Menschen anderswo daran erinnert würden, „daß es noch moralische Werte gibt und
daß sie die Verurteilung dieser Judenverfolgung in sich schließen und zur
Pflicht machen".
   Was die Frage unmittelbar praktischer Schritte betraf, so wünschte sich Lichtheim, daß die Vereinigten Staaten die verschiedenen „Satellitenstaaten"
Deutschlands – Vichy-Frankreich, Rumänien, Ungarn, die Slowakei und Kroatien – vor einer Zusammenarbeit mit den Nazis bei der Deportation von Juden
aus ihrem Staatsgebiet und vor einer Beteiligung an der Ermordung von Juden
warnten. England und Amerika sollten, so glaubte er, deutlich zu verstehen ge-
ben, daß diejenigen Nicht-Deutschen, die sich am Judenmord beteiligten, für ihr
Handeln „zur Verantwortung gezogen werden". Solche Warnungen, schrieb
Lichtheim, hätten in den „Satellitenstaaten" „eine Abschreckungswirkung haben können und *können sie vielleicht noch haben*".[9] Die Hervorhebung stammt von
Lichtheim selbst.
   In einem am 11. Februar 1942 an Arthur Lourie, den politischen Sekretär der
Notgemeinschaft Zionistischer Organisationen in New York geschriebenen
Brief schilderte Lichtheim die sich immer weiter verschlimmernde Lage der Ju-
den in ganz Europa. Allein in Ungarn, berichtete er, widersetze sich die Regie-
rung noch „den immer wiederholten Forderungen der Nazis nach einer strenge-
ren Behandlung der Juden nach deutschem Vorbild". In Holland war zwar die
Mehrheit der Juden „wenigstens noch am Leben und in den eigenen vier Wän-

den", aber auch von dort waren schon einige Juden in das Lager Mauthausen in
Österreich geschickt worden, „wo die Nazis sie nach ihrer üblichen Methode haben arbeiten lassen, mit dem Ergebnis, daß die meisten von ihnen innerhalb der
ersten drei oder vier Wochen nach ihrer Ankunft gestorben sind".

„Viele hundert" holländische Juden, berichtete Lichtheim, seien unter solchen
oder ähnlichen Umständen umgekommen; ein Mann, den sowohl Lichtheim als
auch Lourie persönlich gekannt hatten, war von Amsterdam „ins Konzentrationslager Buchenwald geschickt worden, wo er starb". In Polen wurden die Juden gezwungen, auf Baustellen, in Werkstätten und im Straßenbau „die wohlbe-
kannte Sklavenarbeit" für das deutsche Heer zu leisten. Die schlimmsten Nachrichten kamen jedoch aus dem von Deutschland besetzten Jugoslawien, wo, wie
Lichtheim schrieb, „8 000 serbische Juden umgekommen oder geflohen sind
oder sich zur Zeit in Arbeitslagern befinden", während 30 000 kroatische Juden
„unter Leitung der ‚Ustaschi', der Gangstertruppe des kroatischen Staatschefs,
zu Tode geschunden werden und rumänische Truppen bei ihrem Vormarsch ostwärts nach Rußland hinein Zehntausende von Juden niedergemetzelt haben".
Die Zahl „dieser ermordeten Juden soll bei 90 000 liegen", vermerkte Lichtheim.

Lichtheims Brief vom 11. Februar endete mit einer düsteren Prophezeiung. Es
sei offensichtlich, schrieb er, daß mit Fortgang des Krieges „die Zahl der jüdischen Opfer steigen wird", und er schloß: „Die Zahl unserer Toten wird nach
diesem Krieg nicht nach Tausenden oder Hunderttausenden, sondern nach
mehreren Millionen zu messen sein..."[10]

Auch das Auswärtige Amt in London erhielt aus der Schweiz Mitteilungen
über die Verfolgung der Juden. Am 9. Februar schickte die britische Gesandtschaft in Bern einen Bericht nach London, der in die Schweiz gelangt war und in
dem es hieß, junge Juden aus dem nationalsozialistisch beherrschten Europa
würden „zu Gasexperimenten" nach Deutschland gebracht.

Das Auswärtige Amt fragte bei seinen Vertretern in Bern umgehend an, ob
dieser Bericht bestätigt werden könne. Am 18. Februar antwortete die Gesandtschaft, man habe „einen prominenten hiesigen Privatbankier" konsultiert, einen der führenden Angehörigen der jüdischen Gemeinde von Basel. Auch er
habe von einem „Besucher", der aus Wien nach Basel gekommen war, eine solche Geschichte gehört, der Besucher könne jedoch „keine Bestätigung beibringen".[11]

Eine Bestätigung dafür, daß es Vergasungen gegeben hatte, wenn auch nicht
notwendigerweise mit Juden als Opfern, erhielt London am 19. Februar von seiner Botschaft in Stockholm. Es war der Bericht eines schwedischen Bürgers,
Dr. Hojer, der kurz zuvor von einem Besuch in Deutschland zurückgekehrt war;
es hieß darin, die Deutschen leerten ihre Irrenanstalten, „um Platz für die Verwundeten von der Ostfront zu schaffen". Dr. Hojer hatte, ohne in seinem Bericht
die Juden ausdrücklich zu erwähnen, „von einer Anstalt (erzählt), in der 1200
Personen durch Giftgas beiseite geschafft worden waren".

Dieser schwedische Bericht schien ein schlüssiges Indiz dafür zu liefern, daß
Tötungen durch Giftgas in Deutschland tatsächlich geläufige Praxis waren. Der

britische Beamte, der den Bericht aus Stockholm weitergab, Cecil Parrott, schrieb in einem Vermerk, die Schilderung des Dr. Hojer „sollte ziemlich zuverlässig sein, da der Mann eine verantwortliche Stellung in einer Regierungsbehörde bekleidet".[12]

Die Post- und Telegrammzensurbehörde in London stellte Anfang März einen Bericht über die Verhältnisse in Deutschland zusammen, der auf Erkenntnissen aus ihrer Zensurtätigkeit und aus einer sorgfältigen Lektüre der europäischen Presse während der vorausgegangenen drei Monate beruhte. Der Bericht erschien unter dem Datum des 5. März. In einem Abschnitt mit der Überschrift „Die Juden" wurden Einzelheiten über „eine neue unbarmherzige Kampagne zur ‚Säuberung' des Reiches von Juden" seit Ende 1941 genannt; diese Informationen beruhten auf der Auswertung postalischer Mitteilungen des Roten Kreuzes aus Deutschland, die im Lauf des Januars England erreicht hatten; die meisten waren von „Unglücklichen am Vorabend ihrer Abreise nach Polen oder zu einem unbekannten Ziel" aufgegeben worden.

Der Bericht der Zensurbehörde vom 5. März enthielt unter anderem die Mitteilung, Gerüchte über das Los der Deportierten, die „vom Osten nach Deutschland einsickern", hätten „eine Anzahl von Juden veranlaßt, sich der Deportation durch Selbstmord zu entziehen". Der Bericht erwähnte auch eine als „Horrorgeschichte" bezeichnete Nachricht, derzufolge tausende Bewohner eines Gettos, wahrscheinlich irgendwo unweit der deutschen Ostfront, getötet worden waren, weil die Behörden auf diese Weise versuchen wollten, eine Typhusepidemie auszurotten.

Ein Abschnitt des Berichts der Zensurbehörde vom 5. März handelte von den Verhältnissen im Warschauer Getto. „Eine beträchtliche Zahl von Menschen", hieß es, „sterben dort buchstäblich auf der Straße; sie werden dann einfach mit alten Zeitungen zugedeckt und bleiben tagelang liegen, bis ein Karren vorbeikommt und sie auflädt. Dann werden sie aus der Stadt hinausbefördert und in ein Massengrab geworfen..." Überall im von Deutschland besetzten Polen würden Juden jeden Alters zur Zwangsarbeit verschleppt, wo „Tausende sterben, während sie unter der Knute schuften". In den Gettos von Krakau, Warschau und Kattowitz hätten die Deutschen alle Medikamente und medizinischen Instrumente, die sie fanden, „Verbandsmaterial eingeschlossen", beschlagnahmt. In Krakau hätte der Generalgouverneur Hans Frank in der dritten Januarwoche 1942 eine „Spezialschule" eröffnet, in der Deutsche einen „strengeren Umgang" sowohl mit Juden als auch mit Polen lernen sollten.

Nach einer Beschreibung der schlimmen Bedingungen, unter denen die noch in Deutschland verbliebenen Juden lebten, folgte ein Abschnitt, in dem die Mutmaßung ausgesprochen wurde, daß das Leben im Osten zumindest für manche Juden besser sei als das, welches sie in Deutschland führen könnten. „Ich habe sogar gehört", hieß es in einer abgefangenen Botschaft vom 30. Dezember 1941, „daß die Leute sogar sehr froh sind, wenn sie nach Polen geschickt werden, da sie dann ihre Leiden, darunter die Gefahr, in ein Konzentrationslager gesteckt zu werden, hinter sich haben." Gewiß gebe es in Polen „keinen Komfort", aber, so fuhr die Mitteilung fort, „die Juden haben es dort besser, weil die Polen sie jetzt gut behandeln, denn sie sind unter derselben Knute ..."

Die Beamten der Zensurbehörde erkannten, daß Botschaften wie diese möglicherweise in der Absicht übermittelt wurden, die Empfänger „zu beruhigen". Aber niemand von denen im Auswärtigen Amt, die den Bericht lasen, machte den Vorschlag, die grausigeren Teile, die er enthielt, zu veröffentlichen oder irgendwelche weiteren Schritte in bezug auf das dort Mitgeteilte zu unternehmen.[13]

Richard Lichtheim in Genf übte sich nicht derartig in Diskretion über die Berichte, die ihn weiterhin aus dem nazistisch beherrschten Europa erreichten. In der Tat war dem Genfer Horchposten am 4. März eine Mitteilung über eine beunruhigende neue Entwicklung zugegangen. Denn an diesem Tag informierte Lichtheim die Führer der Jewish Agency in Jerusalem darüber, daß etwa 70 000 im Protektorat Böhmen und Mähren, dem früheren Westteil der Tschechoslowakei, lebende Juden von ihrem Wohnsitz vertrieben und in ein eigens für sie hergerichtetes Getto in der kleinen Garnisonsstadt Terezin, jetzt Theresienstadt genannt, verfrachtet würden. Einmal dort angekommen, würden die Deportierten, so prophezeite Lichtheim den Vorsitzenden der Jewish Agency, „langsam dahinsiechen wie in den Gettos von Warschau und Lodz"; und er fügte hinzu: „Dieses Vorhaben ist wahrscheinlich ein Bestandteil des Nazi-Planes, die Juden in Großdeutschland zu vernichten, bevor der Krieg zu Ende ist."[14]

Einen Tag, nachdem Richard Lichtheim die Nachricht vom Getto Theresienstadt nach Jerusalem weitergegeben hatte, entzündete die britische Regierung bei den um die Rettung ihrer Glaubensgenossen kämpfenden Vertretern des Judentums einen winzigen Hoffnungsfunken. Eingedenk der Notwendigkeit, Katastrophen wie den Untergang der *Struma* zukünftig zu verhindern, teilte der Paßbeamte der britischen Botschaft in Istanbul, A. W. Whittall, dem in Istanbul amtierenden Direktor der Auswanderungsabteilung der Jewish Agency, Chaim Barlas, am 4. März, weniger als zwei Wochen nach jenem Unglücksfall, mit, die Einwanderungsabteilung der britischen Mandatsregierung von Palästina habe „den grundsätzlichen Beschluß gefaßt, die Einwanderung in Rumänien und Ungarn beheimateter, identifizierter jüdischer Kinder im Alter von elf bis sechzehn Jahren zu genehmigen". Diese Kinder würden bei ihrer Ankunft in Istanbul das Einreisevisum für Palästina erhalten.[15]

Lichtheim in Genf erhoffte sich von diesem Zugeständnis nicht viel. „Ich habe das Gefühl", schrieb er am 10. März an einen Mitarbeiter in Istanbul, „daß dies die Stunde Null ist, und ich fürchte sehr, daß wir, aus Gründen, die ganz außerhalb unseres Einflusses liegen, einen weiteren Fall von ‚zu spät' erleben werden."[16] Das Gettosystem war, wie Lichtheim seine Mitarbeiter in London am 13. März informierte, nunmehr auch auf die Slowakei ausgedehnt worden, wo es, wie man erfahren habe, „auf die gesamte jüdische Bevölkerung" angewandt werden solle. War dies einmal geschehen, werde „keine weitere Auswanderung mehr möglich sein". In Ungarn werde gerade an der Errichtung von Arbeitslagern für alle Juden über sechzehn Jahre gearbeitet. In Rumänien seien tausend

„Geiseln" genommen worden, „und neue Verfolgungen und Pogrome sind voraussehbar".[17]

Lichtheim war überzeugt, daß sich etwas tun ließ, um dieser neuen Welle von Verfolgungen Einhalt zu gebieten. Im Falle der Slowakei würde, wie er am 16. März nach London und New York schrieb, „ein Wort aus dem Mund des Papstes genügen. Der katholische Glaube ist in dem Land tief verwurzelt." Der slowakische Premierminister Tiso, „der selbst ein Priester ist, würde vielleicht versuchen, die brutalen Exzesse zu beenden und die Massendeportationen zu verhindern".[18]

In einem Telegramm an die Jewish Agency in London vom gleichen Tag, dem 16. März, wies Lichtheim darauf hin, daß etwa 70000 slowakischen Juden die Deportation in ein „Getto unweit polnischer Grenze" bevorstehe. Jeder Betroffene dürfe nur „einen Anzug, ein Hemd, ein Paar Stiefel" mitnehmen.[19] Es sei unbedingt notwendig, so fügte er hinzu, sich an den Vatikan zu wenden mit der Bitte, auf die slowakische Regierung einzuwirken, daß sie die Deportationen nicht zulasse; und am 18. März appellierten Lichtheim und Riegner gemeinsam persönlich an den apostolischen Nuntius in Bern, Monsignore Philippe Bernadini; sie führten mit ihm ein dreiviertelstündiges Gespräch und überreichten ihm dann eine ausführliche Denkschrift zur verzweifelten Situation der europäischen Juden, einschließlich der slowakischen, und sie drängten auf ein unverzügliches Eingreifen des Vatikans. Der Nuntius war, wie Lichtheim am Tag darauf notierte, „höchst verständnisvoll und freundlich" und versprach, nicht nur dem Vatikan Bericht zu erstatten, sondern auch „gewisse Schritte zugunsten der verfolgten Juden zu empfehlen".[20]

Was konnte man sonst noch tun, um die drohenden Deportationen aus der Slowakei in das „Getto unweit polnischer Grenze" zu stoppen? Am 19. März appellierte Lichtheim nochmals an seine Mitarbeiter in London, Jerusalem und New York, die dortigen Regierungen zu „förmlichen Protesten und Warnungen wegen der unbarmherzigen Verfolgung der Juden auf dem europäischen Festland" zu veranlassen. Diese Proteste und Warnungen müßten, so schrieb er, „über den Rundfunk und durch Ansprachen der Staatsmänner der Demokratien" artikuliert werden. Auch die katholische Kirche müsse ihren großen Einfluß in einigen der betroffenen Länder geltend machen.[21]

Am 23. März konnte ein erster Erfolg der tastend begonnenen gemeinsamen Rettungsbemühungen der Jewish Agency und der britischen Regierung verzeichnet werden. Wegen der unangefochtenen Herrschaft Deutschlands über Europa konnten sich diese Bemühungen jedoch nur in sehr kleinem Rahmen niederschlagen, und ihr erster Erfolg bestand in der Ankunft von zwei kleinen Kuttern mit rumänischen Flüchtlingen im Hafen von Istanbul; es waren die *Mihai* mit fünfzehn und die *Euxine* mit dreizehn Flüchtlingen an Bord.

Die Jewish Agency hatte die britische Regierung bereits gebeten, für 870 jüdische Kinder aus Ungarn und Rumänien Einwanderungszertifikate aus dem nach den Weißbuch-Vereinbarungen von 1939 noch verfügbaren Kontingent auszustellen. Aber Sir Harold MacMichael, der Hohe Kommissar für Palästina, sprach sich gegen „eine so hohe Gesamtzahl" aus; er befürchte, wie er am 20. März dem Kolonialminister erklärte, die Deutschen würden dann in ihrer bekannten Gründlichkeit „mehr und mehr Schiffe zur Verfügung stellen", mit dem Ergebnis, daß der „Flüchtlingsstrom aus Südosteuropa höchst bedenkliche Ausmaße annehmen und schlimmstenfalls sogar zu einem Dauerzustand werden wird".[22]

MacMichael wollte zunächst nur 100 rumänischen Kindern die Einreise gewähren, denen „wahrscheinlich" 100 ungarische Kinder folgen sollten. Alle anderen Juden, die, sei es auf dem Land- oder auf dem Seeweg, nach Palästina zu gelangen versuchten, sollten nach wie vor als „Illegale" gelten; ihre Schiffe würden abgefangen, die Flüchtlinge selbst in Internierungslager in anderen Ländern überstellt werden. Nach dem Krieg sollten sie dann in die Länder zurückgeschickt werden, aus denen sie geflohen waren.

Für die meisten slowakischen Juden war es freilich, wie Lichtheim befürchtet hatte, „zu spät". Um dieselbe Zeit, als die *Mihai* und die *Euxine* mit ihren zusammen 28 Flüchtlingen vor Istanbul Anker warfen, wurden auf den Bahnhöfen slowakischer Städte die ersten Züge zusammengestellt, mit denen Zehntausende slowakischer Juden nordwärts über die polnische Grenze deportiert werden sollten. Die Fahrpläne für diese Transportzüge waren am 12. März festgelegt worden; sie sahen innerhalb des ersten Monats sieben Züge mit besonders plombierten Güterwaggons vor; in jedem dieser Züge sollten über tausend Juden transportiert werden können.

Lichtheim hatte in seinem Telegramm vom 16. März von einem „Getto unweit polnischer Grenze" als dem Zielort für die aus der Slowakei Deportierten gesprochen. Tatsächlich lag der Ort, zu dem die Züge fuhren, unweit der polnisch-slowakischen Grenze auf polnischem Gebiet; es wartete dort jedoch kein Getto, sondern ein Konzentrationslager; es befand sich, kaum 50 Kilometer jenseits der Grenze, in der Nähe der Stadt Auschwitz.

Die ersten zwei Züge, die weibliche Deportierte nach Auschwitz brachten, trafen dort am 26. März 1942 ein. In den plombierten stickigen Viehwaggons des ersten Zuges befanden sich 999 Frauen aus dem Konzentrationslager Ravensbrück nördlich von Berlin;[23] sie wurden mit auf den Unterarm tätowierten Zahlen fortlaufend von 1 bis 999 numeriert. Zwei Stunden später traf der zweite Zug ein, der weitere 999 Frauen, diesmal Jüdinnen aus der Slowakei, brachte. Auch ihnen wurden Nummern, von 1000 bis 1998, eintätowiert, dann wurden sie, wie die Frauen aus Ravensbrück, in den Lagerblocks einquartiert. Zwei Tage später, am 28. März kamen weitere 798 Jüdinnen aus der Slowakei im Lager an, und auch ihre eintätowierten Nummern, von 1999 bis 2796, wurden von der Lagerleitung penibel registriert. Am 30. März kam ein dritter Zug in Auschwitz an, der 1112 jüdische Männer in plombierten Güterwagen aus Paris brachte. Auch sie wurden numeriert und in die Blocks geschickt.[24]

Von diesen Ankömmlingen sollten nur sehr wenige das Jahr 1942 lebend überstehen, und von den am 30. März angekommenen Franzosen sollten bei

Kriegsende nur noch 19 am Leben sein.²⁵ Zunächst aber wurden sie für etwas mehr als zwei Monate als Arbeitssklaven benötigt: Von Schlägen angetrieben, vom Hunger ausgezehrt und beim geringsten Anlaß gewärtig, getötet zu werden, mußten sie das Lager ausbauen, bis es groß genug war, Hunderttausende von Deportierten fassen zu können.

Obwohl in Auschwitz bereits eine Gaskammer installiert und sechs Monate zuvor an sowjetischen Kriegsgefangenen und polnischen politischen Häftlingen praktisch erprobt worden war, wurden die Juden, die in der letzten März-woche in Auschwitz eintrafen, nicht vergast; sie wurden vielmehr in den Lager-baracken untergebracht, um als Arbeitskräftereservoir zu dienen, zusammen mit weiteren 3956 weiblichen und 3479 männlichen slowakischen Juden und Häft-lingen verschiedener Nationalität, die noch vor Ende April mit 9 weiteren Zügen in Auschwitz ankamen. Aber nur wenige von diesen „Lagerveteranen" erlebten den folgenden Winter. Von den 973 Männern, die am 17. April aus der Slowakei in das Lager eingeliefert wurden, lebten vier Monate später nur noch 88; und von den 423 slowakischen Juden, die ihre Häftlingsnummer am 29. April eintäto-wiert bekamen, waren Mitte August noch 20 am Leben.²⁶ Die Ursache für diese geringe Überlebensquote war der Beschluß der SS, jeden, der als zu schwach oder zu krank zum Arbeiten angesehen wurde, zu töten.

Die erste Vergasungsaktion von arbeitsunfähig gewordenen Häftlingen fand am 4. Mai in Auschwitz statt; an diesem Tag wurden 1200 Personen vorwiegend aus den im März und April eingetroffenen Transporten von einem Angehörigen des ärztlichen Dienstes der SS „aussortiert". Nachdem ihre Namen und Häft-lingsnummern gewissenhaft registriert waren, wurden alle 1200 in die Gaskam-mer geschickt und vergast; ihre Leichen wurden im Krematorium verbrannt.

Nachrichten über diese ersten Vergasungen in Auschwitz sollten erst nach mehr als zwei Jahren in den Westen gelangen. Aber unabhängig davon fuhr Ri-chard Lichtheim in Genf fort, alles, was er an Informationen über das allgemeine Mord- und Deportationsgeschehen im deutschen Machtbereich sammeln konn-te, zu verbreiten. „Solche Berichte müssen von Zeit zu Zeit publiziert werden", schrieb ihm am 12. April Leo Lauterbach, der Vorsitzende der Organisationsab-teilung der Jewish Agency, aus Jerusalem, „um das Gewissen der Öffentlichkeit wachzuhalten und das Verantwortungsbewußtsein gegenüber den unschuldi-gen Opfern dieser modernen Barbarei aufzurütteln."²⁷

3. England im Zwiespalt

Nach den militärischen Erfolgen der Deutschen in Nordafrika war für England die freundschaftliche Haltung der arabischen Staaten des Nahen Ostens zu einem höchst bedeutsamen Faktor geworden, insbesondere im Hinblick auf die Erhaltung der englischen Machtposition am Suezkanal. Aus diesem Grund taucht in den Äußerungen britischer Minister aus den Frühjahrs- und Sommermonaten des Jahres 1942 immer wieder der Hinweis auf die arabische Haltung zur jüdischen Einwanderung nach Palästina und zu den Zielen der Zionisten auf. Gleichwohl hatte Kolonialminister Lord Cranborne im Anschluß an den Untergang der *Struma* Ende Februar immer wieder für eine Lockerung der Einwanderungsbestimmungen plädiert, die das Kabinett zum Zeitpunkt des Unglücks nochmals bekräftigt hatte – Bestimmungen, die sogar dazu geführt hatten, daß England diplomatischen Druck auf die Türkei ausübte, um zu erreichen, daß Juden, die von feindlichem Territorium aus die Türkei erreichten, keine Möglichkeit erhielten, nach Palästina weiterzureisen.

Mit seinem Wunsch, seine Regierung zu einer wohlwollenderen Politik gegenüber den jüdischen Flüchtlingen zu bewegen, erntete Cranborne freilich auch Widerspruch. Am 19. März 1942 erklärte der Hohe Kommissar in Palästina dem Kolonialamt: „Wenn wir von dem Grundsatz abgehen, auf den wir uns bis jetzt festgelegt hatten, so werden wir damit wahrscheinlich das Schleusentor öffnen und unsere ganze Politik gegenüber der illegalen Einwanderung zum Einsturz bringen."[1] Und seine eigenen Berater aus dem Kolonialamt wiesen Lord Cranborne in der ersten Aprilwoche darauf hin, daß den gültigen britischen Bestimmungen zufolge jeglicher jüdische Flüchtling, dem es allen Hindernissen zum Trotz gelang, vom europäischen Festland aus Palästina zu erreichen, in jedem Fall deportiert werden müsse. Als denkbares Unterbringungsgebiet für die solchermaßen Deportierten war die frühere italienische Provinz Eritrea in Vorschlag gebracht worden, und Cranborne leitete diesen Vorschlag an die britischen Militärbehörden in Eritrea weiter. Allein, am 5. April erhob General Auchinleck telegrafisch Widerspruch gegen den Plan, und als Anthony Eden von seinem Privatsekretär Oliver Harvey um Auskunft gebeten wurde, ob er den Vorschlag Cranbornes unterstützen werde, antwortete er mit dem Vermerk:

Nein! Ich glaube, daß Lord Cranborne im Begriff ist, uns ein großes Problem einzubrokken, und daß es letztlich die barmherzigere Lösung ist, diese Schiffe zurückzuschicken.[2]

Lord Cranborne war jedoch entschlossen, eine nochmalige Katastrophe wie den Untergang der *Struma* zu verhindern und machte Anfang Mai den Vorschlag, alle Juden, die es schafften, Palästina zu erreichen, an Land gehen zu lassen und ihre Gesamtzahl von den 42 000 noch verbliebenen Einwanderungszer-

tifikaten abzuziehen. Aber auch dieses Zugeständnis wurde nur in stark eingeschränkter Form praktisch wirksam, denn am 13. Mai gab das Kolonialamt die
Anweisung aus, daß „alle denkbaren Maßnahmen getroffen werden sollten, um
ein Bekanntwerden der neuen Regelung zu verhindern".³ Wenn die Nachricht
von dem gemachten Zugeständnis an die Öffentlichkeit dringe, so würden, wie
das Amt erklärte, noch viel mehr Flüchtlinge in Versuchung geraten, die Reise zu
riskieren; ja, die Deutschen selbst würden ihnen womöglich Schiffe zur Verfügung stellen, um so vielleicht einen Keil zwischen England und die Araber zu
treiben.

Dem Auswärtigen Amt war ein solches Zugeständnis selbst in solchermaßen
eingeschränkter Form noch zuviel, und Eden selbst erklärte auf der Sitzung des
Kriegskabinetts am 18. Mai, falls die neue Regelung zu einem „bedenklichen
Anstieg" der jüdischen Einwanderung nach Palästina führe, müsse sie, sobald
die nach den Weißbuch-Vereinbarungen noch verfügbaren Einwanderungszertifikate aufgebraucht seien, überprüft werden.⁴

Am 9. Mai, als Lord Cranbornes Konzessionsvorschlag in London noch diskutiert wurde, trafen die Führer des internationalen Zionismus, darunter Dr.
Weizmann, im Biltmore-Hotel in New York zu einer außerordentlichen Konferenz zusammen. Der Vorsitzende des Exekutivrats der Jewish Agency, David
Ben Gurion, machte deutlich, worum es bei dem Treffen ging; er erklärte, daß
die Juden sich als Folge der Einwanderungsbestimmungen von 1939 hinsichtlich
der Begründung einer nationalen Heimstätte der Juden in Palästina nicht länger
auf England verlassen könnten. Es sei daher erforderlich, führte er aus, daß die
Jewish Agency selbst anstelle der britischen Mandatsverwaltung die Regierung
in Palästina übernehme. Zum Abschluß der Konferenz verpflichtete sich eine
Mehrheit der Teilnehmer feierlich, für die Errichtung eines „Jüdischen Commonwealth" in Palästina und für die Aufhebung aller Einwanderungsbeschränkungen zu arbeiten.

Ungeachtet dieses „Biltmore-Programms" setzte Lord Cranborne seine Bemühungen um eine flexiblere britische Flüchtlingspolitik fort. Und am 22. Mai,
nur elf Tage nach der Biltmore-Konferenz, informierte er die Londoner Vertreter der Jewish Agency – die er am gleichen Vormittag in seinem Büro im Kolonialamt empfangen hatte – in einem offiziellen Schreiben über seine neue Politik.

In diesem Brief vom 22. Mai erinnerte der Kolonialminister zunächst an den
Kabinettsbeschluß, demzufolge „alle praktisch anwendbaren Mittel" eingesetzt
werden sollten, um „die illegale Einwanderung zu unterbinden". In diesem Sinn
werde, so schrieb er, die Einwanderung jüdischer Flüchtlinge nach Palästina „in
keiner Weise erleichtert". Ungeachtet dessen, so fuhr Cranborne fort, werde
man „Schiffsladungen illegaler Einwanderer", denen es dennoch gelang, die Küste Palästinas zu erreichen, erlauben, an Land zu gehen. Einmal an Land, würden
sie in „Internierungslager" eingewiesen; diejenigen, die sowohl der Sicherheits-
überprüfung standhielten als auch „die vorrangige Bedingung der wirtschaftlichen Integrierbarkeit" erfüllten, würden „nach und nach" in Aufrechnung gegen

die in den Weißbuch-Vereinbarungen festgelegten halbjährlichen Einwanderungsquoten entlassen.

Unbeschadet dieser Konzession enthielt der Brief Cranbornes vom 22. Mai in
der Folge auch Aussagen, die bestimmte nach wie vor wirksame Einschränkungen einer „offenen" Einwanderungspolitik betrafen. Aus dem Kabinettsbeschluß zur Abwehr der illegalen Einwanderung folge, so erläuterte er, „mit Notwendigkeit, daß jüdischen Flüchtlingen, die bei dem Versuch, von feindlich be-
setztem Territorium aus Palästina zu erreichen und in der Türkei oder in einem
anderen neutralen Land hängen bleiben, keine Hilfestellung geleistet werden
kann". Die britischen Behörden würden sich daher „nicht in der Lage sehen", irgend jemandem „die Reise nach Palästina zu erleichtern", weder einer Gruppe
von zwanzig rumänischen Juden, die einige Zeit zuvor von Bord eines abgefangenen illegalen Schiffes, der *Dor de Val*, entwichen waren und sich jetzt in Istanbul aufhielten, noch einer zweiten Gruppe von Flüchtlingen, die sich an Bord der
im türkischen Hafen Cesme liegenden *Euxine* befand. Des weiteren schrieb Cranborne in seinem Brief:

Während die Regierung Seiner Majestät sich zu keiner Verantwortung für die Sicherheit
der Passagiere dieser beiden Schiffe bekennt, erklärt sie sich in einem Akt der Gnade bereit, ihnen die Weiterfahrt nach Zypern zu gestatten, falls die Jewish Agency die erforderlichen Vorkehrungen für ihre Beförderung von der Türkei nach Zypern zu treffen in der
Lage ist.

Sollte es indes der *Euxine* gelingen, Palästina zu erreichen, so werden ihre Passagiere an
Land geholt und wie diejenigen von der *Mihai* und der *Mircea* in ein Internierungslager
überführt werden.

Das Angebot, den Passagieren der *Dor de Val* und der *Euxine* ein Asyl auf Zypern zu gewähren, darf jedoch nicht so verstanden werden, als ob es sich auf irgendwelche weiteren
Flüchtlinge erstreckte, die in Zukunft in der Türkei anlanden. Ihnen gegenüber kann sich
die Regierung Seiner Majestät nicht zu irgendeiner Verantwortung oder Verpflichtung
bekennen.

Ungeachtet all ihres Wenn und Aber bedeutete die Konzession Cranbornes,
daß jene ganz Wenigen, denen es gelang, auf eigene Faust aus dem gutbewach-
ten Gefängnis des NS-Herrschaftsbereichs zu entfliehen und Palästina zu erreichen, von jetzt an dort aufgenommen werden würden. Aber die potentiell se-
gensreichen Wirkungen dieser neuen Politik wurden von vornherein dadurch
sehr stark beschnitten, daß die Regierung auf der strengen Geheimhaltung ihrer
Konzessionsentscheidung beharrte. Wie Lord Cranborne es am Schluß seines
Schreibens unverblümt ausdrückte:

… angesichts der äußerst heiklen Lage im Nahen Osten legt die Regierung Seiner Majestät großen Wert darauf, daß die neuen Vereinbarungen möglichst wenig Publizität erhalten. Es ist daher nicht beabsichtigt, in bezug auf sie irgend etwas in der Art einer öffentlichen Ankündigung oder Erklärung abzugeben, weder hierzulande noch in Palästina.

Ich wäre erfreut, wenn Sie sich einer ähnlichen Zurückhaltung befleißigen würden,
wenngleich ich einsehe, daß Sie zweifellos nicht umhinkommen, eine vertrauliche Mitteilung an Dr. Weizmann und den Exekutivrat der Jewish Agency in Jerusalem sowie an andere Personen zu machen, die zu informieren Sie für unerläßlich erachten.

„In Ihrer Mitteilung an Dr. Weizmann", fügte Lord Cranborne hinzu, „werden Sie zweifellos betonen, wie wichtig es ist, jede Publizität in der amerikanischen Presse zu vermeiden."[5]

Der Brief Lord Cranbornes vom 22. Mai hatte für die Juden Europas den Wert einer kleinen, an gewisse Vorbehalte geknüpften, aber dennoch erfreulichen Geste. Dank ihr blieben mehrere hundert Juden von den Ungewißheiten und Gefahren verschont, die sie hätten erdulden müssen, wenn sie mit ihren Schiffen in die Ausweglosigkeit des Schwarzen Meeres zurückgeschickt oder, auf dem Landweg über Bulgarien gekommen, an der türkischen Grenze zurückgewiesen worden wären.

4. „Unglaubliche Verbrechen": Mai 1942

Das Schicksal der Juden unter der NS-Herrschaft war eines der Diskussionsthemen bei der außerordentlichen zionistischen Konferenz im Biltmore-Hotel gewesen. Dr. Chaim Weizmann hatte den Teilnehmern in seiner Eröffnungsansprache am 9. Mai erklärt, nach einer „besonnenen statistischen Schätzung" könne man davon ausgehen, daß „25 Prozent der jüdischen Bevölkerung Mitteleuropas, um es mit dem modernen Begriff zu sagen, ‚liquidiert' werden – 25 Prozent!"[1]

Ein anderer Redner, Dr. Nahum Goldmann, gab den Delegierten zu bedenken, daß es sich nach der siegreichen Beendigung des Krieges sehr wohl herausstellen könne, daß die Angaben Dr. Weizmanns noch zu optimistisch gewesen waren und daß von den insgesamt acht Millionen europäischen Juden, die es vor dem Krieg gegeben hatte, nicht mehr als „zwei oder drei Millionen" überleben würden.[2] Nach den Berechnungen von Dr. Goldmann hatte es den Anschein, als könnten vor Kriegsende an die sechs Millionen Juden der NS-Mordmaschine zum Opfer fallen.

Das war ein bitteres Menetekel. Und doch war die Wirklichkeit in Europa, verborgen vor den Augen der Alliierten, bereits dabei, die Prophezeiungen Goldmanns einzuholen: Denn sechs Tage, bevor er im Biltmore-Hotel seine düsteren Schätzungen bekanntgab, hatten in den verschiedenen Vernichtungslagern und in Auschwitz Vergasungen bereits stattgefunden.

Diese Vergasungen waren zwar zum Zeitpunkt der Rede Goldmanns noch ein streng gehütetes Geheimnis, aber über andere Massaker gaben zwei ausführliche, grauenvolle und authentische Berichte Auskunft, die aus dem NS-Herrschaftsbereich herausgeschmuggelt worden waren. Der erste stammte von einem „Herrn aus Budapest", der auf dem Weg nach Südamerika in der Schweiz Station machte. Er brachte eine Botschaft von der jüdischen Gemeinde in Ungarn mit nach Genf und übergab sie Richard Lichtheim. Lichtheim schickte sie am 13. Mai über Istanbul nach Jerusalem weiter.

Von den 90 000 slowakischen Juden seien, so hieß es in dem Report, 20 000 bereits „nach Polen geschickt worden". In vielen Fällen waren Frauen und Kinder von ihren Männern getrennt worden. Was mit den Deportierten bei ihrer Ankunft in Polen geschehen sei, „ist noch nicht bekannt". Es wurde jedoch unter Berufung auf „eine zuverlässige Quelle" mitgeteilt, eine große Zahl von Mädchen und Frauen zwischen 16 und 26 Jahren sei „in die entlang der polnischen Grenze errichteten Soldatenbordelle geschickt worden".

Die Botschaft, die der Reisende aus Budapest mitgebracht hatte, enthielt unter anderem auch eine Schilderung des Schicksals 52 slowakischer Juden, darunter Frauen und Kinder, denen es nach der Entrichtung „riesiger Geldsummen" gelungen war, die ungarische Grenze zu erreichen und sich die Zusage zu erkaufen, sie dürften nach Ungarn einreisen. Doch im letzten Augenblick habe, wie Lichtheim berichtete, „jemand Alarm geschlagen, und sie wurden zurückgetrieben und den slowakischen Grenzpolizisten übergeben, die alle 52 Personen auf der Stelle umbrachten".[3]

Der zweite Bericht war aus dem von Deutschland besetzten Teil Polens herausgeschmuggelt worden und traf in London am Ende der dritten Maiwoche ein. Er kam von der im Untergrund tätigen Jüdisch-Sozialistischen-Partei Polens, dem „Bund", und war an die polnische Exilregierung gerichtet. Der Bund-Bericht begann mit der Feststellung, seit Beginn des deutsch-russischen Krieges im Juni 1941 hätten die Deutschen „die physische Ausrottung der jüdischen Bevölkerung auf polnischem Boden in die Wege geleitet".

Dem Bund-Report zufolge hatten die Deutschen zur Ausführung der Massentötungen, die in den Sommermonaten des Jahres 1941 im östlichen Galizien begonnen hatten, litauische und ukrainische „Faschisten" eingesetzt. Dabei sei überall nach dem „folgenden System" vorgegangen worden:

… die Männer im Alter zwischen 14 und 60 Jahren wurden an einer Stelle, sei es auf einem Platz oder einem Friedhof, zusammengetrieben und dann entweder einzeln abgeschlachtet oder mit Maschinengewehren umgemäht oder mit Handgranaten getötet. Vorher mußten sie selbst ihr Grab ausheben. Kinder in Waisenhäusern, Altersheiminsassen, Kranke in der Klinik wurden erschossen, Frauen wurden auf der Straße getötet. In vielen Städten wurden die Juden ‚mit unbekanntem Ziel' abtransportiert und in nahegelegenen Wäldern getötet.

Der Bund-Bericht enthielt des weiteren Angaben zur Zahl der bei den jeweiligen „Mordaktionen" Getöteten: Unter anderem waren es 30 000 Juden in Lemberg, 15 000 in Stanislawow und 5000 in Tarnopol gewesen. Gleichartige Massentötungen hätten in allen Städten Ostgaliziens stattgefunden und seien in manchen, wie in Lemberg, „noch im Gang". In Wilna, das vor dem Krieg zu Polen gehört hatte, seien, wie es in dem Report hieß, 50 000 Juden von SS-Sonderkommandos getötet worden; nur 12 000 seien noch am Leben. Insgesamt seien in Wilna und in der umgebenden Region 300 000 Juden abgeschlachtet worden; der Bericht nannte als Beispiele für das Ausmaß dieses Massenmords Zahlen für einzelne Städte. In Rowno etwa seien in den ersten drei Novembertagen 1941 „über 15 000 Menschen, Männer, Frauen und Kinder, umgebracht worden".

Im weiteren schilderte der Bericht die Tötungsmethoden in jenen polnischen Gebieten, die unter dem Namen Warthegau dem Deutschen Reich einverleibt worden waren. Hier seien, in dem kleinen Dorf Chelmno, Tausende von Juden „durch Vergasen" ermordet worden.

Ein Speziallastwagen (eine fahrbare Gaskammer) wurde benutzt. Jeweils 90 Personen auf einmal wurden eingeladen. Die Opfer wurden in einem eigens ausgehobenen Grab, einem Erdloch im Wald von Lubard, verscharrt. Die Opfer mußten ihr Grab selbst ausschaufeln, ehe sie umgebracht wurden.

2. Der Ostteil des Großdeutschen Reiches mit dem „Polnischen Generalgouvernement" und dem „Lublinland".

Es war dies das erste Mal, daß der Name Chelmno und genaue Angaben über die Vergasung von Juden in den Westen drangen. Auch in bezug hierauf waren die im Bund-Bericht mitgeteilten Angaben präzise und, wie wir heute wissen, zutreffend.[4] Dem Bericht zufolge waren in Chelmno zwischen Beginn des Winters 1941 und März 1942 „durchschnittlich" 1000 Menschen pro Tag vergast worden, darunter 5000 aus den umliegenden Städten und Dörfern und 35000 aus dem Getto von Lodz, außerdem „eine Anzahl von Zigeunern".

Neben den Massentötungen in Ostgalizien, in der Region von Wilna und im Warthegau schilderte der Bund-Bericht auch die „Judenvernichtung" im sogenannten polnischen Generalgouvernement. Dort hatten die Tötungen dem Bericht zufolge im Februar 1942 begonnen; Gestapo- und SS-Leute waren Tag für

Tag in die Judenviertel zweier großer Städte, Tarnow und Radom, gezogen und hatten „die Juden auf den Straßen, in den Höfen und in den Wohnungen ermordet". Im März 1942 hatte die Massenvertreibung der Juden aus Lublin eingesetzt; zuvor jedoch waren Kinder in Waisenhäusern und Bewohner von Altersheimen „zusammen mit Patienten in der Klinik für allgemeine und epidemische Krankheiten auf viehische Weise ermordet" worden. Insgesamt waren 2000 Juden auf diese Weise getötet und weitere 25 000 „‚mit unbekanntem Ziel' in plombierten Eisenbahnwaggons aus Lublin abtransportiert (worden). Sie sind spurlos verschwunden". Weitere 3000 Juden waren in Majdanek, einem Vorort von Lublin, „in Baracken interniert" worden.

Am Schluß des Bund-Reports wurde der Name zweier weiterer Städte genannt. Die erste war Krakau, wo in den letzten Märztagen 1942 „50 Juden aus einer Liste ausgewählt und vor den Toren ihrer Häuser erschossen wurden". Die zweite war Warschau, wo die Gestapo am Abend des 17. April „ein Blutbad anrichtete …". Dieses „Blutbad" wurde sodann von denen, die aus Warschau geschrieben hatten, geschildert:

Sie zerrten 50 Juden, Männer und Frauen, aus ihren Wohnungen, nachdem sie sie aus einer vorbereiteten Liste ausgesucht hatten, und töteten sie in viehischer Weise vor ihren Haustoren. Einige der Ausgewählten konnten sie nicht in ihren Wohnungen auffinden. Seit dem 18. April bringen sie jeden Tag einige Juden auf der Straße oder in der Wohnung um. Dabei gehen sie nach einer vorbereiteten Liste vor und beziehen Juden aller Schichten aus dem Warschauer Getto ein. Es wird gemunkelt, daß noch mehr blutige Nächte bevorstehen.

Alles in allem waren nach Schätzungen des Bund-Berichts zwischen Juni 1941 und April 1942 in den von Deutschland kontrollierten polnischen Gebieten um die 700 000 polnische Juden getötet worden, eine Tatsache, die, wie es im Bericht hieß, „wider allen Zweifel zeige, daß die verbrecherische deutsche Regierung begonnen hat, Hitlers Prophezeiung wahr zu machen, daß er in den letzten fünf Minuten des Krieges – wie er auch ausgeht – alle Juden in Europa töten wird".

Den Abschluß des Berichts bildete eine Bitte des Bundes um eine sofortige Reaktion der Alliierten. Die Deutschen würden zwar, wie die Autoren des Berichts glaubten, „zu gegebener Zeit für ihre abscheulichen Bestialitäten zur vollen Verantwortung gezogen", aber dies sei für die jüdische Bevölkerung, „die durch eine unerhörte Hölle geht", kein ausreichender „Trost". Es müsse etwas unternommen werden, um „den Untergang des polnischen Judentums abzuwenden".

Die Verfasser des Bund-Reports forderten die polnische Exilregierung und durch sie die Vereinigten Staaten und die anderen alliierten Mächte auf, zu einer „Politik der Vergeltung" gegenüber in alliierten Ländern lebenden deutschen Staatsbürgern zu greifen. Es sei grundlegend wichtig, daß diese Deutschen „schon *jetzt* für die bestialische Ausrottung des jüdischen Volkes verantwortlich gemacht" würden. Eine Politik der Repressalien biete, so erklärte der Report, „die einzige Möglichkeit, Millionen von Juden vor der sonst unvermeidlichen Vernichtung zu bewahren".[5]

Dem Nationalrat der polnischen Exilregierung, die den Bund-Report Ende Mai erhielt, gehörten zwei Juden an, Szmul Zygielbojm und Dr. Ignacy Schwarzbart. Zygielbojm war Mitglied des „Bundes", Schwarzbart war ein Zionist. Beide Männer gaben Einzelheiten aus dem Bericht unverzüglich an die britischen Behörden, an die BBC und an den Chef der polnischen Exilregierung, General Sikorski, weiter, der in einer von der BBC ausgestrahlten Sendung über den Bund-Bericht seinen Zuhörern erklärte: „Die jüdische Bevölkerung Polens ist zum Untergang verurteilt, ganz im Sinne der Ankündigung der Nazis, alle Juden zu vernichten, gleich wie der Krieg ausgeht."

Ferner sagte Sikorski: „Zehntausende von Juden sind im Laufe dieses Jahres Massakern zum Opfer gefallen. Man läßt die Menschen in den Gettos verhungern. Es finden Massenerschießungen statt; selbst diejenigen, die an Typhus erkrankt sind, werden erschossen."[6]

Der Bund-Bericht erregte beträchtliches Interesse. Am 24. Juni nahm die BBC eine Inhaltsangabe des Berichts in ihre tägliche interne Zusammenstellung derjenigen Nachrichten auf, die sie für besonders bemerkenswert erachtete. Die BBC hatte schon immer ein Schwergewicht ihrer Berichterstattung auf jenen Aspekt der deutschen Politik gelegt, den sie den „Terror" nannte. Und in der Zusammenstellung vom 24. Juni war vermerkt: „Die scheußlichste Seite dieses Terrors ist im Augenblick die jetzt durch neue Nachrichten bestätigte Tatsache der massenhaften Erschießung von Juden in Wilna und Polen." Weiter hieß es in dem Text:

In Wilna sind während der letzten paar Monate 60 000 Juden getötet worden. Andere Informationen berichten über die Konzentration der Juden im Bezirk Lublin. Aus allen Teilen Europas herbeigeschafft, sind sie dort in einem großen Lager zusammengepfercht, in großer Zahl erschossen und dem Hunger- und Seuchentod überlassen worden, so daß die Zahl der Opfer schon in die Zigtausende geht.

Auch aus Lemberg, Jaslo und anderen Städten der Bezirke Lublin und Lodz sind brutale Exzesse der Deutschen gegen die Juden gemeldet worden.

Der Text schloß mit der Weisung: „Bitte all das stark herausstellen. Auch daß sie dafür zahlen müssen. Es wird eine Vergeltung für die jüdischen Opfer geben."[7]

Ebenfalls am 24. Juni gab das Außenministerium der polnischen Exilregierung in London eine Erklärung heraus, in der es hieß, in Warschau kursierten Gerüchte, „daß Juden zur Erprobung von Giftgasen eingesetzt werden", daß die Zahl der im östlichen Polen und in den „besetzten Provinzen Rußlands" getöteten Juden auf 700 000 geschätzt werde und daß bei einer von den Deutschen in der ukrainischen Stadt Dnjepropetrowsk durchgeführten Volkszählung „nur 128 Juden verzeichnet wurden, während vor dem Krieg wenigstens fünfhundertmal so viele in der Stadt gelebt haben müssen".[8]

In dem Versuch, das Los seiner polnischen Glaubensgenossen in der Öffentlichkeit bekanntzumachen, hatte Zygielbojm einen auf dem Bund-Bericht basierenden Artikel geschrieben, den der Daily Telegraph veröffentlichte. Die interne

Nachrichtenempfehlung der BBC vom 25. Juni nahm direkt auf diesen Artikel Bezug. „Die ungeheuerliche Geschichte mit den Judenmassakern in Polen ...", hieß es darin, „sollte in allen Sprachen an vorderster Stelle gebracht werden." Und weiter: „Es sollten ihr auch Kommentare gewidmet werden, nicht zuletzt in Sendungen für katholische Länder. Es handelt sich hier um eines der größten Verbrechen der Geschichte. Wenn die Deutschen mit den Juden so umspringen können, welche Sicherheit haben dann andere ,minderwertige' Rassen, die Polen, die Serben, die Franzosen, daß sie nicht auch ausgerottet werden?"[9]

Zygielbojms Aufbereitung des Bund-Berichts erschien am 25. Juni im *Daily Telegraph* als Hauptaufmacher auf Seite 5, der nach der Titelseite wichtigsten Nachrichtenseite, unter der fettgedruckten Überschrift: Deutsche ermorden in Polen 700 000 Juden und dem zusätzlichen Untertitel: Fahrende Gaskammern. Die im Bund-Report mitgeteilten Tatsachen stünden, wie die Zeitung dem Bericht vorausschickte, „in voller Übereinstimmung mit der Politik, zu der Hitler sich viele Male bekannt hat".[10]

Am 29. Juni veranstaltete der Jüdische Weltkongreß in London eine Pressekonferenz, auf der Dr. Schwarzbart den Vorsitz führte. Nochmals wurde der Bund-Report vom 22. Mai verlesen, und diesmal griffen mehrere Zeitungen das Thema auf. Drei Blätter erschienen am 30. Juni mit unmißverständlichen Schlagzeilen:

The Times: Massaker an Juden – über 1 000 000 Tote seit Kriegsbeginn; *Daily Mail:* Grösster Pogrom – Eine Million Juden tot; *Manchester Guardian:* Über eine Million jüdische Kriegsopfer.

Am 2. Juli brachte die *New York Times* auf Seite 6 eine Zusammenfassung des Berichts. Ausführlicher befaßte sich die Zeitung in derselben Ausgabe mit dem Tennisschuh von Gouverneur Lehman, den dieser im Rahmen der Altgummi-Sammelkampagne gespendet hatte, um die zivilen Kriegsanstrengungen zu stimulieren. Zur herben Enttäuschung des polnischen Nationalrats zeigten die anderen führenden Zeitungen nicht einmal so viel Interesse an der Judenvernichtung, daß es zu einer Meldung auf einer der inneren Seiten gereicht hätte, und so veröffentlichte der Nationalrat am 8. Juli nochmals seine Resolution vom 10. Juni und wies darauf hin, daß sich in seinem Besitz „neue Tatsachenberichte über die systematische Zerstörung der Lebenskraft der polnischen Nation und die planmäßige Abschlachtung praktisch der gesamten jüdischen Bevölkerung" befänden.[11]

Am 26. Juni verbreitete Zygielbojm in einem weiteren Versuch, die Einzelheiten der nationalsozialistischen Judenpolitik an die Öffentlichkeit zu tragen, die wesentlichen Aussagen des Bund-Berichts in einer Sendung der BBC. Er erklärte, er könne keine wirksame Vergeltung versprechen, aber Deutschland werde gewiß besiegt werden, und die Alliierten würden nach ihrem Sieg, wie er es ausdrückte, die „geeigneten Mittel finden, die deutschen Barbaren zu zwingen, für alle ihre unglaublichen Verbrechen zu bezahlen".

In dieser Rundfunkansprache, die er in jiddischer Sprache hielt, sicherte er den Opfern Hitlers zu, die Juden in den freien Ländern würden „jeden Nerv an-

spannen, um der systematischen Ausrottung ein Ende zu machen", und er verlas
einen Brief, den eine jüdische Frau aus einem Getto an ihre Schwester in einem
anderen Getto geschrieben hatte. Der Brief lautete:

Meine Hände schlottern. Ich kann nicht schreiben. Unsere Minuten sind gezählt. Der
Herr weiß, ob wir uns wiedersehen werden. Ich schreibe und weine. Meine Kinder wim-
mern. Sie wollen leben. Wir segnen Dich. Wenn Du keine Briefe mehr von mir erhältst,
wirst Du wissen, daß wir nicht mehr leben."

„Dieser Brief", erklärte Zygielbojm seinen Zuhörern, „ist in Wirklichkeit ein
Hilfeschrei an die ganze Welt."[12]

Eine weitere Zusammenstellung von Nachrichten aus Polen hatte das polnische Informationsministerium in London am 1. Juli in seinem Pressebulletin, der
Polish Fortnightly Review veröffentlicht. Das Thema der Ausgabe waren die „Versuche der Deutschen, eine Nation zu ermorden", in diesem Fall die polnische
Nation. Ein Abschnitt war jedoch auch der „Vernichtung der jüdischen Bevölkerung" Polens gewidmet: den Massenerschießungen in vier Städten und der
Deportation von Juden aus dem Getto von Lublin in das Dorf Majdan Tatarski, wo, wie der Bericht feststellte, „fast die gesamte Bevölkerung ausgelöscht
wurde".

Eine Anzahl Lubliner Juden waren nach Angaben der *Polish Fortnightly Review*
in Güterwaggons gesperrt worden, die dann aus der Stadt gezogen und „zwei
Wochen lang auf einem Nebengleis stehengelassen wurden, bis alle Insassen
verdurstet oder verhungert waren. Die große Mehrheit der Lubliner Juden sei jedoch

… im Lauf mehrerer Tage zu dem Ort Sobibór bei Wlodawa transportiert worden, wo sie
alle mit Gas oder Maschinengewehren, ja sogar mit Bajonetten ermordet wurden.

Es ist eine erwiesene Tatsache, daß Abteilungen litauischer *Szaulis*, die unlängst nach
Polen verlegt worden sind, zur Durchführung dieser Massenexekutionen eingesetzt wurden.

Es heißt, daß der Verwesungsgestank in Sobibór so stark ist, daß die Menschen der Umgebung, und selbst das Vieh, den Ort meiden. Ein in Sobibór arbeitender Pole schrieb einen Brief, in dem er um seine Versetzung anderswohin bat, da er an einem solchen Ort
nicht bleiben könne.

Neben den Tötungen in Sobibór bestätigte die *Polish Fortnightly Review* weitere
Massenmorde in den früheren polnischen Ostprovinzen, darunter ein Massaker
an „mehreren tausend jüdischen Kindern" im Herbst 1941 in Pinsk sowie an ungefähr 12 000 deutschen Juden, die aus dem Reich deportiert wurden, „nur um
massakriert zu werden, sobald sie polnischen Boden betraten".

Der Ort Sobibór und das Dorf Majdan Tatarski bei Lublin waren die beiden
einzigen Todeslager, die der Report des polnischen Informationsministeriums
in seinem Abschnitt über die Judenvernichtung erwähnte. In einem anderen Abschnitt jedoch, der sich mit den nichtjüdischen „Opfern deutscher Verhaftungen" befaßte, schilderte der Bericht, wie polnische Gefangene, nachdem sie zunächst im Pawiak-Gefängnis in Warschau festgehalten und gequält worden wa-

ren, „zur Zwangsarbeit nach Deutschland oder ins Konzentrationslager bei Oświęcim" geschickt wurden.

Sodann folgte eine eingehende Schilderung der entsetzlichen Verhältnisse in
Oświęcim (Auschwitz), die allerdings keinerlei Hinweise auf jüdische Lagerinsassen in Auschwitz enthielt. Das Wort „Juden" kam nicht einmal vor. Aber
aus der Darstellung ging deutlich hervor, daß Auschwitz ein Lager war, in dem
besonders barbarische Zustände walteten. Nach der Schilderung der probewei-
sen Vergasungen vom September 1941, bei denen 600 sowjetische Kriegsgefangene und 250 Kranke, vorwiegend Polen den Tod gefunden hatten, fuhr der Bericht fort:

Zusätzlich zu dem bei Oświęcim errichteten Hauptlager gibt es, nicht weit davon, ein weiteres Lager, in dem die Brutalität so furchtbar ist, daß die Menschen dort schneller zugrundegehen, als sie es im Hauptlager tun würden. Die Gefangenen nennen dieses Ergän-
zungslager „das paradiesische" (vermutlich weil der einzige Weg, der aus ihm heraus-
führt, der Weg ins Paradies ist). Das Krematorium dieses Lagers ist fünfmal so groß wie
das im Hauptlager. Die Gefangenen in beiden Lagern werden hauptsächlich mit diesen
drei Mitteln zur Strecke gebracht: durch übermäßige Arbeit, durch Folterung und durch
medizinische Einwirkung.

Insbesondere die Insassen des „paradiesischen Lagers" haben sehr schwere Arbeit zu
verrichten, hauptsächlich beim Bau einer Fabrik für synthetischen Gummi in unmittelbarer Nachbarschaft. Die Folterungen, die sich an den wohlbekannten deutschen Methoden
orientieren, führen dazu, daß sich Tag für Tag eine Reihe von Gefangenen aus Verzweiflung und Hoffnungslosigkeit in den um das Lager gezogenen Drahtzaun stürzt. Der Zaun
wird von Männern mit Maschinengewehren bewacht, und die Häftlinge, die ihn berüh-
ren, werden erschossen.

Eine der beliebtesten Foltermethoden in Oświęcim besteht darin, daß das Opfer an Armen und Beinen gepackt und so lange gegen einen Pfosten geschleudert wird, bis das
Rückgrat bricht. Die „wissenschaftliche" Tötungsmethode hingegen besteht darin, daß
den Häftlingen etwas eingespritzt wird, das langsam auf die inneren Organe, besonders
auf das Herz wirkt. Es herrscht allgemein die Überzeugung, daß die Lagerinsassen für
breit angelegte Experimente zur Erprobung neuer chemischer Stoffe herangezogen werden, die die Deutschen für unbekannte Zwecke entwickeln ...

Demselben Bericht (vom 1. Juli) zufolge wurde an den Häftlingen des Lagers
Auschwitz unter anderem „die Anwendung von Giftgas" erprobt. Es hieß dazu:

In letzter Zeit hat sich die Lage in Oświęcim verschlimmert, und zwar infolge der Einrichtung einer Frauenabteilung. Die Frauen werden für jene wenigen leichteren Arbeiten eingesetzt (Kartoffeln schälen, putzen usw.), die bis dahin von einer Anzahl von Männern
ausgeführt worden waren, denen auf diese Weise eine schwerere Arbeit erspart blieb. Jetzt
werden die Männer nur noch für schwere körperliche Arbeit eingesetzt, und zwar gestaf-
felt nach Kategorien, je nach ihrer Körperkraft. Nach Schätzungen faßt das Lager Oświęcim 15 000 Gefangene, aber da sie massenweise sterben, ist immer Platz für Neuankömmlinge.[13]

Im Bund-Bericht war von Auschwitz nicht die Rede gewesen. Infolgedessen
war der Name dieses Lagers weder in den Sendungen der BBC noch in den Zei-

tungen erwähnt worden, die etwas über den Bericht gedruckt hatten. Dabei war gerade Auschwitz der Ort, an dem das – ohnehin schon beträchtliche – Ausmaß des Mordens gerade um diese Zeit planmäßig und methodisch in neue Größenordnungen hinein erweitert wurde.

Bei einem Besuch in Auschwitz im Frühsommer hatte Heinrich Himmler die Vergrößerung des Lagers angeordnet. Denn schon zum Zeitpunkt seines Besuchs waren die eine Gaskammer und das eine Krematorium nicht mehr ausreichend, Tötungen in dem Ausmaß, wie es den Naziführern vorschwebte, zu bewältigen. Als Standort war Auschwitz mit seiner Lage direkt an der Eisenbahnlinie Wien-Krakau und mit seiner günstigen Schienenverbindung nach Berlin, Breslau und Warschau ideal geeignet, einen zentralen Anlaufpunkt für weitere deportierte Juden aus ganz Europa abzugeben.

Im Anschluß an den Besuch Himmlers war in der Nachbarschaft des Weilers Birkenau, längs der Bahnlinie, ein neues Lagergrundstück abgesteckt worden. Dort wurden nun den Sommer über neue Baracken errichtet; am 16. August 1942 wurde das Frauenlager Birkenau eröffnet; das gesamte Gelände war von einem elektrisch geladenen Zaun und einem tiefen Graben umgeben. Um die gleiche Zeit erteilte die SS einer deutschen Baufirma den Auftrag, für Birkenau eine Gaskammer neuen Typs, mit einem angeschlossenen Krematorium und mit einer erheblich größeren Kapazität gegenüber der Anlage im Hauptlager Auschwitz zu planen und zu errichten.[14]

Am 3. Juli fand bei der BBC eine Konferenz statt, auf der die Berichterstattung über Greuel an Juden in Polen diskutiert wurde. Bei dieser Diskussion erklärte der Stellvertretende Direktor des Europaprogramms, D. E. Ritchie, den Anwesenden, darunter je einem Vertreter der polnischen Exilregierung und des britischen Auswärtigen Amtes, man habe beim Sender das Gefühl, daß „ein großer Teil des Nachrichtenwerts der Massakergeschichte verschenkt worden ist, weil der *Daily Telegraph* sie als erster bekommen hat".

Der so getadelte polnische Vertreter erklärte sich bereit, der BBC in Zukunft die „Priorität" für Nachrichten dieser Art einzuräumen.[15]

Nun beteiligte sich die britische Regierung direkt an der Veröffentlichung des Bund-Reports; am 9. Juli wohnte der Informationsminister und Freund Churchills, Brendan Bracken, zusammen mit dem Innenminister der polnischen Exilregierung, Stanislav Mikolajczyk, und den beiden jüdischen Angehörigen des polnischen Nationalrats, Zygielbojm und Schwarzbart, einer eigens anberaumten Pressekonferenz bei. Noch einmal wurden die im Bund-Report mitgeteilten Fakten wiederholt und zusätzlich Informationen über deutsche Pläne zur Terrorisierung der nichtjüdischen Polen gegeben.

Über die Pressekonferenz vom 9. Juli berichtete wiederum der *Daily Telegraph* – allerdings auch diesmal nicht auf der Titelseite, die Meldungen über einen neuen deutschen Vorstoß von über 100 Kilometern an der Ostfront sowie über Bewegungen der britischen und deutschen Truppen in der Westsahara in Vorbereitung auf „die nächste Phase des Kampfes" vorbehalten war. Immerhin gab es auf der Titelseite einen kleinen Bericht über Massaker in Polen, „wo römische

Katholiken schwere Opfer zu beklagen haben" und wo der einheimischen „intellektuellen Klasse" die „Vernichtung" drohe. Der jüdische „Anteil" der Opfer der Greuel wurde im Rahmen des Hauptartikels auf Seite 5 abgehandelt, der sich auf die Pressekonferenz vom Vortag stützte und das Versprechen Brendan Brackens hervorhob, daß die deutschen „Verbrecher" mit der „äußersten Härte des Gesetzes bestraft" würden.

Der Artikel im *Daily Telegraph* vom 10. Juli bezog aus der Pressekonferenz des Vortags zwei das polnische Judentum betreffende Schwerpunkte: die aus persönlicher Erfahrung stammende Darstellung des Lebens im Warschauer Getto, die Zygielbojm gegeben hatte, und die von Mikolajczyk mitgeteilten Einzelheiten über Massaker an Juden. Unter den Äußerungen Zygielbojms, die referiert wurden, war eine, die besagte, die Deutschen führten planmäßig „ihr ungeheuerliches Vorhaben der Ausrottung der Juden durch". In manchen polnischen Städten, so fügte Zygielbojm hinzu, sei „nicht ein einziger Jude am Leben geblieben".

Von den Darlegungen Mikolajczyks fanden sich in dem Artikel wieder: eine Darstellung der Ereignisse vom Abend des 23. März, als die Juden von Lublin aus ihren Wohnungen getrieben, die Kranken und Schwachen „auf der Stelle umgebracht" und 108 jüdische Waisenkinder im Alter zwischen 2 und 9 Jahren aus ihrem Waisenhaus geholt und außerhalb der Stadt „zusammen mit ihren Kinderschwestern" ermordet wurden. Insgesamt seien in jener Nacht, wie Mikolajczyk weiter ausführte, „2500 Menschen massakriert worden".[16]

Auch in der *Times* wurde die Pressekonferenz des polnischen Nationalrats vom 9. Juli erwähnt. In ihren Überschriften stellte die *Times* jedoch in erster Linie das Los der nicht-jüdischen Polen heraus als derjenigen, die, wie es hieß, von der „Vernichtung" bedroht seien. In einem Untertitel war lediglich von der „Notlage" der Juden die Rede.[17] Ungeachtet dessen nannten die Berichte beider Zeitungen die Dinge beim Namen, wie es auch Kardinal Hinsley in einer Rundfunkansprache tat, in der er von seinem „Entsetzen" angesichts der Massaker sprach und die Zuverlässigkeit der Berichte hervorhob, auf die er seine Vorwürfe stützte.

Die Frage, was man tun konnte, war von allen Fragen die am schwersten zu beantwortende. Der Krieg stand schlecht für die Alliierten. Leningrad war noch eingeschlossen, und die deutschen Truppen standen kaum mehr als hundert Kilometer vor Moskau. In Nordafrika war die ägyptische Grenze dem Angriff der Deutschen schutzlos preisgegeben.

Ein Gefühl der Hoffnungslosigkeit bemächtigte sich derjenigen, die die zunehmend unheildrohenderen Nachrichten erfuhren und glaubten. Am 27. Mai hatte die Privatsekretärin Dr. Weizmanns, Doris May, an Arthur Lourie von der Notgemeinschaft Zionistischer Organisationen in New York geschrieben: „Man fragt sich irgendwie schuldbewußt, was man hier, warm und trocken gebettet, wohlgenährt und bequem, all dem gegenüber eigentlich tut. Oder besser: Welche physischen Möglichkeiten des Handelns hat der gewöhnliche Mensch, um die Bilanz des Unrechts wieder auszugleichen?"[18] Und am 15. Juli schrieb Richard Lichtheim aus Genf ebenfalls an Lourie: „Die Zerstörung der jüdischen Gemeinschaften geht weiter. Ganz Europa wartet sehnsüchtig auf den Tag, an dem die alliierten Nationen diesen gepeinigten Kontinent befreien werden."[19]

Lichtheim selbst war sich sicher, daß dieser Tag des Sieges nicht mehr allzu ferne sei. Am 30. Mai hatte die britische Royal Air Force ihren ersten Bombenangriff auf eine deutsche Stadt geflogen: 1000 Bomber hatten insgesamt 1455 Tonnen Bomben auf Köln abgeworfen. Von den 1000 Bombern waren bei dem Angriff 39 verlorengegangen. In der ersten Juniwoche wurden weitere zwei Angriffe dieser Art geflogen, einer auf Essen, einer auf Bremen. Eingedenk dieser Angriffe schrieb Lichtheim am 15. Juni an Nahum Goldmann, er sei der „persönlichen Überzeugung", der Krieg könne „noch dieses Jahr durch schwere Bombenangriffe aus der Luft beendet werden".[20]

Lichtheims Vertrauen auf eine rasche Erweichung der Moral der deutschen Bevölkerung durch die alliierten Bombenangriffe erwies sich als ungerechtfertigt. Aber seine Erkenntnis, daß nur ein alliierter Sieg die Juden, die bis jetzt überlebt hatten, noch retten konnte, wurde weithin geteilt. „Unser Gewissen macht uns oft zu schaffen", schrieb ein Angehöriger der Exekutive der Jewish Agency, Leo Lauterbach, am 16. Juni an Lichtheim, „wenn wir, nachdem wir eure herzzerreißenden Berichte über die Lage gelesen haben, nicht mehr tun können, als unsere Trauer und Empörung zum Ausdruck zu bringen."[21]

Zwölf Tage später schrieb Lauterbach wieder einen Brief, nachdem Lichtheim ihm einen weiteren Bericht hatte zukommen lassen, der die Beschlagnahme allen jüdischen Eigentums in Holland durch die Gestapo schilderte und in der *Tribune de Genève* veröffentlicht worden war. Dieser Bericht zeuge, so schrieb Lauterbach, von einem „weiteren Schritt auf dem Weg in die katastrophale Entwicklung", von der Lichtheim schon in seinen früheren Botschaften gesprochen hatte. Und er fügte hinzu: „Es ist wie eine Lawine, die nicht aufzuhalten ist und am besten von denen beobachtet werden kann, die davor bewahrt geblieben sind, von ihr begraben zu werden."[22]

Es gab im Juni 1942 noch eine weitere Ursache für das Gefühl der Hoffnungslosigkeit, das sich unter den außereuropäischen Juden und insbesondere unter denen in Palästina ausbreitete. Nicht nur, daß das deutsche Heer am 10. Juni an der Charkow-Front eine neue Offensive gegen die Russen eröffnete und japanische Truppen drei Tage später auf den Aleuten-Inseln vor Alaska landeten; am 17. Juni sahen sich auch die britischen Streitkräfte in Nordafrika, von Rommel langsam, aber stetig zurückgedrängt, gezwungen, bis zur ägyptischen Grenze zurückzuweichen. Sie ließen in der libyschen Stadt Tobruk eine Garnison zurück, die den deutschen Vormarsch aufhalten sollte; aber am 21. Juni fiel Tobruk unter Rommels Ansturm, und drei Tage später, am 24. Juni, waren die Deutschen 50 Kilometer weit auf ägyptisches Territorium vorgedrungen.

Plötzlich kamen Zweifel auf, ob die Engländer in der Lage sein würden, Ägypten zu verteidigen. Und jenseits von Ägypten lag, vergleichsweise schutzlos, Palästina. Die Juden Palästinas erkannten nun, daß der Krieg auch sie vielleicht in kürzester Zeit ereilen würde. Es ging nun nicht mehr darum, ob man Berichte über Greueltaten der Nazis im 3000 Kilometer entfernten Polen glaubte oder nicht glaubte; es ging vielmehr um die Möglichkeit, daß diese selben Nazis als Eroberer in Tel Aviv und Jerusalem aufkreuzen konnten. Am 25. Juni schrieb Doris May aus London an Arthur Lourie in New York: „Vielleicht fällt es unserer Handvoll halbausgebildeter, halbausgerüsteter Leute zu, den einzigen wirksamen Widerstand gegen den Vormarsch zu entfalten – die Kiefer zu brechen, die sie zu zermalmen und verschlingen drohen." Sie habe gehofft, schrieb sie, daß Palästina, das Land Israels, vielleicht verschont würde, „aber es sieht nicht sehr danach aus".[23]

In London unterstützte Churchill weiterhin die Forderung der Zionisten nach der Aufstellung einer rein jüdischen Soldatentruppe, die als integraler Teil der alliierten Armeen kämpfen sollte. Aber sowohl das Kriegsamt als auch das Kolonialamt widersetzten sich diesem Plan, den die zionistischen Führer zum ersten Mal wenige Wochen nach Kriegsausbruch vorgetragen hatten. In einem persönlichen Vermerk für den Kolonialminister Lord Cranborne schrieb Churchill am 5. Juli:

In den Vereinigten Staaten besitzt die öffentliche Meinung sehr großes Gewicht, und es wird uns dort in vieler Hinsicht zum Schaden gereichen, wenn wir uns der Voreingenommenheit der britischen Militärbehörden und des Kolonialamts für die Araber und gegen die Juden überlassen.

Jetzt, da diese Leute in unmittelbarer Gefahr schweben, sollten wir ihnen doch gewiß die Chance geben, sich zu verteidigen.

Und er schloß seinen Brief:

Es wird unter Umständen notwendig werden, an diesen antisemitischen Offizieren und anderen hohen Amtsträgern ein Exempel zu statuieren. Wenn wir drei oder vier von ihnen abberiefen und entließen und die Gründe dafür bekanntgäben, würde dies eine heilsame Wirkung tun.[24]

Aber nichts dergleichen wurde unternommen. Und ebensowenig gaben die betreffenden Minister ihren Widerstand gegen ein jüdisches Truppenkontingent auf. Unterdessen trugen polnische, tschechische und freifranzösische Streitkräfte nach wie vor zur Verstärkung der alliierten Militärmacht zu Lande, zur See und in der Luft bei; und obgleich Hunderttausende von Juden in den verschiedenen Truppenteilen der Alliierten Waffendienst leisteten, schmerzte es die Zionisten, daß es nicht möglich sein sollte, eine rein jüdische Streitmacht aufzustellen, die, mit eigener Opferbereitschaft, mit eigenem Kampfeswillen und unter eigener Flagge, Hitlers Armeen hätte herausfordern können.

5. Nachrichten- und Informationslücken

Nach dem Anschlag tschechischer Patrioten auf Richard Heydrich, den Stellvertretenden Reichsprotektor für Böhmen und Mähren, am 27. Mai in Prag rollte eine neue Welle des Terrors über die von Deutschland besetzten Länder hinweg. Heydrich erlag am 4. Juni seinen Verletzungen, und sechs Tage später wurden als Vergeltung alle zweihundertfünfzig männlichen Einwohner des tschechischen Dorfes Lidice von der SS getötet. Ebenso wie die Christen von Lidice wurden in Vergeltung für den Tod Heydrichs auch mehrere hundert Juden im großdeutschen Raum ermordet, und das Tempo der Deportationen in die Vernichtungslager wurde beschleunigt.

Die britische Presse beschäftigte sich ausführlich mit den Massenerschießungen von Lidice, und am 17. Juni forderten die Premierminister der alliierten Exilregierungen den britischen Außenminister Anthony Eden auf, sich für direkte alliierte Repressalien gegen Deutschland einzusetzen. Ein von einem Parlamentsabgeordneten der Konservativen Partei, Sir Thomas Moore, gemachter Vorschlag zielte auf eine „unverzügliche Warnung an die deutsche Regierung" ab, daß die Royal Air Force in Zukunft für jeden von den Nazis in irgendeinem der besetzten Länder unschuldig ermordeten Menschen ein ungeschütztes Dorf oder eine Stadt in Deutschland ausradieren wird". Churchills spontane Reaktion war: „Soviele deutsche Dörfer gibt es gar nicht"; die Alliierten würden ihre Bombenangriffe vielmehr weiterhin „auf die wirksamsten Punkte" konzentrieren.[1] Diese Auffassung wurde innerhalb des Auswärtigen Amtes geteilt; Frank Roberts von der Zentralen Abteilung dieses Amtes vermerkte am 18. Juni, es erscheine ihm besser, „wenn wir an unserer gegenwärtigen Politik festhalten und es der Bevölkerung Europas überlassen, aus den schweren Bombenangriffen auf deutsche Städte ihre eigenen Schlüsse zu ziehen".[2]

Kollektive Vergeltungsmaßnahmen wurden also abgelehnt. Und auch individuelle Repressalien, wie sie im Bund-Report Ende Mai gefordert worden waren, hatten die Alliierten für ausgeschlossen erklärt. Eine Sorge der Alliierten war, daß Repressalien gegen einzelne im alliierten Gewahrsam befindliche Deutsche leicht Vergeltungsmaßnahmen gegen alliierte Kriegsgefangene in deutscher Hand nach sich ziehen konnten. Anstatt auf Repressalien gegen deutsche Staatsbürger, die bei Kriegsausbruch von den Alliierten gefangengenommen worden waren, hatten die jüdischen Führer ihre Hoffnung eher auf die Möglichkeit gesetzt, deutsche Staatsbürger gegen Juden mit britischem, palästinensischem oder mit einem Paß aus einem anderen alliierten Land auszutauschen, die bei Kriegsausbruch in die Hände der Nazis geraten waren. Ein Tausch, bei dem 46 Palästina-Juden freigekommen waren, hatte bereits im Dezember 1941 stattgefunden, und Verhandlungen über einen zweiten Austausch waren noch im Gange.

Diese Verhandlungen, bei denen die neutrale Schweiz als Vermittlerin fungierte, gestalteten sich langwierig und schwierig. Aber nachdem sie schon einmal zum Ziel geführt hatten, hoffte man, daß es auch diesmal klappen würde. Jegliche Vergeltungsaktionen gegen in alliierten Ländern festgehaltene Deutsche konnten derartige Rettungsvorhaben nur gefährden – und natürlich auch das Leben tausender alliierter Kriegsgefangener, darunter 40 000 im Juni 1940 bei Dünkirchen in Gefangenschaft geratener britischer Soldaten und hunderter von Bomberpiloten und -besatzungen, die im Lauf des Jahres 1941 über Deutschland abgeschossen worden waren und in Lagern und Festungen in allen Teilen Deutschlands gefangen saßen.

Nur zwei Handlungswege schienen im Frühjahr 1942 offenzustehen: massive Proteste, mit denen man vielleicht die öffentliche Meinung in den neutralen Ländern, den deutschen Satellitenstaaten und womöglich sogar in Deutschland selbst aufrütteln konnte, sowie die Drohung mit Vergeltung sobald der Krieg vorüber war.

Den ersten Weg – Mobilisierung der Öffentlichkeit – versuchte A. G. Brotman, der Sekretär des Board of Deputies of British Jews, zu beschreiten. Nachdem er darüber mit dem Sozialminister der polnischen Exilregierung, P. Stanczyk, zunächst am 11. Juli ein Gespräch geführt hatte, schrieb er ihm drei Tage später einen Brief, in dem er seine Gedanken ausführlicher darlegte. Das Ziel der Juden müsse es sein, so erklärte er, systematisch zu versuchen, „das Gewissen der zivilisierten Welt gegenüber den von den Nazis und ihren Komplizen gegen alle Regeln der Kriegführung begangenen Verbrechen und Grausamkeiten wachzuhalten".[3]

Was diese Taten der Nazis selbst betraf, so wurden weitere Einzelheiten über sie am 15. Juli durch einen Bericht in der *Polish Fortnightly Review* bekannt. Es ging dabei allerdings um Verbrechen gegen polnische Bürger im allgemeinen und nicht um spezifisch anti-jüdische Ausschreitungen. Dem Bericht war eine Karte beigegeben, auf der 22 Konzentrationslager eingezeichnet waren, in denen, wie es im Untertext hieß, „Polen gefangengehalten werden".[4]

Der Bericht vom 15. Juli enthielt in dem diesen Konzentrationslagern gewidmeten Abschnitt keinen Hinweis auf Juden. Auch in den beiden Absätzen, die sich speziell mit Auschwitz befaßten, war nicht von Juden die Rede. Diese Passage lautete:

Nach wie vor und ununterbrochen werden Häftlinge aus allen polnischen Gefängnissen schubweise in das Konzentrationslager Oświęcim gebracht. In der zweiten Märzhälfte wurden 200 Personen aus Warschau in das Lager transportiert; unter ihnen befanden sich mehrere polnische Wärter des Warschauer Gefängnisses. Im April wurden mehrere hundert weitere Häftlinge, Frauen wie Männer, aus Warschau deportiert. Laufend treffen Nachrichten ein über den Tod von Häftlingen in Oświęcim, die den Strapazen des Lagers nicht standhalten.

Große Arbeitstrupps von Lagerhäftlingen gehen in Oświęcim jeden Tag zur Arbeit auf die Baustelle einer Fabrik für synthetisches Benzin, die in der Nachbarschaft des Lagers errichtet wird. Die folgenden Angaben vermitteln einen Eindruck davon, wie hoch die

Sterblichkeit unter den Gefangenen ist. Von einer Truppe von 40 Häftlingen, die im Juli 1940 aus dem Lager Milanowek nach Oświęcim verlegt wurde, sind drei nach Hause zurückgekehrt, zwei befinden sich noch im Lager und 35 sind gestorben; von einer Gruppe von 12 Arbeitern, die in Warschau dem Komitee für soziale Selbsthilfe angehört hatten und im Juli 1941 nach Oświęcim gebracht wurden, ist noch einer übrig; alle anderen sind in Oświęcim gestorben ...[5]

Während dieser Bericht über Auschwitz, wie auch der vorausgegangene polnische Bericht vom 1. Juli, keinen Hinweis auf jüdische Lagerinsassen oder Opfer enthielt, war in anderen Berichten, in denen wiederum das Lager Auschwitz nicht erwähnt wurde, sehr wohl von Juden die Rede. Am 16. Juli brachte die Wochenzeitschrift *News Review* eine Meldung über „große Gasanlagen", die in Polen installiert worden seien und dazu dienten, Juden, die aus Deutschland in den Bezirk Lublin deportiert worden waren, und polnische Juden, die dort beheimatet waren, zu vergasen. „Man machte sich nicht die Mühe, ihnen Schlaftabletten zu verabreichen. Sie wurden einfach zusammengebündelt und erledigt."[6]

Ein weiterer Bericht über Nazi-Greueltaten wurde fünf Tage später, am 21. Juli, von der polnischen Exilregierung publiziert. Wie vorausgegangene polnische Berichte beschäftigte auch dieser sich vorwiegend mit der Ermordung nichtjüdischer Polen; von ihnen waren nach Schätzungen bis zum April 1941 insgesamt 70 000 umgekommen. In dem Bericht vom 21. Juli war jedoch auch die Rede von Massenmorden an „polnischen Bürgern jüdischen Glaubens" in Lublin, Lemberg, Stanislawow, Wilna und Chelmno – also an einigen der Orte, die der zwei Monate zuvor eingegangene Bund-Report ebenfalls schon genannt hatte; in Chelmno seien, so hieß es in dem Bericht, „Zehntausende in Gaskammern getötet worden".

Auch in dem polnischen Bericht vom 21. Juli war der Name Auschwitz erwähnt, jedoch, wie in den beiden Berichten vom 1. und 15. Juli, ohne daß dabei von Juden oder jüdischen Deportationen die Rede war. Der Bericht erklärte lediglich, daß in Auschwitz am 5. September 1941 mehr als 800 Personen vergast worden seien: etwa 200 polnische Anwälte, Ingenieure und Studenten sowie 600 sowjetische Kriegsgefangene, meist Offiziere; ferner wurden 274 Frauen erwähnt, die am 28. September 1941 aus Ravensbrück nach Auschwitz gekommen und 243 Frauen, die am 30. Mai 1942 dort eingetroffen waren.[7]

Die täglichen Judenvergasungen jedoch, die in Auschwitz seit Mai 1942 durchgeführt wurden, blieben dem Westen weiterhin verborgen. Im Laufe des Juni waren aus Schlesien, Frankreich und der Slowakei zusammen über 5000 Juden nach Auschwitz deportiert worden. Im Juli waren wiederum über 15 000 eingetroffen. Ein Teil von ihnen wurde zur Sklavenarbeit „selektiert" und in die Baracken des Lagers Birkenau geschickt. Die meisten jedoch wurden an der Rampe auf Lastwagen verladen und auf der Lagerumgehungsstraße von Birkenau zu den Gaskammern geschafft. Am 11. Juli beispielsweise wurden aus einem Transport von über tausend slowakischen Juden nur 182 Männer und 148 Frauen fürs Lager „selektiert", während alle übrigen, darunter alle Alten und Kinder, vergast wurden. Sechs Tage später, am 17. Juli, traf ein Transport mit über 2000 Juden aus

Holland ein. 449 von ihnen, die Alten und Schwachen sowie alle Frauen mit kleineren Kindern, wurden noch am Tag der Ankunft vergast. Die übrigen wurden in den Baracken untergebracht.

All dies war weder den Alliierten noch den jüdischen Organisationen im Westen bekannt. Ebensowenig erfuhren sie davon, daß die SS sich am 10. Juli bereit erklärte, jüdische Frauen aus dem Lager Birkenau dem deutschen Gynäkologen Dr. Clauberg zu Versuchszwecken zu überlassen; Dr. Clauberg wünschte in Speziallabors, die unmittelbar im Lager Auschwitz errichtet wurden, Experimente zur schnellen und billigen Zwangssterilisation durchzuführen.

Während diese, seinerzeit von der Gestapo formell registrierten Vorgänge im Westen nicht bekannt wurden, trafen Nachrichten über die fortgesetzte Deportation von Juden aus dem westlichen Europa ein, unmittelbar nachdem die Gestapo am 16. Juli in Paris um die 18 000 Juden festgenommen hatte. Alle diese Menschen sollten, wie der Berliner Rundfunksender am 17. Juli triumphierend ankündigte, „in den Osten deportiert werden, wie bereits bekanntgegeben".

Die alliierten Abhörstellen fingen diese Rundfunkmeldung auf und schnitten sie mit, und die *New York Times* zitierte sie in ihrer Ausgabe vom 18. Juli. Vier Tage später schilderte die *Times* in London in einem ausführlichen Bericht die tragischen Szenen, die sich an den Verladestellen abgespielt hatten, als Frauen zusehen mußten, wie ihre Männer – „Juden und Kommunisten", wie die *Times* schrieb – mit Handschellen gefesselt „durch eine Gasse deutscher Soldaten mit aufgepflanztem Bajonett" zu den Deportationszügen geführt wurden. Nach der Darstellung der *Times* waren einige der Männer, „aufgewühlt ob der Verzweiflung ihrer Frauen", spontan aus der Reihe gelaufen, um noch einmal Abschied zu nehmen, aber sie wurden von den deutschen Soldaten „mit dem Gewehrkolben" zurückgetrieben.

Die *Times* vermerkte in ihrem Bericht vom 22. Juli auch, daß die Deutschen den Franzosen „unter der Hand mitgeteilt" hätten, die in den Osten Deportierten würden „nicht nach Frankreich zurückkehren".[8]

Der zweite Vorschlag, den Zygielbojm in seiner Rundfunksendung gemacht hatte – die Androhung von Vergeltungsmaßnahmen nach dem Krieg – wurde mittlerweile von den alliierten Regierungen ernsthaft erwogen und vom amerikanischen Präsidenten Roosevelt selbst in einer Botschaft, die er an die Teilnehmer einer großen Protestkundgebung in New York am 21. Juli richtete, ausdrücklich erwähnt. „Diejenigen, die diese Verbrechen begehen", erklärte Roosevelt, „werden am Tag der Rache zur Rechenschaft gezogen werden."[9]

Sechs Tage später nahm Anthony Eden in London als ranghöchster Minister an der Sitzung eines Sonderausschusses des Kriegskabinetts teil, der über die Frage der „Behandlung von Kriegsverbrechern" debattierte. Im Anschluß an diese Sitzung begannen die Rechtsexperten des Auswärtigen Amtes die Frage zu untersuchen, ob die Möglichkeit einer Stellungnahme der britischen Regierung zu diesem Thema im Einvernehmen mit der Regierung der Vereinigten Staaten bestand. Ein Vorschlag, den John G. Winant, der amerikanische Botschafter in

London, nach Washington weiterzuleiten gebeten wurde, lautete, jeder eventuell mit Deutschland geschlossene Waffenstillstand solle eine Klausel enthalten, die den Deutschen die Pflicht auferlegte, ihre Kriegsverbrecher an die Alliierten auszuliefern.[10]

Im Sommer 1942 erhielt das Auswärtige Amt in London den Bericht eines amerikanischen Bürgers, Edwin Van D'Elden, der sich soeben, aus Deutschland kommend, in den Vereinigten Staaten hatte wiedereinbürgern lassen. In seinem Bericht, den die britische Botschaft in Washington am 24. Juli ans Auswärtige Amt in London schickte, schilderte Van D'Elden die Deportation deutscher Juden aus Frankfurt am Main zu einem Lager im Osten. Er selbst hatte Frankfurt erst am 15. Mai verlassen, nachdem er aus Gesundheitsgründen aus der Internierungshaft entlassen worden war; er wußte über das Schicksal von mehreren tausend Deportierten zu berichten, die, wie er mitteilte, in Polen auf „offenem Gelände" gezwungen worden waren, aus dem Zug auszusteigen und sich nackt auszuziehen, und die dann „haufenweise von NS-Exekutionskommandos mit Maschinengewehren niedergemäht wurden".[11]

Im Auswärtigen Amt entschied man sich dafür, den Bericht Van D'Eldens nicht zu publizieren. Der damit befaßte Beamte erklärte diese seine Entscheidung so: „Ich sehe nicht ein, warum es notwendig sein sollte, Rundfunksendungen über die Verfolgung der Juden nach Deutschland auszustrahlen, mit der Begründung, die Deutschen wüßten sehr wenig von dem, was vor sich geht. Die Aktionen werden gewiß von vielen toleriert, wenn nicht sogar bejaht, und sie sind sicherlich allen Deutschen bekannt – da sie gezwungen werden, sich daran zu beteiligen."[12]

Mit diesem Argument wurde der Bericht Van D'Eldens zu den Akten gelegt und verstaubte dort. Allerdings war zu diesem Zeitpunkt schon viel zu viel bekannt, als daß die schreckliche Wahrheit irgend jemandem hätte verborgen bleiben können. Am 7. August schrieb Richard Lichtheim in düsterer Stimmung aus Genf nach Jerusalem: „Die Lage in Europa ist ziemlich verzweifelt, und ich leide unter einem dauernden Gefühl der Frustration, weil wir so wenig dagegen machen können." Er fügte hinzu:

In Anbetracht der Verhältnisse, unter denen Millionen von Juden heute in Polen und den anderen besetzten Gebieten leben, fürchte ich, daß die Zahl der jüdischen Opfer weit größer sein wird, als bisher angenommen. Wenn der Krieg noch ein Jahr oder länger andauert, werden wahrscheinlich drei Millionen tot und drei Millionen gesundheitlich und seelisch gebrochen sein.[13]

Am 3. August erschien in der *Times* ein Leitartikel mit der Überschrift „Entwurzelte Völker", in dem über die Deportation nichtjüdischer Bürger aus Slowenien und jüdischer Bürger aus Frankreich und Holland berichtet wurde. Die Deportation dieser letzteren schien, so kommentierte die *Times* „ein Indiz für die Entschlossenheit der Nazis (zu sein), aus Westeuropa alle Juden zu entfernen". Aus Holland würden, wie es weiter hieß, „angeblich jeden Tag 600 Juden deportiert". Und weiter hieß es in dem Leitartikel: „Diese Vertriebenen werden in Po-

len unter entwürdigenden und erbärmlichen Verhältnissen zusammengepfercht. Das Schicksal, das ihnen letzten Endes bevorsteht, ist entweder die Vernichtung oder ein jämmerliches Vegetieren in dem großen Getto des Ostens in
der Umgebung von Lublin, jenseits der Grenzen des Großdeutschen Reichs."[14]

Fünf Tage später, am 8. August, berichtete die *Times* über die verbreitete Empörung, die in ganz Frankreich angesichts der Deportation der dortigen Juden
„mit unbekanntem Ziel" herrsche; und ein zweiter Artikel in derselben Spalte
befaßte sich mit einem Bericht über Nazi-Brutalitäten gegenüber holländischen
Juden, der soeben in London eingetroffen war. Mädchen „im Schulalter", so
hieß es, „wurden in den Zug gesetzt und in ein Lager verfrachtet – man weiß
nicht, in was für eine Art von Lager". Außerdem würden ganze Familien früh-
morgens aus dem Bett geholt, angewiesen, sich Verpflegung für drei Tage einzu-
packen, dann zum Bahnhof geführt, in Waggons gesperrt und „mit unbekanntem Ziel" abtransportiert.

In der Tat gingen die Züge nach Auschwitz-Birkenau. In bezug auf die Judendeportationen war dieses Lager wirklich noch ein „unbekanntes Ziel". Ironischerweise war jedoch schon unter der nachfolgenden Überschrift, noch in der
gleichen Spalte, vom „Konzentrationslager Oświęcim" die Rede.[15]

Freilich wurde dieses Lager nie im Zusammenhang mit den Judendeportationen, sondern vielmehr als der Ort genannt, wo die nichtjüdischen Polen hinge-
schickt wurden, die im Gefolge einer sich „über ganz Polen ausbreitenden" Welle von Sabotageakten von den Deutschen verhaftet wurden. Zwanzig dieser „Sa-
boteure" waren wenige Tage zuvor bei Radom festgenommen und auf der Stelle
hingerichtet worden; die übrigen, nach Angaben des Berichts insgesamt etwa
540, waren nach Auschwitz geschickt worden.[16]

Das „unbekannte Ziel" war noch immer nicht als Auschwitz identifiziert worden, und das Geheimnis dieses Lagers, seines Zweckes und seiner Arbeitsweise,
blieb gewahrt.

6. „Es werden Lager eingerichtet"

Ende Juli 1942 gelangten Nachrichten in den Westen, die eine Bestätigung für die im Bund-Report gemachten Angaben zu geben schienen und darauf hindeuteten, daß die größte noch bestehende jüdische Gemeinde Polens, die von Warschau, im Begriff war, das gleiche Schicksal zu erleiden wie die jüdischen Gemeinden Ostgaliziens, der Region Wilna und des Warthegaus.

Über diese neuen Mitteilungen berichtete die *New York Times* am 29. Juli. Ihre Informationsquelle war die polnische Exilregierung. Freilich druckte die *New York Times* die Meldung in Verbindung mit anderen Nachrichten aus Europa unter der gemeinsamen Schlagzeile: Jugoslawen vertreiben Achsenmächte aus Bosnien.

Erst die vierte Artikelüberschrift unter dieser Schlagzeile bezog sich auf einen NS-Plan zur „Auslöschung" des Warschauer Gettos mit seinen 600 000 Menschen. Das Wort „Juden" tauchte in keiner der Überschriften auf, jedoch im neunten Absatz auf der Titelseite hieß es lapidar: „Die NS-Behörden in Polen planen, das gesamte Warschauer Getto, dessen Bevölkerung auf 600 000 Juden geschätzt wird, ‚auszurotten' ..."

Der Bericht der *New York Times* vom 29. Juli machte deutlich, was im zwei Monate zuvor eingetroffenen Bund-Bericht noch nicht enthalten gewesen war: daß in Warschau zwischen November 1941, als die Deutschen das Getto abgesperrt hatten, und dem Sommer 1942 bereits nahezu 100 000 Juden infolge der von den Nazis bewußt betriebenen Aushungerungspolitik sowie an Mangelerscheinungen und Krankheiten gestorben waren. Jetzt aber schien es, als wollten die Nazis die Vernichtung des Warschauer Judentums mit einem neuen, rascher wirksamen Mittel vollenden: mit der Deportation der Gettobewohner in den Osten; und nach Ansicht der polnischen Exilregierung bestand kaum ein Zweifel daran, daß eine solche Deportation für mehr als 400 000 Juden den Tod bedeuten würde.[1]

In der Tat hatte die Judendeportation aus Warschau bereits am 22. Juli begonnen, als nahezu 10 000 Gettobewohner in plombierten Viehwaggons nach Treblinka befördert und unmittelbar nach Ankunft im dortigen Lager, das weniger als drei Zugstunden von Warschau entfernt lag, vergast worden waren. Aber in der Botschaft der polnischen Exilregierung vom 29. Juli wurde weder Treblinka selbst noch der Umstand erwähnt, daß die Deportationen schon im Gang waren.

Über die anhaltenden Deportationen aus Frankreich berichtete die *Times* in London am 29. Juli im Rahmen einer Meldung über die Opposition, die sich in Vichy-Frankreich gegen eine Reihe deutscher Maßnahmen regte, darunter auch gegen die „Brutalität der Deutschen gegenüber den französischen Juden". Unter der Schlagzeile: Brutalität gegenüber Juden berichtete der Frankreich-Korrespondent der *Times* über die „Entrüstung", die „aufgeflammt" war, als die Gestapo im Laufe der vorausgegangenen Woche 20 000 französische Juden aufgestöbert und zusammengetrieben hatte. Weiter hieß es in dem Bericht:

Die Juden wurden auf der Straße, im Laden oder in ihrer Wohnung verhaftet und dann ohne Unterschied des Alters, des Geschlechts oder der Herkunft mitgenommen, wie sie waren, und in Lager gepfercht. Die Vichy-Regierung wurde dann von den deutschen Behörden in knappen Worten offiziell davon in Kenntnis gesetzt, daß alle diese Juden nach Polen deportiert würden.

Es kam zu unbeschreiblichen Szenen der Verzweiflung; ganze Familien sollen gemeinsam in den Freitod gegangen sein. Die ganze Woche über kam es entlang der gesamten Demarkationslinie, insbesondere an den Flüssen Cher und Saone, zu Zwischenfällen, als Juden, die ins unbesetzte Frankreich zu entkommen versuchten, erschossen wurden.

Zusätzlich zu alledem hat Berlin jedoch mit Nachdruck die Auslieferung der Insassen der jüdischen und polnischen Flüchtlingslager im unbesetzten Frankreich, insbesondere der Insassen eines bestimmten Lagers in den Pyrenäen, an die Gestapo gefordert ...[2]

Was hatte diese unvermittelt einsetzende Kampagne zu bedeuten? Konnte sie womöglich in der Tat ein Teilschritt im Rahmen eines umfassenden Ausrottungsplans sein? Noch aber war kein Beweis dafür vorhanden, daß ein solcher Plan existierte. Doch begannen die ersten Hinweise darauf, daß ein entsprechender Entschluß gefaßt worden war, bald darauf in den Westen durchzusickern; nicht in Form weiterer „statistischer" Angaben über die Ausweitung der Massenmorde oder die Deportationen „in den Osten", sondern in Gestalt politischer Hinweise auf die Existenz eines definitiv beschlossenen und umfassenden, auf die Vernichtung des gesamten europäischen Judentums abzielenden Planes.

Die Nachrichten, die Ende Juli in die Schweiz gelangten, sprachen nicht nur vom Vorliegen eines gezielten Ausrottungsplans, sie stammten auch aus deutschen Quellen. Bisher waren alle Berichte über Massenmorde aus polnischen oder jüdischen Quellen gekommen. Jetzt beruhte die Botschaft auf Informationen hochgestellter Deutscher.

Eine der Informationsquellen war Dr. Arthur Sommer, ein für das Oberkommando der Wehrmacht in Berlin tätiger Wirtschaftsfachmann, der einer Widerstandsgruppe gegen das NS-Regime angehörte. Sommers Kontaktmann in der Schweiz war seit Kriegsausbruch ein Universitätsprofessor und Fachkollege, Edgar Salin; dieser hatte bereits eine Reihe von Informationen über die deutschen Kriegsplanungen an einen der Genfer Zionisten, Chaim Pozner, einen früheren Schüler von ihm, weitergegeben. Von ihm kam nun die fatale Botschaft:

Im Osten werden Lager eingerichtet, in denen alle Juden Europas und ein Teil der russischen Kriegsgefangenen mit Gas vernichtet werden sollen.

Bitte leiten Sie diese Nachricht unverzüglich an Churchill und Roosevelt persönlich weiter.

Wenn die BBC Tag für Tag eine Warnung vor dem Anzünden der Gasöfen ausstrahlt, dann werden sie sie vielleicht nicht in Betrieb setzen, denn diese Verbrecher tun alles, um zu verhindern, daß das deutsche Volk erfährt, was sie vorhaben und gewiß auch ausführen werden.[3]

Die „Gasöfen", genauer gesagt die Gaskammern und Krematorien, waren zwar bereits in Betrieb – in Auschwitz seit nahezu drei, in Belzec seit mehr als vier Monaten –, aber immerhin war hier ein unmißverständlicher Hinweis auf einen gezielten Plan zur Tötung „aller Juden Europas". Gleichzeitig war es ein Aufruf zum Handeln, um die Verwirklichung des Plans vielleicht noch aufzuhalten. Tatsächlich jedoch war seine Verwirklichung schon längst im Gange.

Eine ebenso fatale Nachricht, die bei Gerhart Riegner vom Jüdischen Weltkongreß eingegangen war, kam ebenfalls aus Deutschland. Auch sie stammte von einem Deutschen, der den Nationalsozialismus haßte und der bereits zuvor Informationen in die Schweiz geliefert hatte. Dieser Deutsche, angeblich ein Industrieller, verkehrte mit Vertretern der hohen Politik. Er hatte seine Nachricht allem Anschein nach persönlich einem jüdischen Geschäftsmann überbracht, der im deutschsprachigen Teil der Schweiz lebte.

Ehe Riegner die Nachricht weitergab, erkundigte er sich bei der Kontaktperson über den Informationsgeber. Es handle sich, wie ihm gesagt wurde, „um den Leiter einer großen, kriegswichtiges Material produzierenden Fabrik mit 30 000 Mann Belegschaft, einen Mann mit Zugang zum Militär und zu Hitler".

Konnte man der Nachricht von einem tatsächlichen Ausrottungsplan Glauben schenken? „Wir mußten uns erst selbst davon überzeugen, daß die Information richtig war", erinnerte Riegner sich später und fügte hinzu: „Wenn man so eine Bombe auf den Tisch bekommt, ist es auch nicht leicht. Ich brauchte ganze zwei Tage, um es aufzunehmen, um es zu fassen. Aber es stammte aus deutscher Quelle. Ich kannte den wirklichen Charakter der Nazi-Bewegung. Ich wußte, daß sie zu solchen Dingen fähig war."

Ehe er die Botschaft an die Alliierten weiterleitete, hielt Riegner nach weiteren Fakten Ausschau, die für den behaupteten Ausrottungsplan zeugen könnten. Er fand sie in zwei Beobachtungen, die, wie er sich später erinnerte, „der ganzen Sache einen Sinn verliehen": zum ersten Hitlers dauernd wiederholte Prophezeiung, der Krieg werde mit der Vernichtung der Juden enden – „er hatte es immer wieder verkündet"; und zum zweiten war es die Entwicklung, welche die Deportationen in der letzten Zeit nahmen.[4]

Riegner fertigte eine Zusammenstellung all dessen an, was man in Genf über die gegenwärtig durchgeführten Deportationen wußte. Es wurde eine furchteinflößende Liste: am 16. Juli 28 000 Juden in Paris „verhaftet und deportiert", „mehrere tausend" in anderen französischen Provinzen, insbesondere Tours und Poitiers, festgenommen, in jüngster Zeit tägliche Verhaftung von Juden in Lyon, Marseille und Toulouse, die „tägliche große Deportation" aus Holland, die Ankündigung „ständig zunehmender Deportationen" aus Berlin und Wien durch die Deutschen, die stark zurückgegangene Zahl der Juden in Prag und die kürzliche Deportation von 56 000 Juden aus der Slowakei.[5]

Alle diese verschiedenen Deportationen ergaben nun, im Licht der neuen Information, plötzlich einen Sinn: Sie waren Bestandteil einer Methode, eines Plans. Am 8. August übergab Riegner, überzeugt, daß die aus Deutschland erhaltene Information ebenso zutreffend wie grauenvoll war, gleichlautende Telegramme an den amerikanischen Vizekonsul in Genf, Howard Elting, und den britischen Konsul, H. B. Livingston, zur Übermittlung an die Führer des Jüdischen Weltkongresses in London und New York. Der Text lautete:

Alarmierenden Bericht erhalten, demzufolge im Führerhauptquartier ein Plan besprochen worden und in Erwägung ist, nach dem alle Juden in von Deutschland besetzten oder kontrollierten Ländern, 3,5 bis 4 Millionen an der Zahl, nach Deportation und Konzentration im Osten mit einem Schlag vernichtet werden sollen, damit die jüdische Frage in Europa ein für allemal gelöst ist.

„Anlaufen der Aktion", hieß es in der Botschaft weiter, „soll für den Herbst geplant sein."

Wie gesagt, es war nicht davon die Rede – und außerhalb Deutschlands zu diesem Zeitpunkt auch nicht bekannt –, daß die Nazis bereits seit viereinhalb Monaten dabei waren, ihren Plan in die Tat umzusetzen. Riegner sprach ja in seinem Telegramm lediglich davon, daß er „erwogen" würde. Er fügte freilich noch eine detaillierte Angabe hinzu: „Über die Tötungsarten wird noch debattiert, wobei auch die Verwendung von Blausäure im Gespräch ist."

Im weiteren Verlauf seiner Botschaft kam Riegner auf die Vertrauenswürdigkeit der Informationsquelle zu sprechen. „Wir übermitteln diese Nachricht", schrieb er, „mit allen notwendigen Vorbehalten, da ihre Korrektheit von uns nicht nachgeprüft werden kann." Aber, so schloß er: „Es heißt, daß unser Informant enge Beziehungen zu höchsten deutschen Stellen unterhält, und seine Berichte sind im allgemeinen verläßlich."[6]

Das britische und das amerikanische Konsulat reichten Riegners Mitteilung unverzüglich nach London bzw. Washington weiter. Auf Riegners Bitte hin sollte sie in den Vereinigten Staaten an Rabbi Stephen Wise, den Vorsitzenden des *American Jewish Congress,* und in England an Sydney Silverman, einen Unterhausabgeordneten der Labour Party, weitergeleitet werden, der zugleich Vorsitzender der britischen Sektion des Jüdischen Weltkongresses war. Allein, keine der beiden Botschaften gelangte ohne Schwierigkeiten zu ihrem Adressaten. Die für Stephen Wise gedachte hatte nur ein kurzes Leben von neun Tagen. Es hatte zunächst den Anschein, als könne sie auf ernsthafte Beachtung rechnen, denn sie erreichte das Außenministerium in Washington mit einem Begleitschreiben des Genfer Vizekonsuls, in dem dieser berichtete, daß Riegner, als er ihm gegenüber bemerkt hatte, ihm komme diese Information „reichlich abenteuerlich" vor, erwidert habe, „sie sei ihm ebenso erschienen"; wenn man aber in Betracht ziehe, daß es vom 16. Juli an erwiesenermaßen Massendeportationen von Paris, Holland, Berlin, Wien und Prag aus gegeben habe, „sei es jederzeit vorstellbar, daß ein so teuflischer Plan von Hitler wirklich in Betracht gezogen werde".

Der Vizekonsul selbst war nicht gänzlich abgeneigt, der Information Glauben zu schenken. Riegner sei, so schrieb er, „eine seriöse und ausgeglichene Persönlichkeit"; er hätte ihn gewiß nicht aufgesucht, wenn er kein „Zutrauen zur Verläßlichkeit seines Informanten" gehabt hätte und nicht ernsthaft die Möglichkeit in Erwägung zöge, „daß der Bericht ein Stückchen Wahrheit enthält".

Im amerikanischen Außenministerium herrschte jedoch Skepsis vor. Der stellvertretende Leiter der Abteilung für europäische Angelegenheiten, Paul Culbertson, kommentierte am 13. August: „Es widerstrebt mir, dies an Wise weiterzuleiten, aber wenn der Rabbi später erfährt, daß wir die Botschaft hatten und ihn nicht informiert haben, könnte er Stunk machen." Ein anderer Beamter, Elbridge Durbrow, ging noch weiter. Es erscheine ihm in Anbetracht der „phantastischen Natur der Behauptung und der Unmöglichkeit für uns, irgendwelche Hilfe zu leisten, wenn solche Dinge geschähen", schrieb er, „nicht ratsam", die Botschaft, „wie anheimgestellt", an Wise weiterzugeben. Das Schriftstück wurde daher zurückgehalten, und am 17. August wurde der amerikanische Geschäftsträger in Bern, Leland Harrison, davon in Kenntnis gesetzt, daß die Botschaft Riegners „angesichts der offenkundig zweifelhaften Natur der Meldung" nicht, „wie anheimgestellt", an Wise weitergegeben worden war.[7]

Eine Woche später wurde Riegner selbst durch Paul C. Squire, den amerikanischen Konsul in Genf, darüber informiert, daß das amerikanische Außenministerium, wie es der Berner Botschaft mitgeteilt habe, „nicht geneigt" sei, „die fragliche Nachricht weiterzugeben", und zwar „angesichts des offenkundig unverifizierbaren Charakters der Information, die ihr Hauptthema bildet". Squire teilte Riegner allerdings mit, er solle, falls er „bestätigende Informationen" erhielte, sogleich den Konsul in Kenntnis setzen, woraufhin „die Angelegenheit unverzüglich weitere Aufmerksamkeit unsererseits erfahren wird".[8]

Gleichzeitig mit dem amerikanischen hatte auch das britische Generalkonsulat in Genf die Botschaft Riegners erhalten und sie seiner Bitte gemäß nach London weitergeleitet. Der englische Konsul versah das Telegramm nicht mit einem eigenen Kommentar, sondern übermittelte es lediglich an die britische Gesandtschaft in Bern zur Weitergabe nach London auf dem schnellstmöglichen Weg. Um 4.48 Uhr am Nachmittag des 10. August wurde es in der britischen Gesandtschaft in Bern kodiert und nach London telegrafiert, wo es im Auswärtigen Amt um 6.25 Uhr am selben Abend einging.

In der für London bestimmten Botschaft bat Riegner den dortigen Adressaten Sydney Silverman, „New York zu informieren und konsultieren". Aber als das kodierte Telegramm im Auswärtigen Amt in London eintraf, wurde es nicht sofort weitergeleitet. Statt dessen studierten mehrere Beamte im Auswärtigen Amt den Klartext und versahen ihn mit kritischen Kommentaren. Der erste, der dies tat, war David Allen von der Zentralen Abteilung. „Wir haben für diesen Bericht keine Bestätigung aus anderen Quellen", schrieb er, „wenngleich uns natürlich zahlreiche Berichte über große Massaker an Juden, insbesondere in Polen, zugegangen sind."

Der einzige schriftlich überlieferte Kommentar des Unterstaatssekretärs für auswärtige Angelegenheiten, Richard Law, war die Frage, „was wir über Mr. Riegner wissen" – und allem Anschein nach ergab die Suche in den Akten der Flüchtlings- und der Ostabteilung, daß nichts über ihn bekannt war. „Wir haben noch nie von Dr. Riegner gehört", vermerkte die Flüchtlingsabteilung. Man kam sodann überein, „die Zionisten" und insbesondere Professor Namier in London zu konsultieren. Aber auch hier zog das Auswärtige Amt eine Niete, wie ein Vermerk vom 5. August zeigt: „Die Jewish Agency hat keinerlei Informationen."

Fünf Tage waren nunmehr vergangen, seit das Telegramm Riegners im Auswärtigen Amt eingetroffen war. Aber noch immer war es nicht an den Parlamentsabgeordneten weitergegeben worden, für den es bestimmt war. „Ich sehe keine Möglichkeit, wie wir diese Mitteilung noch länger zurückhalten können", notierte Frank Roberts am 15. August, „obgleich sie, wie ich befürchte, ein peinliches Echo heraufbeschwören könnte", und er fügte hinzu: „Uns liegen natürlich keine Informationen vor, die diese Geschichte bestätigen."

Endlich, am 17. August, empfing Silverman Riegners Telegramm. Er übermittelte den Text unverzüglich telegrafisch an Steven Wise in New York und ersuchte das Auswärtige Amt zugleich um ein Gespräch über die Frage, was unternommen werden könnte. Dieses Gespräch fand am Morgen des 9. September statt, einen Monat nachdem Riegners Botschaft nach London telegrafiert worden war. Einleitend beschrieb Silverman Riegner als einen „vollkommen vertrauenswürdigen" Mann; dann erklärte er, er habe selbst „Berichte über die Deportation von Juden aus besetzten Gebieten und aus Deutschland nach dem Osten erhalten, die eine Bestätigung für diesen behaupteten Plan sein könnten".

Silverman hatte, wie gesagt, den Text der Botschaft Riegners bereits telegrafisch an Steven Wise übermittelt. Er bat nunmehr das Auswärtige Amt um die „Genehmigung", mit Wise hierüber am Telefon sprechen zu können, „um die Reaktion des American Jewish Congress auf diese Geschichte zu erfahren" und um zu klären, „ob irgendwelche Schritte unternommen werden könnten". Man teilte ihm mit, daß man diese Bitte prüfen werde.

Das letzte Anliegen, das Silverman vortrug, war die Frage, ob das Auswärtige Amt es für ratsam halte, „diesem Gerücht Publizität zu verschaffen, indem man es nach Deutschland hineinträgt", oder ob die britische Regierung über die Möglichkeit verfüge, irgendwie „Druck auf die Deutschen auszuüben, z. B. über den Vatikan". Auch diese Fragen, so erhielt Silverman zur Antwort, würden geprüft werden.

Die Nachricht von der Existenz eines „Ausrottungsplans" war nun sowohl in London als auch in Washington aktenkundig. Aber im Anschluß an den Besuch Silvermans im Auswärtigen Amt am 9. September wurde von denjenigen, die sich mit seinen Anfragen beschäftigten, gewisse Vorbehalte geltend gemacht. Der Vatikan sei, wie David Allen am 10. September vermerkte, bereits gebeten worden, „in der Verurteilung der deutschen Grausamkeiten eine energischere Haltung einzunehmen", und Allen war der Ansicht, England könne „die Dinge nicht weiterbringen, indem es auf der Grundlage dieser abenteuerlichen Geschichte weitere Schritte unternimmt". Was die Frage der Publizität betraf, die Silverman aufgeworfen hatte, kam man im Auswärtigen Amt dahin überein, „das Äußerste, was wir Mr. Silverman antworten könnten, sei, daß falls die jüdischen Organisationen selbst die Geschichte publizistisch verbreiten wollten, das A. A. keine Veranlassung zum Widerspruch sehe, daß wir freilich auch keinerlei Verantwortung für die Geschichte übernehmen könnten".

Auch der Bitte Silvermans, mit New York telefonieren zu dürfen, wurde nicht entsprochen. „Wir glauben, daß dadurch unter Umständen Informationsquellen in Deutschland preisgegeben werden", erklärte ein Beamter, „und da die Deutschen solche Gespräche immer abhören, würde es Mr. Silverman nicht viel nützen, irgendein gemeinsames Vorgehen mit Dr. Weizmann abzusprechen."[9]

In einer Note vom 10. September verlieh Allen der im Auswärtigen Amt allgemein dominierenden Skepsis in bezug auf die reale Existenz eines Ausrottungsplans Ausdruck, wie er in der Mitteilung von Riegner unterstellt war; er äußerte sich gegenüber seinen Kollegen wie folgt:

> Wir haben auch jede Menge von Hinweisen darauf erhalten, daß Juden aus allen Teilen Europas deportiert und im Generalgouvernement konzentriert werden, und ferner, daß die Juden dort so schlecht behandelt werden, daß eine große Zahl von ihnen zugrunde gegangen ist, entweder infolge von Nahrungsmangel oder von schlimmen Lebensbedingungen, wie z. B. im Warschauer Getto, oder infolge von Massendeportationen und Hinrichtungen.
>
> Solche Meldungen stellen in der Tat eine Basis für den Bericht von Herrn Riegner dar, aber sie belegen natürlich nicht eine „Vernichtung auf einen Schlag".
>
> Die deutsche Politik scheint eher auf eine Eliminierung „unnützer Esser" als auf eine Verwendung arbeitsfähiger Juden zur Sklavenarbeit hinauszulaufen.

Allen fügte hinzu, er sehe „keinen besonderen Grund", weshalb man Silverman „eigens eine Telefonverbindung zur Verfügung stellen solle, damit er mit Dr. Weizmann in dieser Sache sprechen kann", und er zögerte, „diese Geschichte", wie er es nannte, „ohne zusätzliche Bestätigung" im Rahmen der an das deutsche Volk adressierten englischen Propaganda zu verwenden.

Ein zweiter Einwand gegen eine amtliche britische Reaktion auf die Nachricht von der Existenz eines Ausrottungsplans kam von Oberst Ponsonby, der Silverman in einem ebenfalls in der zweiten Septemberwoche geführten Gespräch erklärte, er, Silverman, solle „bedenken, ob nicht jedwede Schritte, die von den jüdischen Organisationen unternommen würden, die Deutschen vielleicht erzürnen und irgendwelche Maßnahmen, die sie planten, daher noch unangenehmer ausfallen könnten, als sie es sonst gewesen wären".

Kein Zweifel, Riegners Telegramm war letztlich wirkungslos verpufft. Oberst Ponsonby erklärte Silverman, das Argument, es könne gefährlich sein, die Deutschen zu „erzürnen", gelte nicht nur für jedwede Schritte, welche die jüdischen „Vereinigungen" möglicherweise unternähmen, sondern auch für jede publizistische Auswertung des Berichts von seiten der britischen Regierung.

Niemand im Auswärtigen Amt stellte irgendeine Verbindung her zwischen dem Bund-Report vom 22. Mai und dem elf Wochen später ergangenen Telegramm Riegners. Dabei hatte der Bund-Report ausdrücklich von Vergasungen in Chelmno gesprochen und auch eindeutige Hinweise auf das Ausmaß der Tötungen gegeben.

Riegners Telegramm war am 10. August in London eingegangen. Am gleichen Tag hatte Richard Lichtheim einen seiner eingehenden Berichte nach Jerusalem abgeschickt. Es war eine Darstellung der Lage in Frankreich anhand eines Berichts, der ihn vier Tage zuvor aus Paris erreicht hatte und der die dortigen Massenverhaftungen vom 15. und 16. Juli schilderte.

Der Bericht aus Paris sprach von drei- bis vierhundert Selbstmorden unter den französischen Juden, darunter eine Frau, die sich und ihre sechs Kinder getötet hatte. Er schilderte Einzelheiten über die Verhaftung von Männern und Frauen, die, nachdem man sie „ihres Geldes beraubt" habe, nach Geschlechtern getrennt und ins Vélôdrome d'Hiver beziehungsweise ins Prinzenparkstadion gebracht worden waren. Der Bericht fuhr fort:

Weder Kranke noch frisch Operierte wurden geschont. So wurde etwa die chirurgische Abteilung des Rothschild-Krankenhauses, die für operierte Patienten aus dem Lager von Drancy reserviert ist, plötzlich geräumt und die Patienten ins Lager verlegt, gleich vor wie kurzer Zeit sie operiert worden waren und wie ernst ihr Zustand war.

Die Kinder vom dritten Lebensjahr an wurden ihren Müttern mit Gewalt weggenommen und auf Lastwagen verladen. Sie schrien und weinten, und ihre „Mutter"-Rufe hallten durch menschenleere und dunkle Straßen...

Binnen 48 Stunden waren 5000 Kinder ihren Eltern weggenommen worden. Während die Kinder dann in drei besonderen Schulen untergebracht wurden, wurden ihre Eltern deportiert. Am 13. August schrieb Lichtheim an die Notgemeinschaft Zionistischer Organisationen in New York: „Ich bin von soviel Elend und Verzweiflung umgeben, und es bleibt so wenig Hoffnung. Tatsache ist, daß fünf Millionen europäische Juden vor die Hunde gehen."[10]

Weder im Bund-Bericht noch im Telegramm Riegners noch in den Botschaften Lichtheims war je die Rede von Auschwitz gewesen. Dabei waren allein in der letzten Juli-Woche fünf Deportationszüge aus Paris, einer aus der Slowakei und zwei aus Holland in Auschwitz eingetroffen. Und im August ließ das Ausmaß der Deportationen keineswegs nach: Es kamen acht Züge aus Holland, einer aus der Slowakei, fünf aus Belgien, vier aus Jugoslawien und dreizehn aus Frankreich. Die Verhältnisse in den Transportwaggons waren so fürchterlich, daß viele Menschen bereits während der zwei-, drei- oder viertägigen Fahrt starben.

Insgesamt kamen mit diesen Transporten im August 1942, dem Monat, für den entsprechend der Nachricht Riegners die Ausrottung „erwogen" worden war, über 30 000 Juden nach Auschwitz, von denen mindestens die Hälfte innerhalb weniger Stunden nach ihrer Ankunft vergast wurde. Unter den Vergasten befanden sich 344 Kinder unter zehn Jahren, die am 17. August aus Paris eingetroffen waren. Die meisten von ihnen waren getrennt von den Eltern deportiert worden.

Solche „Kindertransporte" wurden nun zu einem typischen Element der Gestapo-Politik. Vor Ende August trafen noch weitere vier Züge mit zusammen mehr als 1500 Kindern aus Paris in Auschwitz ein. Das „Schlachten" nahm einen solchen Umfang an, daß man beschloß, neue, zusätzliche Gaskammern und Krematorien zu errichten.

Wovon im Westen ebenfalls niemand wußte: Im Laufe des August waren in
regelmäßigen Zeitabständen insgesamt über 700 Kranke, vorwiegend Juden, aus
dem Lagerlazarett in Auschwitz geholt und mit einer Phenol-Injektion ins Herz
getötet worden. Am 29. August wurden weitere 746 Häftlinge, unter ihnen zahlreiche Juden, die an Fleckfieber erkrankt waren, oder Rekonvaleszenten, die
nach dieser Krankheit noch in der Infektionsabteilung des Krankenhauses lagen, aus dem Krankenbett geholt und vergast.

Auch weiter im Osten, in Treblinka, Belzec und Sobibór, ging die Vergasung
deportierter Juden den ganzen August über weiter; und eine weitere Gaskam-
mernanlage war zu diesem Zeitpunkt im Lager Majdanek bei Lublin im Bau –
aus dem ohnehin besonders brutal geführten Konzentrationslager sollte bald ein
weiteres Vernichtungslager werden. Angesichts der Siege ihrer Armeen in Europa und Nordafrika konnten die Deutschen einen Vernichtungskrieg gegen Millionen in ihrer Gewalt befindliche Zivilisten führen: Taten sie es auch unter dem
Mantel der Geheimhaltung und der Täuschung, so wußten sie doch, daß ihre
Gegner, selbst wenn die Wahrheit an den Tag kam, nicht in der Lage waren, irgendwelche wirksamen militärischen Maßnahmen zu ergreifen, sei es die Internierten zu befreien oder das Kriegsglück zu wenden.

7. Deportationen „mit unbekanntem Ziel"

Nachrichten über die massenweise Tötung von Juden begannen in der Zeit nach dem Eingang von Riegners Telegramm fast täglich bei den Alliierten einzutreffen. Zu den Schwerpunkten solcher Nachrichten gehörten immer wieder die Ereignisse im Warschauer Getto, wo infolge der von den Nazis betriebenen Politik vorsätzlicher Aushungerung Zehntausende starben.

Die *Times* veröffentlichte am 17. August eine kurze, ihr zwei Tage zuvor durch Reuter aus Zürich übermittelte Meldung, derzufolge der Älteste des Judenrates im Warschauer Getto, Adam Czerniakow, Selbstmord begangen hatte. Er hatte sich am 23. Juli getötet. Auch das Motiv für seinen Freitod wurde zutreffend wiedergegeben. Er hatte sich geweigert, der Gestapo Listen mit den Namen von etwa 100 000 Juden auszuhändigen, die von der Gestapo zur Deportation „an einen unbekannten Ort im Osten", wie Reuter es nannte, vorgesehen waren.[1] In der Meldung hieß es ferner, Czerniakow habe erkannt, „daß die 100 000 sehr wahrscheinlich umgebracht würden".[2]

Am 19. August, zwei Tage nach Veröffentlichung dieser Meldung, erhielt das Auswärtige Amt von der belgischen Botschaft in London eine als Augenzeugenbericht deklarierte Darstellung eines Judenmassakers. Darin waren Ereignisse geschildert, die sich im Zusammenhang mit dem Judenpogrom in Riga im April 1942 zugetragen hatten. Unter den über 40 000 damals getöteten Juden hätten sich, wie es in dem Bericht hieß, mehrere hundert Deportierte aus Holland und zwischen 50 und 100 Belgier befunden, die ebenfalls einen oder zwei Monate zuvor „in den Osten" deportiert worden seien: „Da die Hinrichtungen bei Tag stattfanden, wurden sie gefilmt."

Der Bericht vom 19. August enthielt eine anschauliche Schilderung. Die Juden, so erzählte er, seien auf ein Gelände außerhalb Rigas geführt worden, wo ein langer, breiter Graben ausgehoben war. Dann sei, unter dem Kommando des Gestapo-Chefs und in Anwesenheit mehrerer estnischer Offiziere.

… den Juden der Befehl gegeben worden, sich vollständig zu entkleiden. Darauf folgte eine Szene, die zu beschreiben nicht möglich ist: Männer und Frauen fielen weinend auf die Knie und flehten die deutschen Exekutionskommandos an, nicht zu schießen. Aber umsonst.

Diese unglückseligen Menschen, darunter kleine Kinder, wurden am Rand des Grabens in einer Reihe aufgestellt und mit Maschinengewehrfeuer getötet. Nach der Exekution wurde der Graben in Augenschein genommen, um sicherzugehen, daß keines der Opfer noch lebte.

Einer der anwesenden estnischen Offiziere war außerstande, es durchzustehen, und verlor plötzlich den Verstand.

Ein Beamter des Auswärtigen Amtes, der diesen Bericht zur möglichen Verwendung in der antideutschen Propaganda an die Leitstelle für politische Kriegführung weitergab, vermerkte dazu: „Ich schätze, sie werden sich für das Drum und Dran interessieren, z. B. dafür, daß diese Unglücklichen sich ausziehen mußten und gefilmt wurden."[3]

Nicht nur die Art und Weise dieser Massaker im Osten, sondern auch das volle Ausmaß des Leidens in den Gettos wurde mit jedem Bericht, der die Alliierten erreichte, deutlicher. Ein solcher Bericht traf in der letzten Augustwoche, aus London abgesandt, in Washington ein. Sein Verfasser war Ernest Frischer, ein Mitglied der tschechoslowakischen Exilregierung in London.

Die Namen Treblinka, Sobibór, Belzec und Auschwitz waren in diesem Bericht von Frischer nicht erwähnt. Er befaßte sich vielmehr zentral mit der von den Deutschen betriebenen Politik der hermetischen Abschließung und Aushungerung jüdischer Gettos. Unter anderem verglich er die wöchentlichen Lebensmittelrationen im von Deutschland besetzten Polen. Die dort stationierten Deutschen erhielten viereinhalb Pfund Brot pro Person und Woche, die Polen dreieinhalb Pfund, die Juden vierhundert Gramm. Ähnlich war das Verhältnis bei Fleisch, Zucker und Fett. „Die ganze jüdische Geschichte, ja die ganze Menschheitsgeschichte kennt kein Beispiel für ein solches *organisiertes Massensterben*", schrieb Frischer beschwörend.

In der Überzeugung, diese Politik der Aushungerung sei von den Nazis als hauptsächliche Vernichtungsmethode auserkoren, drängte Frischer die Alliierten zu einer Lockerung ihrer Wirtschaftsblockade gegenüber Deutschland, damit das Internationale Rote Kreuz Lebensmittelpakete in die Gettos schicken könne, wie es bei den Kriegsgefangenenlagern im NS-Bereich bereits der Fall war. Ein solcher Schritt sei, so schrieb er, unbedingt erforderlich, um „der grenzenlosen und skrupellosen Vernichtung Einhalt zu gebieten".[4]

Frischer übergab seinen Bericht dem Botschafter der Vereinigten Staaten bei der tschechoslowakischen Exilregierung, der ihn am 26. August sowohl an sein Außenministerium als auch ans Weiße Haus in Washington weiterleitete. Einen Tag danach erhielt das State Department vom amerikanischen Konsul in Genf detaillierte Angaben über die anhaltenden Judendeportationen aus Frankreich. Die Quelle dieser Informationen war Dr. Donald A. Lowrie, ein amerikanischer Bürger und Angehöriger des Weltbundes Christlicher Jungmännervereine. Lowrie war gerade aus Vichy-Frankreich zurückgekehrt. Seinen Angaben zufolge waren Mitte August aus Lagern in Vichy-Frankreich 3500 Juden nach Osten deportiert worden; wie aus neuen Anordnungen zu entnehmen sei, fügte er hinzu, werde „zwischen dem 23. August und Mitte September weiteren 15000 Juden dasselbe Schicksal widerfahren". Welches Schicksal war das? Lowrie ging davon aus, daß die Deportation nach Osten „entweder Zwangsarbeit oder allmähliche Ausrottung in den ‚polnischen Judenreservaten'" bedeutete, und er zog den Schluß, die „entscheidende Aufgabe" bestehe darin, „eine Asylzusage der Vereinigten Staaten sicherzustellen".[5]

Weder Frischer noch Lowrie hatten die Vernichtungslager erwähnt. Beide waren bei der Abfassung ihrer Mitteilungen in dem Glauben gewesen, die Vernichtung der Juden werde primär in Form ihrer allmählichen Aushungerung in den Gettos des Ostens betrieben. Andere Meldungen dagegen, die in der zweiten Augustwoche in Genf eintrafen, nahmen sich eher wie eine Bestätigung dessen aus, was Riegner einen Monat zuvor in seinem Telegramm mitgeteilt hatte: daß die totale Vernichtung des europäischen Judentums geplant war; am 15. August nämlich schrieb Richard Lichtheim in einem Memorandum Mitteilungen nieder, die ihm von zwei Augenzeugen, einem Juden und einem Nichtjuden, gemacht worden waren, die kurz vorher von Polen in die Schweiz gekommen waren – einer der beiden erst am 14. August, also einen Tag zuvor.

Die von den beiden Polenflüchtlingen geschilderten Ereignisse waren haarsträubend. Anders als der allgemeine Hinweis auf einen Ausrottungsplan, den der deutsche Industrielle Ende Juli gegeben hatte, waren ihre Informationen auch konkreter Art. Das Memorandum, das Lichtheim auf der Basis dieser Information zusammenstellte, war in sechs Teile gegliedert. Der erste Teil begann mit der nüchternen Feststellung: „Die Liquidierung des Warschauer Gettos ist im Gang"; weiter hieß es, Juden würden „in Gruppen aus dem Getto geholt und erschossen", ohne Unterschied des Alters oder Geschlechts.

Im zweiten Abschnitt des Berichts wurde mitgeteilt, daß diese „Massenexekutionen" nicht in Warschau selbst stattfänden, „sondern in eigens für diesen Zweck eingerichteten Lagern". Keine Rede war vom Vergasen, der hauptsächlichen Tötungsmethode, und ebensowenig von Treblinka, dem Lager, in dem die Warschauer Juden vergast wurden. Jedoch erwähnte der Bericht den Namen eines der Vernichtungslager: Belzec. Er enthielt auch Zahlenangaben: So bezifferte er etwa die Zahl der in Lemberg getöteten Juden auf „ungefähr 50 000"; das waren 20 000 mehr, als im Bund-Report vom 22. Mai, nahezu drei Monate zuvor, angegeben worden waren. Weitere 100 000 „sind in Warschau massakriert worden". In dem „ganzen Gebiet" östlich Polens, „einschließlich der besetzten Teile Rußlands", sei kein einziger Jude übriggeblieben. Darüber hinaus wurde in dem Bericht auch behauptet, „die gesamte nichtjüdische Einwohnerschaft von Sewastopol" sei „ermordet worden". Und der zweite Abschnitt endete mit der ominösen Bemerkung: „Um nicht die Aufmerksamkeit fremder Staaten zu erregen, führte man die Abschlachtung der jüdischen Bevölkerung in Polen nicht in einem Zug durch."

Im dritten Teil seines Memorandums schrieb Lichtheim knapp und präzise: „Die aus Deutschland, Belgien, Holland, Frankreich und der Slowakei deportierten Juden werden zur Schlachtbank geschickt, während die aus Holland und Frankreich in den Osten deportierten Arier von vornherein zur Arbeit eingesetzt werden."

Abschnitt vier wiederholte, daß mit den Deportationen nach Osten das Ziel verfolgt werde, die „Abschlachtung" an Orten durchzuführen, wo „Außenstehende weniger Gelegenheit haben, zu erfahren, was vorgeht". Selbst das Getto von Theresienstadt, von den Nazis als ein „modellhaftes" Getto bezeichnet, sei

„nur eine Zwischenstation", da die aus Deutschland, Österreich, Böhmen und
Mähren dorthin deportierten Juden „dasselbe Schicksal erwartet".
Auch die beiden letzten Abschnitte von Lichtheims Memorandum entspra-
chen der Wahrheit:

(5) Sobald in den Lagern durch Exekutionen Platz geschaffen ist, werden Vorbereitungen
für neue Deportationen getroffen. Karawanen von zur Deportation in Viehwaggons bestimmten Juden sind oft zu beobachten. In jedem Viehwaggon werden ungefähr 40 Personen untergebracht. Es ist besonders bezeichnend, daß mit der Aufgabe, die Deportationskandidaten aus dem Warschauer Todesgetto zu holen, litauische Nichtjuden betraut werden.
(6) Es ist eine Tragödie, daß die polnische Bevölkerung von den Deutschen gegen die Juden aufgehetzt wird und das Verhältnis zwischen Polen und Juden außerordentlich verschärft worden ist. Das gilt besonders für Lemberg.[6]

Lichtheim hielt die Augenzeugenberichte der beiden Polen zwei Wochen lang
zurück; er erklärte dies, als er sie am 26. August schließlich doch den zionistischen Führern in London, Jerusalem und New York zukommen ließ, damit, daß
die darin geschilderten Einzelheiten „so furchtbar sind, daß ich im Zweifel war,
ob ich sie weiterleiten sollte oder nicht". Wie er in seinem Begleitbrief schrieb,
sei er jedoch zu dem Schluß gelangt, daß das Berichtete zutreffen könne und
auch „ganz zu Hitlers Ankündigung paßt, nach Ende dieses Krieges werde es auf
dem europäischen Festland keine Juden mehr geben".[7]
Auch im Laufe der elf Tage, während derer Lichtheim sein Memorandum vom
15. August zurückgehalten hatte, waren neue Meldungen bei ihm eingetroffen,
die den Inhalt jenes Augenzeugenberichts zu bestätigen schienen. Am
27. August übermittelte er seinen Kollegen in Jerusalem den Text einer Postkarte, die drei Wochen zuvor in der polnischen Stadt Tschenstochau an einen Empfänger in Genf aufgegeben worden war. Die deutsche Zensur hatte in dem Text
der Postkarte offensichtlich eine rein persönliche Mitteilung gesehen. „Eliezer",
so schrieb der Absender der Karte, befinde sich „bei sehr schlechter Gesundheit"
und sehe „keinen Ausweg". „Er ist in Behandlung bei Dr. Kilajon, der ihm keine
Aussichten gibt. Er wird kränker und kränker, und seine Lungen bluten unaufhörlich." – „Eliezer" bedeutete in diesem Text „Warschau", und „Kilajon" ist das
hebräische Wort für „Ausrottung".
Alle Berichte, die er aus Warschau erhielt, liefen, wie Lichtheim hervorhob,
„darauf hinaus, daß eine beträchtliche Zahl von Personen aus dem Getto an einen anderen Ort transportiert worden sind, und es gibt Berichte, denen zufolge
sie dort ermordet worden sind". Er habe bereits, so erklärte er, am Tag davor „die
schrecklichsten Einzelheiten" nach Jerusalem übermittelt.[8]
Eine entmutigende Nachricht, die Lichtheim in der gleichen Woche nach Jerusalem, London und New York schickte, befaßte sich mit dem Versuch vieler
französischer Juden, der Deportation dadurch zu entgehen, daß sie über die
Grenze in die Schweiz zu gelangen versuchten; am 13. August hatten die
Schweizer Polizeibehörden die Grenze ganz zugemacht, und es hatte sogar den

Anschein, als ob mehrere Flüchtlinge, denen es gelungen war, Schweizer Boden zu erreichen, von der Schweizer Polizei zur Grenze zurückgebracht und wieder nach Frankreich geschickt worden seien. „Sie können sich leicht vorstellen, was das für diese unglücklichen Menschen bedeutet hat", schrieb Lichtheim am 28. August, und er fügte hinzu: „Niemand weiß, was dann mit ihnen passierte."[9]

Besonders aufgebracht hatte Lichtheim der Bericht über eine Debatte im englischen Unterhaus am 6. August, in der mehrere um das Schicksal der Juden besorgte Redner davon gesprochen hatten, daß nach dem Krieg Heimstätten für „neuneinhalb Millionen Juden" gefunden werden müßten, und welche Probleme die Existenz von „sieben Millionen besitzlosen Juden in Osteuropa" aufwerfen werde. In einem Brief vom 27. August an seine Kollegen von der Jewish Agency in London beklagte sich Lichtheim darüber, daß, wie diese Berechnungen zeigten, „die Leute in England nicht wissen, was in Europa vor sich geht". Selbst „die jüdischen Führer", bemerkte er, glaubten noch immer, daß es nach dem Krieg in Europa um die „fünf oder sechs Millionen heimatlose Juden" geben werde. „In Wirklichkeit", schrieb Lichtheim, „wären nicht viel mehr als zwei Millionen noch am Leben, die meisten davon, etwa 800 000, in Ungarn."

Ferner erklärte Lichtheim in seinem Brief vom 27. August emphatisch: „Wir wissen, daß Deportation den Tod bedeutet – früher oder später", und er fügte hinzu: „Dieser Vernichtungsprozeß geht erbarmungslos weiter, und es ist nicht mehr zu hoffen, daß eine nennenswerte Zahl gerettet werden kann."

Es sei „keine Übertreibung", schloß Lichtheim, „zu sagen, daß Hitler in Kontinentaleuropa vier Millionen Juden umgebracht hat oder noch umbringt", und daß höchstens zwei Millionen eine Überlebenschance hatten, und sie auch nur, weil sich die Herrschaft Deutschlands nicht auf die Länder erstreckte, in denen sie lebten.[10]

Aus der Bilanz der täglich in der Schweiz eintreffenden Nachrichten ließ sich keine Hoffnung auf eine Tendenzwende ableiten. Am 31. August berichtete Lichtheim, in seinem 807. Brief nach Jerusalem seit Kriegsbeginn, über neue Deportationen aus den zu diesem Zeitpunkt rumänischen Städten Czernowitz und Timisoara sowie über die Verhaftung von Juden in Vichy-Frankreich, wo die Behörden die Verhafteten zur Deportation an die Gestapo auslieferten. „Alle diese Geschehnisse ...", resümierte Lichtheim, „bestätigen den schon in meinen bisherigen Berichten angeklungenen Eindruck, daß hinter diesen Maßnahmen ein umfassender Plan zur Deportation und Vernichtung der Juden in ganz Europa steht."

Wie konnte man glauben, daß die Juden Europas nicht nur einem vorsätzlichen Plan gemäß ausgerottet werden sollten, sondern daß die praktische Umsetzung dieses Plans bereits begonnen hatte, ja schon weit fortgeschritten war? Viele der jüdischen Führer, die diese Berichte erhielten, waren selbst in Polen geboren oder hatten doch polnische Eltern. Es waren ihre eigenen Verwandten, Kollegen und Freunde, die auf solche Weise ums Leben kamen. Verunsichert und fassungslos schrieb Leo Lauterbach, der Leiter der Organisationsabteilung der Jewish Agency, am 28. September einen persönlichen Brief an Lichtheim, um seinen, wie er es nannte, „starken Zweifeln" an der Authentizität vieler in den Berichten behaupteten Vorgänge Ausdruck zu verleihen. Er fügte hinzu:

Man muß aus der Erfahrung lernen, zwischen der Wirklichkeit, grausam wie sie ist, und Produkten einer von berechtigter Furcht gequälten Phantasie zu unterscheiden und sollte keiner Flüsterpropaganda glauben, ohne in der Lage zu sein, den Wahrheitsgehalt festzustellen.[11]

Gleichwohl entschied sich Lauterbach, wie er weiter schrieb, dafür, die wesentlichen Punkte aus Lichtheims Brief zu akzeptieren, und Lichtheim fuhr seinerseits fort, Informationen nach Jerusalem, London und Washington weiterzuleiten, Informationen, die allesamt die Tatsache des Ausrottungsplans zu bestätigen schienen.

Die Alliierten verfügten über keinerlei militärische Möglichkeit, die Deportationen zu verhindern. Überhaupt schien es, als gebe es keine andere praktische Möglichkeit des Reagierens, als die Dinge publik zu machen. Diejenigen, die von den Deportationen erfuhren, konnten nicht mehr tun, als ihre Informationen weiterzugeben. In bezug auf die letzten Deportationen, von denen er gerade erfahren hatte, schrieb Lichtheim am 3. Februar aus Genf nach London, New York und Jerusalem, ihr Zweck könne es nicht sein, „Nachschub an Arbeitskräften zu bekommen, sondern einfach, die Deportierten umzubringen". Er fügte hinzu:

Alle Hilfsorganisationen in Europa, jüdische wie nichtjüdische, die ständig mit diesen Schrecknissen befaßt sind, verzweifeln, weil keine Macht der Erde die Dinge aufhalten kann. Die unlängst erfolgte Ankündigung, daß die Missetäter nach dem Krieg bestraft würden, zeitigt natürlich keine Wirkung. Und es gibt auch für diese Verbrechen keine angemessene Strafe.[12]

Am 4. September schilderte die Sekretärin Dr. Weizmanns, Doris May, in einem Brief an Arthur Lourie in New York, wie „seltsam erschütternd" die Nachrichten aus Genf über die Deportationen aus Frankreich auf sie wirkten; und sie fuhr fort:

… die Barbarei in Deutschland ist, wie beklagenswert auch immer, eigentlich nicht überraschend oder gar schockierend – der Hunne bleibt immer der Hunne, und man muß erwarten, daß er sich entsprechend aufführt. Aber daß die gleichen Dinge in *Frankreich* geschehen und daß Franzosen, wenn sie auch dabei nicht mittun, doch dabeistehen und zuschauen, das trifft einen irgendwie an der Wurzel des Vertrauens! Doch was für einen aktiven Widerstand kann man von jemandem nach zwei Jahren des Hungers und der Unterdrückung noch erwarten? (Und wie unzulänglich sind Worte!)[13]

Die Deportationen aus Frankreich gingen den September über weiter. Am 3. September hatte der Jüdische Weltkongreß in Genf von elf im August durchgeführten Deportationen aus den zentralen Internierungslagern in Südfrankreich und den Pyrenäen, darunter aus den Lagern von Gurs und Les Milles, erfahren, und fünf Tage später berichtete Lichtheim in einem Schreiben nach Jerusalem, daß „mindestens zehntausend schon deportiert worden sind",[14] und dies trotz eines heftigen Protests der beiden höchsten Geistlichen in Südfrankreich, des Erzbischofs von Toulouse und des Bischofs von Montauban.

Die *Times* in London veröffentlichte in den beiden ersten Septemberwochen fast täglich ausführliche Berichte über die Judendeportationen aus Frankreich. Sie bezog ihre Informationen von ihrem eigenen Korrespondenten, der von der Grenze zwischen Vichy-Frankreich und dem neutralen Spanien am Kamm der Pyrenäen berichtete. Dank der spanischen Neutralität konnten alle seine Berichte jeweils am Tag nach ihrer Absendung nach London in Druck gehen.

Am 7. September trug der Hauptbericht auf der Auslandsseite der *Times* die Überschrift: VICHYS JÜDISCHE OPFER. KINDER NACH DEUTSCHLAND DEPORTIERT.

Der Artikel beschrieb die „unverminderte Gnadenlosigkeit" der Deportationspolitik. Frauen und Kinder seien „plötzlich benachrichtigt" worden, sie könnten ihre Verwandten in den verschiedenen Internierungslagern besuchen; als sie dies taten, habe man sie mit den Internierten zusammen deportiert, ohne daß sie irgendeine Gelegenheit bekamen, Vorbereitungen zu treffen oder Mitteilungen zu hinterlassen. In Les Milles war es zu 86 Selbstmordversuchen gekommen; „einige Männer hatten sich mit Glasscherben die Pulsadern aufgeschnitten." Nicht lange davor sei „ein Zug mit 4000 jüdischen Kindern, die ohne Begleitung, ohne Identitätspapiere oder auch nur Erkennungsmarkierungen auf die Reise geschickt wurden, aus Lyon in Richtung Deutschland abgefahren".[15]

Diese Meldungen aus Frankreich hatten eine beträchtliche Wirkung: Am 8. September kam Churchill in seiner ersten Ansprache im Unterhaus nach einer neunwöchigen Pause im Rahmen eines umfassenden Überblicks über die Kriegslage auch auf die Deportationen zu sprechen. Die „brutalen Übergriffe", die sich die Deutschen, wie er erklärte, „in jedem Land, in das ihre Armeen eingefallen sind", zuschulden kommen ließen, hätten in der letzten Zeit noch eine Steigerung erfahren durch

… das bestialischste, schmutzigste und sinnloseste von allen ihren Verbrechen, die Massendeportation von Juden aus Frankreich, das vorsätzliche und endgültige Auseinanderreißen von Familien mit allen sich daraus ergebenden Leiden und Erschütterungen. Diese Tragödie erfüllt mich mit ebensoviel Ungläubigkeit wie Entrüstung; sie illustriert besser als alles andere die völlige Verkommenheit des Nationalsozialismus als Weltanschauung und die Verkommenheit all derjenigen, die sich zu Erfüllungsgehilfen seiner unnatürlichen und perversen Leidenschaften hergeben.

Nach einer kurzen rhetorischen Pause erklärte Churchill: „Wenn in Europa die Stunde der Befreiung schlägt – und sie wird schlagen –, dann wird es auch eine Stunde der Vergeltung sein."[16]

In den Tagen nach der Rede Churchills berichtete die *Times* weiterhin über Judendeportationen aus Frankreich und hob dabei auch den Widerstand des französischen Volkes gegen die Mitwirkung der Vichy-Regierung an diesen Maßnahmen hervor. Am 9. September brachte sie die Meldung von der Entlassung des Militärgouverneurs von Lyon, General de St. Vincent, der sich einem am 28. August ergangenen Befehl der Vichy-Behörden „zur Mithilfe bei der massenhaften Festnahme von Juden in der nichtbesetzten Zone" widersetzt hatte. Wie es aussah, hatte General de St. Vincent sich geweigert, seine Truppen den Behörden zur Aufstöberung und Verhaftung der Juden im Bereich von Lyon zur Verfügung zu stellen.

Ferner brachte die *Times* in ihrer Ausgabe vom 9. September auch eine Meldung über die Anordnung der Vichy-Regierung, daß alle römisch-katholischen Priester in der nichtbesetzten Zone, die Juden versteckten, zu verhaften seien. „Einige Festnahmen", hieß es, seien schon erfolgt. Jedoch habe der Erzbischof von Lyon, Kardinal Gerlier, als Antwort auf diese Verhaftungen bereits eine „herausfordernde Weigerung" verlauten lassen, jüdische Kinder herauszugeben, deren Eltern bereits deportiert waren und die in Heimen der katholischen Kirche „Nahrung und Schutz" gefunden hatten.[17]

In einem großen Artikel berichtete die *Times* am 11. September über die „allgemeine Empörung", die die Verhaftung und Einkerkerung von acht Jesuitenpatres in Lyon ausgelöst hatte, die sich geweigert hatten, „mehrere hundert" Kinder zur Deportation auszuliefern; sie hatten diese Kinder „in zu ihrem religiösen Orden gehörenden Gebäuden" versteckt gehalten. Die *Times* berichtete weiter, daß der Päpstliche Staatssekretär, Kardinal Maglione, den französischen Botschafter beim Vatikan hatte wissen lassen, „daß das Verhalten der Vichy-Regierung gegenüber Juden und ausländischen Flüchtlingen eine flagrante Verletzung" der von der Vichy-Regierung selbst aufgestellten Grundsätze darstelle und sich „nicht mit den religiösen Empfindungen (vereinbaren lasse), die Marschall Pétain in seinen Reden so oft zum Ausdruck gebracht habe".[18]

Richard Lichtheim, der alle diese Geschehnisse von Genf aus verfolgte, war überzeugt, daß es kein Mittel gab, die Juden Westeuropas und Polens zu retten. Aber ebenso fest war er davon überzeugt, daß es für die Rettung der Juden in den noch nicht unter direkte deutsche Kontrolle geratenen Ländern noch nicht zu spät war. Am 15. September erläuterte er seine Vorstellungen über Möglichkeiten zur Rettung dieser Menschen dem politischen Sekretär der Jewish Agency in London, Joseph Linton: „Viel zu wenig" schrieb er, „ist gesagt und getan worden, um die Nazis und ihre Verbündeten vor den Folgen ihrer Verbrechen zu warnen." Und er fügte hinzu: „Ich stehe noch immer unter dem Eindruck, daß die jüdischen Organisationen in England und den USA bei früherer Gelegenheit viel mehr hätten tun sollen, um die Öffentlichkeit, die Presse und die führenden Staatsmänner darüber zu informieren, was den Juden widerfährt."

Lichtheim äußerte sich dann zu den potentiellen Gefahren, die den jüdischen Gemeinden in den noch nicht unter direkter deutscher Kontrolle stehenden Ländern drohten, insbesondere den 800 000 ungarischen sowie den 300 000 rumänischen Juden, die bei den Massendeportationen aus Rumänien im Sommer und Herbst 1941 noch nicht erfaßt worden waren. „In diesen Ländern", schrieb Lichtheim, „und auch in Italien besteht noch eine Chance, daß die Juden vielleicht verschont werden, wenn die Regierungen dieser drei Länder rechtzeitig gewarnt werden, daß sie zur Rechenschaft gezogen werden, wenn sie der Gestapo zu tun erlauben, was sie in den anderen Ländern getan hat."

Lichtheim wußte, daß Churchill, Roosevelt und die Exilregierungen der besetzten Länder bereits öffentlich erklärt hatten, daß diejenigen, die Verbrechen wider die Menschlichkeit verübten, nach Kriegsende ausfindig gemacht, vor Gericht gestellt und bestraft würden. Er hielt es jedoch für nötig, daß die Alliierten nochmals eine besondere, nicht an die Bevölkerung Ungarns, Rumäniens und Italiens im allgemeinen, sondern an deren politische Führer Horthy, Antonescu und Mussolini gerichtete Warnung aussprächen.

Würde diesen drei Herrschern deutlich gemacht, daß „ihre spezifische Haltung in dieser spezifischen Angelegenheit *genau beobachtet* wird", und würde jene spezifische Warnung, wie er sie vorschlug, direkt „an *sie*" gerichtet, dann, so meinte Lichtheim, „werden sie vielleicht diese extremen Maßnahmen gegen den Rest der Juden unterlassen, die Hitler eines Tages gewiß verlangen wird". (Alle Hervorhebungen stammen von Lichtheim selbst.)

Was die Instanz betraf, die eine derartige Warnung aussprechen sollte, so schlug Lichtheim hierfür den Vatikan oder die Regierung eines neutralen Staates vor, und er fügte hinzu:

Ich weiß nicht, welche Schritte die jüdischen Organisationen in England und Amerika bis jetzt zur Rettung der noch verbliebenen europäischen Juden unternommen haben. Ich glaube jedoch, daß der jetzige Augenblick günstig ist.

Das Blatt wendet sich. Die Aussicht der alliierten Nationen, den Krieg zu gewinnen, ist heute besser als je zuvor, und das wird überall in Europa registriert. In Italien, Ungarn und Rumänien gibt es viele einflußreiche Personen, die mit der pronazistischen Politik ihrer Regierung unzufrieden sind.

Es ist jetzt bestimmt der richtige Augenblick, diese Regierungen vor einer erneuten Judenverfolgung zu warnen – dies insbesondere deshalb, weil die öffentliche Meinung infolge der jüngsten Ereignisse in Frankreich und der vielen von allen Seiten kommenden Proteste so hellhörig ist wie nie zuvor.[19]

Nach allem, was er auf seinem Horchposten in Genf erfuhr, war Lichtheim zu der Überzeugung gelangt, daß die Deutschen gegenüber den Juden eine Politik der totalen Ausrottung betrieben. Am 18. September antwortete er auf eine Bitte aus den Vereinigten Staaten, „einen Überblick über die Stellung der europäischen Juden zu geben", verärgert, er könne einen solchen Überblick nicht geben, „weil die europäischen Juden sich heute ebensowenig in einer ‚Stellung' befinden wie die Gewässer eines reißenden Bachs, die in eine Schlucht hinabstürzen, oder der Wüstenstaub, der von einem Wirbelwind erfaßt und in alle Richtungen verweht wird".

In einem seiner Briefe, datiert vom 18. September, stellte Lichtheim fest, daß von den sechs Millionen Juden in den vom NS-Regime beherrschten oder unter seinem Einfluß stehenden Ländern – nicht gezählt Ungarn und Italien – „ein oder zwei Millionen schon tot sind und die anderen vier oder fünf Millionen irgendwo zwischen Leben und Tod schweben – ob näher am Leben oder näher am Tod, weiß ich nicht". „Weitere ein bis zwei Millionen", so fügte er hinzu, „werden in einem Jahr tot sein. Diejenigen, die nicht an Hunger oder an einer Krankheit sterben, werden vermutlich mit anderen Methoden getötet. Hitler hat geschworen, daß es am Ende dieses Krieges in Europa keine Juden mehr geben wird."

Über die „zweite Front", die auf seiten der Alliierten gerade diskutiert wurde, also über den Plan einer militärischen Landung an der französischen Küste, äußerte sich Lichtheim pessimistisch. „Vielleicht wird es eines Tages eine solche zweite Front geben", schrieb er, „welche die Holländer, die Belgier, die Franzosen von der Besatzungsmacht befreien wird. Aber die Juden dieser Länder werden nicht unter den Befreiten sein. Dafür sorgt Hitler. Für die Juden in Belgien, Holland und im besetzten Frankreich und sogar für die zehntausend jüdischen Flüchtlinge im nichtbesetzten Frankreich haben die Deportationen jetzt begonnen."

Lichtheim hatte recht; und wenn er auch nichts von den Vergasungen sagte, die erstmals im Bund-Report vier Monate zuvor erwähnt worden waren, nichts von dem Ausrottungsplan, von dem Riegner in seinem Telegramm vom 10. August gesprochen hatte, und erst recht nichts von Auschwitz, das noch in keinem der in den Westen gelangten Dokumente als ein Ort bezeichnet worden war, an dem Juden getötet wurden, so waren doch die Zahlenangaben in seinem Brief und die allgemeine Einschätzung, die er darin gab, bemerkenswert realistisch und exakt. Er schloß seinen Brief:

Sie wollten einen Überblick über die Stellung der Juden in Europa. Sie wollten Fakten und Zahlen. Habe ich die Fakten benannt? Einige von ihnen, aber sehr wenige. Denken Sie an die Fakten hinter den Fakten, an die Ströme von Tränen und die Ströme von Blut, die gebrochenen Glieder und die nackten Körper, die blutenden Füße und die weinenden Kinder, den Gestank und den Dreck, die beißende Kälte und den nagenden Hunger, die schwarze Verzweiflung in Millionen von Herzen.

Versuchen Sie sich die letzten Gedanken der drei Juden vorzustellen, die durch eine polnische Stadt geführt und aufgehängt wurden, weil sie versucht hatten, sich von Nichtjuden etwas Eßbares zu verschaffen. Versetzen Sie sich in die Gefühlslage der jüdischen Mutter in Paris, die ihre sechs Kinder aus dem Fenster warf und dann selbst hinterhersprang, als die Polizei kam, um sie in ein Lager und dann nach Polen zu bringen.

Habe ich die Fakten benannt?

Ich habe viertausend Worte geschrieben und nichts gesagt.

Lassen Sie Ihre Phantasie walten, mein Freund.[20]

Einzelheiten über den Massenmord an den europäischen Juden drangen nun in eine breitere Öffentlichkeit in den alliierten Ländern. Lichtheims Memorandum vom 30. August machte in Washington, wo es bis ins Weiße Haus gelangt war, einen solchen Eindruck, daß Präsident Roosevelts persönlicher Botschafter bei Papst Pius XII., Myron Taylor, am 26. September eine Abschrift dem vatikanischen Staatssekretär, Kardinal Maglione, zukommen ließ. In seinem Begleitschreiben fragte Taylor bei Maglione an, ob der Vatikan irgendwelche Informationen besitze, die geeignet seien, „die in diesem Memorandum referierten Berichte zu bestätigen", und wenn ja, „ob der Heilige Vater irgendwelche Vorstellungen darüber hat, wie man es praktisch anstellen könnte, die Kräfte der zivilisierten öffentlichen Meinung aufzubieten, um eine Fortführung dieser barbarischen Dinge zu verhüten".[21]

Wie das Außenministerium in Washington drei Wochen später aus einer Depesche seines Botschafters in der Schweiz, Harrison, erfuhr, habe der Heilige Stuhl leider auch „aus anderen Quellen Berichte über schwerwiegende Maßnahmen gegen Nichtarier erhalten, aber", so hieß es weiter, „es ist bis zum gegenwärtigen Zeitpunkt nicht möglich gewesen, sie als zutreffend zu verifizieren". Der Heilige Stuhl habe, wie Harrison hinzufügte, „keine praktischen Vorschläge zu machen".[22]

Nicht nur der Vatikan hatte keine Vorschläge. „Unglücklicherweise", schrieb Arthur Lourie am 25. September aus New York an Richard Lichtheim, „ist es hier zu keinem wirklichen Erwachen des öffentlichen Bewußtseins für diese ganze Sache gekommen." Gewiß sei bei den Juden, so fuhr er fort, „ein bestimmtes Wissen und ein Gefühl des Schreckens und der Ohnmacht angesichts des Unglücks vorhanden, aber was die allgemeine amerikanische Öffentlichkeit betrifft, so gibt es zwar von Zeit zu Zeit Zeitungs- und Rundfunkmeldungen über die Deportationen und Massaker, aber diese Dinge bleiben alle weit entfernt, und das Interesse konzentriert sich, vielleicht unvermeidlicherweise, auf näherliegende Themen".

Was sich in Europa abzeichne, schrieb Lourie, „ist so, daß man sich sträubt, es zu glauben", und er fügte hinzu, Lichtheims letzter Brief habe ihn „beinahe in ein Gefühl der Hoffnungslosigkeit" versetzt.[23]

Aber Lichtheim war weit davon entfernt, zu verzweifeln; in einem Telegramm vom 26. September an die Jewish Agency in London vertrat er die Auffassung, es bedürfe des „massiven Drucks" und der „ernstesten Warnungen", um die „Überreste", wie er schrieb, des europäischen Judentums in Bulgarien, Rumänien und Ungarn zu retten. Alle in Genf eintreffenden Informationen, erklärte er, „bestätigen frühere Berichte über Judenvernichtungen nach Deportation aus verschiedenen Ländern in deutsche oder polnische Lager, auch nach Deportation innerhalb Polens". Mit Ausnahme einer „kleinen Minderheit" jüdischer Handwerker, die für das deutsche Heer tätig waren, seien sowohl das Warschauer als auch das Lodzer Getto „nahezu geleert", wie er sich ausdrückte.[24] Und in einem Brief, den er drei Tage später nach London, Jerusalem und New York schickte, stellte er fest: „Die totale Vernichtung der jüdischen Gemeinden in Belgien und Holland ist nahezu vollendet."[25]

Die Briefe, die Lichtheim aus Genf schickte, wurden von den meisten zionistischen Führern in London, Jerusalem und New York gelesen. „Ich kenne keine andere Quelle", schrieb ihm der Direktor der *United Palestine Appeal*, Henry Montor, am 29. September aus New York, „deren Berichte ein so erschreckendes und niederdrückendes Bild davon vermitteln, wie rapide Hunderttausende von Juden zugrunde gehen, ohne daß sich in der zivilisierten Welt auch nur ein Murren regt."[26]

In der „zivilisierten Welt" war es freilich die Möglichkeit eines kurz bevorstehenden deutschen Sieges, die die Nachrichtenspalten beherrschte und mit der sich sowohl die Entscheidungsträger als auch die Öffentlichkeit auseinandersetzen mußten. Den September hindurch kämpften die deutschen Truppen nur wenige Kilometer von der Wolga entfernt, und es sah so aus, als würden sie Stalingrad erobern. Angesichts dieser Aussicht sahen die Russen sich gezwungen, von ihrer größten Panzerfabrik zu retten, was zu retten war, indem sie alles, was beweglich war, auf Lastkähne verluden und auf der Wolga stromaufwärts beförderten. Den ganzen Monat hindurch beschoß die deutsche Artillerie das Stadtzentrum. Am 21. September wurden alle noch verbliebenen Frauen und Kinder evakuiert, und fünf Tage später erreichten deutsche Truppenteile das Ufer der Wolga südlich der Stadt.

Im Kaukasus waren deutsche Truppen im Vormarsch auf die Ölfelder von Maikop. Hatten sie erst einmal das Kaspische Meer erreicht, so konnten sie die Hand nach Persien, ja sogar nach Indien ausstrecken.

Hitler war in Hochstimmung. Selbst der Sieg der Engländer am 31. August in der Schlacht von El Alamein in Ägypten, der Rommels Vormarsch in Richtung Alexandria aufhielt und den Frontverlauf in unmittelbarer Nähe der ägyptisch-libyschen Grenze festigte, schien kein schwerwiegender Rückschlag zu sein. Noch waren Hitlers Truppen die Herren Europas. Die nordafrikanische Küste stand von den marokkanischen Atlantikhäfen bis zur ägyptischen Grenze unter deutscher Kontrolle. Und im Fernen Osten drangen die japanischen Streitkräfte weiter über den Pazifik vor, landeten im September auf mehreren Inseln der Salomonengruppe und flogen schwere Bombenangriffe gegen die Flotteneinrichtungen und Artilleriestellungen des amerikanischen Seestützpunkts Guadalcanar.

In einer Rede, die er am 30. September in Berlin hielt, gab Hitler einen Überblick über den Kriegsverlauf. Seine Rede wurde wie gewöhnlich von den Alliierten abgehört und ausführlich kommentiert. Die Deutschen, so erklärte Hitler, marschierten von Sieg zu Sieg. Der Russe sei „eine Art Sumpfmensch". Die führenden englischen Staatsmänner seien „Nullen" und „Eisenfresser". Den amerikanischen Präsidenten Roosevelt nannte Hitler „diesen Schwachkopf im Weißen Haus". Unter der Führung Deutschlands würden Rumänen, Ungarn, Kroaten, Slowaken, Finnen und Spanier an einem „europäischen Kreuzzug", einem Kampf um „Ehre und Anstand" gegen England, die Vereinigten Staaten und die Sowjetunion teilnehmen, „die übelste Koalition, die die Welt je gesehen hat". Aber Churchill, Roosevelt und „ihre jüdischen Hintermänner" würden, so kündigte Hitler an, „zu winseln und zu flennen anfangen, wenn das Ende für England schrecklicher sein wird als der Anfang".

Dann kam Hitler auf die Juden zu sprechen; er erinnerte seine Zuhörer daran, daß er am 1. September 1939 erklärt habe, „wenn das Judentum einen internationalen Weltkrieg zur Ausrottung der arischen Völker Europas anzettelt, dann werden nicht die arischen Völker ausgerottet werden, sondern das Judentum".

Jetzt wartete Hitler mit einer weiteren Prophezeiung auf. Ebenso wie die Juden es, wie er erklärte, „fertiggebracht haben, ein Volk nach dem anderen in den Krieg zu ziehen", so sei im gleichen Maß „eine antisemitische Welle über Volk und Volk" hinweggegangen. Und sie werde, so kündigte er an, „weiterwandern und Staat um Staat erfassen, der in diesen Krieg eintritt; jeder wird eines Tages als antisemitischer Staat daraus hervorgehen." Dann erklärte er:

Die Juden haben einst auch in Deutschland über meine Prophezeiungen gelacht. Ich weiß nicht, ob sie auch heute noch lachen oder ob ihnen das Lachen bereits vergangen ist. Ich kann aber auch jetzt nur versichern: Es wird ihnen das Lachen überall vergehen.

„Und", so fügte Hitler hinzu, „ich werde mit dieser Prophezeiung recht behalten."[27]

Noch immer war der Name „Auschwitz" in der wachsenden Liste der Lager, in denen Juden umgebracht wurden, nicht aufgetaucht, und ebensowenig war er als Bestimmungsort für irgendeinen der Judentransporte genannt worden. Dabei waren im September viele Deportationszüge tatsächlich direkt nach Auschwitz gegangen. Von 957 jüdischen Männern, Frauen und Kindern, die, aus Paris kommend, in den frühen Morgenstunden des 2. September in Auschwitz eintrafen, waren am Spätnachmittag desselben Tages 918 vergast. Zeuge dieser Vergasungen war Johann Kremer, ein SS-Arzt; er notierte in sein Tagebuch: „Im Vergleich hierzu (was ich gesehen habe), erscheint mir das Dante'sche *Inferno* fast wie eine Komödie. Umsonst wird Auschwitz nicht das Lager der Vernichtung genannt."[28]

Im Laufe des Septembers kamen in Auschwitz Züge aus Belgien, Frankreich und Holland an. Die meisten der Deportierten wurden gleich nach der Ankunft vergast, nur wenige in die Baracken geschickt; aber auch hier gab es für sie keine Sicherheit. Am 5. September wurden ungefähr 800 kranke Jüdinnen aus den Baracken geholt und vergast; später am selben Tag traf ein Transport mit insgesamt 714 holländischen Juden in Auschwitz ein, von denen bis zum darauffolgenden Morgen 661 vergast waren.

Wenn auch Birkenau und seine Gaskammern ein Geheimnis blieben, so gelangten doch Nachrichten über die Deportationen selbst weiterhin, meist über die Schweiz, in den Westen. „Wie ich aus Meldungen entnehme, die mich aus Kroatien erreicht haben", schrieb Lichtheim am 17. September an Joseph Linton in London, „sind dort praktisch keine Kinder mehr, weil die gesamte jüdische Bevölkerung evakuiert worden ist..." Aber wohin waren die Deportationen gegangen? Lichtheim erwähnte in seinem Schreiben an Linton zwei Ziele: „In Arbeitslager oder nach Polen (Ost-Oberschlesien)".[29] Von dieser letztgenannten Region war bis dahin nicht die Rede gewesen; tatsächlich war Ost-Oberschlesien genau das Gebiet, in dem Auschwitz lag.

Allein, das Vernichtungslager Auschwitz blieb auch nach dem 17. September 1942 ein Geheimnis: Als Lichtheim zwölf Tage später, am 29. September, einen Bericht über die fortgesetzten Deportationen aus Holland und die systematische Zerstörung der „einstmals blühenden Gemeinde von 180000 Seelen" nach London, New York und Jerusalem schickte, fügte er an:

Die Verhaftungen und Deportationen werden mit der gewohnten Brutalität durchgeführt. Alles, was die Juden besitzen, wird ihnen weggenommen. 40 oder 50 Personen werden in einem sonst für Viehtransporte verwendeten Waggon zusammengepfercht und dann „mit unbekanntem Ziel" auf die Reise geschickt.

Lichtheim selbst setzte den Ausdruck „mit unbekanntem Ziel" in Anführungszeichen. Es gebe, so fügte er hinzu, „mehr und mehr Anzeichen dafür", daß viele der Deportierten unterwegs in den Viehwaggons starben und daß andere, insbesondere ältere Männer und Frauen, „nach Erreichen der deutschen Grenze erschossen werden". Wo die übriggebliebenen Deportierten sich befänden und „ob sie noch am Leben sind, weiß ich nicht zu sagen", schrieb er. „Es gibt da höchst grausige Berichte ..."[30]

8. Rettungen und Zufluchten

Die Ankündigung Präsident Roosevelts vom 21. Juli, diejenigen, welche die Verbrechen ausgeführt hatten, würden „zur Rechenschaft gezogen", war in jüdischen Kreisen mit Genugtuung aufgenommen worden. Man betrachtete eine solche Drohung dort als eine der wenigen Handlungsmöglichkeiten, die den Alliierten zu diesem Zeitpunkt offenstanden. Die jüdischen Führer legten außerdem großen Wert darauf, in jedwedem alliierten Gremium, das sich mit Kriegsverbrechen befaßte, vertreten zu sein. Es stehe fest, so hatte der Board of Deputies of British Jews im Juli erklärt, daß die Juden schon seit längerem zur „bevorzugten Zielscheibe für brutales Vorgehen" gemacht würden. Das Auswärtige Amt widersetzte sich jedoch jeder Hinzuziehung spezifisch jüdischer Vertreter. Wie Frank Roberts am 21. August an einen Kollegen im Informationsministerium schrieb: „Die Regierung Seiner Majestät erkennt natürlich keine eigene jüdische Nationalität an."[1] Und Roger Allen, ein Kollege von Roberts, pflichtete der Auffassung bei, Juden müßten „als Bürger bestehender Staaten behandelt werden" und könnten „keine besondere jüdische Nationalität außer der in ihrem Paß angegebenen" geltend machen.

In einem weiteren, am 21. August niedergelegten internen Vermerk erläuterte A. W. G. Randall die Gründe, die hinter dem Widerstand des Auswärtigen Amtes gegen die Beteiligung von Juden – in ihrer Eigenschaft als Juden – an einem Tribunal über Kriegsverbrechen standen. Zunächst einmal, schrieb er, „erkennt die Regierung Seiner Majestät keine eigene jüdische Nationalität an". Ferner gab es seiner Ansicht nach „eine Vielzahl von Anhaltspunkten" dafür, daß eine, wie er es nannte, „extreme zionistische Kampagne für die Anerkennung einer eigenen jüdischen Nationalität" im Gange sei, eine Kampagne, in der das britische Auswärtige Amt einen Bestandteil „der Propaganda für einen souveränen jüdischen Staat in Palästina" sah und die „zweifellos darauf abzielt, sicherzustellen, daß bei Friedensverhandlungen in jedem Fall eine eigene jüdische Vertretung beteiligt ist". Die „Kampagne" für die Aufstellung einer jüdischen Armee habe, so fügte Randall hinzu, „dieses Ziel im Auge". Dasselbe gelte für die seinerzeitigen Versuche „verschiedener Organe des britischen Judentums, im Rahmen der alliierten Erklärung vom 13. Januar über Kriegsverbrechen eine besondere Anerkennung der Leiden der Juden zu erreichen" – in der Tat waren die Juden in dieser Erklärung nicht ausdrücklich genannt worden.

In seiner Note vom 21. August hob Randall weiterhin hervor, daß diese zionistische „Kampagne" – die, wie er in Klammern hinzufügte, „auch für die Juden selbst gefährlich ist, wie viele von ihnen im privaten Gespräch einräumen" – allem Anschein nach keine „nennenswerten Erfolge" zeitigte. Er machte allerdings mahnend darauf aufmerksam, „daß sich mehrere unserer Verbündeten diesem

Druck gegenüber nachgiebig zeigen", darunter die Polen und die Tschechen. Als der ehemalige tschechische Außenminister Jan Masaryk ankündigte, er unterstütze den Anspruch der Juden auf die Beteiligung ihrer Repräsentanten an eventuell durchgeführten Kriegsverbrecherprozessen, schrieb Frank Roberts, Masaryk sein ein Mensch, „der mehr Menschlichkeit als Urteilskraft besitzt".

Besonders erzürnt hatte das Auswärtige Amt eine Botschaft, die der Chef der polnischen Exilregierung, General Sikorski, am 17. August einer von der Neuen Zionistischen Organisation veranstalteten Konferenz übermittelt hatte. Darin hatte Sikorski das wohlwollende Verständnis der Polen für den Wunsch der Juden nach einer nationalen Heimat bekundet. Die Formel, deren sich Sikorski bediente und die den Unwillen des Auswärtigen Amts erregte, lautete: „... einen eigenen Staat in Palästina".

Aber keine Botschaft von Sikorski, und mochte aus ihr noch so viel Wohlwollen für die zionistische Sache sprechen, hätte dem Ersuchen um eine Beteiligung jüdischer Vertreter an der bevorstehenden Konferenz über Kriegsverbrechen genützt. Entschlossen, keinerlei jüdische „Nationalität" anzuerkennen, widersetzte sich das Auswärtige Amt mit Bestimmtheit und Erfolg jedem derartigen Ansinnen.

Ein anderer Punkt, der für die jüdischen Führer in London und Jerusalem im September 1942 vorrangige Bedeutung besaß, war die Asylfrage: wie man die Alliierten dazu bringen konnte, diejenigen Juden, denen die Flucht aus dem NS-Herrschaftsbereich gelang, bei sich aufzunehmen. Dies war zu keiner Zeit eine leichte Aufgabe.

Am 9. September erhielt das Büro der Jewish Agency in London ein Telegramm von dem Vertreter der Agency in Istanbul, Chaim Barlas. Eine Gruppe von Juden, der die Flucht aus Rumänien gelungen war, sollte von den türkischen Behörden dorthin zurückgeschickt werden, und dies, obwohl die Gruppe bereits den Hafen Mersin an der türkischen Südküste erreicht hatte. Es sei dringend geboten, forderte Barlas, daß die britische Regierung sich einschalte und die Türken daran hindere, diese Flüchtlinge zurückzuschicken.[2]

Ein solcher Appell konnte nicht einfach ignoriert werden. Es ging um das Leben von 20 oder 30 Menschen. Die Genehmigung, nach Palästina oder auch nur bis zu einem Internierungslager in Zypern weiterfahren zu dürfen, bedeutete für sie Rettung und Sicherheit. Wer aber konnte sagen, welches Schicksal auf sie wartete, wenn sie nach Rumänien zurückgeschickt wurden? Im Januar 1941 waren in den Straßen von Bukarest über 100 Juden abgeschlachtet worden: Männer, Frauen und Kinder, erschossen, wo sie gerade standen oder wo sie, auf der Flucht vor dem Pöbel, erwischt wurden. Im Juni 1941 waren über 4000 Juden aus Jassy gewaltsam in zwei Züge verladen und ohne Nahrung und Wasser kreuz und quer über das ostrumänische Schienennetz transportiert worden, bis mehr als 3000 von ihnen tot waren. Ihre Leichen blieben an den Gleisen liegen, wo ihre Kleider und ihr Schmuck noch zur Beute von Plünderern wurden.

Hatten der Bund-Report und die Mitteilungen Riegners von Tod und Verderben in unerreichbarer und für Hilfsmaßnahmen unzugänglicher Ferne berichtet, so eröffnete das Barlas-Telegramm die Möglichkeit, unmittelbar rettend einzugreifen. Insofern war es wichtig, und insofern waren alle derartigen Hilferufe zugunsten kleiner Gruppen von Juden wichtig, denen es tatsächlich gelungen war, die ersten Schritte aus dem Inferno selbst zu tun.

Mit dem Telegramm aus Istanbul konfrontiert, ergriff die Jewish Agency unverzüglich die Initiative, und am Nachmittag des 10. September wurde Professor Namier selbst von einem Beamten der Nahostabteilung, E. B. Boyd, im Kolonialamt empfangen.

Namier zeigte Boyd das Telegramm von Barlas und forderte das Kolonialamt auf, die britischen Stellen in der Türkei telegrafisch anzuweisen, „zu verhindern, daß die Türken diese Flüchtlinge nach Rumänien zurückschicken". Aber Boyd erwiderte, falls ein solches Telegramm abgeschickt würde, würden sich die britischen Behörden „die Verantwortung für diese rumänischen Flüchtlinge aufladen", eine Verantwortung, wie sie seiner Ansicht nach der Brief Lord Cranbornes vom 22. Mai nicht vorsah.

Namier war über diese Antwort verärgert. Falls die britische Regierung „sich weigert, von diesen Flüchtlingen Notiz zu nehmen", dann, so erklärte er, gebe es nur noch die eine Alternative, sie den Rumänen auszuliefern, „was ihren Tod bedeuten würde".

Hatte Lord Cranborne nicht gesagt, es werde „keine *Struma* mehr" geben, fragte Namier. Boyd jedoch setzte ihm auseinander, daß die beiden Fälle nicht zu vergleichen seien. Die Flüchtlinge, um die es gegenwärtig ging, waren mit dem Zug gefahren, während die *Struma*, in seinen Worten, „ein Schiffswrack" gewesen sei. Ihm ins Wort fallend, versetzte Namier, es mache „keinen großen Unterschied, ob man sie zu Lande über die Grenze zurückschickt oder sie im Schwarzen Meer zugrundegehen läßt", und er fügte hinzu, wenn Boyd bedenke, „was gegenwärtig mit den Juden Frankreichs, Polens usw. passiert, müsse er einsehen, was eine Auslieferung dieser Flüchtlinge an Rumänien bedeuten würde".

Namier bat Boyd im Namen der Jewish Agency, diesen rumänischen Juden Einwanderungszertifikate für Palästina auszustellen. Es seien Flüchtlinge, die „buchstäblich dem Tod entronnen sind – keine illegalen Einwanderer", erklärte er. Boyd erwiderte, er glaube nicht, daß Zertifikate für Palästina ausgestellt werden könnten, und ebensowenig bestehe für die britische Regierung „irgendeine Verpflichtung", den Flüchtlingen eine Zuflucht auf Zypern zu gewähren.

Wie Namier protokollierte, war Boyd an einer Stelle ihres Gesprächs „mit dem Argument gekommen, wenn man diesen Leuten helfe, würde eine Prozession solcher Flüchtlingsschiffe anrollen". Namier entgegnete, dies sei „wenig wahrscheinlich", da so wenigen Juden die Flucht gelinge; das Kolonialamt solle jedoch nicht erwarten, daß die Jewish Agency es „von der tragischen Seite nähme, wenn ein paar hundert Juden dem Massaker entkämen". Das Kolonialamt, antwortete Boyd hierauf, müsse „die Dinge von der praktischen Seite nehmen".

Für das Kolonialamt war die Einhaltung der halbjährlichen Einwanderungsquoten nach den Weißbuch-Vereinbarungen von 1939 der Eckstein der britischen Palästina-Politik. Man sah es dort als wesentlich an, die Araber des Nahen

Ostens nicht zu verprellen. Das deutsche Heer war in Nordafrika siegreich; die deutsche Flotte patrouillierte im Ägäischen Meer; deutsche Flugzeuge waren auf Kreta und Rhodos stationiert. Die britische Herrschaft in Ägypten, am Suez-Kanal und in Palästina hing an einem seidenen Faden. Wenn die Araber England ihr Wohlwollen aufkündigten, müßte es sich womöglich an seiner verwundbarsten Stelle geschlagen geben.

Namier war um eine Entgegnung auf dieses Argument nicht verlegen. In Palästina herrsche, so erklärte er, Arbeitskräftemangel. Es gebe viele Einwanderungswillige, Flüchtlinge, die „bereit und geeignet sind, in der Armee zu dienen". Sie sollten nicht nach Zypern abgeschoben werden. Wenn sie „der richtigen Verantwortung unterstellt würden", wie Namier sich ausdrückte, sollten sie ihre Chance erhalten, „ihren Teil zum Krieg in Nahost beizutragen".

Namier richtete mit diesen Argumenten nichts aus, wenn es auch, wie er notierte, „offenkundig" den Anschein hatte, als seien viele von Boyds Äußerungen „bloße ‚amtliche Absicherungen' und nicht Ausdruck von Böswilligkeit oder Gleichgültigkeit".[3] Indessen gab es andere, die die Haltung, die hinter der starren englischen Palästina-Politik stand, anders interpretierten. Genau an dem Tag nämlich, an dem Namier im Kolonialamt mit Boyd sprach, ermahnte der Premierminister Winston Churchill einen Freund, sich nicht „in das gewöhnliche antizionistische und antisemitische Fahrwasser treiben zu lassen, in dem britische Beamte gewohnheitsmäßig schwimmen".[4]

Im Juli 1942 hatte sich die Vichy-Regierung bereiterklärt, den Deutschen 10 000 nichtfranzösische Juden auszuliefern, die auf dem Territorium des unbesetzten Frankreich lebten. Diese Juden sollten von den Deutschen nach Polen deportiert werden: Dies war in einer in England abgehörten Sendung des Berliner Rundfunks angekündigt worden. Tausende von denen, denen die Deportation drohte, versuchten in die Schweiz zu fliehen. Aber am 13. August 1942 schloß die schweizerische Regierung ihre Grenzen für alle diejenigen, die sie „illegal" zu überschreiten suchten. So streng gingen die Schweizer Behörden vor, daß über tausend jüdische Flüchtlinge, denen es gelungen war, ohne Einreiseerlaubnis über die Grenze zu kommen, gewaltsam nach Frankreich zurückbefördert wurden.

An die britische Regierung erging die Bitte, doch wenigstens die Kinder dieser Vichy-Juden aufzunehmen. Man war jedoch im Auswärtigen Amt der Ansicht, daß eine Lockerung der Einwanderungsgesetze in erster Linie den Kindern von Staatsbürgern alliierter Länder zugute kommen müsse, da es „sehr schwer sein würde, unseren Alliierten gegenüber die Erteilung von Visa an Bürger von Feindstaaten zu rechtfertigen, wie triftig auch immer unsere humanitären Gründe wären". Der Ständige Unterstaatssekretär Sir Alexander Cadogan kam nach reiflicher Überlegung zu der Auffassung: „Es erscheint mir falsch, dafür einzutreten, daß diese Kinder zu diesem Zeitpunkt in dieses Land kommen."[5]

Der Vorsitzende des Jüdischen Flüchtlingskomitees in London, Otto Schiff, bat den Innenminister Herbert Morrison, Kinder und alte Menschen, die nahe Verwandte in England besaßen, aufzunehmen. Schiff schätzte, daß bei einer engen Definition von „naher Verwandtschaft" die Gesamtzahl der unter dieser Formel einreiseberechtigten Kinder und alten Menschen über 60 Jahre „nicht größer wäre als 300 oder 350". Im übrigen werde das Jüdische Flüchtlingskomitee, wie Schiff Morrison weiter erklärte, eine finanzielle Bürgschaft geben, um sicherzustellen, daß „unter keinen Umständen eines dieser Kinder oder eine dieser Personen über 60 Jahre den öffentlichen Kassen zur Last fällt".

Die jüdischen Organisationen in England betrachteten Herbert Morrison als ihren Freund. Aber unter dem Verschwiegenheitssiegel eines Kabinettsmemorandums erklärte er am 23. September 1942 seinen Kabinettskollegen, weshalb er gegen eine Aufnahme der Vichy-Kinder war. Das amtliche Sitzungsprotokoll gibt Morrisons Äußerungen wortgetreu wider:

> Es ist bis jetzt allgemeine Politik gewesen, während des Krieges keine weiteren Flüchtlinge in das Vereinigte Königreich aufzunehmen, abgesehen von einigen ganz seltenen und außergewöhnlichen Fällen, in denen es sich nachweisen läßt, daß die Aufnahme eines bestimmten Flüchtlings von direktem Vorteil für unsere Kriegsanstrengungen ist. Jedes Abweichen von dieser strengen Handhabung ist geeignet, neue Ansprüche und zusätzliche Forderungen nach der Aufnahme in Gefahr oder Not geratener Personen in das Vereinigte Königreich hervorzurufen. Ich bin überzeugt, daß es nicht richtig wäre, eine allgemeine Abkehr von dem Grundsatz zuzulassen, daß das Vereinigte Königreich, jedenfalls während der Zeit des Krieges, nicht in der Lage ist, weitere Flüchtlinge aufzunehmen.

Morrison stellte im weiteren fest, daß die öffentliche Meinung in England ganz und gar nicht begeistert sei über die große Zahl von jüdischen Flüchtlingen, die sich schon im Lande aufhalte und daß, wenn man noch mehr Juden aufnahm, ein, wie er sich ausdrückte, „unschönes Maß an Antisemitismus aufgewirbelt werden könnte (von dem es unmittelbar unter der Oberfläche eine erkleckliche Menge gibt), und das wäre schlecht nicht nur für das Land, sondern auch für die Jüdische Gemeinde hierzulande".[6]

Den Herbst und Winter 1942 hindurch waren die Repräsentanten der Jewish Agency im Einsatz, um vier hauptsächliche Rettungsversuche durchzukämpfen. Obgleich es sich in allen Fällen nur um wenige Personen handelte, beanspruchten diese Bemühungen sehr viel Zeit, um so mehr, als es nicht immer einfach war, sich der Unterstützung der Alliierten oder von neutralen Staaten oder der eigenen Schutzmacht zu versichern.

Seit Juni 1942 versuchte die Jewish Agency, eine Gruppe von 270 ungarisch-jüdischen Kindern aus Ungarn, das noch nicht unter direkter NS-Herrschaft stand, nach Palästina zu bringen. Die britische Regierung erhob keinen Einwand. In der Tat waren die Engländer in diesem Fall nicht nur willens, von den für jüdische Flüchtlinge aus Feindländern nach dem Brief Cranbornes geltenden Einschränkungen abzusehen, sondern auch beim Transport der Kinder von Europa nach Palästina mitzuhelfen – eine solche Hilfe hatte Cranborne in seinem Brief ausdrücklich ausgeschlossen.

Im August war ein Beamter der britischen Gesandtschaft in Bern, Douglas Mackillop, behilflich gewesen, Listen mit den Namen der Kinder vom schweizerischen Konsulat in Istanbul an die Sonderabteilung der Schweizer Botschaft in Budapest weiterzugeben. Aber es war dabei zu langen Verzögerungen gekommen, und Mackillop erklärte Dr. Kahany von der Jewish Agency am 22. September, die schweizerische Regierung lege seit nahezu drei Monaten eine „etwas reservierte" Haltung an den Tag. Die Schweizer hätten, wie Mackillop erläuterte, „erkannt, daß die Angelegenheit weit über den Rahmen des gewöhnlichen Tätigwerdens einer Schutzmacht hinausgeht (da es sich nicht um britische Kinder handelt), und es scheint, als ob sie Schwierigkeiten mit den Regierungen der beiden betroffenen Länder befürchten": mit Ungarn, wo die Kinder herstammten, und mit Rumänien, durch dessen Staatsgebiet sie auf dem Weg nach Palästina würden reisen müssen.[7]

Im Lauf des Septembers erklärte sich die Schweizer Regierung, britischem Druck nachgebend, bereit, durch ihre Gesandtschaft in Budapest die notwendige Identifizierung der Kinder vornehmen zu lassen. Allein, genau zur selben Zeit, als die Schweizer diese wertvolle Hilfestellung leisteten – die ersten 50 Kinder trafen vier Monate später in Palästina ein –, tat sich eine andere schweizerische Behörde, das Polizeiministerium, dadurch hervor, daß sie darauf beharrte, die französisch-schweizerische Grenze weiterhin für jüdische Flüchtlinge, die sich der Deportation zu entziehen suchten, verschlossen zu halten. Nach sechs Wochen anhaltender Proteste von seiten aller schweizerischen Hilfsorganisationen gleich welcher Konfession erklärte sich die Behörde bereit, diesen Bann zu lockern; von nun an sollten jüdische Eltern in Begleitung von Kindern unter 16 Jahren in die Schweiz einreisen dürfen. Erwachsene ohne Kinder jedoch würden, wie Richard Lichtheim am 2. Oktober aus Genf der Zionistischen Notgemeinschaft in New York berichtete, weiterhin zurückgewiesen, es sei denn, sie wären über 60 Jahre alt. „Die Grenzposten bringen sie wieder hinüber", schrieb Lichtheim, und das fast sichere Schicksal der über die Grenze Zurückgeschickten war die Deportation; „und dies bedeutet", fügte er hinzu, „wie Sie wissen, daß sie nach Deutschland oder Polen in ihr Verderben geschickt werden".[8]

Die ungarischen Kinder und die französisch-schweizerische Grenze waren nur zwei der Probleme, mit denen die jüdischen Führer bei ihren Rettungsversuchen im Herbst 1942 konfrontiert waren. Die sowjetische Regierung hatte zwischen Mitte August und der ersten Septemberwoche die Ausreise von 5000 polnischen Juden genehmigt, von denen die meisten im September 1939, zum Zeitpunkt des deutschen Einmarsches in Polen, ostwärts in die Sowjetunion geflüchtet waren. Dreitausend von diesen Personen waren jüdische Soldaten, die im polnischen Heer gedient hatten. Neunhundert waren Erwachsene, dreihundert waren Kinder in Begleitung von Angehörigen, und siebenhundert waren „Waisen oder verlassene Kinder". England hatte ihnen allen Einreiseerlaubnis für Palästina erteilt. Aber nun erhob sich ein neues Hindernis: Die Regierung des Irak, eines unabhängigen arabischen Staates, weigerte sich, sie durch irakisches Territorium reisen zu lassen.

Der Leiter der Einwanderungsabteilung der Jewish Agency, Eliahu Dobkin, eilte nach Teheran, um sich über den Zustand der inzwischen dort gelandeten

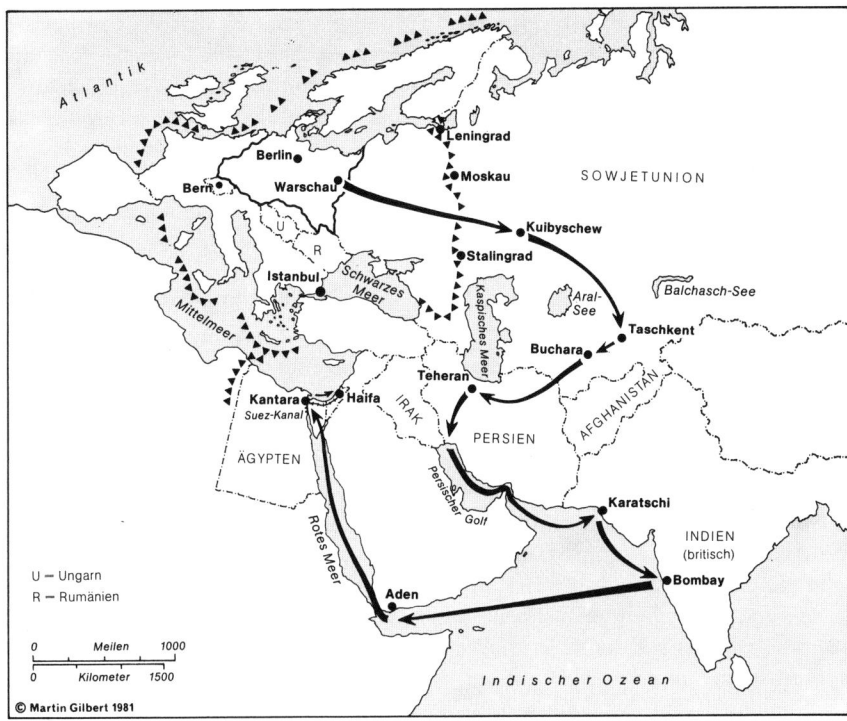

3. Der Weg der „Teheran-Kinder" aus der Lebensgefahr in die Sicherheit.

polnischen Juden Klarheit zu verschaffen. „Die meisten dieser Flüchtlinge", so berichtete er am 12. Oktober, „sind Männer und Frauen, die an Geist und Seele gebrochen sind, die in höherem oder geringerem Grade entmutigt und in Verzweiflung versunken sind." Es gebe unter ihnen, wie er weiter schrieb, auch solche, die „vollkommen demoralisiert" und infolge davon „zu allem fähig sind: zum Diebstahl, ja selbst zum Mord". Und Dobkin fügte hinzu: „Es sind verlorene Seelen, verloren nicht nur für Palästina, sondern für die menschliche Gesellschaft als Ganzes. Unser einziger Trost ist, daß sie eine Minderheit darstellen."[9]

Die Jewish Agency konnte diese Unglücklichen nicht in Teheran darben lassen. Immerhin waren es Juden, Opfer des Krieges – und sie waren heimatlos und in ihrer Mehrzahl auch mittellos. Ihnen zu helfen, wurde zu einer vordringlichen Aufgabe. Die Jewish Agency ersuchte sowohl das britische Auswärtige Amt als auch das amerikanische Außenministerium, die irakische Regierung zur Ausstellung von Durchreisevisa, wenigstens „erst einmal" für die Kinder, zu überreden. Beide Regierungen kamen überein, ihr Möglichstes zu tun; allein, am 1. November wurde bekannt, daß die irakische Regierung das Ersuchen der Alliierten abgelehnt hatte: den jüdischen Kindern wurde die Genehmigung, die Überlandreise vom Iran nach Palästina zu machen, nicht erteilt, „trotz einer Intervention des State Department".[10]

Am 11. November führte einer der führenden Araberexperten der Jewish Agency, Eliahu Epstein, mit dem britischen Botschafter im Irak, Sir Kinahan Cornwallis, der sich zu diesem Zeitpunkt in Palästina aufhielt, ein Gespräch über die Weigerung der irakischen Regierung. „Als ich auf den humanitären Aspekt einer Einwanderung dieser Kinder hinwies", berichtete Epstein an die Agency, „bemerkte er, für diejenigen Iraker, die Gegner der jüdischen Einwanderung in Palästina seien, spiele das Alter keine Rolle, da ,aus einem kleinen Juden ein gro-ßer wird'."[11]

Die Kinder gelangten schließlich doch nach Palästina, wenn auch erst nach ei-ner langen Seereise, die durch den Persischen Golf über Bombay, Aden, durch das Rote Meer und den Suez-Kanal führte. Um diese Rettungsaktion, die man sich so reibungslos und einfach hätte vorstellen können, abzuschließen, bedurf-te es eines Zeitraums von über drei Monaten und Hunderter von Mitteilungen und diplomatischen Botschaften; sie verschlang Energien, die sich fruchtbar in anderen, den Problemen im direkten NS-Herrschaftsbereich näherliegenden Sphären hätten einsetzen lassen.

Noch ehe das Schicksal der in Teheran festsitzenden Kinder geregelt war, hat-te sich die Jewish Agency in eine langwierige Auseinandersetzung mit der briti-schen Regierung über die Aufnahme bulgarischer Juden in Palästina verstrickt. Die Agency hatte beim britischen Hohen Kommissar für Palästina, Sir Harold MacMichael, eine Zulassung dieser Flüchtlinge im Rahmen der Weißbuch-Vereinbarungen von 1939 beantragt. MacMichael hatte diesen Antrag an das Kolonialamt in London weitergeleitet, zusammen mit einer Empfehlung, ihn ab-zulehnen. Er erläuterte dazu dem Kolonialamt in seinem Schreiben vom 9. No-vember 1942 wie folgt:

Ich fürchte, daß die bulgarische Regierung, falls sie erführe, daß wir bereit sind, Juden aufzunehmen, uns so viele schicken würde, wie die Züge nur fassen können, ohne Rück-sicht auf zahlenmäßige oder andere Beschränkungen. Wir könnten dann im Zusammen-hang mit Einwanderern keine Selektion rechtfertigen und könnten keinen von denen, die aus Bulgarien kommen, zurückschicken.

Es scheint mir, daß wir damit Tür und Tor öffnen würden für Juden in jeder Zahl und jeden Status', die irgendeiner der Achsenstaaten, von den Deutschen gedrängt oder nicht, loszuwerden wünscht; ferner könnten wir auch unsere Weigerung, beim Transport illega-ler Einwanderer, die türkischen Boden erreichen, nach Palästina behilflich zu sein, nicht länger aufrechterhalten.[12]

Am 17. November wurde die Empfehlung MacMichaels auf einer intermini-steriellen Sitzung diskutiert. Wie ein Beamter zu Protokoll nahm: „Diese Frage wurde gegen Ende der Sitzung heute vormittag, genauer gesagt erst kurz vor ein Uhr aufgegriffen, und es blieb nur wenig Zeit, sie zu diskutieren." Ungeachtet dessen wurde der Beschluß gefaßt, das von MacMichael befürwortete Einreise-verbot für die bulgarischen Flüchtlinge zu sanktionieren. „Dem Ersuchen der Je-wish Agency stattzugeben", so heißt es im amtlichen Protokoll der Sitzung, „hie-ße, daß wir die Schleusentore öffnen."[13]

9. Massaker im Osten

Den ganzen Oktober hindurch floß ein stetiger Strom von Botschaften aus Genf nach London, New York und Jerusalem. Am 5. Oktober schickte Lichtheim einen siebenseitigen Bericht über die „brutale Ermordung" Tausender von Juden elf Monate zuvor, im Dezember 1941, in Riga. Betroffen hiervon waren, wie der Bericht feststellte, neben lettischen auch mehrere tausend deutsche Juden, „die im letzten Herbst in das Getto von Riga deportiert wurden und von denen man nichts mehr gehört hat".

Lichtheim betonte den Wahrheitsgehalt dieses Berichts. Er stamme, wie er schrieb, von einem Juden, der mit falschen Papieren in Riga, außerhalb des eigentlichen Gettos, gelebt und „das außerordentliche Glück" gehabt hatte, aus Lettland in die Schweiz entkommen zu können. Er beschrieb in seinem Bericht Geschehnisse, die er selbst mit angesehen oder die ihm von Angehörigen der lettischen Polizei hinterbracht worden waren. Der junge Mann war nach seiner Ankunft in Genf drei Stunden lang von Gerhart Riegner ins Kreuzverhör genommen worden, und dieser hatte alles, was er erfuhr, in einem Protokoll festgehalten.[1]

„Ich muß wiederholen, was ich in früheren Briefen zum Ausdruck gebracht habe", betonte Lichtheim. „Die Juden im Europa Hitlers sind zum Untergang verurteilt." Im folgenden drängte er die Verantwortlichen der Jewish Agency, alles in ihrer Macht Stehende zu tun, „um wenigstens die noch verbliebenen Gemeinden in den halbselbständigen Staaten Bulgarien, Italien, Rumänien, Ungarn und in Vichy-Frankreich zu retten".[2]

Die Berichte aus Genf fanden eine gemischte Aufnahme. Insbesondere einer, datiert vom 15. August, erschien den Empfängern zu weit außerhalb des Vorstellbaren, als daß sie ihm Glauben schenken wollten. Es war dies der Bericht, in dem Lichtheim über „Massenhinrichtungen" in „eigens für diesen Zweck eingerichteten" Lagern in Polen geschrieben und Belzec als eines dieser Lager benannt hatte. In demselben Bericht hatte er auch erklärt, die aus Frankreich, Deutschland, Holland, Belgien und der Slowakei Deportierten seien nicht in den Osten geschickt worden, um in Arbeitslagern eingesetzt, sondern „um abgeschlachtet zu werden".

Am 6. Oktober telegrafierte ein ranghoher Angehöriger des Exekutivrats der Jewish Agency, Yitzhak Gruenbaum, an Lichtheim: „Schockiert von Ihren jüngsten Berichten bezüglich Polens, die trotz allem nur schwer zu glauben." Die Jewish Agency habe, so fügte Gruenbaum hinzu, diese Berichte noch nicht publiziert, und er drang in Lichtheim, „alles im Bereich des Möglichen zu tun", sie zu verifizieren.[3]

Lichtheim antwortete am 8. Oktober telegrafisch: „Bericht 15. August aus zwei ganz verschiedenen Quellen bestätigt. Verifizierung äußerst schwierig. Aus einleuchtenden Gründen keine Augenzeugen vorhanden. Auch keine Zahlen bekannt. Daher besser nicht veröffentlichen."[4] In einem Brief, den Lichtheim später am gleichen Tag an Gruenbaum schrieb, erklärte er allerdings, daß weitere, in dieselbe Richtung deutende Hinweise ihn fortlaufend erreichten. „Tatsächlich", schrieb er, „hat man mir erzählt, daß es irgendwo im Osten zwei Anlagen gibt, die dem in meinem Bericht genannten Zweck dienen."[5]

Um Beispiele für die oft verschlüsselten und doch eindeutigen Hinweise zu geben, die ihn erreichten, zitierte Lichtheim aus zwei Briefen, die aus Warschau abgeschickt und unlängst in der Schweiz eingetroffen waren. Im ersten, datiert vom 4. September, hieß es: *„Mea Alafim* mußte verreisen und ist von *Herrn K.* in sein Landhaus *Kever* eingeladen worden." Das hörte sich wie eine schlichte Mitteilung betreffend einen Herrn Alafim an. *Mea Alafim* bedeutet jedoch im Hebräischen die Zahl 100 000, mit *Herrn K.* waren die Deutschen gemeint, und *Kever* ist das hebräische Wort für Grab.

Ein zweiter, vom gleichen Absender am 12. September in Warschau geschriebener Brief enthielt die knappe Mitteilung: „Wie schade, daß die schönen Zitrusfrüchte, die Du mir geschickt hast, jetzt verfaulen, aber mein Onkel *Achenu* ist jetzt tot und kann nichts mehr mit ihnen anfangen. Ich fühle mich sehr einsam." *Achenu* ist der hebräische Ausdruck für „unsere Brüder" und war in diesem Zusammenhang als Bezeichnung für die Warschauer Juden zu verstehen.

Lichtheim kommentierte diese Mitteilungen in seinem Begleitbrief nach Jerusalem so: „Vielleicht übertreibt dieser Mann, aber wir haben Entsprechendes aus anderen Quellen gehört, insbesondere was die große Zahl von Warschauer Juden betrifft, die getötet worden sind, nachdem man sie an einen anderen Ort gebracht hat." Und er fügte hinzu: „Hält man alle diese Anhaltspunkte nebeneinander, dann kann kaum ein Zweifel daran bestehen, daß die vorsätzliche Zerstörung der jüdischen Gemeinden in Polen nicht nur in Betracht gezogen wird, sondern bereits im Gange ist."

Bezugnehmend auf die Warnungen der Alliierten, daß Kriegsverbrecher nach Kriegsende aufgespürt und vor Gericht gestellt würden, äußerte Lichtheim seine Meinung, daß solche Warnungen vielleicht in Rumänien, Italien und Bulgarien eine gewisse Wirkung zeitigen und infolgedessen „einer Anzahl von Juden zu überleben helfen" könnten, daß jedoch Hitler sich seiner festen Überzeugung nach durch „nichts, was wir oder andere tun oder sagen könnten", würde aufhalten lassen. Die Juden außerhalb des NS-Herrschaftsbereichs müßten daher „der Tatsache ins Auge sehen, daß die große Mehrheit der jüdischen Gemeinden in Hitlers Europa dem Untergang geweiht ist". Und er erklärte weiter: „Es gibt keine Macht, die sich Hitler oder seiner SS in den Weg stellen könnte, denn sie sind heute die unangefochtenen Herren über Deutschland und die besetzten Länder."[6]

Lichtheim schickte diesen Brief am 8. Oktober nach Jerusalem ab. Eine Woche später brachte er in einem persönlichen Brief an einen anderen Angehörigen des Exekutivrats der Jewish Agency, Leo Lauterbach, sein Unbehagen über die Aufnahme zum Ausdruck, die seine Berichte gefunden hatten. „Ich habe den Eindruck", schrieb er, „daß meine früheren Mitteilungen" – d. h. die seinem Bericht vom 30. August vorausgegangenen – „nicht immer das erforderliche Verständnis gefunden haben. Manche von unseren Freunden wollten nicht glauben, daß so etwas geschehen kann, andere sind durch anderslautende (d. h. weniger alarmierende) Berichte irregeführt worden." Und er fügte hinzu: „Es hat keinen Sinn, sich jetzt mit den Motiven auseinanderzusetzen, die hierzu geführt haben", um sich sodann über seine eigenen Überzeugungen und seine Hilflosigkeit zu äußern: „Die Ereignisse sprechen eine unerbittliche Sprache, und wir stehen diesen Ereignissen ohnmächtig oder fast ohnmächtig gegenüber..."[7]

Vier Tage später, am 20. Oktober, schrieb Lichtheim erneut an Lauterbach. Auch diesmal war die Nachricht, die er weiterzugeben hatte, präzise und verhieß keine Hoffnung auf irgendwelche wirksamen Gegenmaßnahmen oder Widerstandsmöglichkeiten. Hitler hatte, so schien es, mit seinen führenden Ratgebern über „neue und noch kaltblütigere Methoden diskutiert, wie man die Juden rascher, das heißt innerhalb der nächsten drei oder vier Monate, ausrotten könnte". Einer der Teilnehmer dieser Gesprächsrunde, der Generalgouverneur von Polen, Hans Frank, hatte dem Bericht zufolge zu bedenken gegeben, daß es aus wirtschaftlichen Gründen günstiger sei, die Juden nicht in so großer Zahl zu töten, da man die gesunden und kräftigen zur Sklavenarbeit benötige. Im Gegensatz hierzu habe ein anderer der Anwesenden, ein Mitarbeiter des Wirtschaftsministeriums namens Dr. Backe, ebenfalls unter Bezugnahme auf wirtschaftliche Erwägungen darauf hingewiesen, daß die Ernährungslage in Deutschland „beträchtlich verbessert würde durch den Tod von drei oder vier Millionen Juden, die andernfalls ernährt werden müßten".

Die letzte Entscheidung habe, so kommentierte Lichtheim, „natürlich bei Hitler gelegen, und seine Entscheidung lautete, wie nicht anders zu erwarten. Wirtschaftliche Argumente und Gegenargumente haben für ihn keine große Bedeutung. Seine Entscheidung war vom Haß gegen die Juden diktiert".

Wie die Berichte über diese Diskussion und ihre Auswirkungen wissen wollten, habe Hitler Ende Juli „einen förmlichen Befehl" unterzeichnet, demzufolge alle Juden ergriffen, deportiert und „an einigen abgelegenen Orten Polens und des besetzten Rußlands" umgebracht werden sollten. Diese Entscheidung erkläre, so erläuterte Lichtheim den Führern der Jewish Agency in Jerusalem, jene „sonst unerklärlichen brutalen Massendeportationen von Männern, Frauen und Kindern sowie auch alten, ,für keinerlei Arbeit zu gebrauchenden' Menschen aus allen Teilen Europas"; und er zitierte einen weiteren, aus Holland nach Genf gelangten Bericht über die Deportationen aus Groningen, bei denen alle Juden bis zum Alter von 75 Jahren erfaßt worden waren.

Lichtheim hob in seinem Brief vom 20. Oktober hervor, daß es zwar schon 1940 und 1941 zu massenhaften Judenerschießungen gekommen war, daß dies aber örtliche Vorfälle gewesen seien; „unter diesem ,System' gab es immer noch eine Chance, daß wenigstens die Jüngeren und Stärkeren überleben könnten und daß die eine oder andere Gemeinde, insbesondere in Westeuropa, aber auch

in den polnischen Gettobezirken, nicht ganz und gar zerstört würde." Nun aber
stelle sich heraus, daß „selbst diese Hoffnung zu optimistisch gewesen ist". Jede
Chance auf ein Überleben sei geschwunden. Der „Plan", der hinter den gegenwärtigen Deportationen stecke, sehe vor, „möglichst schnell eine möglichst große Zahl von Juden auszulöschen".

Ohne Unterlaß trafen nun Schreckensmeldungen aus Nazi-Europa in Genf
ein. Am 20. Oktober schickte Lichtheim nach London, New York und Jerusalem
einen zusammenfassenden Bericht, der auf Briefen mehrerer nach Polen deportierter slowakischer Juden beruhte. Diese Briefe waren von Polen aus an den berühmten slowakischen Rabbi Dov Weissmandel in Preßburg geschickt worden,
der sie per Kurier in die Schweiz weitergeleitet hatte. Wie Lichtheim in seiner
Zusammenfassung schrieb, seien in der jüngsten Zeit über 70000 slowakische
Juden „an jenen ‚unbekannten Ort' geschickt worden, der soviel bedeutet wie
Tod durch Erschießen oder Gift". Diejenigen, die statt dessen in die Gettos des
Ostens deportiert worden seien, „werden wahrscheinlich ihr Los teilen oder
werden infolge unerträglicher Lebensbedingungen und Nahrungsmangels zugrundegehen". Was diejenigen betraf, die als Arbeitssklaven eingesetzt wurden,
so habe ein belgischer Jude, der in den Osten geschickt worden und dem es gelungen war, zu entfliehen und sich in die Schweiz durchzuschlagen, bestätigt,
daß man sie, „wenn sie krank oder zu schwach werden, erschießt". Die Züge, in
denen die slowakischen Juden deportiert würden, so fügte Lichtheim hinzu, hie-
ßen im geläufigen Sprachgebrauch „Vernichtungstransporte".[8]

Was hatten all diese neuen Informationen zu bedeuten? Waren sie der Beweis
dafür, daß die Nachricht von der Existenz eines Ausrottungsplans, die vor mehr
als zweieinhalb Monaten Genf erreicht hatte, tatsächlich zutraf? Für Gerhart
Riegner waren die unzähligen Meldungen der Monate September und Oktober
„die beweiskräftigen Anhaltspunkte" dafür, daß ein Vernichtungsplan tatsächlich existierte. Riegner selbst war es gewesen, der beide, den lettischen Studenten, der Zeuge der Massaker in Riga geworden war, und den belgischen Juden,
der aus der Stadt Rawa-Russka im polnischen Generalgouvernement zurückgekehrt war, befragt hatte. Und er hegte keinen Zweifel an ihren Schilderungen.
Der Lette war, wie Riegner sich später erinnerte, „ein sehr angenehmer junger
Intellektueller, ein Medizinstudent; er brachte die Nachricht von der neun Monate vorher erfolgten Vernichtung von Zehntausenden von Juden in Riga, ein
Ereignis, von dem die Welt bis heute nichts weiß." Was den Belgier anging, so
war dieser, wie sich zeigte, ein „einfacher Mann, ein Automechaniker, der in einer Werkstatt gearbeitet hatte. Er erzählte seine Geschichte mit vielen Einzelheiten; ich hatte sie nie zuvor in so klaren Worten gehört: Die Leute, die arbeitsfähig waren, arbeiteten, wer nicht arbeitsfähig war, wurde getötet, und getötet
wurden auch diejenigen, die die Arbeit nicht mehr schafften ... Er hatte es von
einem deutschen Offizier gehört, der des Krieges überdrüssig war."[9]

Nachdem nun so viele neue Informationen nach Genf geströmt waren – darunter die Augenzeugenberichte aus Lettland und Rußland, Briefe aus Polen und
der Slowakei sowie ein zweiter, allem Anschein nach direkt aus Berlin stammen-

der Bericht über die Absichten Hitlers –, wiesen die Verantwortlichen des Jüdischen Weltkongresses in New York Riegner am 8. Oktober telegrafisch an, zusammen mit Lichtheim „unverzüglich" mit dem amerikanischen Geschäftsträger in Bern Kontakt aufzunehmen und ihn eingehend über die neu vorliegenden Informationen „einschließlich Quellen" ins Bild zu setzen.[10]

Am selben Tag schrieb der amerikanische Konsul in Genf, Paul Squire, direkt an Riegner, um ihm mitzuteilen, die amerikanische Botschaft in Bern werde sich hinfort glücklich schätzen, „Ihnen im Rahmen des angemessen Erscheinenden Hilfe zu leisten" bei der Weiterleitung jedweder zukünftiger Berichte an die jüdischen Führer in den Vereinigten Staaten.[11]

Am 22. Oktober trafen Riegner und Lichtheim in Bern mit dem amerikanischen Botschafter in der Schweiz, Leland Harrison, zusammen. Die beiden Juden hatten ein erschöpfendes und beeindruckendes Dossier zusammengestellt: alle Meldungen und Augenzeugenberichte, die ihnen seit jener ersten Nachricht über den Ausrottungsplan im August zugegangen waren. „Wir stellten alles zusammen", erinnerte Riegner sich später. „Er las zwanzig Minuten lang darin. Lichtheim und ich saßen dabei wie kleine Schuljungen. Dann begann er Fragen zu stellen, sich nach eidesstattlichen Versicherungen zu erkundigen."[12]

Unter den Dokumenten, die Riegner und Lichtheim an Harrison übergaben, befanden sich Kopien der Briefe aus Warschau und der Slowakei sowie der Berichte des belgischen Juden, der aus Rawa-Russka entkommen war, und des Medizinstudenten, der das Massaker in Riga miterlebt hatte und dem ebenfalls die Flucht in die Schweiz gelungen war. Als Einleitung zu all diesen Dokumenten hatten sie eine fünfseitige Darstellung verfaßt, in der sie das Schicksal der Juden unter der Nazi-Herrschaft Land für Land zusammenfaßten.

Die Fakten belegten, so schrieben Riegner und Lichtheim, wie die Deutschen ihre Politik der „anhaltenden und vorsätzlichen Vernichtung aller jüdischen Gemeinden Europas" betrieben. Die drei Millionen polnischer Juden würden vertrieben, deportiert und „bis zur vollständigen Vernichtung" ausgeblutet. Von den 100 000 Juden, die 1939 in Lettland gelebt hatten, „sind nur noch 4000 übrig". Was die 150 000 litauischen Juden betraf, so seien über ihr Schicksal keine zuverlässigen Berichte vorhanden, es gebe jedoch „anhaltende Gerüchte, daß sie das Los der lettischen Juden teilen mußten". Von den 180 000 holländischen Juden sei mindestens jeder dritte „bereits deportiert worden". Die Juden Altserbiens seien allesamt „verschwunden". Aus Frankreich seien etwa 50 000 Juden „schon deportiert worden", ebenso 70 000 von den insgesamt 90 000 Juden der Slowakei. Das Schicksal dieser Deportierten schilderten Lichtheim und Riegner mit emphatischen Worten:

Eine große Zahl der deportierten Menschen erleidet den Hungertod in den Zügen infolge der unbeschreiblich unmenschlichen Bedingungen, unter denen die Transporte durchgeführt werden. Einem Bericht aus einer deutschen Quelle zufolge sind viele der aus den westlichen Ländern Deportierten nicht mehr am Leben, wenn sie die deutsche Ostgrenze erreichen, sondern werden schon vorher mit diversen Methoden getötet.

Die jüngeren unter den Deportierten werden zur Zwangsarbeit geschickt, entweder in die schlesische Industrie oder zum Bau von Festungsanlagen in den französischen Küstenzonen oder an der Ostfront. Die zur Arbeit nicht Geeigneten werden getötet, und die zur Sklavenarbeit Gepreßten werden nahezu zu Tode geschunden, und wenn sie nicht mehr arbeitsfähig sind, ebenfalls getötet.

Immer wiederkehrende Gerüchte wollen wissen, daß jüdische Mädchen und Frauen sterilisiert und dann in die Soldatenbordelle gebracht werden.

In den osteuropäischen Ländern, vor allem in Polen, kommt es ständig zu Pogromen und Massenhinrichtungen in großem Ausmaß. Auf diese Weise wird die bewußte Politik der Ausrottung des europäischen Judentums systematisch durchgeführt, ganz in Übereinstimmung mit den in den letzten Ansprachen des Führers der deutschen Regierung gemachten Ankündigungen.[13]

Das Harrison übergebene Material enthielt, wie Riegner sich später erinnerte, „alles, was wir zu diesem Zeitpunkt wußten". Riegner und Lichtheim übergaben wenige Tage später das gleiche Dossier auch dem britischen Botschafter Clifford Norton.[14]

Die Tatsachen wurden nun von einer immer breiteren Öffentlichkeit zur Kenntnis genommen, und am 27. Oktober ermahnte der *Manchester Guardian* seine Leser, Hitlers Ankündigung, er werde das europäische Judentum vernichten, nicht „bloß für eine abenteuerliche und überschäumende Drohung" zu halten. Hitler verfolge, so hieß es in dem Artikel, tatsächlich das Ziel, die europäischen Juden, „soweit seine Hand reicht", zu vernichten. Zwischen einer und zwei Millionen Juden seien nach Schätzungen bereits umgekommen. Möglicherweise viereinhalb Millionen weiteren drohe der Untergang, „wenn es nach dem Willen Hitlers geht".[15]

Eine weitere Information hinsichtlich der Absichten Hitlers leitete der amerikanische Konsul in Genf, Paul Squire, weiter; er nahm am 29. Oktober eine eidesstattliche Versicherung des bekannten schweizerischen Juristen Professor Paul Guggenheim entgegen, in der dieser erklärte, er sei von „einer sehr bedeutenden schweizerischen Persönlichkeit" davon informiert worden, daß es „einen Befehl Hitlers zur Ausrottung aller Juden in Deutschland und in den besetzten Ländern bis zum 31. Dezember 1942" gebe. Professor Guggenheims Gewährsmann habe, so fügte Squire hinzu, „den Eindruck, daß die Deutschen dabei sind, den Befehl auszuführen".[16]

Noch immer waren die Namen „Auschwitz" und „Birkenau" in den in Genf eintreffenden Berichten und den von dort ausgesandten Botschaften nicht aufgetaucht. Dabei waren im Lauf des Oktobers viele Tausende französischer, holländischer und belgischer Juden dorthin deportiert worden und in den Gaskammern umgekommen. Selbst das „Modellgetto" von Theresienstadt blieb nun nicht mehr verschont, und es bestätigte sich, was Lichtheim schon in seinem Bericht vom 30. August geschrieben hatte: daß Theresienstadt „lediglich eine Zwischenstation" sei, deren Insassen nach einiger Zeit erneut deportiert wurden, dem Tod entgegen. Am 28. Oktober traf ein Zug mit plombierten Viehwaggons, deren „Fahrgäste" weder Verpflegung noch Wasser erhalten hatten und in denen die Menschen so eng zusammengepfercht waren, daß sie sich kaum bewegen, geschweige denn sich niederlegen konnten, aus Theresienstadt kommend in Auschwitz ein. Dieser Zug brachte 1866 Juden, zu einem großen Teil alte Leute. 215 Männer und 32 Frauen erhielten bei der Ankunft Häftlingsnummern eintätowiert und wurden in die Baracken geschickt, alle übrigen, 1619 an der Zahl (auch diese Zahlen sind wieder den Aufzeichnungen der Gestapo-Bürokraten entnommen), wurden vergast.

Im Oktober lief ein Schiff von Norwegen aus. Es transportierte ebenfalls Juden in den Tod. Nachdem sie an der deutschen Küste in Waggons verladen worden waren, wurden auch diese 250 norwegischen Juden – Männer und Knaben – nach Auschwitz verfrachtet, wo sie fast ausnahmslos vergast wurden.

Drei weitere Vernichtungslager arbeiteten den Oktober hindurch mit Volldampf: Treblinka, Sobibór und Belzec. Dort wurde niemand in Baracken eingewiesen oder zu Sklavenarbeit eingeteilt, sondern alle, die ankamen, wurden unmittelbar danach vergast: allein in Treblinka in den letzten zehn Oktobertagen mehr als 25 000 Menschen. Während derselben zehntägigen Zeitspanne wurden in Sobibor mindestens 5000 und in Belzec mehr als 10 000 Juden vergast.

Noch ein viertes Lager hatte Anteil an diesen Massentötungen im Oktober 1942. Majdanek bei Lublin war ursprünglich nicht als Vernichtungslager vorgesehen gewesen; nichtsdestoweniger war es zum Schauplatz des gewaltsamen Todes vieler tausender Juden geworden – unter anderem waren Ende Oktober hier 1800 Überlebende aus dem Getto von Lublin getötet worden. Zur gleichen Zeit wurden östlich des polnischen Generalgouvernements die wenigen Städte, deren Juden nicht von den Todeskommandos zwölf Monate zuvor umgebracht worden waren, nun zur Zielscheibe erneuter deutscher Aktionen. In Brest-Litowsk begannen die Nazis am 15. Oktober, als sie wenigstens 25 000 Juden ermordeten, mit der „Liquidierung" des Gettos.

Tausende suchten sich in Kellern oder in eigens eingerichteten unterirdischen Bunkern zu verbergen, aber sie wurden von den SS-Leuten aufgestöbert und umgebracht. Am 28. Oktober wiederholte sich das Morden in Pinsk, wo 10 000 Juden eingefangen und erschossen wurden. Viele versuchten den Ring der deutschen Truppen zu durchbrechen und die Wälder zu erreichen. Einigen wenigen gelang es, aber sie wurden dann von der einheimischen Bevölkerung gejagt und den Deutschen ausgeliefert. Nur 150 Handwerker wurden am Leben gelassen; sie mußten für die Deutschen arbeiten, bis sie zwei Monate später ebenfalls getötet wurden.

In der zweiten Oktoberhälfte 1942 ermordeten die Deutschen also mindestens 108 000 Juden, was einem täglichen Durchschnitt von über 7000 entspricht.

Ein geringer Teil der Deportierten wurde nicht vergast, sondern statt dessen in Arbeitslager geschickt. Allein in der Gegend um Auschwitz setzten über 30 Industriebetriebe jüdische Arbeitssklaven ein. Sowohl Krupp als auch die I. G. Farben hatten Fabrikationsanlagen in der Nähe von Auschwitz aufgebaut in der ausdrücklichen Absicht, sich diese Quelle billiger Arbeitskräfte zunutze zu machen. Unzählige Juden starben Monat für Monat in diesen Arbeitslagern, ein kleiner Teil jedoch überlebte. Wie Lichtheim am 2. November aus Genf an Ytzhak

Gruenbaum in Jerusalem schrieb, der Nachforschungen über seinen Sohn anstellte: „... Trotz all der schrecklichen Dinge, die den deportierten Juden angetan worden sind, arbeitet eine gewisse Zahl von ihnen gegenwärtig in der Kohlen- und Eisenindustrie Oberschlesiens sowie an verschiedenen anderen Orten in Polen. Lassen Sie uns also hoffen, solange noch eine Hoffnung bleibt."[17]

Es blieben allerdings nur winzige Fünkchen der Hoffnung. „Ich bin sicher", schrieb Lichtheim am 9. November einem anderen Freund in Jerusalem, „daß Du Dich nicht – wie so viele unserer Freunde in Palästina – zum Wunschdenken verleiten läßt." Es sei „ein großer Unterschied", fügte er hinzu, „ob man ein Optimist ist oder sich etwas vormacht, und genau dies letztere tut eine beträchtliche Zahl unserer Freunde zur Zeit."[18]

Es bestand für niemanden im Westen mehr ein Grund, sich „etwas vorzumachen". Publikationen zu den schrecklichen Geschehnissen waren zu einem fast alltäglichen Ereignis geworden. Das in New York erscheinende Magazin *Jewish Frontier* hatte in seiner Septemberausgabe eine ins Einzelne gehende Schilderung der Vergasungen in Chelmno veröffentlicht und widmete seine Novembernummer ausschließlich dem Schicksal der Juden. „In den besetzten Ländern Europas", hieß es in dieser Ausgabe, „wird nunmehr eine Politik in die Tat umgesetzt, deren erklärtes Ziel die Ausrottung eines ganzen Volkes ist." Es folgte eine Reihe von Berichten über die barbarischen Taten der Nazis in Polen, Litauen, Jugoslawien, Frankreich, Holland, Rumänien und Deutschland, Berichte, die durch den American Jewish Congress, den Jüdischen Weltkongreß und das Institute of Jewish Affairs zusammengestellt worden waren. „Das Tempo dieses planmäßigen Gemetzels", so erklärte *Jewish Frontier* ihren Lesern, „beschleunigt sich mit jeder neuen Invasion Hitlers"; ungefähr eine Million jüdischer Bürger sei seit 1939 „durch Massaker und vorsätzliche Aushungerung" umgekommen.

Seit drei Jahren, so stellte *Jewish Frontier* fest, verfolgten die Nazis nun ihren Plan, die Juden zu vernichten. Die aufeinanderfolgenden Phasen dieses Plans träten aufgrund der zeitlichen Sachzwänge und der Größe des Vorhabens in den einzelnen besetzten Ländern nicht „simultan" in Erscheinung, gleichwohl aber sei die Tendenz eindeutig: „Die Nazi-Barbarei nimmt unerbittlich Schritt für Schritt zu ..." In diesem Kontext, so fügte die Zeitschrift hinzu, ließen die jüngsten Judendeportationen aus Frankreich nach „unbekannten Bestimmungsorten" in Polen nur „die düstersten Deutungen" zu.[19]

10. Augenzeugen

Am 11. November 1942 besetzten deutsche Truppen die „freie Zone" Frankreichs. Mit der Quasi-Selbständigkeit von Vichy-Frankreich hatte es ein Ende. Es konnte nun keinen örtlichen Protest mehr gegen Judendeportationen geben, ohne daß mit einer direkten Reaktion von seiten der Gestapo gerechnet werden mußte. Mit voller Kraft brach der Naziterror über das südliche Frankreich herein. Am selben Tag berichtete Lichtheim aus Genf, daß die Deportationen aus Holland weitergingen.[1]

Wo die Deportierten hinkamen, blieb weiterhin unbekannt – tatsächlich aber war Auschwitz ihr Bestimmungsort. An einem einzigen Tag im November befanden sich unter den aus den Güterwagen direkt in die Gaskammer Geschickten 63 Kinder unter 12 Jahren.

Weder die Namen noch der Bestimmungsort noch das Schicksal dieser Deportierten waren oder wurden im Westen bekannt. Aber es sollten sich nun zwei neue Informationsquellen auftun und die alliierte Welt erschauern lassen. Die erste Welle von Informationen ging von Palästina aus; dort trafen am Morgen des 16. November die ersten im Austausch gegen internierte Deutsche freigelassenen palästinischen Staatsbürger ein, insgesamt 114 Personen, von denen 69 Juden waren. Alle hatten als Augenzeugen Nazi-Brutalitäten miterlebt. Jeder von ihnen konnte haarsträubende Geschichten über Deportationen, Brutalität oder Massenmord erzählen.

Fast alle von diesen heimkehrenden Palästinensern gemachten Angaben bezogen sich auf Ereignisse, über die die Vertreter der Jewish Agency in Genf im Laufe der vorausgegangenen drei Monate bereits nach London, Washington und Jerusalem berichtet hatten oder die in den Veröffentlichungen der polnischen Exilregierung in London geschildert worden waren. Aber als die Verantwortlichen der Agency vier Tage lang, vom 16. bis zum 19. November, den Erzählungen von Menschen lauschten, die diese Schrecken wirklich durchlebt und mitangesehen hatten, erhielten die in den Briefen aus Genf so oft benannten Tatsachen doch einen neuen Stellenwert.

Bis dahin hatte ein guter Teil der aus Genf eintreffenden Berichte zwar eine Schockreaktion ausgelöst, die jedoch stets durch eine sich umgehend einstellende Skepsis gemildert worden war. Jetzt konnte man an der Wahrheit des Geschilderten nicht mehr zweifeln; zu zahlreich waren die Augenzeugen, zu detailliert und lebhaft ihre Schilderungen, als daß Skepsis noch angebracht gewesen wäre. Am 20. November ging eine erste telegrafische Zusammenfassung dieser Augenzeugenberichte von Jerusalem nach London: „Greuelgeschichten", kabelte Mosche Shertok an Linton, „die alles übertreffen, was bis jetzt über fortschreitende Vernichtung mitteleuropäischer Juden durch Deutsche bekanntgewor-

4. *Die ersten Augenzeugen der NS-Greuel reisen im November 1942, ausgetauscht gegen deutsche Staatsbürger in alliierter Hand, aus Großdeutschland, Frankreich und Holland in ein sicheres Asyl aus.*

den". Unter den zu Protokoll gegebenen Schilderungen seien „haarsträubende, von Augenzeugen berichtete Details über Verbrennung bei lebendigem Leibe, eigens angefertigte Krematorien, abgedichtete Giftgaskammern und andere Formen des Terrors".

Am Schluß seines Telegramms gestand Shertok: „Gebe zu, daß Berichte nicht geglaubt hätte, wenn nicht von Leuten gehört, die dort waren." Und er drängte Linton, „äußerste Anstrengungen" zu unternehmen, um eine möglichst breite Publikation dieser Berichte in der, wie er sich ausdrückte, „maßgeblichen Presse" zu erreichen. Dann wiederholte er noch einmal, beinahe so, als wolle er einen Rest eigener Skepsis niederkämpfen: „Nachdrücklich hervorheben, daß dies keine Horrorgeschichten, sondern Berichte streng ins Gebet genommener Augenzeugen."

Ein ernsthaftes Problem stellte sich bei diesen neuen und schwerwiegenden Aussagen: Die Quellen, aus denen sie stammten, durften nicht enthüllt werden, da dies, wie Shertok hervorhob, „andere Austauschvorhaben weiter gefährden würde".[2]

Dieses Telegramm, aufgesetzt am 20. November, brauchte noch 17 Tage, ehe es London erreichte. In Palästina selbst jedoch bewirkten die durchsickernden Informationen einen Aufschrei der Empörung. Am 23. November erschien die *Palestine Post* mit der Schlagzeile: JUDEN EUROPAS AUF DER SCHLACHTBANK und darunter mit der Überschrift: GANZE GEMEINDEN AUSGELÖSCHT.

Die Jewish Agency bestand freilich, ehe sie detaillierte Informationen an die Presse weitergab, darauf, daß deren Herkunft nicht enthüllt würde, und daher war in den Zeitungen lediglich die Rede von „haarsträubenden Berichten, die der Jewish Agency in Jerusalem aus zuverlässigen Quellen zugegangen sind", nicht aber von Augenzeugen. Die *Palestine Post* bezog sich schlicht auf „Berichte aus den Gettos von Warschau und Lodz", ohne zu sagen, wie diese Berichte nach Palästina gelangt waren.

Aber die Berichte waren anschaulich und lebendig. Zusätzlich zu den von Shertok am 20. November nach London übermittelten Informationen schrieb die *Post* am 21. November über jüdische Kinder unter zwölf Jahren, die „zu Tausenden hingerichtet" worden seien, über „massenweise umgebrachte" ältere Menschen und über gesunde, arbeitsfähige Juden, die gruppenweise „mit unbekanntem Ziel" deportiert worden und „spurlos verschwunden" seien.

Von den Bewohnern des Gettos von Kielce seien, wie die *Post* berichtete, 1500 „an Ort und Stelle" massakriert und die übrigen, ungefähr 27000 Juden, „wie es heißt, auf der Reise abgeschlachtet worden – jedenfalls hat man nie wieder von ihnen gehört". In Piotrkow seien von einer jüdischen Gemeinde, die vor dem Krieg 20000 Mitglieder umfaßt hatte, nur noch 2600 am Leben, und unter diesen Überlebenden seien „lediglich 160 Frauen und Kinder".

In ihrer Ausgabe vom 23. November brachte die *Palestine Post* unter ihrer Hauptschlagzeile: HITLERS PLAN WIRD DURCHGEFÜHRT zwei Meldungen in genau gleich großer Aufmachung: In der ersten Spalte auf der Titelseite brachte sie einen aus Genf eingegangenen Bericht über ein Massaker an 24000 Rigaer Juden, die, nachdem man sie gezwungen habe, „ihr eigenes Grab auszuheben," erschossen worden seien. Erst in der zweiten Spalte auf derselben Seite folgte ein weiterer Bericht über die Schilderungen der ungenannten Augenzeugen.[3]

Die Jewish Agency brachte ihr volles Vertrauen in die Glaubwürdigkeit dieser „haarsträubenden Berichte" zum Ausdruck und erklärte, die Juden von Palästina hätten „der entsetzlichen Tragödie, die sich nun enthüllt", noch nicht angemessen Rechnung getragen; sie rief eine offizielle viertägige Trauerperiode aus, die ihren Höhepunkt in einem „allgemeinen Fasten" am 2. Dezember fand. Die Fahnen wurden auf Halbmast gesetzt, die Zeitungen erschienen mit schwarzen Umrandungen. Und auf einer eigens einberufenen Generalversammlung der palästinensischen Juden fielen scharfe Worte über die NS-Greuel und bittere Worte über die Alliierten.

Der Vorsitzende des Nationalrats, Itzhak Ben-Zvi, wies, wie die örtliche jüdische Nachrichtenagentur berichtet, in seiner Eröffnungsrede darauf hin, daß an-

gesichts der Katastrophe von „nie dagewesenen" Ausmaßen, von der das Judentum betroffen werde, „eine schwere Schuld auf den Kulturnationen liege, die
sich weigerten, den Flüchtlingen die Tür zu ihrem Land zu öffnen, und die den
Juden, die dabei seien, ihre ursprüngliche Heimat aufzubauen, keine helfende
Hand hinreichten". Dasselbe Motiv schlug auch David Ben Gurion an, der Vorsitzende des Exekutivrats der Jewish Agency, der „der demokratischen Welt vor-
warf, den Juden ihre nationalen Rechte vorzuenthalten und ihnen ein selbstver-
waltetes Heimatland zu verweigern".

Die Generalversammlung schloß mit der Verabschiedung eines Manifests,
„in dem sie ihre Abscheu und ihre Trauer äußerte und einen Hilferuf an die alliierten Regierungen und die Kirchenführer in aller Welt richtete, dem Massenmord an den Juden Einhalt zu gebieten".

Richard Lichtheim in Genf war weder von den neuen Enthüllungen noch von
den feierlichen Erklärungen in Palästina beeindruckt. „Die Fakten, die jetzt in
Palästina veröffentlicht worden sind, sind mir nicht neu", schrieb er am 9. Dezember an einen Freund in Jerusalem, und er fügte hinzu: „Man kann einen Ti-
ger nicht daran hindern, seine Beute zu verschlingen, indem man Resolutionen
verabschiedet oder Telegramme verschickt. Man muß ein Gewehr nehmen und
ihn erschießen."[5] Die Tragödie bestand für die Juden und für alle anderen Opfer
der NS-Herrschaft darin, daß die Alliierten im Dezember 1942 noch kein „Gewehr" besaßen, mit dem sie in Europa hätten schießen können. Die Armeen Hitlers waren, obgleich sie weder Stalingrad noch Alexandria zu erobern vermocht
hatten, immer noch die Herren Europas. Und die wichtigeren unter den noch
nicht besetzten Ländern, Ungarn, Rumänien, die Slowakei und Italien, waren
Deutschland noch immer willfährig.[6]

Die Telegramme, die Lichtheim nun erhielt, waren die unvermeidliche Reaktion der führenden Persönlichkeiten der Jewish Agency, bei denen der gelungene
Austausch der Palästina-Juden eine hektische telegrafische Aktivität auslöste.
„Können Sie Internationales Rotes Kreuz bewegen", telegrafierte Bernard Joseph am 20. November aus Jerusalem, „einzuschreiten, damit Massaker jüdischer Kinder und Frauen in Polen aufhören und Kinder in neutrale Länder gebracht werden können."[7] Und in einem am gleichen Tag an Lichtheim abgesandten Brief bekräftigte Joseph den Gedanken, das Internationale Rote Kreuz könne
imstande sein, „wenigstens einen Teil der Kinder durch Überführung in neutrale
Länder zu retten".[8]

Lichtheim empfing diesen Hilferuf aus Jerusalem am 30. November. „Rotes
Kreuz ist sich über Lage voll im klaren", kabelte er umgehend zurück und fügte
hinzu: „Alle möglichen Schritte hier schon vor Monaten unternommen, auch in
London, Washington." In einem am gleichen Tag abgeschickten ausführlichen
Brief setzte Lichtheim auseinander, warum er glaubte, daß es mittlerweile zu
spät sei, als daß Initiativen dieser Art noch von Erfolg gekrönt sein könnten. In
Polen seien, wie er schrieb, die größeren Gettos schon „fast geleert, was bedeutet, daß die Bewohner weiter nach Osten an einen ‚unbekannten Ort' geschickt
worden sind." Sogar aus Norwegen seien tausend Juden, „Männer, Frauen und

Kinder", nach Polen deportiert worden. „Es konnte eigentlich niemals einen Zweifel daran geben", fügte er hinzu, „was diese Deportationen zu bedeuten hatten, die mit äußerster Brutalität durchgeführt worden sind." Und er stellte die Frage: „Wie können wir jetzt erwarten, daß die Nazis die Überreste der jüdischen Gemeinden, die sie noch in ihrer Gewalt haben, aus ihren Klauen lassen werden? Es besteht nicht die geringste Chance, daß das Rote Kreuz oder die Kirche oder irgendeine andere Organisation eine Freilassung von Frauen und Kindern oder dergleichen bewirken kann."

Lichtheim wiederholte in seinem Brief vom 30. November, was er bereits in seinen früheren Schreiben vom 30. August, 18. September und 10. Oktober hervorgehoben hatte. Es gebe Juden, die noch nicht an den „unbekannten Ort" deportiert worden seien, sondern noch in abgeriegelten Gettos lebten; diese Gettos seien jedoch, so schrieb er, „bestimmt nur eine formelle Stufe, um die Aushungerung und Vernichtung ihrer Bewohner zu organisieren". Mit einiger Bitterkeit fügte er hinzu:

Ich kann mich des Eindrucks nicht erwehren, daß manche unserer Freunde in Palästina nicht bereit gewesen sind, das zu glauben, was ich ihnen in meinen zahlreichen im Lauf der vergangenen sechs oder acht Monate geschriebenen Berichten über die Lage in Polen und im übrigen deutsch beherrschten Europa gemeldet habe, wogegen dieselben Berichte in London und New York mit großer Aufmerksamkeit gelesen worden sind und Anlaß zu praktischen Schritten gegeben haben.[9]

Dieser Vorwurf Lichtheims war nicht unbegründet. „Vielleicht haben wir gesündigt", hatte Eliahu Dobkin, einer der Führer der Jewish Agency, am 25. November bei einer Versammlung in Tel Aviv erklärt, „als uns vor zwei Monaten über Genf und Istanbul die ersten Schreckensmeldungen erreichten und wir ihnen keinen Glauben schenkten." Dobkin hinterbrachte seinen Zuhörern und Mitarbeitern auch die Äußerung, die Ben Gurion unter Bezugnahme auf persönlich gesammelte Erfahrungen getan hatte: „... daß sie in Amerika geglaubt haben, es handle sich hierbei um eine der Methoden der Greuelpropaganda".[10]

Am 25. November erhielt die Leitung der Arbeitervereinigung die Mitteilung: „Es ist nicht bekannt, was aus den Hunderttausenden geworden ist, die mit ‚unbekanntem Ziel' deportiert worden sind. Es ist kein Brief gekommen, nicht einmal eine Botschaft." Was der Augenzeugenbericht dagegen enthalte, seien „alle möglichen Gerüchte", in denen von „großen Betongebäuden an der russischpolnischen Grenze" die Rede sei, „in denen die Menschen durch Gas getötet und verbrannt werden". Sowohl Belzec als auch Treblinka lagen in diesem Grenzgebiet. „Eine Frau aus Oświęcim in Westgalizien berichtete von drei Öfen zur Verbrennung von Juden, die in diesem Ort errichtet würden." Tatsächlich war die Frau aus dem nur 30 Kilometer von Auschwitz entfernten Ort Sosnowiec. Sie erwähnte nichts davon, daß Deportierte aus entfernteren Regionen nach Auschwitz gebracht würden.

Was die beinahe 25 000 holländischen und 15 000 belgischen Juden, die „bereits deportiert" waren, und die 2500 holländischen und 250 belgischen Juden betraf, die weiterhin wöchentlich deportiert wurden, so wußte keiner der Augenzeugen, wohin diese Zehntausende von Menschen gekommen waren, nur daß man sie „irgendwohin" deportiert hatte.

Der gesamte Bericht war in hebräischer Sprache abgefaßt. Er wurde nicht ins Englische übersetzt und nicht einmal auf hebräisch veröffentlicht.[11]

Am 26. November gab die Informationsabteilung der Jewish Agency ein zehnseitiges, ebenfalls in hebräischer Schrift engzeilig beschriebenes Bulletin heraus, in dem Einzelheiten aus den Augenzeugenberichten mitgeteilt wurden. Unter diesen Berichten war auch der einer aus Sosnowiec gekommenen Frau, die aussagte, daß in der Nähe des Städtchens Auschwitz „drei Öfen" gebaut worden seien, die zur „Verbrennung von Juden" dienten. Zwei weitere Kamine seien, wie sie berichtete, „zur Zeit im Bau". Von Zeit zu Zeit würden Juden „aus der Nachbarschaft" in das Lager gebracht.

Dieser Informationsschnipsel, der sich, in hebräischer Sprache, in einem Wust von Informationsmaterial verbarg, wurde nicht ins Englische übersetzt. Auch die englischsprachige Presse in Palästina griff den Hinweis nicht auf, und ebensowenig wurde das Bulletin, in dem er enthalten war, nach London oder New York geschickt. Und schließlich tauchte der Name Auschwitz, tauchten seine Öfen und Kamine, tauchten die aus den Ortschaften der Umgebung dorthin Deportierten auch in der am gleichen Tag von Shertok nach London übermittelten telegrafischen Zusammenfassung der Augenzeugenberichte nicht auf, obgleich dort sehr wohl die Namen zweier Konzentrationslager erwähnt wurden – „Tribilanki und Lesitz" – telegrafische Übermittlungsfehler für Treblinka und Belzec.[12]

In der großen Menge schrecklicher Nachrichten und unter dem Eindruck des großen Stellenwerts, den die Lager Treblinka und Belzec in vielen der Augenzeugenberichte einnahmen, war Auschwitz einfach noch nicht als der hauptsächliche Schauplatz der Judenvernichtung erkannt und als der bedeutsamste jener „unbekannten Bestimmungsorte" für die Judentransporte aus Westeuropa identifiziert worden – und tatsächlich war weder das eine noch das andere auch nur in einem einzigen der Augenzeugenberichte bezeugt.

In Auschwitz gingen mittlerweile die Vergasungen, die seit dem 4. Mai 1942 im Gang waren, unablässig weiter. Allein in den sechzehn Tagen zwischen der Ankunft der Augenzeugen in Palästina am 16. November und dem offiziellen Fastentag am 2. Dezember wurden in Auschwitz mindestens 5000 Juden vergast. Der „unbekannte Bestimmungsort" war zu einem der bestgehüteten Kriegsgeheimnisse geworden.

11. „Diese bestialische Politik"

Am 25. November, also genau zu der Zeit, als die halbe Million palästinensischer Juden Näheres über den Massenmord an ihren europäischen Glaubensbrüdern erfuhr, traf bei den jüdischen Führern in London ein weiterer Bericht ein. Darin wurden die „Liquidation" des Warschauer Gettos und die Vergasungen in Belzec geschildert. Diesen Bericht hatte ein nichtjüdischer Augenzeuge, Jan Karski, aus Polen mitgebracht und der polnischen Exilregierung in London eingehändigt.

Jan Karski war 1938, im Alter von 24 Jahren, ins polnische Außenministerium eingetreten; nachdem er im September 1939 im polnischen Heer gekämpft hatte, schloß er sich der Warschauer Untergrundbewegung an. Anfang 1940 unternahm er seine erste geheime Mission ins Ausland, in die französische Stadt Angers, wo zu diesem Zeitpunkt der polnische Nationalrat sein Exil hatte. 1941 kehrte er nach Warschau zurück, und im Spätherbst 1942 unternahm er im Auftrag der polnischen Untergrundbewegung eine Reise, die ihn durch Frankreich und Spanien nach Gibraltar und von da aus nach London führte.

„Es besteht kein Zweifel, daß sein Besuch uns zum Handeln veranlaßte", erinnerte sich der damalige polnische Botschafter in London, Graf Raczynski, später.[1] Am Abend des 25. November übergab die polnische Exilregierung Karskis Bericht dem Politischen Sekretär der britischen Sektion des Jüdischen Weltkongresses, A. L. Easterman. Dieser rief unverzüglich im Auswärtigen Amt an und bat darum, daß er und Sydney Silverman, der jüdische Parlamentsabgeordnete, den Bericht dem Unterstaatssekretär für Auswärtige Angelegenheiten und Stellvertreter Edens, Richard Law, vorlegen dürften. Die drei Männer trafen am 26. November zusammen, und Easterman übergab Law eine Kopie des Berichts, der eine tragische Geschichte erzählte.

Diesem auf neuesten Informationen beruhenden Bericht zufolge hatte Himmler im März 1942 „die Ausrottung von 50 Prozent der jüdischen Bevölkerung" im polnischen Generalgouvernement „bis Ende 1942" befohlen. Aber obgleich das Morden daraufhin „mit außerordentlicher Verve" eingesetzt habe, hatten die Ergebnisse Himmler allem Anschein nach nicht zufriedengestellt, und er hatte im Juli 1942 bei einem Besuch im Generalgouvernement neue Weisungen erlassen, „die auf die totale Vernichtung des polnischen Judentums abzielten".

Im folgenden schilderte Karskis Bericht, wie die „Verfolgungen" in Warschau am 21. Juli 1942 begonnen hatten: Deutsche Polizeiautos kamen plötzlich ins Getto gefahren, und deutsche Soldaten „begannen unverzüglich in die Häuser zu stürzen und deren Bewohner ohne Anruf und ohne jede Erklärung zu erschießen". Am Tag darauf sei ein „Umsiedlungs"-Erlaß bekanntgegeben worden. Alle Juden Warschaus, „ohne Unterschied des Geschlechts oder Alters", sollten sich für eine, wie es darin hieß, „Umsiedlung in den östlichen Teil Polens" fertigmachen. Die Zahl der täglich „Umzusiedelnden" wurde auf 6000 festgelegt, und die Verantwortung für die Abwicklung der Aktion wurde „unter Androhung der Todesstrafe" dem jüdischen Gemeinderat des Gettos auferlegt.

Weiter schilderte der Bericht, wie am 23. Juli – auch die *Times* hatte hierüber schon berichtet – die deutsche Polizei dem Vorsitzenden des Jüdischen Rates, Adam Czerniakow, befohlen habe, „am folgenden Tag zehntausend Menschen und an jedem weiteren Tag siebentausend auszuliefern", ungeachtet der ursprünglich festgelegten Quote von sechstausend. Wenige Minuten nachdem seine deutschen Besucher gegangen waren, hatte Czerniakow Selbstmord verübt. Dann berichtete Karski – und das war neu – über das Einsetzen der Menschenjagd unmittelbar nach dem Selbstmord Czerniakows, und schilderte, wie die Gestapo mit Hilfe ukrainischer, lettischer und litauischer „Sicherheitsbataillone" diese Menschenjagd durchgeführt hatte. Diese unter dem Befehl von SS-Leuten agierenden Bataillone zeichneten sich, wie Karski vermerkte, „durch ihre maßlose Grausamkeit, Rücksichtslosigkeit und Unmenschlichkeit" aus, und er beschrieb ihr Vorgehen wie folgt:

Die eingefangenen Juden werden auf einem Platz zusammengetrieben. Alte Leute und Krüppel werden dann ausgesondert, zum Friedhof geführt und dort erschossen. Die Verbleibenden werden in Güterwagen verladen, und zwar jeweils 150 Leute in einen Waggon mit Platz für 40. Der Boden der Waggons ist mit einer dicken Schicht Chlorkalk bedeckt, die mit Wasser besprengt wird. Nach dem Verladen werden die Türen der Waggons von außen verriegelt. Manchmal fahren die Züge gleich nach der Verladung ab, manchmal bleibt ein Zug aber auch einen Tag, zwei Tage oder noch länger am Verladebahnsteig stehen. Die Leute sind so eng hineingepfercht, daß diejenigen, die ersticken und sterben, Schulter an Schulter mit den noch Lebenden und denen, die langsam an den Kalk- und Chlordämpfen und am Mangel an Luft, Wasser und Nahrung zugrundegehen, stehen bleiben. Wenn die Züge irgendwo ankommen, ist stets die Hälfte der Leute tot. Die Überlebenden werden in besondere Lager in Treblinka, Belzec und Sobibór geschickt. Dort angekommen, werden die sogenannten „Siedler" haufenweise umgebracht.

Nicht einmal das Bedürfnis der Deutschen nach Arbeitssklaven wurde mit den Warschauer Juden gedeckt. Dem Bericht Karskis zufolge wurden „von insgesamt 250 000 ‚Umgesiedelten' nur etwa 4000 zum Arbeitsdienst geschickt...". Des weiteren erwähnte Karski, daß bei der Räumung des Gettos weder Kinder noch selbst Kleinkinder verschont geblieben waren. Auch die Waisen wurden „umgesiedelt". Der Direktor des größten jüdischen Waisenhauses in Warschau, der bekannte Schriftsteller Janusz Korczak, dem die Deutschen gestattet hatten, im Getto zurückzubleiben, „zog es vor, seinen Schützlingen in den Tod zu folgen".

Karski bezifferte in seinem Bericht vom 25. November die Zahl der zwischen Juli und September 1942 ermordeten Warschauer Juden auf 250 000. Noch hatten jedoch die Deportationen und Massaker kein Ende. Während im September noch 120 000 Lebensmittelbezugskarten gedruckt worden waren, wurden im Oktober „nur noch 40 000" ausgegeben.

Nicht nur die Juden Warschaus, so hieß es in dem Bericht weiter, wurden getötet; parallel zum Warschauer Getto wurden vielmehr auch die Gettos in den Provinzstädten „liquidiert". Es folgte dann eine Schilderung der verschiedenen Methoden der „Massenvernichtung": Hinrichtung durch Erschießungskommandos, Tötung durch elektrischen Strom sowie mit Hilfe von „tödlichen Gaskammern"; die „elektrische Tötungsanlage" im Lager Belzec wurde in ihrer Funktionsweise genauer beschrieben:

Ein Transport mit „Umsiedlern" trifft an einem Verladebahnsteig, nahe der Stelle ein, wo die Hinrichtung stattfinden soll. Die Lagerpolizei besteht aus Ukrainern. Den Opfern wird befohlen, sich nackt auszuziehen – vorgeblich um gebadet zu werden –, dann werden sie in eine Baracke geführt, deren Boden aus einer Metallplatte besteht. Die Tür dieser Baracke wird sodann verriegelt und ein elektrischer Strom durch die Opfer gejagt, die fast augenblicklich den Tod erleiden. Die Leichen werden auf Güterwaggons geladen und zu einem in einiger Entfernung vom Lager gelegenen Massengrab gefahren.

Im Anschluß daran erzählte der Bericht von einem großen Bagger, der seit kurzem in einem anderen Vernichtungslager – Treblinka – im Einsatz war:

Er arbeitet ununterbrochen, um Gräben auszuheben, die als Massengräber für die Juden dienen, die hier ihren Tod finden. Die ukrainischen Wachmannschaften, die Zeugen der Massenmorde werden, dürfen behalten, was sie den Opfern an Geld und Schmuck abnehmen. Diese bestialischen Morde finden zuweilen in Gegenwart der nichtjüdischen einheimischen Bevölkerung statt, die ohnmächtig ist und beim Anblick einer derart unmenschlichen Gewalt vom Schrecken ergriffen wird ...

Der Bericht Karskis vom 25. November schloß mit dem Hinweis auf eine in Polen kursierende Flugschrift, die „gegen die scheußliche Vernichtung der Juden" heftigen Protest erhebe und die Gesamtzahl der seit Kriegsausbruch in Polen ermordeten Juden auf „mehr als eine Million" schätze.[2]

Das waren die Informationen, die zwei britische Juden, A. L. Easterman und Sydney Silverman, am 26. November 1942 dem Unterstaatssekretär für Auswärtige Angelegenheiten, Richard Law, unterbreiteten. Law selbst erstellte ein Protokoll ihres Gesprächs. Diesem Protokoll zufolge äußerte Silverman seine Überzeugung, daß, wie immer die britische Regierung darüber denke, das amerikanische Außenministerium mittlerweile „diese Berichte als im wesentlichen zutreffend anerkenne". Dem hielt Law entgegen, er glaube nicht, daß das State Department „mehr Beweise hat als wir", wenngleich er einräumte, daß das State Department in Anbetracht dessen, „was es über den Charakter der Deutschen und die Ideologie der Nazis weiß", vermutlich „nichts an und für sich Unwahrscheinliches in dem Bericht" finden werde.

Law erklärte ferner, den Engländern seien „keine weiteren Beweise zugegangen". Der britische Botschafter in Bern, Clifford Norton, habe Gerhart Riegner wegen dessen Telegramm vom August (betreffend den „Ausrottungsplan") gesprochen, sei aber „nicht in der Lage gewesen", wie Law ausführte, „von ihm die Fakten zu erfahren, auf denen seine Angaben beruhten".

Silverman erklärte Law, er könne sich vorstellen, daß die Engländer sich auf den Standpunkt stellen würden, „daß man im Augenblick nichts Sinnvolles tun könne". Falls dies, so fügte er hinzu, in der Tat die Auffassung der britischen Regierung sei, so bedeute dies, „daß man im Grunde überhaupt nie etwas wird tun können". Selbst wenn die Engländer der Meinung seien, daß jedwede Schritte, die sie unternähmen, „wirkungslos bleiben würden", werde die Regierung „in eine unmögliche Lage" kommen, wenn sie nicht irgend etwas unternehme.

Silverman machte zwei Vorschläge. Der erste zielte auf eine Erklärung der Großmächte ab, daß der Völkerbund über den Ausrottungsplan informiert sei und daß „im Falle seiner Ausführung" die Verantwortlichen „ihrer verdienten Strafe zugeführt würden", und daß auch das deutsche Volk selbst „sich der Verantwortung für die Handlungen seiner Regierung nicht würde entziehen können". Der zweite Vorschlag bezog sich auf die Möglichkeit von Rundfunksendungen, nicht um Drohungen gegen die Deutschen auszustrahlen, „sondern um die Juden zu ermutigen und auch diejenigen Nichtjuden zu ermutigen, die vielleicht bereit sind, den Juden Schutz zu gewähren".

Richard Law ließ sein Protokoll dieses Gesprächs innerhalb des Auswärtigen Amtes zirkulieren. „Ich hege starke Zweifel", merkte er an, „ob seine Vorschläge, selbst wenn wir in der Lage wären, sie auszuführen, sehr viel Gutes bewirken würden, und ich glaube, Mr. Silverman gibt mir hierin recht." Andererseits, so fügte er hinzu, „glaube ich, daß wir in einer scheußlichen Lage wären, wenn diese Geschichten sich als wahr erweisen würden und wir in keiner Weise darauf reagiert hätten".

Zum Schluß seines Protokolls vermerkte Law, Silverman „und seine Freunde" seien „im großen und ganzen sehr geduldig" gewesen, er befürchte jedoch, daß sie, „wenn von uns nicht die eine oder andere Geste kommt, sehr viel Unruhe stiften werden".

Die Diskussionen innerhalb des Auswärtigen Amtes drehten sich zu diesem Zeitpunkt in der Tat um eine mögliche Erklärung der Großmächte, wie Silverman sie vorgeschlagen hatte. Man hegte allerdings noch einige Skrupel: „Unsere Erklärung sollte", schrieb David Allen am 27. November, „angesichts des Mangels an eindeutigeren Beweisen nicht zu spezifisch auf einen Ausrottungs*plan* Bezug nehmen", sondern sich vielmehr auf eine „Verurteilung der allgemeinen deutschen *Politik* der Ausmerzung unnützer Juden konzentrieren".

Frank Roberts schrieb in seinen Anmerkungen dazu, obgleich es „keinen wirklichen Beweis für diese Greuel" gebe, halte er die Wahrscheinlichkeit, daß sie sich tatsächlich ereigneten, für „groß genug, um ein Handeln unsererseits zu rechtfertigen ...", insbesondere falls ein solches Handeln „mit Blick auf die Zufriedenstellung der öffentlichen Meinung hierzulande" für notwendig erachtet werde.

Auf ein Handeln der Engländer drängte auch der polnische Botschafter Graf Raczynski, der bei einer Zusammenkunft mit Anthony Eden am Morgen des

11. Dezember, wie das Auswärtige Amt festhielt, „die Aufmerksamkeit auf die großangelegte Vernichtung der Juden in Polen" lenkte. Diese Vernichtungspolitik habe, so erklärte Raczynski dem britischen Außenminister, „unter den Juden in aller Welt große Erregung ausgelöst".

Raczynski machte zwei Vorschläge: eine „Warnung an Laval" wegen der Deportationen aus Frankreich und ein Treffen von Vertretern der besetzten Länder, um die Judenverfolgung zu diskutieren und an die Öffentlichkeit zu bringen.[3] Doch das Auswärtige Amt wies den Gedanken eines solchen Treffens zurück. Die polnische Regierung freue sich, so notierte Frank Roberts am Tage des Gesprächs mit Raczynski, „über jede Gelegenheit, 1. sich als Führungsmacht der kleineren Alliierten aufzuplustern und 2. zu zeigen, daß sie nicht antisemitisch ist". Und in jedem Fall habe man, so fügte er hinzu, wenn auch Scheußlichkeiten „zweifellos stattfinden, doch keine zuverlässigen Beweise. Auch sind wir nicht sicher", schrieb er weiter, „daß das Weltjudentum als Ganzes wirklich die Aufmerksamkeit der Öffentlichkeit auf die Vorgänge zu lenken wünscht." Und noch einen weiteren Einwand machte Roberts gegen eine gemeinsame Protestkundgebung der Exilregierungen geltend; wie er in seinem Aktenvermerk vom 1. Dezember schrieb:

Es erscheint mir darüber hinaus, daß dies nicht der günstigste Augenblick ist, um gegen die Deutschen im Zusammenhang mit ihrer Judenpolitik Gift und Galle zu spucken, da Hitler jetzt unsere früheren Freunde in Frankreich in seiner Gewalt hat, insbesondere die Herren Reynaud, Mandel, Daladier und Blum.[4] Desgleichen hat er in seiner Gewalt verschiedene politische Flüchtlinge der Linken aus Spanien und anderen Ländern, die in Frankreich Zuflucht gesucht hatten. Dazu kommt, daß Hitler in einer sehr heiklen Stimmung zu sein scheint, was Kriegsgefangene betrifft. Es scheint mir daher nicht ratsam, ihn mehr zu reizen als unbedingt nötig, insbesondere nicht mit jüdischen Angelegenheiten.

Ebenfalls am 1. Dezember veröffentlichte die britische Sektion des Jüdischen Weltkongresses ein dreiseitiges hektographiertes Bulletin mit der Überschrift: „Ausrottung der europäischen Juden. Hitlers Politik der totalen Vernichtung". Dieses Bulletin basierte zum größten Teil auf dem Bericht des Polen Karski vom 25. November, der seinerseits bei einer Sitzung des Polnischen Nationalrats am 27. November der Öffentlichkeit vorgestellt worden war. Darüber hinaus enthielt das Bulletin aber auch Einzelheiten aus den verschiedenen anderen Berichten, die seit dem Bund-Report vom Mai 1942 nach England gelangt waren.

Mindestens zwei Millionen Juden, so hieß es in dem Bulletin, seien „in Osteuropa schon ermordet, gefoltert und vorsätzlich dem Hungertod preisgegeben worden"; wahrscheinlich aber sei die Zahl „weit größer". Nahezu die gesamte jüdische Bevölkerung der baltischen Staaten sei „ausgerottet". Hunderttausende rumänischer Juden seien nach Transnistrien deportiert „und dort massakriert" worden. Ferner seien „Zehntausende" deutscher, französischer, belgischer, holländischer, tschechoslowakischer und jugoslawischer Juden „zum Zwecke des

Massenmords" nach Polen und in die besetzten Teile der Sowjetunion deportiert worden.

Im März 1942 habe der Massenmord, wie das Bulletin hervorhob, „im Rahmen einer ausdrücklich verkündeten Politik eine planmäßige Form angenommen ...", und dann wurden die Namen der Vernichtungslager Treblinka, Belzec und Sobibór, nicht aber der Name Auschwitz genannt.[5]

Am Morgen des 2. Dezember erhielt die Zentrale Abteilung des Auswärtigen Amtes Telefonanrufe sowohl von der BBC als auch von der Presseabteilung des eigenen Hauses, in denen angefragt wurde, wie man mit der „vom Jüdischen Weltkongreß herrührenden Geschichte" über den Befehl der deutschen Regierung „zur Ausrottung der Juden in Osteuropa" verfahren solle. Den Anrufern wurde erklärt, daß man im Ministerium eine offizielle Verlautbarung erwäge und daß es „in der Zwischenzeit wünschenswert erscheine, in der ganzen Sache leise zu treten". Andererseits wünsche die Zentrale Abteilung, wie sie hervorhob, keinesfalls, daß „der Eindruck vermittelt wird", sie versuche bewußt, „die Geschichte abzuwürgen".[6]

Unterdessen war der von Sydney Silverman eingebrachte Vorschlag, die Großmächte sollten eine Erklärung abgeben, auf dem besten Weg, verwirklicht zu werden, wenn auch in der leicht abgeänderten Form einer von den Regierungen in London, Moskau und Washington jeweils separat abgegebenen, aber genau gleichlautenden Erklärung. Eden traf am Abend des 2. Dezember mit dem sowjetischen Botschafter in London, Iwan Maiskij, zusammen, der dem Gedanken einer solchen Erklärung, die, wie er sagte, „den unglücklichen Juden etwas Trost verschaffen könnte", seine „rein persönliche" Zustimmung lieh. Eden erklärte Maiskij, die britische Regierung hoffe, daß eine solche Erklärung auch „die Bevölkerung der besetzten Länder, die diesen unglücklichen Menschen schon jetzt eine gewisse Hilfe angedeihen läßt, ermutigt, in diesem Sinne weiterzumachen".[7]

Außenminister Eden stellte sich nun mit der Autorität seines Amtes hinter die Erklärung; er schickte sowohl Maiskij als auch dem amerikanischen Botschafter, John Winant, einen von den Engländern erarbeiteten Entwurf, der, falls er die Zustimmung der beiden anderen Mächte fand, „sobald wie möglich" offiziell gemacht werden solle. In einem von Frank Roberts aufgesetzten Begleitbrief erklärte Eden den Grundgedanken: England, die Sowjetunion und die Vereinigten Staaten sollten die Untaten der Deutschen verurteilen und „die Täter daran erinnern, daß sie eine Strafe erwartet". Es bestehe, so hieß es in dem Brief weiter, „ein zunehmendes öffentliches Interesse an dieser Frage, und es ist daher wünschenswert, daß wir unsere Haltung zum frühestmöglichen Zeitpunkt bekanntmachen".[8]

Am 3. Dezember ließ Sydney Silverman das Auswärtige Amt wissen, daß er in Bälde im Unterhaus eine Anfrage bezüglich der Reaktion der Alliierten einbringen werde. Im Auswärtigen Amt vermerkte man dazu am 4. Dezember, eine unverzügliche „Dreimächteerklärung" werde „der Anfrage von Mr. Silverman im Unterhaus den Wind aus den Segeln nehmen und auch die interessierte öffentli-

che Meinung zufriedenstellen".[9] Daß das öffentliche Interesse an dieser Frage
so zugenommen habe, sei, wie David Allen am selben Tag notierte, „ein Ergebnis
der Publizität, welche die jüdischen Organisationen in diesem Land zu mobili-
sieren verstanden haben"; in Anbetracht dieses Interesses sei es „wünschenswert, daß die Reaktionen von seiten der Regierung S. M. nicht zu lange auf sich
warten lassen".[10] Die Erklärung selbst, die von Allen aufgesetzt wurde, ließ dann
in der Deutlichkeit, mit der sie „diese brutale Politik der kaltblütigen Ausrottung" verurteilte, nichts zu wünschen übrig.[11]

Bevor diese Erklärung bekanntgegeben werden konnte, mußten allerdings
Washington und Moskau ihre Zustimmung dazu erteilen. Man kam auch überein, alle Exilregierungen daran zu beteiligen. Das dauerte seine Zeit. Mittlerweile bedrängte die Jewish Agency die britische Regierung weiterhin, bei der
Rettung jüdischer Kinder aus drei Ländern behilflich zu sein, die sich noch
nicht unter der absoluten Kontrolle der Nazis befanden: Ungarn, Rumänien
und Bulgarien.

Am 4. Dezember erklärte sich der Kolonialminister, Oliver Stanley, bereit, die
Frage einer möglichen Rettung der Kinder mit drei Vertretern der Jewish Agency zu besprechen: mit Professor Namier, Berl Locker, dem Leiter des Politischen Büros der Jewish Agency in London, und Blanche Dugdale, der Nichte
Lord Balfours, die ihr Leben lang aktiv den Zionismus unterstützt hatte. Begleitet wurden diese drei von Joseph Linton, dem Londoner Sekretär der Jewish
Agency.

Dem amtlichen britischen Protokoll dieser Unterredung zufolge warfen Namier, Locker und Mrs. Dugdale die Frage auf, wo verfolgten Juden aus dem NS-
Herrschaftsbereich eine Zuflucht gewährt werden könne – „wenn möglich, in
Palästina, wenn dies aber unmöglich sei, dann in einem anderen Land des Britischen Empires". Die gegenwärtig geübte englische Politik der „Nichtaufnahme
von Juden aus Feindländern in britische Kolonialländer" solle, so bedrängten sie
den Kolonialminister, geändert werden, „damit die Reste des jüdischen Volks in
Europa gerettet werden können".

Namier, Locker und Mrs. Dugdale hoben sodann hervor, wie wichtig es sei,
„so viele Kinder wie möglich zu retten". Jüdische Eltern würden sich, so erklärten sie dem Minister, „gern bereitfinden, sich von ihren Kindern zu trennen, um
den Weiterbestand ihrer Rasse zu sichern". Sie sähen ein, „daß nur ein gewisser
Teil nach Palästina geschickt werden kann". Es sei jedoch „die Pflicht der Regierung S. M. und der gleichgerichteten Nationen, die Juden als ein verbündetes
Volk anzuerkennen, das mehr zu erdulden habe als jedes andere in der Gewalt
der Unterdrücker befindliche Volk". Am Rand der Zeile, in der von den Juden als
einem „verbündeten Volk", die Rede war, vermerkte der für die jüdische Einwanderung verantwortliche Beamte des Kolonialamts, J. S. Bennett: „Das ist ein
großer Trugschluß."

Die drei Emissäre schlugen Bulgarien als „das erfolgversprechendste Terrain"
für Rettungsaktionen vor. Die Jewish Agency verfüge dort, so erklärten sie, noch
über eine „Organisation". Die bulgarische Regierung werde die „Erlaubnis zum

Tätigwerden" erteilen. Und es gebe eine Landgrenze zwischen Bulgarien und der Türkei.

Der Kolonialminister wies das Ersuchen der Jewish Agency nicht von vornherein zurück. Er gab seinen Mitarbeitern vielmehr zu verstehen, daß England zumindest versuchen könnte, die Einwanderung bulgarischer Judenkinder in einem „beträchtlichem Umfang" zu erleichtern. Das werde freilich, wie er vermerkte, „Zeit brauchen und nach dem, was wir gegenwärtig wissen, in bezug auf Palästina wahrscheinlich nicht machbar sein".[12]

In seinem zwei Tage später telegrafisch übermittelten Bericht über die Unterredung an die Jewish Agency in Jerusalem betonte Joseph Linton, daß die jüdischen Vertreter den Kolonialminister gebeten hatten, daß Juden, die aus Feindländern oder besetzten Ländern flohen, nicht mehr als „feindliche Personen oder als Infiltrationsgefahr" betrachtet werden sollten. Er fügte hinzu, die Zionisten hätten „dringend appelliert, daß man uns bei der Rettung der Überlebenden unseres Volkes hilft", und hätten von sich aus vorgeschlagen, falls Palästina nicht in Frage komme, den Flüchtlingen vorübergehendes Asyl in Zypern, Kenia oder auch auf Mauritius zu gewähren.

Ferner erwähnte Linton in seinem Telegramm nach Jerusalem, daß die Emissäre der Jewish Agency erklärt hätten, die Agency selbst, die Juden Palästinas und die jüdischen Gemeinden in der freien Welt würden die „volle Verantwortung" für alle Kinder übernehmen, die herausgeholt würden. Um die Ausreise der Kinder zu bewerkstelligen, könne auf die Hilfe des Roten Kreuzes und der Schutzmacht Schweiz gerechnet werden. „Wir unterstrichen nochmals", fügte Linton hinzu, die „Absurdität des Arguments politischer Unzuverlässigkeit." Es hatte in der Zeit davor einige Fälle gegeben, in denen Fluchtwillige aus Sicherheitsgründen zurückgewiesen worden waren. Aber in Kindern konnte beim besten Willen kein Sicherheitsrisiko gesehen werden.

Am Schluß seiner Darstellung berichtete Linton noch, Stanley selbst habe erklärt, die Darlegungen der Jewish Agency hätten ihn „sehr stark bewegt", er sehe sich jedoch nicht in der Lage, eine „sofortige Antwort" zu geben, da die gegenwärtige Politik nicht von ihm, sondern von der Regierung „entworfen" worden sei.[13]

Was die Vertreter der Jewish Agency nicht wußten: Schon das wohlwollende Zugeständnis des Kolonialministers, England könne etwas unternehmen, um die Evakuierung von Kindern aus Bulgarien zu erleichtern, ging einigen seiner Berater zu weit. J. S. Bennett vermerkte am 7. Dezember: „Es fällt schwer, ein überzeugendes *Sicherheitsargument* gegen eine Aufnahme von *Kindern*, wie sie hier vorgeschlagen wird, ins Feld zu führen, insbesondere angesichts der Tatsache, daß wir bereits griechische (nichtjüdische) Kinder aufgenommen haben." Indes, so fügte er hinzu:

Beunruhigend ist die offenkundige Bereitwilligkeit, mit der der neue Kolonialminister die Rührgeschichten der Jewish Agency für bare Münze nimmt. Diese Art des Taktierens wird für die Agency einen guten Präzedenzfall abgeben, aus dem sie zweifellos Nutzen ziehen wird.[14]

Im Kolonialamt kam man zu dem Entschluß, dem Kriegskabinett, dem das Ersuchen der Jewish Agency sieben Tage später zur Entscheidung vorgelegt werden sollte, eine Ablehnung zu empfehlen.

Ebenfalls am 7. Dezember ging im Kolonialamt eine ausführliche Darstellung der Berichte jener Augenzeugen ein, die im November im Austausch gegen deutsche Staatsbürger freigekommen und nach Palästina gereist waren. Der Jüdische Nationalrat hatte diesen Bericht im Anschluß an den Beschluß jener außerordentlichen Generalversammlung der palästinensischen Juden verschickt, einen „Hilfeschrei an die alliierten Regierungen" auszusenden. J. S. Bennett, der den Bericht las, schrieb angesichts der Aussagen der Augenzeugen den folgenden Aktenvermerk nieder: „Altbekannter Kram. Die Juden haben sich einen Bärendienst erwiesen, indem sie in den letzten Jahren zu dick aufgetragen haben."[15]

Es waren freilich weder die Augenzeugenberichte der nach Palästina ausgereisten Juden noch die aus Jerusalem verschickten Dokumentationen, sondern die von der polnischen Exilregierung herausgegebenen Informationen, die sowohl in England als auch in den Vereinigten Staaten Schlagzeilen machten und dazu führten, daß die drei Mächte sich im Laufe der ersten beiden Dezemberwochen zu einer gemeinsamen Erklärung durchrangen. Am 4. Dezember hatte die *Times* einen Bericht ihres diplomatischen Korrespondenten gedruckt, der unter der Schlagzeile „Nazi-Krieg gegen die Juden" den Untertitel „Planmäßige Ausrottung" trug.

Der *Times*-Artikel berief sich zunächst auf Aussagen eines in Berlin tätigen schwedischen Zeitungskorrespondenten, der Ende November berichtet hatte, daß „einem unlängst ausgegebenen deutschen Befehl zufolge das gesamte polnische Generalgouvernement bis zum 1. Dezember ‚judenfrei' sein soll". Lediglich das Warschauer Getto solle noch bestehen bleiben. Eine Gesamtzahl von 1 700 000 Juden würden „liquidiert, das heißt entweder in Viehwaggons an einen unbekannten Ort im Osten deportiert oder aber ermordet werden, wo sie gerade gehen und stehen". Die Berichte über die unerträglichen Lebensbedingungen im Getto und die Meldungen, denen zufolge die Region Lublin, in der einstmals 313 000 Juden gelebt hatten, „in kürzester Frist judenfrei gemacht werden" solle, müßten, wie die *Times* meinte, „vor dem Hintergrund der jüngsten, nur scheinbar rein rhetorischen Ausbrüche Hitlers gegen die Juden" gesehen werden.

Gegen Schluß seines Artikels nahm der diplomatische Korrespondent Bezug auf die Mitteilung der polnischen Exilregierung vom 25. November, über die es hieß, sie sei soeben von den „im Untergrund tätigen Gruppen der polnischen Arbeiterbewegung", die das Material „vor kaum mehr als einem Monat" zusammengestellt hätten, nach England gelangt. Es gehe aus diesem Material eindeutig hervor, erklärte er weiter, daß „die Polen selbst überzeugt sind, daß von den Juden, die in Viehwagen, in die man sie ohne Verpflegung hineinpfercht, nach Osten geschickt werden, nur wenige die Reise überleben". Dann zitierte der diplomatische Korrespondent aus dem Schlußabschnitt der polnischen Dokumentation:

Eines der Kriegsziele des Hitler-Regimes – und das ist von seinen ranghöchsten Vertretern öffentlich verkündet worden – ist die vollständige Ausrottung der Juden, wo immer die raubgierige Hand der deutschen Faschisten hinreicht.

Alle anderen nazistischen Kriegsziele werden letztlich nicht erreicht werden – die Niederlage des deutschen Faschismus ist unausweichlich –, aber dieses eine Ziel, die vollständige Ausrottung der Juden, befindet sich bereits in der Phase der Verwirklichung.

Am Schluß seines Artikels wies der diplomatische Korrespondent darauf hin, daß die Deutschen nach ihrer „eigenen Darstellung" und ihren eigenen „großsprecherischen Ankündigungen" schon dabei seien, ihre „schrecklichen Maßnahmen", wie er es nannte, durchzuführen. Und er fügte hinzu: „Es scheint, als hebe sich der Schleier, der die ganze Wahrheit bisher verdeckt hat, erst jetzt."[16]

Dieser Bericht erregte so viel Aufsehen, daß die *Times* einen Tag später, am 5. Dezember, an prominenter Stelle einen Brief von William Temple, dem Erzbischof von Canterbury, einrückte, in dem dieser der Zeitung sein Lob für die Veröffentlichung, der „erschreckenden Tatsachen, die jetzt im Hinblick auf Hitlers Plan einer Ausrottung der Juden ans Licht kommen" aussprach. Zur besonderen Hervorhebung der Thematik trug auch eine dreizeilige Überschrift über dem Brief des Erzbischofs bei: Nazi-Krieg gegen die Juden. Die neue Barbarei. Reaktion der zivilisierten Welt.

In seinem Brief erklärte der Erzbischof: „Es sind Ungeheuerlichkeiten, die jedes Vorstellungsvermögen übersteigen." Er wünsche im Namen sowohl der Kirche von England als auch der Freien Kirche „unsere flammende Empörung über diese Greuel zum Ausdruck zu bringen, für die es in den Annalen barbarischer Epochen kaum eine Parallele gibt". Es falle schwer, fügte der Erzbischof hinzu, eine Möglichkeit des Eingreifens zu erkennen. Gleichwohl unterbreitete er zwei Vorschläge, von denen sich der eine auf die Flüchtlingsfrage, der andere auf die Frage der Bestrafung bezog:

Wir könnten wenigstens anbieten, hier bei uns alle Juden aufzunehmen, denen es gelingt, sich den Klauen der Nazis zu entziehen und unsere Küsten zu erreichen. Im Vergleich mit der Ungeheuerlichkeit des Bösen, das uns hier entgegentritt, bekommen die von den Verantwortlichen üblicherweise geltendgemachten Vorbehalte etwas ganz und gar Unerhebliches.

Ferner könnte man bekanntgeben, daß jede Person, die nachweislich direkt oder indirekt an diesen Verbrechen beteiligt war oder ist, nach dem Krieg zur Verantwortung gezogen wird.

Der Brief des Erzbischofs schloß mit einem religiösen Gedanken. „Irdische Hilfsmittel" könnten, so meinte er, in dieser Frage wohl nichts mehr ausrichten. Das Schicksal der Juden solle daher „der Gegenstand unserer beständigen gemeinsamen und ernsthaften Gebete zum Allmächtigen Gott sein".[17]

Am 7. Dezember traf bei der Jewish Agency in London das siebzehn Tage zuvor in Jerusalem abgesandte Telegramm ein, in dem die von den freigekommenen Augenzeugen nach Palästina mitgebrachten Berichte zusammengefaßt waren. An eben diesem Tag, während die Verantwortlichen der Jewish Agency über verschiedene außerordentliche Maßnahmen zur Mobilisierung der britischen

Presse berieten, übermittelte das Auswärtige Amt dem britischen Botschafter in Washington, Lord Halifax, telegrafisch den Text der in Aussicht genommenen Dreimächteerklärung. In einem erläuternden Begleittext wurde Halifax auch darüber ins Bild gesetzt, daß man im Auswärtigen Amt „wenig Zweifel daran (habe), daß die deutschen Behörden dabei sind, eine Politik der allmählichen Ausrottung aller Juden mit Ausnahme der hochqualifizierten Facharbeiter durchzuführen". Ferner habe die polnische Regierung, so erfuhr Halifax, unlängst Berichte erhalten, die „geeignet sind, diese Auffassung zu bestätigen" und die sich „überzeugend anhören". Die jüdischen Organisationen hätten, so das Telegramm weiter, „in letzter Zeit eine beträchtliche Öffentlichkeit mobilisiert" und eine Dreimächteerklärung vorgeschlagen, in der „die deutsche Politik verurteilt und eine Bestrafung der Schuldigen angedroht wird". Die Reaktion des sowjetischen Botschafters sei positiv gewesen. Man erwarte von Halifax, daß er bei der amerikanischen Regierung „jetzt auf eine baldige Antwort drängen sollte, da das öffentliche Interesse an der Angelegenheit hierzulande beträchtlich und ein baldiges Handeln ratsam ist".[18]

Alle Zeichen für eine Veröffentlichung der Erklärung standen nun günstig. Am 8. Dezember informierte Joseph Linton Lord Melchett: „Wie wir hören (sehr vertraulich!), war der Premierminister von den Berichten sehr bewegt."[19] In Washington empfing Präsident Roosevelt eine Abordnung jüdischer Führer, und die führenden amerikanischen Zeitungen druckten ausführliche Berichte und Leitartikel. Am 10. Dezember übersandte der polnische Botschafter in London, Edward Raczynski, Außenminister Eden eine äußerst detaillierte, in 21 Punkte aufgegliederte Zusammenfassung aller in jüngster Zeit erhaltenen Informationen über die Ermordung von Juden in Polen – Bestätigungen dafür, so schrieb er, „daß die deutschen Behörden systematisch und vorsätzlich auf das Ziel einer totalen Vernichtung der jüdischen Bevölkerung Polens" und ebenso der „vielen tausend Juden" hinarbeiten, die von den Deutschen aus West- und Mitteleuropa sowie vom Territorium des Deutschen Reichs selbst nach Polen deportiert worden seien.

Es sei erforderlich, so schloß Raczynski seinen Brief, daß man nicht nur diese Verbrechen verurteile und die Täter bestrafe, sondern auch Mittel und Wege finde, „die Hoffnung zu nähren, daß es gelingen könnte, Deutschland von einer Weiterführung dieser Methoden der Massenvernichtung abzuhalten".[20]

Es war nicht abzusehen, inwieweit die Informationsflut und die inzwischen erreichte Publizität eine langfristige Wirkung, sei es in bezug auf Sympathien oder sei es in bezug auf ein praktisches Eintreten für die Juden, zeitigen würden. Am 8. Dezember schrieb Doris May, die Sekretärin Weizmanns, an Arthur Lourie von der Notgemeinschaft Zionistischer Organisationen in New York:

Ich weiß nicht, was man über die Nachrichten, die uns – und zweifellos auch Sie – von „jenseits des Schleiers" erreicht haben, noch sagen kann.

Von einer gewissen Stufe an jagt einem der Schrecken keinen Schrecken mehr ein, weil die Vorstellungskraft nicht mehr als ein begrenztes Maß verarbeiten kann, ohne sich aufzulehnen.[21]

„Die Tatsachen sprengen wirklich jedes Vorstellungsvermögen", schrieb Blanche Dugdale am 11. Dezember im *Spectator;* es gebe, so fuhr sie fort, eine „spontane Reaktion gegen ‚Greuelgeschichten' und einen Wunsch, sie für übertrieben zu halten, der ebensosehr in einer rationalen Skepsis wie in dem instinktiven Bedürfnis wurzelt, sich Schmerzen zu ersparen". Im vorliegenden Fall jedoch könne „kein Spielraum mehr" für irgendwelche Zweifel an den neuen, unlängst von der polnischen Exilregierung bekanntgegebenen „Fakten und Zahlen" über die Deportation der Warschauer Juden und ihre Ermordung in den „Vernichtungslagern" von Belzec, Sobibór und Treblinka bestehen. In diesen Orten, die, wie sie erklärte, „östlich von Warschau" lägen, könnten

... die polnischen Bauern den andauernden Gestank nach verwesendem Fleisch kaum mehr ertragen, denn wenn die Viehwaggons geöffnet werden, kommen eine Menge Tote und Sterbende zum Vorschein, die aufrecht stehen, weil zum Umfallen der Platz fehlt. Diejenigen, die noch atmen, werden erschossen, vergast oder durch Elektroschock getötet. Die Deutschen verrichten ihr Mordgeschäft unter Beihilfe ukrainischer, litauischer und lettischer Faschisten ...

Diese Dinge, schrieb Mrs. Dugdale, seien während dieses Novembers voll „heiterer Erinnerungen" geschehen und geschähen auch jetzt noch. Skeptizismus dürfe nicht länger „als Vorwand für Tatenlosigkeit" dienen.

Sie forderte sodann eine Bekräftigung früherer Erklärungen bezüglich einer „vollen Sühne für alle Kriegsverbrechen". Es wäre, so schrieb sie, „eine Schande", wenn die britische Regierung, das Parlament und die Nation „kontemplativ bleiben und bloß das kritisieren würden, was andere zum Wohl drangsalierter Menschen zu tun versuchen". Sie hob hervor, daß die Falle nicht überall zugeschnappt sei, „jedenfalls noch nicht". Nachdem man jetzt wisse, was passieren werde, „falls oder wenn sie zuschnappt", erlege dieses Wissen, wie sie erklärte,

... den Regierungen und Nationen, in deren Macht es steht, Zuflucht zu gewähren, eine schwere Verantwortung auf. Die jüdischen Gemeinden in den freien Ländern sind willens und fähig, die finanziellen Lasten zu tragen, die die Alten und Kranken und die Kinder verursachen. Palästina leidet infolge des Beitrags, den es zum Krieg leistet, an akutem Arbeitskräftemangel.

Aber Palästina ist nicht das einzige Land innerhalb des britischen Empires, wo denen, denen die Flucht gelingt, Sicherheit winkt. Wer denen, die von Mördern gejagt werden, seine Tür nicht öffnet, macht sich zum Mitschuldigen an den Verbrechen.[22]

Sowohl die Frage einer speziellen Erklärung zum Thema Kriegsverbrechen als auch die Flüchtlingsfrage standen auf der Tagesordnung der Sitzung des Kriegskabinetts am 14. Dezember, nur drei Tage nach Erscheinen des Artikels von Mrs. Dugdale im *Spectator*. Bei dieser Sitzung unterbreitete Anthony Eden seinen Kabinettskollegen die Argumente, die seiner Ansicht nach für eine solche Erklärung sprachen. Es gebe, so erläuterte er ihnen, „Anzeichen dafür", daß in den von Deutschland besetzten polnischen Gebieten Juden in großer Zahl massakriert wurden. „Es ist bekannt geworden", erklärte Eden seinen Kollegen, „daß Juden aus vom Feind besetzten Ländern, zum Beispiel aus Norwegen, nach Polen gebracht worden sind; und es ist denkbar, daß diese Deportationen im Hinblick auf eine großangelegte Aktion zur Judenausrottung durchgeführt worden sind."

In Anbetracht dieser Einschätzung der Lage durch den Außenminister stimmten die Mitglieder des Kriegskabinetts für die vorgelegte Erklärung. Der nächste Punkt auf der Tagesordnung betraf das jüngst ergangene Ersuchen der Jewish Agency, die britische Regierung möge ihre Zustimmung dazu erteilen, daß 4500 bulgarische Juden, in der Mehrzahl Kinder, von Bulgarien nach Palästina ausreisen dürften. Eine Einwanderung in dieser Größenordnung bliebe, wie hervorgehoben wurde, im Rahmen der geltenden Einwanderungsquoten. Gleichwohl machte sich Kolonialminister Stanley für eine Ablehnung des Ersuchens stark. „Dieser Vorschlag", erklärte er vor dem Kriegskabinett, „wurde aus Sicherheitsgründen zurückgewiesen" – das hieß, wie er erläuterte, gemäß einem drei Jahre zuvor gefaßten Kabinettsbeschluß, in dem „ein Exodus von Staatsbürgern eines Landes, mit dem wir uns im Krieg befinden", als unvereinbar mit den britischen Interessen bezeichnet worden war.[23]

Keines der Mitglieder des Kriegskabinetts stellte eine Verbindung her zwischen jener planmäßigen Ausrottungspolitik im NS-Herrschaftsbereich, von der eben noch die Rede gewesen war, und dem Ersuchen um Aufnahme von Kindern aus dem „Feindland" Bulgarien. Und Stanley verschwieg seinen Kollegen auch, daß Churchill selbst den Plan einer Aufnahme von 4500 jüdischen Kindern und 500 erwachsenen Begleitpersonen gutgeheißen hatte. „Bravo!" hatte Churchill am 11. Dezember in einer Mitteilung an Stanley geschrieben und hinzugefügt: „Aber warum sich nicht die kräftigende Rückendeckung des Kriegskabinetts sichern, die Sie gewiß bekommen werden?"[24]

Unterdessen traten die Verhandlungen zur Koordinierung der Dreimächteerklärung zwischen London, Moskau und Washington in die Schlußphase; als die Erklärung dann am 17. Dezember 1942 veröffentlicht wurde, war ihre Wirkung beträchtlich. In ihrem zentralen Abschnitt verurteilten nicht nur England, die Sowjetunion und die Vereinigten Staaten, sondern als angeschlossene Unterzeichner auch die Exilregierungen von Belgien, der Tschechoslowakei, Griechenland, Luxemburg, Holland, Norwegen, Polen und Jugoslawien sowie das Französische Nationalkomitee von General de Gaulle „in allerschärfster Form diese bestialische Politik kaltblütiger Ausrottung".

Bei der Schilderung der Deportationen bediente sich die Erklärung einer konkreten Darstellungsweise: „Von keinem der Deportierten hat man je wieder gehört", stellte sie fest. „Die Schwächeren läßt man an Unterkühlung oder Entkräftung sterben oder massakriert sie vorsätzlich in Massenhinrichtungen." Die Zahl der Opfer „dieser blutigen Grausamkeiten" werde „auf viele Hunderttausende Männer, Frauen und Kinder" geschätzt.[25]

In London verlas Anthony Eden persönlich die Erklärung vor dem Unterhaus. „Ich bedaure, dem Haus mitteilen zu müssen", sagte er, „daß der Regierung Sei-

ner Majestät in jüngster Zeit verläßliche Berichte über die barbarische und unmenschliche Behandlung der Juden in den von Deutschland besetzten Gebieten
Europas zugegangen sind."

Nachdem Eden die Erklärung verlesen hatte, ergriffen mehrere Angehörige
des Parlaments kurz das Wort. Der Labour-Abgeordnete Reginald Sorensen, ein
ehemaliger Geistlicher der Freichristlichen Kirche, fragte nach Möglichkeiten
der „Zusammenarbeit mit den Regierungen der nicht kriegführenden und neutralen Länder", um die Auswanderung von Juden aus dem NS-Herrschaftsbereich nach Schweden „oder in ein anderes neutrales Land" zu ermöglichen. Ein
Abgeordneter der Liberalen Partei, James de Rothschild, der in seiner Eigenschaft als Angehöriger des britischen Judentums sprach, gab seiner Hoffnung
Ausdruck, die – über die Sender der BBC verbreitete – Erklärung möge „in alle
deutsch infizierten Länder dringen" und überall dort, wo sie ankam, „einen
Hoffnungsfunken entzünden und den unglückseligen Opfern von Folter,
Schimpf und Entwürdigung Mut geben".

De Rothschild hoffte, die Juden in Europa würden, wenn sie von der Erklärung
erfuhren, das Gefühl bekommen, „daß sie von der britischen Regierung und von
den anderen verbündeten Nationen Schutz und Hilfe erhalten" und daß die Alliierten „nicht aufhören, für die Wahrung der Menschenwürde einzutreten".

Das Unterhaus zeigte sich von all dem, was die Erklärung enthüllte, schok-
kiert und bewegt; dies so sehr, daß der Labour-Abgeordnete William Cluse, der
selbst im Alter von fünf Jahren die Eltern verloren hatte, den Parlamentspräsi-
denten fragte, ob die Abgeordneten sich nicht „von den Plätzen erheben und
zum Zeichen ihres Eintretens für diesen Protest gegen eine abscheuliche Barbarei schweigend verharren" könnten.

Daraufhin standen alle Mitglieder des Parlaments auf und gedachten schweigend und mit gesenktem Kopf der schrecklichen Geschehnisse. Im Oberhaus erklärte Lord Samuel den anwesenden Peers: „Dies ist keiner der Anlässe, bei denen wir Trauer und Mitgefühl für die Opfer einer schrecklichen, durch ein un-
vermeidbares Ereignis wie eine Flut oder ein Erdbeben oder eine andere Natur-
gewalt hervorgerufenen Katastrophe zum Ausdruck bringen. Diese furchtbaren
Geschehnisse sind das Werk einer ganz vorsätzlichen, planmäßigen, bewußten
Grausamkeit menschlicher Wesen."[26] Und auf einer am gleichen Tag, am 17. Dezember, in der Wigmore Hall in London abgehaltenen Protestkundgebung der
Internationalen Zionistischen Frauenorganisation wurde eine Botschaft von
Mrs. Churchill verlesen, in der sie von Hitlers „teuflischem Plan" sprach, „das
jüdische Volk in Europa auszurotten" und den versammelten Frauen erklärte:
„Ich möchte mich in all Ihrem Kummer mit Ihnen einig wissen und bete darum,
daß Ihre Versammlung dazu beitragen möge, die schrecklichen Geschehnisse,
die sich im Europa der Nazis zugetragen haben und noch bevorstehen, im Bewußtsein des britischen Volkes gegenwärtig zu halten."

Auch die polnische Exilregierung trug zum publizistischen Erfolg der Erklärung
bei. Graf Raczynski, einer der Unterzeichner der Erklärung der neun Regierun-

gen vom Januar 1942, bezeichnete in einer Ansprache über die Sender der BBC am 17. Dezember die Deutschen als eine Nation, „so gewaltig in ihrer bewaffneten Kampfkraft und im Besitz einer so gigantischen Kriegsmaschinerie und dabei zugleich so feige, daß sie die Vernichtung einer ganzen Rasse hinnimmt, deren Angehörige, wie Heine, Mendelssohn und Einstein, so viel zum Ruhme der deutschen Kultur beigetragen haben ..."[27]

Sowohl die britische als auch die amerikanische Regierung versuchten Papst Pius XII. dazu zu bringen, daß er sich hinter die Erklärung vom 17. Dezember stellte. Einen Tag nach Bekanntgabe der Erklärung erhielt der britische Botschafter beim Vatikan, Francis d'Arcy Osborne, die Anweisung, „beim Papst darauf zu dringen, daß er seinen Einfluß entweder durch eine öffentliche Erklärung im Zusammenhang mit dem Weihnachtsfest oder mittels einer weniger sichtbaren Handlung – über die deutschen Bischöfe – geltend macht", um die deutschen Christen zu veranlassen, daß sie „alles in ihren Kräften Stehende tun, um diese Exzesse zu bremsen".[28] Aber der Botschafter kam damit nicht durch. Und eine Woche später, am 26. Dezember, berichtete Myron C. Taylor, der persönliche Abgesandte Präsident Roosevelts zum Papst, nach Washington, Kardinalstaatssekretär Maglione habe die Nachrichten über „Grausamkeiten, die ihm zu Ohren gekommen sind", zwar tief bedauert, andererseits aber erklärt, der Heilige Stuhl sehe sich „nicht in der Lage, alliierte Berichte über die Zahl der ausgerotteten Juden usw. zu verifizieren".[29]

Drei Tage später ließ der Papst Osborne wissen, seine Weihnachtsbotschaft habe seiner Auffassung nach eine faktische Verurteilung der Nazi-Verbrechen enthalten. In dieser Botschaft hatte er davon gesprochen, die Menschheit müsse geloben, die Menschen auf den Weg des göttlichen Gesetzes und des Dienstes am Mitmenschen zurückzuführen; ein solches Gelübde schulde die Menschheit allen Opfern des Krieges: den Witwen, den Waisen, den Heimatlosen, den um Haus und Hof Gekommenen und auch den „Hunderttausenden, die ohne jedes Verschulden, manchmal nur wegen ihrer Nationalität oder Rasse, dem Tod oder einem langsamen Siechtum überantwortet worden sind".[30]

Der Papst betrachtete diesen Satz als eine deutliche und ausreichende Benennung der Verbrechen der Nazis gegen die Juden. Andererseits zögerte er, sich konkret zu Berichten über bestimmte Verbrechen zu äußern; wie der Assistent von Taylor, Harold H. Tittman, am 30. Dezember nach einer Audienz beim Papst berichtete, fürchte dieser zwar, „daß die Berichte der Alliierten über NS-Greuel nicht der Grundlage entbehren", er habe den Eindruck gewonnen, der Papst glaube, „daß es einige Übertreibungen aus Propagandagründen gegeben habe".[31]

Eine Woche später forderte Osborne den Vatikan ausdrücklich auf, sich hinter die Erklärung der Alliierten zu stellen. Aber der Papst blieb, wie er am 5. Januar 1943 nach London berichtete, bei seiner Auffassung, in seiner im Radio übertragenen Weihnachtsansprache „die herzergreifende Behandlung der Polen, Juden in besetzten Ländern, Geiseln usw. ... klar und umfassend" verurteilt und damit „allen jüngst an ihn ergangenen Forderungen, Stellung zu beziehen, Genüge getan" zu haben.[32]

„Auschwitz" war in der Erklärung vom 17. Dezember 1942 nicht erwähnt worden. Dabei waren das Tempo der Deportationen und die Zahl der Getöteten dort den November und Dezember hindurch nicht geringer geworden. Auch die anderen Vernichtungslager, deren Namen nun weitgehend bekannt waren – Belzec, Treblinka und Sobibór –, waren ihrer Funktion als Zentren des Massenmords weiterhin gerecht geworden, ebenso wie Majdanek. Und dasselbe galt für Chelmno, das erste Lager, in dem, im Dezember 1941, Juden vergast worden waren und das erste, das im Westen namentlich genannt worden war.

Da das Ausmaß der in Auschwitz durchgeführten Massenmorde immer noch nicht bekannt war, war der Name dieses Lagers den Beobachtern im Westen bis jetzt entgangen. Ungeachtet dessen gingen die Vergasungen dort unausgesetzt weiter.

Am 17. Dezember, dem Tag, an dem die alliierte Erklärung veröffentlicht worden war, schrieb Richard Lichtheim aus Genf nach London und Jerusalem, um Nachrichten weiterzugeben, die ihm soeben „aus einer verläßlichen Quelle" zugeflossen waren und die besagten, daß die Deportationen aus Holland anhielten und daß „jede Woche" ein Zug mit Deportierten das Land verlasse. Viele Holländer hätten Juden zur Flucht verholfen oder sie versteckt, obgleich die Deutschen die Todesstrafe auf Vergehen dieser Art ausgesetzt hatten. Diese „Drohung" sei, wie Lichtheim berichtete, „in den letzten Wochen" tatsächlich zweimal wahrgemacht worden, als Holländer, die für schuldig befunden wurden, Juden geholfen zu haben, „nach dem wohlbekannten Mauthausen geschickt worden sind, wo auch getötet wird ..."

Man wußte also, daß die nichtjüdischen Holländer nach Mauthausen gekommen waren. Aber wohin waren die Juden geschickt worden? Lichtheims „verläßliche Quelle" blieb die Antwort hierauf schuldig. Auch der Joodsche Raad, der Jüdische Rat in Amsterdam, wußte es nicht. Wie Lichtheim schrieb: „Von den deportierten Menschen hat man nichts mehr gehört, trotz einer Verlautbarung des Joodsche Raad, daß die Leute schreiben dürften." Mit Ausnahme einiger weniger hoher SS-Führer „weiß niemand, an welchen Ort die Transporte gehen".[33]

Siebeneinhalb Monate nach den ersten Vergasungen in Auschwitz war das Geheimnis dieses Lagers noch nicht enthüllt.

Zweiter Teil

Hoffnung und Hoffnungslosigkeit

12. „Alles muß versucht werden"

Acht Tage nach der alliierten Erklärung vom 17. Dezember 1942, in der von einem deutschen Plan „zur Ausrottung des jüdischen Volkes in Europa" die Rede gewesen war, traf der polnische Botschafter in London, Graf Raczynski, zu einem Gespräch mit dem Privatsekretär Churchills, John Martin, zusammen. Raczynski brachte zu der Unterredung eine an Churchill gerichtete Denkschrift der polnischen Exilregierung mit, in der festgestellt wurde, die Deutschen seien „mit der massenhaften Vertreibung der polnischen Bevölkerung, mit Massakern und Massenhinrichtungen" in der Umgebung von Lublin und in vier weiteren Distrikten des besetzten polnischen Territoriums beschäftigt. Allein in einem Distrikt hätten sie, wie die Denkschrift behauptete, „die Einwohner von 54 Dörfern vollzählig deportiert".[1]

Angesichts dieser Hinweise auf die Massentötung nichtjüdischer Polen bat Graf Raczynski die britische Regierung, zu prüfen, ob militärische Reaktionen hierauf möglich seien, beispielsweise, wie Martin am gleichen Tag dem Auswärtigen Amt berichtete, „Vergeltungsangriffe aus der Luft", Hilfe „aus der Luft" für diejenigen Polen, die sich der Deportation widersetzten, und eine „Einwirkung auf die sowjetischen Behörden im Hinblick auf die Gewährung einer solchen Hilfe von russischer Seite". Bekräftigt wurde dieses Ersuchen vom 25. Dezember – fünf Tage später – durch ein vom Chef der polnischen Exilregierung, General Sikorski, der sich zu diesem Zeitpunkt in Mexiko City aufhielt, direkt an Churchill gesandtes Telegramm.

Das polnische Ersuchen wurde auf einer Zusammenkunft der britischen Stabschefs am 31. Dezember erörtert. Während der Sitzung bat Churchill selbst den Stabschef der Luftwaffe, Sir Charles Portal, dem Ersuchen der polnischen Exilregierung zu entsprechen und „die Bombardierung gewisser Ziele in Polen" als Vergeltungsmaßnahme in Erwägung zu ziehen. Ferner schlug Churchill – als eine vielleicht wirkungsvollere und technisch leichter durchführbare Alternative – einen Bombenangriff gegen eine bedeutende deutsche Stadt wie etwa Berlin vor; er stellte anheim, die englische Luftwaffe solle, falls in naher Zukunft ein routinemäßiger Angriff auf Berlin geflogen werde, „beim Angriff Flugblätter abwerfen, aus denen die Deutschen erfahren, daß die Luftangriffe eine Vergeltungsmaßnahme für die Verfolgung der Polen und der Juden sind".

In seiner Erwiderung auf die Vorschläge Churchills wandte sich Portal am 2. Januar 1943 aus prinzipiellen Gründen gegen jede als solche ausgewiesene Vergeltungsaktion. „Wir haben, so glaube ich, stets den Standpunkt gewahrt", schrieb er, „daß Luftangriffe reguläre militärische Operationen gegen militärische (und darin eingeschlossen natürlich industrielle) Ziele und darauf berechnet sind, die gegnerische Kriegsproduktion zu zerstören. Wir müssen daher die

Durchführung von Luftangriffen als Vergeltungsmaßnahmen ablehnen." Solche Vergeltungsangriffe kämen, so fügte Portal hinzu, „einem ausdrücklichen Eingeständnis gleich, daß wir die Zivilbevölkerung als solche bombardieren, und könnten sehr wohl brutale Repressalien gegen unsere Flugzeugbesatzungen nach sich ziehen".

Sir Charles Portal hatte noch einen weiteren Grund für die Ablehnung der polnischen Bitte. Dieser liege, wie er schrieb, „eher auf dem Gebiet der politischen Kriegführung ... und hängt mit den Juden zusammen". Der Punkt, um den es Portal ging, war, daß Hitler „so oft betont hat, dieser Krieg sei von den Juden ausgelöst worden, um Deutschland zu vernichten, daß es sehr wohl denkbar wäre, daß ein unter ausdrücklicher Berufung auf die Juden geflogener Luftangriff der Feindpropaganda sehr zum Vorteil gereichen würde".[2]

Am 6. Januar legte Portal die Gründe dar, aus denen er sowohl die Bombardierung von Zielen im polnischen Generalgouvernement als auch die „Verwüstung einer deutschen Stadt" als auch die Ausweisung irgendeines Luftangriffs als „Vergeltungsangriff" ablehnte. Was Angriffe gegen Ziele in Polen betraf, so bezeichnete Portal es als „vom militärischen Standpunkt aus sehr unvorteilhaft, unsere besten Bomber für Einsätze gegen polnische Ziele abzustellen und sie langen Wartezeiten auf Vollmondnächte und gutes Wetter auszusetzen, Bedingungen, ohne die sie so weit entfernte Ziele nicht ausmachen können". Dazu komme, daß „das geringe Angriffsvolumen", das England auf solch eine Entfernung entfalten könne, „keine eindrucksvolle Vergeltung abgeben würde". Er halte es für wirkungsvoller, schrieb Portal, wenn man nach einem erfolgreichen Luftangriff über Deutschland „der Welt gegenüber" den Anteil hervorhob, den die polnische Luftwaffe an solchen Einsätzen hatte.

Gegen den Abwurf von Flugblättern bei Vergeltungsangriffen ließen sich, so fügte Portal hinzu, „ziemlich schwerwiegende" Einwände anführen: Sobald England einen Luftangriff, „selbst auf Berlin", als Vergeltungsaktion kennzeichne, gehe es damit automatisch von seinem Grundsatz ab, „daß Luftangriffe auf Städte Angriffe gegen militärische Einrichtungen (einschließlich Industrie) und daher ‚rechtmäßig' und verantwortbar sind". Dazu komme, daß wenn England einen erfolgten Vergeltungsangriff als „besonders schwer oder besonders gelungen" herausstelle, möglicherweise im eigenen Land mit zwei Reaktionen gerechnet werden müsse: „Warum nicht immer so?" und „Ihr wetteifert mit der Brutalität der Deutschen".

Ferner führte Portal gegen den Gedanken von Vergeltungsangriffen die Warnung ins Feld, die Royal Air Force würde, falls man den vorgeschlagenen Vergeltungsangriff durchführte, „mit Forderungen seitens aller anderen Verbündeten überschwemmt werden, daß wir uns auf die gleiche Weise auch um ihre Probleme kümmern sollen". Die Folge wäre, so erklärte er, „nichts als eine Reihe ‚symbolischer' Vergeltungsaktionen, die nicht nur vollkommen der Abschreckungswirkung ermangeln, sondern auch die letzten Fetzen des unsere Operationen gegenwärtig noch bedeckenden Legalitätsgewandes fortreißen würden".

Und schließlich nannte Portal noch ein weiteres Argument, das gegen Vergeltungsangriffe sprach. Sie würden es, so warnte er, „den Deutschen sehr erleichtern, zu Repressalien gegen unsere abgeschossenen Bomberbesatzungen zu greifen".

Portals Argumente erzielten Wirkung, und am 10. Januar wurde Sikorski per Telegramm davon in Kenntnis gesetzt, daß Vergeltungs-Luftangriffe gegen Polen nicht möglich seien. Zusätzlich zu den bereits von Portal genannten militärischen Gründen wurde ein weiterer Grund angeführt: Die Luftwaffe der Vereinigten Staaten sei „gegenwärtig nicht mit Maschinen ausgerüstet, die irgendein Ziel in Polen mit Aussicht auf Erfolg bombardieren könnten".[3]

Nachdem die ausgetauschten Augenzeugen in Palästina angekommen waren, intensivierte die Jewish Agency ihre Suche nach Möglichkeiten und Wegen der Rettung. Am 18. Dezember telegraphierte die Leitung der Jewish Agency in Jerusalem an ihr zu diesem Zeitpunkt in London weilendes Mitglied Mosche Shertok und wies ihn an, bei den britischen Behörden wegen dreier möglicher Schritte vorstellig zu werden. Der erste war, sich an neutrale Regierungen, „darunter auch die argentinische", zu wenden in der Hoffnung, sie würden der deutschen Regierung „direkte Vorhaltungen" machen und sie auffordern, mit der „Judenvernichtung aufzuhören".

Der zweite Vorschlag war, die schweizerische Regierung zu ersuchen, ihrerseits „aktiv" auf das Internationale Rote Kreuz Einfluß zu nehmen, damit es beim „Herausbringen von Kindern" mithelfe. Der dritte Vorschlag schließlich lautete, die Satellitenstaaten über den Rundfunk „durch namhafte Personen zu warnen".[4]

Einen Tag später, am 19. Dezember, erging ein weiterer Hilfsappell, diesmal direkt an Churchill; sein Absender war Szmul Zygielbojm, eines der beiden jüdischen Mitglieder des im Londoner Exil amtierenden Polnischen Nationalrats. Zygielbojm zitierte in seinem Telegramm einen, wie er es nannte, „letzten Ruf der Verzweiflung" aus dem Warschauer Getto, einen Notruf, den er vor über drei Monaten, am 31. August, erhalten hatte. „Nicht mehr Tausende oder Zehntausende sind es", lautete dieser Notruf, „sondern diesmal Hunderttausende, die zugrundegehen. Die ganze Bevölkerung wird ausgelöscht, Kinder, Frauen und Männer. Von dreieinhalb Millionen sind nur noch eineinviertel Millionen am Leben, und das Gemetzel geht weiter."

Die jüdische Gemeinde in Polen, so drang Zygielbojm in Churchill, „bittet Sie, ein Mittel zu finden, um die wenigen polnischen Juden, die vielleicht noch am Leben sind, zu retten".[5] Freilich, wie sie gerettet werden könnten, darüber äußerte er sich nicht. Vier Tage später, am 23. Dezember, suchte eine Abordnung des Deputiertenrats der Britischen Juden Anthony Eden im Auswärtigen Amt auf. Sie hatte ein konkretes Anliegen: England solle sein „Äußerstes" tun, um die Voraussetzungen für eine Aufnahme derjenigen Juden zu schaffen, denen die Flucht aus den von Deutschland besetzten Ländern, sei es über Bulgarien, sei es über Portugal, gelang. Als Anthony Eden seine Kollegen im Kriegskabinett später am selben Tag über dieses Ansinnen informierte, erklärte er, er habe in seiner

Antwort „auf die großen praktischen Schwierigkeiten" hingewiesen, die eine Aufnahme solcher Flüchtlinge bereiten würde, und habe „nichts Verbindliches zugesagt".

Für den Deputiertenrat war diese Antwort sehr enttäuschend gewesen. Allerdings äußerte Eden gegenüber seinen Kollegen im Kriegskabinett, seiner Meinung nach solle die britische Regierung „sehr genau prüfen, ob es nicht irgendetwas gibt, das wir zur Unterstützung dieser Leute tun können".[6]

Auf diese Fürsprache Edens hin wurde ein Sonderausschuß gebildet, der, ausschließlich aus Mitgliedern des Kriegskabinetts zusammengesetzt, die Frage prüfen sollte, wohin jüdische Flüchtlinge geschickt werden konnten. Die Mitglieder dieses als Ausschuß für die Aufnahme und Unterbringung Jüdischer Flüchtlinge bekanntgewordenen Gremiums waren Eden selbst, Clement Attlee, Herbert Morrison und Oliver Stanley.

Zu der ersten Sitzung ihres Ausschusses kamen diese vier Minister am 31. Dezember 1942 zusammen. Einleitend erklärte der Leiter der Flüchtlingsabteilung des Auswärtigen Amtes, A. W. G. Randall, in Spanien hielten sich bereits mehr als zehntausend Flüchtlinge auf, von denen ungefähr die Hälfte Juden seien, und die Zahl der täglich dort neu eintreffenden Flüchtlinge liege bei etwa fünfzig. Obgleich es sich als „äußerst kostspielig" für die Alliierten erwiesen habe, für diese Flüchtlinge in Spanien zu sorgen, habe die amerikanische Regierung aus militärischen Gründen den Vorschlag, sie nach Nordafrika zu evakuieren, abgelehnt.

Herbert Morrison wollte die Amerikaner überreden, ihr Einverständnis zu einem unter ziviler Verwaltung stehenden „Aufnahmelager" in Nordafrika zu geben, „in dem die Flüchtlinge sortiert werden könnten". Und er fügte, wie das amtliche Protokoll ausweist, hinzu, er mißbillige die Neigung, das Vereinigte Königreich als die einzig denkbare Zufluchtsstätte für Flüchtlinge zu betrachten".

Es wurden dann verschiedene mögliche Asylorte erörtert. Was Niederländisch-Guayana betraf, so hätten, wie der Ausschuß erfuhr, die Holländer bereits „eine kleine Zahl niederländischer Juden" dorthin verfrachtet und „würden Juden aus Feindländern entschieden ablehnen". Oliver Stanley war der Ansicht, Palästina solle den Juden aus Osteuropa vorbehalten bleiben, die „in weit größerer Gefahr" seien als die in Spanien; aber auch dort könnten „aus Sicherheitsgründen" männliche Erwachsene „nicht akzeptiert werden". Es komme „nicht in Frage", erklärte er, daß Palästina Juden aus Spanien oder Nordafrika aufnehme.[7]

Randall berichtete dem Ausschuß, dem Kriegsamt liege soeben eine Anfrage bezüglich der Möglichkeit vor, Juden nach Madagaskar zu evakuieren. Das Transjordanland schloß Oliver Stanley „angesichts der dabei entstehenden politischen und Sicherheitsprobleme" aus. Was England selbst betraf, so äußerte sich Herbert Morrison wiederum sehr entschieden. Das Innenministerium, erklärte er, werde „sich nicht weigern, eine begrenzte Zahl von Flüchtlingen, sagen wir zwischen tausend und zweitausend, aufzunehmen, aber ganz bestimmt nicht mehr" und einzig unter der Bedingung, „daß sie auf der Insel Man unterge-

bracht würden und solange dort verblieben, wie er es für nötig halte". Morrison
setzte hinzu:

Er könne jedoch nicht akzeptieren, daß einer Einreise von Juden jedweder Herkunft Tür
und Tor geöffnet würde. Es dürfe nicht vergessen werden, daß sich in diesem Land bereits
etwa 100 000 Flüchtlinge, hauptsächlich Juden, aufhielten und daß das Unterbringungs-
problem schon jetzt sehr gravierend sei und im Falle neuer Luftangriffe eine kritische
Schwelle erreichen werde.

Dazu komme, wie Morrison noch anfügte, daß es „hierzulande einen beträchtlichen, unter der Oberfläche schwelenden Antisemitismus gibt. Falls es zu
einem wesentlichen Anstieg der Zahl jüdischer Flüchtlinge käme oder falls diese
Flüchtlinge dieses Land nach dem Krieg nicht wieder verließen, wären wir in
ernsten Schwierigkeiten."[8]
Der Ausschuß kam zu seiner zweiten Sitzung am 7. Januar 1943 zusammen (er
hatte in der Zwischenzeit das Wort „Jüdischer" aus seiner offiziellen Namensbe-
zeichnung gestrichen). Bei dieser Sitzung teilte Clement Attlee seinen Kollegen
mit, Kanada habe 1942 500 jüdische Flüchtlingskinder aufgenommen „und wünsche keine weiteren"; Australien und Neuseeland andererseits lägen „zu weit
weg, als daß sich die Bereitstellung von Schiffsraum" zur Überführung von
Flüchtlingen dorthin rechtfertigen ließe. Was einen möglichen Aufenthalt jüdischer Flüchtlinge in der Republik Irland angehe, so könnten dagegen unter Umständen Sicherheitsbedenken geltend gemacht werden.
Der Ausschuß beschäftigte sich auf derselben Sitzung auch mit der Frage, wie
„die parlamentarische Seite des Problems gehandhabt werden solle", insbesondere in Anbetracht der Möglichkeit, daß Morrison „vielleicht unter Druck gesetzt" würde, den bereits nach Spanien gelangten Flüchtlingen die Einreise nach
England zu gestatten.
Danach ergriff Kolonialminister Stanley das Wort und erklärte seinen Kollegen:

Es bestehe Grund zu der Annahme, daß es die bewußte Politik gewisser Achsenstaaten,
insbesondere Rumäniens, sei, als Alternative zur Politik der Ausrottung Juden von ihrem
Territorium zu vertreiben. Dies mache es um so notwendiger für die Regierung Seiner
Majestät, entschieden an der Politik festzuhalten, daß in Palästina nur die vereinbarte, begrenzte Zahl jüdischer Kinder und dazu eine kleine Anzahl erwachsener Begleitpersonen
aus Osteuropa aufgenommen würden.[9]

Ein Ergebnis der Diskussionen im Ausschuß bei seiner Sitzung am 7. Januar
war ein Telegramm, das am Tag darauf an den britischen Botschafter in Washington, Lord Halifax, abging. Gemeinsame englisch-amerikanische Bemühungen, so erfuhr der Botschafter aus diesem Telegramm, seien nun erforderlich, um mit dem Flüchtlingsproblem weiterzukommen. Dieses Problem sei allerdings „kein ausschließlich jüdisches"; es gebe so viel „konkretes Leiden"
auch unter den Nichtjuden alliierter Länder, daß es „wahrscheinlich Kritik bei
den Alliierten heraufbeschwören würde, wenn sich irgendeine Bevorzugung der
Juden bei der Evakuierung aus feindlich besetzten oder von solcher Besetzung

bedrohten Territorien erkennen ließe". Dazu komme, hieß es in dem Telegramm
weiter, die „nicht von der Hand zu weisende Gefahr, daß in Gebieten, denen eine
übergroße Zahl ausländischer Juden zugeführt wird, antisemitische Regungen
aufgestachelt werden".

Ferner wurde dem Botschafter erläutert, es bestehe die Möglichkeit, daß die
Deutschen sich „von der Politik der Ausrottung auf eine der Vertreibung" verlegen würden mit dem Ziel, wie auch schon „vor dem Krieg", andere Länder, wie
es hieß, „in die Zwickmühle zu bringen, indem man sie mit fremden Einwanderern überschwemmt".[10]

Am 9. Januar appellierte der *New Statesman and Nation* in einem Artikel mit der
Überschrift „Unser Beitrag zum Massenmord" an die britische Regierung, ihre
Politik zu ändern. Der Artikel war nicht signiert.[11] Er wies einleitend auf die
Schwierigkeiten hin, die es den Menschen „selbst jetzt noch" bereite, zu begrei-
fen, daß Hitler „dabei ist, die Juden Europas auszurotten, nicht in einem meta-
phorischen Sinn, nicht mehr oder weniger, sondern buchstäblich und mit totali-
tärer Konsequenz, wie ein Landwirt den Kaliforniakäfer auszurotten versucht".
Weiter hieß es:

> Wir selbst brauchten lange, ehe wir es glauben konnten. Die frühen Meldungen über
> Massentötungen in Kiew und Odessa übergingen wir schweigend; wir befürchteten zwar,
> daß dort etwas Häßliches geschehen war, aber eine solche Abschlachtorgie mit mehreren
> tausend Opfern erschien unvorstellbar.[12]

Es bestehe kein Zweifel daran, so fuhr der *New Statesman* fort, daß Hitler dabei
sei, Wien „aller jüdischen Einwohner zu entledigen", und daß die meisten deutschen Städte mittlerweile ‚rein' von Juden seien". „Wir zweifelten nicht daran",
erklärte der Artikel, „daß die Juden bei der Gelegenheit ausgeraubt und daß
Hunger, Kälte, Krankheit und schlechte Behandlung die Kleinkinder, die Alten
und die Schwachen umbringen würden. Aber wir glaubten immer noch, daß aus
den Überlebenden eine Art Sklavenkolonie irgendwo im östlichen Polen gebildet würde."

Die Reden, die Hitler im Februar und November 1942 gehalten hatte, hätten,
wie der *New Statesman* vermerkte, bewiesen, daß er „tatsächlich getan hat, was
sein Sadismus ihm wohl schon immer zu tun eingegeben hat". Das Vorhaben
werde „systematisch" verfolgt, und die Deutschen machten keinen Versuch, es
zu verbergen. Die von den Regierungen verschiedener alliierter Länder vorgelegten Beweise, alle „aus nichtjüdischen Quellen", seien von „unwiderstehli-
cher" Überzeugungskraft. Alles, was in Warschau, Wilna, Lublin „und in einem
Dutzend anderer Städte" getan worden sei, deute auf „einen vom Oberkommando der neuen Ordnung ausgehenden Plan" hin.

Das „kontinentale Massaker" habe, wie der *New Statesman* berichtete, im Juli
1942 begonnen; es habe „bis zum Oktober eine Million Juden ausgelöscht" und
sei „vermutlich noch im Gang". Es werde „noch einige Zeit" dauern, bis alle
„sechs Millionen" Juden, die vor dem Krieg in Europa gelebt hätten, getötet
seien. Die Frage laute nun: „Was ist zu tun?", und die Antwort bestand für den

New Statesman in einer internationalen Politik der offenen Tür für jüdische
Flüchtlinge und darin, daß die nach den Weißbuch-Vereinbarungen von 1939
noch zu vergebenden 40 000 Einwanderungszertifikate für Palästina jetzt zügig
ausgegeben wurden.

Waren die 40 000 Zertifikate erschöpft, so sollten alle weiteren Flüchtlinge
nach dem Vorschlag des *New Statesman* eine „vorübergehende Zuflucht" anderswo erhalten. Von einer dauerhaften Ansiedlung der Juden wollte die Zeitung
nichts wissen. „Wenn diese Juden nicht nach dem Krieg in jedes kontinental-
europäische Land zurückkehren und in Sicherheit leben können", erklärte sie,
„dann werden wir diesen Krieg vergeblich geführt haben." Die Holländer, die
Franzosen, die Tschechen würden „eine Rückkehr der Überlebenden begrüßen".
Falls die Rumänen anders dächten, müsse man ihnen „ihre Lektion beibringen".
Was die Deutschen angehe, „so ist es unsere Überzeugung, daß die Hitler-
Propaganda nur eine Minderheit infiziert hat". Es gebe daher kein „Problem einer dauerhaften Neuansiedlung", nur das Problem, „diejenigen Juden, denen
wir helfen können zu entkommen, bis zum Ende des Krieges" am Leben zu hal-
ten.

Als einen unmittelbaren Schritt in diese Richtung, „um die todgeweihten Juden dem Zugriff der Nazis zu entziehen", schlug der *New Statesman* vor, England
solle die Regierungen der neutralen Länder Türkei, Schweden und Schweiz „bitten, sich gemeinsam und *im eigenen Namen* an Berlin zu wenden" und anzubieten,
daß sie, mit Hilfe des Roten Kreuzes, „die überlebenden Juden zunächst einmal
in ihrem eigenen Territorium aufnehmen". England solle zusagen, daß es die
Kosten für die Unterbringung dieser Flüchtlinge „in, sagen wir, Zypern, Palästina, Nordafrika, Kanada und auf der Insel Man" bis zum Kriegsende übernehmen
oder doch einen Teil davon tragen werde. Ein solches Vorhaben hätte größere Er-
folgschancen, wenn der Papst „sich öffentlich hinter diese Intervention der Neutralen stellen würde".

Da „in Europa kein Konsularapparat mehr" für Juden bestehe, die sich um
eine Einwanderungserlaubnis für Palästina im Rahmen der verbliebenen 40 000
Zertifikate zu bewerben wünschten, forderte der *New Statesman,* alle mit der Gewährung solcher Genehmigungen einhergehenden Formalitäten sollten „abge-
schafft werden". Gleichzeitig sollte England seine in dem Artikel als „skanda-
lös" bezeichneten eigenen Einwanderungsbeschränkungen aufheben. Der Artikel schloß: „Wenn eines Tages Historiker die Geschichte dieser Ausrottung
schreiben, werden sie sie von Anfang bis Ende nahezu unglaublich finden. Für
Hitler gibt es die Entschuldigung, daß er verrückt ist. Aber diese Nation ist es
nicht."[13]

Zehn Tage später, am 19. Januar, beantragte William Cluse, der Labour-
Abgeordnete, der am 17. Dezember anläßlich der Bekanntgabe der alliierten Erklärung den Vorschlag gemacht hatte, daß das Parlament schweigend der Nazi-
Opfer gedenke, im Unterhaus eine Lockerung der Politik der Regierung gegenüber jüdischen Flüchtlingen. Konkret wollte er mit seinem Antrag erreichen, daß
die Regierung die Prozeduren für die Einwanderung nach Palästina erleichtern

solle, damit, wie er sich ausdrückte, „eine große Zahl" von Juden dort aufgenommen werden könne. Clement Attlee erwiderte für die Regierung, eine Lockerung der Bestimmungen komme nicht in Frage, und er fügte erläuternd hinzu: „Die Bemühungen zur Rettung der Juden können nicht ausschließlich eine Sache Englands sein; die einzige wirkliche Abhilfe gegen die konsequente rassische und religiöse Verfolgungspolitik der Nazis" liege in einem „Sieg der Alliierten", auf den alle Kräfte der Alliierten „ausgerichtet werden müssen".[14]

Attlee sagte vor dem Unterhaus nichts über Kanada, das 1942 fünfhundert Flüchtlinge aufgenommen hatte und nicht willens war, darüberhinaus weitere aufzunehmen, und er bediente sich auch nicht des Arguments von Kolonialminister Stanley, der gesagt hatte, die Aussicht, daß einige Achsenstaaten ihre Juden möglicherweise „vertreiben" würden, statt sie zu töten, mache es „um so notwendiger", in Palästina nur eine „begrenzte Zahl" jüdischer Kinder aufzunehmen.

Der Flüchtlingsausschuß des Kriegskabinetts kam am 27. Januar 1943 zu seiner dritten Sitzung zusammen, um zu besprechen, welche Erklärungen man einer Allparteienabordnung gegenüber abgeben würde, die für den folgenden Tag angemeldet war und auf eine Politik „der offenen Tür" gegenüber jüdischen Flüchtlingen drängen würde. Die Ausschußmitglieder waren sich über die Haltung, die sie einnehmen würden, einig. Wie es im (geheimen) amtlichen Protokoll heißt: „Es wurde als wesentlich betrachtet, den Gedanken an die Möglichkeit einer massenhaften Einwanderung in dieses Land und in die britischen Kolonien abzuschmettern." Und es sollten auch keine Angaben über die Zahl der jüdischen Kinder gemacht werden, „für die vielleicht Hoffnung besteht, daß wir sie vom Balkan nach Palästina bringen können". Die „Betonung" solle vielmehr „auf die komplizierten Verhandlungen gelegt werden, die erforderlich sind", insbesondere in bezug auf die Überführung der Kinder nach Palästina und ihre „Unterbringung und Versorgung dort".

Hinsichtlich der Möglichkeit, auf der Insel Man internierte Deutsche gegen Juden aus dem NS-Machtbereich auszutauschen, so sollten diesbezügliche Fragen nach Ansicht des Ausschusses dahingehend beantwortet werden, daß eine solche Möglichkeit aus Sicherheitsgründen nicht wünschenswert sei" und daß „Schritte zum Austausch britischer Staatsbürger in Deutschland in jedem Fall Vorrang haben müßten".[15]

Während die politisch Verantwortlichen in England also allem Anschein nach alle Bemühungen um großangelegte Rettungspläne zu verhindern suchten, bemühte sich die Jewish Agency weiterhin darum, in kleinem und individuellem Rahmen alle vorhandenen Rettungsmöglichkeiten auszuschöpfen. Die Vertreter der Agency in Genf, Istanbul, London und Jerusalem, die nichts über die Erörterungen im Flüchtlingsausschuß des britischen Kriegskabinetts wußten, drängten weiterhin darauf, daß die britischen Behörden Palästina-Zertifikate, Reisepapiere und Visa für möglichst viele derjenigen Juden ausstellten, die Europa möglicherweise noch verlassen konnten.

Der erste Erfolg, den die Agency mit dieser Politik der kleinen Schritte erziel-

te, war die Ausreise von 50 jüdischen Kindern aus Ungarn am 5. Januar 1943. Ihre
Abreise hatte sich um sechs Wochen verzögert, nachdem die deutsche Regierung im letzten Augenblick ihren wachsenden Einfluß auf dem Balkan geltend
gemacht und verhindert hatte, daß die Kinder mit dem Schiff vom Donauhafen
Ruse nach Istanbul fahren konnten, so daß neue Vereinbarungen mit der bulgarischen Regierung getroffen werden mußten, um eine Durchreise durch Bulgarien in die Türkei auf dem Schienenweg zu ermöglichen. Als sie die Reise erst
einmal angetreten hatten, dauerte es nur noch sechs Tage, bis sie in Sicherheit
waren: Am 11. Januar konnte die Jewish Agency in Istanbul dem Palästinabüro in
Genf telegrafisch mitteilen: „46, erste Gruppe der 50 Budapest-Kinder angekommen"[16], und weitere acht Tage später trafen diese 46 Kinder nach einer
Eisenbahnfahrt durch die Türkei und Syrien in Palästina ein, wobei die britische
Regierung ihre Durchreise durch Syrien mit einer Garantieerklärung gewährlei-
stet hatte. Bei ihrer Ankunft in Palästina wurden die 46 Kinder im Rahmen der zu
diesem Zeitpunkt noch 32 000 verbliebenen Weißbuch-Zertifikate als Einwanderer aufgenommen. „Wir müssen aus dieser tröpfchenweisen Kinder-Einwan-
derung soviel Trost wie möglich ziehen", schrieb eine zionistische Zeitschrift.
„Sie ist kaum ein Tropfen auf den heißen Stein; aber jedes gerettete Leben ist
wichtig."[17]

Die 856 „Teheran-Kinder" waren zu dieser Zeit noch immer auf dem Weg
nach Palästina. Nachdem sich früher bereits die irakische Regierung geweigert
hatte, jüdischen Kindern die Durchreise durch ihr Land zu gestatten, und man
auf die lange Seeroute durch den Indischen Ozean und das Rote Meer ausgewi-
chen war, erklärte nun am 11. Januar die ägyptische Regierung, sie könne den
Kindern keine Transitvisa für den Suez-Kanal ausstellen.[18] Erneut mußte sich
die Jewish Agency neue Verhandlungsvorschläge ausdenken, erneut mußte sie
bei vielbeschäftigten Ministern und Beamten um Hilfe anklopfen und Telegramme und Botschaften durch das schwerfällige und engmaschige Gestrüpp
der Kriegszensur und der telegrafischen Apparaturen verschicken. Als die britischen Behörden von der ägyptischen Weigerung erfuhren, entschieden sie, die
Kinder – die zu diesem Zeitpunkt im Persischen Golf unterwegs waren – müßten
statt nach Palästina zunächst nach Indien reisen und dort bis Kriegsende bleiben.

Die Jewish Agency hoffte gleichwohl immer noch, die Kinder nach Palästina
bringen zu können, und regte an, die Regierung von Transjordanien möge gestatten, daß die Kinder im Hafen von Akaba am Roten Meer an Land gingen, so
daß sie den Suez-Kanal gar nicht benutzen müßten. Als dies sich als unmöglich
erwies, wurde als weiterer möglicher Landungsort Moses Wells an der Westkü-
ste der Sinai-Halbinsel ins Gespräch gebracht; von dort aus sollten die Kinder
auf Lastwagen und mit der Eisenbahn durch die Sinai-Wüste nach Palästina gebracht werden.

Alle diese Vorschläge und Verhandlungen kosteten Zeit und Energie. Die
Weigerung der Ägypter, den Kindern Transitvisa zu gewähren, führte, wie auch
schon die entsprechende Weigerung des Iraks zuvor, zu einem Gefühl der Ver-
bitterung auf seiten der Juden, die den Eindruck gewinnen mußten, sie befänden

sich, selbst wenn sie verhältnismäßig kleine und einfache Ziele anstrebten, in einem endlosen Kampf gegen eine vielköpfige Hydra. Für die Jewish Agency waren dies Augenblicke der Verzweiflung, einer Verzweiflung, die noch verschärft wurde durch den Gegensatz zwischen der Mühe, die es kostete, ein paar hundert Menschen nach Palästina zu bringen, und der Gewißheit, daß zur gleichen Zeit anderswo viele Hunderttausende hingemetzelt wurden.

Im europäischen Herrschaftsbereich der Nazis nahm die Politik der Ausrottung einen von keiner Atempause und keinem Zaudern gebremsten Fortgang. Keine Visaschwierigkeiten störten den regelmäßigen und unablässigen Verkehr der Deportationszüge über bedeutungslos gewordene Grenzen hinweg oder innerhalb der Grenzen des Großdeutschen Reiches. Allein im Januar wurden mehr als 30 000 Juden aus der Region nordöstlich des Generalgouvernements und aus anderen Gebieten per Bahn nach Auschwitz verfrachtet und dort mit Ausnahme von etwas mehr als 6000 vergast, während zur gleichen Zeit aus dem Generalgouvernement selbst etwa dreizehntausend Menschen nach Treblinka deportiert und allesamt ermordet wurden; 8000 kamen aus Lemberg nach Belzec, um ebenfalls unmittelbar nach ihrer Ankunft im Vernichtungslager getötet zu werden.

Am 25. Januar traf eine vom Internationalen Roten Kreuz weitergeleitete Sendung in Jerusalem ein, die insgesamt siebzehn Briefe enthielt, von denen einige in Polen, andere in Holland, Belgien, Ungarn und Rumänien aufgegeben worden waren. Alle diese Briefe kündeten, in der verschlüsselten Sprache, deren es zur Überwindung der Zensur bedurfte, von Hunger, Deportationen und Tod. Es ging aus diesen Briefen, wie schon vorher aus den Briefen der palästinensischen Augenzeugen und der polnischen Exilregierung, eindeutig hervor, daß die Deportierten zum größten Teil ermordet worden waren. Am 28. Januar übersandte das Auswärtige Amt in London dem Labour-Abgeordneten Sydney Silverman eine an ihn adressierte Botschaft, die es aus Genf erhalten hatte; sie enthielt weitere Nachrichten zu den Deportationen des vorausgegangenen Monats. Die Botschaft, die Lichtheim und Riegner auf der Basis neuer Informationen, die ihnen aus dem nationalsozialistischen Europa zugegangen waren, zusammengestellt hatten, war acht Tage zuvor in Genf durch den dortigen britischen Konsul abgeschickt worden.

In dieser Botschaft wurde nicht nur mitgeteilt, daß es weitere Judendeportationen aus Berlin gegeben hatte, sondern auch, daß, wie Lichtheim und Riegner Berichten aus Berlin und Prag entnommen hatten, „bis Ende März in keiner dieser beiden Städte mehr ein Jude anzutreffen sein wird". Meldungen zufolge, die aus Berlin in Genf eingetroffen waren, waren Spezialbeamte der Gestapo aus Wien, wo die Deportationen „nahezu beendet" waren, nach Berlin und nach Holland geschickt worden, um „dort die Deportationen zu beschleunigen".[19]

Die Botschaft vom 20. Januar enthielt auch einen Bericht über das Schicksal der Juden, die 1941 aus dem von rumänischen Truppen zum Zeitpunkt des deutschen Überfalls auf Rußland besetzten russischen Territorium weiter nach Osten deportiert worden waren. Diesem Bericht zufolge, der die Unterschrift

Fildermann trug, hausten in den Gettos und Arbeitslagern östlich des Flusses Dnjestr insgesamt 136 000 Deportierte. Es war dies übrigens einer der wenigen in den Westen gelangenden Berichte von der Hand eines Mannes, der bereits vor dem Krieg eine bekannte Figur in der jüdischen Welt gewesen war. „Die Lebensbedingungen sind unbeschreiblich", berichtete Fildermann. „Die Gefangenen werden ihrer gesamten Habe beraubt und haben kein Geld, um sich etwas Eßbares zu kaufen. Sie sind zu 20 oder 30 Personen in trostlosen Kellern untergebracht und schlafen zusammen in einem ungeheizten Raum auf dem Boden."

Die Folge solcher Zustände waren Krankheiten, „besonders Flecktyphus". Von den 136 000 Deportierten seien, wie Fildermann berichtete, „um die 60 000 schon tot, während 70 000 dahinsiechen".

Es sah so aus, als gebe es nichts, das die über den Dnjestr deportierten Juden würde retten können, außer vielleicht große Geldsummen. Fildermann ersuchte in seinem Bericht um „rasche Hilfe", um Geldmittel, die die in Rumänien verbliebenen Juden nicht aufbringen konnten.[21]

Die Jewish Agency, der Jüdische Weltkongreß und die kleineren jüdischen Organisationen in Palästina, England und den Vereinigten Staaten steckten bereits in Schulden. Die Teheran-Kinder, die ungarischen Kinder, die Zehntausende jüdischer Flüchtlinge in den schweizerischen Flüchtlingslagern, die Ende 1940 von den Engländern nach Mauritius abgeschobenen „illegalen" Flüchtlinge, die mittellosen Flüchtlinge, die sich nach dem Entgegenkommen Cranbornes vom Mai 1942 nach Palästina durchgeschlagen hatten: Sie alle stellten in ihrer Gesamtheit eine schwere finanzielle Bürde dar, besonders in Kriegszeiten, da es ohnehin schwer war, Geldmittel aufzubringen und fast unmöglich, sie zu transferieren. Natürlich wurden alle Anstrengungen unternommen, diese neue Bitte um finanzielle Hilfe aus Rumänien zu erfüllen; aber die Tatsache, daß Rumänien nunmehr „Feindland" war, bedeutete, daß es keine legale Möglichkeit gab, Geld dorthin zu überweisen.

In dem Bemühen, den wenigen noch verbliebenen polnischen Juden zu helfen, hatten sich die Hilfsorganisationen den Sommer und Herbst 1942 hindurch versuchsweise und mit einem gewissen, wenn auch geringen Erfolg zweier Methoden bedient, die auch in den ersten Monaten des Jahres 1943 weiter angewandt wurden. Die erste bestand darin, Lebensmittelpakete aus Schweden, Portugal und der Schweiz an die noch existierenden jüdischen Gemeinden zu schikken. Diese durch das Rote Kreuz ausgelieferten Pakete enthielten kleine Mengen Kaffee, Schokolade, Zucker, Süßigkeiten und Ölsardinen: eine lebenswichtige Ergänzung zu den Hungerrationen im Getto.

Die Tag für Tag anhaltenden Deportationen sorgten dafür, daß die Zahl der Adressaten, an die solche Pakete geschickt werden konnten, immer weiter abnahm. Wie der Kodirektor des Palästina-Büros in Genf, Chaim Pozner, am 12. Dezember an seine Kollegen in Istanbul schrieb: „Unglücklicherweise ist es unbeschreiblich schwierig, die neuen Anschriften unserer Verwandten herauszubekommen – die Vorbedingung für jeden Versuch direkter Unterstützung."

Ein zweiter Weg der Hilfe war zugleich einer der potentiellen Rettung: die

Einschmuggelung von Reisepässen in das besetzte Polen, Pässe, die von in der Schweiz amtierenden Diplomaten verschiedener lateinamerikanischer Länder, unter anderem El Salvadors, Venezuelas, Honduras' und Paraguays, ausgestellt wurden. Diese Pässe wurden von Kurieren in den Osten gebracht. Wenn ein solcher Paß denjenigen erreichte, für den er bestimmt war, vermochte er zuweilen Schutz vor der Deportation zu bieten und dem Betreffenden sogar zur Auswanderung zu verhelfen. Aber man mußte sich diese Pässe mit teurem Geld erkaufen, und sie bedeuteten ein gefährliches Risiko, nicht nur für den Empfänger, sondern auch für diejenigen, die sie ausstellten – und deren Regierungen sie im übrigen wieder annullieren konnten und dies oft auch taten.

Lebensmittelpakete und Reisepässe stellten nicht nur einen vergleichsweise winzigen, sondern, wie längst deutlich geworden war, einen verspäteten Hilfs- und Rettungsversuch dar. „Es ist furchtbar traurig", schrieb Chaim Pozner am 9. Februar 1943 an einen Kontaktmann der Jewish Agency in Istanbul, „daß die Bereitschaft des palästinensischen Judentums, Hilfe zu gewähren, erst so spät konkrete Formen angenommen hat – viel zu spät."

Im selben Brief berichtete Pozner auch von der Rückkehr mehrerer schweizerischer Bürger, die vor nicht langer Zeit die Niederlande besucht hatten, in die Schweiz. „Unglücklicherweise", schrieb er, „ist das, was sie uns zu erzählen hatten, bei weitem schlimmer als alles, was wir bis dahin gehört hatten." Und er fügte hinzu: „In jedem Fall kommt es jetzt darauf an, zu retten, was noch zu retten ist. Es muß daher alles versucht werden, selbst wenn die wirklichen Möglichkeiten sehr gering sind."[22]

Verglichen mit dem Tempo der Menschenvernichtung, waren die der Jewish Agency offenstehenden Rettungsmöglichkeiten in der Tat auf eine tragische Weise gering. Das Lager Auschwitz, noch immer unter dem Schleier der Geheimhaltung, baute seine Kapazität weiter aus: Nach der Fertigstellung des Krematoriums Nr. 2 in Birkenau wurden die Fertigstellung der beiden anderen Krematorien von der SS vorangetrieben – ebenfalls in Birkenau und von derselben Bauart, d. h. mit der Kapazität, alle zwölf Stunden zweitausend Juden zu „verarbeiten".

13. Rettungen und Massaker

Am 3. Februar 1943 kam es zu einem ernstzunehmenden Angriff auf die Flüchtlingspolitik der englischen Regierung: Neun Parlamentsabgeordnete aller politischen Parteien forderten Anthony Eden und Oliver Stanley auf, die geltenden Einwanderungsbeschränkungen zu lockern. Der Labour-Abgeordnete Arthur Greenwood erkundigte sich nach der Möglichkeit, in Palästina „jüdische Flüchtlinge aus gegnerischen und vom Feind besetzten Ländern" aufzunehmen, und ein anderer Labour-Abgeordneter, Reginald Sorenson, fragte, ob nicht die Möglichkeit geschaffen werden könne, daß eine „unbeschränkte Zahl von Juden vorübergehend in Palästina untergebracht werden kann". Stanleys Antwort war: „No, Sir", und er fügte hinzu, es sei „unter dem Gesichtspunkt der Stabilität im Nahen Osten zum gegenwärtigen Zeitpunkt unerläßlich", daß die im Weißbuch von 1939 vereinbarten Einwanderungsquoten „strikt eingehalten werden".

Ein Abgeordneter der Liberalen, Sir Richard Acland, fragte die Regierung: „Gehen die Gebote der Menschlichkeit gegenüber Ihren Höchstquoten nicht vor?", und er fügte hinzu: „Warum nicht alle Möglichkeiten zu allen Bedingungen ausschöpfen?" Aber Stanley antwortete kurz angebunden: „Das Wichtigste ist, daß wir den Krieg gewinnen."

Im Laufe dieses Abtauschs von Fragen und Antworten gab Oliver Stanley bekannt, daß provisorische Vorkehrungen für die Aufnahme von 270 jüdischen Kindern aus Rumänien und Ungarn getroffen worden seien. „Ein Teil von ihnen ist zur Zeit auf dem Weg nach Palästina" erklärte er; ferner habe man sich „nunmehr entschieden", weitere Kinder aus Rumänien und Ungarn „bis zu einer Gesamtzahl von fünfhundert" aufzunehmen, und die Regierung von Palästina habe sich „vor einigen Wochen" bereit erklärt, viertausend bulgarische Judenkinder sowie fünfhundert erwachsene Begleitpersonen aufzunehmen.[1]

Einen Tag nach diesen Verlautbarungen Stanleys setzte der britische Paßkontrollbeamte in Istanbul, A. W. Whittall, den dortigen Vertreter der Jewish Agency, Chaim Barlas, davon in Kenntnis, daß er, Barlas, zum „Delegierten der Jewish Agency für Palästina ernannt worden sei und für die Auswahl und Beförderung dieser Einwanderer" zuständig sei und auch dafür, daß alle Kinder und Erwachsenen, die er im Rahmen dieses Vorhabens auswähle, „bei ihrer Ankunft in der Türkei" mit den erforderlichen Einreisevisa für Palästina ausgestattet würden.[2]

Diese Entscheidung löste bei der Jewish Agency Freude aus, und ihre Funktionäre begaben sich unverzüglich auf die Suche nach Mitteln und Wegen, die Kinder ausfindig zu machen und aus Europa herauszubringen, was für sich allein schon eine langwierige und höchst schwierige Aufgabe war. Nur 72 Kinder vermochten sie im März in die Türkei zu bringen, dann 20 im Mai und 49 im Juni.

Ein Gedanke, der nach dem Austausch der palästinensischen Juden im November 1942 aufkam, bestand darin, in die Austauschlisten zusätzlich auch Juden aufzunehmen, die keine Bürger Palästinas waren. Aufgebracht wurde dieser Gedanke von Oberstleutnant Stanley Cole, einem ehemaligen Heeresoffizier, der im Kolonialamt für Kriegsgefangene und internierte Zivilisten zuständig war. Ivor Linton erinnerte sich später an ein Mittagessen mit Cole, bei dem dieser ihm erklärte:

Uns gehen die Deutschen aus, die wir für einen Austausch zur Verfügung haben. Aber die Deutschen wissen nicht, wieviele Deutsche wir haben. Warum schicken Sie nicht weitere Listen mit Namen von Juden? Die Deutschen werden sie nicht austauschen können, weil es zu viele sein werden. Aber sie sondern sie vielleicht ab, und das rettet ihnen möglicherweise das Leben.

Von da an sollten die Vertreter der Jewish Agency in London, Jerusalem, Istanbul und Genf immer umfangreichere Listen zusammenstellen und sie nach Holland, Frankreich, Belgien und selbst Polen schicken. „Es war Coles Idee", hob Linton hervor. „Er kam darauf, und er gab mir die Anregung."[3]

Ein Problem, das den führenden Männern der Jewish Agency in Jerusalem Sorgen bereitete, war der ihres Erachtens mangelhafte Einsatz der Führer des amerikanischen Judentums in Flüchtlingsangelegenheiten und Protestaktionen. Am 11. Februar telegrafierte Bernard Joseph aus Jerusalem an Nahum Goldmann in New York: „Erstaunt offensichtliche Unfähigkeit zu erkennen wie dringlich jede Anstrengung Juden zu retten solange wir können". Joseph fügte hinzu: „Klar machen bis Ende März paar verbleibende Fluchtwege vielleicht zu. Zumal neueste Berichte sagen Vertreibung Liquidation von Gettogemeinden begonnen",[4] womit jene wenigen Gettos gemeint waren, die nach den umfangreichen Deportationen vom Sommer und Herbst 1942 noch bestehen geblieben waren.

Weder Jerusalem noch New York erfuhren, daß am 11. Februar, dem Tag, an dem Bernard Josephs Telegramm abging, wiederum ein weiterer plombierter Zug Paris in Richtung Auschwitz verlassen hatte. Unter den Verladenen befanden sich mehrere hundert Kinder, die gleich nach der Ankunft des Zuges an seinem Bestimmungsort vergast wurden. Was konnte man tun, um denjenigen Juden zu helfen, die sich noch nicht unter direkter NS-Herrschaft befanden? Am 22. Februar ließ eine nicht fraktionsgebundene Parlamentsabgeordnete, Eleanor Rathbone, eine private Mitteilung zirkulieren, in der von „vielen Tausenden von Juden in Bulgarien, Ungarn und Rumänien" die Rede war, über denen „das Damoklesschwert des Massakers" schwebe und „deren Regierungen wahrscheinlich unterschiedslos bereit wären, sie in jeden neutralen Staat ausreisen zu lassen, der bereit wäre, sie aufzunehmen". Sodann machte Miß Rathbone fünf Vorschläge, wie ein Exodus größeren Umfangs erreicht werden konnte: Indem man die türkische Regierung dazu brachte, ein „größeres Flüchtlingslager" einzurichten, als „Vorstation zur Evakuierung"; indem man Juden, die aus Frankreich nach Spanien oder Portugal geflohen waren, in ein Flüchtlingslager, „möglicherweise in Casablanca" oder anderswo in Nordafrika oder aber in Zypern evakuierte; indem man alliierte oder neutrale Staaten dazu veranlaßte, wenigstens ein „vorübergehendes Asyl" zu gewähren, und ihnen die Entscheidung hierfür dadurch erleichterte, daß man diesen Staaten die Zusage gab, sie, was die Ernährung und Bekleidung dieser Flüchtlinge betraf, zu entlasten; und schließlich indem man auf so viele Staaten wie möglich im Sinne von „mehr Großzügigkeit" einwirkte, „und nicht nur für Kinder, da nur wenige Kinder schwarz über die Grenze entkommen können".

Miß Rathbone schlug in ihrem Rundbrief mehrere Länder als mögliche vorübergehende Zufluchtsstätten vor: Schweden, die Schweiz, Spanien, die Türkei, die Vereinigten Staaten, Argentinien, Brasilien, Irland („besonders für Kinder: de Valera soll sehr menschlich sein") sowie die englische Insel Man.

Worauf es ankomme, erklärte Miß Rathbone, sei, die Rettung mit weit größerer Energie voranzutreiben, als es bislang der Fall gewesen sei. Ein Problem, an dem das Leben „von möglicherweise mehreren Millionen, mindestens aber Hunderttausenden" hänge, verdiene quantitativ und qualitativ größere Aufmerksamkeit, „als es sie heute von seiten der Regierungen erfährt". Minister, die mit der schweren Verantwortung für kriegswichtige Entscheidungen belastet seien, könnten Flüchtlingen und Rettungsmöglichkeiten nur „geringe und sporadische Aufmerksamkeit" widmen. Ihre Hoffnung sei, daß ein Mann „von erstklassigem Rang", der weltweit Ansehen genoß, mit der Verantwortung für die Rettungsbemühungen betraut werde; ein Mann mit „Energie, Initiative, Weitsicht, Standvermögen und Klugheit".

Ferner äußerte Eleanor Rathbone einen weiteren Vorschlag, der sich ganz kurzfristig würde verwirklichen lassen: Eine „öffentliche Erklärung" über die Sender der BBC und anderer alliierter Rundfunkstationen, in der zugesagt würde, daß die Gemeinschaft der Nationen „Zufluchtsstätten für alle diejenigen finden werden, denen es gelingt, das feindliche oder vom Feind besetzte Territorium zu verlassen". Damit könne ihrer Ansicht nach „das gleiche Ziel" erreicht werden wie mit einem direkten „Angebot an Hitler", zu dem sich die alliierten Staaten allem Anschein nach nicht bereitfinden würden. Ein vorbehaltloses Asylangebot konnte ihrer Ansicht nach vielleicht nicht nur bei Hitler, sondern auch bei den politisch Verantwortlichen der noch nicht unter direkter deutscher Herrschaft stehenden Länder ein gewisses Umdenken bewirken. Sie begründete dies wie folgt: Es sei kaum wahrscheinlich, daß Hitler „gegenwärtig die Zeit hat, sich ausgiebig um das Judenproblem zu kümmern"; ein Teil der Macht in Deutschland gehe so vielleicht „in die Hände von weniger sadistischen Nazis über". Und diese Männer könnten „leicht anfangen, die Folgen zu fürchten, die es haben könnte, die Weltmeinung weiterhin gegen sich aufzubringen".

Wie Eleanor Rathbone meinte, hätten „insbesondere die Satellitenländer", in Erkenntnis der wahrscheinlichen Niederlage der Achsenmächte, „in steigendem Maß Grund, die Gemeinschaft der Nationen durch das Beweisen einer gewissen Großzügigkeit in dieser eher untergeordneten Frage besänftigen zu wollen". Selbst Pierre Laval, der Premierminister von Vichy-Frankreich, sei vielleicht, wie sie schrieb, mittlerweile nicht mehr geneigt, „die öffentliche Meinung in den al-

liierten Ländern und bei den humanen Franzosen weiter gegen sich aufzubringen". Konnte man nicht, so fragte Miß Rathbone, Mittel und Wege finden, um
auf „alle diese Motive" einzuwirken, sei es mit Hilfe von Rundfunksendungen
der BBC und der amerikanischen Sender oder sei es „durch Verhandlungen"
über die Schutzmächte oder über das Internationale Rote Kreuz.[5]

Im Anschluß an diese kritischen Äußerungen und Vorschläge von Miß Rathbone erarbeitete das Auswärtige Amt eine Denkschrift zur Flüchtlingssituation,
die den Mitgliedern des Flüchtlingsausschusses des Kriegskabinetts am 18. Februar übergeben wurde. Darin hieß es, die Verhandlungen über die viertausend
jüdischen Kinder mit ihren fünfhundert erwachsenen Begleitpersonen aus Bulgarien, deren Zulassung als Palästina-Einwanderer zwei Wochen zuvor im Unterhaus bekanntgegeben worden war, seien noch im Gang. Allerdings würden
„beim gegenwärtigen Zustand der türkischen Eisenbahnen" die Transportprobleme wahrscheinlich beträchtlich sein, zumal die Türken selbst „über die
Durchreise von Juden durch ihr Staatsgebiet keine große Freude zeigen". Dazu
komme, daß die amerikanische Regierung auf eine Anfrage des Auswärtigen
Amts vom 12. Januar bezüglich möglicher Hilfeleistungen bei der Unterbringung und Überführung derzeit in Spanien befindlicher Flüchtlinge noch nicht
geantwortet habe. Man könne das Fazit ziehen, so schloß der Situationsbericht
des Auswärtigen Amts, „daß ein schlagender Kontrast besteht zwischen der in-
tensiven Propagandakampagne über die Opfer Hitlers, wie sie hierzulande geführt wird, und der allem Anschein nach kaum nennenswerten Publizität, die
das Thema in den USA findet".[6]

Als der Flüchtlingsausschuß des Kriegskabinetts am 19. Februar zusammentrat, sprach Eden davon, die „parlamentarische Situation" könne möglicherweise, wie er sich ausdrückte, „schwierig werden". Herbert Morrison pflichtete bei:
„Wir müssen damit rechnen", sagte er, daß „der Druck auf die Regierung, Hilfsmaßnahmen zu ergreifen, zunehmen wird." Es wäre ihm, so fügte er hinzu, „natürlich nicht unmöglich, zwischen eintausend und zweitausend Flüchtlinge im
Vereinigten Königreich aufzunehmen", er neige jedoch „nicht zu einem solchen
Kurs". Und was die Flüchtlinge in Spanien betreffe, so seien sie „nicht wirklich in
Gefahr".

Der Ausschuß debattierte sodann über eine möglicherweise vom Parlament
her zu erwartende Forderung, die britische Regierung solle an die deutsche Regierung herantreten und ihr die Zusage abhandeln, daß bestimmte Kategorien
von Flüchtlingen die Genehmigung erhielten, in neutrale Länder auszureisen.
Der Ausschuß war in dieser Frage sehr entschiedener Meinung und lehnte, wie
es im geheimen Sitzungsprotokoll heißt, „jedes Ansinnen auf ein Verhandeln
mit Hitler ab".

Der Ausschuß wurde darüber informiert, daß die norwegische Regierung sich
an das Auswärtige Amt gewandt habe mit der Anregung, fünfhundert norwegische Juden, „die kurz vor der Deportation stehen", gegen eine gleiche Anzahl
deutscher Kriegsgefangener in englischer Obhut auszutauschen, die „für den
militärischen Dienst untauglich sind". Aber auch hier gelangte der Ausschuß,

wie das Protokoll verzeichnet, zu der Auffassung, „daß dieser Vorschlag nicht in Betracht gezogen werden sollte".[7]

Die parlamentarischen Anträge, die Eden bei der Sitzung des Flüchtlingsausschusses am 19. Februar vorausgesagt hatte, kamen sechs Tage später. Der erste Fragesteller war ein Konservativer, Sir Percy Hurd, Parlamentsabgeordneter seit über 25 Jahren. Er fragte, ob Eden sich „des wachsenden öffentlichen Unbehagens angesichts der relativen Untätigkeit der Nationengemeinschaft in bezug auf Hilfsmaßnahmen für das geschundene jüdische Volk in Europa" bewußt sei. Hurd forderte Eden auf, für „die Ernennung einer Person mit internationaler Erfahrung" einzutreten, die sich den Problemen widmen „und eine Lösung bewirken" könne.

Ein anderer Abgeordneter der Konservativen, ein presbyterianischer Geistlicher aus Nordirland namens Dr. Little, verlangte von Eden, er solle sowohl „weitere Hilfsmöglichkeiten für die Juden erkunden" als auch versuchen, neutrale Länder zur Unterstützung in dem „vereinten Bemühen" zu gewinnen, „Hitler von der Ausrottung der jüdischen Rasse in den Achsenstaaten und den unterworfenen Ländern abzubringen". Der Labour-Abgeordnete William Brown forderte Eden auf, „zu veranlassen, daß die Vereinten Nationen an die deutsche Regierung herantreten, damit sie die Ausreise von Juden aus den besetzten Ländern Europas gestattet"; ferner solle England den Juden, die befreit würden oder denen die Flucht aus besetzten Gebieten gelang, seinen „Schutz anbieten". Und schließlich forderte Brown die Regierung auf, „nach besten Möglichkeiten alle Einrichtungen bereitzustellen", um in Palästina jüdische Flüchtlinge als Einwanderer aufnehmen zu können.

Die Antwort Edens enttäuschte die Fragesteller. „Der einzig wahrhaft wirksame Weg, dem gequälten jüdischen Volk – und wie ich hinzufügen darf, den anderen leidenden Völkern Europas – zu Hilfe zu kommen, liegt in einem Sieg der Alliierten." Indem die Regierung mit allen Kräften auf diesen Sieg hinarbeite, tue sie ihr Bestes, „allen Unterdrückten Hilfe zu bringen".

Im Anschluß an diese Antwort Edens ergriff der Labour-Abgeordnete Sidney Silverman, der selbst Jude war, das Wort. Er sehe zwar ein, so erklärte er, daß es „keine große Hoffnung" gebe, ehe der militärische Sieg der Alliierten nicht erfochten war, aber das ändere nichts daran, daß seit der Erklärung der Alliierten zehn Wochen verflossen seien „und daß viele von uns fürchten, daß an dem Tag, da die alliierten Nationen ihre Pläne in Übereinstimmung gebracht haben, niemand mehr zu retten übrig ist".[8]

In Palästina selbst hatte die Ankunft der ersten Gruppe der „Teheraner" Kinder am 18. Februar sowohl Freude als auch Kummer ausgelöst. Freude darüber, daß so viele junge Leben nach mehr als drei Jahren des Leids und des Umherirrens nun gerettet waren. Kummer, weil man nicht an der Einsicht vorbeikam, daß die 858 Kinder, die jetzt eingetroffen waren, und die 400, die noch folgen sollten, nicht nur für Tausende, nicht nur Zehntausende, sondern Hunderttausende standen, die bereits zugrundegegangen waren.

In dem Versuch, der geringfügigen, aber erfolgreichen Austauschaktion vom November 1942 ein neues Vorhaben dieser Art folgen zu lassen, hatte die Jewish Agency die britische Regierung überredet, die Verhandlungen mit den Deutschen unter Vermittlung der schweizerischen Regierung weiterzuführen, und hatte eine viel längere, 802 Personen umfassende Liste von Juden vorgelegt, die einen palästinensischen Paß besaßen und von denen man wußte, daß sie von den Deutschen nach Kriegsausbruch beziehungsweise nach der Besetzung Polens inhaftiert worden waren. Am 8. März konnte einer der Vertreter der Jewish Agency in Genf, Dr. Kahany, seinen Vorgesetzten in Istanbul mitteilen, die Deutschen seien „bereit, die 802 freizulassen – vorausgesetzt sie lassen sich alle auffinden –, und fordern im Austausch eine bestimmte Anzahl früher im Nahen Osten ansässiger Personen, an denen *sie* interessiert sind".

Die Deutschen böten auch, wie Kahany berichten konnte, „eine faire Proportion, d. h. 100 der unsrigen gegen 80 oder vielleicht nur 60 der ihren".[9] Am selben Tag ging ein zweiter Brief aus Genf ab, in dem Richard Lichtheim den Vertretern der Jewish Agency in Jerusalem mitteilte, er habe bereits von einigen wenigen Fällen in Holland gehört, in denen Juden mit einem Palästina-Paß „amtlich darüber informiert worden sind, daß sie auf einer solchen Austauschliste stehen". Es habe daher den Anschein, als ob allein schon die Übergabe solcher Listen an die Deutschen „den betreffenden Personen helfen könnte, zumindest", so schrieb Lichtheim, „in dem Sinn, daß sie vorläufig nicht deportiert werden".[10]

In einem weiteren, am 16. März geschriebenen Brief an das Büro der Jewish Agency in Istanbul erklärte Dr. Kahany, ein Problem, das sich soeben ergeben habe, bestehe darin, daß einige der von den Deutschen als Tauschobjekte benannten Personen sich nicht mehr im Nahen Osten, sondern in Australien aufhielten. Und drei Tage später erläuterte Richard Lichtheim den Führern der Jewish Agency in Jerusalem die noch größeren Probleme, die sich einer Verwirklichung der weiter gesteckten Wunschziele der Agency in den Weg stellten – etwa der Hoffnung, in die Austauschlisten nicht nur die Namen von „Frauen und Kindern palästinensischer oder in Palästina ansässiger" Juden aufzunehmen, sondern auch die altgedienter und namhafter Zionisten, die eigentlich niederländische oder deutsche Staatsbürger waren. „Unglücklicherweise", schrieb Lichtheim, „ist diese Strategie zu spät ausgearbeitet worden. So weiß ich beispielsweise keinen unserer Leute in Berlin, den wir mit aufnehmen könnten, weil sie alle nicht mehr dort sind und ihre Anschrift unbekannt ist, vorausgesetzt sie haben noch eine Anschrift."[11]

Einen Tag zuvor, am 15. März, hatte Lichtheim, ebenfalls in einem Schreiben nach Jerusalem, die wichtigsten Einzelheiten aus einem Bericht weitergeleitet, der soeben, aus Berlin kommend, in Genf eingetroffen war; aus ihm ging hervor, „daß die letzten Überlebenden der jüdischen Gemeinde jetzt verschwunden sind". Im Rahmen eines „plötzlichen Zugriffs" seien überall in Deutschland alle diejenigen Juden, die noch in der einen oder anderen Branche gearbeitet hatten, „verhaftet und fortgeschafft" worden. Die Zahl der betroffenen Personen, des „Restes dessen, was einmal die jüdische Gemeinde Deutschlands war", werde auf 15 000 geschätzt. Zwischen 100 und 200 von ihnen seien bei den Razzien „vom Fleck weg erschossen worden". Die übrigen seien „auf die übliche Art" deportiert worden", und, so fügte Lichtheim hinzu, „es besteht wenig Hoffnung, daß wir je wieder von ihnen hören".[12]

In seinem Schreiben vom 15. März gab Lichtheim auch Informationen weiter, die er aus Holland erhalten hatte. Zwischen 80- und 90 000 holländische Juden seien, wie er schrieb, „bis jetzt deportiert worden". Diejenigen, die in „gewisse Arbeitslager, besonders in Oberschlesien", geschickt worden seien, hätten die Erlaubnis gehabt, an den Rat der jüdischen Gemeinde in Holland zu schreiben „und ihre Adresse mitzuteilen". Aber die Zahl derer, die geschrieben hätten, belaufe sich, wie Lichtheim hervorhob, „nur auf ein paar hundert, und das zeigt, was mit der großen Mehrzahl geschehen ist".[13]

In keinem der Berichte aus den ersten Monaten des Jahres 1943 war Auschwitz erwähnt. Dabei war Auschwitz das Lager, in das die Mehrheit der holländischen und nach wie vor auch ein beträchtlicher Teil der französischen und belgischen Deportierten hingeschafft, und in dem sie vergast wurden. Hinter den „Arbeitslagern in Oberschlesien", die Lichtheim erwähnte, verbarg sich im wesentlichen nichts anderes als Auschwitz selbst, und in der Tat waren in Amsterdam mehrere hundert Briefe und Postkarten mit dem Absender „Auschwitz" angekommen. Indem die Gestapo denjenigen holländischen Juden, die in Auschwitz zur Zwangsarbeit selektiert wurden, gestattete, solche formellen Postkarten an den Jüdischen Rat zu schreiben, erhielt sie auf geschickte Weise den täuschenden Schein aufrecht, daß Auschwitz ein Arbeitslager wie andere auch sei. Seine wahre Aufgabe blieb so verschleiert. In der Tat war im Jüdischen Rat in Amsterdam am 22. Januar 1943 über den bemerkenswerten Umstand diskutiert worden, daß sich unter den Hunderten von Karten „keine Mitteilung oder andere Nachricht von Frauen mit Kindern oder von alten Leuten" befand. Aus dieser beunruhigenden Tatsache zog der Rat indes weniger den Schluß, daß Frauen mit Kindern und alte Leute von den Deutschen getötet worden waren, sondern vielmehr den, daß die Deutschen ihr am Vorabend der Deportationen gegebenes Versprechen, die deportierten Familien nicht auseinanderzureißen, gebrochen hatten; in der Trennung der Familien und nicht etwa in der Möglichkeit, daß sie ausgelöscht sein könnten, sah der Amsterdamer Judenrat die einzig plausible Erklärung für das Ausbleiben von Nachrichten.[14] Nicht die holländischen Juden, sondern die Vertreter der Jewish Agency und des Jüdischen Weltkongresses in Genf waren es, die den zutreffenden Schluß zogen. Gleichwohl blieb eine unüberbrückbare Kluft zwischen dieser zutreffenden Schlußfolgerung, daß die deportierten Juden ermordet wurden, und dem fehlenden Wissen darum, wo dieses Morden vor sich ging.

Im März 1943 war die Vernichtung der polnischen Juden nahezu abgeschlossen. Mehr als 700 000 Juden aus den galizischen Bezirken des ehemaligen polnischen Staates waren in Belzec getötet, das Lager selbst war aufgelöst worden. Ebenfalls ausgelöscht waren die jüdischen Gemeinden in den Gebieten von Chelmno und Sobibór. In Treblinka waren zwischen Juli und September 1942 über 300 000 Juden aus Warschau umgekommen, und nur ein Rest von 70 000 blieb hungernd, krank und von der Umwelt abgeriegelt im Getto zurück. In Majdanek wurden sowohl polnische Juden als auch solche aus Westeuropa gesammelt und vergast.

Im größten Stil jedoch wurde die Vergasung von Juden nach wie vor in Auschwitz betrieben; die systematischen Deportationen dorthin und die Dinge, die dort geschahen – neben den Vergasungen die mit ungezügeltem Sadismus weitergeführten medizinischen Experimente – waren im Westen noch immer unbekannt. Allein in der ersten Märzwoche wurden über fünftausend Deportierte, unter ihnen Juden aus Paris und Berlin, unmittelbar nach ihrer Ankunft vergast, und noch vor Ende dieses Monats erlitten mindestens weitere elftausend, darunter viele griechische, aus Saloniki über eine Eisenbahnstrecke von nahezu tausend Kilometern nach Auschwitz deportierte Juden das gleiche Schicksal.[15]

Obgleich diese Deportationen im Geheimen vor sich gingen, waren Gerüchte über eine der betroffenen Regionen am 16. März in den Westen gelangt; an diesem Tag telegrafierte Richard Lichtheim aus Genf an Joseph Linton in London: „Erfahre daß Anzahl Juden wahrscheinlich jüngerer Generation Bulgarien jetzt auch Deportation Polen droht". Und er fügte hinzu: „Vorschlage Sie kontaktieren New York, geeignete Maßnahmen, Warnungen zu überlegen."[16]

In Wirklichkeit war es nicht Bulgarien selbst, sondern waren es das ehemals jugoslawische von den Bulgaren 1941 besetzte Mazedonien und das ehemals griechische, ebenfalls 1941 von Bulgarien annektierte Thrazien, von wo seit der ersten Märzwoche Deportationen abgingen. Und es war auch nicht nur die „jüngere Generation", die deportiert wurde, sondern es waren ganze Gemeinden: im ganzen 7122 mazedonische und 4221 thrazische Juden. Binnen einer Woche waren sie alle nach Treblinka deportiert, wo sie gleich nach ihrer Ankunft vergast wurden. Zu dem Zeitpunkt, als Lichtheims Telegramm in London eintraf, war das Schicksal dieser elftausend Menschen bereits besiegelt.

Die ersten Nachrichten über die Deportationen aus Mazedonien und Thrazien wurden in der Schweiz am 22. März, durch die Schweizer Telegrafenagentur, veröffentlicht. Es hieß darin zutreffend, daß „ungefähr zwölftausend Juden" aus Thrazien und Mazedonien ins Reich deportiert worden seien. Weniger zutreffend hieß es allerdings weiter, die Deportierten sollten „in der Landwirtschaft eingesetzt werden".[17]

In Bulgarien selbst widersetzten sich der König und das Parlament der Deportation der einheimischen Juden. Als Chaim Barlas, der Vertreter der Jewish Agency in Istanbul, erfuhr, daß die Deutschen immer stärker auf die Deportation auch der bulgarischen Juden drängten, beschloß er, an den päpstlichen Gesandten in Istanbul, Angelo Roncalli, zu appellieren und ihn um die Geltendmachung seines Einflusses zu ersuchen. Barlas wußte, daß Roncalli, ehe er seinen Posten in der Türkei angetreten hatte, Gesandter in Bulgarien gewesen und daß er der Taufpate des bulgarischen Königssohns war. „Ich kam zu Roncalli", erinnerte Barlas sich später, „und er schickte sofort ein Telegramm an den König und bat ihn, die Juden zu retten."[18]

Bei einem Berlin-Besuch in der ersten Aprilwoche erklärte der König persönlich den Deutschen, er benötige die Juden „zum Straßenbau" und könne sie daher nicht zur Deportation freigeben. Der deutsche Außenminister Ribbentrop entgegnete ihm, Deutschland sähe es lieber, wenn er einer „gründlicheren Lösung" zustimmen würde. Aber der König ließ sich von seiner Entscheidung und der seiner Regierung nicht abbringen. Bulgarien wurde, obwohl mit Deutschland verbündet, nicht von deutschen Truppen besetzt. Und ebensowenig gelang es den Deutschen, obgleich sie ein Jahr lang Druck ausübten, die Bulgaren zu einem Sinneswandel zu bewegen. So kam es, daß mehr als 48 000 bulgarische Juden den Krieg überlebten.[19]

Nicht nur die bulgarischen Juden, sondern auch die Italiens, deren Zahl damals 120 000 betrug, schienen gute Aussichten zu besitzen, unter dem Schutz der italienischen Regierung unbehelligt zu bleiben, denn auch dieser Bündnispartner Deutschlands zeigte sich unwillig, den deutschen Deportationswünschen nachzugeben. Lichtheim setzte die Führer der Jewish Agency in Jerusalem am 29. März von Berichten in Kenntnis, denen zufolge die Deutschen die italienische Regierung angeblich aufgefordert hätten, alle jüdischen Flüchtlinge, die in Italien Zuflucht gesucht hatten, im Zuge einer „allgemeinen Mobilmachung der Arbeitskraft" auszuliefern. Für die Juden sei eine solche Mobilisierung, wie Lichtheim anmerkte, gleichbedeutend mit „Sklavenarbeit für eine Minderheit jüngerer Männer und Frauen, und Tod für die übrigen". Die Italiener hätten jedoch, wie er schrieb, die deutsche Forderung allem Anschein nach „glattweg zurückgewiesen".[20]

In Genf hatten das Sekretariat des Jüdischen Weltkongresses und das Weltkonzil der Kirchen am 18. März einen gemeinsamen Appell an die Alliierten gerichtet, in dem diese dringend aufgefordert wurden, auf die neutralen Staaten einzuwirken, damit diese jüdischen Flüchtlingen „vorübergehendes Asyl" gewährten. Um die praktischen Verwirklichungschancen einer solchen Vereinbarung zu erhöhen, sollten den neutralen Staaten seitens der britischen und amerikanischen Regierung „verbindliche Garantien" gegeben werden, daß die Flüchtlinge „nach dem Krieg sobald wie möglich" wieder rückgebürgert oder als Einwanderer in einem anderen Land aufgenommen würden. Eine derartige Rettungsaktion sei, wie es in dem Appell hieß, deshalb besonders dringlich, weil, wie aus nach Genf gelangten „zuverlässigen Berichten" zu entnehmen sei, „die von den NS-Behörden in nahezu allen unter ihrer Kontrolle stehenden europäischen Ländern organisierte Kampagne zur vorsätzlichen Ausrottung der Juden jetzt auf ihrem Höhepunkt angelangt ist".[21]

Auch die Vertreter der Jewish Agency in Genf bemühten sich, Mittel und Wege der Hilfe und Rettung zu finden; ihre Hauptanstrengungen drehten sich um die Zusammenstellung von Austauschlisten sowie darum, in die Internierungslager im holländischen Westerbork und in Drancy bei Paris sowie in die wenigen verbliebenen Gettos in Südwestpolen rettende Zertifikate einzuschleusen. Am 25. März schrieb Lichtheim aus Genf an Yitzak Gruenbaum in Jerusalem, einer aus dem Getto Bedzin in die Schweiz gelangten Information zufolge könnten „Fotokopien von Zertifikaten, selbst wenn sie von keiner Behörde beglaubigt sind, helfen, Leute zu schützen". „Schlage vor", fügte Lichtheim hinzu, „Zertifikate bei euch auszustellen, Fotokopien baldmöglichst hierherzuschikken ...";[22] von da an wurden fast jeden Tag irgendwelche aus dem NS-Herrschaftsbereich heraus mitgeteilte Namen telegrafisch von Genf nach Jerusalem weitergeleitet, und im Gegenzug wurden Seriennummern palästinensischer Zertifikate zur Weiterleitung nach Genf telegrafiert.

Die Suche nach Adressen ging auf diese Weise weiter. Im Lauf des Jahres 1941 vermochten mehrere hundert Juden ihren Namen und ihre Anschrift aus Polen herauszuschmuggeln, damit sie in die Listen aufgenommen würden. Was diejenigen polnischen Juden betraf, die zu Inhabern richtiggehender südamerikanischer Pässe avancierten, so blieben viele von ihnen nicht nur vor der Deportation bewahrt, sondern wurden auch ganz aus Polen entfernt; manche wurden im Internierungslager Tittmoning in Bayern, manche in Bergau bei Dresden und manche im Konzentrationslager Bergen-Belsen untergebracht, wo man sie in einen abgesonderten, „geschützten" Teil des Lagers einwies; und einige schließlich kamen mit der Aussicht auf baldige Auswanderung in die französische Stadt Vittel bei Nancy. Es bedurfte lediglich noch einer verbindlichen Zusage des Außenministeriums in Washington, den Inhabern solcher Pässe die Einwanderung in die Vereinigten Staaten zu gestatten, und die Deutschen würden sie ausreisen lassen.

In Deutschland kam es hierüber allerdings zu einem Widerstreit der Interessen. Das Außenministerium hatte Eichmann zu verstehen gegeben, es sollten „ungefähr dreißigtausend Juden verschiedener Nationalität" für Austauschzwecke „in Reserve" gehalten werden. Dagegen wandte einer der ranghöchsten SS-Offiziere in Riga – einer Stadt, in die viele hierfür in Frage kommenden Juden aus Deutschland und Österreich deportiert worden waren – in einem Brief an das Außenministerium vom 5. April 1943 ein: „Da bekanntlich im Lauf der Zeit in der Region von Riga viele tausend einheimische und deutsche Juden erschossen worden sind, erscheint es sehr zweifelhaft, ob irgendwelche Juden für Austauschzwecke in Frage kommen, ohne daß die Massenerschießungen im Ausland bekannt und als Propaganda gegen uns verwendet würden."[23]

14. Warschau und die Bermudas

In den alliierten Ländern hatte die Erklärung der alliierten Regierungen vom 17. Dezember 1942 Auswirkungen gezeitigt, die sich auch die ersten Monate des Jahres 1943 über noch bemerkbar machten. In England hatten eine Reihe parlamentarischer Anfragen die Regierung in Verlegenheit gebracht, die in dem Antrag vom 24. Februar 1943 gipfelten, in dem eine Politik der „offenen Tür" für alle Juden gefordert wurde, die aus dem Bereich der NS-Herrschaft zu entkommen vermochten.

Sowohl das Außenministerium in Washington als auch das Kolonial- und das Innenamt in London hielten hartnäckig an ihren Quotenregelungen fest; allerdings hatte das britische Auswärtige Amt am 18. Februar beim State Department angefragt, ob sich nicht in Anbetracht des „großen öffentlichen Interesses", das in England am Schicksal der Juden bestehe, „auf der Ebene der Nationengemeinschaft" etwas für die Flüchtlinge tun lasse. Es habe, wie das Auswärtige Amt erläuterte, „eindringliche Appelle" von seiten bekannter Persönlichkeiten wie des Erzbischofs von Canterbury, von Parlamentsabgeordneten „aller Parteien" sowie von „unzähligen verantwortlichen öffentlichen Organen" gegeben, und dies in einem solchen Ausmaß, daß die Flüchtlingsfrage im öffentlichen Bewußtsein zu einem alles andere überragenden „Hauptproblem" geworden sei.

Das State Department antwortete am 26. Februar mit dem Vorschlag, England und die Vereinigten Staaten sollten bei einer Konferenz in Ottawa gemeinsam „eine vorbereitende Klärung des Problems" in Angriff nehmen,[1] und der Flüchtlingsausschuß des Kriegskabinetts stimmte dieser Anregung in seiner Sitzung vom 5. März zu. Die beiden im Ausschuß vertretenen Minister, Anthony Eden und Oliver Stanley, forderten das Auswärtige Amt und das Innenministerium auf, „gemeinsam zu beratschlagen, welche Linie vertreten werden soll", falls die britische Regierung „gedrängt würde, weitere Flüchtlinge in das Vereinigte Königreich aufzunehmen".[2]

Die Jewish Agency bemühte sich den März über weiter, eine geänderte Handhabung der noch gültigen Einwanderungsquoten zu erreichen. Am 23. März, als die Schweizer Telegrafen-Agentur über die Deportation von zwölftausend Juden aus den unter bulgarischer Besatzung stehenden Regionen Thrazien und Mazedonien nach Deutschland berichtete, schrieb Dr. Weizmann an Lord Halifax und ersuchte ihn, den noch in Bulgarien befindlichen Juden die Einreise nach Palästina zu genehmigen:

Der Gedanke, daß Tausende dieser Menschen, die gerettet werden könnten, ihrem Schicksal überlassen werden sollen, ist einfach unerträglich. Als wir um Rettung – und nicht bloß Mitleid – für die Juden in Polen ersuchten, erklärte man uns, sie seien außerhalb der Reichweite, Hitler werde sie nicht herauslassen, ihre Zahl sei zu groß, um handhabbar zu sein, neben den Juden würden auch andere Menschen getötet usw. usw.

Hier jedoch, im Falle Bulgariens, liegt ein konkreter und realisierbarer Vorschlag auf dem Tisch. Tausend aufzunehmen heißt tausend weniger dem Tod auszuliefern, und es ist vielleicht noch nicht zu spät, einen Rest zu retten.[3]

Der Widerstand gegen die Aufrechterhaltung der alliierten Einwanderungsquoten erreichte genau an dem Tag, als Weizmann diesen Brief schrieb, einen Höhepunkt: Am 23. März brachte der Erzbischof von Canterbury, William Temple, im englischen Oberhaus eine Resolution ein, in der „sofortige Maßnahmen auf breitester und großzügigster Basis" gefordert wurden, um allen Juden, denen die Flucht aus dem NS-Herrschaftsbereich gelang, „vorübergehendes Asyl" in England zu gewähren.

Der Erzbischof wies die Lords des Oberhauses eindringlich darauf hin, daß die Juden in Europa im Begriff seien, einem „großangelegten Massaker" zum Opfer zu fallen. Es komme, wie er erklärte, nun alles darauf an, einen konkreten Rettungsplan zu entwerfen. Es genüge nicht, Pläne, die eine indirekte Kontaktaufnahme mit den Deutschen beinhalteten, zurückzuweisen „aus dem bloßen Grunde, daß wir mit diesen Barbaren nichts zu tun haben wollen". Ebensowenig sei es richtig, wenn man behaupte, das Einströmen jüdischer Flüchtlinge nach England werde „die Gefahr einer antisemitischen Stimmung" im Land heraufbeschwören. Es sei für die Regierung ein leichtes, „durch eine geschickte Benutzung des Rundfunks" die britische Öffentlichkeit für jedwedes Rettungsvorhaben zu gewinnen, „besonders wenn eine große Zahl derer, die herausgeschleust werden, Kinder wären und wenn sie vor dem fast sicheren Tod bewahrt würden".

Lord Samuel hob in einer Rede im Lauf derselben Debatte hervor, falls England seine Einwanderungsbestimmungen lockere, bedeute das möglicherweise, daß „einige Hunderte oder vielleicht sogar ein paar Tausend diesem Völkermord entkommen könnten".

Die britische Regierung hatte bereits versucht, die Kritik abzufangen, indem sie auf zwei Dinge hinwies: erstens, daß sie gerade dabei sei, in Verhandlungen mit den Vereinigten Staaten zur Formulierung einer gemeinsamen Politik und zur Auslotung von Möglichkeiten der Aufnahme von Flüchtlingen einzutreten; und zweitens, daß es in Anbetracht der in England herrschenden Lebensmittelknappheit und der Arbeitslosenprobleme schwierig sei, die Aufnahme weiterer Flüchtlinge zu ermöglichen. Lord Samuel versuchte in seiner Rede auf beide Argumente zu antworten:

Die Erklärung der alliierten Nationen wurde am 17. Dezember bekanntgegeben. Heute ist der 23. März, und es ist, soweit öffentlich bekannt, nichts geschehen, außer daß Debatten und Konferenzen stattgefunden haben und diplomatische Noten ausgetauscht worden sind. Wir freuen uns zu hören, daß jetzt Schritte unternommen werden, um eine enge Zusammenarbeit zwischen unserem Land und den Vereinigten Staaten sicherzustellen. Mir scheint jedoch, daß eine große Gefahr besteht, daß der Impuls zum Handeln sich im Sand der diplomatischen Verhandlungen verläuft...

Während die Regierungen Denkschriften erstellen und Noten austauschen und Konferenzen abhalten, geht der Mord an Männern, Frauen und Kindern Woche für Woche, Monat für Monat weiter.

In bezug auf die Verlautbarungen des Innenministeriums über die beschränkten wirtschaftlichen Möglichkeiten Englands, diese Flüchtlinge aufzunehmen, erklärte Lord Samuel:

Die Zahl ist so klein, daß es mir ungeheuerlich erscheint, wenn die Regierung eines Landes mit 47 Millionen Einwohnern auf Mängel in der Lebensmittelversorgung oder auf die schwierige Beschäftigungslage hinweist, wo wir doch wissen, daß es hierzulande auch einen Arbeitskräftemangel gibt ...
Gleichwohl weigert sich dieses Land nach wie vor hartnäckig, Personen, die sich noch im vom Feind besetzten Territorium aufhalten, ein Einreisevisum zu gewähren.

Die britische Regierung war jedoch trotz allem nicht bereit, ihre Politik zu ändern, und der Kolonialminister, Lord Cranborne, wiederholte nochmals den offiziellen Standpunkt, daß ein Öffnen der Tür für die Flüchtlinge in England zu Unterbringungs- und Ernährungsproblemen führen würde. Was die Ernährungslage angehe, so fügte Lord Cranborne hinzu, bestünden „die Probleme in nicht geringerem Maße auch in den Kolonien. Die Vorräte sind nicht unbegrenzt."[4]
Wohl wissend, daß diese Haltung wenig Sympathie fand, und des wachsenden Druckes eingedenk, mit dem auch von nichtjüdischen Kreisen eine Hilfsgeste für die unter der Naziherrschaft lebenden Juden gefordert wurde, kündigte die britische Regierung an, sie werde eine Konferenz auf den Bermuda-Inseln organisieren, bei der über die Flüchtlingsfrage debattiert werden sollte. Am 27. März, nur vier Tage nach der Debatte im Oberhaus, besprach Anthony Eden bei einem Besuch in Washington die in Aussicht genommene Bermuda-Konferenz mit Präsident Roosevelt, Cordell Hull und Sumner Welles. Eden gab den Amerikanern dabei jedoch deutlich zu verstehen, daß die britische Regierung in der Frage der jüdischen Flüchtlinge an ihrer Vorkriegspolitik festzuhalten gedachte.
Die Amerikaner warfen bei diesen Gesprächen in Washington die Frage der südosteuropäischen Juden auf, denen, wie es aussah, „die Ausrottung drohte, wenn wir sie nicht herausschleusen können". Aus dem geheimen Protokoll eines an den Gesprächen beteiligten Beamten geht hervor, daß die Amerikaner „Eden sehr nachdrücklich um eine Antwort auf dieses Problem ersuchten". Eden habe jedoch betont, England müsse „mit einem Angebot, alle Juden aus einem bestimmten Land herauszuholen, sehr vorsichtig umgehen"; er erklärte den Amerikanern:

Wenn wir das tun, dann werden die Juden der Welt von uns verlangen, daß wir ähnliche Anstrengungen in bezug auf Polen und Deutschland unternehmen. Hitler könnte uns mit einem derartigen Angebot leicht beim Wort nehmen, und es gibt auf der Welt einfach nicht genug Schiffe und Transportmittel, um sich ihrer anzunehmen.

Eden erklärte den Amerikanern, England sei bereit, eine beträchtliche Zahl von Juden in Palästina aufzunehmen – „weitere 60 000" –, aber er betonte die dabei zu erwartenden Transportprobleme und Sicherheitsrisiken: Die Deutschen, so meinte er, würden „gewiß eine Reihe von Agenten in die Gruppe einschleusen".[5]

Im Rahmen der Vorbereitungen für die Bermuda-Konferenz machte die Jewish Agency mehrere Forderungen geltend, unter anderem die nach einer direkten Kontaktaufnahme der englischen mit der deutschen Regierung und nach Schritten zur Rettung bulgarischer Juden. Stephen Wise und Joseph Proskauer, ein ehemaliger Richter am Obersten Gerichtshof von New York, hatten diese Forderungen während des Besuchs Edens in Washington diesem persönlich überbracht. Aber, wie Mosche Shertok dem Exekutivrat der Jewish Agency in Jerusalem am 10. April telegrafisch mitteilte: „Ergebnis enttäuschend. Eden bezeichnet Vorschlag, Deutschland wegen Freilassung Juden zu kontaktieren, als in absurder Weise unmöglich". Alle anderen Vorschläge der Jewish Agency sollten, wie Shertok weiter berichtete, an die bevorstehende Konferenz weiterverwiesen werden.[6]

Am 25. März fand im Rahmen der britischen Vorbereitungen für die Bermuda-Konferenz im Auswärtigen Amt in London eine Sondersitzung mit Vertretern aller betroffenen Ministerien statt.[7] Man einigte sich darauf, daß man es als „peinliche Entwicklung" betrachten würde, wenn der amerikanische Delegierte in Ottawa anbieten sollte – was freilich „als unwahrscheinlich galt" –, die Vereinigten Staaten würden „mehrere tausend" der in Spanien weilenden Flüchtlinge aufnehmen, vorausgesetzt, England bzw. seine Kolonien nähmen den Rest. England solle, so wurde beschlossen, die Amerikaner in diesem Fall „an die Grenzen erinnern, an die wir in den afrikanischen Kolonien gestoßen sind", sie ferner darauf aufmerksam machen, „daß die neutrale spanische Regierung durch ein solches Angebot in Verlegenheit gebracht würde", und solle schließlich eine „vorsichtige Zusage" geben, die im Vereinigten Königreich und in den außerafrikanischen Kolonien liegenden Möglichkeiten zu erkunden.

Die Teilnehmer der Sitzung vom 25. März einigten sich ferner auf gewisse in der Flüchtlingspolitik künftig gültige Richtlinien. Deren erste lautete, das Flüchtlingsproblem beschränke sich nicht „auf Personen einer bestimmten Rasse oder Konfession". Des weiteren sollten Flüchtlinge in Anbetracht der „begrenzten Transportkapazitäten möglichst nahe ihres jetzigen Aufenthaltsortes oder ihrer Heimat" untergebracht werden. Darüber hinaus sollten auch Pläne für eine Beherbergung von Flüchtlingen in neutralen europäischen Ländern – mit Garantieerklärungen in bezug auf ihre Versorgung – sowie „für ihre Rückkehr in das jeweilige Herkunftsland nach Kriegsende" gemacht werden.

Die Teilnehmer der Sitzung vom 25. März brachten auch ihre Auffassung zum Ausdruck, die Vereinigten Staaten könnten mithelfen, die lateinamerikanischen Länder „zu einer liberaleren Haltung in bezug auf die Asylgewährung an Flüchtlinge" zu überreden.[8]

Am 1. April trat der Flüchtlingsausschuß des Kriegskabinetts unter Vorsitz von Clement Attlee zu einer Sitzung zusammen; mit Oliver Stanley und Herbert Morrison waren noch zwei weitere Minister anwesend. Bei den Teilnehmern dieser Zusammenkunft dominierte der Eindruck, daß die Bedenken gegen die Einrichtung eines Flüchtlingslagers in Nordafrika, sobald einmal Tunesien von allen deutschen Truppen gesäubert sei, „hoffentlich weitgehend verschwinden werden", daß es jedoch „unstatthaft" von den Amerikanern wäre, ein solches Lager als „einen amerikanischen Beitrag" zur Lösung des Flüchtlingsproblems auszugeben. Die amerikanische Delegation bei der Bermuda-Konferenz solle vielmehr aufgefordert werden, auch im eigenen Land Flüchtlinge aufzunehmen, wenigstens „bis zur Ausschöpfung ihrer Quoten", bei denen nach Ansicht des Ausschusses noch „eine Reserve" bestand.

Was den Vorschlag betraf, jüdische Flüchtlinge aus Bulgarien in die Türkei zu evakuieren, so war man im Ausschuß der Auffassung, es müsse unzweifelhaft sichergestellt werden, „daß diese Flüchtlinge in der Türkei verbleiben und nicht weitergereicht würden, z. B. nach Palästina".

Ein weiterer in den (geheimen) Beschlüssen des Ausschusses berührter Punkt war die „bedenkliche Ernährungslage" in den ostafrikanischen Kolonien Englands, in Anbetracht deren, wie man übereinkam, dort zu diesem Zeitpunkt keine weiteren Flüchtlinge aufgenommen werden könnten. Im Lauf der Debatte wurde freilich auch hervorgehoben, daß England selbst in dieser Beziehung Probleme hatte; Innenminister Morrison erläuterte seinen Kollegen, im Vereinigten Königreich könnten „maximal ... zweitausend" jüdische Flüchtlinge beherbergt werden. Die einzigen Asylmöglichkeiten, die es nach Ansicht des Ausschusses darüber hinaus gab, waren Kanada, das weitere zweitausend, und Jamaika, das fünfhundert Flüchtlinge würde aufnehmen können, „vorausgesetzt die Amerikaner stellen die benötigten zusätzlichen Lebensmittel".

Der Ausschuß diskutierte auch über die Möglichkeit, „ein geeignetes Gebiet" für die Ansiedlung jüdischer Flüchtlinge nach dem Krieg auszuweisen. In diesem Zusammenhang wurde, wie das Protokoll verzeichnet, „darauf hingewiesen, daß das jüdische Element in der Bevölkerung Polens anteilsmäßig stärker vertreten war, als bekömmlich gewesen wäre".[9]

Auch in der Öffentlichkeit ging die Diskussion über die Flüchtlingsfrage weiter; die *Times* brachte in einem am 3. April veröffentlichten Leitartikel zwar ihr Mitgefühl für die Notlage der jüdischen Flüchtlinge zum Ausdruck, äußerte sich dann aber kritisch über die „sterile und unbefriedigende Politik" einer versuchten Ansiedlung dieser Flüchtlinge „in Palästina oder Afrika oder Brasilien".[10] Dieser Kommentar veranlaßte Professor Namier zu der Entgegnung, die Nationale Heimat der Juden in Palästina habe sich in bezug auf wirtschaftliche und kulturelle Leistungen als ganz und gar nicht „steril" erwiesen; sie habe vielmehr „ungefähr ein Drittel der Flüchtlinge aus Großdeutschland zum großen Nutzen selbst der arabischen Bevölkerung" aufgenommen.

Andere Stimmen artikulierten eine andere Sichtweise: Vier Tage später druckte die *Times* den Brief eines konservativen Parlamentsabgeordneten, des Oberstleutnants Archibald James ab, der die Auffassung vertrat, es habe sich gezeigt, daß jüdische Flüchtlinge in England sich selbst in der zweiten Generation, „insbesondere wenn sie Zionisten sind, heftig gegen eine Assimilation sperren, ein Zug, worin sie sich von früheren Asylanten wie etwa den Hugenotten unterscheiden". Falls sich einmal das „größere Problem" vertriebener Juden – über die im Rahmen der bestehenden Einwanderungsquoten für Palästina Einwandernden hinaus – stelle, müsse, so empfahl James, „die Schaffung eines jüdischen Staates in Südosteuropa als Bestandteil der Friedensverträge" erwogen werden. Dieses Gebiet sei seit Jahrhunderten ihr hauptsächlicher Lebensraum. James schloß seinen Leserbrief:

> Die jüdischen Führer wären gut beraten, wenn sie die Realitäten zur Kenntnis nehmen und nicht versuchen würden, die durch die Barbareien der Nazis geweckten Sympathien überzustrapazieren – zu einem Zeitpunkt, da die Juden weder die einzigen sind, denen Unrecht zugefügt wird, noch die einzigen, die Rechte zu verteidigen haben.[11]

Richard Lichtheim in Genf machte sich Sorgen um die Zukunft derjenigen Juden, die noch außerhalb der Reichweite der Deportationsbefehle der Nazis lebten. „Ich hoffe nur", schrieb er am 13. April an den Exekutivrat der Jewish Agency in Jerusalem, „daß es in Italien und Ungarn, den beiden einzigen Ländern auf der Achsenseite, wo die jüdischen Gemeinden noch vergleichsweise ungefährdet sind, nicht zu einem Wandel zum Schlimmeren kommen wird; allein, niemand weiß, was der nächste Morgen bringt."[12]

Ein kleiner Sieg des guten Willens und der Hilfsbereitschaft, der im April zu verbuchen war, war die der britischen Regierung am 5. April mitgeteilte Entscheidung des Internationalen Roten Kreuzes, „für den Transport jüdischer Auswanderer nach Palästina zu Schiff unter der Rotkreuzflagge zu sorgen ... " Sobald man für die 270 rumänischen Kinder ein Schiff zu chartern finde, werde man von seiten des Roten Kreuzes „an die kriegführenden Staaten appellieren", diese Schutzmaßnahme zu respektieren.[13]

Unabhängig davon hatte das Sekretariat des Jüdischen Weltkongresses in Genf versucht, das Rote Kreuz für weitere Hilfsmaßnahmen zu gewinnen; am 14. April konnte es nach New York berichten, daß eine „beträchtliche Ladung" mit Lebensmittelpaketen nach Theresienstadt abgegangen war. Die Kosten für diese Pakete hatte im wesentlichen der Kongreß bestritten; im Bericht des Sekretariats hieß es darüber hinaus noch, das Rote Kreuz beabsichtige „dieselbe Möglichkeit für Arbeitslager in Oberschlesien zu erwirken, Auschwitz, Sosnowitz, Birkenau, Jawischowitz und andere, wo viele junge Deportierte zusammengefaßt".[14]

Es geht aus diesem Telegramm klar hervor, daß Birkenau weder in einen spezifischen Zusammenhang mit Auschwitz – zu dem es gehörte – gestellt noch als etwas anderes betrachtet wurde als ein Arbeitslager für Deportierte; man konnte sogar – und so geschah es auch –, Lebensmittelpakete in dieses Lager schicken.

Weder die Teilnehmer an der Bermuda-Konferenz noch die jüdischen Führer, denen diese Konferenz als eine so wesentliche Rettungschance erschien, wußten zu diesem Zeitpunkt, daß die Deportationen nach Auschwitz im Laufe der ersten drei Aprilwochen weitergingen. Am 3. April trafen insgesamt 2800 griechische Juden mit dem Zug aus Saloniki ein; von ihnen wurden 2208 vergast. So groß war die Zahl der zu Vergasenden und zu Verbrennenden, daß die Fertigstellung des Krematoriums V dringend erforderlich wurde.[15]

Diese Tatsachen waren den Alliierten unbekannt. Am 18. April jedoch wurde in London ein Bericht abgefaßt, der eine Schilderung des Lagers Auschwitz aus dem Munde eines Augenzeugen enthielt. Dieser Bericht wurde niemals veröffentlicht.

Er beruhte auf der Schilderung eines nichtjüdischen Polen, der der polnischen Untergrundbewegung angehörte und, nachdem er sich elf Monate lang, von November 1941 bis September 1942, in Polen aufgehalten hatte, unlängst in England eingetroffen war. Den größten Teil der Zeit hatte er in Warschau verbracht, wo er Kontakte zu den polnischen Untergrundkämpfern geknüpft hatte; in ihrem Auftrag war er in die unweit des Lagers gelegene Stadt Auschwitz gereist, um herauszufinden, was im Lager selbst vorging. Er erhielt Informationen „von Leuten, die freigekommen waren". Seiner Schilderung zufolge wurden „große Mengen von Juden" aus außerpolnischen Ländern nach Auschwitz gebracht und dort „en masse vernichtet". Er erklärte, bis zu dem Zeitpunkt, an dem er Auschwitz verlassen habe (Ende September 1942), seien „wenigstens" 60 000 der 95 000 registrierten Gefangenen des Lagers ermordet worden, und er beschrieb im folgenden, welche Tötungsmethoden seiner sicheren, auf „an Ort und Stelle gesammelten Informationen" beruhenden Kenntnis nach dort angewandt würden. Er zählte vier dieser Methoden auf:

a) Gaskammern; die Opfer mußten sich ausziehen und in diese Kammern gehen, in denen sie dann erstickten.

b) Elektrische Kammern; diese Kammern hatten Metallwände; die Opfer wurden hineingetrieben, und dann wurde elektrische Hochspannung hineingeleitet.

c) Das sogenannte Hammerluft-System. Das waren besondere Kammern, in denen ein „Lufthammer" von der Decke herabkam und die Opfer mittels einer speziellen Einrichtung unter hohem Luftdruck getötet wurden.

d) Erschießung; diese Methode diente als eine Form der kollektiven Bestrafung; in Fällen mangelnden Gehorsams wurde jeder Zehnte auf diese Art getötet.

Die drei erstgenannten Methoden waren dem Bericht zufolge die am häufigsten angewandten. Während der Vergasungen „standen die Gestapoleute an einer Stelle, von der aus sie mit Gasmasken das Massensterben ihrer Opfer beobachten konnten". Die Leichen der Getöteten wurden aus dem Lager gebracht und in riesige, mit Kalk ausgekleidete Gruben geworfen. „Die Verbrennung der Opfer in elektrischen Öfen wird", so stellte der Bericht fest, „selten praktiziert", und zwar deshalb, weil in „solchen Öfen in 24 Stunden nur ungefähr 250 Menschen verbrannt werden können".[16]

Dieser Bericht enthielt mehrere fehlerhafte Angaben, insbesondere waren die unter b) und c) genannten Methoden reine Phantasien. Aber sein Tenor war korrekt: Auschwitz war endlich als Schauplatz des Massenmordes an Juden benannt. Es liegen allerdings keine Anhaltspunkte dafür vor, daß diese Enthüllung irgendwelche Auswirkungen gehabt hätte oder daß sie jemals wieder zitiert oder erwähnt worden wäre. Die Ereignisse, auf die der Bericht sich bezog, lagen mehr als sechs Monate zurück, und dem Abschnitt über Auschwitz ging eine ausführliche Schilderung der Lage im Warschauer Getto voraus, deren faktischer Gehalt bereits wohlbekannt war. Das ist vielleicht der Grund dafür, daß dieser Hinweis auf Auschwitz übersehen wurde. In dem Bericht ist ausdrücklich festgehalten, daß er „am 18. April in London aufgesetzt wurde".

Der darauffolgende Tag, der 19. April, stand unter dem Einfluß von zwei Ereignissen, die für die restlichen Apriltage und für einen Gutteil des Monats Mai alle Debatten beherrschen sollten: die Bermuda-Konferenz und der Aufstand im Warschauer Getto.

Daneben lösten noch zwei weitere Meldungen in der zweiten und dritten Aprilwoche beträchtliche Reaktionen aus: Im Wald von Katyn wurde ein Massengrab mit den Leichen von etwa zehntausend polnischen – darunter vielen jüdisch-polnischen – Offizieren entdeckt, die allem Anschein nach von den Sowjets entwaffnet und ermordet worden waren; und gleichzeitig gaben die sowjetischen Behörden bekannt, daß sie zwei führende polnische Sozialisten, Henryk Ehrlich und Viktor Alter, hatten hinrichten lassen. Die vom polnischen Nationalrat in London mit „Trauer und Bestürzung" bekanntgegebene Erschießung dieser beiden bekannten politischen Persönlichkeiten wurde von der westlichen Presse sogleich gemeldet.[17]

Die ersten Nachrichten über den Aufstand im Warschauer Getto erschienen in der westlichen Presse am 22. April. Grundlage war eine Depesche der Nachrichtenagentur *United Press* aus dem neutralen Schweden, die sich wiederum auf einen von einem „polnischen Geheimsender" am Abend des 21. April verbreiteten Aufruf bezog. Dieser in Schweden abgehörte Aufruf habe gelautet:

Die letzten 35 000 Juden im Warschauer Getto sind zum Tod verurteilt worden.
Wieder einmal hallt Warschau von Gewehrsalven wider.
Die Menschen werden ermordet.
Frauen und Kinder verteidigen sich mit ihren bloßen Händen.
Rettet uns –.[18]

An dieser Stelle, so hieß es in der Meldung, habe der Sender aufgehört zu senden.

Als Dr. Kahany in Genf fünf Tage später mehrere Warschauer Anschriften zur Aufnahme in die nächste Austauschliste erhielt, schrieb er an seine Kollegen von der Jewish Agency in Istanbul: „Das Warschauer Getto ist jetzt vollständig geräumt, und *keine* der ursprünglichen (oder geänderten) Anschriften ist nunmehr noch gültig."[19]

In der Tat war der jüdische Widerstand in Warschau noch nicht gebrochen. Aber Tag für Tag wurden zusätzliche deutsche Truppen gegen den Aufstand eingesetzt, und den Menschen im Westen blieb nichts anderes übrig, als der so heroischen und verzweifelten Widerstandtat des polnischen Judentums aus der Ferne tatenlos zuzusehen.

Die Bermuda-Konferenz wurde am 19. April 1943 eröffnet, genau an dem Tag, als im Warschauer Getto der Aufstand begann. Es war der Vorabend des Passahfestes, mit dem die Juden den Auszug ihres Volkes aus Ägypten feierten und an dem sie das Bittgebet „Nächstes Jahr in Jerusalem" sprachen. Allein, Engländer und Amerikaner hatten sich stillschweigend darüber verständigt, daß die Quotensysteme für die Einwanderung in die Vereinigten Staaten und nach Palästina bei der Konferenz nicht zur Sprache kommen sollten.

Die britische Delegation hob die begrenzten Möglichkeiten ihres Landes hervor, Flüchtlinge aufzunehmen. Die Zahl 60 000, die Eden drei Wochen zuvor in Washington ins Gespräch gebracht hatte, wurde kein einziges Mal erwähnt. Vielmehr erklärte einer der britischen Delegierten, Osbert Peake, den Konferenzteilnehmern am 24. April:

Es sei ihnen einmal erklärt worden, in Vichy-Frankreich seien 20 000 Kinder; in Anbetracht der gegenwärtigen Überfülltheit des Vereinigten Königreichs sowie der bestehenden Transport-, Ernährungs- und Unterbringungsprobleme komme die Aufnahme einer solchen Zahl nicht in Frage. Es hätte unangenehme Folgen für die Kriegstüchtigkeit sowohl der USA als auch Großbritanniens.

Es gebe in der britischen Bevölkerung eine stimmgewaltige Minderheit, die von der Regierung S. M. dies verlange, aber die Mehrheit sei der Ansicht, man habe bereits so viele Flüchtlinge aufgenommen, wie das Land es unter Kriegsbedingungen verkraften könne.

Der Leiter der britischen Konferenzdelegation, Richard Law, stellte die Frage, ob die Vereinigten Staaten nicht an die Regierungen mehrerer lateinamerikanischer Länder herantreten könnten mit der Bitte, zu prüfen, ob ein Zufluchtsort zu finden sei. Doch die Vereinigten Staaten wiesen diesen Vorschlag als „undurchführbar" zurück. Einer der amerikanischen Vertreter, Senator Lucas, stellte die Frage, ob nicht Britisch-Honduras einige Juden aufnehmen könnte. Hierauf entgegneten die Engländer, es hielten sich dort bereits 20 jüdische Flüchtlinge und zwei Internierte auf, und für weitere „an körperliche Arbeit in tropischem Klima nicht gewöhnte Europäer" sei kein Platz mehr.[20]

In der Frage einer Lockerung der Einreisebestimmungen für Palästina wollte die britische Regierung keine Zugeständnisse machen. Diese Haltung entsprach offenkundig der persönlichen Ansicht Anthony Edens. Am 25. April schrieb sein Privatsekretär Oliver Harvey in sein Tagebuch: „Unglücklicherweise ist A. E. in der Palästinafrage nicht umzustimmen. Er liebt die Araber und haßt die Juden."[21]

Diese Haltung wurde vom Chef der Regierung, Premierminister Churchill, keineswegs geteilt. Dieser erklärte seinen Ministern vielmehr in einem geheimen Memorandum an das Kriegskabinett am 27. April in unumwundener Kürze: „Ein absoluter Stop der Einwanderung nach Palästina aus Rücksicht auf die arabische Mehrheit ist für mich unter keinen Umständen denkbar."

Churchill zog in seinem Memorandum nicht nur die Möglichkeit einer jüdischen Selbstregierung in Palästina in Betracht, sondern auch den Gedanken, die beiden ehemaligen italienischen Kolonien Eritrea und Tripolitania zu „jüdischen

Kolonien" zu machen, die, „wenn gewünscht, der Nationalen Heimat in Palästina angegliedert" werden könnten.[22] Allein, die Mehrheit der Kabinettsmitglieder teilte Churchills Sympathien für die Ziele der Zionisten nicht. Und diesen Ministern schien auch keineswegs daran gelegen, daß das englische Mutterland selbst seine Türen für die verhältnismäßig geringe Zahl von Juden öffnen würde, denen möglicherweise noch die Flucht aus Nazi-Europa gelang. Wie Eden seinen Kollegen vom Kriegskabinett am 27. April erklärte, war es in den vergangenen Jahren ein Grundsatz der englischen Politik gewesen, „in dieses Land nur ganz bestimmte, sehr eng eingegrenzte Kategorien staatenloser Flüchtlinge einzulassen".

Das Kriegskabinett stimmte dem Vorschlag Edens zu, England solle den Amerikanern erklären, es sei nur dann bereit, Schritte in Richtung auf eine Zulassung einer Anzahl staatenloser Flüchtlinge zu unternehmen, wenn die Vereinigten Staaten bereit seien, dasselbe zu tun.[23]

An der nächstfolgenden Sitzung des Flüchtlingsausschusses des Kriegskabinetts am 3. Mai nahmen vier Minister teil: Attlee, Eden, Morrison und Stanley; diskutiert wurde darüber, was die Regierung „im Unterhaus über Bermuda sagen" sollte. Einig war man sich darin, daß „irgendeine Erklärung" zum baldigsten Zeitpunkt „erforderlich" sei, damit, wie im Sitzungsprotokoll vermerkt ist, „sowohl die parlamentarische als auch die öffentliche Meinung besänftigt werden".[24]

Am 3. Mai schickte der britische Delegationsleiter auf den Bermudas, Richard Law, einen Bericht über den Verlauf der Verhandlungen an Eden, der ihn an die Mitglieder des Kriegskabinetts verteilen ließ. „Wir stehen", schrieb Law, „unter extremem Druck von seiten einer Allianz aus jüdischen Organisationen und Erzbischöfen." Und er fuhr fort:

Es ist noch kein Widerstand seitens der Leute zu spüren, die eine Einwanderung Fremder in unser Land fürchten, weil dadurch ihre wirtschaftliche Existenz nach dem Kriege gefährdet würde. Ich persönlich habe keinen Zweifel, daß dieses Gefühl in England weit verbreitet ist, aber es ist nicht organisiert, und so bekommen wir es nicht zu spüren.

In den Vereinigten Staaten dagegen gesellte sich zu dem von den jüdischen Organisationen ausgeübten Druck derjenige eines Sektors der öffentlichen Meinung, der, ohne reinweg antisemitisch zu sein, eine fremdländische Einwanderung als solche fürchtet und verhindern will. Und ganz im Gegensatz zur Lage bei uns ist dieser Sektor in den Staaten hochgradig organisiert. Die amerikanische Regierung, so sehr sie ihr Möglichstes tun muß, um die jüdische Meinung zu besänftigen, wagt es daher nicht, die „amerikanische" öffentliche Meinung herauszufordern.[25]

Am 8. Mai, als die Bermuda-Konferenz zu Ende ging, berichtete der Hohe Kommissar in Palästina, Sir Harold MacMichael, an das Kolonialamt, es stünden von den 75 000 im Rahmen der Weißbuch-Vereinbarung von 1939 zugestandenen Einwanderungszertifikate noch 33 000 zur Verfügung.[26] Diese Tatsache war freilich bei der Konferenz selbst niemals Gegenstand der Diskussion gewesen. Und weder Engländer noch Amerikaner hatten sich dieser Zahl bedient, um damit wenigstens einen denkbaren Weg der Rettung und Ansiedlung aufzuzeigen.

Als das Kriegskabinett am 10. Mai zusammentrat, referierte Eden über die drei Beschlüsse, die auf der Bermuda-Konferenz gefaßt worden waren: einmal, daß das Flüchtlingsproblem nicht von Großbritannien oder den Vereinigten Staaten allein gelöst werden könne, sondern „die gesamte Gemeinschaft der zivilisierten Nationen" angehe, die alle aufgefordert werden sollten, sich „an den Hilfsmaßnahmen für diese Flüchtlinge" zu beteiligen; zweitens, daß in Nordafrika ein vorübergehendes Flüchtlingslager eingerichtet werden sollte, „um Spanien unmittelbar zu entlasten"; und drittens, daß das 1938 durch die Konferenz von Evian ins Leben gerufene internationale Flüchtlingskomitee reaktiviert werden sollte.

Im Laufe der sich daran anschließenden Diskussion wurden verschiedene Argumente vorgebracht. Das erste lautete, es gebe „Anzeichen für ein Anwachsen antisemitischer Stimmungen" in England selbst, und es empfehle sich daher, bei öffentlichen Erklärungen, „den Eindruck zu vermeiden, bei den Flüchtlingen handle es sich notwendigerweise um Juden". Man solle die Flüchtlinge „nicht nach Rasse, sondern nach Staatsangehörigkeit" benennen. Eine weitere Forderung war, die alliierten Regierungen sollten erklären, sie würden nach besten Kräften dafür sorgen, daß nach dem Krieg in den früheren Feindländern Bedingungen geschaffen würden, „die den Flüchtlingen eine Rückkehr gestatten".

Das Kriegskabinett erörterte sodann die bevorstehende Debatte im Unterhaus. Man kam zu einem unzweideutigen Beschluß. „Angesichts der Gefahr", so hieß es darin, „daß ein unverhältnismäßig großer Anteil der Wortmeldungen von Abgeordneten kommen könnte, die extreme Ansichten in der Befürwortung einer unbeschränkten Zulassung von Flüchtlingen in dieses Land vertreten, wurden die Fraktionsführungen aufgefordert, dafür zu sorgen, daß einige andere Abeordnete in die Debatte eingreifen, die einen ausgewogeneren Standpunkt vertreten."[27]

In Warschau brach um diese Zeit nach über dreiwöchigem Kampf in Häusern, Kellern und Abwasserkanälen der letzte jüdische Widerstand unter dem Trommelfeuer einer dreitausend Mann starken, schwer bewaffneten deutschen Streitmacht zusammen, die, systematisch von Haus zu Haus und von Straße zu Straße vorrückend, die Aufständischen mit Artilleriefeuer ausbombte und ausräucherte. Der Anführer des Aufstands, Mordechai Anielewicz, fand am 15. Mai den Tod, und innerhalb der darauffolgenden Woche ergaben sich mehr als 55 000 Juden, unter ihnen viele Frauen und Kinder, den vorrückenden deutschen Truppen. Über 7000 wurden erschossen, sobald sie sich stellten. 15 000 wurden nach Majdanek, 7000 nach Treblinka deportiert und ermordet. Ein paar Hundert konnten in die relative Sicherheit des „arischen" Warschau entkommen.

Am 7. Mai übermittelte der Erzbischof von Canterbury Außenminister Eden brieflich einen schwedischen Vorschlag, der vorsah, daß die schwedische Regierung sich direkt an die deutsche wenden und ihr anbieten würde, 20 000 jüdische Kinder aus Nazi-Europa aufzunehmen. Der Erzbischof forderte die britische Regierung dringend auf, „alles ihr Mögliche zu tun, um diesen Vorschlag verwirklichen zu helfen".

Der Brief des Erzbischofs wurde im Auswärtigen Amt im Lauf der zweiten Maiwoche erörtert. Wie A. W. G. Randall vermerkte, wollten die Schweden „die Kinder wieder loswerden, sobald der Krieg zu Ende ist". Auf der einen Seite hatte man das Gefühl, man könne diesen so kurz nach dem Ende der Bermuda-Konferenz auf den Tisch gelegten Vorschlag nicht glattweg zurückweisen. Andererseits hegte Anthony Eden etliche Skepsis dem schwedischen Vorstoß gegenüber. „Ich kann mich damit immer noch nicht anfreunden", notierte er am 16. Mai. „Wir wollen Mitteleuropa wieder zu einer Region machen, in der Juden leben können, und ohnedies können wir sie nicht alle ins Ausland bringen."[28]

Noch einen weiteren Dämpfer erhielten die jüdischen Hoffnungen im Frühjahr 1943: Die britische Regierung informierte die Jewish Agency darüber, daß sie ein afghanisches Angebot, 52 bulgarische Juden aufzunehmen, abgelehnt habe. Anfang März hatte der afghanische Botschafter in Istanbul, Faiz Mohammed Khan, im Namen seiner Regierung angeboten, die Reisekosten und Gehälter der 52 Personen zu übernehmen, von denen 20 Ärzte, die übrigen Ingenieure, Chemiker, Krankenschwestern, Lehrer, Architekten und Mechaniker sein sollten.[29] Ende April aber erfuhr die Jewish Agency, daß „Schwierigkeiten im Hinblick auf die Durchreise dieser Juden durch Palästina und Syrien aufgetreten" seien.[30]

Der wirkliche Grund für die Ablehnung dieses Plans wurde der Jewish Agency niemals mitgeteilt: Am 17. April hatte die Regierung Indiens dem Auswärtigen Amt in London „ihre Bedenken" signalisiert, der Einreise einer „großen Zahl von Juden feindlicher Nationalität" nach Afghanistan zuzustimmen, und hatte zu bedenken gegeben, es könnten „Sympathisanten der Achsenstaaten unter ihnen sein". Im Lauf der darauffolgenden Wochen fand dieser Einspruch im Auswärtigen Amt Fürsprecher; ein Beamter vermerkte, die Regierung Indiens, die britische Botschaft in Kabul, das Indienministerium „und wir selbst" stimmten allesamt darin überein, „daß wir das Risiko, daß sich in Kabul eine neue deutsche Kolonie bildet, nicht eingehen können, selbst wenn die fraglichen Personen Juden und, wie es heißt, antinazistisch sind".[31]

Algernon Rumbold aus dem Indienministerium hatte einen Vorschlag unterbreitet, der es seiner Ansicht nach möglich machen würde, daß die 52 Juden nach Kabul gehen konnten und daß England zugleich „mehr Kontrolle über sie" gewinnen könnte: Dieser Vorschlag war, ihnen „in irgendeiner Form unsere Protektion" zu gewähren. Der Gedanke fand indes im Auswärtigen Amt keinen Anklang. „Ich hielte es für das beste, diesen Plan sofort in den Reißwolf zu werfen", schrieb J. R. M. Pink und fügte hinzu: „Die Vertragsabteilung bestätigt, daß, wenn wir staatenlosen Juden irgendwo auf der Welt in irgendeiner Form unseren Schutz gewähren, sich dies bald herumsprechen würde und wir uns dann äußerst schwer täten zu erklären, warum wir solche Protektion in manchen Fällen gewähren und in anderen nicht." Dazu komme, daß „man sich bei den Juden darauf verlassen kann, daß sie ein solches Zugeständnis auf das weidlichste ausnützen würden, was sich leicht als äußerst unangenehm für uns erweisen könnte".

Auf alle Fälle habe, so schrieb Pink weiter, der britische Botschafter in Istanbul, Sir Hughe Knatchbull-Hugessen, bereits darauf hingewiesen, daß „wir wohl nicht in der Lage sind, Personen, die aus vom Feind besetzten Territorien kommen, Visa zu gewähren"; allenfalls sei im Falle eines jüdischen Gynäkologen aus Bulgarien eine individuelle Ausnahme „denkbar".

Damit war der afghanische Vorstoß zum Scheitern verurteilt; als der Sekretär der Jewish Agency in London, Joseph Linton, die britischen Behörden drängte, dem Plan ihre Zustimmung zu geben, redete sich der Flüchtlingsexperte des Auswärtigen Amtes, Ian Henderson, im persönlichen Gespräch auf die „unerhörten transport- und verwaltungstechnischen Schwierigkeiten" hinaus; und über Linton sagte Henderson anschließend: „Er klammert sich wahrscheinlich an jeden Strohhalm, der ihm die Aussicht eröffnet, noch eine Handvoll Flüchtlinge mehr aus dem Territorium der Achsenmächte herauszubringen."

Am 18. Mai erhielt das Indienministerium Kenntnis davon, daß die afghanische Regierung ihren Vorschlag nunmehr zurückgezogen habe, „zweifellos", wie Rumbold kommentierte, „aus Angst, daß jede weitere Erörterung dieser Frage mit uns für uns Anlaß sein könnte, ihnen gegenüber die Frage nach Komplotten der Achsenmächte in Afghanistan ganz allgemein aufzuwerfen".

Worauf konnten die Juden ihre Hoffnungen auf Rettung oder Überleben noch gründen? Am 2. Mai hatte der stellvertretende amerikanische Außenminister A. A. Berle in Boston den – größtenteils jüdischen – Teilnehmern einer Massenprotestversammlung gegen die deutschen Grausamkeiten mitgeteilt, in welcher „unverblümten und bitteren Schlußfolgerung", wie er sich ausdrückte, er die „einzig ehrliche" Lösung sah: „Diesen hilflosen Unglücklichen kann nicht anders geholfen werden", erklärte er, „als durch eine Landung in Europa, durch einen Sieg über die deutschen Waffen und ein Zerbrechen der deutschen Macht. Einen anderen Weg gibt es nicht."[32]

Freilich waren es die verantwortlichen Politiker der Alliierten selbst, die in London, Washington und Bermuda dafür gesorgt hatten, daß ein anderer Weg nicht einmal ausprobiert wurde. Vor Beginn der Bermuda-Konferenz hatten die Alliierten die Forderung der Jewish Agency nach direkten Verhandlungen mit den Deutschen abgewiesen, in denen geklärt werden sollte, ob Hitler bereit war, die überlebenden Juden aus dem NS-Herrschaftsbereich herauszulassen. Auf der Konferenz selbst war dann auch der weit weniger umstrittenen und von großen Teilen der öffentlichen Meinung geforderten Politik der „offenen Tür" für Flüchtlinge eine Absage erteilt worden.

Am 12. Mai hatte in London einer der beiden jüdischen Vertreter im polnischen Nationalrat, Szmul Zygielbojm, Selbstmord begangen; die Nachricht von der Niederschlagung des Aufstandes im Warschauer Getto hatte ihn verzweifeln lassen. „Meine Gefährten im Warschauer Getto", schrieb er in seinem Abschiedsbrief, „sind mit der Waffe in der Hand in einer letzten heroischen Schlacht gefallen. Mir war nicht die Ehre beschieden, mit ihnen zu sterben, aber ich gehöre zu ihnen und in ihr gemeinsames Grab. Möge mein Tod ein kraftvoller Protestschrei gegen die Gleichgültigkeit der Welt sein, die der Ausrottung des jüdischen Volkes zusieht, ohne auch nur den Versuch zu machen, diesen Völkermord zu verhindern."

Die „Verantwortung" für die Vernichtung des polnischen Judentums liege, wie Zygielbojm schrieb, „vor allem bei den Mördern selbst". Aber „indirekt", so fügte er hinzu, falle sie auch der gesamten Menschheit, insbesondere den alliierten Ländern und ihren Regierungen zu, „die bislang keine entschlossenen Schritte getan haben, um diesen Verbrechen Einhalt zu gebieten. Durch ihre Gleichgültigkeit gegenüber der Tötung unglücklicher Menschen, gegenüber dem Massenmord an Frauen und Kindern sind diese Länder zu Komplizen der Mörder geworden."[33]

Die Beschlüsse der Bermuda-Konferenz stellten eine schwere Enttäuschung für alle diejenigen Juden und Nichtjuden dar, die einer Politik der „offenen Tür" das Wort geredet hatten; denn im öffentlichen Schlußkommuniqué wurde lediglich erklärt, daß die Konferenzteilnehmer sich darauf geeinigt hätten, das Internationale Flüchtlingskomitee zu reaktivieren, mehrere tausend bereits in Spanien weilende Flüchtlinge „auf vorübergehende Asylorte in Afrika" zu verteilen und Flüchtlinge „weiterhin in begrenzter Zahl" in England und den Vereinigten Staaten aufzunehmen. Im offiziellen und geheimen Konferenzbericht hieß es darüberhinaus, die Zahl der Flüchtlinge, denen man, und sei es auch nur vorübergehend, Zuflucht gewähre, müsse „unter Kriegsbedingungen ... notwendigerweise beschränkt werden".[34]

Am 17. Mai 1943 trat das britische Kriegskabinett in London zu einer Sitzung zusammen. Im Laufe der Erörterungen verlieh Anthony Eden seiner Sorge hinsichtlich der Äußerungen Ausdruck, die bei der zwei Tage später angesetzten Debatte im Unterhaus „wahrscheinlich fallen würden". Vermutlich würden einige Abgeordnete „nach Hilfen für Flüchtlinge fragen, die über Spanien dem NS-Terror entkommen".

Es wurde beschlossen, daß Eden die Gelegenheit der bevorstehenden nichtöffentlichen Unterhaussitzung am 18. Mai ergreifen solle, um dem Parlament zu erklären, die Deutschen hätten infolge der vorausgegangenen öffentlichen Diskussion um die Evakuierung jüdischer Flüchtlinge über Bulgarien nach Palästina „nun besondere Vorkehrungen ergriffen, um Flüchtlinge am Verlassen des bulgarischen Staatsgebiets zu hindern",[35] und den „Abgeordneten einzuschärfen," wie wichtig es sei, in der Debatte vom 19. Mai „jede Äußerung zu unterlassen", die Deutschland veranlassen könne, ähnliche Schritte auch in bezug auf Spanien zu unternehmen.[36]

Ungeachtet dieser Ermahnung waren viele Männer und Frauen in England, unter ihnen auch Parlamentsabgeordnete, bestürzt über die in ihren Augen übervorsichtige Haltung, die ihre Regierung insbesondere auf der Bermuda-Konferenz eingenommen hatte, auf der so viele Hoffnungen geruht hatten. „Diese Bermuda-Geschichte macht einen krank", schrieb Doris May, die Sekretärin Weizmanns, an eine Freundin in New York. „Ein schöner Strandurlaub für ein Rudel Politiker, die Wege auskundschaften und das Ei des Kolumbus suchen –

und unterdessen gehen die Leute zugrunde."[37] Am 18. Mai appellierte der Bischof von Chichester in der *Times* für eine aktivere Flüchtlingspolitik. Die Schuld, so schrieb er, liege „bei den Nazis, aber können wir uns schuldlos wähnen, wenn wir, in deren Macht es steht, etwas zur Rettung der Opfer zu unternehmen, es verabsäumen, das Notwendige zu tun und es schnell zu tun?" Er sei sich ganz sicher, so fügte der Bischof hinzu, daß die britische und amerikanische Regierung, „falls sie entschlossen wären, ein Rettungsprogramm auf die Beine zu stellen, das dem Umfang des Problems gerecht würde, in der Lage wären, dies zu tun".[38]

15. Die Debatte vom 19. Mai 1943

Die lange erwartete Parlamentsdebatte vom 19. Mai wurde vom Sprecher der Regierung, dem Unterstaatssekretär im Innenministerium Osbert Peake, eröffnet; er hob hervor, die Zahl der Juden, die insgesamt entkommen waren oder noch entkommen konnten, sei „natürlich unendlich klein im Verhältnis zum Umfang des Problems als ganzen". Hitler sei „entschlossen, diese Menschen nicht herauszulassen", und das „Tempo der Ausrottung" sei so groß, daß „keine Rettungs- oder Hilfsmaßnahme, wie breit angelegt sie auch sein möge, dem Problem gerecht werden könnte".

Peake wiederholte dann nochmals das Argument der Regierung, was die im NS-Herrschaftsbereich lebenden Juden betreffe, so werde ein sich abzeichnender alliierter Sieg „mehr zu ihrer Rettung beitragen als jede unsere Kriegsanstrengungen schwächende Hilfsmaßnahme, selbst wenn wir solche Maßnahmen ergreifen könnten".

An späterer Stelle in seiner Rede übte Peake Kritik an denen, die, wie Eleanor Rathbone, von der britischen Regierung verlangten, sie solle Einreisevisa für einzelne im NS-Bereich festgehaltene Juden ausstellen, deren im Westen lebende Verwandte in ihrem Namen Antrag auf Einreiseerlaubnis gestellt hatten, in der Hoffnung, auf diese Weise eine Ausreisegenehmigung für sie erwirken zu können. Solche Forderungen wies Peake mit den Worten zurück: „Von uns zu verlangen, daß wir solchen Personen ein Visum zusagen, heißt wirklich, das Unmögliche zu fordern. Wir würden uns im Vorhinein verpflichten, Personen aufzunehmen, über die wir nichts wissen und die wir nicht identifizieren könnten."

Bezugnehmend auf diejenigen, die die Ansicht vertreten hatten, es werde nicht genug getan, Flüchtlingen oder Fluchtwilligen zu helfen, zitierte Peake, nachdem er insbesondere den Brief des Bischofs von Chichester an die *Times* erwähnt hatte, aus einer über hundert Jahre alten Rede Macaulays über „die Wirkung der Verzweiflung auf das menschliche Denken". Die Verzweiflung mache, so hatte Macaulay gesagt, „selbst weise Männer schwankend, unberechenbar, leichtgläubig, begierig auf rasche Abhilfe, gleichgültig gegenüber späteren Folgen. Es gibt keine Scharlatanerie in der Medizin, Religion oder Politik, auf die nicht selbst der gescheiteste Kopf hereinfallen kann, wenn Schmerz oder Angst ihn durcheinandergebracht haben."

Diese Sätze, erklärte Osbert Peake, bereiteten ihm einen „gewissen Trost", wenn er Briefe wie den lese, den der Bischof von Chichester an die *Times* geschrieben hatte.

Nach Peake sprach Eleanor Rathbone; sie erklärte, die Eröffnungsreden auf der Bermuda-Konferenz hätten „geradezu den Geist des Defätismus und der Resignation geatmet", einen Geist, der ihrem Gefühl nach noch immer aus allen amtlichen Verlautbarungen über die Flüchtlingsfrage spreche. Der Eindruck, daß es um „drängende Fragen" gehe, sei weder bei der Bermuda-Konferenz entstanden, noch habe man diesen Eindruck jetzt. Worauf es jetzt ankomme, sei, wie Eleanor Rathbone insistierte, daß man „genügend Betroffenheit aufbringt und seine ganze Zeit und alle seine Gedanken auf diese Aufgabe konzentriert". Auf der Bermuda-Konferenz sei deutlich geworden, daß die neutralen Länder Flüchtlinge aus Nazi-Europa nur aufnehmen würden, wenn sie die Möglichkeit hätten, sie früher oder später an alliierte Länder weiterzureichen. Wären diese Neutralen nicht „besser in der Lage, Leute weiterzureichen", so fragte Miss Rathbone,

… wenn Großbritannien seinen Konsuln einige hundert Blankovisa für Palästina oder Großbritannien oder für irgendein von uns verwaltetes Lager in Nordafrika oder anderswo in die Hände gäbe, wenn die Vereinigten Staaten einen weiteren Satz solcher Visa ausgäben und wenn andere befreundete Länder ebenfalls solche Visa ausstellten?

Miss Rathbone sprach sodann über die Prozedur der Ausstellung eines US-Visums, die sie als „noch schwieriger und langwieriger als unsere eigene" bezeichnete. „Wenn das Blut derjenigen" fügte sie erbittert hinzu, „die im Laufe dieses Krieges unnötigerweise ihr Leben gelassen haben, durch Whitehall fließen würde, würde es so hoch steigen, daß alle Insassen jener düsteren Bauten, die unsere Regierenden beherbergen, darin ertrinken würden." Wieviele noch, fragte sie, „die gerettet werden könnten, werden zugrundegehen", wenn man an das Problem im Geist der Bermuda-Konferenz heranging; und sie schloß:

… der Tod derer, an die wir heute denken, ist so vollkommen sinnlos, trostlos und grausam gewesen. Er hat keinen anderen Zweck erfüllt, als das Bedürfnis eines Mannes nach Grausamkeit zu stillen, nach vernichtender Rache an den Schwachen, da er die Starken nicht zu fassen bekommt.

Unser Sieg wird dem allem ein Ende machen. Aber sagen wir bis dahin nicht: ‚Wir sind nicht verantwortlich.'

Wir sind verantwortlich, wann immer ein einziger Mensch, Mann, Frau oder Kind, zugrundegeht, den wir hätten retten können und müssen. Zuviele Leben und zuviel Zeit sind schon verloren worden. Verlieren wir nicht noch mehr.

Die „ausgewogenere Auffassung", die das Kabinett zu hören gehofft hatte, wurde nicht lange nach diesem Aufruf von Eleanor Rathbone durch einen Abgeordneten der Konservativen, Sir Lambert Ward, einem Oberst und ehemaligen Schatzkommissar, zum Ausdruck gebracht. Ward erklärte seinen Parlamentskollegen, er sei gewiß, daß die Auffassung „etwas" für sich habe, „die Aufnahme einer großen Zahl von Flüchtlingen jüdischer Konfession könnte die schwelende Glut des Antisemitismus, die wir hierzulande haben, leicht aufflammen lassen".

Ward äußerte auch seine Besorgnis darüber, daß, wenn jüdische Flüchtlinge „in größerer Zahl" in England aufgenommen würden, diese sich „sicherlich automatisch" im Londoner East End sammeln würden, wo infolge der Luftangriffe schon jetzt großer Wohnungsmangel herrsche. Er schlug eine andere Lösung vor: Jüdische Flüchtlinge sollten, besonders nach dem Krieg, in Libyen, Tripolitanien und Tunesien angesiedelt werden, wo bereits eine beträchtliche jüdische Bevölkerung ansässig sei, „so daß dort aufgenommene Juden kein Neuland betreten würden, da ihre Glaubensbrüder bereits dort wären und ihnen helfen könnten".

Im weiteren Verlauf der Debatte wurde viel Kritik an der Regierung und viel Sympathie für die Sache der Juden laut. Ein Labour-Abgeordneter, John Mack, wies seine Parlamentskollegen darauf hin, die Juden unterschieden sich insofern von den anderen leidenden Völkern, als sie „keine Regierung" hätten, „die für sie spricht, keinen Konsul und keine Flagge. Sie nehmen in keinem Land einen offiziellen Status ein und werden vermutlich auf keiner Friedenskonferenz mit Sitz und Stimme vertreten sein." Und John Mack fügte hinzu: „Unsere Herzen sind bei ihnen in ihrem hoffnungslosen Elend."

Der konservative Abgeordnete Viktor Cazalet, der wenig später bei demselben Flugzeugunglück getötet wurde, bei dem auch General Sikorski umkam, sprach von einem „Lager namens Treblinka", in dem Massaker verübt würden, die an Schrecken „die Massaker des Dschingis Khan und die Leiden der Albigenser in der Vergangenheit in den Schatten stellen". Treblinka war das einzige Vernichtungslager, das in der Debatte erwähnt wurde. Über die belgischen Juden konnte Cazalet nur berichten, sie seien „in Konzentrationslager in Polen oder Deutschland" deportiert worden. Tatsächlich waren sie nach Auschwitz gekommen.

Auf den „zunehmenden" Antisemitismus in England selbst eingehend, erklärte Cazalet: „Wenn Juden auf dem Festland zu Zehntausenden massakriert werden, ist das schon keine Nachricht mehr wert, aber wenn ein halbes Dutzend Juden in ein Schwarzmarktgeschäft verwickelt sind, ist das schon beinahe schlagzeilenträchtig."

Cazalet appellierte an die Regierung, Flüchtlinge nach England einreisen zu lassen, selbst wenn infolge davon die „Gefahr" eines Anwachsens des Antisemitismus in Kauf genommen werden müsse. Dagegen erklärte ein späterer Redner, der nationalliberale Abgeordnete Herbert Butcher, mit Nachdruck: „Wir dürfen eine Zunahme des Antisemitismus nicht zulassen." Ohnehin, so erklärte er seinen Parlamentskollegen, sei die antisemitische Stimmung in England im Ansteigen, dies werde sich aber „noch weiter verstärken, wenn wir den Juden eine Sonderbehandlung zugestehen". Das einzige Mittel, Europa zu befrieden, liege in einem alliierten Sieg, der sobald wie möglich errungen werden müsse, und er fuhr fort: „Wieviel Schiffsraum sind wir bereit, für Flüchtlinge abzustellen – mit dem Risiko, diesen Sieg hinauszuzögern?"

Der konservative Abgeordnete Arthur Colegate, ein ehemaliger hoher Funktionär der Internationalen Handelskammer, äußerte sich kritisch über das Verhalten bereits in England weilender jüdischer Flüchtlinge und schilderte dem Parlament ein Beispiel aus seinem eigenen ländlichen Wahlkreis, wo sich ein Heim für jüdische Flüchtlinge befand, die dort als Arbeitskräfte in der Landwirtschaft eingesetzt wurden. Colegate berichtete:

Die Juden in diesem Heim waren sehr freundlich aufgenommen worden, man hatte sie verpflegt und untergebracht und eingekleidet, aber sie weigerten sich, freitags nach 16 Uhr die Kühe zu melken (ein Abgeordneter: ‚Das ist ihr Sabbat.') Ja, aber lassen Sie mich ausreden. Englische Landarbeiter, die einen harten Arbeitstag hinter sich hatten, mußten einspringen und ihre Arbeit übernehmen.

Ein Abgeordneter rief dazwischen: „Schottische Bauern melken sonntags nicht", aber Colegate fuhr fort:

Dieser Fall hat eine Menge Vorurteile aufgewirbelt. Ich habe versucht, zur Klärung der Angelegenheit beizutragen, weil ich nicht will, daß sich dort Antisemitismus entwickelt. Es ist ein geringfügiger Anlaß, aber er zeigt, daß es nicht nur um zwei Unzen Nahrungsmittel pro Kopf der Bevölkerung geht.

Es bestehen Unterschiede in Lebensweise und Sitten, aber sehr heikle Unterschiede, und wer den Juden freundlich gesinnt ist, sollte sich sorgfältig bemühen, solche Vorkommnisse zu verhindern. Der Landwirt selbst ist natürlich sehr ungehalten wegen der Sache.

Derartige Vorfälle ließen, so erklärte Colegate warnend, Vorurteile entstehen. In Erwiderung hierauf appellierte der jüdische Labour-Abgeordnete Silverman an Colegate, den Juden die Treue zu ihrer religiösen Überzeugung zu „verzeihen"; er fragte Colegate, ob dieser sich nicht „selbst zum Sprecher und Interpreten dieser Juden" machen könne, wenn er in jener Gegend soviel Einfluß besaß.

Außenminister Eden selbst beschloß die Debatte vom 19. Mai mit einer Erklärung im Namen der Regierung. Es gebe, wie er sagte, noch „30000 freie Plätze in Palästina", und er setzte hinzu: „Wir möchten gerne die Kinder dorthin bringen, und trotz der Transportprobleme würden wir gerne unser Bestes tun, um dies zu erreichen, aber wir können sie ohne die Zustimmung Sofias und Berlins nicht herausbekommen. Das sind die schlichten Tatsachen. Ich kann weder Sofia noch Berlin zu irgend etwas zwingen."

In Erwiderung auf die an der Regierung geäußerten Kritik fügte Eden hinzu: „Ich glaube nicht, daß wir vor Ende des Krieges irgendwo anders als in den Randgebieten tätig werden können", und die Randgebiete seien es, denen das Augenmerk gelten müsse.[1]

Was Eden in der Debatte nicht sagen konnte: Es war zu diesem Zeitpunkt ironischerweise die Politik der Vereinigten Staaten, die sich als so rigide erwies, daß sie sogar diejenigen Initiativen untergrub, die die englische Regierung eigentlich hatte ergreifen wollen.

Auf der Bermuda-Konferenz war Einigung darüber erzielt worden, daß man denjenigen jüdischen Flüchtlingen, die bereits in Spanien waren, gestatten würde, über die Straße von Gibraltar in die unter alliierter Kontrolle stehenden nordafrikanischen Länder einzureisen. Allein, am 19. Mai, dem Tag der Debatte im Unterhaus, telegrafierte Eden direkt an Churchill, der sich zu diesem Zeitpunkt in Washington aufhielt.

Ich bin bestürzt und deprimiert über die Weigerung der amerikanischen Stabschefs, unserer Empfehlung zu folgen, ein kleines Lager in Nordafrika einzurichten, das Flüchtlinge aus Spanien aufnehmen könnte. Dieser Vorschlag ist von unserer Seite seit langem mit Nachdruck vertreten worden ...

Hauptsächlich hierauf setzen wir unsere Hoffnung, Flüchtlinge aus Spanien herauszubekommen und so nicht nur die öffentliche Meinung in England und Amerika zu besänftigen, sondern auch die Fluchtwege aus Frankreich nach Spanien offenzuhalten, die für unsere militärische und geheimdienstliche Arbeit so wichtig sind. Es ist dies der einzig verbliebene Weg, auf dem wir unsere Piloten und andere Gefangene aus Frankreich herausholen können ...

Die Zahlen, um die es geht, sind nicht groß, und schon die Zustimmung zur Einrichtung eines Lagers für nur tausend Personen würde die Situation erleichtern. Es fällt schwer zu glauben, daß dies eine unzumutbare Belastung für unsere Schiffskapazität bedeuten würde ...

Was das letzte Gegenargument betrifft, nämlich die ablehnende Einstellung der Araber, so könnte diese sicherlich überwunden werden, indem man das Lager an einem von den bedeutenden arabischen Zentren weit genug entfernten Ort errichtet.

Eden setzte hinzu, einer der Gründe für seine Besorgnis sei die Möglichkeit, daß es zu „äußerst ernster parlamentarischer Kritik" kommen könne, falls nichts getan werde.[2]

Sechs Wochen später telegrafierte Churchill persönlich an Roosevelt und drängte auf eine Verwirklichung des auf den Bermudas beschlossenen Plans zur Errichtung von Flüchtlingslagern in Nordafrika. Wie Churchill deutlich machte, habe „der Bedarf nach Hilfsmaßnahmen für Flüchtlinge, insbesondere für jüdische Flüchtlinge, nicht abgenommen, seit wir die Frage zuletzt erörterten"; und er fügte hinzu: „Unsere unmittelbaren materiellen Möglichkeiten, den Opfern von Hitlers anti-jüdischem Feldzug zu Hilfe zu kommen, sind gegenwärtig so begrenzt, daß mir die Schaffung des vorgeschlagenen kleinen Lagers zu dem Zweck, einige von ihnen in Sicherheit bringen zu können, nur um so gebotener erscheint."[3]

16. „Ich habe die schrecklichen Qualen niemals vergessen ... "

Zu Anfang des Jahres 1943 hatten in England stationierte britische und amerikanische Bomber begonnen, verheerende Angriffe auf die bedeutendsten Städte und Industr, viereviere des westlichen Deutschland zu fliegen: auf das Ruhrgebiet, auf den Großraum Hamburg und auf Berlin selbst. Am 8. Februar 1943 ordnete Heinrich Himmler in der Sorge, die bis in die Regionen der Konzentrationslager hineinreichenden alliierten Bombenangriffe könnten unter Umständen zu Massenausbrüchen aus den Lagern führen, eine strengere Bewachung an. Jedes Lager sollte in vier Blöcke zu je viertausend Gefangenen eingeteilt werden. Jeder Block war mit Stacheldraht einzuzäunen. Um jedes Lager sollte eine hohe Mauer gezogen werden, überragt von Masten mit darauf montierten Suchscheinwerfern. Die Mauern sollten auf beiden Seiten mit Stacheldraht gesichert, die innere Stacheldrahtverkleidung unter elektrische Spannung gesetzt werden. Ein Streifen außerhalb der Mauer sollte vermint werden. Innen sollte die Mauer von Hunden bewacht werden, während außerhalb von Umwallung und Minenstreifen Wachmannschaften mit Hunden patrouillieren sollten, Hunden, die darauf abgerichtet waren, „einen Mann in Stücke zu reißen".[1]

Die zunehmende Wirkung, die die Alliierten mit ihren Luftangriffen erzielten, hatte noch weitere unmittelbare Folgen für das System der Konzentrationslager. Am 5. März 1943 wurde bei einem Bombenangriff auf Essen die Zünderfabrikationsanlage der Krupp-Werke zerstört. Binnen zweier Wochen wurde der Beschluß gefaßt, alle geretteten Maschinen nach Auschwitz zu verlegen, in dessen Umgebung eine rasch wachsende Industrie bereits Zehntausende der Deportierten beschäftigte – unter Bedingungen unmenschlichster Sklavenarbeit, die wenig Hoffnung auf ein Überleben verhießen, aber eben doch eine Hoffnung, die für die anderen, die gleich nach ihrer Ankunft für die Gaskammern „selektiert" wurden, nicht bestand. Da Auschwitz im Frühjahr 1943 außerhalb der Reichweite der alliierten Bomber lag, nahm die Zahl der Fabriken im Umkreis des Lagers beträchtlich zu, und tausende Juden wurden dorthin deportiert, um in diesen Fabriken zu arbeiten. Nicht nur Krupp, sondern auch mehrere andere führende deutsche Industrieunternehmen fanden es sowohl unter dem Gesichtspunkt der billigen Arbeitskraft als auch wegen der Sicherheit vor Luftangriffen vorteilhaft, Teile ihrer Produktion in die Region Auschwitz zu verlegen.

Die Deutschen waren im Mai 1943 ungeachtet der alliierten Luftangriffe noch immer die Herren Europas. Militärisch schienen sie weder durch die englischamerikanischen Siege in Nordafrika noch durch den langsamen Vormarsch der Roten Armee fern im Osten bedroht zu sein. Von Berlin aus gesehen, schien die deutsche Herrschaft in Europa von keiner unmittelbaren oder unbezwingbaren Gefahr bedroht. Und noch bestand keine Aussicht darauf, daß irgendeine der

alliierten Armeen denjenigen jüdischen Gemeinden rettend zu Hilfe kommen
würde, die noch nicht deportiert waren.

Die Alliierten waren jedoch zuversichtlich, daß der Klammergriff, in dem die
Deutschen Europa hielten, letzten Endes gesprengt und alle unterworfenen Völker aus der Tyrannei befreit werden könnten. Die englische und amerikanische
Führung taten am 14. Mai 1943 einen wichtigen Schritt in diese Richtung, als ihre
höchste militärische Planungsgruppe, die sogenannten Vereinten Stabschefs,
ihre Zustimmung zur „Operation Pointblank" erteilte, einer gemeinsamen englisch-amerikanischen Luftoffensive gegen Deutschland, deren Ziel die Zerstörung der Nervenzentren der deutschen Militärmacht war.

Als übergeordnetes Ziel der Operation Pointblank wurden „die fortschreitende Zerstörung und Erschütterung des deutschen Rüstungssystems angestrebt
und die Schwächung der Kriegsmoral des deutschen Volkes bis zu einem Punkt,
an dem seine Fähigkeit zum bewaffneten Widerstand entscheidend gebrochen
ist"; wenn es soweit sei, könnten die „abschließenden vereinten Operationen auf
dem Festland eingeleitet", d. h. eine zweite Front in Westeuropa eröffnet und die
deutsche Herrschaft in Europa durch einen gleichzeitigen Vormarsch der alliierten Heere von Osten und Westen nach Deutschland selbst gebrochen werden.[2]

Die Operation Pointblank sollte über mehr als zwölf Monate hinweg den
Schwerpunkt der englisch-amerikanischen Luftkriegführung darstellen und
nach den alliierten Planungen im März 1944 ihre größte Kampfkraft entfalten –
bis zu diesem Zeitpunkt würde allein die amerikanische Luftwaffe mehr als 3500
Bomber bereitstellen. Das konkrete Ziel der Operation war die Zerstörung von
sechs deutschen Rüstungskomplexen: der U-Boot-Werften und -Stützpunkte,
der deutschen Flugzeugindustrie, der Kugellagerproduktion, der Produktions-
und Lagerstätten von Erdöl und synthetischem Öl, der Fabriken für synthetischen Gummi und Reifen sowie der Montage- und Zulieferbetriebe der Trans-
portfahrzeugindustrie.

Im Falle eines erfolgreichen Ausgangs der Operation Pointblank sollte im
Laufe des Sommers 1944 eine zweite Front im Westen eröffnet werden. Wenn
eine solche Front erst einmal stand, war die Befreiung Europas nur noch eine Frage der Zeit. Aber wieviele – oder besser wie wenige – Juden würden zum Zeitpunkt der Befreiung noch am Leben sein und den alliierten Sieg feiern können?
Und wie sollten sie ihre Befreiung feiern, wo doch schon jetzt, im Mai 1943, so
viele Millionen ihrer Glaubensgenossen tot waren, wo der Aufstand im Warschauer Getto niedergeschlagen und die jüdische Gemeinde Polens, die größte
im Europa der Vorkriegszeit, schon beinahe vollständig vernichtet war?

Individuelle Rettungsversuche, selbst in dem bis dahin praktizierten begrenzten Rahmen, erwiesen sich als zunehmend schwieriger. Einzelne Personen zu
Austauschzwecken aufzuspüren, war zu diesem Zeitpunkt, im Mai 1943, praktisch unmöglich geworden: Nur so wenige waren noch in Freiheit.

Noch weitere Ängste bewegten die jüdischen Führer zu dieser Zeit: In der
Nacht vom 16. auf 17. Mai waren die Möhne- und die Edertalsperre durch Bombenangriffe zerstört worden, was zu beträchtlichen Überflutungen im ganzen

Ruhrbecken geführt hatte; in einer alliierten Pressemitteilung im Anschluß an diesen Angriff wurde bekanntgegeben, daß an den wissenschaftlichen Kriegsplanungen der Alliierten auch jüdische Naturwissenschaftler beteiligt waren; Dr. Weizmann teilte dem Sekretariat von Premierminister Churchill seine Besorgnis darüber mit, daß die Deutschen, falls diese Information weiterverbreitet wurde, womöglich erneute Repressalien gegen Juden durchführen würden.[3] Die betreffende Meldung wurde daraufhin nicht mehr veröffentlicht.

Die britische Regierung übermittelte weiterhin in Zusammenarbeit mit der Jewish Agency Listen mit den Namen palästinensischer Juden an die deutschen Behörden, wobei die schweizerische Regierung als Vermittlerin fungierte. Die Hoffnung auf ein Überleben der in diesen Listen genannten Personen gründete sich, wie Lichtheim am 21. Mai nach Istanbul schrieb, nicht unbedingt auf einen tatsächlichen Austausch, sondern darauf, daß die Deutschen der Schweizer Regierung „eine allgemeine Zusicherung" gegeben hatten, „daß diese Personen gesondert behandelt werden, wenn sie ausfindig gemacht werden können". Auch in den Fällen, in denen keine Möglichkeit zu einem tatsächlichen Austausch bestand, wollten, wie Lichtheim notierte, „die britischen Behörden helfen, falls es diesen Personen gelingt, herauszukommen".[4] Der ersten Liste mit 800 Namen war daher im März 1943 eine zweite Liste mit neuen, von der Jewish Agency zusammengestellten Namen und Adressen nachgefolgt.

Auch im Mai scheiterten die immer wieder unternommenen Versuche, die 4000 Kinder und 500 Erwachsenen aus Ungarn herauszulotsen, da, nachdem Bulgarien eine Durchreisegenehmigung verweigert hatte, nur noch Rumänien sich als Durchgangsland zum Schwarzen Meer anbot: Am 21. Mai jedoch teilten die schweizerischen Behörden Lichtheim mit, daß „ihren Informationen zufolge aus Rumänien kein Schiff ohne Genehmigung aus Berlin abgehen kann".[5]

Auch die Pläne, mit Hilfe südamerikanischer Pässe Menschen zu retten, wurden weiterhin ausgeführt, allerdings ebenfalls in nur geringem Umfang und erheblich eingeschränkt durch das Tempo der deutschen Deportationsmaßnahmen. Am 22. Mai traf eine Gruppe von ungefähr 60 Juden aus Warschau in der französischen Stadt Vittel ein. Jeder von ihnen besaß den Paß eines südamerikanischen Landes, und sie alle waren durch diesen Paß vor der Deportation nach Treblinka bewahrt worden. Sie alle hofften nun, entweder in Vittel den Krieg zu überleben oder nach Südamerika weiterreisen zu dürfen.

Einer derjenigen, die am 22. Mai in Vittel ankamen, war der Dichter Yitzhak Katznelson. Mit ihm war einer seiner Söhne. Seine Frau und zwei andere Söhne waren im September des Vorjahres aus Warschau nach Treblinka deportiert und dort getötet worden.[6] Auf den Austauschlisten waren noch weitere Warschauer Juden verzeichnet gewesen, aber man hatte sie nicht mehr ausfindig machen können.

Am 22. Mai wurde bekannt, daß das Warschauer Getto zerstört worden war und die Ermordung von Juden auch in anderen Städten fortgesetzt werden sollte; denn an diesem Tag berichtete die *New York Times* über eine Rede des polnischen Informationsministers Professor Stanislaus Kot, der bei einem Gedenkgottesdienst für Szmul Zygielbojm in London unter Berufung auf Meldungen polnischer Untergrundsender berichtet hatte, die Nazis hätten „mit der Liquidierung der Gettos von Krakau und Stanislawow als Vergeltung für die Bombardierung deutscher Staudämme durch England begonnen; sie erschossen alle Juden, die sie fanden, oder töteten sie in Gaskammern".[7]

Am 25. Mai veröffentlichte die *Times* den Text zweier Botschaften, die Zygielbojms jüdischer Kollege im Polnischen Nationalrat, Dr. Schwarzbart, aus dem Warschauer Getto erhalten hatte; er bezeichnete diese Botschaften als zwei der „letzten Appelle eines kämpfenden und sterbenden Volkes". Die erste war vom 28. April datiert und berichtete darüber, wie die Juden im Getto gegen deutsche Artillerie, Flammenwerfer und Flugzeuge kämpften, die „einen Regen von Brandbomben und anderen hochexplosiven Bomben" abwarfen. Die Botschaft enthielt auch die Forderung, die Deutschen sollten „die machtvolle Rache" der alliierten Nationen „unverzüglich und nicht in irgendeiner fernen Zukunft" zu spüren bekommen, und zwar auf eine Weise, „die es ganz deutlich macht, wofür diese Rache gilt".

Die zweite Botschaft war am 11. Mai in Warschau abgesandt worden und enthielt die Nachricht, „daß der Widerstand langsam sein Ende erreicht".[8]

Am 26. Mai, einen Tag nach Bekanntwerden der Nachricht von der Zerstörung des Warschauer Gettos, veröffentlichte die *Times* einen Artikel ihres Korrespondenten in Istanbul, in dem über die Deportationen von 50 000 Juden aus Saloniki „nach Polen" berichtet wurde und der Augenzeugenaussagen enthielt über die Viehwaggons, in denen die Juden deportiert worden waren. Jeder Waggon habe, so der Bericht, nur „eine kleine Öffnung unter dem Dach" zur Entlüftung gehabt. Achtzig Leute seien in jeden Waggon gepfercht worden, „wo sie die ganze Zeit über, wie Sardinen aneinandergepreßt, aufrecht stehen mußten". Jeder Person war ein Laib Brot zugeteilt, jedem Waggon war ein Krug mit „einem kleinen Wasservorrat für alle" mitgegeben worden. Sanitäre Vorrichtungen gab es überhaupt nicht. Viele waren auf der Fahrt gestorben. Irgendwo in Jugoslawien waren sie in ein Lager gebracht worden, wo man sie „desinfiziert" und ihnen allen, auch den Frauen, den Schädel glattrasiert hatte. Von dort aus, so schloß der Bericht, „wurden die noch Lebenden nach Krakau gebracht, wo sich jede Spur von ihnen verloren hat".[9]

Tatsächlich waren sie nach Auschwitz gebracht worden, das keine 60 Kilometer weit von Krakau entfernt lag, und in Auschwitz hatte man die meisten sogleich vergast. Auch in diesem Bericht tauchte der Name Auschwitz nicht auf. Aber am 1. Juni wurde in einem Bericht des diplomatischen Korrespondenten der *Times* mit der Überschrift „Nazi-Brutalität gegen Juden" der polnische Name des Ortes, Oświęcim, genannt; dorthin, so hieß es, seien mehreren Schilderungen zufolge Juden aus dem Krakauer Getto deportiert worden. Dieses Getto, so hieß es, sei „geräumt" worden, wobei um die tausend Juden an Ort und Stelle in den Straßen und Häusern getötet, die anderen „zum Konzentrationslager Oświęcim gebracht" worden seien. Was dort aus ihnen geworden war, sagte der Bericht allerdings nicht. Und er wußte auch nichts über den Bestimmungsort der

aus mehreren anderen polnischen Städten deportierten Juden zu sagen, außer
daß „die Fahrt oft sehr lange" dauere und die Bedingungen härter seien, „als daß
ein Mensch sie für längere Zeit überstehen kann".[10]

Am 18. Juni machte das Palästinabüro in Genf die Jewish Agency in Jerusalem
telegrafisch darauf aufmerksam, daß Juden, die schon zu einem früheren Zeitpunkt aus den niederländischen Provinzen nach Amsterdam zusammengeholt
worden waren, in jüngster Zeit zu Tausenden in das Lager Westerbork gebracht
wurden. Dasselbe Telegramm enthielt außerdem die schlechte Nachricht, daß
die aus der Schweiz nach Holland geschickten Dokumente, die dem jeweiligen
Adressaten im Vorgriff auf vorgesehene Austauschaktionen einen besonderen
Schutz gewährten, „zunehmend an Wirksamkeit verlieren, was unmittelbare
Gefahr für Zehntausende bedeutet". Das Telegramm schloß: „Nur Verwirklichung Austauschaktion kann in letzter Minute helfen. Tut alles zur Beschleunigung der Aktion und drängt Regierung, sofort Veteranenlisten an Schutzmacht
zu übergeben. Bitte kabelt uns zweite Veteranenliste für Aktion."[11]

Der dringliche Ton dieses Telegramms war nicht fehl am Platz. Den ganzen
April und Mai hindurch waren Tausende niederländischer Juden zum Todeslager Sobibór deportiert und dort unmittelbar nach Eintreffen getötet worden –
5594 Personen in 4 Deportationszügen im April und 14029 Personen in 6 Transporten zwischen dem 4. Mai und 8. Juni. Jetzt, am 20. Juni, wurden weitere
5500 Juden im südlichen Teil von Amsterdam aufgegriffen und am gleichen Tag
nach Westerbork zum Weitertransport nach Sobibór geschickt, zusammen mit
anderen im gleichen Zeitraum Ergriffenen. Auch sie sollten unmittelbar nach
Ankunft im Lager Sobibór getötet werden.[12] Am 25. Juni trafen mehr als tausend
französische Juden aus Drancy in Auschwitz ein; die Hälfte von ihnen wurde
noch am gleichen Tag vergast.

Weder das Datum noch der Umfang dieser Deportationen war den Alliierten
bekannt; ebensowenig die Tatsache, daß seit Anfang April nahezu 30000 niederländische Juden deportiert und ermordet worden waren. Auch diesmal war die
Nachricht von der bloßen Tatsache der Deportationen erst in Genf eingetroffen,
nachdem ein Großteil dieser Deportationen bereits durchgeführt und die betroffenen Juden ermordet worden waren. Zwar endeten die Deportationen holländischer Juden nach Sobibór am 20. Juli, aber am 24. August setzten sie erneut ein,
und zwar nach Auschwitz; zwischen dem 24. August und dem 16. November
wurden fast 6000 holländische Juden nach Auschwitz deportiert und nahezu
44% vergast.

Und doch blieb Auschwitz in den Brandrufen und Alarmmeldungen, die nun
fast täglich bei den jüdischen und alliierten Führern eingingen, weiterhin uner-
wähnt. So schickte etwa Gerhart Riegner am 2. Juli das folgende Telegramm an
die tschechoslowakische Exilregierung in London zur Weitergabe an den Jüdischen Weltkongreß:

Wir erhalten alarmierende Berichte aus Lagern in Oberschlesien. Ein deportierter französischer Arbeiter berichtet über eine große Anzahl von Franzosen, englischen Kriegsgefangenen, gewöhnlichen Sträflingen und Juden in Arbeitslagern. Große Fabriken mit Schlaf-

stätten für Arbeiter werden direkt über Kohlenbergwerken errichtet, in der Absicht, synthetischen Gummi herzustellen. 36 000 Männer arbeiten auf einer Baustelle, 24 000 auf einer anderen. Unter ihnen sind mehrere tausend jüdische Deportierte im Alter zwischen 16 und 24 Jahren, die am schlechtesten behandelt werden.

Die Wächter sind mit Lederpeitschen ausgerüstet, mit denen sie ihre Opfer ständig schlagen. Die Deportierten tragen noch die Kleider, die sie bei ihrer Verhaftung anhatten und die inzwischen vollkommen abgerissen sind. Ihre tägliche Essensration besteht aus zwei kleinen Portionen Suppe, 100 Gramm Brot und etwas schwarzem Kaffee. Sie schlafen auf der nackten Erde, so zusammengepfercht, daß keiner ausgestreckt liegen kann. Die Kranken und Verletzten erhalten keine medizinische Betreuung. Die Sterblichkeit ist so hoch, daß in manchen Arbeitslagern die jüdische Belegschaft sich schon viele Male erneuert hat. Den nichtjüdischen Arbeitern ist jeder Kontakt mit den Juden verboten.[13]

Diese Nachricht war alarmierend. Sie war auch korrekt, soweit es die oberschlesischen Arbeitslager anging. Aber sie nannte Auschwitz nicht beim Namen, das im Zentrum des oberschlesischen Lagersystems lag und Schauplatz der täglichen hundertfachen Vergasung und Tötung von Menschen aus einem nie versiegenden Deportiertenstrom war.

Gegen Ende Juni erfuhr der britische Innenminister Herbert Morrison zum ersten Mal von der Praxis, Palästina-Zertifikate über die schweizerische Regierung an einzelne jüdische Personen im NS-Bereich zu schicken. Stand dieses Verfahren, so fragte er bei der Sitzung des Flüchtlingsausschusses des Kriegskabinetts am 28. Juni, nicht „im Widerspruch zu der Empfehlung dieses Ausschusses, daß unter keinen Umständen direkt mit der deutschen Regierung verhandelt werden soll"? Sowohl Eden als auch Stanley beeilten sich, Morrison zu beschwichtigen, indem sie ihm erklärten, die Methode, der deutschen Regierung Listen „mit den Namen einzelner Juden zu schicken, denen Einwanderungszertifikate gewährt werden können", werde seit Beginn des Krieges praktiziert. Es gehe hier nicht um die Frage von Verhandlungen mit den Deutschen, „sondern lediglich um die Mitteilung von Namen, die nicht zum Gegenstand von Diskussionen werden, sondern die von der deutschen Regierung entweder akzeptiert oder abgelehnt werden".[14]

Die Frage einer Unterbringung derjenigen Flüchtlinge, die vielleicht noch aus dem NS-Bereich entkommen konnten, in England selbst, blieb weiterhin umstritten. Am 30. Juni sprach Lord Samuel an der Spitze einer Delegation von sechs Parlamentsabgeordneten – außer ihm noch Lord Perth, Eleanor Rathbone, David Grenfell und Quentin Hoff – im Auswärtigen Amt vor. Diese Allparteiendelegation legte Beweise dafür vor, daß einzelnen Flüchtlingen die Einreise nach England verwehrt worden war. Das Auswärtige Amt war jedoch nicht gewillt, den vorgebrachten Klagen, wie die Delegation es vorschlug, im Rahmen einer interministeriellen Konferenz nachzugehen. Wie A. W. G. Randall notierte, wurde Lord Samuel „nicht in der Erwartung bestärkt, daß dies möglich sei".[15]

Noch einmal kam die britische Regierung im Sommer 1943 auf die Palästinafrage zurück. Am 25. Juni wies Lord Cherwell, der Generalzahlmeister, Churchill darauf hin, daß der Rat für den Krieg im Nahen Osten „eine entschlossene Bekräftigung" der Weißbuch-Politik von 1939 empfohlen habe, „die, wie Sie sich erinnern, den Arabern das Recht gibt, nach Ende März 1944 jede weitere jüdische Einwanderung zu unterbinden und so das bestehende arabische Übergewicht in Palästina zu fixieren".

Cherwell lenkte die Aufmerksamkeit Churchills auch auf ein Memorandum von Anthony Eden, mit dem er „die amerikanische Regierung bitten möchte, die zionistische Propaganda in den Vereinigten Staaten zu dämpfen, damit keine arabischen Empfindlichkeiten verletzt werden".

Anschließend stellte Lord Cherwell anheim, das Problem der „Errichtung eines Staates, der ein schützendes Dach für das gesamte Judentum abgeben könnte", könne vielleicht dadurch gelöst werden, daß man zwei solche Staaten schuf, „eine kleinere Nationale Heimat in Palästina" und einen zweiten „größeren Siedlungsbereich anderswo", sei es in Eritrea oder Tripolitanien, wie Churchill selbst bereits vorgeschlagen habe, „oder möglicherweise in Madagaskar", gewissermaßen als „eine Kolonie der Nationalen Heimat".

Bei einem geteilten Palästina, so fügte Cherwell hinzu, würden die Juden in ihrem Teil „ihren eigenen Staat haben, in dem sie tun können, was sie wollen, und so viele Einwanderer aufnehmen können, wie ihnen beliebt". Die in diesem Territorium ansässigen Araber würden entschädigt und ausgesiedelt; die außerhalb davon, im anderen Teil Palästinas ansässigen Juden würden entschädigt und in den jüdischen Teil umgesiedelt. Im Falle, daß eine solche Lösung „Wirbel" in der islamischen Welt auslöste, könne man dem „durch Zugeständnisse anderswo", wie etwa in Syrien oder Pakistan, beikommen. Cherwell schloß:

Im ganzen neige ich zu der Ansicht, daß wir derzeit den levantinischen Semiten zu viel Beachtung schenken, die sich die romantische Benennung „Araber" angeeignet haben, und daß wir zu wenig auf den Einfluß der Juden geachtet haben, der durch die weltweite Sympathie angesichts ihrer Leiden intensiviert worden ist. Nach dem letzten Krieg haben wir Arabien (so groß wie Westeuropa) von den Türken erobert und den Arabern übergeben; es nimmt sich seltsam aus, daß jetzt eine Ecke davon in der Größe von Wales den Juden nicht gegönnt wird.[16]

Einwendungen gegen das Eintreten Lord Cherwells für einen kleinen jüdischen Staat innerhalb eines geteilten Palästina kamen vom Flugzeugbauminister Sir Stafford Cripps; in einer Denkschrift vom 1. Juli machte Cripps sich dafür stark, die, wie er sich ausdrückte, „Entschädigung und ehrenhafte Rehabilitierung der Juden in ihren ehemaligen europäischen Heimatländern" sowie die grundsätzliche Herstellung „voller und gleicher staatsbürgerlicher Rechte" für alle Juden in allen von der NS-Herrschaft befreiten Ländern zu einem der „verbindlichen" alliierten Kriegsziele zu erklären. Bei einer Verfolgung dieser Linie werde sich, wie er erläuterte, zeigen, daß der Zionismus „den Juden sehr wenig zu bieten hat im Vergleich zu dem, was ein vom Nazismus befreites Europa dem überlebenden Rest an Möglichkeiten bieten könnte". Ohne solchermaßen formulierte Kriegsziele sehe er eine Gefahr in der derzeitigen „hysterischen Stim-

mung" der Zionisten; er erläuterte seinen Kabinettskollegen die gegenwärtige
Verfassung des Zionismus wie folgt:

... die unausgewogene gefühlsmäßige Einstellung der amerikanischen (und – in geringerem Maß – der britischen) Zionisten zur Lage in Palästina ist ein Symptom der Hysterie,
von der die Gemeinschaft der Juden in der freien Welt aus verständlichen Gründen erfaßt
worden ist.

Angesichts der sich vor ihren Augen in Europa vollziehenden Tragödie der rassischen
Ausrottung kommt es nicht überraschend, daß eine wachsende Zahl von Juden in anderen
Ländern zu der leidenschaftlichen Überzeugung gelangt ist, daß die Schaffung eines jüdi-
schen Staates in Palästina von entscheidender Bedeutung für ihr Überleben als Volk ist.

Solange diese hysterische Stimmung anhält, ist es offensichtlich und bedarf keiner Hervorhebung, daß die Gemeinschaft der Nationen in eine peinliche und die Juden selbst in
eine ausweglose Lage geraten.[17]

Das Kriegskabinett trat am 2. Juli zusammen, um diese Argumente zu prüfen.
Zuvor jedoch erörterte es die Frage der jüdischen Flüchtlinge aus dem NS-Bereich. Kolonialminister Oliver Stanley erklärte, der Plan, viertausend jüdische
Kinder mit fünfhundert erwachsenen Begleitpersonen aus Bulgarien nach Palästina zu lotsen – ein vom Kriegskabinett im Dezember des Vorjahrs gebilligtes
Vorhaben –, sei „durch deutschen Druck auf die bulgarische Regierung durch-
kreuzt" worden, mit dem Ergebnis, daß die Grenze zwischen Bulgarien und der
Türkei „jetzt für alle Juden geschlossen worden sei". Die Schweizer, so fügte er
hinzu, seien daraufhin zwar an die rumänische Regierung herangetreten, es gebe
jedoch „wenig Anzeichen" dafür, daß dies zu etwas führen werde.

Stanley hielt es für unwahrscheinlich, daß die Deutschen eine Auswanderung
von Juden aus den deutsch besetzten Ländern nach Palästina überhaupt noch zulassen würden. Er empfahl eine Lockerung der vom Kriegskabinett gegenwärtig
noch praktizierten Politik, wie sie Lord Cranborne in seinem Brief vom 22. Mai
1942 formuliert hatte, nämlich daß die illegale Einwanderung nach Palästina –
die einzig verbleibende Möglichkeit der Flucht – „mit allen praktisch anwendbaren Mitteln ... zu unterbinden" und die Aufnahme jüdischer Flüchtlinge in Palästina „in keiner Weise" zu erleichtern sei. Statt dessen sollte, so schlug Stanley
vor, „in Zukunft allen Juden, denen es irgendwie gelingt, in die Türkei oder andere neutrale Länder zu entkommen, das Anrecht auf Weiterreise nach Palästina
zugebilligt werden", wo sie nach vorübergehender Unterbringung in Lagern als
legale Einwanderer im Rahmen der geltenden Einwanderungsquoten anerkannt
und nach und nach in die Freiheit entlassen würden.

Dieses Zugeständnis, das vom Kriegskabinett abgesegnet wurde, war ein kleiner Fortschritt gegenüber Cranbornes Brief. Aber wie damals, so ging auch jetzt
mit der Gewährung dieser Konzession ein Kabinettsbeschluß einher, demzufolge die neue Politik „nicht öffentlich bekanntgemacht" werden sollte.[18] Die führenden Vertreter der Jewish Agency sollten über das Zugeständnis informiert
werden, nicht aber die jüdische und die nichtjüdische Öffentlichkeit.

Der bekannte sozialistische Denker Harold Laski beklagte sich Ende Juni in einem persönlichen Schreiben an Churchill darüber, daß dieser in einer kurz zuvor

gehaltenen Rede die Juden nicht erwähnt hatte. „Ich habe zwar", erwiderte Churchill am 5. Juli, „bei meiner Rede in der Guildhall nur über das Unrecht gesprochen, das Hitler den souveränen Staaten Europas zugefügt hat, doch habe ich die
den Juden zugefügten schrecklichen Qualen niemals vergessen; und ich denke
beständig darüber nach, mit welchen in unserer Macht liegenden Mitteln wir sie
lindern könnten, sowohl solange der Krieg noch anhält, als auch im Rahmen der
dauerhaften Regelungen, die danach kommen müssen."[19]

17. Die NS-Herrschaft breitet sich weiter aus

Am 10. Juli 1943 landeten britische und amerikanische Verbände auf Sizilien. Zum ersten Mal seit Beginn des Krieges sah es ganz danach aus, als könne einer von Hitlers Bündnispartnern besiegt werden. Unter denen, die zu dem Zeitpunkt, als die alliierten Streitkräfte landeten, in Italien auf die Befreiung warteten, waren über 120 000 Juden, darunter um die 13 000 jüdische Flüchtlinge aus anderen europäischen Ländern, die teilweise in einem Sonderinternierungslager in Ferramonti im Süden Italiens untergebracht und teilweise irgendwo im Land untergetaucht waren.

Am 17. Juli wurden im Rahmen eines Prozesses in der russischen Stadt Krasnodar, die von der Roten Armee befreit worden war, Belege für dort verübte Massenmorde vorgelegt. Es war ein öffentlicher, und zwar praktisch der erste „Kriegsverbrecherprozeß" des Zweiten Weltkriegs, und alliierte Zeitungsleute wurden aufgefordert, der Verhandlung beizuwohnen. Die Tatbestände, um die es bei dem Prozeß ging, bezogen sich allerdings wiederum nicht auf die Zone der Vernichtungslager, und auch nicht auf Juden, sondern auf sowjetische Zivilisten. Gleichwohl trug der Prozeß dazu bei, Vorstellungen über Umfang und Art der von den Nazis verübten Greuel zu vermitteln, insbesondere über den Einsatz der „Todesautos" zu informieren, in die die Opfer eingesperrt und mit eingeleiteten Auspuffgasen getötet wurden. Aus den bei dem Prozeß vorgelegten Beweisen ging hervor, daß allein in Krasnodar ungefähr 7000 Zivilisten mit dieser Methode getötet worden waren. „Männer, Frauen und Kinder", so erfuhr das Gericht, „wurden unterschiedslos in die Laderäume der Lastwagen gepfercht." Auch die meisten Patienten des städtischen Krankenhauses gehörten zu den Opfern. „Die schwerkranken Patienten", so sagte ein Zeuge aus, „wurden auf Bahren herausgetragen, und die Deutschen warfen auch sie in den Lastwagen." Dieser fuhr sodann zu einem eigens ausgehobenen Panzerabwehrgraben am Rande der Stadt. Bis er dort eintraf, hatten alle Insassen des Laderaums den Tod gefunden. Die Leichen wurden dann in den Graben geworfen.[1]

Die grausigen Einzelheiten der Vorgänge in Krasnodar konnten nur deshalb an die Öffentlichkeit gelangen, weil das deutsche Heer sich nunmehr auf dem Rückzug befand. Aber die Vernichtungs- und Konzentrationslager im polnischen Generalgouvernement lagen zu diesem Zeitpunkt noch weit hinter der Front, und in ihnen konnte der Massenmord an den Juden weitergehen, unbeeinträchtigt von den zunehmenden militärischen Schwierigkeiten, in die Deutschland sowohl an der Ostfront als auch in Italien geriet. In der Tat: Genau am gleichen Tag, als der Prozeß von Krasnodar auf wiederbefreitem sowjetischen Boden begann, schickte die polnische Exilregierung in London dem britischen Auswärtigen Amt zwei aus Polen herausgeschmuggelte Berichte über neue und anhaltende deutsche Greuel gegen die Juden zu. Diese beiden vom 17. Juli datierten Berichte bezogen sich speziell auf die Deportation von Juden in das Konzentrationslager Majdanek.

Im ersten Bericht schilderte ein Unterführer der polnischen Widerstandsbewegung, der Oberbefehlshaber der Partisanentruppen im Bezirk Lublin habe ihm erklärt, er besitze „Beweise dafür, daß manche von den Leuten dort in Gaskammern getötet werden". Der zweite Bericht enthielt noch konkretere Angaben: „Wir haben sichere Gewähr dafür, daß am 2. und 5. Juli zwei aus Frauen, Kindern und alten Männern bestehende Transporte zu jeweils 30 Waggons in Gaskammern liquidiert worden sind."

Diese beiden Berichte wurden im Auswärtigen Amt erörtert. Roger Allen bat seinen Kollegen William Cavendish-Bentinck, die Berichte zu überprüfen, und fügte dieser Bitte hinzu: „Möglicherweise halten Sie jedoch diese Sache für nicht wichtig genug, um praktische Schritte unsererseits zu rechtfertigen." Cavendish-Bentinck, dem als Vorsitzenden des Geheimdienstausschusses die Aufgabe oblag, die Richtigkeit bzw. Falschheit aller derartigen Berichte aus dem NS-Bereich zu prüfen, antwortete am 27. August: „Meiner Ansicht nach ist es unkorrekt, polnische Informationen bezüglich deutscher Grausamkeiten als vertrauenswürdig zu bezeichnen. Die Polen – und noch in viel stärkerem Maß die Juden – neigen dazu, deutsche Grausamkeiten zu übertreiben, um uns aufzustacheln."[2]

In Wirklichkeit waren die Berichte alles andere als übertrieben. Am 20. Juli waren tausend jüdische Männer, Frauen und Kinder aus Paris in Auschwitz eingetroffen, der 59. Transportzug aus Frankreich innerhalb von 16 Monaten. Binnen weniger Stunden waren 440 der Angekommenen, darunter 126 Kinder, vergast. Die übrigen, 369 Männer und 191 Frauen, wurden tätowiert und in die Baracken eingewiesen. Freilich sollten selbst aus diesem Transport nur 27 Männer und 16 Frauen den Krieg überleben.[3]

Ebenfalls am 20. Juli schickten die Vertreter der Jewish Agency in Istanbul eine Zusammenfassung der ihnen jüngst aus Europa zugegangenen Botschaften nach Jerusalem. Einige dieser Botschaften steckten in verschlüsselten Postkartentexten – knappen, umschriebenen Andeutungen, die die Zensur durchgelassen hatte. Zusammengefügt erzählten sie freilich eine furchtbare Geschichte: von Deportierten aus den wenigen verbliebenen Gettos, die in Treblinka und Belzec vergast worden waren; vom Leben in den „schrecklich vom Tod erfüllten" Gettos; und von „einer Reihe von Deportationen" selbst aus dem „Mustergetto" von Theresienstadt. Die aus Theresienstadt Deportierten hätten, so hieß es in einer der Botschaften, eine Reise angetreten, „deren Ende niemand kannte".

Der Brief aus Istanbul vom 20. Juli enthielt auch schlechte Nachrichten über die Juden in Zagreb, der Hauptstadt des Satellitenstaates Kroatien. Von der einst blühenden, mehrere tausend Köpfe zählenden jüdischen Gemeinde dieser Stadt waren, wie einer zwei Monate zuvor in Istanbul eingegangenen Botschaft zu entnehmen war, nur noch vierhundert Personen übrig, darunter fünfundvierzig Kinder. Tausende seien, so hieß es in der Botschaft, „fortgezogen, um sich im

Vorort Kever niederzulassen". Kever ist das hebräische Wort für „Grab". Die neuesten Nachrichten besagten nun, daß von den zwei Monate zuvor noch erwähnten überlebenden Zagreber Juden dreihundertfünfzig „mit unbekanntem Ziel" deportiert worden seien. Der letzte in Istanbul eingetroffene Brief aus Zagreb war vom 27. Juni datiert. „Es ist ein erschütternder Hilferuf."

Auch aus Rumänien kamen niederschmetternde Nachrichten; wie „die äußere Erscheinung von Waisenkindern" geschildert werde, sei „herzzerreißend", berichtete Istanbul. Und was das Getto von Bedzin betreffe, das bis dahin „vergleichsweise ein Lichtblick" gewesen sei, so hätten die Gewährsleute in Istanbul „kürzlich" erfahren, daß es nun auch dort zu „Deportationen und Massakern" komme.[4]

Bestätigt wurde diese schlimme Nachricht alsbald durch einen Brief aus Bedzin selbst, den vier junge Zionisten am 17. Juli abgeschickt hatten. Es wurde Mitte August, bis ihr Brief durch das nazistisch kontrollierte Europa geschmuggelt und in Istanbul eingetroffen war. Er bestätigte das Ausmaß der Massaker. Wie der Brief darlegte, war es den polnischen Zionisten während der ersten eineinhalb Jahre des Krieges gelungen, ein „immenses" Netz von Ausbildungsgütern und eine starke zionistische Jugendbewegung aufzubauen, „viel größer und stärker als in normalen Zeiten". Dann aber war plötzlich die gesamte „reguläre Arbeit", die Vorbereitung auf ein Leben in Palästina, unterbunden worden. „Die Öfen wurden installiert, und die systematische Ausrottung begann."

Der Brief aus Bedzin erzählte von 80 000 Juden aus dem westlichen Polen, die in Chelmno vergast worden waren, und von den verbliebenen 40 000 Juden des Lodzer Gettos, die in ihrem Getto eingeschlossen waren, „dem Hungertod und dem Siechtum geweiht". In Litauen lebten, in den drei Gettos von Wilna, Kaunas und Schaulen, nur noch 20 000 Juden. Das ganze übrige Litauen sei „judenrein" gemacht worden. In den Städten Warschau, Lublin, Tschenstochau und Krakau – in jeder von ihnen hatte es einst eine blühende jüdische Gemeinde gegeben – „ist heute kein Jude mehr anzutreffen". Die Juden dieser Städte seien in Treblinka, dem „berühmten Vernichtungslager" nicht nur für polnische, sondern auch für holländische, belgische und andere europäische Juden, ausgerottet worden.

Weiter berichtete der Brief vom 17. Juli vom Aufstand im Warschauer Getto, dem „schönsten Kapitel unseres Kampfes"; nach dem Aufstand seien „alle Juden getötet und das Getto vollständig zerstört" worden. Außerhalb Warschaus lebten noch ungefähr 30 000 Juden in Arbeitslagern, aber „in zwei Wochen werden auch sie nicht mehr sein". Ein paar tausend Juden hielten sich, so der Brief, im „arischen" Sektor Warschaus versteckt. In Bialystok lebten 20 000 „unter verhältnismäßig besseren Bedingungen". Alle Juden aus der Region Lublin seien in Belzec und Sobibór vergast worden.

Weiter hieß es in dem Brief aus Bedzin, nur im östlichen Oberschlesien – wo Bedzin selbst lag – lebten die Juden noch in „menschenähnlichen Verhältnissen". Aber auch hier verändere sich die Lage. Vor drei Wochen seien 7000 Juden von Bedzin aus nach Auschwitz „überführt" und dort „durch Erschießen und Verbrennen" getötet worden.

Der Brief fuhr fort: „In den nächsten paar Wochen soll nun die Region, aus der wir schreiben, judenrein gemacht werden. Zu dem Zeitpunkt, da dieser Brief Euch erreicht, wird keiner von uns mehr am Leben sein."

Mehrere Monate lang hatten die Juden von Bedzin zu denen gehört, die sich aus der Schweiz eingeschmuggelte Pässe südamerikanischer Länder hatten beschaffen können. Allein, in ihrem Brief vom 17. Juli berichteten die vier jungen Zionisten, diejenigen, die solche vermeintlich rettenden Dokumente erhalten hatten, seien „einfach verschwunden". Zu Anfang habe man geglaubt, sie seien in Sicherheit, „aber jetzt wissen wir, daß sie nach Auschwitz geschickt worden sind".[5]

Was bedeutete der Name „Auschwitz" denjenigen, die in Istanbul diesen Brief vom 17. Juli lasen? Drei Tage später ging eine weitere Botschaft von Istanbul nach Jerusalem. Sie hatte etwas mehr als drei Monate gebraucht, um aus der slowakischen Stadt Preßburg in die Türkei zu gelangen; auch in dieser Mitteilung war Auschwitz erwähnt, allerdings nicht als ein Zentrum des Massenmordes. In der Botschaft war vielmehr von „jenen Hauptzentren" die Rede, in die Männer und Frauen deportiert worden seien: „Auschwitz in Oberschlesien", „Birkenau in Oberschlesien" und „Lublin". „Das Leben in diesen Lagern" entspreche, so erklärte der Brief weiter, „den Bedingungen der Schutzhaft".[6]

Wie sah die Wahrheit aus?

Noch während der Brief aus Bedzin auf dem Weg nach Istanbul war, wurden die Juden von Bedzin liquidiert, wie der Brief es angekündigt hatte.

Für die Regierung und die Zionisten in London war es gegen Ende Juli wieder einmal die Zukunft Palästinas nach dem Krieg, die zum Gegenstand von Auseinandersetzungen wurde. Churchill selbst sah sich zum Eingreifen veranlaßt, als ihm der Inhalt eines am 22. Juli von General Smuts an den Minister für die Kronländer geschickten Telegramms bekannt wurde, in dem der General erklärte, er halte die von mehreren Ministern geäußerte Absicht, „Juden nach Deutschland und in ähnliche verfolgende Länder zurückzuschicken", für „undurchführbar". Man müsse für sie „trotz der Unversöhnlichkeit der Moslems" andere Lösungen finden.

„Die den Juden zugefügten Qualen und Massaker machen ihre berechtigten Ansprüche zu einer vorrangigen Aufgabe für die alliierte Politik", schrieb Smuts; diese Aufgabe müsse, so glaube er, „gegenüber dem Bemühen, Araber oder andere zu besänftigen, vorgehen". Und er fügte hinzu: „Die Schwäche der Juden sollte uns die moralische Stärke ihres Anrechts nicht vergessen lassen, das an den tiefsten Grund dessen reicht, worum es in diesem Krieg geht. Wenn wir die Juden im Stich lassen, bedeutet das, daß Hitler in einem wesentlichen Teil seiner teuflischen Zielsetzungen triumphiert."[7]

Churchill antwortete Smuts in einem Telegramm vom 24. Juli, die Argumente des Generals spiegelten genau seine, Churchills, persönliche Auffassung wider, und er werde dafür sorgen, daß sie im Kabinett die Runde machten.[8]

Am gleichen Tag erörterte Churchill auf seinem Landsitz Chequers mit zwei

Gästen, dem Fliegeras und Geschwaderkommandanten Guy Gibson und dessen Frau Eve, die Kriegslage. Churchill wünschte, daß Gibson eine politische Werbetournee durch Kanada und die Vereinigten Staaten unternehmen sollte. Eve Gibson erinnerte sich später: „Es wurde uns ein den Deutschen abgenommener Film vorgeführt, der die den Juden und den Einwohnern der besetzten Länder zugefügten Grausamkeiten zeigte. Es war ziemlich abscheulich, und der Premierminister war sehr, sehr bewegt. Er sagte mir, dieser Film werde jedem in diesem Land eintreffenden amerikanischen Soldaten vorgeführt."[9]

Am 25. Juli wurde bekannt, daß Mussolini entmachtet worden war. Für die Juden in den alliierten Ländern war dies eine Nachricht, die große Gefahr verhieß. Plötzlich schien das Schicksal nicht nur der 35 000 italienischen Juden, die Mussolinis schützende Hand vor der Deportation bewahrt hatte, sondern auch der vielen tausend anderen Juden auf dem Spiel zu stehen, die in den von Italien besetzten Gebieten Frankreichs und Kroatiens, entlang der dalmatinischen Küste, in Albanien und in Griechenland, von Korfu im Westen bis Rhodos weit im Osten, lebten oder Zuflucht gefunden hatten. Am 27. Juli, zwei Tage nach dem Sturz des Duce, jedoch ehe noch irgend etwas über die militärische oder politische Zukunft Italiens bekanntgeworden war, telegrafierten Richard Lichtheim und Gerhart Riegner von Genf nach New York: „Jüngste Ereignisse in Italien und bevorstehender Rückzug italienischer Truppen aus besetzten Gebieten Frankreichs bedeuten große Gefahr für große Zahl der in dieser Zone angesammelten Juden, da in deutsch besetzter Zone antijüdischer Terror täglich zunimmt." Lichtheim und Riegner machten in ihrem Telegramm den Vorschlag, der Jüdische Weltkongreß solle direkt beim Vatikan intervenieren, damit dieser darauf hinwirke, daß die im Rückzug befindlichen italienischen Streitkräfte die „Juden in den von ihnen kontrollierten Bereichen schützen".[10]

Während hinsichtlich des Schicksals der Juden in Italien und in den bislang von Italien besetzten Gebieten weiter Ungewißheit herrschte, gingen die Deportationen aus anderen Teilen Europas ohne Unterbrechung weiter. Am 2. August verzeichneten die Buchführer in Auschwitz die Ankunft dreier Züge: Einer davon kam aus Bedzin; es war innerhalb von zwei Tagen der sechste Transport aus Bedzin, und von denen, die er brachte, wurden 385 ins Lager eingewiesen, die übrigen vergast; ein Zug aus Paris brachte tausend Personen, von denen 218 Männer und 55 Frauen ins Lager, die übrigen in die Gaskammern kamen; und der dritte Zug brachte 1556 Deportierte aus Malines in Belgien, von denen 1090 vergast wurden.

Die eindeutige militärische Dominanz der Deutschen hinderte die Juden nicht daran, zurückzuschlagen, wie sie es bereits in Warschau getan hatten. Aber genau wie dort wurden sie überall, wo sie sich wehrten, von der überwältigenden deutschen Waffenüberlegenheit erdrückt. Gleichwohl gingen die Aufstände weiter: Im Lager Treblinka kämpften die Gefangenen am 2. August gegen die Wachmannschaften, setzten Gebäude in Brand und schlugen eine Bresche in die Stacheldrahtumwallung. Mehr als 150 von den 700 zu diesem Zeitpunkt im Lager befindlichen Gefangenen entkamen durch diese Bresche. Doch einer nach dem anderen wurden sie wieder eingefangen. Die Zahl derer, die auf freiem Fuß blieben und überlebten, betrug immerhin mindestens 52.[11] Zwei Wochen später, am 16. August, brach im Getto von Bialystok ein Aufstand aus, als die 40000 dort lebenden Juden plötzlich zusammengeholt wurden und man ihnen erklärte, sie würden umgehend in Arbeitslager deportiert.

Fünfhundert junge jüdische Männer und Frauen, die bereits dabei gewesen waren, einen bewaffneten Aufstand zu organisieren, kämpften vier Tage lang mit Gewehren, Handgranaten und Sprengstoff gegen deutsche und ukrainische Einheiten, die mit Maschinengewehren, leichter Artillerie und unerschöpflichen Munitionsvorräten ausgerüstet waren. Am 20. August war der Aufstand niedergeschlagen, und die Überlebenden wurden, wie geplant, nach Treblinka und Auschwitz deportiert.[12] Ein Zug allerdings hatte ein anderes Ziel: das „Mustergetto" Theresienstadt. In seinen versiegelten Viehwaggons wurden 1260 Kinder befördert. Am 24. August kamen sie in Theresienstadt an. Zweieinhalb Monate später wurden auch sie nach Auschwitz deportiert, um den Tod in der Gaskammer zu finden.

Die Aufstände von Treblinka und Bialystok ließen die Nazis keinen Augenblick in ihrem Vorhaben innehalten, die noch verbliebenen Juden den Vernichtungslagern zuzuführen, und im Laufe des August trafen in Auschwitz Juden aus Saloniki, Holland, Westpolen und Pommern ein; die überwiegende Mehrheit der Ankömmlinge wurde vergast.

Gleichzeitig gab Deutschland den Alliierten öffentlich bekannt, alle Juden, die sich auf „Austauschlisten" befänden, würden nicht „belästigt". Auf diese Zusicherung bauend, hatten die Vertreter der Jewish Agency in Genf ihre Kollegen in Jerusalem weiterhin gedrängt, ihnen so viele Namen und Anschriften wie möglich zukommen zu lassen. Man betrachtete nicht nur Juden mit palästinensischer Staatsbürgerschaft, sondern auch die Eltern oder Kinder solcher Personen, ja selbst Bürger europäischer Staaten, sofern sie Zionisten waren, als mögliche Austauschkandidaten. Die englische Regierung erteilte diesem Vorgehen ihren Segen, stellte die erforderlichen Einreisevisa für Palästina zur Verfügung, autorisierte die Palästinabüros der Jewish Agency in Genf und Istanbul, die Listen zusammenzustellen, und wies das Internationale Rote Kreuz an, den wenigen glücklichen Auserwählten die notwendigen Papiere zuzustellen.

Die Berichte über die Greueltaten der Nazis waren im Herbst 1943 zahlreich geworden und hatten an Ausführlichkeit und Detailtreue gewonnen. Aber auch die Verschleierungs- und Täuschungstaktiken der Nazis hielten an. Es war jedermann im Westen klar geworden, daß die gebräuchlichste der verschleiernden Phrasen, der Ausdruck „Umsiedlung", nichts anderes bedeutete als die Deportation in ein Konzentrationslager. Das war bereits in der alliierten Erklärung vom 17. Dezember 1942 eindeutig festgestellt worden. Aber die Nazis hofften immer noch, den Eindruck erwecken zu können, diese Lager seien etwas anderes als Vernichtungslager.

Zu diesem Zweck wurden am 6. September 1943 zwei „Osttransporte" aus dem Getto Theresienstadt nach Auschwitz in Marsch gesetzt, wo sie am 8. 9. eintrafen. Bei ihrer Ankunft wurde keinerlei „Selektion" für die Gaskammern durchgeführt, und Männer und Frauen wurden auch nicht in getrennten Lagerbereichen untergebracht. Statt dessen wurden die 5006 Deportierten – mit einer Zuvorkommenheit, die in schlagendem Gegensatz zu der gewohnten Brutalität stand – in einen gesonderten Abschnitt des Lagers geführt und in Baracken, die der Wehrmacht als Pferdeställe gedient hatten, eingewiesen, wo sie zusammenleben konnten, wie sie es zuvor in Theresienstadt getan hatten.

Diese 30 Baracken bildeten einen Abschnitt des „Arbeitslagers Birkenau". Keine SS-Ärzte erschienen dort, um wie in allen anderen Arbeitsbaracken die Kranken und Schwachen für die Gaskammer auszusondern. Man erlaubte den Insassen dieses Lagerabschnitts vielmehr, Postkarten an ihre Verwandten und Freunde sowohl in Theresienstadt als auch in ihren früheren Heimatorten in der Tschechoslowakei zu schicken. Was sie schreiben sollten und schrieben, war klar – und im Falle dieser 5000 Personen auch zutreffend: Sie waren deportiert worden, nach Auschwitz, aber sie waren noch am Leben.

Trotz dieser Täuschungsaktion wurde aus den Meldungen, die während des Spätherbsts 1943 aus dem NS-Bereich heraussickerten, deutlich, daß zumindest diejenigen polnischen Juden, die man im Herbst des Vorjahres „mit unbekanntem Ziel" deportiert hatte, allesamt erschossen oder vergast worden waren. Ebenso war klar, daß die Möglichkeiten zur Rettung, wo sie überhaupt noch bestanden, im Abnehmen begriffen waren. Am 1. September traf in der Schweiz ein aus der Slowakei herausgeschmuggelter Bericht einer Gruppe slowakischer Zionisten ein, die für noch nicht deportierte Juden einen Fluchtweg aus Polen über die Slowakei nach Ungarn organisiert hatten und Fluchthilfe leisteten. Im Laufe von sechs Monaten war es mit ihrer Unterstützung über siebenhundert Personen gelungen, nach Süden über die polnisch-slowakische und die slowakisch-ungarische Grenze zu entkommen. Nun waren die Fluchthelfer dabei, zwei Kindergruppen aus Polen herauszuschleusen. Die erste, aus 23 Kindern bestehende Gruppe hatte die slowakische Hauptstadt Preßburg erreicht, die zweite, mit 20 Kindern, befand sich an der polnisch-slowakischen Grenze.

Die „Operation Kinder", wie sie genannt wurde, war ebenso dringlich wie gefährlich. Die Eltern vieler der Kinder waren schon getötet oder ins Konzentrationslager gebracht worden. Falls diese Kinder, so hieß es in dem Bericht, nicht sofort nach Ungarn weitergeschleust würden, sei „ihr Schicksal kaum auszudenken". Die Fluchthelfer benötigten dringend Geld, um die erforderlichen Schmiergelder an Grenzposten, Zollbeamte und „berufsmäßige arische Schmuggler" zahlen zu können. Bauern mußten bestochen werden, um Unterkunft in den Wäldern nahe der Grenze zu gewähren. Dieselben Beamten, die bestochen werden mußten, sowie auch die Schmuggler, ohne deren Hilfe man nicht über die Grenze kam, konnten räuberische Gelüste bekommen und den Flüchtlingen das wenige Geld, das sie noch besaßen, abnehmen.

Anders als erwachsene Flüchtlinge hatten Kinder normalerweise weder Geld noch Wertsachen bei sich, mit denen sie sich ihren Fluchtweg hätten freikaufen können. Daraus erklärte sich die Dringlichkeit des an Genf gerichteten Aufrufs. Es sei doch, so beschwor der Bericht seine Adressaten, „von überragender Bedeutung", die Kinder zu retten, da „sowohl vom menschlichen als auch vom jüdischen Standpunkt aus noch ein großes Potential in den Kindern steckt ... "

Die zionistischen Vertreter in Genf reagierten auf den Appell und schickten durch Kurier über Österreich Geld in die Slowakei. Sie sahen darin eine zwar gefährliche, aber notwendige Aufgabe. Worauf sie keinerlei Einfluß nehmen konnten, waren die Fakten, die in den drei der Preßburger Botschaft vom 1. September beigelegten Tatsachenberichten geschildert wurden; immerhin leiteten sie diese Berichte unverzüglich nach Istanbul, Jerusalem, London und New York weiter. Die drei Berichte lieferten weitere Bestätigungen für die Existenz eines vorsätzlichen Plans der NS-Führung zur Ermordung aller Juden – zur Vernichtung der gesamten Struktur jüdischer Kultur und Lebensweise in Europa. „Man fühlt sich wie gelähmt, wenn man diese Berichte gelesen hat", schrieben die Preßburger Zionisten, „und fragt sich, ob es möglich ist, daß solche teuflischen Pläne in menschlichen Gehirnen ausgeheckt worden sind. Wir begreifen jetzt, wohin diese unzähligen Menschen gekommen sind, die, wie wir Ihnen mitteilten, im Herbst letzten Jahres plötzlich zu Hunderttausenden in Gebiete jenseits des Bug überführt wurden und von denen wir niemals mehr etwas hörten. Ihr Schweigen erklärt sich jetzt, denn wir wissen, daß ihr Schicksalsweg in die Vernichtung geführt hat."

Wie die Botschaft aus Preßburg weiter ausführte, stimmte diese Schlußfolgerung mit den Aussagen von Flüchtlingen überein, die slowakischen Boden erreicht hatten; und weiter hieß es: „Heute wissen wir, daß Sobibór, Malkinia-Treblinka, Belzec und Auschwitz Vernichtungslager sind", in denen zur Aufrechterhaltung „des Anscheins eines Arbeitslagers" kleine Arbeitstrupps unterhalten würden. Das sei der Grund dafür, so fuhr der Bericht fort, daß „einige wenige Einzelpersonen uns von Zeit zu Zeit ein Lebenszeichen senden konnten".[13]

Auschwitz war nunmehr zweimal innerhalb von drei Monaten als Schauplatz des Massenmordes an deportierten Juden genannt worden. Doch noch hinterließ der Name dieses Lagers keinen besonderen Eindruck, führte seine Erwähnung nicht zu eigens darauf bezogenen Reaktionen. Und Auschwitz wurde auch in keiner der vielen im Lauf der folgenden acht Monate von Genf nach Istanbul geschickten Berichte nochmals als „Vernichtungslager" genannt.

Inzwischen aber nahm die Vernichtung in Auschwitz weiter ihren Lauf: Am 2. September, als die Botschaft aus Preßburg auf ihrem geheimen Weg in die Schweiz war, trafen 1004 Juden aus Holland im Lager ein. Binnen weniger Stunden waren 498 von ihnen, darunter alle Kinder und alle alten Leute, vergast. Am 3. September fand im Frauenlager eine „Selektion" statt, und einige hundert Frauen, die man als zu schwach oder zu krank zum Arbeiten erachtete, wurden zur Gaskammer geführt. Am 4. September trafen 1000 Juden aus Paris in Auschwitz ein. Auch von ihnen wurden 662, darunter mehr als 100 Kinder, innerhalb weniger Stunden nach der Ankunft in die Gaskammern gebracht. Bis zum Ende des Monats trafen noch weitere drei Züge aus Holland sowie einer aus Belgien im Lager ein.

Am 24. September schickte Richard Lichtheim aus Genf eine zusammenfassende Darstellung der Situation der Juden in ganz Europa an die Jewish Agency in Jerusalem. Es war ein trostloser Überblick: In Frankreich schienen „die Deutschen keinerlei Unterschied mehr zwischen einheimischen und ausländischen Juden zu machen"; in der Slowakei waren von 90 000 Juden 70 000 deportiert; in Holland waren von ursprünglich 160 000 „nicht mehr als 20 oder 30 000 Juden übrig", und die Deportationen aus Westerbork hielten an. Die bereits deportierten niederländischen Juden seien, wie Lichtheim hinzufügte, teilweise zum „Arbeitsdienst" nach Deutschland und teilweise nach Polen geschickt worden, „und Sie wissen, was das für die meisten von ihnen bedeutet". Von den deutschen und österreichischen Juden seien alle diejenigen, die nicht in ein Arbeitslager gebracht worden seien, „tot oder deportiert". Was die polnischen Juden betreffe, so ließen sich nicht einmal mehr diejenigen ausfindig machen, die auf einer Austauschliste für Palästina standen. Die Deutschen hätten zugesagt, daß Frauen und Kinder, die auf den Austauschlisten standen, „verschont werden würden", aber, so meinte Lichtheim: „Ich befürchte sehr, daß dieser Schritt für die meisten dieser Frauen und Kinder zu spät gekommen ist."

In einem Telegramm an das Palästinabüro in Genf hatte die Jewish Agency in Jerusalem nach der Lage der Juden in Dänemark gefragt. Lichtheim meinte dazu in seinem Brief vom 24. September, bisher seien noch keine „direkten Berichte" über die etwas mehr als 7000 Köpfe zählende jüdische Gemeinde Dänemarks nach Genf gelangt. „Von Deportationen", schrieb Lichtheim, „wie in den anderen von Deutschland besetzten Ländern habe ich bis jetzt noch nichts gehört."[14]

Seit der Besetzung Dänemarks durch Deutschland im April 1940 noch unbehelligt, sahen die dänischen Juden nunmehr dem Tag des Gerichts entgegen. Am 29. August ordnete Hitler persönlich, der den Dänen bis dahin gewährten Autonomie überdrüssig, die Entwaffnung und Internierung des dänischen Heers und die Absetzung der Regierung an. Zwei Tage später beschlagnahmte die Gestapo die Akten und Unterlagen der jüdischen Gemeinde in Kopenhagen, die unter anderem die Namen und Anschriften aller dänischen Juden enthielten, und am 8. September schlug der deutsche Reichsbevollmächtigte für Dänemark, Dr. Werner Best, dem Auswärtigen Amt in Berlin in einem Telegramm vor, sich die politische Ausnahmesituation zunutze zu machen und die Juden zu deportieren. Alles, was er dazu aus Deutschland benötige, seien Soldaten, Polizisten und Schiffe. Zehn Tage später erteilte Hitler seine Zustimmung zu diesen neuen Deportationen.

Dr. Best handelte unverzüglich; am 28. September, nur zehn Tage nach Eintreffen der Genehmigung Hitlers, berichtete er nach Berlin, er sei bereit, die Deportationen am 1. Oktober, im Laufe einer einzigen Nacht, durchzuführen. Noch am gleichen Tage jedoch verriet ein in Kopenhagen anwesender deutscher Schiffahrtsexperte, G. F. Duckwitz, das Geheimnis den Dänen, die es ihrerseits an die Juden weitergaben. Und als diese sich am Abend des 29. September zum Beginn der jüdischen Neujahrsfeiern in den Synagogen versammelten, machte die Nachricht von der drohenden Deportation die Runde, und es wurde die Parole ausgegeben, sich bei nichtjüdischen Nachbarn versteckt zu halten. Das dänische Volk eilte seinen jüdischen Mitbürgern zur Hilfe. Überall in Dänemark verlasen die Pfarrer einen Hirtenbrief, in dem die christliche Gemeinde daran erinnert wurde, daß auch Jesus ein Jude war. Als die Deutschen ihre Razzien durchführten, waren es nicht einmal 500 Juden, die sie ergreifen und deportieren konnten. Die schwedische Regierung hatte unterdessen erklärt, sie gewähre allen Juden Zuflucht, die per Schiff nach Schweden geschleust werden könnten, und bis Ende Oktober hatten mehr als 7000 Männer, Frauen und Kinder unter Mithilfe nicht nur dänischer Bürger, sondern auch der dänischen Polizei den Weg über den 8 bis 24 Kilometer breiten Öresund auf sicheren schwedischen Boden gefunden: 5919 Juden, 1301 Halbjuden und 686 mit Juden verheiratete Christen.[15]

Den italienischen Juden erging es weniger gut als den dänischen. Zunächst hatte es so ausgesehen, als könnten auch sie verschont bleiben, nicht nur weil Mussolini sich stets geweigert hatte, Juden nach Deutschland auszuliefern, sondern auch weil nach dem Sturz Mussolinis im Juli 1943 die Befreiung Italiens durch die alliierten Streitkräfte winkte. Am 8. September, nur sechs Wochen also nach dem Sturz des Diktators, kapitulierte das italienische Heer vor den Alliierten.

Die italienische Kapitulation kam allerdings für die Alliierten zu einem problematischen Zeitpunkt, denn ihre Truppen waren erst im Besitz des südlichen Drittels der italienischen Halbinsel. Die Deutschen konnten daher ohne Widerstand und Zeitverlust den ganzen Norden Italiens einschließlich Roms und darüber hinaus alle von Italien seit 1940 kontrollierten Gebiete besetzen: den Südosten Frankreichs, die jugoslawische Adriaküste, das südliche Kroatien, Albanien, West-und Südgriechenland, Kreta, Korfu, Rhodos und Kos.

Eine der ersten bis dahin von Italien kontrollierten Regionen, in denen die Gestapo tätig wurde, war der Südosten Frankreichs. Von 1940 an hatten tausende Juden aus dem besetzten Teil Frankreichs, aus Belgien und Holland und, nach dem November 1942, aus Vichy-Frankreich hier Zuflucht gefunden. Jetzt begann die Gestapo mit dem Aufspüren von Deportationskandidaten. Deren Schicksal vorauszusehen, fiel selbst denen nicht schwer, die die Ereignisse von außerhalb des NS-Herrschaftsbereichs aus beobachteten. Am 14. September schrieb die Sekretärin von Chaim Weizmann, Doris May, aus London an eine Freundin in New York:

… man fragt sich, was mit den 15 000 oder mehr jüdischen Flüchtlingen passiert, die „Zuflucht" im italienisch besetzten Südfrankreich gefunden haben. Oder vielmehr, man braucht sich nicht viel zu fragen: zu spät, wieder einmal.

„Wie *können* einige unserer hohen Herren nachts noch schlafen?" schloß Doris May ihren Brief. „Oder flüchten sie sich (wie ich selbst leider Gottes!) in den tröstenden Gedanken, daß ‚*ich* nichts daran ändern kann'?"[16]

In Nord- und Mittelitalien schritt die Gestapo, ebenso wie in Südfrankreich, schnell zur Tat: Hauptmann Theodor Dannecker, der Offizier, der die systematische Deportation der französischen Juden so erfolgreich organisiert hatte, erhielt den Auftrag, sein „gelungenes" Werk in Italien zu wiederholen. Selbst diejenigen Juden, die nach Norden zu fliehen und die schweizerische Grenze zu erreichen vermochten, waren damit nicht notwendigerweise in Sicherheit: Die schweizerischen Grenzbehörden, so berichtete Richard Lichtheim am 4. Oktober aus Genf nach Jerusalem, seien „äußerst unnachsichtig geworden".[17]

Während die Schweizer Behörden alles taten, um Flüchtlingen das Eindringen in die Schweiz so schwer wie möglich zu machen, ja viele, die schweizerischen Boden erreicht hatten, wieder zurückschickten, arbeitete Hauptmann Dannecker rasch und effektiv. Am 9. Oktober war er bereit, loszuschlagen. Noch am gleichen Tag nahm die Gestapo in Triest mehrere hundert Juden fest und deportierte sie nach Auschwitz. Am 18. Oktober wurden in Rom 1007 Juden verhaftet, ungeachtet eines Protests aus dem Vatikan, „mit diesen Verhaftungen sofort aufzuhören". Wie die Triester Juden vor ihnen, wurden auch die von Rom nach Auschwitz deportiert. Nur 12 von ihnen sollten den Krieg überleben.

In den ersten beiden Novemberwochen ergriff die Gestapo überall im von Deutschland besetzten Italien jüdische Bürger, und sechs Wochen nach dem ersten Deportationszug aus Triest waren schon nahezu 10 000 italienische Juden in Auschwitz eingetroffen und 7750 von ihnen getötet worden.

Die Kapitulation Italiens läutete auch für die Juden von Athen und Südgriechenland die Stunde des Untergangs ein, die im Gegensatz zu denen aus Saloniki, Thrazien und Mazedonien von den Deportationen der ersten Jahreshälfte 1943 nicht betroffen gewesen waren. Den einrückenden deutschen Truppen folgte jetzt, wie in Italien, die Gestapo auf dem Fuß, und am 2. Oktober schickten die Vertreter der Jewish Agency in Istanbul ein Telegramm nach Jerusalem, das dort drei Tage später ankam: „Telegramme aus Athen bezeugen äußerste Gefahr Vertreibung aller griechischen Juden nach Polen." In der – unvollständig übermittelten – Botschaft hieß es weiter: „Beschwören uns, ihnen das Leben zu retten und fordern Aufforderung über Rundfunk an griechische Bevölkerung, Hilfe für ihre ... "[18]

Die Jewish Agency in Jerusalem reagierte unverzüglich; am 6. Oktober erging ein Telegramm an die griechische Botschaft in Kairo, in dem die griechische Exilregierung gebeten wurde, die griechische Bevölkerung über den Rundfunk zur Rettung ihrer jüdischen Landsleute vor der Deportation aufzurufen.[19] Die griechische Regierung erklärte sich hierzu bereit, und der Aufruf wurde am 14. Oktober ausgestrahlt. Am gleichen Tag begann, im Westen unbemerkt bleibend, in Sobibór, einem der schlimmsten der Vernichtungslager im Osten, ein Aufstand von 600 Juden. Angeführt wurde dieser Aufstand von einem jüdischen Offizier der Roten Armee, der von den Deutschen gefangengenommen und erst drei Wochen zuvor nach Sobibór eingeliefert worden war, wo er den 600 Insassen des Arbeitslagers zugeteilt wurde.[20] Mindestens 10 SS-Leute und mehrere ukrainische Wachmänner wurden getötet, und etwa 300 Gefangenen gelang der Ausbruch aus dem Lager. Viele wurden jedoch entweder von den Minen getötet, die

die Deutschen um das Lager herum verlegt hatten, oder von den in Marsch gesetzten Suchtrupps aus Polizisten, Soldaten und SS-Mannschaften aufgespürt,
50–60 der Ausgebrochenen dürften die endgültige Freiheit im Jahre 1945 erlebt
haben. Zwei Tage später wurde das Lager auf Befehl Himmlers dem Boden
gleichgemacht. In den eineinhalb Jahren seiner Existenz hatten hier 600 000 Juden ihr Grab gefunden, die aus allen Teilen Europas deportiert und in ihrer großen Mehrzahl binnen weniger Stunden nach ihrer Ankunft vergast worden wa-
ren.²¹

In Auschwitz aber ging das Morden unaufhörlich weiter. Am 3. Oktober führte ein SS-Arzt unter den Lagerinsassen eine „Selektion" durch, und 139 als zu
krank zum Arbeiten eingestufte Juden wurden weggeführt und vergast. Fünf
Tage später wurde, in den ersten Stunden des Yom Kippur, des heiligsten Tages
im jüdischen Jahr, eine weitere „Spezialselektion" durchgeführt, bei der einige
tausend ebenfalls als zu krank zum Arbeiten eingestufte Männer und Frauen für
den Tod in der Gaskammer ausgewählt wurden.

Am 23. Oktober trafen in Auschwitz 1700 Juden aus Bergen-Belsen ein. Sie
stammten aus verschiedenen europäischen Ländern, und man hatte ihnen bei
der Verladung gesagt, sie würden in die Schweiz und damit in Sicherheit gebracht. Ihr Schock war tief, als sie die Täuschung erkannten. Trotz des waffen-
starrenden Empfangs in Auschwitz mit Wachmannschaften, Hunden, Maschinengewehren, Hochspannungszäunen und Wachtürmen gelang es einer jüdischen Frau im Vorraum der Gaskammer, einem in ihrer Nähe stehenden SS-
Mann seinen Revolver zu entreißen und zwei SS-Angehörige niederzuschießen.
Sogleich stürzten sich andere Frauen aus der Gruppe auf die Wachmänner. Viele
der mit Zähnen und Klauen kämpfenden Frauen wurden erschossen, andere von
Handgranaten getötet. Die übrigen wurden zusammengetrieben und in die Gaskammer geführt. Einer der verwundeten SS-Männer starb auf dem Transport in
ein nahegelegenes Krankenhaus.

Die Nachricht von dieser Widerstandsaktion der unbewaffneten Frauen sollte
erst neun Monate später in den Westen gelangen. Und natürlich bewirkte diese
Revolte keine Unterbrechung der Deportationen oder der Vergasungen. Am
28. Oktober wurden mehrere hundert Juden aus dem Arbeitslager Pabianice in
der Nähe von Lodz nach Auschwitz überstellt und vergast, und am Ende des
Monats wurden 1613 Juden aus Paris in den Gaskammern getötet, die Frauen
und Kinder am 30., die Männer am 31. Oktober.

Auf der Sitzung des Kriegskabinetts am 8. Oktober hatte Churchill von den
„Greueln" gesprochen, „welche die Deutschen jetzt in den verschiedenen Ländern begingen, die sie noch unterworfen hielten oder aus denen sie jetzt vertrieben würden". Ein Augenzeuge habe berichtet, auf der Insel Kos seien hundert
italienische Offiziere „von den Deutschen kaltblütig erschossen worden". Dies
sei nur das jüngste Beispiel. „Weitere Beispiele für die ,Greueltaten' der Deutschen würden", so erklärte Churchill seinen Ministern, „beständig registriert."

Churchill hielt Ausschau nach Mitteln und Wegen, wie die deutschen

Scheußlichkeiten gestoppt werden könnten. Er meinte, es hätte vielleicht eine „heilsame Wirkung" auf die Deutschen, wenn Großbritannien, die Vereinigten Staaten und die Sowjetunion unverzüglich eine Erklärung abgaben, „die darauf hinauslaufe, daß eine der Zahl der von den Deutschen in den verschiedenen Ländern Getöteten entsprechende Zahl deutscher Offiziere oder NS-Parteimitglieder nach dem Krieg zur Aburteilung an diese Länder ausgeliefert würden".[22]

Das Kriegskabinett erteilte Churchill eine Vollmacht, eine in diesem Sinn abgefaßte Erklärung zu entwerfen und sie an Roosevelt und Stalin zu übermitteln. Churchill hob in diesem Entwurf hervor, „die zurückweichenden Hitlerianer und Hunnen" verdoppelten im Angesicht der vormarschierenden Armeen „ihre ruchlosen Grausamkeiten". Alle diejenigen, die für „Greueltaten, Massaker und Hinrichtungen" verantwortlich gewesen seien oder sich durch deren Billigung mitschuldig gemacht hätten, würden an die Länder ausgeliefert, „in denen sie ihre abscheulichen Taten begangen haben, damit sie in Übereinstimmung mit den Gesetzen dieser dann befreiten Länder abgeurteilt und bestraft werden können ... ".

Im Anschluß hieran zählte der Deklarationsentwurf die Länder auf, in denen deutsche Greuel stattgefunden hatten. Die Juden wurden nicht eigens erwähnt; Churchill sprach lediglich von den „Massakern", die unter „den Menschen in Polen" und „in den Territorien der sowjetischen Republik angerichtet wurden, aus denen der Feind zur Zeit vertrieben wird", und er fuhr warnend fort:

Diejenigen, die ihre Hände bis jetzt noch nicht mit unschuldigem Blut befleckt haben, sollen sich hüten, in den Kreis der Schuldigen einzutreten, denn sie können sich darauf verlassen, daß die drei alliierten Mächte sie bis in den entlegensten Winkel der Erde verfolgen und sie ihren Anklägern ausliefern werden, auf daß Gerechtigkeit geübt werde.

Eine solche Erklärung, so glaubte Churchill, werde zumindest „manche dieser Schurken davor zurückschrecken lassen, sich an Gemetzeln zu beteiligen, nachdem sie jetzt wissen, daß sie nicht ungeschoren davonkommen".[23]

Indes, Anthony Eden war über den Text der Churchillschen Botschaft nicht glücklich. „Ganz allgemein", so erläuterte er Churchill am 9. Oktober, „möchte ich es tunlichst vermeiden, daß wir in eine Lage kommen, in der wir zunächst Zeter und Mordio gegen Kriegsverbrecher schreien und eine gerechte Bestrafung versprechen und dann, in einem oder zwei Jahren, nach Ausflüchten suchen müssen, warum wir nichts tun."[24]

Die Jewish Agency und der Jüdische Weltkongreß taten weiterhin ihr Möglichstes, um Ausmaß und Auswüchse des NS-Terrors in einzelnen Fällen einzugrenzen. Am 23. Oktober konnte Dr. Pozner aus Genf eine Liste mit den Namen und Anschriften von 24 Juden nach Istanbul – zur Weiterübermittlung nach Jerusalem – schicken; er benötigte für diese Personen, von denen bekannt war, daß sie sich in Belgien aufhielten, und die er in seine Genfer Austauschliste aufgenommen hatte, Einwanderungszertifikate für Palästina. In derselben Woche forderte der Jüdische Weltkongreß den Präsidenten des amerikanischen Roten Kreuzes,

Norman Davis, auf, bekanntzugeben, daß alle überlebenden Juden in den osteuropäischen Gettos von nun an als Kriegsgefangene anerkannt würden und somit unter dem unmittelbaren Schutz sowohl des Internationalen Roten Kreuzes als auch der einschlägigen Genfer Konvention stünden.

Dieses Ansinnen wurde abgelehnt, weil, wie Davis am 20. Oktober zurückschrieb, die Deutschen ihren Umgang mit den Juden als eine interne Angelegenheit betrachteten. Dazu komme, so erklärte Davis weiter, daß es für den Schutz „ziviler Internierter" noch keine rechtliche Grundlage in Form einer eigens hierauf bezogenen Konvention gebe. Drittens, so schrieb Davis, „wäre es, wie mir scheinen möchte, ein äußerst zweifelhafter Schritt, das reibungslose Funktionieren" der zur Zeit praktizierten Aktivitäten zum Schutz von Kriegsgefangenen durch den Versuch einer Ausweitung der geltenden Konvention „zu gefährden". Viertens sei das Internationale Rote Kreuz nicht in der Lage, Deutschland damit zu drohen, es werde, wenn die Juden weiterhin dem Hunger und dem Tod überantwortet würden, deutschen Kriegsgefangenen oder internierten deutschen Zivilisten nicht länger helfen. „Internierte Zivilisten", d. h. in alliiertem Gewahrsam gehaltene deutsche Zivilpersonen, gehörten einer ganz anderen Kategorie an als „inhaftierte Zivilisten", d. h. Juden, die als Staatsbürger eines besetzten Landes gefangengehalten würden. Und fünftens – denn es mangelte Davis nicht an Begründungen für seine Absage – gelte die Sorge des Roten Kreuzes an erster Stelle „dem Einzelnen ohne Ansehen seiner Nationalität, Konfession oder Rasse".[25]

Die Jewish Agency hatte Verständnis für das Dilemma des Roten Kreuzes. Dr. Kahany erinnerte sich später, als er an die Appelle zurückdachte, die er selbst an Vertreter des Roten Kreuzes in Genf gerichtet hatte: „Die Nazis gaben ihnen zu verstehen: ‚Laßt eure Finger von den Konzentrationslagern, sonst halten wir uns nicht mehr an die Kriegsgefangenen-Konvention'." Das Rote Kreuz habe auch darauf hingewiesen, daß es für die Betreuung von über einer Million alliierten Kriegsgefangenen verantwortlich sei, „während es zu diesem Zeitpunkt auf der anderen Seite nur sehr wenige deutsche Kriegsgefangene gab".

Kahany wurde auch mitgeteilt, daß das Internationale Rote Kreuz sehr wohl bei den deutschen Behörden angefragt hatte, ob Vertreter des Roten Kreuzes die Konzentrationslager besuchen könnten. „Die deutsche Antwort hatte gelautet: ‚Niemals, niemals, niemals. Die Judenfrage ist eine interne deutsche Angelegenheit.'" In der Hoffnung, doch noch etwas zu erreichen, hatte Kahany angeregt, vielleicht dadurch schon etwas zu bewirken, daß das Internationale Rote Kreuz wenigstens offiziell bekanntgab, daß es eine solche Anfrage an die Deutschen gestellt hatte und daß diese abgelehnt worden war. Doch sei auch dieser Vorschlag abgelehnt worden.[26]

Trotz der Bedenken von Außenminister Eden hinsichtlich einer neuen alliierten Erklärung über Kriegsverbrechen hatte Churchill auf seiner Überzeugung beharrt, daß angesichts des Vormarsches der sowjetischen Armeen eine solche Erklärung, etwa aus dem Munde Stalins, zumindest die Herrschenden in den Satellitenstaaten dazu bringen könne, vor weiteren Massakern zurückzuschrekken. „Ich lege großen Wert", schrieb er am 21. Oktober an Eden, „auf die Betonung des Grundsatzes, daß die Verbrecher zur Aburteilung in die Länder oder sogar in die Bezirke zurückgebracht werden, in denen diese Verbrechen begangen worden sind."[27]

Churchills Wunsch erfüllte sich: Am 1. November 1943 erging die sogenannte Moskauer Erklärung der drei Mächte, deren Autor de facto Churchill selbst war. Sie entsprach in ihrem Wortlaut fast genau seinem vom Kriegskabinett gutgeheißenen Entwurf vom 9. Oktober; es würden, so hieß es darin, Listen aufgestellt, in denen die „abscheulichen Taten", wo immer sie begangen worden seien, „so genau wie möglich" festgehalten würden. Die Alliierten würden diejenigen, die sich „in den Kreis der Schuldigen" begeben hatten, „bis in den entlegendsten Winkel der Erde" verfolgen und sie ihren Anklägern ausliefern, „auf daß Gerechtigkeit geübt werde".[28]

Eine Woche später veröffentlichte das Institute of Jewish Affairs in den Vereinigten Staaten eine Erklärung zum Massenmord an den europäischen Juden. Dieser Erklärung zufolge hatte Hitler „durch vorsätzliche Aushungerung, Pogrome, Zwangsarbeit und Deportationen mehr als drei Millionen europäische Juden ermordet oder vernichtet". Die Erklärung wurde in der britischen Presse publiziert; der *People* brachte sie unter der Überschrift: HITLER ERMORDETE DREI MILLIONEN EUROPÄISCHE JUDEN. Für sich betrachtet war dies eine Überschrift, die es in sich hatte; aber sie hatte ihren Platz als eine der am kleinsten gedruckten Meldungen des Tages in der untersten Ecke der Titelseite.[29] Unterdessen trafen im Westen weiterhin Nachrichten über Deportationen in den Osten ein. Am 5. November teilte Gerhart Riegner aus Genf der tschechoslowakischen Exilregierung in London sowie seinen eigenen Kollegen vom Jüdischen Weltkongreß telegrafisch mit: „Transporte aus Theresienstadt haben in jüngster Zeit auffällig zugenommen. Zwischen 15. Juli und 30. September wurden 6800 tschechische Juden – neben anderen – aus Theresienstadt nach Birkenau deportiert. Ihre Verladung in die Transportzüge ging im Schutz vorgehaltener feuerbereiter Maschinengewehre vor sich."[30]

Welches Schicksal diese tschechischen Juden nach ihrer Ankunft in Auschwitz-Birkenau erwartete, darüber wußte der Genfer Horchposten nichts zu sagen: eines der tausend Rätsel und Geheimnisse des Krieges.

18. „Eine einfach nicht mehr zu bewältigende Flut"

Ungeachtet der Tatsache, daß alliierte Streitkräfte im Süden von Rom standen, gingen die Deportationen aus Italien und Westeuropa nach Auschwitz den November 1943 über weiter. Diese Deportationen blieben den Alliierten verborgen. Betroffen waren von ihnen unter anderem 200 Juden aus Florenz (am 6. November deportiert), mehrere hundert Juden aus Rom (am 14. November), insgesamt 995 aus Holland (am 17. November) und 1200 aus Paris (am 20. November), von denen mehr als 900 gleich nach der Ankunft im Lager vergast wurden.

In Auschwitz selbst fanden auch weiterhin „Selektionen" statt, bei denen Personen, die ursprünglich in die Baracken eingewiesen worden waren, für die Gaskammern ausgesondert wurden; am 19. November fand eine solche Selektion im Frauenlager statt, und 384 Jüdinnen mußten den Weg in den Tod antreten. Zwei der Frauen, Bina Braun und Rosa Thieberger, konnten auf dem Weg durch das Lager zu den Gaskammern vom Transportlastwagen springen. Sie versuchten sich inmitten der anderen Lagerinsassinnen zu verbergen, wurden aber aufgespürt und erschossen.

Unterdessen begingen die Nazis, während die Rote Armee vom Osten her vormarschierte, neue Verbrechen gegen diejenigen Juden, die frühere Deportationen und Massaker überlebt hatten. Am 3. November hielt die SS in Majdanek ein, wie sie es nannte, „Erntefest" ab, wobei 18 000 Gefangene an einem einzigen Tag und weitere 34 000 innerhalb der folgenden paar Wochen den Tod fanden. Am 5. November wurden mehrere hundert Juden aus dem Konzentrationslager/ Getto von Riga nach Auschwitz deportiert und vergast.

Auch im Osten fanden im November Widerstandsaktionen statt: im Konzentrationslager Janowska in Lemberg, im Arbeitslager Poniatowa südöstlich von Warschau und in Kaunas, wo es 150 jungen jüdischen Männern und Frauen gelang, in die Rudniki-Wälder zu entkommen und sich den sowjetischen Partisanen anzuschließen.

Freilich konnte von außerhalb des NS-Bereichs wenig unternommen werden, um diese Widerstandsversuche zu unterstützen oder dem Morden Einhalt zu gebieten. Am 10. November machten die Verantwortlichen der Jewish Agency in Jerusalem ihrem Kollegen Nahum Goldmann in New York den Vorschlag, an die britische und amerikanische Regierung heranzutreten mit der Bitte, sie sollten den rumänischen Behörden klarmachen, daß „sie zur Verantwortung gezogen werden", wenn sie die Deutschen nicht daran hinderten, beim Näherrücken sowjetischer Truppen in Rumänien ein „großangelegtes Judenmassaker" zu veranstalten.[1]

Auf Austauschlisten und Palästina-Zertifikate richteten sich nach wie vor alle Hoffnungen auf Rettung. Im Lauf der ersten drei Novemberwochen gelang es 83 jüdischen Flüchtlingen aus dem noch nicht unter direkter deutscher Herrschaft stehenden Ungarn sowie 19 rumänischen Juden, über Rumänien, Bulgarien und die Türkei Palästina zu erreichen. Sie alle erhielten von den britischen Behörden Palästina-Zertifikate. Freilich waren sie auch alle Frauen oder Kinder palästinensischer Juden oder bewährte Zionisten, deren Namen von der Jewish Agency über die britische Botschaft in der Schweiz an die schweizerische Regierung übermittelt worden waren, die dann die erforderlichen Dokumente an die ungarische bzw. rumänische Regierung übersandt hatte.

Die Jewish Agency ließ in dem Versuch, immer neue Namen und Anschriften in die Austauschlisten aufzunehmen, nicht nach; das Zentrum dieser Aktivitäten war Genf. Nach Holland wurden insgesamt zehn Listen mit 2748 Namen geschickt; nach Rumänien zwölf Listen mit mehr als 2909 Namen; nach Ungarn einundzwanzig Listen mit über 7193 Namen (je etwa zur Hälfte aus Genf und aus Istanbul) und nach Belgien mindestens eine Liste.

Am 28. November wurde eine weitere Rettungsaktion zum erfolgreichen Abschluß gebracht: 127 griechische Juden konnten aus dem von deutschen Truppen besetzten Griechenland herausgeschmuggelt werden; sie erreichten per Schiff die sichere türkische Küste. Mit Zustimmung der britischen Behörden in der Türkei konnte die Jewish Agency die Geretteten dann mit der Bahn nach Palästina weiterbefördern. Im Dezember wurden auf dem gleichen Weg noch einmal 83 griechische Juden gerettet.

Die Jewish Agency konnte durch verschiedene Aktionen dieser Art, die sie durchführte, das Leben von mehreren tausend Menschen retten. Diese Zahl nahm sich zwar angesichts von Millionen Ermordeten geringfügig aus, aber wesentlich mehr war, wie es schien, einfach nicht auszurichten. Wie einer der Überlebenden des Aufstandes im Warschauer Getto in einem am 26. November geschriebenen Brief nach Palästina selbst einräumte, hätten weder bewaffnete Hilfskräfte noch die Vertreter der polnischen Exilregierung die Juden des Gettos retten können; sie hätten sich nur „so viel Unterstützung gewünscht, daß wir in der Lage sein würden, ehrenhaft zu sterben".[2]

Ein ähnliches Ohnmachtsgefühl spricht aus einem Memorandum, das Richard Law am 2. Dezember den Mitgliedern des Flüchtlingsausschusses des britischen Kriegskabinetts zustellen ließ. Das Auswärtige Amt habe, so hieß es darin, soweit seine über die schweizerische Regierung angestellten Erkundigungen ergeben hätten, „nicht feststellen können, daß bei den Bulgaren und Rumänen ein wirkliches Bedürfnis besteht", einer „wesentlichen" Zahl von Juden die Ausreise zu gestatten. Es seien zwar noch Verhandlungen „in bezug auf bestimmte kleine Gruppen" aus Südosteuropa im Gang, es sehe aber ganz danach aus, als ob, solange die Furcht dieser Satellitenstaaten vor Deutschland nicht geringer und ihre Furcht vor den Alliierten größer werde, „wenig Hoffnung auf irgendwelche größeren Migrationen" bestehe.

Law fügte hinzu, mehrere jüdische Organisationen hätten auf die „prekäre" Lage von 70000 nach Transnistrien deportierten rumänischen Juden hingewiesen, die sich nun im Aufmarschfeld der vorrückenden Roten Armee befänden.

Die rumänische Regierung werde zwar, so meinte Law, bereit sein, eine Evakuierung dieser Juden zu „erleichtern", aber, so warnte er, eine solche Evakuierung sei erstens einmal „undurchführbar", solange Deutschland noch die militärische Kontrolle über Transnistrien innehatte, und zweitens stehe „für die betreffenden Juden auch noch kein Asyl zur Verfügung". Und drittens habe man nicht genügend Schiffe für eine Evakuierung auf dem Seeweg, „nicht einmal für eine geringe Anzahl von ihnen".

Für einen „eher zu verwirklichenden Vorschlag" hielt Law es, die schon früher geäußerte „allgemeine Warnung an unsere Feinde in bezug auf Kriegsverbrechen" durch eine spezifische Warnung „in bezug auf diesen besonderen Fall zu ergänzen".[3]

Die zionistischen Führer sowohl in London als auch in Jerusalem machten sich weiterhin Sorgen über die Zukunft Palästinas und über die in ihren Augen gefährliche Weigerung Englands, einem eigenen jüdischen Staat, wie klein und in welcher Gestalt auch immer, zuzustimmen. Am 25. Oktober versprach Churchill in Chequers Dr. Weizmann, er werde sich mit der Palästinafrage befassen, sobald der Krieg vorüber sei. „Mr. Churchill sagte dann", so das von Weizmann damals angefertigte Gedächtnisprotokoll, „wenn man Hitler erst einmal zerschmettert habe, müsse man den Juden die Stellung verschaffen, die sie verdienten." Churchill habe auch erklärt, „von fünfzig Offizieren, die aus Nahost zurückkämen, nehme nur einer Partei für die Juden – aber das habe ihn nur davon überzeugt, daß er recht habe ... "[4]

In Palästina selbst wurde das Verhältnis zwischen den jüdischen Führern und der britischen Administration in der Tat allmählich sehr unerfreulich. Bei einem Prozeß wegen Waffenschmuggels (dem zweiten dieser Art), der am 11. August begonnen hatte und am 27. September zu Ende ging, hatte die Anklage Vorwürfe erhoben, durch die sich die jüdische Gemeinde in Palästina beleidigt fühlte, insbesondere als der Ankläger, Major J. L. Baxter, von der „Nazi-Disziplin" der Allgemeinen Jüdischen Arbeitervereinigung sprach. Diese Vereinigung war eine der wichtigsten und geachtetsten Organisationen der palästinensischen Juden. Sie erhob unverzüglich Beschwerde beim Hohen Kommissar, nach einem Bericht der *Times* vom 30. September mit der Begründung, der Ausdruck „Nazi" habe „für die Juden eine sehr unangenehme Bedeutung"; ferner wies sie darauf hin, „daß viele Juden sich freiwillig und bewußt zu den Streitkräften der alliierten Nationen gemeldet und in jeder Phase des Kampfes ihr Leben riskiert" hätten.

Die *Times* bemerkte in ihrer Darstellung, dieser Waffenschmuggelprozeß habe „die aufgestaute Erbitterung" der Juden Palästinas über die in ihren Augen „ungerechten Vorwürfe gegen jüdische Personen und Organisationen" hervorbrechen lassen;[5] am 2. November schickte der „Außenminister" der Jewish Agency, Mosche Shertok, ein Tausend-Worte-Telegramm an Joseph Linton in London, um Protest gegen die „antijüdische Atmosphäre" zu erheben, die bei dem Prozeß geherrscht habe; die gesamte Abwicklung des Falles habe, so schrieb Shertok, den Eindruck erweckt, als sei es dabei nicht um die Feststellung der Schuld der Angeklagten, sondern darum gegangen, die jüdische Gemeinde, die Jewish Agency und die Kriegsleistungen der Juden Palästinas „zu verleumden".

Shertok schilderte in seinem Telegramm die, wie er sich ausdrückte, „brutalen" und „zynischen" Kreuzverhöre, denen angesehene Mitglieder der jüdischen Gemeinde während der Verhandlung unterworfen worden seien; man habe ihnen unterstellt, die Juden bewaffneten sich für „antibritische Zwecke". Das Gebaren der Anklage habe sich, so fügte Shertok hinzu, durch „antijüdische politische Hetze" ausgezeichnet, und in Ägypten tätige ausländische Journalisten seien „eigens eingeladen" worden, den Verhandlungen beizuwohnen.[6]

Am 16. November kam es zu einer weiteren Verschärfung der Spannung zwischen den britischen Behörden in Palästina und den Juden, als Polizei und Soldaten die jüdische Siedlung Ramat Hakowesch bei Haifa nach Waffen durchsuchten. Mosche Shertok schilderte in einem Telegramm vom 19. November an Weizmann das gewalttätige Vorgehen der Engländer bei der Razzia, den Zusammenstoß zwischen ihnen und den Siedlern und die, wie er sich ausdrückte, „exzessive brutale Gewalt" einiger Polizisten, die beobachtet worden waren, wie sie „mit Gewehrkolben auf am Boden liegende Männer einschlugen" und den „bereits Blutenden" weitere Verletzungen zufügten. Insgesamt seien 27 Männer und 20 Frauen verletzt worden, zwei davon „schwer"; und als die Polizei unter Buhrufen und Steinwürfen abzog, habe der den Einsatz leitende Polizeioffizier „ohne Warnung zwei Revolverschüsse in die Menge gefeuert" und dabei zwei Männer in die Beine getroffen.

Die politische Linie, die sich in der Razzia auf Ramat Hakowesch offenbare, sei, so warnte Shertok, „fatal"; er forderte Weizmann in London auf, „unverzüglich" dagegen tätig zu werden.[7] Doch am 21. November teilte Sir Harold MacMichael dem Kolonialminister mit, seiner Ansicht nach stellten die Proteste der Zionisten „unzweifelhaft einen bewußten und entschlossenen Versuch der Jewish Agency (dar), das jüdische Nationalgefühl zu festigen", indem sie die Leiden der Juden in Europa gegen „den völligen Mangel an Mitgefühl und die Brutalität ausspielen, die sie dem gegenwärtigen Regime in Palästina nachsagen ... " Gefördert werde dieses Bemühen, so fügte MacMichael hinzu, „durch die in der jüdischen Mentalität so stark entwickelte Neigung zum Selbstmitleid".[8]

Cordell Hull den britischen Botschafter in Washington, Lord Halifax, zu sich, um ihm, wie Halifax noch am gleichen Tag nach London meldete, von dem „zunehmenden Druck" zu berichten, „unter den die amerikanische Regierung durch die Juden gesetzt" werde. Cordell Hull „befürchte", wie Halifax sich ausdrückte, „daß die Amerikaner, wenn es ihm nicht gelingt, die Lage mit irgendwelchen Mitteln zu stabilisieren, über diese Sache in wirkliche Schwierigkeiten hineinstolpern könnten und daß die jüdischen Extremisten das Heft in die Hand bekämen".

Cordell Hull wollte den „vier Millionen" amerikanischen Juden sagen können, daß die amerikanische Regierung das Palästinaproblem „mit wachsamer und beständiger Aufmerksamkeit" verfolge, aber er wollte nichts sagen, was

Eden und die britische Regierung „in Verlegenheit setzen" könnte. Halifax versprach, ihn im Laufe der nächsten Tage Edens Meinung zu der vorgeschlagenen Erklärung wissen zu lassen. Hull sei, so erklärte er Eden, „sehr daran gelegen, einem ‚jüdischen Knall', den er kommen sieht, vorzubeugen".[9]

Eden antwortete telegrafisch am 21. Dezember: er bat Halifax, dem amerikanischen Außenminister „unsere ungeschminkte Auffassung" zur Kenntnis zu bringen, „daß es auf lange Sicht für alle Seiten von Vorteil wäre, wenn er sich, unabhängig von einer öffentlichen Erklärung, in der Lage sähe, die zionistischen Führer vor den Gefahren ihrer gegenwärtigen Politik zu warnen". Es bestehe, so erklärte Eden, die ernste Gefahr einer gewalttätigen Eruption in Palästina, „wenn die Zionisten auf ihren Maximalforderungen bestehen". Aus diesem Grunde sei man in London der Hoffnung, Hull werde „sein großes Ansehen" dazu benützen, die amerikanischen Zionisten warnend auf die „Katastrophe, die sie den Juden in Palästina bescheren können, und auf den Schaden (hinzuweisen), den sie der gemeinsamen Kriegsanstrengung zufügen können, falls sie weiterhin eine schrille und provokative Haltung einnehmen".[10]

Doch nicht nur in Washington, sondern auch in London hatte der Druck auf die Regierung, insbesondere im Hinblick auf die britische Politik gegenüber jüdischen Flüchtlingen, zugenommen. Am 14. Dezember wurde dieses Thema im Unterhaus wieder einmal von der unermüdlichen Kämpferin, Eleanor Rathbone, angesprochen. Es sei nun, so erinnerte sie das Parlament, beinahe genau ein Jahr her, daß Eden „die schreckliche Wahrheit über die Grausamkeiten" enthüllt habe, „die unzähligen jüdischen Opfern aus keinem anderen Grund als wegen ihrer Rasse zugefügt werden". Seither hielten, so erklärte sie, „diese Greueltaten an, und sie gehen Tag für Tag weiter". Die Zahl der Opfer sei von Hunderttausenden auf Millionen angewachsen. In Polen allein seien „nach Schätzungen zwischen eineinhalb und zwei Millionen Juden massakriert, dem Hungertod preisgegeben oder durch unbeschreiblich sadistische Maßnahmen zu Tode geschunden worden". Jede Woche bringe neue Pressemeldungen über „die furchtbaren Transporte voller Opfer, die quer durch Europa zu den Todeslagern in Polen fahren, Opfer aus fast allen europäischen Ländern, aus Frankreich und aus Holland und neuerdings auch aus Griechenland".

Miß Rathbone erinnerte daran, daß die Regierung „die Bestrafung der Kriegsverbrecher" versprochen habe. Das aber werde, so sagte sie, „die Toten nicht wieder lebendig machen". Vor einem Jahr habe die britische politische Öffentlichkeit gefragt: „Welche Schritte zur Rettung können getan werden, bevor es zu spät ist?" Dann habe die Bermuda-Konferenz stattgefunden, die aber, so erklärte sie, im Ergebnis „beklagenswert wenig" gebracht habe. Es komme darauf an, sagte sie, die Deutschen davon zu überzeugen, daß das Flüchtlingsproblem eine Frage sei, „die uns leidenschaftlich beschäftigt, so sehr, daß wenn sie mit ihren Massakern und Grausamkeiten fortfahren, dies Folgen für ihre zukünftige Stellung und für die Art und Weise haben könnte, wie wir nach dem Sieg mit ihnen umgehen". Was die Satellitenstaaten anging, so vertrat Miß Rathbone die Auffassung, diese würden sich „immer mehr der Gefahr bewußt, auf die sie sich einlassen, wenn sie die Weltmeinung weiter gegen sich aufbringen", und könnten sich, unter Druck gesetzt, nun vielleicht nachgiebig zeigen, „wo sie früher ihre Herzen verhärtet haben".

Eleanor Rathbone äußerte sich sodann mit bitteren Worten über die von der britischen Regierung bis vor kurzem vertretene Haltung zur jüdischen Einwanderung:

Wären die Beschränkungen nicht gewesen, die der Einwanderung nach Palästina in den Vorkriegsjahren, schon vor den Weißbuch-Vereinbarungen, auferlegt wurden, teilweise aus wirtschaftlichen Gründen und teilweise aus Rücksicht auf die Araber, dann hätten Zehntausende von Männern, Frauen und Kindern, die jetzt in blutigen Gräbern liegen, schon lange bei ihren Familien und Verwandten in Palästina sein können.

Das ist etwas, das ich nie vergessen werde, und das, wie ich hoffe, auch dieses Parlament niemals vergessen wird.

Es gebe noch „viele andere Menschen", so erklärte Eleanor Rathbone, die „wie ich Tag und Nacht über diese furchtbare Frage nachdenken. Sie beschäftigt uns die ganze Zeit. Wir sind nicht überzeugt, daß alles Mögliche für eine Rettung getan worden ist."

Miß Rathbone appellierte sodann an die Regierung, sie solle sich bereit erklären, die Verantwortung „nicht für eine unbegrenzte Zahl" von Flüchtlingen, aber doch für einen bestimmten Teil all derer zu übernehmen, die von den neutralen Staaten aufgenommen würden, und solle es auf diese Weise „den neutralen Staaten ermöglichen, zusätzlich noch einer weit größeren Zahl Asyl anzubieten". Eleanor Rathbone beschloß ihre Rede mit einem direkten Appell an Anthony Eden und, durch ihn, an alle Mitglieder des Kabinetts:

Sorgen Sie dafür, daß sie sich nicht damit zufriedengeben, die neutralen Staaten zur Aufnahme einer größeren Zahl von Flüchtlingen aufzufordern. Sorgen Sie dafür, daß sie klipp und klar erklären, daß wir bereit sind, das zu tun, was sie zu tun bereit sind, und daß wir auch unsere Kronländer und die Vereinigten Staaten dazu auffordern werden. Wenn die Regierung so handelt, wird sie die Unterstützung aller der der Beachtung werten Teile der öffentlichen Meinung dieses Landes hinter sich haben. Sorgen Sie dafür, daß sie sich nicht von den schäbigen Eifersüchteleien und egoistischen Befürchtungen einer bloßen Handvoll verachtungswürdiger Leute abhalten läßt, die unter dem Einfluß antisemitischer oder ausländerfeindlicher Propaganda stehen ...

Das englische wie das amerikanische Volk sind stets großzügig und zutiefst menschlich gewesen. Vergessen wir auch nicht, daß beide Völker auch christlich sind oder es zumindest von sich behaupten. In diesem Sinne mögen sie das Vorbild des Chaucerschen Priesters nicht vergessen, von dem es hieß:

„Christi Gesetz und das seiner zwölf
    Apostel lehrte er,
doch erst einmal befolgte er es selbst."

In ihrer Rede hatte Eleanor Rathbone heftige Kritik an der offiziell eingenommenen Haltung zur Flüchtlingsfrage geübt. „Weder wir noch die Vereinigten Staaten", hatte sie erklärt, „haben der Welt in dieser Sache ein strahlendes Beispiel gegeben."[11] Was Miß Rathbone nicht wußte, war, daß sich gerade zum Zeitpunkt ihrer Rede ein Beispiel für die Berechtigung ihrer Klage anbahnte. Bereits acht Monate zuvor hatte der Jüdische Weltkongreß begonnen, sich um die Unterstützung der Amerikaner für einen ins Auge gefaßten Rettungsplan zu bemühen, der von Gerhart Riegner in Genf stammte.

Zum ersten Mal formuliert hatte Riegner seinen Gedanken in einem am 14. April 1943 an seine Vorgesetzten in New York abgesandten Telegramm. Sein Ziel war es, wie er sich später erinnerte, „mit der Durchbrechung der gegen die Deutschen verhängten Finanzblockade im Interesse der Opfer zu beginnen".[12]

In seinem Telegramm hatte er über einen „neuen dringlichen Hilferuf" im Namen der nach Transnistrien deportierten rumänischen Juden berichtet. Sie benötigten Geld für Bekleidung, insbesondere für Kinder und Waisen, „die nach Palästina überführt werden sollen".

Riegners Plan bestand darin, die direkte Überweisung von Geld nach Rumänien zu umgehen, eine Transaktion, die einen Bruch der alliierten Finanzblockade dargestellt hätte, den rumänischen Juden aber gleichwohl das benötigte Geld zugänglich zu machen, und zwar indem man eine „verbindliche Garantie" abgab, daß ein gleich großer Betrag bei einer schweizerischen oder amerikanischen Bank deponiert „und nach dem Krieg gezahlt" werde. Auch für Frankreich wurden dringend ähnlich große Geldmittel benötigt, „besonders zur Rettung von verborgen gehaltenen oder bei Nichtjuden untergebrachten Kindern".[13]

Ungeachtet der anfangs ablehnenden Haltung des amerikanischen Außenministeriums war der Riegner-Plan den Sommer und Herbst 1943 über den Amerikanern immer wieder unterbreitet worden, und im Laufe der in diese Richtung unternommenen Sondierungen wurde deutlich, daß eine Billigung des Plans und eine Überweisung der entsprechenden Dollarbeträge auf ein Sperrkonto in der Schweiz bedeuten würde, daß bis zu 70 000 rumänische Juden aus Rumänien nach Palästina würden ausreisen können. Aber das State Department zögerte und verzögerte weiter, und dies so sehr, daß Stephen Wise am 22. Juli 1943 direkt zu Präsident Roosevelt ging, um ihm den Plan persönlich zu erläutern. Zu seinem Erstaunen hörte Roosevelt ihm ohne Unterbrechung zu und wandte sich dann mit den Worten an ihn: „Stephen, warum tun Sie es nicht einfach?" Als Wise erwiderte, er fühle sich nicht autorisiert, direkt mit dem Finanzminister, Henry Morgenthau Jr., zu verhandeln, griff Roosevelt zum Telefonhörer, ließ sich mit Morgenthau verbinden und sagte zu ihm: „Henry, ich habe hier einen sehr fairen Vorschlag von Stephen, wie wir Juden aus Polen und Ungarn freikaufen können."[14]

Indes, selbst die Tatsache, daß Roosevelt den Plan unterstützte, konnte nicht verhindern, daß das amerikanische Außenministerium seine ablehnende Haltung noch weitere fünf Monate beibehielt, sehr zum Kummer des Jüdischen Weltkongresses. Dann, am 15. Dezember, als das Schatzamt der Vereinigten Staaten gerade im Begriff stand, Riegner die erforderliche Bürgschaft auszustellen, machte das britische Ministerium für wirtschaftliche Kriegführung der amerikanischen Botschaft in London folgende Mitteilung:

Das Auswärtige Amt befaßt sich mit den Problemen, wie irgendeine größere Zahl von Juden untergebracht werden könnte, sobald sie aus vom Feind besetzten Ländern gerettet würden...

Man kann mit einer gewissen Wahrscheinlichkeit voraussehen, daß es sich als nahezu, wenn nicht als ganz unmöglich erweisen wird, auch nur einen Teil der 70 000 Flüchtlinge zu versorgen, deren Rettung der Riegner-Plan vorsieht. Aus diesem Grund würde das Auswärtige Amt es nicht ohne weiteres begrüßen, wenn irgendeine Zustimmung zu dem Plan, und sei es auch nur im Stadium der vorläufigen finanziellen Vereinbarungen, zum Ausdruck gebracht würde.[15]

In seiner Antwort wies der britische Botschafter in Washington, Lord Halifax, das Auswärtige Amt darauf hin, daß die Juden Amerikas, „Zionisten oder Nichtzionisten", eine solche Entscheidung „als unmenschlich" betrachten würden, und am 21. Dezember erhielt Gerhart Riegner von der amerikanischen Botschaft in Bern die Vollmacht, an dem Vorhaben weiterzuarbeiten, „unbeschadet der Blockadebestimmungen".[16]

Die Auffassung des Auswärtigen Amtes blieb allerdings unverändert. Am 23. Dezember fertigte Ian Henderson folgende Aktennotiz an: „Es geht bei dieser Frage darum, zu prüfen und abzuwägen: inwieweit es einerseits ratsam ist, dem amerikanischen Außenministerium und Schatzamt bei der Befriedigung jüdischer Wählerwünsche zu helfen und ein Anschwellen der US-Kritik an unserer Palästina-Politik zu vermeiden, und andererseits, den Erfordernissen des Kolonialamts in bezug auf praktische Politik und arabische Wünsche zu genügen." Und Hendersons Amtskollege A. W. G. Randall notierte am 24. Dezember: „Wenn wir erst einmal die Tür geöffnet haben für aus feindlichem Territorium herauszuholende erwachsene männliche Juden, kann daraus eine einfach nicht mehr zu bewältigende Flut werden. (Hitler könnte das Seine dazu tun!)"[17]

Keine plötzliche, „nicht zu bewältigende Flut" indes war es, sondern ein schmerzlich langsam rinnendes, schmales Bächlein, das weiterhin Tag für Tag Zeit und Kraft der Mitarbeiter der Jewish Agency absorbierte. Am 10. Dezember konnte einer ihrer Vertreter in Istanbul, Dr. Joseph Goldin, nach Jerusalem melden, daß acht Flüchtlinge Istanbul erreicht hatten: aus Ungarn zwei Inhaber „alter" Einreisevisa für Palästina und zwei Verwandte von Palästina-Bürgern – eine Ehefrau und ein Kind –; sowie aus Bulgarien zwei „zionistische Veteranen".[18]

Zwei Tage später telegrafierte Goldin an seinen Kollegen Chaim Barlas, der sich zu dieser Zeit in Ankara aufhielt; es ging um die 600 oder 700 Juden mit südamerikanischen Pässen, die in Warschau vor der Deportation gerettet und als Auswanderungskandidaten nach Vittel in Frankreich geschickt worden waren. Nun sah es so aus, als könnten sie in Gefahr geraten und als müßten über die schweizerische Regierung „sofortige Schritte" unternommen werden, um ihre Deportation in den Osten zurück zu verhindern.[19]

Von nun an sollte das Schicksal dieser paar hundert polnischen Juden die Jewish Agency Tag für Tag – mehr als sechs Monate lang – beschäftigen. Nach allem, was sie erlebt hatten, waren sie der Rettung so nahe – und doch noch so fern dem rettenden Ufer. Alle ihre Verwandten waren in Treblinka ermordet worden.

Sie alleine waren von den Deutschen der Freiheit entgegengeschickt worden. Aber sie waren noch nicht am Ziel ihrer Reise, und die Gefahr, daß sie es nicht erreichen würden, schien im Lauf der Monate größer zu werden. Die Rettung dieser „Juden von Vittel" war keineswegs nur ein „Testfall" sondern bot eigentlich die einzige noch verbliebene Möglichkeit, nachdem so viele andere Wege verschüttet waren.

Weitere Hinweise auf das Ausmaß des Massenmords an den Juden von Warschau erreichten die Alliierten und die Juden im Westen am 15. Dezember, als in Charkow, einer der größten sowjetischen Städte, die die Russen von den Deutschen zurückerobert hatten, der zweite sowjetische Prozeß gegen deutsche Kriegsverbrecher eröffnet wurde.

Im Laufe der Verhandlungen in Charkow wurde der 24jährige SS-Leutnant Hans Ritz über die Verwendung von Vergasungslastwagen in Charkow befragt. Als Ritz das Wort „Vergasungswagen" zum ersten Mal nennen hörte, erklärte er dem Staatsanwalt: „Ich kannte das Fahrzeug von meinem Aufenthalt in Warschau, wo ich miterlebt hatte, wie damit die unzuverlässigen Elemente der Warschauer Bevölkerung abtransportiert wurden." Ritz fuhr, ebenfalls noch im Rückblick auf seinen Aufenthalt in Warschau, fort: „Ich erfuhr, daß ein Teil der Warschauer Bevölkerung mit der Eisenbahn abtransportiert und ein anderer Teil in die ‚Vergasungswagen' geladen und vernichtet wurde."

Hans Ritz bezeugte auch die in Sandgruben und Steinbrüchen durchgeführten Massenerschießungen Zehntausender von Menschen in den sowjetischen Städten Krasnodar, Vitebsk und Taganrog. Zu der Erschießung von etwa dreihundert Menschen in einem Dorf bei Charkow befragt, erinnerte sich Ritz an eine Frau, die versucht hatte, ihr Kind zu retten, indem sie es „mit ihrem Körper bedeckte. Aber das half ihr nichts, die Kugel ging durch sie und das Kind hindurch."[20]

In Auschwitz wurde die ‚Täuschungsaktion' weitergeführt: Am 16. Dezember kamen weitere 2491 Juden aus Theresienstadt an, nicht um vergast zu werden, sondern um – Männer, Frauen und Kinder zusammen – in das eigens eingerichtete Familienlager einzuziehen. Vier Tage später trafen nochmals 2473 Deportierte aus Theresienstadt für das Familienlager ein, dessen Gesamtbelegschaft damit zwei Monate nach seiner Errichtung auf 10 000 Menschen angewachsen war. Die Postkarten, die die Insassen des Familienlagers regelmäßig schrieben, berichteten, daß sie gut angekommen und am Leben waren. Sie durften Lebensmittelpakete des Internationalen Roten Kreuzes empfangen und den Empfang quittieren.

Aber selbst noch in den Tagen zwischen diesen beiden Transporten aus Theresienstadt kamen andere Züge an, für deren Insassen ein solches Täuschungsmanöver als überflüssig erachtet wurde. Am 17. Dezember, einen Tag nach dem ersten der beiden Transporte aus Theresienstadt, traf ein Zug voller Juden aus dem Konzentrationslager Stutthof bei Danzig in Auschwitz ein. Alle – bis auf 261 – wurden umgehend vergast. Am 20. Dezember, am selben Tag, als der zweite Zug aus Theresienstadt ankam, trafen auch 849 Juden mit einem Transport aus Paris ein; über 500 von ihnen wurden für die Gaskammer „selektiert". Und den ganzen Dezember über wurden kranke Frauen aus den Baracken des Frauenlagers geholt und in die Gaskammern geschickt, nach den Lageraufzeichnungen insgesamt 4247.[21]

Das „Familienlager" in Auschwitz erfüllte seinen Zweck. Die verschickten Postkarten und die in Empfang genommenen Lebensmittelpakete waren wichtige und erfolgreiche Elemente der Täuschungspolitik der Nazis, die darauf abzielte, diejenigen einzulullen, die sich keinen Illusionen hingaben, und die anderen zu verunsichern.

Ohne Erfolg hatte der Jüdische Weltkongreß unterdessen das amerikanische Rote Kreuz immer wieder gedrängt, allen „segregierten" europäischen Juden den schützenden Status „internierter Zivilisten" zuzuerkennen. Am 17. Dezember hatte Dr. Leon Kubowitzki seine Kollegen und Vorgesetzten beschworen, diese Forderung „in den Vordergrund" ihrer Bemühungen zu stellen. Würde ein solcher Status gewährt, schrieb er, „so könnte es uns vielleicht gelingen, die Reste der jüdischen Bevölkerung im Herrschaftsbereich der Achsenmächte zu retten".[22] Aber erneut lehnte das amerikanische Rote Kreuz es ab, eine rechtliche Gleichstellung jüdischer Konzentrationslagerinsassen mit Kriegsgefangenen und damit die Ausdehnung der Schutzbestimmungen der Genfer Konvention auf sie auch nur in Erwägung zu ziehen.

Die Meldungen, Geschichten und Berichte über die Greueltaten der Deutschen stießen auch noch Ende 1943, Anfang 1944 auf Unglauben. Einer derjenigen, den diese Tatsache beschäftigte, war ein emigrierter ungarischer Jude, Arthur Koestler, der zu der Zeit als Journalist und Lektor in England arbeitete. „Heute", so schrieb er in einem im Januar 1944 im *New York Times Magazine* veröffentlichten Artikel, „sind wir von dem Wahn besessen, euch erzählen zu wollen, wie die jüdische Bevölkerung von Europa durch heißen Dampf, elektrische Massenvernichtungen und Eingrabungen bei lebendigem Leibe getötet wird. Bis jetzt sind drei Millionen gestorben. Es ist das größte Massenmorden in der Geschichte und es geht weiter, täglich, stündlich, so regelmäßig wie das Ticken eurer Taschenuhr."

Koestler schrieb von der „Erschütterung und Bitterkeit", die ihn beseelten, weil er vor sich auf dem Schreibtisch Fotografien liegen hatte, die das Morden zeigten, Fotografien, die aus Polen herausgeschmuggelt waren. „Menschen sind gestorben, nur um diese Fotos aus Polen herauszuschmuggeln", meinte er dazu und fuhr sarkastisch fort: „Sie dachten, es sei der Mühe wert." Weiter schrieb er:

… ich (habe) nun drei Jahre lang vor den Truppen Vorträge gehalten, und ihre Einstellung ist dieselbe. Sie glauben nicht an Konzentrationslager, sie glauben nicht an die verhungerten Kinder in Griechenland, an die erschossenen Geiseln in Frankreich, an die Massengräber in Polen; sie haben noch nie etwas von Lidice, Treblinka oder Belsen gehört; man sie eine Stunde lang überzeugen, dann schütteln sie sich, ihre seelische Selbstverteidigung beginnt zu arbeiten, und nach einer Woche hat sich das Achselzucken der Ungläubigkeit wieder eingestellt wie ein Reflex, der vorübergehend durch einen Schock geschwächt war.

Es ist klar, daß dies alles bei mir und meinesgleichen nachgerade zum Wahn wird. Es ist klar, daß wir an einer krankhaften Besessenheit leiden müssen, während ihr anderen gesund und normal seid. Aber das charakteristische Symptom bei allen Geisteskranken ist, daß sie den Kontakt mit der Wirklichkeit verlieren und in einer Scheinwelt leben. So ist es vielleicht gerade umgekehrt, vielleicht sind gerade wir es, die Schreibenden, die ganz und gar normal auf die uns umgebende Wirklichkeit reagieren, während ihr die Wahnbefangenen seid, die in einer verschleierten Phantasiewelt herumtorkeln, weil euch die Fähigkeit abgeht, den Tatsachen ins Gesicht zu sehen.[23]

19. Eine „Zweite Front" ist in Sicht

Zu Beginn des Jahres 1944 warteten die alliierten Nationen auf eine Landung der amerikanischen und britischen Streitkräfte in Westeuropa. Von einer solchen „zweiten Front" war schon seit langem die Rede gewesen; sie galt als das einzig sichere Werkzeug zur Brechung der Nazi-Tyrannei, und doch sahen die Juden Palästinas dem, was sie bringen mochte, mit gemischten Gefühlen entgegen. Am 29. Dezember 1943 hatte Eliahu Dobkin, der Leiter der Einwanderungsabteilung der Jewish Agency, die Schaffung jüdischer „Rettungsbrigaden" vorgeschlagen, die mit den Befreiungstruppen in die europäischen Länder geschickt werden sollten,[1] und am 11. Januar 1944 berichtete die britische Zentrale für Politische Aufklärung in Nahost, die Jüdische Arbeitervereinigung habe am Ende einer fünftägigen Konferenz ihre „schwerwiegenden Befürchtungen" zum Ausdruck gebracht, eine Invasion in Europa könne „zu einem noch härteren Vorgehen des Feindes gegen die noch in feindlichem Territorium verbliebenen Juden führen".

Das Aufklärungszentrum berichtete ferner, mehrere Redner auf der Konferenz der Jüdischen Arbeitervereinigung hätten „betont", daß die alliierten Mächte „bisher politisch nichts getan haben, um die Juden vor der völligen Ausrottung zu bewahren".[2] Ebenfalls am 11. Januar schickte Sir Harold MacMichael im Zusammenhang mit dem von Dobkin gemachten Vorschlag die Warnung nach London, jede ins europäische Kampfgebiet geschickte jüdische „Kommandobrigade" werde unzweifelhaft „primär eine zionistische Propagandabrigade sein, die eher die Aufgabe haben wird, den Boden für die Auswanderung so vieler Juden wie möglich nach Palästina zu bereiten, als bei den praktischen Befreiungsoperationen an Ort und Stelle behilflich zu sein".[3]

In London suchte das Auswärtige Amt im Lauf der ersten Monate des Jahres 1944 weiterhin nach einer Lösung für Palästina, die eine jüdische Bevölkerungsmehrheit im ganzen Land oder die Entstehung eines kleineren jüdischen Teilstaates unmöglich machen würde. Churchill, der sich zu dieser Zeit in Nordafrika von einer Erkrankung erholte, warf seine Autorität gegen alle derartigen Präjudizierungen in die Waagschale. Seinen besonderen Zorn erregte ein Telegramm von Eden an Lord Halifax in Washington, in dem angedeutet wurde, das amerikanische Außenministerium könne vielleicht den Wunsch haben, England in der Beibehaltung seiner Vorkriegspolitik zu unterstützen. Am 12. Januar 1944 telegrafierte Churchill sowohl an Eden als auch an Attlee:

Hierdurch werden sehr ernste Fragen aufgeworfen. Ich habe die Weißbuch-Vereinbarungen immer für eine fatale Politik und für einen Verstoß gegen ein Programm gehalten, für das ich an prominenter Stelle verantwortlich war. Wir werden uns tunlichst hüten, uns wegen dieser minderwertigen Ausgeburt eines defätistischen Augenblicks in Amerika

Feinde zu schaffen und die Wiederwahlchancen des Präsidenten zu schmälern. Die Araber haben in diesem Krieg nichts für uns getan, abgesehen einmal von der Rebellion im Irak.

Wir müssen die Angelegenheit im Kabinett klären, wenn ich zurück bin. Bis dahin sollten wir uns nicht auf eine neue Bekräftigung der Weißbuch-Vereinbarungen festlegen.

„Eine Teilung in irgendeiner Form", so fügte Churchill hinzu, „ist die einzige Lösung."[4]

In den Vereinigten Staaten selbst drangen immer stärkere Kräfte, insbesondere in jüdischen Gruppen, auf ein verstärktes offizielles Engagement für die europäischen Juden. Am 16. Januar 1944 übersandte einer der führenden amerikanischen Juden, Finanzminister Henry Morgenthau, einen „persönlichen Bericht" an Präsident Roosevelt, in dem er scharfe Kritik an „gewissen Beamten im State Department" übte, die sich, wie er sich ausdrückte, als „völlig unfähig" erwiesen hätten, „die Ausrottung der Juden in den von Deutschland kontrollierten europäischen Ländern zu verhindern". Morgenthau sprach die Vermutung aus, das Außenministerium habe bewußt versucht, Nachrichten von den Judenmassakern der Öffentlichkeit vorzuenthalten, und Maßnahmen zugunsten der Juden hinausgezögert oder hintertrieben. Unter namentlicher Nennung des stellvertretenden Außenministers Breckenridge Long brandmarkte Morgenthau die „gleichgültige, gefühllose und vielleicht sogar feindseelige" Haltung des State Department zur jüdischen Frage.

Morgenthau belegte sein Urteil auf neun Schreibmaschinenseiten mit zahlreichen Einzelheiten aus zwei bestimmten diplomatischen Vorgängen: der hinhaltenden Behandlung des Riegner-Plans zur Hinterlegung von Geldbürgschaften in der Schweiz für die Rettung rumänischer Juden, und einer telegrafischen Anweisung des State Departments vom 21. Januar 1943 an Botschafter Harrison in Bern, in Zukunft keine „Ihnen übergebenen Berichte zur Übermittlung an private Personen in den Vereinigten Staaten mehr" entgegenzunehmen. Morgenthau erklärte, mit diesem Telegramm sei „bezweckt worden, die ausdrückliche Bitte des Ministeriums um die Weitergabe von Informationen über Hitlers Plan zur Ausrottung der Juden zu unterlaufen".

Morgenthau betonte, an dem Telegramm an Harrison sei nichts „Unschuldiges und Routinemäßiges"; es stelle eine bewußte Beeinträchtigung des Informationsflusses dar, von der er nur durch Zufall ein Jahr später Kenntnis erlangt habe. Wieviele andere Beeinträchtigungen „derselben Art noch in den Akten des State Department schlummern", schrieb er, „ist eine Frage, die ich nicht aus eigenem Wissen beantworten kann. Beurteilt man das beinahe totale Versagen des State Department hinsichtlich der erzielten Ergebnisse, wird man den starken Verdacht nicht los, daß es nicht wenige sein dürften."[5]

Als Reaktion auf diesen Protest Morgenthaus nahm Roosevelt bedeutsame Veränderungen in der amerikanischen Politik vor. Dem stellvertretenden Außenminister Long wurde die Aufsicht über die Flüchtlingsangelegenheiten innerhalb des State Department entzogen. Ein „War Refugee Board" (Kriegsflüchtlingskomitee) wurde ins Leben gerufen, das aus drei Ministern, dem Außen-, dem Finanz- und dem Kriegsminister bestand und Bestandteil des präsidialen Exekutivamtes war.

Am 22. Januar 1944 verkündete Roosevelt persönlich die Installierung des Komitees. Er hob dabei hervor, wie sehr es darauf ankomme, „daß sofort Schritte unternommen werden, um dem Plan der Nazis, alle Juden und andere Minderheiten in Europa auszurotten, zuvorzukommen".

Die Einrichtung des Kriegsflüchtlingskomitees diente der Erklärung des Weißen Hauses vom 22. Januar zufolge der „Einleitung wirksamer Maßnahmen" zur Rettung, Evakuierung, Ernährung und Unterstützung „der Opfer der feindlichen Unterdrückung" sowie der Vorbereitung „vorübergehender Zufluchtsstätten" für diese Opfer. Eigene Attachés mit diplomatischem Status zur Vertretung des Komitees in Europa sollten ernannt werden. Sie würden bei der Ausübung ihrer Aufgabe die Hilfe von Regierungsstellen aller Staaten „akzeptieren". Und das Komitee werde im Hinblick auf die Durchführung der von ihm erwarteten Politik „direkt dem Präsidenten verantwortlich" sein und ihm „in kurzen Zeitabständen" über den Fortgang seiner Arbeit Bericht erstatten; dabei werde es ihm diejenigen Empfehlungen unterbreiten, die es im Sinne einer „fortschreitenden Überwindung aller der Rettung und Unterstützung von Kriegsflüchtlingen im Wege stehenden Schwierigkeiten" für angemessen und erforderlich halte.[6]

Der britischen Regierung kam die Einrichtung des amerikanischen Kriegsflüchtlingskomitees ungelegen, insbesondere da der unabhängige Parlamentsabgeordnete Daniel Lipson in einer parlamentarischen Anfrage die Regierung aufforderte, „ein Gegenstück zu dem Komitee des Präsidenten zu schaffen". Am 7. Februar kritisierte Eden in einem Rundschreiben an seine Kollegen im Flüchtlingsausschuß des Kriegskabinetts die Motive, aus denen heraus Roosevelt sein Komitee ins Leben gerufen hatte. „Zusätzlich" zu dem, wie Eden es nannte, „humanitären Ziel", unverzüglich und mit allen möglichen Mitteln potentielle Opfer vor der Raserei des Feindes zu retten, sei es Roosevelt auch darum gegangen, „mit besonders aktiver Unterstützung von Mr. Morgenthau die große jüdische Wählerschaft zu beruhigen" und „dem Kongreß das Schießpulver naßzumachen", nachdem dessen Auswärtiger Ausschuß das State Department unlängst unter Druck gesetzt habe, eine aktive Rettungspolitik für die Verfolgten zu betreiben.

Eden machte seine Kollegen auch auf Anzeichen dafür aufmerksam, daß die Amerikaner „zunehmenden Druck" auf England ausübten, um es zu einer großzügigeren Visapolitik in bezug auf Palästina zu verleiten, „als ein Mittel, jüdische Kinder aus Frankreich herauszubekommen"; dieses Bemühen stehe, so fügte Eden hinzu, in „seltsamem Kontrast zu der ‚Reserviertheit', die die amerikanische Regierung „bei der Aufnahme von Flüchtlingen in ihr eigenes Land" zeige. Diese Zurückhaltung sei, so Eden, unlängst Anlaß für „sarkastische Kommentare in amerikanischen jüdischen Zeitungen" gewesen.[7]

Drei Monate später sollte Eden seinen Ausschußkollegen eine von Sir

Herbert Emerson verfaßte Note zukommen lassen; Emerson wollte bei einem
Besuch in Washington erfahren haben, daß die Gründung des Kriegsflüchtlingskomitees „ein Ergebnis jüdischen Druckes, insbesondere von seiten der ex-
tremistischen Gruppen", gewesen und daß außer den humanitären Motiven die
politische Erwägung maßgeblich gewesen sei, „daß die jüdische Wählerschaft
groß ist, ganz besonders im Staat New York, der bei einer Präsidentschaftswahl
von erstrangiger Bedeutung ist". Der Direktor des Komitees, John W. Pehle, sei,
wie Emerson hinzusetzte, kein Jude, „aber viele von den Chargen sind Juden".[8]

Die Gründung des Kriegsflüchtlingskomitees erfüllte alle mit Rettungs- und
Auswanderungsfragen befaßten jüdischen Gruppen mit neuer Hoffnung. Aber
in der Praxis blieb der Umfang der Rettungsmöglichkeiten gering. Im Jahr 1943
war es insgesamt nicht einmal 400 Juden gelungen, Istanbul und über Istanbul
Palästina zu erreichen – 120 aus Rumänien, 109 aus Bulgarien, 107 aus Ungarn,
17 aus Böhmen und Mähren, 8 aus der Slowakei und 7 aus Holland. Am 26. Dezember hatte die britische Regierung neun Juden, die sich zu diesem Zeitpunkt
in Rumänien aufhielten, Einreisevisa für Palästina erteilt; von ihnen waren vier
Flüchtlinge aus Polen, drei stammten aus Rumänien, einer aus Ostpreußen und
einer aus Frankreich.

Am 22. Januar, dem Tag, an dem das Kriegsflüchtlingskomitee in Washington
installiert wurde, trugen die langwierigen Bemühungen zur Evakuierung schon
außerhalb der Reichweite der Nazis befindlicher Juden einen unerwarteten Erfolg davon, als die *Njasa* mit 757 Juden an Bord von Lissabon aus nach Palästina
in See stach. Damit erfüllte sich der Traum eines jüdischen Flüchtlings aus
Deutschland, Wilfrid Israel, der 1943 im Auftrag der Jewish Agency nach Lissabon gekommen war. Israel selbst war bei einem Flugzeugabsturz im Juni 1943
umgekommen, aber sein Nachfolger in Lissabon, Fritz Lichtenstein, hatte den
Transfer in sechsmonatiger Arbeit zuwege gebracht.[9]

Anfang Januar 1944 hatte das Genfer Palästinabüro eine neue Austauschliste
mit den Namen und Anschriften von 590 „in den Niederlanden wohnhaften" Juden erstellt. Die britischen Behörden akzeptierten die Liste ohne Zögern, und am
4. Januar teilte Douglas Mackillop von der britischen Botschaft in Bern Dr. Kahany, einem der Repräsentanten der Jewish Agency in Genf, mit: „Wir haben die
schweizerische Regierung gebeten, bei der deutschen Regierung darauf hinzu-
wirken, daß alle gegen Personen aus diesem Kreis prospektiver Einwanderer ergangenen Deportationsbefehle nach Möglichkeit rückgängig gemacht werden,
nachdem nun bekannt ist, daß ihnen Einwanderungszertifikate gewährt worden
sind."[10]

Drei Wochen später, am 24. Januar, konnte Dr. Chaim Pozner aus Genf dem
Jüdischen Rat in Amsterdam die Mitteilung machen, daß eine weitere, die Namen von 118 Einzelpersonen und Familien enthaltende Liste von den Engländern im Hinblick auf Palästina-Zertifikate akzeptiert worden war, und er legte
seinem Brief diese Namensliste bei, die auch die potentiell lebensrettenden Re-
gistriernummern mit dem „M" davor enthielt.[11]

Zur gleichen Zeit arbeitete, ebenfalls in Genf, Pozners Kollege Richard Licht-

heim daran, die Auswanderung der in Vittel sitzenden polnischen Deportierten
perfekt zu machen. Am 25. Februar erhielt er aus Jerusalem die Mitteilung, der
Dichter Yitzak Katznelson, der bereits einen honduranischen Paß besaß und
dank dessen aus Warschau nach Frankreich gekommen war, sei nunmehr in die
Liste der „zionistischen Veteranen" aufgenommen, die die Jewish Agency der
britischen Mandatsregierung in Palästina am 30. Dezember zur Erteilung von
Palästina-Zertifikaten vorgelegt hatte; Katznelson sei auf dieser Liste „unter der
Nummer M/438/43" registriert.[12]

Diese Rettungsbemühungen waren ein Tropfen auf den heißen Stein, aber sie
waren real: Es ging dabei um Personen und Familien, die noch gerettet werden
konnten. Während die Vernichtungslager in Chelmno, Belzec, Treblinka und
Sobibór mit der Ermordung von mehr als zwei Millionen Juden zwischen Anfang 1942 und Ende 1943 ihr teuflisches Soll erfüllt hatten, ging in Auschwitz die
Vernichtung der Überreste der europäischen Juden aus dem noch immer weit-
räumigen NS-Machtbereich ohne Unterbrechung weiter. Allein im Januar wurden dort mehr als 5300 Juden aus Frankreich, Belgien, Holland und Polen vergast, darunter am 22. Januar – dem Tag, an dem in Washington das ‚War Refugee
Board' gegründet wurde – 749 Juden aus Paris.

Die alliierten Aufklärungsdienste hatten noch immer nicht erkannt, wohin die
Deportationszüge aus Westeuropa gingen, und der Name Auschwitz tauchte in
ihren Berichten nicht auf. Am 2. Januar gab die britische Zentrale für Politische
Aufklärung in Nahost in einem Geheimdossier einen Überblick über die Lage in
Griechenland. Abschriften dieses Berichts gingen an mehrere andere Aufklärungsdienste sowie an die diplomatischen Vertreter Englands und der Vereinigten Staaten bei der griechischen Exilregierung. In dem Abschnitt über die griechischen Juden war vermerkt, die einst 70 000 Personen zählende jüdische Gemeinde von Saloniki sei „vollständig aufgelöst" worden; weiter hieß es: „Nach
den Verfolgungen durch die Deutschen in Saloniki ist die Mehrheit, wie allgemein angenommen wird, nach Polen geschickt worden."[13]

Wohin in Polen, wurde nicht gesagt. Wie frühere Berichte konnte auch dieser
das Geheimnis um Auschwitz nicht lüften. Dort nahm, von den Alliierten unbemerkt, das tägliche Morden seinen Fortgang: Die Zahl der Toten war im Februar
ebenso hoch wie in den vorausgegangenen Monaten. Die Transporte waren aus
Frankreich, Italien, Berlin und Wien gekommen.

Am 15. Januar begann die SS mit der Arbeit an einem Zubringergleis, das den
direkten Anschluß von der Hauptstrecke Wien-Krakau in den Lagerkomplex
Birkenau herstellen sollte. Während die Ankömmlinge bisher von einer Verla-
derampe nahe dem Bahnhof Auschwitz mit Lastwagen über eine zwei Kilometer
lange Strecke den Lagerzaun entlang zu den Gaskammern transportiert worden
waren, sollten die Züge nach Fertigstellung des neuen Gleisanschlusses bis auf
wenige Meter an die Gaskammern selbst heranfahren können. Bisher hatte man
mehrere Lastwagen benötigt, um die Insassen eines Deportationszuges zu den
Gaskammern zu verfrachten. Nun würde man sowohl Treibstoff als auch Zeit
und Wachtposten sparen, und die Deportierten würden, wenn sie aus der Dun-

kelheit, dem Dreck und dem Gestank der Viehwagen ins Freie taumelten, kaum noch Zeit haben, sich darüber klarzuwerden, was mit ihnen passierte, oder gar zu reagieren. Die Todeszüge hatten ihre Arbeit noch längst nicht getan; es würde noch viele Monate dauern, bis die Deportationen aus Frankreich, Holland, Italien, Belgien und Griechenland beendet waren. Und in Ungarn und Rumänien lebten noch Hunderttausende von Juden – um die dreihunderttausend in Rumänien und achthunderttausend in Ungarn –, die bisher deshalb vor der Deportation bewahrt geblieben waren, weil die Herrscher dieser Länder, obwohl mit Deutschland verbündet, den diesbezüglichen deutschen Forderungen nicht nachgegeben hatten.

In Auschwitz selbst war unterdessen eine strukturelle Veränderung eingetreten. Das „Vernichtungslager" war seiner Aufgabe insoweit gerecht geworden, als bis zu diesem Zeitpunkt über 1 500 000 Juden hier den Tod gefunden hatten; daneben hatte aber die regelmäßige Aussonderung arbeitsfähiger Männer und Frauen für den Lagerkomplex ein beträchtliches Arbeitskräftereservoir geschaffen. Am 22. Februar 1944 befanden sich nach Feststellungen der Lagerverwaltung insgesamt 73 669 Häftlinge, davon etwa 60% Juden, darunter 24 637 Frauen, in den Lagerabschnitten.

Das Gros dieser Arbeitssklaven wurde in der Umgebung von Auschwitz eingesetzt. An dem Tag, an dem die Gesamtzahl der Insassen von Auschwitz und Birkenau 73 669 betrug, waren 13 477 von ihnen in 10 verschiedenen Industriebetrieben in der Umgebung von Auschwitz beschäftigt – unter extrem harten Arbeitsbedingungen. Die dem Lager Auschwitz am nächsten gelegene Fabrik war das Petrochemische Werk der I. G. Farben in Monowitz, nur sechs Kilometer von den Gaskammern entfernt. In Monowitz arbeiteten an jenem 22. Februar insgesamt 6603 Auschwitz-Häftlinge. Seit November 1943 wurde das Lager in Monowitz offiziell zusammen mit den anderen Arbeitslagern unter der Bezeichnung Auschwitz III geführt.

Die Existenz und die Größenordnung der Fabriken in Auschwitz-Monowitz trugen höchst wirkungsvoll dazu bei, daß das Geheimnis von Auschwitz-Birkenau weiterhin gewahrt blieb. Gegen Ende Februar 1944, zwei Wochen nachdem Ira Hirschmann als Repräsentant des Kriegsflüchtlingskomitees in der Türkei Posten bezogen hatte, wurde eine Gruppe von 112 türkischen Juden aus Paris nach Istanbul, in die Heimat, zurückgeführt. Ein Vertreter der Jewish Agency in Istanbul, Menachem Bader, schilderte später, welche Informationen die Agency von diesen Leuten erhielt: „Sie erzählten uns", so erinnerte er sich, „daß jede Woche ein Deportationszug mit tausend Juden aus Frankreich und den Niederlanden nach Polen abging. Wir fragten uns, wie die Deutschen zu einem solchen Zeitpunkt, da ihre eigenen Städte unaufhörlich bombardiert wurden und in Italien und an der ganzen Ostfront gnadenlose Schlachten wüteten, Lastwagen und Lokomotiven für den Transport von Juden erübrigen konnten."

Kurze Zeit später habe, so schrieb Bader weiter, ein aus der Slowakei nach Istanbul gelangter Brief, „der über die wachsende Zahl der Juden in Birkenau bei Auschwitz berichtete, das Rätsel gelöst. Die I. G. Farben hatte bei Birkenau große

Fabriken errichtet, und die 70 000 dort zusammengezogenen Juden dienten gleichermaßen als Arbeitskräfte und als Rohmaterial".[14]

Man schrieb Ende Februar 1944. Noch war von den Gaskammern und Krematorien in Birkenau nirgendwo die Rede gewesen. Bald jedoch sollten die Fabriken der I. G. Farben, die so sehr dazu beitrugen, Auschwitz in erster Linie als ein
Arbeitslager erscheinen zu lassen, zusammen mit Birkenau selbst in den Bereich
der alliierten Aufklärungsflüge – und der alliierten Bomberflotten – kommen. In
der Tat waren es die Fabriken in der Umgebung von Auschwitz und nicht das Lager selbst, die im Rahmen der nach wie vor durchgeführten „Operation Pointblank" Gegenstand der alliierten Luftangriffe werden sollten, mit dem Ziel, die
deutschen Rüstungskapazitäten zu zerstören.

Eines der Themen, die die politisch Verantwortlichen in England in den ersten
Monaten des Jahres 1944 erörterten, war die Zukunft der britischen Beziehungen zur arabischen Welt. Der britische Staatsminister Lord Moyne wies Anthony
Eden in einem Brief aus Kairo vom 1. März darauf hin, daß jeder Plan für eine Lösung des Palästinaproblems nach dem Kriege, sofern er nicht auf eine territoriale
Teilung abziele, „irgendwelche Bestimmungen hinsichtlich der jüdischen Einwanderung" in das gesamte Gebiet enthalten müsse. Eine jüdische Einwanderung gleich welcher Größenordnung werde England aber, so warnte er, mit der
Aussicht auf „dauerhaft verschlechterte Beziehungen zur arabischen Welt erkaufen" müssen.

Die Frage der jüdischen Einwanderung werde, so erläuterte Moyne, in dem
Augenblick akut werden, in dem die Hafenstädte am Ägäischen Meer von den
deutschen Besatzungstruppen geräumt würden; es könne dann zu einem „großen Zustrom jüdischer Einwanderer, ob illegal oder nicht, kommen"; der Zustrom könne in der Tat so groß werden, daß er „jeden Ausgleich unerlaubter Einwanderung mittels der Weißbuch-Vereinbarungen absorbieren würde". Falls
man diesen Juden gestattet, „sich in ganz Palästina auszubreiten", würde dies,
wie Moyne hinzufügte, viel eher „die Gefahr eines arabischen Aufbegehrens"
heraufbeschwören, als wenn man sie auf einen kleineren jüdischen Staat innerhalb eines geteilten Palästina „einengen" könnte.[15]

Das Auswärtige Amt in London machte seine Auffassungen über die pri-
mären Interessen Englands am 4. März deutlich, und zwar in einem Telegramm
an den britischen Botschafter in Washington, Lord Halifax; dieses Telegramm
enthielt den Text einer Botschaft, die dem Amerikanischen Palästinakomitee, einem zionistischen Organ, übermittelt werden sollte. Das Auswärtige Amt
brachte darin zunächst das „Mitgefühl Englands für die Leiden der verfolgten
Juden" zum Ausdruck, die zu lindern das britische Volk und die britische Regierung „ihr Äußerstes getan haben". In den verflossenen fünf Jahren seien, so
stellte die Botschaft fest, 48 000 Juden nach Palästina eingewandert. Weitere
27 000 Zertifikate stünden „im Rahmen der bestehenden Abmachungen", d. h.
der Weißbuch-Vereinbarungen von 1939, noch zur Verfügung. Daran aber
schloß sich „ein mahnendes Wort in aller Freundschaft" an: Die in Amerika ge-

führte Kontroverse über Palästina habe, so hieß es, „in Nahost ernste Befürchtungen zu wecken begonnen". Und die Botschaft schloß mit den Worten:

Wir stehen heute am Vorabend der schwersten militärischen Kämpfe unserer Generation. Alles, was unsere beiden Nationen davon ablenkt, den Kampf mit äußerster Kraft zu führen, wird unweigerlich den Blutzoll dieses Krieges erhöhen. Das britische und das amerikanische Volk sowie die Juden in aller Welt haben ein überwältigendes gemeinsames Interesse an einem möglichst raschen Sieg, durch den allein das Gros der europäischen Juden gerettet werden kann.[16]

Am 6. März bestätigte das Auswärtige Amt in einem Brief an den polnischen Exil-Außenminister Graf Raczyński den Empfang einer Verlautbarung der Vertretung Polnischer Juden zu den „neuesten von den Deutschen gegen die jüdische Bevölkerung Polens begangenen Barbareien".[17] Churchill und Eden hatten je eine Kopie dieser Verlautbarung erhalten. Churchill erklärte Eden: „Ich sollte mich entweder aus dieser Sache heraushalten oder aber in aller Schärfe öffentlich protestieren. Ein bloßes Zurkenntnisnehmen erschiene mir ziemlich unpassend."[18] Aber Eden vertrat die Ansicht: „Ich für meinen Teil sehe nicht, was ein erneuter Protest helfen würde";[19] man protestierte also nicht.

Churchill erhielt auch die Kopie eines weiteren Telegramms aus dem Auswärtigen Amt an Lord Halifax, in dem von der Notwendigkeit die Rede war, „die zionistische Agitation in Amerika zu stoppen". Dieses Telegramm enthielt den Satz: „Sie könnten darauf hinweisen, daß die Zionisten sich auf eine bewußte und nicht zu rechtfertigende Weise die Flüchtlingssituation zunutze machen, die natürlich die öffentliche Meinung in Amerika und England bewegt, um damit ihre eigenen sektiererischen Zwecke zu fördern, ohne Rücksicht auf den Abbruch, den sie damit den wahren Interessen der Vereinten Nationen tun." Churchill forderte in einer Mitteilung an Eden vom 8. März die Tilgung dieses Satzes, der sich, wie er schrieb, „mit einer Entscheidung, sich nicht in die Arena des Meinungsstreits herabzulassen, nicht vereinbaren" lasse. Und er setzte hinzu: „Ebensogut könnte ich aufstehen und sagen, die Weißbuch-Vereinbarungen waren ein Schwindel und ein Wortbruch."[20]

Am 9. März übersandte Eden Churchill den Text einer Botschaft, die Präsident Roosevelt kurz zuvor an die amerikanisch-zionistische Notgemeinschaft gerichtet hatte. Die Vereinigten Staaten hätten, so hatte Roosevelt darin erklärt, den Weißbuch-Vereinbarungen von 1939 niemals ihre Zustimmung erteilt. Das amerikanische Volk habe, so fügte er hinzu, „tiefstes Mitgefühl" mit denjenigen, die nach einer Nationalen Heimat für die Juden strebten, „heute mehr denn je zuvor im Angesicht der tragischen Not hunderttausender heimatloser jüdischer Flüchtlinge". Churchill schrieb dazu eigenhändig folgende Randnotiz: „Der Premierminister stimmt dem Präsidenten ganzen Herzens zu und hat wie er den Weißbuch-Vereinbarungen von 1939 niemals seine Zustimmung erteilt. Im Gegenteil bezeichnete er sie seinerzeit als einen Schwindel und Wortbruch, und er ist heute noch derselben Meinung."[21]

Die Sorgen Edens kreisten um die Aktivitäten des unlängst ins Leben gerufenen Kriegsflüchtlingskomitees; am 10. März wies er in einer Note an die Mitglieder des Flüchtlingsausschusses des britischen Kriegskabinetts darauf hin, die Tatsache, daß das Komitee dem Internationalen Roten Kreuz $ 100 000 „für Hilfsmaßnahmen für Juden in" – wie er sich ausdrückte – „Feindländern" (nämlich Ungarn und Rumänien) zur Verfügung gestellt habe, komme einer „offenkundigen Abkehr von den Grundsätzen der wirtschaftlichen Kriegführung (gleich), auf die unsere beiden Regierungen sich geeinigt haben". Es handle sich bei dieser Zahlung auch keineswegs um „eine einmalige Ausnahme", sondern vielmehr um „einen bewußten politischen Kurswechsel".

Die britische Politik stehe, so notierte Eden, vor einem „unangenehmen" Dilemma. Erhob die britische Regierung Einwände gegen die $ 100 000-Zahlung des Kriegsflüchtlingskomitees, dann, so warnte er, laufe sie Gefahr, „vom Kriegsflüchtlingskomitee, das sich gerade in einer öffentlichen Werbekampagne befindet, als Hindernis für eine humanitäre Maßnahme hingestellt zu werden, die wahrscheinlich das Leben vieler Juden retten würde". Nehme man aber die Zahlung stillschweigend hin, dann lasse man damit „die US-Regierung den Ruhm für eine Rettungstat ernten, von der die Kritiker sagen werden, man hätte sie schon viel früher versuchen müssen". Eine Lockerung der Finanzblockade könne sich jedenfalls aber „als echter Vorteil für den Feind erweisen".

In seiner Note vom 10. März sprach sich Eden auch gegen eine erneute öffentliche Erklärung aus, in der die deutschen Greueltaten gegen die Juden verurteilt würden. Manche Leute, erklärte er, befürworteten eine solche Erklärung, weil die Moskauer Erklärung vom 1. November 1943 „die Juden nicht erwähnt" habe und weil sie glaubten, dieses Versäumnis müsse wettgemacht werden. Eden sprach sich dagegen aus; er war der Ansicht, daß „diese wiederholten Drohungen unsere Münze entwerten" und daß gewisse Regierungen in den Reihen der Alliierten womöglich Bedenken hätten, „sich einer rein jüdischen Erklärung anzuschließen". Im jüngsten Bericht der Russen über NS-Greuel in Lemberg seien, wie er betonte, „die Juden nicht ausdrücklich als Opfer genannt" worden.[22]

Drei Tage später, am 13. März, gab Eden in einer weiteren Note an das Auswärtige Amt einen zusätzlichen Grund für sein Unbehagen an der $ 100 000-Zahlung des Kriegsflüchtlingskomitees für Flüchtlingshilfe in Ungarn und Rumänien preis. „Die Mehrzahl der erwachsenen Personen, die in den Genuß" dieser Ernährungs- und Rettungsmaßnahmen kommen würden, seien, wie er seinen Kollegen vom Flüchtlingsausschuß erläuterte, „Juden, und welche politischen Schwierigkeiten dies mit sich bringt, liegt auf der Hand". Wenn die Maßnahmen, „und sei es nur dem äußeren Anschein nach, einen allgemeinen und nicht überwiegend jüdischen" Anstrich erhielten, könne dies als Vorwand dienen, um die Abkehr von einem wesentlichen Grundsatz der gemeinsamen wirtschaftlichen Kriegführung von Engländern und Amerikanern zu rechtfertigen.[23]

Eden stand, als der Flüchtlingsausschuß des Kriegskabinetts am 14. März 1944 seine erste Sitzung im neuen Jahr abhielt, mit seinen Auffassungen keineswegs allein. Nachdem er den Sitzungsteilnehmern berichtet hatte, daß die vom Kriegsflüchtlingskomitee für die Flüchtlingshilfe in Ungarn und Rumänien bewilligte Summe „nunmehr bei 700 000 Dollar angelangt" sei, erklärte der Minister für die Wirtschaftliche Kriegführung, Lord Selborne, er würde „eine weitere Ausweitung dieser Aktivitäten bedauern"; und der Schatzkanzler, Sir John Anderson, hielt es für ratsam, „darauf auszugehen, daß diesem Vorhaben angemessene Begrenzungen auferlegt werden"; dies sei besser, als durch eine, wie er sagte, „zu steife Haltung" Gefahr zu laufen, „daß die Amerikaner sich zum Weitermachen angestachelt fühlen".

Zu einem späteren Zeitpunkt der Debatte pflichtete der Ausschuß Eden darin bei, daß eine weitere Erklärung zu deutschen Greueltaten „keinen Nutzen stiften und vielleicht Schaden anrichten könnte". Statt dessen wurde eine „an die Satellitenmächte gerichtete" Erklärung befürwortet.[24]

In den letzten Februartagen 1944 hatte eine Sonderkommission aus Berlin das Familienlager in Auschwitz besucht. Adolf Eichmann persönlich hatte den Leiter der Auslandsabteilung des Deutschen Roten Kreuzes, Max Niehaus, im Lager herumgeführt. Die Kommission hatte für kurze Zeit im Block 31 Halt gemacht, wo in einer Pferdestall-Baracke eine „Schule" eingerichtet worden war. Der Leiter der Schule war Fredy Hirsch, ein Zionist, der früher als Turnlehrer an einer Berliner Schule gearbeitet hatte und 1938 aus Deutschland nach Prag geflohen war. Erfreut von dem, was er sah, äußerte Eichmann sich anerkennend über diesen „einzig dastehenden" Aufbau eines Zentrums der Geistestätigkeit unter äußeren Umständen, die nicht gerade solchen Unternehmen zuträglich seien (im Laufe der sechs Monate, seit denen das Familienlager existierte, seien mehr als tausend Männer, Frauen und Kinder gestorben, und fast ständig war den Insassen der Krematoriumsgeruch in die Nase gestiegen).

Die Vertreter des Deutschen Roten Kreuzes reisten ab. Am 5. März wurden die Insassen des Familienlagers aufgefordert, Postkarten zu schreiben, auf denen sie mitteilten, daß sie lebten, daß es ihnen gut gehe und daß sie arbeiteten. Datieren mußten sie die Karten auf den 25., 26. oder 27. März, und es wurde ihnen gesagt, sie sollten ihre Verwandten im Ausland bitten, ihnen Lebensmittelpakete zu schicken.

Tage später erklärte man ihnen, sie würden umgehend in ein nahegelegenes Arbeitslager namens Heydebreck umgesiedelt. In Wirklichkeit war keine solche „Umsiedlung" vorgesehen. Sie sollten in die Gaskammern geschickt werden, die nur wenige hundert Meter von ihrem „Asyl" entfernt lagen.

Am 6. März konnte die slowakische Jüdin Katherina Singer, die als Sekretärin der SS-Lagerführerin im Frauenlager Birkenau arbeitete, durch Zufall eine Bemerkung über eine vorgesehene „Sonderbehandlung" für die Insassen des Familienlagers mithören. Sie gab diese Nachricht sogleich an zwei jüdische Gefangene weiter, die, als Monteure eingesetzt, zu diesem Zeitpunkt gerade Kochkessel in der Küche des Frauenlagers reparierten. Unter dem Vorwand, „dringende Reparaturen" ausführen zu müssen, konnten die beiden noch am gleichen Tag ins Familienlager gelangen und die Information an Fredy Hirsch weitergeben; sie drängten Hirsch zum Handeln, aber Hirsch war überzeugt, daß es keinerlei

Möglichkeit gebe, das Familienlager zu retten. In der gleichen Nacht nahm er Gift. Am 9. März wurden 3791 Überlebende des Familienlagers in Lastwagen zur Gaskammer transportiert.[25]

Vordem Werkzeuge einer größeren Täuschung, wurden die nun selbst Getäuschten in den Auskleideraum vor der Gaskammer getrieben. Plötzlich begreifend, daß in Wirklichkeit das Gas auf sie wartete, versuchten sie Gegenwehr zu leisten, indem sie mit bloßen Händen auf ihre Bewacher eindrangen. Aber die SS-Männer reagierten schnell, zunächst mit Gewehrkolbenschlägen und dann, als der Widerstand um sich griff, mit Flammenwerfern. Filip Müller, einer der wenigen Überlebenden der „Sonderkommandos", die gezwungen wurden, im Auskleideraum Wache zu halten, erinnerte sich später daran, wie diese Verdammten des Familienlagers „mit eingeschlagenen Köpfen und aus ihren Wunden blutend" über die Schwelle der Gaskammer getrieben wurden. Als das Gas einzuströmen begann, stimmten sie die tschechische Nationalhymne *Kde domow muj*, „Wo ist meine Heimat", und das hebräische Lied *Hatikwah*, „Hoffnung", an.[26]

Von den mehr als 3800 zuletzt noch im Familienlager lebenden Juden blieben nur 45 am Leben, darunter 11 Zwillingspaare, die man übriggelassen hatte, um medizinische Experimente an ihnen durchführen zu können.

Am 15. März wurde wieder einmal die Wahrheit über Auschwitz „enthüllt". Aber auch diese Enthüllung verpuffte, ohne daß die alliierten oder die jüdischen Repräsentanten im Westen sie auch nur zur Kenntnis genommen hatten. Die Quelle der Information war die polnische Untergrundbewegung, und veröffentlicht wurde sie in einer ausführlichen Darstellung in einer in Istanbul vom dortigen polnischen Generalkonsul A. N. Kurcyusz herausgegebenen hektographierten Zeitung.

Dem Bericht dieser Zeitung zufolge waren in Auschwitz zwischen dem Sommer 1942 und dem Herbst 1943 an die 850000 Juden vergast worden, darunter 60000 griechische, 60000 aus Frankreich, Belgien und Holland und 50000 aus der Slowakei, aus Böhmen und Mähren; und schließlich, so vermerkte der Bericht, seien in Auschwitz im Laufe des Sommers 1943 auch um die 15000 polnische Juden aus den Städten Bedzin und Sosnowiec vergast worden.[27]

Diese Zahlen lagen weit höher als alle, die zuvor im Westen im Zusammenhang mit Vergasungen in Auschwitz bekanntgeworden waren. Sie lösten auch das Rätsel des „unbekannten Bestimmungsorts". Allein, es scheint, als hätten sowohl die alliierten als auch die jüdischen Repräsentanten in Istanbul diesen Bericht vom 15. März vollständig ignoriert: Allem Anschein nach wurde weder nach London noch nach Washington noch nach Jerusalem ein Exemplar der Zeitung geschickt, und die Fakten, die nun endlich so klar und vollständig mitgeteilt wurden, blieben doch weiterhin so verborgen, als habe sich der Schleier des Geheimnisses noch keinen Augenblick gelüftet.

20. Deutschland besetzt Ungarn

Im März 1944, während die Täuschungsmanöver der Nazis noch die wahre Zweckbestimmung des Lagers Auschwitz vor den Augen des Westens verbargen, verschärften und erweiterten sich sowohl das Morden in Auschwitz als auch der Terror der Nazis. Am 10. März, nur drei Tage nach der Liquidierung des Familienlagers, traf in Auschwitz der zweite plombierte Zug aus Westeuropa innerhalb von fünf Tagen ein. Er kam aus Paris, und nachdem 110 Männer und 80 Frauen tätowiert und in die Baracken eingewiesen worden waren, wurden die restlichen 1310 Deportierten zur Gaskammer geführt.

Die polnische Exilregierung in London hatte unterdessen weiterhin alle Nachrichten über größere Massaker, die ihr zugingen, veröffentlicht. Eine ihrer Mitteilungen wurde der Presse in London am 13. März zugestellt; sie enthielt die Beschreibung eines Massakers an russischen Bauern, italienischen Offizieren sowie Juden und Polen in der Stadt Lemberg, das die Deutschen beim Herannahen sowjetischer Truppen veranstaltet hatten.[1] „Insgesamt sind", hieß es in dem Bericht, „mehr als zehntausend Personen unterschiedlicher Nationalität massakriert worden." Der Bericht war sehr ausführlich:

In den letzten paar Wochen lagen über Lemberg Rauchwolken und ein erstickender Brandgeruch, vom Wind aus den östlichen Außenbezirken in die Stadt getragen. Tag für Tag fahren schwere Lastwagen in östlicher Richtung aus der Stadt. An der Spitze drei Lastwagen voller Menschen, dann einer mit Teer und am Schluß ein Benzin-Tankwagen. In kurzen Zeitabständen sieht man solche Fünferkonvois auf der nach Osten führenden Straße vorbeifahren; an einigen der schlimmsten Tage sind neunzig gezählt worden ...

Am östlichen Stadtrand von Lemberg gibt es einen sandigen Hügel, der den Bewohnern Lembergs im Sommer stets ein beliebter Aufenthaltsort gewesen ist. An seinem Fuß sind einige provisorische Baracken errichtet worden, nicht für die Opfer, sondern für die Vollstrecker. Die Exekutionen finden im Freien statt. Gewöhnlich werden die Opfer durch Maschinengewehrfeuer niedergemäht, dann werden die Leichen auf einen Haufen geworfen, mit Teer und Benzin übergossen und angezündet. Am Anfang versuchten die Deutschen, diese Massenabschlachtungen im Geheimen auszuführen, aber neuerdings machen sie nicht mehr den Versuch, sie zu verheimlichen.[2]

Am 14. März machte A. L. Easterman, der politische Sekretär der Europaabteilung des Jüdischen Weltkongresses, das englische Auswärtige Amt auf diesen polnischen Bericht aufmerksam. Es gebe in Lemberg, so schrieb er, „noch immer eine beträchtliche Zahl von Juden", und diese seien „mit großer Sicherheit die bevorzugten Opfer der Deutschen". Der Jüdische Weltkongreß, Dr. Nahum Goldmann, Sidney Silverman und er hielten es für sowohl notwendig als auch „dringlich", nicht nur „eine neue und leidenschaftliche Warnung an die Deutschen" zu richten, sondern auch „mit allen denkbaren Mitteln" die Evakuierung von Juden aus von den Nazis besetzten Territorien zu beschleunigen.[3]

Ein Beamter des Auswärtigen Amtes, Donald Hall, vermerkte acht Tage später: „Ich führte ein Gespräch mit Mr. Easterman, dem es für den Augenblick genügt, daß wir all dies sehr gründlich prüfen."[4]

Im Auswärtigen Amt war man im allgemeinen gegen jede weitere alliierte Erklärung in bezug auf Deutschland. Dagegen wurden Maßnahmen auf der Ebene konkreter Hilfeleistung nicht völlig ausgeschlossen. In einem vom Auswärtigen Amt am 17. März aufgesetzten Entwurf für eine Note von Eden an Churchill bezüglich des einige Wochen früher ergangenen Appells einer Gruppe, die als „Vertretung der polnischen Juden" bekannt war, hieß es:

> Die Frage wurde vom Flüchtlingsausschuß des Kriegskabinetts am 14. März erörtert, der zu der Auffassung gelangte, weitere Erklärungen an die Adresse Deutschlands würden nichts nützen, aber Appelle oder Warnungen an die Satellitenstaaten könnten sehr wohl einen Sinn haben.
>
> Die Lage wird erschwert durch die Entschlossenheit der amerikanischen Regierung, auf eigene Faust zu handeln, wenn wir uns nicht unverzüglich mit einer an Deutschland gerichteten Warnung einverstanden erklären; falls wir sie darin nicht umstimmen können, werden wir irgendeinen Weg finden müssen, uns an die amerikanische Erklärung anzuhängen, so sehr wir auch der Überzeugung sind, daß diese Art des Sich-Wiederholens nur die Gültigkeit des Anliegens entwertet.[5]

Easterman erkannte diese Argumentation nicht an. Es sei, so schrieb er am 21. März an Donald Hall, die Auffassung des Jüdischen Weltkongresses, „daß, selbst wenn die Aussicht auf ein effektives Ergebnis nur sehr begrenzt wäre, die äußerst kritische Lage der von den Deutschen bedrohten Juden es rechtfertigt, daß ein solcher Schritt unternommen wird".[6]

Einer der Satellitenstaaten, die als potentielle Adressaten für eine Warnung in Frage kamen, war Ungarn, wo noch über eine dreiviertel Million Juden lebten. Diese Zahl umschloß nicht nur die über 444 000 Juden, die innerhalb der Grenzen des Vorkriegs-Ungarns lebten, sondern auch die Juden, die in den vier von Ungarn teils vor, teils bei Kriegsbeginn annektierten Gebiete lebten.[7]

Über Mittel und Wege, wie diesen Juden zu helfen sei, diskutierte man in Palästina seit nahezu zwei Jahren. Eine Idee war, eine kleine Gruppe palästinensischer Juden in das von Nazi-Deutschland besetzte oder beherrschte Europa zu schicken, wo sie im Rücken der feindlichen Truppen Kontakt zu den einheimischen jüdischen Widerstandsbewegungen aufnehmen und Fluchtrouten und Strategien der Gegenwehr organisieren helfen konnten.

Ein früher Verfechter dieser Idee war der nichtjüdische Journalist Eric Gedye, der vor dem Krieg als Mitteleuropa-Korrespondent des *Daily Telegraph* den deutschen Einmarsch sowohl in Wien als auch in Prag miterlebt hatte. Gedye, der nun in Nahost für den britischen Geheimdienst tätig war, favorisierte den Plan, ein britisches Unterseeboot an die jugoslawische Adriaküste zu schicken und dort eine Gruppe von Juden an Land zu setzen, die sich durch die von den Partisanen kontrollierten jugoslawischen Gebiete nach Österreich durchschlagen könnten, wo er über viele Kontakte verfügte.

Gegen Ende 1943 kam man auf diesen Gedanken im Zusammenhang mit Ungarn, Rumänien, Jugoslawien und der Slowakei zurück. Doch anstatt die Juden mit dem U-Boot abzusetzen, plante man nun, daß sie aus einem Flugzeug der britischen Luftwaffe über jugoslawischem Partisanengebiet mit dem Fallschirm abspringen sollten. Per Fußmarsch sollten sie sich dann nach Ungarn, Rumänien und in die Slowakei durchschlagen und dort Kontakt mit jüdischen Widerstandsgruppen aufnehmen; sie sollten dann bei deren Ausbildung mitwirken und Fluchtrouten nach Jugoslawien und von da aus nach Italien organisieren. Die für diese Aufgabe ausgewählten Männer wurden in Palästina von den Engländern ausgebildet, und am 14. März wurde die erste Vierergruppe, nachdem sie zunächst aus Palästina nach Italien gebracht worden war, mit dem Fallschirm über feindlichem Gebiet abgesetzt. Einer der vier, der in Jugoslawien geborene Reuven Dafni, sollte in Jugoslawien bleiben, um dort als Verbindungsmann zu den Partisanen Titos zu dienen und allen über die Grenze nach Jugoslawien geschleusten Juden zum rettenden Ufer Süditaliens weiterzuhelfen. Die drei anderen Mitglieder des Kommandos sollten sich nach Ungarn durchschlagen. Unter diesen dreien war eine Frau, die 22jährige Hannah Szenes, die im September 1939 aus Ungarn nach Palästina emigriert war.

Unglücklicherweise wurde das Gebiet, über dem die vier abgesetzt wurden, gerade von den Deutschen angegriffen, denen es gelungen war, die Partisanen aus dem Grenzgebiet zu Ungarn zu verdrängen, durch das die drei ihren Weg hatten nehmen wollen. Die jugoslawischen Partisanen rieten den Juden, die Grenze weiter im Osten zu überschreiten, was einen Fußmarsch von an die zwei Wochen und gleichwohl die Möglichkeit unangenehmer Begegnungen mit deutschen Truppen bedeutete.

Vier Tage lang arbeitete die Gruppe zusammen mit den einheimischen Partisanen einen detaillierten neuen Marschplan aus. Dann, am 19. März, platzte ein jugoslawischer Partisanenoffizier mit der Nachricht in ihre Planungen: „Die Deutschen sind in Ungarn einmarschiert." Hannah Szenes brach in Tränen aus. „Wir sind zu spät dran", schluchzte sie, „zu spät dran."

Hannah Szenes und ihre Mit-Emissäre waren sich darüber im klaren, daß sie zwar die ungarische Grenze erreichen und überschreiten konnten, daß sie aber ihren ursprünglichen Plan, sich mit falschen Papieren unter die Juden zu mischen, die bis dahin noch unbeschränkt reisen und sich unbehindert versammeln hatten können, nicht mehr würden verwirklichen können. „Was wird nun aus ihnen allen?" klagte Hannah Szenes. „Sie sind jetzt in den Händen der Deutschen, und wir sitzen hier, sitzen nur hier herum."[8]

In der Tat war der Einmarsch der deutschen Truppen für die 750000 Juden Ungarns eine Katastrophe, und dies obgleich der Krieg schon so weit fortgeschritten war, britische und amerikanische Bomber weiter und weiter ins Reich hineinstießen und die Rote Armee Atem holte, um die Karpaten zu überschreiten. Ungeachtet dieser militärischen Tatsachen vermochte die Gestapo ihren Herrschaftsapparat in Ungarn praktisch über Nacht aufzubauen. Unter diesen Umständen war nicht mehr daran zu denken, daß drei junge Emissäre großangelegte Flucht- oder Widerstandsaktionen organisierten; jede Grenze, die Juden zu überwinden versuchen mochten, würde ab jetzt noch sicherer bewacht sein, als die Ungarn sie vorher schon bewacht hatten, und eine jüdische Gemeinde nach der anderen würde gettoisiert, geplündert, von ihren Schwestergemeinden abgeschnitten und zu gegebener Zeit zweifellos deportiert werden.

Am 15. März 1944, dem Tag, an dem die vier jüdischen Fallschirmspringer in Jugoslawien gelandet waren, hatte Hitler den ungarischen Reichsverweser Admiral Horthy zu einer Konferenz nach Deutschland beordert. Er habe die Wahl, so erklärte ihm Hitler, zwischen einer militärischen Besetzung seines Landes durch Deutschland und der Installierung einer von Deutschland gebilligten Regierung.

Horthy entschied sich für das zweite. Bei seiner Rückfahrt nach Budapest am 19. März stellte er fest, daß seinem Zug ein Extra-Schlafwagen angehängt worden war. In ihm reiste der neue deutsche Botschafter in Ungarn, Dr. Edmund Veesenmayer, der zum Offizier der SS im Range eines Obersten ernannt worden war.

Nach Budapest zurückgekehrt, teilte Horthy dem ungarischen Kronrat mit, Hitler habe sich unter anderem darüber beschwert, „daß Ungarn die zur Lösung der Judenfrage erforderlichen Schritte noch nicht eingeleitet hat". Weiter erklärte Horthy dem Wortlaut des amtlichen Protokolls zufolge: „Man beschuldigt uns also des Verbrechens, die Wünsche Hitlers nicht ausgeführt zu haben, und man klagt mich an, nicht zugelassen zu haben, daß die Juden massakriert werden."[9]

Am 22. März übernahm in Ungarn eine neue Regierung die Amtsgeschäfte; ihre Angehörigen wurden ausschließlich mit Zustimmung Veesenmayers ernannt, auch der neue Premierminister Dome Sztojay. Seit drei Tagen schon hatten deutsche Beamte Stellung in den verschiedenen ungarischen Ministerien, im Heer und in den wichtigsten Branchen der ungarischen Industrie bezogen. Auch eine Sondereinheit der SS unter Führung eines der ranghöchsten SS-Offiziere, des Obergruppenführers Dr. Otto Winkelmann, war am 19. März in Budapest eingetroffen. Diese Einheit war von Adolf Eichmann persönlich in Mauthausen aufgestellt und instruiert worden.

Die Jewish Agency beeilte sich, Maßnahmen zur Entschärfung der den ungarischen Juden drohenden Gefahren vorzuschlagen. Am 22. März telegrafierte Bernard Joseph aus Jerusalem an Shertok in London: „Schlage vor, Sie versuchen alliierte Erklärung zu erwirken, die neue ungarische Regierung vor Konsequenzen Judenverfolgung warnt". Weiter meinte Joseph, die drei Alliierten – England, die Vereinigten Staaten und die Sowjetunion – „sollten Tito bitten, Flucht jüdischer Verfolgter nach Jugoslawien zu erleichtern".[10]

Auch der Jüdische Weltkongreß suchte nach Möglichkeiten, den ungarischen Juden zu helfen; am 23. März schlug Gerhart Riegner in einem Telegramm aus

Genf einen „weltweiten Appell führender jüdischer und nichtjüdischer angel-
sächsischer Persönlichkeiten" vor, darunter der führenden Repräsentanten der
protestantischen und der katholischen Kirchen und „herausragender Amerikaner ungarischer Herkunft"; dieser Appell sollte das ungarische Volk auffordern,
„die Praktizierung der Vernichtungspolitik an Juden durch deutsche Schlächter
oder ungarische Quislinge nicht zuzulassen". Eine solche Aufforderung solle
„im Lauf der nächsten Wochen jeden Abend in ungarischer Sprache" über den
Rundfunk gesendet werden.[11]

Am 24. März hielt Präsident Roosevelt eine Pressekonferenz ab, in deren Verlauf er den „systematischen massenhaften Mord an den Juden Europas" als eines
der „schwärzesten Verbrechen" der gesamten Geschichte bezeichnete, ein Verbrechen, das, wie er sagte, „unvermindert Stunde um Stunde weitergeht". Roosevelt fügte hinzu:

Infolge der Ereignisse der letzten paar Tage sind nun Hunderttausende von Juden, die bisher zwar unter Verfolgungen gelitten haben, aber in Ungarn und auf dem Balkan wenigstens ihres Lebens sicher gewesen sind, von der Ausrottung bedroht, nachdem die Hitler-
truppen sich in diesen Ländern jetzt stärker festsetzen.

Wenn diese unschuldigen Menschen, die schon zehn Jahre Hitlerscher Raserei überlebt
haben, nun noch am Vorabend unseres Triumphs über die Barbarei, deren Ausdruck die
Verfolgung dieser Menschen ist, vernichtet würden, so wäre dies eine große Tragödie.[12]

Es sei daher „angemessen", so setzte Roosevelt hinzu, daß die Vereinigten
Staaten erneut ihre „Entschlossenheit" erklärten, „daß keiner von denen, die sich
an diesen barbarischen Taten beteiligen, seiner Strafe entgehen wird". All jene,
die sich wissentlich an der „Deportation von Juden in die Vernichtungslager in
Polen" beteiligten, würden als „ebenso schuldig wie die eigentlichen Vollstrek-
ker" angesehen werden.

Vor den Augen des Westens noch immer verborgen, trafen in Auschwitz weiterhin in regelmäßigen Abständen die Züge mit den Deportierten ein. Am
25. März, einen Tag nach Roosevelts Pressekonferenz, kam ein Transport mit
599 Juden aus Holland im Lager an. 304 Männer und 56 Frauen wurden in die Baracken geführt, die übrigen 239 Deportierten, darunter alle Kinder und alten
Leute, in die Gaskammer.

Ein am gleichen Tag vom Palästinabüro in Genf an die Jewish Agency in Jerusalem abgehendes Telegramm konnte nur berichten, daß die niederländischen
Juden nach wie vor „nach Polen oder Theresienstadt" deportiert würden. Nur
diejenigen mit Palästina-Zertifikaten würden an einen anderen Ort, in ein Lager
bei Bergen-Belsen geschickt. Die dort Internierten hätten es, wie es in dem Telegramm hieß, vermutlich „besser als die Polen-Deportierten". Es sei allerdings
noch immer nicht bekannt, ob Belsen „nur" ein Konzentrationslager oder ob es
ein „wirkliches Austauschlager" sei.[13]

Ein letzter Transport mit 1000 französischen Juden traf Ende März ein; 520
wurden unmittelbar nach der Ankunft vergast.

Die Führer der Jewish Agency gaben zu keiner Zeit die Hoffnung auf, die Alliierten, und insbesondere die Engländer, zu einer wohlwollenden Haltung gegenüber ihren Appellen und Bitten bewegen zu können. Nachdem Dr. Weizmann die Nachrichten aus Ungarn überdacht hatte, entschloß er sich, die zweite der von Shertok am 22. März übermittelten Anregungen aufzugreifen; in einem Brief vom 29. März wandte er sich direkt an den Privatsekretär Churchills, John Martin. Sein Brief hatte folgenden Wortlaut:

Weit über eine Million Juden in Ungarn, Rumänien, der Slowakei und Bulgarien sind nunmehr in einer tödlichen Falle gefangen. Wahrscheinlich wird es nur wenigen gelingen, sich durch Flucht zu retten – manche übers Meer in die Türkei, andere über die Landgrenze nach Jugoslawien. Im letzteren Fall hängt ihre Rettung von der Haltung Titos ab – nicht nur von der Ausweitung des durch seine Truppe gewährten Schutzes auf die Flüchtlinge, sondern auch von ihrem aktiven Beistand bei der Erschließung von Fluchtwegen. In den Truppen von Marschall Tito kämpft bereits eine beträchtliche Zahl von Juden, und man kann davon ausgehen, daß jede Gruppe jüdischer Flüchtlinge, die in den unter seiner Kontrolle befindlichen Teil Jugoslawiens gelangt, eine ihrer Größe entsprechende Zahl kampffähiger Männer abstellen wird.

Darf ich Sie bitten, diese Erwägungen dem Premierminister vorzutragen und ihm unsere Bitte zu übermitteln, er möge Marschall Tito eine persönliche Botschaft zusenden und ihn bitten, sein Möglichstes zur Rettung unserer Leute beizutragen, indem er ihnen die Flucht, soweit es sich als praktisch durchführbar erweist, erleichtert?[14]

John Martin leitete Weizmanns Schreiben unverzüglich ans Auswärtige Amt weiter, wo Eden sich sofort damit beschäftigte. „Dr. Weizmanns Bitte", so teilte Martin am 31. März Churchill mit, „harmoniert weitgehend mit Edens Politik"; Eden „würde alles begrüßen, was in bezug auf Hilfe getan werden kann".[15]

Einen Tag zuvor, am 30. März, war Eden im Unterhaus von Sidney Silverman gefragt worden, ob er angesichts der deutschen Besetzung Ungarns eine Erklärung „in bezug auf die drängende und unmittelbare Gefahr" abzugeben habe, „die den Juden und anderen Opfern der NS-Verfolgung in diesen Ländern nunmehr droht". Eden antwortete mit einer förmlichen Erklärung, die in jeder Beziehung den von der Jewish Agency formulierten Forderungen gerecht wurde. Seine Erklärung war in noch schärferem Ton gehalten als die, die Roosevelt sechs Tage vorher abgegeben hatte; sie lautete:

Bei der Regierung S. M. und bei den anderen alliierten Regierungen treffen nach wie vor Hinweise darauf ein, daß die Ausrottungspolitik der Nazis noch kein Ende gefunden hat. Insbesondere die Verfolgung der Juden wird auf eine beispiellos schreckliche und radikale Weise betrieben. Die Regierung S. M. kann darauf, im Einvernehmen mit ihren Verbündeten, jetzt, da die deutsche Niederlage immer näher rückt und zur immer größeren Gewißheit wird, nur ihren Abscheu vor den deutschen Verbrechen und ihre Entschlossenheit bekräftigen, daß alle diejenigen, die sich dieser Verbrechen schuldig gemacht haben, der Gerechtigkeit nicht entgehen werden.

Aber abgesehen von direkter Schuld gibt es auch noch eine indirekte Beteiligung an Verbrechen. Regierungen von Satellitenstaaten, die Bürger ihres Landes zu von Berlin bestimmten Orten deportieren lassen, müssen wissen, daß dies einer Beihilfe zu unmenschlicher Verfolgung oder zum Massaker gleichkommt. Dies wird nicht in Vergessenheit geraten, wenn der Erzfeind Europas seine unausbleibliche Niederlage erlitten haben wird.

Glücklicherweise gibt es in den Satellitenstaaten Persönlichkeiten und auch Behörden, die sich gegen das üble deutsche Beispiel gesperrt und statt dessen Duldsamkeit und Gnade gezeigt haben. Diese Dinge sind den Alliierten bekannt, und in der Hoffnung, zu solchen guten Taten anspornen und sie an Zahl zunehmen lassen zu können, wünscht die Regierung S. M. deutlich zu machen, daß auch diejenigen, die dem rechten Weg gefolgt sind, am Tag der Abrechnung nicht vergessen werden sollen.

Die verbleibende Frist ist kurz, aber es gibt noch Gelegenheit für die Barmherzigen, ihre guten Taten zu vervielfachen, und für die Schuldigen, zu versuchen, tätige Reue für ihre Schandtaten zu üben, indem sie ihre Opfer freilassen und ihnen, soweit dies möglich ist, Wiedergutmachung gewähren.

Die Regierung S. M. ist überzeugt, die Empfindungen aller alliierten Regierungen zum Ausdruck zu bringen, wenn sie die mit Deutschland verbündeten oder ihm unterworfenen Länder aufruft, in Gemeinsamkeit eine Fortsetzung der Verfolgungen zu verhindern und in Zusammenarbeit die Unschuldigen zu schützen und zu retten.

Die Regierung S. M. ist ihrerseits fest entschlossen, in Zusammenarbeit mit allen betroffenen Regierungen und privaten Organisationen weiterhin, soweit es in ihrer Macht liegt, alle vom Nazi-Terror Bedrohten zu retten und am Leben zu erhalten. [16]

Diese Erklärung Edens war für die Jewish Agency sowohl erfreulich als auch hilfreich. Hilfreich war ebenfalls das Ergebnis eines am selben Tag stattfindenden Gesprächs zwischen Kolonialminister Oliver Stanley und Mosche Shertok, in dessen Begleitung sich Professor Namier und Joseph Linton befanden. In dem Telegramm, in dem er die Ergebnisse dieser Zusammenkunft der Jewish Agency in Jerusalem mitteilte, erklärte Shertok, er habe die britische Regierung gebeten, die neuen Grundsätze, wonach jeder aus dem NS-Herrschaftsbereich geflohene Jude, der Istanbul erreichte, nach Palästina aufgenommen werden solle, so großzügig wie möglich auszulegen. „Schließlich", schrieb Shertok, „erklärte Stanley Einverständnis mit großzügiger Auslegung"; die Gewährung von Zertifikaten sollte auf Grundlage von Einzelanträgen und nach Empfehlung der Jewish Agency selbst erfolgen.

Stanley habe sich auch, wie Shertok mitteilte, bereiterklärt, die „Dinge elastisch zu halten, Politik im Licht tatsächlichen Fluchtgeschehens aus Naziländern zu überprüfen" und an die türkische Regierung mit einer offiziellen Bitte um „großzügigen Transit" heranzutreten.[17]

Das erste sichtbare Resultat der Zusammenkunft zwischen Shertok und Stanley ließ nicht lange auf sich warten: Am 8. April meldete Chaim Barlas aus Istanbul telegrafisch die Nachricht nach Jerusalem, daß der Dampfer *Maritza* mit 244 jüdischen Flüchtlingen aus Rumänien an Bord soeben in Istanbul angelegt habe und daß die Passagiere die Stadt in zwei Tagen mit Zielrichtung Palästina wieder verlassen würden.[18]

Shertok und Stanley hatten bei ihrer Begegnung nicht nur über die Flucht von Juden aus Europa gesprochen. Ein zweites wichtiges Thema war für die Jewish Agency in ihren Verhandlungen mit dem Kolonialamt die Verfassung der nach Mauritius Deportierten. Im Dezember 1940 hatte die britische Regierung 1600

„illegale" Flüchtlinge auf diese Insel im Indischen Ozean verfrachtet. Diese Juden, die aus Deutschland, der Tschechoslowakei und anderen mitteleuropäi-
schen Ländern stammten, waren im Mittelmeer abgefangen, von der Royal Navy
zur Bucht von Haifa eskortiert und anschließend deportiert worden. Die Tatsache, daß man sie nun nicht nach Palästina zurücklassen wollte, und die unerfreu-
lichen Umstände ihrer Internierung waren seit mehr als drei Jahren Anlaß für
Reibungen zwischen der Jewish Agency und den britischen Behörden gewesen.
Shertok ergriff daher die Gelegenheit anläßlich der Begegnung mit Stanley, um
deutlich zu machen, daß es seiner Ansicht nach keine Rechtfertigung dafür gab,
diese Deportierten „(im) Exil darben (oder) verkommen zu lassen". Im Hinblick
auf dieses Thema war das Gespräch freilich weniger erfolgreich. Die Deportierten sollten vorerst auf Mauritius bleiben. Aber Stanley erklärte sich bereit, die
„Möglichkeit" einer Aufnahme dieser Gruppe in Palästina nach dem Krieg zu
prüfen, und er versprach auch, die Aufnahme einzelner Deportierter in jüdisch-
palästinensische Kampfeinheiten in Betracht zu ziehen.

Noch ein drittes Thema wurde bei der Zusammenkunft am 30. März ange-
sprochen; das Gespräch darüber wurde in dem vom Auswärtigen Amt erstellten
Protokoll der Diskussion ausführlich festgehalten. Es ging um den jüdischen
Terrorismus in Palästina. Es war genau eine Woche her, daß die Stern-Bande in
Tel Aviv, Haifa und Jerusalem fünf Engländer getötet hatte.

Oliver Stanley erklärte den Abgesandten der Jewish Agency, er habe „eine
persönliche Botschaft" von Churchill, dem er einen Bericht über die jüngsten
Morde in Palästina übermittelt hatte. „Der Premierminister", sagte Stanley, „der
immer ein aufrichtiger Freund der Juden gewesen sei, sei über diese Verbrechen
entsetzt gewesen, die seiner Ansicht nach der jüdischen Sache nur schaden können."

Stanley versicherte den Männern der Jewish Agency, er habe Churchill erklärt, diese Morde seien „das Werk einer unverantwortlichen Minderheit" gewesen und „von allen verantwortlichen jüdischen Organen verurteilt worden".
Andererseits wies Stanley darauf hin, daß der Rabbi J. L. Fishman, ein Mitglied
des Exekutivrats der Jewish Agency, die „Terrorakte" zwar verurteilt, aber einem
Bericht der Jüdischen Telegrafenagentur vom 28. März zufolge dazu gesagt
habe, die britische Administration in Palästina habe „bei denen, die zur Gewalt
greifen, so viel Verzweiflung ausgelöst, daß sie nicht wissen, was sie tun".

Stanley wies darauf hin, daß die Äußerungen von Rabbi Fishman nicht mit
den Erklärungen anderer verantwortlicher jüdischer Führer übereinstimmten,
die die Morde verurteilt hätten. Shertok entgegnete Stanley sehr leidenschaftlich, diese „Greueltaten" sollten als das Werk „von Leuten, die wirklich geistes-
krank seien", betrachtet werden, und Professor Namier meinte dazu: „Diese
Leute waren kriminelle Verrückte."[19]

Die Erklärung Edens und die Begegnung zwischen Shertok und Stanley waren zur Zufriedenheit der Jewish Agency ausgefallen. Aber der Fortbestand der
guten Arbeitsbeziehungen geriet erneut in Gefahr, als es in der ersten Aprilwoche zu einer Welle jüdischen Terrors in Palästina kam. Die Jewish Agency han-

delte sofort. Am 6. April erklärte Eliahu Golomb auf einer Pressekonferenz im Namen des Jüdischen Nationalrats von Palästina, falls die „ wahnwitzige Laufbahn der Terroristen" ungeachtet der Versuche der palästinensischen Juden, sie mit moralischer Kraft zu stoppen, fortdauere, werde man gezwungen sein, physische Kraft anzuwenden. „Wir müßten", erklärte Golomb, „die Übeltäter bestrafen, weil sie eine tödliche Gefahr für uns selbst sind." Die Stern-Bande bestehe, wie er erklärte, lediglich aus „ungefähr 200 bis 300 fehlgeleiteten Jünglingen, die jede jüdische oder zionistische Disziplin ablehnen" und deren Zielscheibe in erster Linie die Juden und dann die Engländer seien.

Am Tag danach, dem 7. April, berichtete der Korrespondent der *Palestine Post* in Haifa, der ranghöchste Polizeioffizier in Haifa habe erklärt, der Tod zweier jüdischer Terroristen, die kurz zuvor von der Polizei erschossen worden waren, sei ein Ergebnis der „Mitarbeit der Öffentlichkeit (gewesen), die der Polizei wertvolle Informationen gegeben habe". In dem Bemühen, den Argumenten derjenigen entgegenzutreten, die die Gesamtheit der Palästina-Juden als heimliche Komplizen der Terroristen hinstellten, legte Lord Melchett Premierminister Churchill ein Exemplar dieses Zeitungsberichts aus Haifa sowie einen Pressebericht über die Rede Golombs vor.[20]

In den drei Wochen nach der deutschen Besetzung Ungarns hatte Dr. Weizmann seinen Namen und seinen Einfluß in strikter Beschränkung nur für eine einzige an Churchill gerichtete Bitte geltend gemacht: daß England Tito ersuchen möge, jedem Juden zu helfen, dem es gelang, aus Ungarn nach Jugoslawien zu entkommen. In der zweiten Aprilwoche gab Churchill sein Plazet zu einer dieses Thema ansprechenden Botschaft an Tito, die er jedoch lieber von Eden als von sich selbst unterzeichnet sehen wollte. „Das Auswärtige Amt kann eine Botschaft schicken", vermerkte Churchill am 9. April. „Aber ich will meine Kontakte zu Tito nicht schwächen, indem ich sie zu stark strapaziere." Und er fügte hinzu: „Lassen Sie mich sehen, was Sie schicken und wie Sie es schicken würden."[21]

In dem Telegramm, das nach Kairo, zum britischen Geschäftsträger bei der jugoslawischen Exilregierung, geschickt wurde, hieß es, „in Anbetracht des großen öffentlichen Interesses an den Flüchtlingen" werde England alle Maßnahmen, die Tito „zur Rettung und Versorgung der deutscher Verfolgung Entronnenen" ergreifen könne, „begrüßen; für den Militärdienst taugliche Flüchtlinge könnten vermutlich in die Partisanenarmee eintreten." Was diejenigen betreffe, die für den Militärdienst nicht in Frage kämen, so müsse man, wenn man sie nach Italien oder in ein anderes Land des Mittelmeerraums weiterschicke, „angemessene Einrichtungen für ihre Aufnahme und ihren Unterhalt" finden.[22]

Es fiel der Jewish Agency außerordentlich schwer, weitere Möglichkeiten zu finden, wie sie zur Rettung der ungarischen Juden beitragen konnte. Am 30. März hatte Richard Lichtheim aus Genf nach Jerusalem geschrieben, um seinen dortigen Kollegen mitzuteilen, daß man den Versuch gemacht habe, an den päpstlichen Nuntius in der Schweiz heranzutreten. Die katholische Kirche könne vielleicht, so hoffte man, „auf die jetzt Regierungsverantwortung tragenden ungarischen Politiker einwirken". Aber auch hier wisse niemand, so kommentierte Lichtheim, „bis zu welchem Grad sie unabhängig von ihren deutschen Herren handeln können".

Botschaften von ungarischen Juden, wie sie den Genfer Horchposten bis vor kurzem regelmäßig erreicht hatten, kamen nun nicht mehr. Es war daher unmöglich, die Meinung der Führer der ungarischen Juden darüber zu erfahren, was getan oder versucht werden solle. Man könne, betonte Lichtheim, keinen Kontakt mit Budapest aufnehmen, da man „aufpassen (müsse), unsere Freunde nicht in Gefahr zu bringen".[23] Dennoch forderte eine Gruppe in der Schweiz lebender ungarischer Juden, die ein eigenes Hilfskomitee gegründet hatten, am 4. April nach einer Besprechung mit den Vertretern der Jewish Agency und des Jüdischen Weltkongresses in Genf, eine sowjetische Erklärung ähnlich denen, die Roosevelt und Eden unlängst abgegeben hatten; ferner sollten alliierte Flugzeuge über Ungarn Flugblätter abwerfen, in denen die Ungarn vor antijüdischen Maßnahmen gewarnt und „alle Elemente, die willens sind, den Juden zu helfen", in ihrem guten Willen bestärkt werden sollten. Zugleich forderte das Komitee die alliierten Regierungen auf, ihre „Bereitschaft zu erklären", so viele ungarische Judenkinder wie möglich durch die Gewährung von Visa zu retten, und gleichzeitig „an die neutralen Staaten – Schweden, die Schweiz und die Türkei – heranzutreten und sie dahingehend zu beeinflussen, daß sie diesen Kindern vorübergehendes Asyl gewährten, vorausgesetzt es lassen sich auf offiziellem oder inoffiziellem Wege Mittel und Möglichkeiten finden, die Ausreise dieser Kinder aus Ungarn zu bewerkstelligen".[24]

In der ersten Aprilwoche traf bei der Jewish Agency ein kleines Bündel erfreulicher Nachrichten ein: In Istanbul war ein zweites Schiff aus Rumänien, die *Milca*, angekommen. An Bord dieses kleinen Dampfers befanden sich weitere 250 jüdische Flüchtlinge aus Rumänien, die unverzüglich die Genehmigung erhielten, mit der Eisenbahn durch die Türkei und Syrien nach Palästina weiterzureisen, nachdem ihnen der britische Paßbeamte in Istanbul, A. W. Whittall, die erforderlichen Visa ausgestellt hatte.

Am 4. April gab Dr. Kahany diese erfreuliche Nachricht an die britische Botschaft in Bern weiter, deren Personal aktiv dazu beigetragen hatte, die schweizerische Regierung dazu zu bringen, in allen Transitfragen vermittelnd mit den Rumänen zu unterhandeln. „Unterdessen aber", so fügte er hinzu, „müssen sich die übriggebliebenen europäischen Juden in Ungarn unglücklicherweise mit der Katastrophe des Nazi-Einmarschs auseinandersetzen – mit allen Folgen, die er für sie mit sich bringt."[25]

Dritter Teil

Das Geheimnis Auschwitz wird gelüftet

21. Flucht aus Auschwitz, April 1944

Im Zuge der Besetzung Süditaliens hatten die Alliierten im Dezember 1943 den „feindlichen" Militärflughafen Foggia übernommen und zum Hauptstützpunkt für ihre in Mitteleuropa eingesetzten schweren Bomber gemacht. Die maximale Strecke, die diese Bomber bis zu ihrem Einsatzort zurücklegen konnten, war durch den Aktionsradius der sie eskortierenden Kampfflugzeuge diktiert und hatte bis zum Dezember 1943 in etwa 650 Kilometer betragen; dann aber, mit Einführung des Mustang-Kampfflugzeugs, erhöhte sich der durchschnittliche Aktionsradius auf bis zu 1400 Kilometer. Unter diesen Voraussetzungen konnten die alliierten Bomber sich nun Ziele in Ungarn, der Slowakei, Rumänien, Südpolen und Oberschlesien vornehmen. Auschwitz lag von nun an in ihrer Reichweite – wenn es auch freilich noch nicht als der Bestimmungsort der anhaltenden Deportationen aus Westeuropa identifiziert war.

Die alliierten Bombenangriffe richteten sich das Frühjahr 1944 über nach wie vor auf die ein Jahr zuvor im Rahmen der „Operation Pointblank" festgelegten Ziele: auf die Fabrikanlagen, die für die deutsche Rüstungsproduktion entscheidend waren, vor allem auf die Produktionsstätten für synthetischen Treibstoff und auf die Öllagertanks. Die Landung in der Normandie, ein streng gehütetes Geheimnis, sollte in der ersten Juniwoche durchgeführt werden. Bis dahin versuchten die Alliierten mit allen Kräften, die für Deutschland wichtigsten Treibstoffproduktions- und -lagerstätten zu treffen.

Am 4. April überflog ein amerikanisches Aufklärungsflugzeug in 8000 Meter Höhe die Fabrikanlagen der I. G. Farben für synthetischen Treibstoff und synthetischen Gummi in Monowitz. Diese Anlagen waren ein wohlbekannter Faktor in der deutschen Rüstungsproduktion und daher eines der potentiellen alliierten Angriffsziele in Oberschlesien. Bei der Herstellung von Luftaufnahmen wurde zu jener Zeit so verfahren, daß der Pilot seine Kamera kurz vor Erreichen des zu fotografierenden Gebietes einschaltete und sie, wenn er das Zielgebiet überflogen zu haben glaubte, wieder abschaltete.

Monowitz lag vier Kilometer östlich von Auschwitz. Der Pilot der amerikanischen Aufklärungsmaschine schaltete seine Kamera ein, als er sich Monowitz näherte, und schaltete nach sechs Kilometern Flug wieder ab. Die Ausbeute: zwanzig Aufnahmen, von denen drei das Lager Auschwitz zeigten.

Die Auswertungsspezialisten der Royal Air Force in Medmenham an der Themse, westlich von London, die die Fotografien vom 4. April entwickelten und studierten, hatten den spezifischen Auftrag, nach industriellen Anlagen zu suchen. Sie wurden in dieser Beziehung auch rasch fündig und entdeckten unter anderem „ein Kraftwerk, eine Karbidfabrik, eine Fabrik für synthetischen Gummi und eine (Bergius-)Anlage für die Produktion synthetischen Öls". Jede dieser

Fabriken wurde dann einer detaillierten Auswertungsanalyse unterworfen.[1] Sie
ergab, daß das Verfahren der Treibstoffproduktion in Monowitz demjenigen äh-
nelte, das bereits in Blechhammer-Süd praktiziert wurde, einem der vorrangigen
Bomberziele der Alliierten.

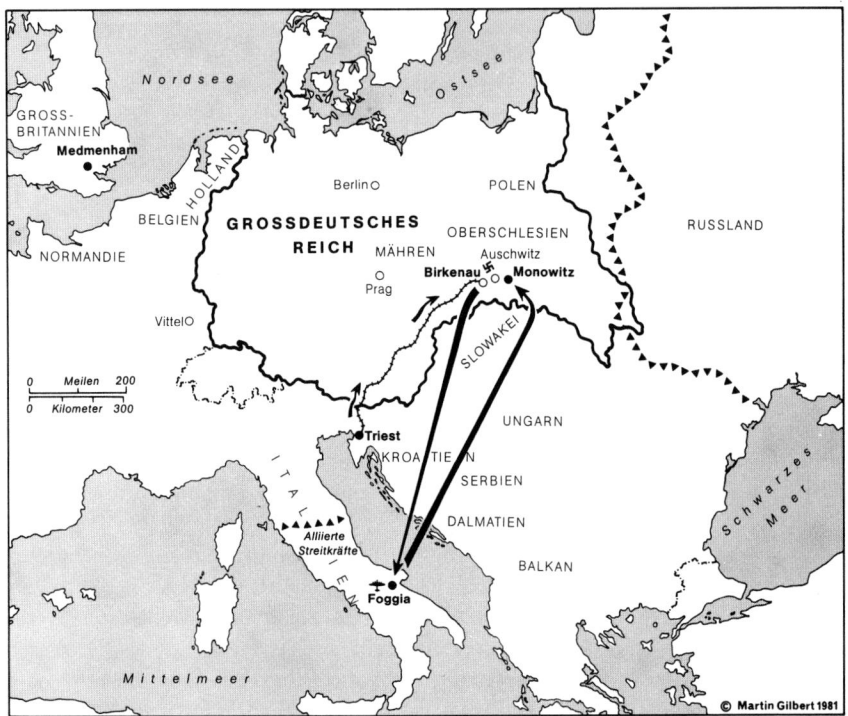

*5. Die erste alliierte Luftaufklärungsmission über Auschwitz am 4. April 1944; die Karte zeigt ferner
die Route des Deportationszuges aus Triest, der am selben Tag in Auschwitz eintraf.*

Die Fotos vom 4. April zeigten deutlich, daß die Produktion sowohl des synthetischen Treibstoffs als auch des synthetischen Gummis in Monowitz bereits
„teilweise angelaufen" war; obgleich an der Fertigstellung beider Fabriken noch
gearbeitet wurde, produzierten sie doch bereits das Öl und den Gummi, auf die
die deutsche Kriegsmaschinerie angewiesen war: Und bald würden diese Fabriken in der Lage sein, dies in ähnlichem Umfang wie die größten anderen derartigen Betriebe in Deutschland zu tun.

Der Bericht über die Auswertung der Monowitz-Fotos wurde nach Fertigstellung den Aufklärungsabteilungen sowohl der amerikanischen als auch der britischen Luftwaffe zugestellt. Die dortigen Auswerter hielten es angesichts der
vielen wichtigen und einschlägigen Details, die in der Fabrikzone erkennbar waren, nicht für nötig, sich zu den Häuserreihen von Auschwitz zu äußern. Dazu
kam, daß diese ersten Fotografien die weit umfangreichere Barackenzone von

Auschwitz-Birkenau nicht zeigten, wo zirka 52 000 Juden neben vielen anderen gefangengehalten wurden (wozu noch Tausende – der später erreichte Höchststand belief sich auf 11 000 – in den Baracken von Monowitz kamen). Es dauerte noch weitere sieben Wochen, bis zum 31. Mai, ehe Birkenau selbst fotografiert wurde; freilich wurden auch diese Fotografien nicht nachrichtendienstlich ausgewertet.[2]

In Birkenau gingen die Vergasungen unterdessen ohne Unterlaß weiter. Am 4. April, dem Tag, an dem jene ersten Fotografien aufgenommen wurden, traf ein Zug aus Triest im Lager ein. Von seinen 132 Insassen wurden 29 in die Baracken eingewiesen, registriert und mit Nummern versehen; die übrigen 103 wurden vergast.

Am selben Tag erfuhr man in Genf, daß diejenigen polnischen Juden, die ein Jahr zuvor südamerikanische Reisepässe erhalten hatten, nach Vittel (anstatt nach Treblinka) gebracht worden waren und dort darauf warteten, die deutsche Ausreisegenehmigung zu bekommen. Diesen Personen drohe nun aber, wie Dr. Kahany der britischen Gesandtschaft in Bern berichtete, „die Deportation aus Vittel in die Vernichtungslager in Polen".[3] Der für sie vorgesehene Bestimmungsort war in der Tat Auschwitz, aber das wußte man in Genf nicht.

Aus Auschwitz selbst wurden nach wie vor der Täuschung dienende Postkarten abgeschickt. In der ersten Aprilwoche hatte ein junger tschechischer Jude, Alfred Kantor, eine Postkarte an einen Verwandten in Prag abgesandt. Die einzigen Dinge, die er hatte schreiben dürfen, waren sein Name, sein Geburtsdatum (7. November 1923) und seine Anschrift gewesen: „Birkenau bei Neuberun, Oberschlesien", und dazu Namen und Adresse des Empfängers der Postkarte.

Kantor hatte seine Postkarte nach Prag adressiert. Aber die Lagerverwaltung hatte sie zunächst – unfrankiert – nach Berlin weitergeleitet, wo sie am 6. April mit einer Sechspfennigmarke mit dem Porträt Hitlers frankiert wurde. Neben dem Poststempel versah das Berliner Postamt die Karte noch mit der aktuellen Parole: „Faß dich *kurz* am Telefon!!"[4]

Die Absenderangabe auf diesen Karten aus dem Familienlager, Neuberun, bezog sich auf ein an die zehn Kilometer nordwestlich von Birkenau gelegenes Städtchen. Die Nazis wollten mit diesem Manöver erreichen, daß niemand, der eine Karte aus dem Familienlager erhielt, eine Verbindung zwischen Birkenau und dem von anderen Birkenau-Häftlingen bei den seltenen Gelegenheiten, zu denen sie Schreiberlaubnis erhielten, verwendeten Standardabsender „Konzentrationslager Auschwitz o/s" herstellte. Auf diese Weise wurde der Eindruck aufrechterhalten, daß es sich bei Birkenau und Auschwitz um zwei ganz verschiedene Lager handle.[5]

Am 7. April trafen zwei Züge aus Westeuropa in Auschwitz ein. Der erste, der aus Holland kam, brachte 240 Juden, von denen 62 Männer und 38 Frauen eine Häftlingsnummer eintätowiert bekamen und in die Baracken einquartiert wurden, während die übrigen 140, darunter 22 Kinder, vergast wurden. Später am selben Tag kam ein Zug aus Belgien an, aus dem 206 Männer und 100 Frauen ins

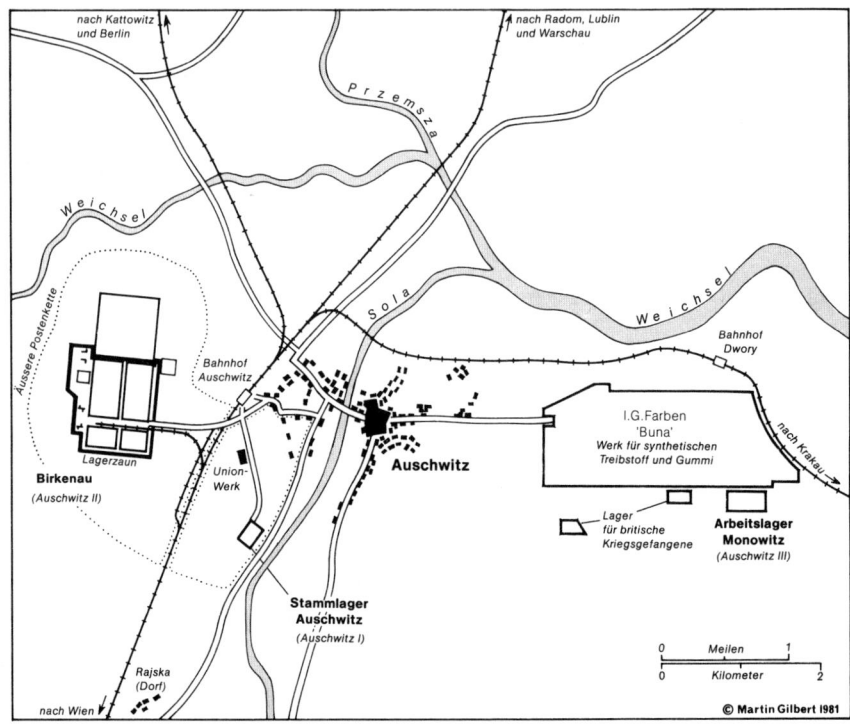

6. *Das Lager Birkenau, das Stammlager Auschwitz, das Städtchen Auschwitz und das Werk für synthetischen Treibstoff und Gummi (Buna) der I. G. Farben in Monowitz mit den dazugehörigen Außen-Arbeitslagern.*

Lager eingewiesen und registriert, die übrigen, 319 an der Zahl, darunter 54 Kinder, unmittelbar in die Gaskammer geschickt wurden.

Die Liquidierung des Familienlagers am 7. März war für einen jungen slowakischen Juden, Walter Rosenberg (er nahm bald darauf den Namen Rudolf Vrba an) ein einschneidendes Erlebnis. Mehrere enge Freunde von ihm hatten im Familienlager den Tod gefunden, und er hatte keinen anderen Wunsch, als die Außenwelt darüber zu informieren, was in Auschwitz bis dahin geschehen war und welche Vorbereitungen, wie die im Lager Lebenden wußten, für die Aufnahme und Tötung einer noch erheblich größeren Zahl von Opfern, höchstwahrscheinlich aus Ungarn, dort nunmehr getroffen wurden. „Was mich faszinierte", schrieb Vrba später, „war der Gedanke an die Möglichkeit, den Plänen der Nazis Abbruch zu tun, indem man sie der jüdischen Bevölkerung Ungarns enthüllte, solange diese sich noch in Freiheit befand und auf die Straße gehen konnte."[6]

Vrba war seit Juni 1942 in Auschwitz und hatte im Lauf von nahezu zwei Jahren ausgiebig Gelegenheit gehabt, das Funktionieren der Tötungsmaschinerie zu beobachten. Schon dreimal, im Dezember 1942, im Mai 1943 und im Januar 1944, hatte er Fluchtpläne geschmiedet, sie aber nicht in die Tat umzusetzen vermocht. Nun nahm er, zusammen mit einem slowakischen Landsmann, Alfred Wetzler, Kontakt zu der geheimen internationalen Widerstandsgruppe im Lager auf und legte seinen Fluchtplan einem Kontaktmann zu den Führern der Widerstandsbewegung, David Szmulewski, vor. „Ich habe später erfahren", schrieb Vrba, „daß die Führer mein Vorhaben aufgrund meiner Unerfahrenheit, meiner persönlichen Unstetigkeit (Impulsivität) und anderer Faktoren als wenig aussichtsreich abtaten."[7]

Die Widerstandsführer hatten jedoch Verständnis für Vrbas heftige persönliche Reaktion auf die Liquidierung des Familienlagers und gaben ihm ihre Zusicherung, sie würden seinem Fluchtvorhaben, wenn sie ihn auch darin nicht unterstützen könnten, doch auch nichts in den Weg legen. Am 31. März sprach ihn sein Kontaktmann zur Widerstandsgruppe, Szmulewski, wieder an, um ihm die Entscheidung der Widerstandsführer mitzuteilen. „Szmulewski selbst", so erinnerte Vrba sich später, „war über die ungünstig ausgefallene ‚höhere Entscheidung' sehr unglücklich, gab aber seiner Hoffnung Ausdruck, daß es mir im Falle eines Scheiterns meines Fluchtversuchs gelingen werde, mich einem Verhör zu entziehen und so denjenigen, die Kontakt mit mir gehabt hatten, eine Katastrophe zu ersparen."

Vrba und Wetzler waren entschlossen, die Welt auf die Vorgänge in Auschwitz und auf das den ungarischen Juden allem Anschein nach bevorstehende Schicksal aufmerksam zu machen. Wetzler, der 26 Jahre alt war, hatte die Liquidierung des Familienlagers Theresienstadt aus eigener Anschauung miterlebt. Vrba war neunzehneinhalb. Beide waren gebürtige Slowaken. Beide waren seit nahezu zwei Jahren in Auschwitz. Was diese beiden Männer im Laufe dieser beiden Jahre gesehen und erfahren hatten, sollte zur Grundlage des ersten umfassenden Berichts über Auschwitz werden, der in den Westen gelangte.

Von August 1942 bis Juni 1943 hatte Vrba einem „Sonderkommando Effekten" angehört, das im Lagerjargon „Kanada" hieß und zu jener Zeit noch im Hauptlager Auschwitz untergebracht war. Die Aufgabe dieses Kommandos bestand darin, bei der Ankunft eines jeden Zuges die Leichen der auf dem Transport Verstorbenen aus den Waggons zu ziehen und sodann das gesamte Gepäck aller Deportierten zur Sortierung zu bringen und die sortierten „Effekten" zum Versand nach Deutschland fertigzumachen. Somit war Vrba zehn Monate lang bei der Ankunft nahezu aller Züge dabei, und er prägte sich die Herkunftsorte der Transporte und die Zahl der Ankömmlinge ein.

Im Juni 1943 wurde Vrba aus „Kanada" in das „Quarantänelager" in Birkenau versetzt, wo er als Schreiber Gelegenheit hatte, mit Angehörigen neu eingetroffener Transporte zu sprechen, die nicht für die Gaskammern, sondern zur Fronarbeit selektiert worden waren. Auch in dieser Funktion hatte er also Überblick über Zahl und Umfang der eintreffenden Transporte – unter anderem auch über die Häftlingsnummern, die jeder Gruppe nach ihrer Ankunft zugewiesen wurden – und prägte sie sich ein. Darüber hinaus konnte Vrba von seiner Schreibstube aus die nur wenige Meter entfernte Straße übersehen, auf der die Lastwagen mit den zur Vergasung Bestimmten zu Gaskammer und Krematorium IV fuhren. Wie Vrba selbst später schrieb, „... gehörte es zu meiner Aufgabe, einen zusammenfassenden Bericht für die ganze Schreibstube abzugeben, und dieser Bericht wurde täglich an die sogenannte Politische Abteilung des Konzentrationslagers Auschwitz weitergeleitet. Diese Aufgabe ermöglichte es mir ..., Informationen aus erster Hand über jeden Transport zu erhalten, der im Bereich des Konzentrationslagers Auschwitz eintraf."[8]

Von seiner Schreibstube aus beobachtete Vrba auch den Bau eines neuen Gleisanschlusses für Birkenau selbst. Die Arbeit an dieser „Rampe" begann am 15. Januar 1944. „Welchem Zweck diese Rampe diente", so erinnerte Vrba sich später, „war in Birkenau kein Geheimnis; die SS sprach von ‚ungarischer Salami' und von ‚einer Million Einheiten' ... Meine Latrine war 30 Meter, meine Schreibstube ungefähr 100 Meter von der neuen Rampe entfernt."

Vrba hatte auch Kontakte zu dem tschechischen Familienlager anzuknüpfen vermocht, da seine Arbeit als Schreiber es ihm gestattete, sich tagsüber Zugang zu mehreren Lagerabteilungen von Birkenau zu verschaffen. Er tat dies, wie er sich später erinnerte, indem er sich einen Stapel Papiere unter den Arm klemmte und so unbehindert in einen an das Familienlager anstoßenden Lagerabschnitt gelangte. Dann richtete er es, wenn möglich, so ein, daß er inmitten der Häftlinge dieses Abschnitts „untertauchte"; auf diese Weise konnte er mit ihnen und, durch den die einzelnen Lagerabteilungen trennenden Stacheldrahtzaun hindurch (sogar ohne die Stimme erheben zu müssen) mit anderen Gefangenen sprechen. Zu manchen Zeiten war er sogar in der Lage, schriftliche Mitteilungen ins Familienlager zu schicken und Antwortbotschaften zu erhalten.

Zwei Tage vor der endgültigen Liquidierung des Familienlagers und seiner Insassen hatte die SS ein internes Ausgehverbot im Lager selbst erlassen. Aber eine Anzahl der zur Vergasung Ausersehenen waren zum selben Zeitpunkt genau in den Lagerabschnitt verlegt worden, in dem Vrba als Schreiber tätig war. „Daher," so erinnerte er sich später, „hatte ich während ihrer beiden letzten Lebenstage unbegrenzten Kontakt mit ihnen."[9]

Wie Vrba, so war auch Alfred Wetzler Lagerschreiber gewesen, allerdings in verschiedenen Abteilungen Birkenaus, unter anderem in der Leichenkammer. Auch er hatte Kontakte geknüpft, die es ihm ermöglichten, Informationen über viele Aspekte der Tötungsmaschinerie zu sammeln. Zu den Fakten, in die er und Vrba sich einen Einblick verschaffen und die sie sich einprägen konnten, gehörte die Zahl der zwischen April 1942 und April 1944 „in Birkenau durch Gas getöteten" Juden, auf Listen nach Herkunftsländern aufgeführt; ferner konnten sie ziemlich genaue Angaben zur Größe des Lagers machen.

In der Phase, in der Vrba und Wetzler ihre Flucht vorbereiteten, schafften sie es auch noch, mit mehreren der Juden in Kontakt zu treten, die unter dem Befehl der SS die Leichen der Vergasten aus den Gaskammern zu den Öfen der Krematorien schaffen mußten. Auch diese jüdischen Arbeitssklaven bildeten eine Spezialeinheit, ein sogenanntes „Sonderkommando". Auch die Angehörigen dieses

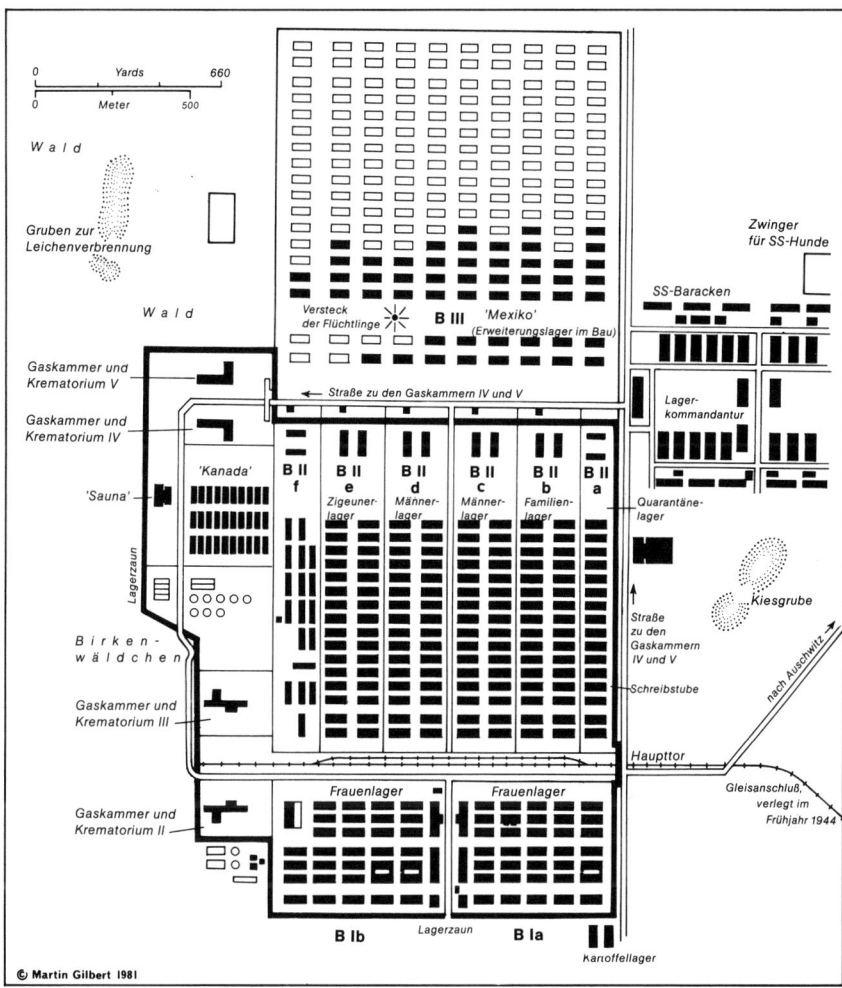

7. *Grundriß der Baracken, der Gaskammern und der Krematorien des Lagers Birkenau, umschlossen von einem elektrisch geladenen Zaun; zwischen dem Frauenlager und den übrigen Lagerbereichen verlief das im Frühjahr 1944 in das Lager hineingeführte Anschlußgleis.*

Kommandos wurden in regelmäßigen Abständen vergast und dann durch neue Leute ersetzt. Immerhin aber konnten Vrba und Wetzler von den von ihnen kontaktierten Männern Einzelheiten über die Größe und die Funktionsweise der Gaskammern und Krematorien erfahren. Auch diese Fakten prägten die beiden zur Flucht entschlossenen Männer sich ein.

Am 7. April 1944, zwei Stunden vor dem abendlichen Zählappell, wurden Vrba und Wetzler von ihren Mithäftlingen in einem eigens präparierten Versteck untergebracht; eine Gruppe von Lagerinsassen, die beim Bau eines neuen

Lagerabschnitts außerhalb der inneren Lagerumzäunung beschäftigt war, hatte dieses Versteck angelegt. Der „Mexiko" genannte Lagerabschnitt sollte zur Unterbringung der erwarteten ungarischen Juden dienen.

Das Versteck war ein Hohlraum in einem Stapel aus Holzbrettern. Diese Bretter bildeten einen Teil des bereitgestellten Baumaterials für das Erweiterungslager. Bevor die Fluchthelfer zu ihren Baracken im Innern der Lagerumzäunung zurückkehrten, präparierten sie die Umgebung des Verstecks mit Petroleum und Tabak, um zu verhindern, daß die beiden Flüchtlinge von den 200 Wachhunden aufgespürt wurden, die die SS in Birkenau gerade für solche Anlässe hielt. Dieses „Rezept" stammte von sowjetischen Kriegsgefangenen.

Beim abendlichen Zählappell, nachdem die „Mexiko"-Arbeiter zu ihren Baracken zurückgekehrt waren, heulten die Sirenen auf: Zwei Häftlinge fehlten. Die Wachmannschaften und Hunde begannen mit der Suche. Drei Tage und Nächte lang herrschte höchste Alarmstufe und ununterbrochen wurden Suchaktionen veranstaltet.[10] Während der ganzen Dauer dieser drei Tage wurden sowohl der innere als auch der äußere Lagerzaun von einem dichten Kordon von SS-Leuten bewacht, wie das nach jeder Flucht üblich war.

Allein, das Versteck blieb unentdeckt, und am Abend des 10. April löste die Lagerkommandantur, in der Annahme, daß die beiden Männer bereits das Weite gesucht hätten, die Wachtpostenkette um den äußeren Lagerzaun auf.

Am 9. April bereits hatte der Befehlshaber der für die Bewachung des Lagers verantwortlichen SS-Einheiten, SS-Sturmbannführer Hartgenstein, die Nachricht von der Flucht telegrafisch an das Gestapo-Hauptquartier in Berlin weitergegeben. Kopien seines Telegramms gingen an die Verwaltungszentrale der SS in Oranienburg, an alle Befehlshaber von Gestapo- und SD-Dienststellen im Osten, an alle kriminalpolizeilichen Einsatzzentralen und alle Grenzpolizeiposten. Das Telegramm nannte die Namen der beiden Männer, identifizierte sie als Juden und lautete dann weiter: „Sofortige Suche ergebnislos. Erbitten von Ihnen weitere Suche und im Falle der Gefangennahme ausführlichen Bericht an Konzentrationslager Auschwitz."[11]

Weiter hieß es in dem Telegramm, daß Himmler selbst über die Flucht informiert worden und daß bislang noch kein Fehlverhalten „irgendeines Wachtpostens" festgestellt worden sei.

Nachdem die Suche nach den Flüchtlingen innerhalb der großen Postenkette am 10. April abends eingestellt worden war, schlichen Vrba und Wetzler aus ihrem Versteck, schlüpften zwischen den Wachtürmen durch die äußere Lagerumzäunung und machten sich mit unglaublichem Mut nach Süden, zur slowakischen Grenze, auf den Weg.

„Ohne Papiere, ohne Kompaß, ohne Landkarte und ohne Waffe" schlugen sich die beiden Flüchtlinge von Birkenau aus in den Süden durch.[12] Sie gingen sorgfältig den deutschen „Neusiedlern" aus dem Weg, die sich, wie etwa in Kozy, auf ehemals polnischen Gehöften niedergelassen hatten, häufig bewaffnet waren und Erlaubnis hatten, auf „unbekannte Vagabunden" ohne Anruf zu schießen; langsam, aber sicher, alle Straßen und Wege meidend und nur bei

Nacht marschierend, strebten sie den Bergen zu. Eines abends wurden sie von einer deutschen Polizeipatrouille beschossen, konnten aber in einen Wald entkommen. Später trafen sie einen polnischen Partisanen, der sie ein Stück weit Richtung Grenze führte; dann, am Morgen des 21. April, einem Freitag, betraten sie slowakischen Boden; sie fanden Zuflucht bei einem Bauern in dem Dörfchen Skalite.

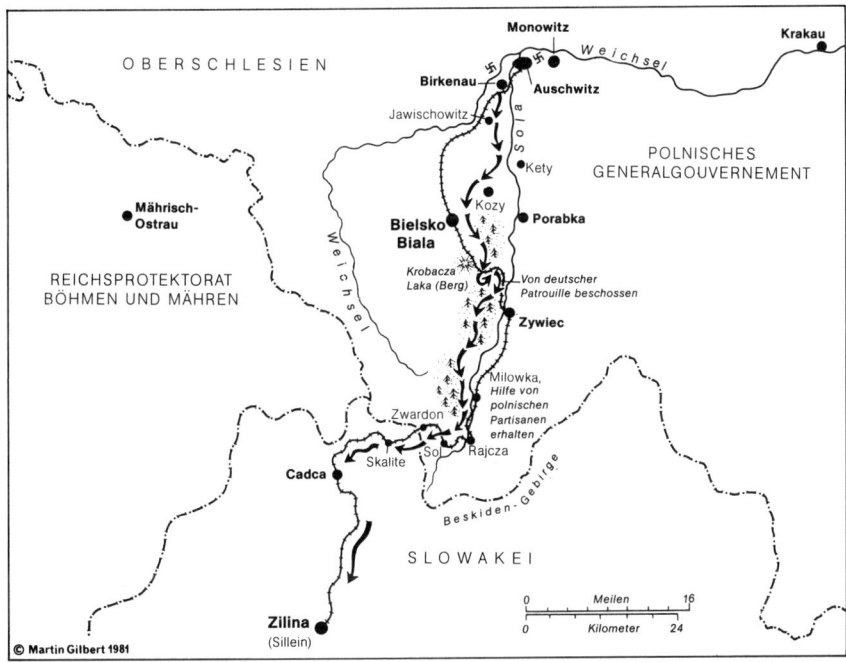

8. *Der Fluchtweg von Rudolf Vrba und Alfred Wetzler von Birkenau in die Slowakei im April 1944; die durch Pfeile markierte Fluchtroute verlief in etwa parallel der Bahnstrecke Zilina (Sillein)-Auschwitz, auf der die meisten Judentransporte aus der Slowakei, Österreich und Ungarn abgewickelt wurden.*

Am 6. April, einen Tag, bevor Vrba und Wetzler ihre Flucht in Szene setzten, machte Reuven Zaslani von der Jewish Agency den britischen Nachrichtendienst in Kairo auf eine deutsche Rundfunksendung aufmerksam, in der die „Eliminierung von einer Million Juden in Ungarn" angekündigt worden war.[13]

Am Tag darauf, während Vrba und Wetzler weniger als einen Kilometer vom Krematorium IV unter ihrem Holzstapel kauerten, trugen die zionistischen Vertreter in Genf den alliierten Repräsentanten in der Schweiz wieder einmal vor, was sie über die Geschicke des europäischen Judentums wußten. Die Adressaten ihrer Berichte waren dieses Mal der Botschafter der Vereinigten Staaten in Bern, Leland Harrison, und sein erster Legationsrat, J. Klahr Huddle.

Ein weiteres Mal berichteten Gerhart Riegner und Richard Lichtheim, die die

Delegation anführten, mehr als eine Stunde lang über die Nachrichten, die sie aus Nazi-Europa empfangen hatten. Mehrere tausend holländische Juden seien, so erklärten sie, dank der Ausstellung von Palästina-Zertifikaten vor der Deportation bewahrt worden. Weniger Glück jedoch hätten die in Vittel internierten polnischen Juden: kürzlich habe die Regierung von Paraguay sich geweigert, die vom paraguayischen Konsul in Bern ausgestellten Dokumente und Reisepässe anzuerkennen, und mehrere Konsuln anderer südamerikanischer Länder, die ähnliche Papiere ausgestellt hatten, seien abgesetzt worden.

Es kam dann zwischen den Zionisten und den amerikanischen Diplomaten zu einer, wie es im Gedächtnisprotokoll heißt, „allgemeinen Diskussion" über das „tragische Schicksal" der europäischen Juden. Riegner händigte Harrison zwei Fotografien aus. Die eine zeigte „die Leichen von Juden in Transnistrien", d. h. von Angehörigen der Gruppe rumänischer Juden, die im Herbst 1941 nach Osten deportiert worden waren; das andere Foto zeigte, wie Riegner erklärte, „eine der Todeskammern in Treblinka".

Diese zweite Fotografie bestätige und belege, so bedeutete Riegner dem amerikanischen Botschafter, „den unlängst von polnischen Kreisen veröffentlichten Bericht" und illustriere die Existenz des Todeslagers Treblinka.[14]

Auch bei diesem Gespräch war keine Rede von Auschwitz. Nicht einmal der Name dieses Lagers taucht im Protokoll der langen Unterredung auf. Dabei arbeiteten die dort installierten Gaskammern jetzt schon seit nahezu zwei Jahren. Und während Vrba und Wetzler mit ihrer haarsträubenden Kunde ihren Marsch nach Süden antraten, arbeitete die SS an Plänen zur Errichtung von zwei weiteren Gaskammern, zur Überholung der Krematorien und zur Abwicklung eines neuen Vorhabens: der, wie sie hoffte, raschen, ungestörten und heimlichen Liquidierung der 750 000 ungarischen Juden, deren Schicksal nun in ihrer Hand lag.

22. Die Zionisten in einer verzweifelten Lage: Rettungsmöglichkeiten schwinden dahin

Die große Unruhe, in die die Jewish Agency infolge der Besetzung Ungarns durch die Deutschen geraten war, hinderte sie nicht, den April hindurch weiterhin ihre anderen Anliegen zu verfolgen. Am 10. April erhielt der Leiter der Politischen Abteilung der Agency, Mosche Shertok, zu dieser Zeit in London, ein Telegramm aus Jerusalem, in dem er „dringend" aufgefordert wurde, „mindestens" 6000 Palästina-Zertifikate für alle zu diesem Zeitpunkt in Italien, Spanien, Aden, Tanger, Casablanca und der Türkei befindlichen jüdischen Flüchtlinge zu erwirken, Flüchtlinge, die sich nun außerhalb der Reichweite des NS-Terrors befanden und deren Leben nicht in Gefahr war.

Was die noch unter Nazi-Herrschaft lebenden Juden betraf, so war die Chance, sie retten zu können, wie Shertok aus dem Telegramm erfuhr, „erheblich kleiner geworden"; zum Beleg für diesen Pessimismus hieß es: „Seit Ereignissen Ungarn nicht ein einziger Jude entkommen."[1] Es waren seit der Besetzung auch keine Briefe mehr aus Ungarn herausgeschmuggelt worden. Dennoch begannen allmählich Neuigkeiten durchzusickern; am 14. April übermittelte das britische Zentrum für Politische Aufklärung in Nahost in einer Depesche aus Kairo dem Kriegsamt in London eine Reihe von Informationen, die von der Politischen Aufklärung Südost (Balkan) zusammengetragen worden waren. Diesen Informationen zufolge hatte die neue Regierung in Ungarn „einen ausführlichen Erlaß zur Behandlung der Juden veröffentlicht. Damit einher ging ein kräftiger antisemitischer Propagandafeldzug. Nichtsdestoweniger", hieß es in der Depesche weiter, „bleibt abzuwarten, ob tatsächlich ein ernsthafter Versuch gemacht werden wird, eine so große Bevölkerungsgruppe zu liquidieren."[2]

Die Ausstellung südamerikanischer Pässe und die Zusammenstellung von Austauschlisten schienen zwei weiterhin beschreitbare Wege zur Rettung wenigstens einzelner ungarischer Juden zu sein. Seit fast einem Jahr, nämlich seit Mai 1943, warteten mehrere Hundert der Deportation nach Treblinka entgangene polnische Juden mit südamerikanischen Pässen im französischen Vittel auf ihre Ausreiseerlaubnis. Um sie doppelt abzusichern, hatte man die meisten von ihnen vom Dezember 1943 an auch noch auf eine Liste der „zionistischen Veteranen und Sonderfälle" für die nächste Austauschaktion gegen Deutsche aufgenommen. Am 17. April jedoch teilten Richard Lichtheim und Gerhart Riegner den jüdischen Führern in New York telegraphisch mit, Deutschland werde, da sich in den unter alliierter Herrschaft befindlichen Gebieten noch keine Deutschen als Kandidaten für einen möglichen Austausch gefunden hätten, „jetzt allmählich ungeduldig, und die Zertifikat-Inhaber, die bis jetzt in Sonderlagern interniert waren, schweben in der Gefahr, deportiert zu werden".

Lichtheim und Riegner betonten, das Kriegsflüchtlingskomitee müsse „so schnell wie möglich" eine vollständige Liste aller in Nord- und Südamerika sowie im Britischen Empire für einen möglichen Austausch zur Verfügung stehenden Deutschen zusammenstellen und sie über die schweizerische Regierung den deutschen Behörden zuleiten. Ein solches Vorgehen sei, wie sie hinzufügten, von „besonderer Bedeutung" angesichts der, wie sie schrieben, „verzweifelten Situation ungarischer Juden, denen mit Palästina-Zertifikaten oder anderen autorisierten Papieren oder Visa vielleicht auch geholfen wäre". Ihr Telegramm schloß mit dem Satz: „Diese Auffassung wird geteilt vom päpstlichen Nuntius in Bern und von allen diplomatischen Vertretern, an die wir uns in letzter Zeit gewandt."[3]

Ebenfalls am 17. April schrieb Lichtheim an den Legationsrat in der amerikanischen Botschaft in Bern, J. Klahr Huddle, um ihn darauf aufmerksam zu machen, daß Spanien, die Schutzmacht für mehrere lateinamerikanische Staaten, noch nicht offiziell darüber unterrichtet worden war, welche dieser Staaten bereit waren, die von ihren Repräsentanten in der Schweiz ausgestellten Reisepässe anzuerkennen, und sich daher weigerte, „die Papiere als gültig zu bestätigen".[4]

Diese Initiative kam zu einem Zeitpunkt, als die Situation der meisten nach Vittel deportierten Juden sich zum Schlechteren zu wenden begann. Am 18. April wurden insgesamt 173 von ihnen, darunter der Dichter Yitzak Katznelson und sein Sohn, von Vittel aus in das Internierungslager Drancy bei Paris verlegt. Vier Tage später erhielt Lichtheim von Huddle die Mitteilung, die Regierung von Paraguay erkenne nunmehr „die von ihren Konsuln ausgestellten Papiere als gültig an". Allerdings wisse man noch nicht, ob das spanische Außenministerium in Madrid seinen Botschafter in Berlin schon angewiesen habe, „zugunsten der betroffenen Personen tätig zu werden".

Huddle äußerte sich in seinem Brief vom 22. April ferner, unter Berufung auf „eine verläßliche Quelle", zur Haltung der verschiedenen lateinamerikanischen Staaten in dieser Frage: Bolivien, Chile, Paraguay und Uruguay seien bereit, Reisepässe für polnische Juden auszustellen. Kuba wolle dies nur tun, „sofern Großbritannien und die Vereinigten Staaten keine Einwände erheben". Costa Rica und Nicaragua würden Dokumente „für bis zu acht Familien" ausstellen, doch müßten diese Familien nach Ende des Krieges das Land wieder verlassen, falls sie sich nicht als Farmer oder Industrielle betätigten. Haiti und Peru könnten, wie Huddle hinzufügte, „nichts unternehmen", während Panama, Guatemala und El Salvador „sich negativ" geäußert hätten.[5]

Noch am selben Tag, nach Absendung dieses Briefes, erfuhr die amerikanische Botschaft in Bern, daß das Kriegsflüchtlingskomitee und das amerikanische Außenministerium die spanische Regierung über das Interesse der Vereinigten Staaten am Schicksal der in Vittel und anderswo internierten Reisepassinhaber informiert hatte. Das State Department hatte seiner Note an Madrid die Empfehlung beigefügt, Spanien solle in seiner Eigenschaft als Schutzmacht der deutschen Regierung mitteilen, sie möge die betroffenen jüdischen Internierten ebenso behandeln, „wie sie deutsche Zivilisten im westlichen Ausland behandelt sehen möchte".[6]

Am 28. April übermittelte die polnische Botschaft in Washington dem State Department eine dringliche Mitteilung. Darin hieß es, polnische Juden, die bislang in Vittel festgehalten worden waren, seien nunmehr in Drancy interniert, das „unseren Informationen zufolge ein Durchgangs-Konzentrationslager ist". Weiter hieß es:

… nachdem uns verläßliche Informationen zugegangen sind, die besagen, daß ihr Leben akut in Gefahr ist und daß jede Stunde zählt, hält der polnische Botschafter sofortige Schritte für dringend notwendig, die vermutlich nicht ohne die Vermittlungsdienste Spaniens und der Schweiz als der zuständigen Schutzmächte unternommen werden können und mit denen erreicht werden soll, daß die von den lateinamerikanischen Republiken ausgestellten Pässe respektiert und in bestimmten Fällen verlängert werden.[7]

Diese alliierte Initiative kam zu spät. Am 29. April wurden alle 173 von Vittel nach Drancy verbrachten Internierten, darunter auch Katznelson und sein Sohn, nach Auschwitz deportiert und vergast.

Genau im selben Augenblick, als die ungarischen Juden in Gettos zusammengezogen und eingeschlossen wurden, waren bei der Rettung von Juden aus Rumänien Fortschritte zu verzeichnen. Am 24. April erreichte die *Bella Citta*, ein kleines Schiff, von dem rumänischen Hafen Constanza kommend, Istanbul. An Bord befanden sich 130 jüdische Kinder in Begleitung von 20 Erwachsenen. 120 der Kinder waren Waisen; sie waren aus Transnistrien evakuiert worden, kurz bevor die Rote Armee dieses Gebiet besetzt hatte. Bei der Ankunft in Istanbul erhielten sie alle die Einreisegenehmigung für Palästina. Einen Tag darauf schrieb Chaim Barlas von der Jewish Agency an den amerikanischen Botschafter in Ankara, Laurence A. Steinhardt:

Ich habe diese Gruppe heute gesehen und darf sagen, daß diese Kinder, die das Elend und Massensterben der vergangenen drei Jahre in Transnistrien überlebt haben, die allerunglücklichsten Geschöpfe sind.

Sie sind nun wie durch ein Wunder gerettet und werden am Freitag per Bahn nach Palästina weiterreisen.[8]

Während die SS den April hindurch Vorbereitungen für die Deportation der ungarischen Juden traf, wurden nach wie vor Juden aus anderen Ländern nach Auschwitz gebracht. Am 9. April traf der erste von drei Transporten aus dem Konzentrationslager Majdanek in Auschwitz ein, da dieses Lager angesichts des stetigen Vormarsches der Roten Armee gen Westen geräumt wurde. Acht Tage und Nächte lang waren diese „Evakuierten" in plombierten Eisenbahnwaggons, ohne Wasser oder medizinische Betreuung, nach Auschwitz unterwegs gewesen. Bei einem Zwischenhalt waren zwanzig von ihnen durch ein in den Waggonboden geschnittenes Loch hinausgeschlüpft und hatten zu entfliehen versucht. Alle zwanzig waren erschossen worden. Weitere 99 waren bei der Ankunft in Auschwitz tot. Die Überlebenden wurden tätowiert und in die Baracken eingewiesen.

Einen Tag danach, am 10. April, kam ein Zug aus Italien in Auschwitz an, am 11. April ein Transport aus Athen. Von den 1500 Insassen dieses zweiten Zuges wurden 1067 vergast. Am 1. Mai traf ein weiterer Zug aus Paris ein, der auch die ehemaligen Vittel-Internierten mit ihren einst so kostbaren, jetzt wertlos gewordenen lateinamerikanischen Pässen mitbrachte. Am 30. April kam ein Transport aus Italien, aus dem nur 13 Männer ins Lager eingewiesen wurden, während alle Frauen, Kinder und alten Leute in die Gaskammer mußten.

Ebenso ohne Wissen der Alliierten waren die Vorbereitungen für die Deportation der ungarischen Juden nach Auschwitz angelaufen. Die erste Maßnahme der Nazi-Strategie, die Einsperrung der Juden in Gettos, war bereits am 16. April in der Karpato-Ukraine in Gang gesetzt worden. Indes, neun Tage später nahm die Frage einer möglichen Rettung eine unerwartete und dramatische Wendung: Am 25. April wurde Joel Brand, ein führender ungarischer Zionist, zum Hauptquartier der SS in Budapest gebracht. Wie Brand sich zwei Monate später erinnerte, hatte er kaum Platz genommen, als Eichmann ihn „anfuhr":

Sie wissen, wer ich bin. Ich habe die jüdische Frage in der Slowakei gelöst. Ich habe jetzt meine Fühler ausgestreckt, um festzustellen, ob euer internationales Judentum noch zu etwas fähig ist. Ich möchte ein Geschäft mit Ihnen machen. Wir befinden uns im fünften Kriegsjahr. Wir benötigen ...[9] und wir sind nicht unbescheiden. Ich bin bereit, Ihnen alle Ihre Juden zu verkaufen. Ich bin aber auch bereit, sie alle vernichten zu lassen. Ganz wie Sie wünschen. Ganz wie Sie wünschen. Also, was wollen Sie? Ich nehme an, am wichtigsten für Sie sind die Männer und Frauen, die noch Kinder in die Welt setzen können.

Nach der Erinnerung Brands ergab sich dann das folgende Zwiegespräch:

Brand: Ich bin nicht der Mann, der darüber bestimmen kann, daß die alten Leute ihrem Schicksal überlassen werden und nur solche Männer und Frauen, die Kinder haben können, gerettet werden sollen.
Eichmann: Auch gut. Wie dem auch sei, ich möchte Waren gegen Blut.
Brand: (Ich verstand zunächst nicht und glaubte, Eichmann denke an Geld.)
Eichmann: Nein. Waren gegen Blut. Geld kommt erst in zweiter Linie.
Brand: Welche Waren?
Eichmann: Gehen Sie zu Ihren internationalen Institutionen, die werden es wissen. Zum Beispiel – Lastwagen. Ich könnte mir vorstellen, ein Lastwagen gegen hundert Juden, aber diese Zahl ist nur ein Vorschlag. Wohin wollen Sie fahren?
Brand: Ich muß überlegen ...[10]

Diese Begegnung zwischen Brand und Eichmann, von der zu jenem Zeitpunkt weder die Jewish Agency noch die Alliierten etwas wußten, sollte dazu führen, daß binnen weniger Wochen sowohl die Agency als auch die Alliierten direkt in die Geschicke der ungarischen Juden und in eine großangelegte Täuschungsaktion der SS verwickelt wurden: Denn Eichmann wünschte, daß Brand Verbindung mit den Vertretern der Jewish Agency in Istanbul sowie mit den alliierten Regierungen aufnahm und ihnen in seinem Namen ein Handelsgeschäft vorschlug: das Leben der ungarischen Juden im Austausch gegen Waren und Geld – „Waren gegen Blut", wie Eichmann es ausgedrückt hatte.

Angesichts der Tatsache, daß die Wahrheit über Auschwitz im Westen noch immer unbekannt war, hatte ein solches Angebot etwas Verlockendes an sich. Allein, genau im selben Augenblick, als dieses Angebot erging, gelangten die jüdischen Führer in der Slowakei in den Besitz umfassender und haarsträubend detaillierter Informationen über die Vergasungen in Auschwitz. Die Quelle dieser Informationen waren die beiden Auschwitz-Flüchtlinge Rudolf Vrba und Alfred Wetzler, deren Geschichte von ihrer Reise in den Westen mit der Flucht von Auschwitz am 10. April und mit dem Zusammentreffen mit einem slowakischen Bauern am 21. April bei dem Dorf Skalite begonnen hatte.

Wie Vrba sich später erinnerte: „Wir begegneten ihm zufällig auf unserem Marsch, keinen Kilometer von der deutsch-slowakischen Grenze entfernt. Er war bei der Feldarbeit. Er sah uns an, daß wir ‚auf dem Zahnfleisch' über die Grenze gekrochen waren, und lud uns zum Essen ein."

Der Bauer hieß Canezky; während des Essens erklärte er Vrba und Wetzler, daß es „in nahezu allen umliegenden Dörfern" jüdische Ärzte gebe, die aufgrund des „katastrophalen Ärztemangels" in der Slowakei bei den Deportationen des Sommers 1942 verschont geblieben waren. Die Freistellung von der Deportation hatte auch für Frauen und Kinder der Ärzte, nicht aber für ihre Eltern und Geschwister gegolten.

Canezky wies die Flüchtlinge darauf hin, daß es in dem Städtchen Cadca einen solchen jüdischen Arzt, einen Dr. Pollak, gebe. Vrba fiel ein, daß er diesem Mann zum Zeitpunkt seiner eigenen Deportation im Juni 1942 begegnet war; Dr. Pollak war damals im letzten Moment als Arzt aus der Deportationsliste gestrichen worden.

Für den Marsch zu Fuß über die Berge nach Cadca hätten die beiden Männer mindestens drei Tage gebraucht. Warteten sie dagegen bis zum Montagmorgen in Skalite, so konnten sie mit dem Zug fahren. Sie entschieden sich für diese Möglichkeit. Sie kleideten sich in der Art der einheimischen Bauern ein und taten so, als beförderten sie die Schweine des Bauern Canezky zum Verkauf auf den Markt von Cadca. Da die Nahverkehrszüge nicht von den Deutschen, sondern von einheimischen slowakischen Gendarmen kontrolliert wurden, war die Gefahr, entdeckt zu werden, für die beiden slowakisch sprechenden und bäuerlich gekleideten Flüchtlinge verhältnismäßig gering. Ohne Zwischenfall erreichten sie Cadca. Dort begab sich Vrba, wie er sich später erinnerte,

… zur Praxis von Dr. Pollak, als wollte ich mich behandeln lassen. Als ich an die Reihe kam, hielt sich im Arztzimmer noch eine Sprechstundenhilfe auf; daher gab ich vor, wegen einer „Männerkrankheit" gekommen zu sein, und bat darum, daß die Frau aus dem Zimmer gehen solle. Sobald ich mit Dr. Pollak allein war, erklärte ich ihm kurz, wer ich war und woher ich ihn kannte und woher ich jetzt kam.

Als Dr. Pollak von mir erfuhr, daß alle seine „umgesiedelten" Verwandten tot waren, war er etwas erschüttert und fragte mich, was er für mich tun könne. Ich bat ihn, sofort Verbindung mit dem Jüdischen Rat in Preßburg aufzunehmen. Ehe ich sein Sprechzimmer verließ, machte er, Dr. Pollak, den Vorschlag, mir die Füße zu bandagieren, damit die Sprechstundenhilfe nichts Außergewöhnliches vermutete, denn ich hatte mich eine lange Zeit (etwa eine Viertelstunde) in seinem Sprechzimmer aufgehalten.

Er gab mir die Anschriften einiger seiner Freunde, und wir, d. h. Wetzler und ich, übernachteten in Cadca. Am nächsten Morgen fuhren wir mit dem Zug nach Zilina, immer noch als Bauern verkleidet. Am Dienstag, dem 25. April, gegen zehn Uhr vormittags, trafen wir in einem Park in Zilina mit dem ersten Vertreter des Jüdischen Rates, Herrn Erwin Steiner, zusammen. Während wir (Wetzler und ich) im Park saßen und auf Herrn Steiner warteten, tranken wir Slibowitz. Mit kahlgeschorenen Köpfen, in Bauernkitteln und öffentlich Slibowitz trinkend, erregten wir keine Aufmerksamkeit, da dies dem gewohnten Verhalten frisch rekrutierter (und bereits geschorener) Soldaten in der Slowakei entsprach. So nahmen wir Kontakt mit dem Jüdischen Rat auf, ich noch mit den Bandagen von Dr. Pollak an den Füßen.[11]

Als Steiner die Berichte der beiden Flüchtlinge hörte, setzte er sich sofort mit der jüdischen Gemeinde in Preßburg, der Hauptstadt der Slowakei, in Verbindung. Der Mann, mit dem er dort telefonierte, war Oskar Krasnansky, ein Chemieingenieur und führender slowakischer Zionist. Obgleich Juden normalerweise keine Eisenbahnreisen machen durften, gelang es Krasnansky, eine polizeiliche Genehmigung zu erlangen, und er machte sich auf den Weg nach Zilina.

Krasnansky traf die beiden Flüchtlinge im Hause Steiners. „Sie waren in schlechter Verfassung und unterernährt", erinnerte er sich später. „Sie hatten drei Wochen fast nichts gegessen."

Krasnansky war beeindruckt von dem „wunderbaren Gedächtnis" der beiden Flüchtlinge; zwei Tage lang befragte er sie zur „Wirklichkeit" von Auschwitz. Dann schickte er sie, nachdem er sie mit falschen arischen Papieren ausgestattet hatte, in die Stadt Lipovsky Mikulas, wo sie sicher waren.[12]

Unter Verwendung von eigens aus Preßburg mitgebrachten Dokumenten des Jüdischen Rates verglich Krasnansky die Angaben der Flüchtlinge über die Ankunft von Zügen aus der Slowakei in Auschwitz mit den Aufzeichnungen, die der Rat selbst über die Abfahrt von Deportationszügen aus der Slowakei mit (damals) „unbekanntem Ziel" angefertigt hatte. In dem Begleitschreiben, das er dem Bericht von Vrba und Wetzler beifügte, erklärte er, der Bericht enthalte nur „Dinge, die entweder der eine oder der andere oder beide persönlich miterlebt oder direkt von Augenzeugen erfahren haben"; ferner erklärte Krasnansky:

Ihre Äußerungen stimmen mit den – zweifellos nur fragmentarischen, aber zuverlässigen – Berichten überein, die bis jetzt eingegangen sind, und die Angaben zu einzelnen Transporten entsprechen exakt den offiziellen Aufzeichnungen.

Die Mitteilungen müssen daher als vollkommen authentisch betrachtet werden.[13]

In Preßburg wurde nun über die Frage debattiert, was man mit dem Bericht von Vrba und Wetzler tun sollte. Krasnanskys Darstellung zufolge fertigte er selbst eine Niederschrift in deutscher Sprache an und gab sie einer Sekretärin, Gisi Farkas, die mehrere Abschriften davon herstellte. „Ein Exemplar", erinnerte Krasnansky sich später, „schickten wir nach Istanbul. Es kam aber nie dort an. Der Mann, dem wir es mitgaben, der die Reise machte, war uns von Istanbul als ‚zuverlässiger Kurier' geschickt worden. Aber er war möglicherweise ein bezahlter Spitzel. Soweit wir später erfuhren, übergab er den Bericht in Budapest der Gestapo."

Ein zweites Exemplar des Berichts übergab Krasnansky dem slowakischen orthodoxen Rabbi Dov Weissmandel, der Verbindungen zur orthodoxen Gemeinde in der Schweiz besaß und sich erbot, den Versuch zu machen, den Bericht in die Schweiz zu schmuggeln, damit er von dort aus in den Westen gelangen konnte.[14] Eine dritte Abschrift wurde dem päpstlichen Geschäftsträger in Preßburg, Monsignore Giuseppe Burzio, übergeben, der den Bericht, nachdem er die beiden Flüchtlinge selbst befragt hatte, am 22. Mai an den Vatikan weiterleitete. Die vatikanischen Akten deuten allerdings darauf hin, daß der Bericht dort erst fünf Monate später einging.[15]

Das Wichtigste war es, nach der Überzeugung Vrbas und Wetzlers, den Bericht nach Ungarn zu übermitteln und die ungarischen Juden auf das ihnen möglicherweise bevorstehende Schicksal aufmerksam zu machen. Krasnansky selbst übersetzte den Vrba-Wetzler-Bericht ins Ungarische; er wollte ihn dem Leiter des Rettungskomitees der ungarischen Juden, Rudolf Kastner, bei dessen nächstem Besuch in Preßburg übergeben.

Kastner, der die dreistündige Bahnfahrt von Budapest nach Preßburg ziemlich häufig machte, wurde noch vor Ende April in der slowakischen Hauptstadt erwartet. Aber am 25. April, dem Tag, an dem Krasnansky Vrba und Wetzler in Zilina befragte, erhielten Kastner und die anderen Führer des ungarischen Judentums in Budapest von Eichmann das Angebot, „Waren gegen Blut" zu tauschen: also um den Preis erheblicher materieller Leistungen den Vernichtungslagern ganz zu entgehen.

An jenem schicksalsschweren 25. April 1944 waren also zwei Ereignisse zusammengetroffen: Die Wahrheit über Auschwitz war zu denen gedrungen, die über die Möglichkeit verfügten, sie den potentiellen zukünftigen Opfern zugänglich zu machen, und in Budapest war das Angebot ergangen, „Waren gegen Blut" zu tauschen. Diejenigen unter den Führern der ungarischen Juden, die gewillt waren, auf das Verhandlungsangebot einzugehen, wollten verständlicherweise nicht riskieren, daß die Verhandlungen durch eine Veröffentlichung der Fakten über die Vernichtungsmaschinerie von Auschwitz gefährdet wurden. Dabei erfuhren sie die Wahrheit über Auschwitz am 28. April, drei Tage nach Eichmanns erster Unterredung mit Brand; an diesem Tag reiste Kastner nach Preßburg, wo ihm eine Abschrift des Vrba-Wetzler-Berichts übergeben wurde, die er mit nach Budapest brachte.[16] Zu diesem Zeitpunkt aber hatten sich Kastner und seine Kollegen von der zionistischen Führung in Ungarn bereits auf Verhandlungen mit Eichmann und auf die Entsendung ihres Kollegen Joel Brand nach Istanbul festgelegt. Aus diesem Grund ließen sie von dem, was sie nunmehr über Auschwitz wußten, nichts an die Öffentlichkeit dringen.

Vrba ist bis zum heutigen Tag der Überzeugung, daß viele der 450 000 später deportierten ungarischen Juden versucht hätten, Widerstand zu leisten, zu fliehen oder die Deportation auf andere Weise zu verhindern, wenn die Fakten, die er und Wetzler nach Preßburg gebracht hatten, sofort in Ungarn veröffentlicht und verbreitet worden wären. Hätten die Deportierten gewußt, daß im Lager „keine Pakete mit kaltem Braten, sondern glühende Öfen" auf sie warteten, so wären sie, wie Vrba später schrieb, „weniger bereitwillig in die Züge gestiegen, und der ganze Vorgang der Deportation wäre weniger rasch und reibungslos vor sich gegangen".

Nicht auf alarmierende Warnungen an ihre jüdischen Mitbürger, nicht auf die Aufforderung, sich massenhaft der Deportation zu widersetzen, sondern auf geheime Verhandlungen mit der SS mit dem Ziel, die Deportationen insgesamt zu verhindern, richteten die ungarischen Zionistenführer ihre Hoffnungen. Ihre Leute wurden so zu den unschuldigen Opfern eines der zahllosen Täuschungsmanöver der Nazis im Lauf dieses Krieges; es war, wie Vrba selbst später meinte, „ein raffinierter Trick, um den potentiellen Widerstand einer Million Menschen zu neutralisieren", und er fügte hinzu: „Der *passive* und aktive Widerstand einer Million Menschen hätte in Ungarn zu Panik und Chaos geführt. Eine Panik in Ungarn wäre besser gewesen als die Panik, die die Opfer im Angesicht der Krematorien in Birkenau überkam. Eichmann wußte das; darum rauchte er mit den Kastners Zigarren, deshalb ‚verhandelte' er, deshalb ließ er die ‚wirklich großen Rabbis' frei ausgehen; und unterdessen ging er daran, Hunderttausende auf die gewohnte Art ‚umzusiedeln', ohne daß die Deportierten von Panik ergriffen wurden ..."[17]

Während der ersten beiden Maiwochen gingen die Deportationen aus Paris, aus Jugoslawien, aus Berlin und aus dem Arbeitslager Blechhammer nach Auschwitz weiter. Am 14. Mai traf ein Transport mit kranken und alten Juden sowie jüdischen Kindern aus Plaszow ein, einem Arbeitslager in der Nähe von Krakau. Der gesamte Transport wurde vergast.

Was die Jewish Agency betraf, so fuhr sie mit der Verteilung von Palästina-Zertifikaten fort – der einzige Hoffnungsschimmer, der noch verblieben war. Im Lauf des Mai begannen die ersten vom Genfer Palästinabüro ausgefertigten und über das Internationale Rote Kreuz weitergeleiteten Zertifikate ihre Adressaten in Belgien zu erreichen; die Zahl der Menschen, denen sie Schutz gewährten, belief sich nach späteren Feststellungen auf ungefähr 600.[18]

Unter den vielen Ersuchen, die gestellt worden waren, befand sich eines von Yitzak Gruenbaum, dem Vorsitzenden des Rettungskomitees der Jewish Agency; Gruenbaum war polnischer Herkunft, und sein Sohn Eliezer hatte bei Kriegsausbruch in Warschau gelebt. Im Frühjahr 1944 hatte Gruenbaum selbst sich telegrafisch an Gerhart Riegner in Genf gewandt mit der Bitte: „Finden Sie meinen Sohn." Riegners erste Reaktion war, wie er sich später erinnerte, ein ungläubiges Erstaunen darüber, daß Gruenbaum auch nur auf die Idee kam, daß sich in Polen noch jemand ausfindig machen lasse. „Wenn jemand mit dem Schicksal des polnischen Judentums vertraut war", so Riegner, „dann Gruenbaum. Er war die Verkörperung des Kampfes für die Rechte der Juden im Polen der Vorkriegszeit. Es war ein vollkommen unsinniger Gedanke, eine einzelne Person dort finden zu wollen, in Polen einem Vater den Sohn wiederfinden zu wollen, nach zweieinhalb Jahren des Tötens ..."

Aber Riegner wischte die Bitte nicht vom Tisch. Er kam vielmehr, wie er sich später erinnerte, „selbst auf einen verrückten Gedanken. Ich schickte zehn Rotkreuzpakete an zehn verschiedene Lager, jedes auf den Namen von Yitzak Gruenbaums Sohn. Und von einem Lager kam tatsächlich eine Bestätigung …"[19]

In der Tat: Am 1. März traf beim Jüdischen Weltkongreß in Genf eine Postkarte von Eliezer Gruenbaum ein, in der der Empfang des Päckchens bestätigt wurde. Richard Lichtheim schrieb sofort nach Jerusalem, um Yitzak Gruenbaum mitzuteilen, daß sein Sohn am Leben war und eine Postkarte aus einem Konzentrationslager in Oberschlesien geschickt hatte. Der Name des Lagers sei Jawischowitz. Das sei, wie Lichtheim hinzufügte, „praktisch derselbe Ort wie Birkenau".[20]

Jawischowitz war tatsächlich eines der industriellen Zentren in der Region Auschwitz, in die Häftlinge aus Auschwitz und Birkenau als Arbeitssklaven entsandt wurden. Aber trotz der örtlichen Nähe waren Jawischowitz und Birkenau keineswegs „praktisch derselbe Ort". Noch immer wußten diejenigen im Westen, denen die Namen der Lager geläufig waren, nicht, daß „Birkenau" und „Auschwitz" gleichbedeutend waren mit Vernichtung.

Eliezer Gruenbaum hatte, seiner Postkarte zufolge, die am 29. April in Jawischowitz abgeschickt worden war, durch die Hilfsorganisation des Jüdischen Weltkongresses, die Relico, „drei Lebensmittelpakete" bekommen, und an das Genfer Büro der Relico war seine Postkarte auch gerichtet, die von Oberschlesien bis in die Schweiz nur sechs Tage unterwegs gewesen war.

Ein weiteres Mal tauchte der Name „Birkenau" in einer Botschaft der Jewish Agency vom 3. Mai auf, wenn auch erneut, wie schon in dem Brief Lichtheims vom 1. Mai, ohne jeden Zusammenhang mit dem Namen „Auschwitz", obgleich beide doch untrennbar zusammengehörten.

Nochmals erwähnt wurde Birkenau auch in einem Telegramm, das der Stellvertreter Yitzak Gruenbaums in Istanbul, Eliezer Leder, nach Jerusalem schickte; er teilte darin mit, daß das britische Konsulat in Istanbul die kürzlich für Ungarn und Rumänien ausgestellten Palästina-Zertifikate beglaubigt hatte; er wollte nun wissen, ob es nicht „ratsam" sei, sie nach Birkenau zu schicken.[21]

Dieses Telegramm ist ein deutliches Indiz dafür, wie wenig über das Lager Auschwitz-Birkenau bekannt war. Aber aus Unwissenheit und Hoffnung entstand ein machtvolles Gemisch; und die Hoffnungen, daß wenigstens ein Teil der noch lebenden Juden gerettet werden könnte, erhielten am 5. Mai neue Nahrung, als der britische Konsul in Genf, H. B. Livingston, den Vertretern der Jewish Agency mitteilte, die Deutschen hätten einer dritten Austauschaktion zugestimmt, „und zwar 279 Juden gegen 111 Deutsche"; der Austausch könne „um Mitte Mai herum" stattfinden.[22]

Hier eröffnete sich die Möglichkeit, weitere 279 Menschen aus Nazi-Europa herauszuholen, Juden aus Polen, die, ließen sie sich nur ausfindig machen, nun gerettet werden konnten. Sowohl die Verwandten von Palästina-Juden als auch „zionistische Veteranen" konnten für den Austausch nominiert werden. Das Problem bestand darin, sie zu finden. Bei der vorausgegangenen Austauschaktion war die Mehrzahl der in den Listen Genannten nicht aufzufinden gewesen. Man hatte sie bereits deportiert und vergast. Jetzt begann die Suche wieder.

23. Mai 1944: Die Deportationen aus Ungarn beginnen

Die ersten Nachrichten darüber, daß die Juden Ungarns zusammengetrieben und in Gettos gesperrt wurden, gelangten in den Westen, während diese Aktionen noch im Gang waren. Am 5. Mai telegrafierte Chaim Barlas aus Istanbul an die Jewish Agency in Jerusalem: „Letzte Meldungen aus Ungarn deuten auf neue Welle Verfolgungen, Errichtung Gettos usw." Barlas empfahl der Jewish Agency, sich telegrafisch an Stephen Wise in New York zu wenden, „betr. Alarmierung".[1] Dieses Telegramm aus Istanbul traf am 6. Mai in Jerusalem ein.

Am 8. Mai telegrafierte Yitzak Gruenbaum von der Jewish Agency in Jerusalem an Stephen Wise in New York:

Erhalten Nachrichten, daß Situation Juden Ungarn verzweifelt. Behörden dort entschlossen selbe Restriktionen gegen Juden anzuwenden wie Polen. Entrechtung und Verfolgung gerade erst begonnen, wird aber sehr schnell zunehmen. Zu befürchten daß Deportation bald einsetzt. Unbedingt alle Maßnahmen in unserer Macht ergreifen Aktion zu verhindern oder wenigstens verzögern.

Dies war der vollständige Wortlaut von Gruenbaums Telegramm. Was der Absender mit den Worten „alle Maßnahmen in unserer Macht" meinte, erläuterte er nicht.[2]

Am selben Tag, dem 8. Mai, beantwortete Generalleutnant Ira C. Eaker, der Befehlshaber der alliierten Luftstreitkräfte in Italien, eine Anfrage bezüglich der Möglichkeit eines Luftangriffs auf die deutschen Produktionsanlagen für synthetischen Treibstoff in Blechhammer; nicht nur, so erklärte er, sei die Bombardierung von Blechhammer „durchführbar", sondern man könne „im gleichen Aufwasch" auch die Fabrik für synthetischen Gummi (Buna) bei Auschwitz sowie die Verkokungs- und Kohlehydrierungsanlage in Odertal angreifen. Eaker fügte noch hinzu, es empfehle sich, wenn man die Operation „mit größtmöglicher Effektivität" durchführen wolle, damit noch zu warten, „bis unsere Situation bei den Kampfflugzeugen stärker ist, d. h. ungefähr noch zwei Wochen".[3]

Diese Mitteilung stand im Zusammenhang mit der bevorstehenden alliierten Luftoffensive gegen die deutsche Treibstoffversorgung, die wiederum ein Teil der noch immer streng geheimen Planungen für die Operation „Overlord" war, die für den 6. Juni vorgesehene alliierte Landung in der Normandie. Der erste dieser alliierten Luftangriffe auf die deutsche Treibstoffproduktion fand am 12. Mai statt, als vier Ziele im Sudetenland bombardiert wurden. Der Angriff hatte, wie Hitler am 30. Juni von Speer informiert wurde, einen sofortigen Rückgang der Tagesproduktion von 5845 auf 4821 Tonnen, also eine Einbuße von mehr als 20 Prozent, zur Folge.[4]

Sowohl die vorgesehene Landung in der Normandie als auch die Pläne zur

Störung der deutschen Treibstoffversorgung waren wohlgehütete Geheimnisse. Die jüdischen Führer konnten sie daher in ihre Bemühungen um Hilfe auch nicht einbeziehen. Diese Bemühungen bewegten sich in der zweiten Maiwoche auf derselben Linie wie im Vormonat. Am 8. Mai appellierte der Oberrabbiner von Großbritannien, Rabbi Hertz, mit einer neuen Anregung unmittelbar an Churchill; er bezog sich dabei auf die Tatsache, „daß die NS-Herrscher in den unter ihrer Kontrolle stehenden Ländern die Juden von der sonstigen Bevölkerung trennen und sie der Folter und der Massenvernichtung ausliefern". Hertz bat Churchill, öffentlich zu erklären, daß alle Juden in den vom Feind besetzten Ländern „von Großbritannien beschützte Personen" seien und daß die britische Regierung ihnen dieselben Hilfeleistungen anbiete „wie die jeweilige Schutzmacht, darunter die Ausstellung von Reisedokumenten, die Schaffung von Voraussetzungen für Austauschaktionen und die Gewährung von Asyl". Dieser Vorschlag sei, so fügte Hertz hinzu, „als ganz unabhängig von allen Schritten gedacht, die die Regierung S. M. im Zusammenhang mit Palästina möglicherweise unternimmt".[5]

Am 16. Mai informierte das Auswärtige Amt Churchills Privatbüro über die Gründe, aus denen die Anfrage von Rabbi Hertz abschlägig beschieden werden müsse. „Die alliierten Regierungen könnten", so schrieb Pierson Dixon an John Martin, „eine Verlautbarung, in der ein bestimmter Teil der Bürger ihres Landes zu unter britischem Schutz stehenden Personen erklärt wird, kritisieren, wenn nicht gar ausdrücklich ablehnen" – gemeint waren hiermit insbesondere die polnische und die tschechische Exilregierung.

Im weiteren Verlauf seines Briefes brachte Dixon Auffassungen zum Ausdruck, die gewiß nicht darauf berechnet waren, Churchill zu einer gründlicheren Prüfung der jüdischen Vorschläge oder zu Überlegungen hinsichtlich alternativer Rettungsmöglichkeiten zu ermuntern. Ja, wäre dieser Brief nicht in den geheimen Akten des Premierministers unter Verschluß geblieben, so hätte die darin zutage tretende Einstellung den Vertretern der Jewish Agency und dem englischen Oberrabbiner sehr wohl die letzte Zuversicht rauben können, daß die in ihren Augen besonders furchtbare Lage der Juden auf dem europäischen Festland auf englischer Seite irgendwelche Gefühle des Wohlwollens oder des Mitleids erweckte. Dixon schrieb:

> Eine solche Erklärung würde unserer Überzeugung nach, was das Verhalten der Deutschen angeht, das Los der Juden in der Praxis nicht verbessern, aber wir würden uns damit höchst weitreichende und unerwünschte Verantwortlichkeiten gegenüber den überlebenden Juden aufladen, denen wir erst nachkommen könnten, wenn die Gefahr für sie vorbei ist, und es könnte sehr wohl sein, daß sie dann ihren neugewonnenen Status behalten möchten.

Weiter führte Dixon aus, die Gewährung des Status' „geschützter Personen" werde auch bei irgendwelchen Austauschprojekten „dem europäischen Judentum nicht helfen", da es auf der Hand liege, „daß wir keinesfalls ausländischen Juden, darunter vermutlich einer großen Zahl von ‚Bürgern feindlicher Staaten',

eine Vorzugsstellung gegenüber britischen Untertanen einräumen könnten ..."
Ferner, so fuhr Dixon fort,

... haben wir stets den Standpunkt vertreten, daß die Deutschen zwar die Juden mit besonderer Brutalität verfolgt haben, daß sie aber auch viele Hunderttausende von Nichtjuden
verfolgt und ermordet haben (in Polen soll das Verhältnis in etwa ausgeglichen sein).[6]

Ein Angebot unsererseits, Fluchtmöglichkeiten für Juden durch besondere Vorkehrungen und Prioritäten und durch die Anerkennung eines geschützten Status' zu fördern,
würde die UdSSR nicht gutheißen. Es könnte zu einem Aufflackern antisemitischer Stimmungen in vom Feind besetzten Ländern führen, wo nichtjüdische Bürger, die vom Feind
bedroht sind, es übel nehmen würden, anders behandelt zu werden als ihre jüdischen Mitbürger. Es würde in der Tat, indem es die „Juden" als separate Bevölkerungskategorie ab-
stempeln würde, die Nazi-Ideologie, die auszumerzen wir uns vorgenommen haben, geradezu neu bestätigen.

In Ergänzung dieser Argumente teilte Dixon John Martin dann noch mit, welche Antwort man dem Rabbi Hertz nach Ansicht des Auswärtigen Amtes geben
solle. Auch hier sprach er eine deutliche Sprache. Die unter NS-Herrschaft lebenden Juden unter britischen Schutz zu stellen, würde, so sollte dem Oberrabbiner klargemacht werden, „den Juden selbst viele Nachteile einbringen"; die
britische Regierung sei „zusammen mit anderen Regierungen entschlossen, so
gut wie möglich *allen* Opfern der deutschen Tyrannei zu helfen, und sie kann
dies tun und wird dies tun und tut es bereits unabhängig von der nutzlosen Geste, eine bestimmte Personengruppe ausdrücklich unter britischen Schutz zu
stellen".[7]

In Auschwitz lief die Tötungsmaschinerie weiter: Am 16. Mai wurden mindestens vierzehn aus dem nahegelegenen Getto von Sosnowiec geholte Juden vergast. Am selben Tag wurde eine Neuauflage der Täuschungsaktion das Familienlager betreffend eingeleitet; 2503 Juden aus Theresienstadt wurden nach
Auschwitz gebracht und, wie ihre inzwischen getöteten Vorgänger, in den als Familienlager geführten Lagerabschnitt von Birkenau eingewiesen. Auch diesmal
wurden hier Männer, Frauen und Kinder gemeinsam untergebracht. Wie ihre
Vorgänger wurden auch sie aufgefordert, Postkarten zu schreiben und ihren
Aufenthaltsort anzugeben. Wie jene erhielten sie die Genehmigung, sich Rotkreuzpakete schicken zu lassen und den Empfang zu bestätigen. Innerhalb der
folgenden drei Tage vervollständigten zwei weitere Transporte aus Theresienstadt dieses neue bewußte Täuschungsmanöver der Nazis, in das nun über
7000 Insassen des Familienlagers einbezogen waren.

Die jüdischen Führer in Ungarn waren zwar zu der Auffassung gelangt, daß
Verhandlungen mit der Gestapo aussichtsreicher seien als eine Veröffentli-
chung des Vrba-Wetzler-Berichts, aber Rabbi Weissmandel, dem Krasnansky
Ende April eine Abschrift des Berichts übergeben hatte, war anderer Ansicht. Er
hatte sein Exemplar zunächst von Preßburg nach Nitra gebracht, um es seinem
Schwiegervater, dem Vorsteher der dortigen orthodoxen jüdischen Gemeinde,

zu zeigen. In Nitra wurde der Bericht ins Jiddische übersetzt und ein Exemplar davon per Kurier gen Westen auf den Weg gebracht.

Allein, am 15. Mai war noch immer keine Antwort eingetroffen. Der Bericht mußte entweder unterwegs verlorengegangen oder abgefangen worden oder irgendwo hängengeblieben sein. Am 15. Mai begann die SS mit der Deportation ungarischer Juden nach Auschwitz. Weissmandel erkannte, daß ein Zusammenhang zwischen den im Vrba-Wetzler-Bericht mitgeteilten Fakten – der „Wahrheit" über Auschwitz – und diesen neuen Deportationen bestand. Er verfaßte daher ein Telegramm in einem einfachen Geheimcode, das er am 16. Mai im Namen der orthodoxen jüdischen Gemeinde in Preßburg an die Führer der jüdischen Gemeinde in der Schweiz – zur Weiterleitung an die Vereinigten Staaten – abschickte; darin bat er die Alliierten dringend, die Eisenbahnverbindung zwischen Kaschau und Preschau zu bombardieren, um diejenigen Juden, die „noch nicht" deportiert waren, zu retten.

Weissmandel wußte, daß die Strecke Kaschau-Preschau eine der Routen war, auf denen die ersten Deportationszüge aus dem östlichen Ungarn Richtung Polen gefahren waren. Der Name Auschwitz wurde nicht genannt, weder in diesem noch in einem zweiten, sieben Tage später in Preßburg aufgegebenen Telegramm; es war lediglich die Rede von „Polen". Und beide Telegramme erreichten das Kriegsflüchtlingskomitee in Washington erst am 18. Juni.[8]

Noch wußte niemand im Westen, daß die Nazis bereits damit begonnen hatten, die Juden Ostungarns, Siebenbürgens, der südlichen Slowakei und der Karpato-Ukraine per Bahn nach Auschwitz zu deportieren. Aber am 18. Mai erreichte die Nachricht, daß diese Deportationen geplant waren, Jerusalem; sie stammte von einigen ungarischen Juden, denen Anfang Mai die Flucht gelungen war und die sich auf dem Landweg bis Istanbul durchgeschlagen hatten. Eliahu Dobkin, der Leiter der Einwanderungsabteilung der Jewish Agency, war selbst einer von denen, die die Flüchtlinge ins Kreuzverhör nahmen, und er telegrafierte am Tag darauf, dem 18. Mai, an Nahum Goldmann und Stephen Wise in New York:

Flüchtlinge die gestern Palästina erreichten berichten schreckliche Fakten bezüglich Juden in Ungarn. Klare Anhaltspunkte, daß Massenvernichtung vorbereitet wird analog Methoden in Polen. Über 300 000 aus Sziget[9] und Karpato-Ukraine sind bereits in Lagern und Gettos interniert...

Dobkin zählte im Anschluß hieran 23 Lager und Gettos namentlich auf und fügte hinzu: „Vorkehrungen sind getroffen für die Deportation einer großen Zahl."[10]

Der erste Transport aus Ungarn traf in Auschwitz am 16. Mai ein. Allein dieser erste Zug, der aus mehr als 40 plombierten Güterwaggons mit jeweils 100 jüdischen „Fahrgästen" bestand, brachte, ebenso wie die meisten der nach ihm folgenden Züge, mehr als 4000 Juden zu der eigens errichteten Entladerampe in Birkenau, von wo es nur noch ein kurzer Weg zu den Gaskammern II und III war.

Aus diesem ersten Großtransport aus Ungarn wurden nur siebzehn Männer ins Lager eingewiesen, alle anderen aus dem über viertausendköpfigen Transport wurden vergast.

Der zweite Zug aus Ungarn kam am 17. Mai an. Auch er brachte mehr als 4000 Juden. Aus dem dritten Transport am 18. Mai wurden 20 Frauen in die Baracken eingewiesen, während die übrigen 4000 Personen vergast wurden. Am 19. Mai trafen die vierten viertausend ein; von ihnen erhielten nur sieben Männer eine Häftlingsnummer und wurden nicht vergast. Am 20. Mai wurden, aus dem fünften Transport innerhalb von vier Tagen, 34 Männer und 58 Frauen ins Lager eingewiesen. Über 16 000 Juden wurden in diesen vier Tagen ermordet.

Am 20. Mai kam zusätzlich noch ein Transport aus Paris in Auschwitz an. Er brachte 565 Männer, 632 Frauen und 191 Kinder und Jugendliche unter 19 Jahren. Nur 108 Erwachsene aus diesem Transport überlebten den Krieg.

Am selben Tag, dem 20. Mai, meldeten die Vertreter der Jewish Agency in Genf nach Jerusalem: „Es gibt im Moment keine Austauschmöglichkeiten für Zertifikat-Inhaber in Birkenau."[11]

Am 21. Mai herrschte an den Entladerampen und in den Gaskammern und Krematorien von Birkenau mehr Betrieb als jemals zuvor. Denn an diesem Tag trafen drei Züge aus Ungarn, zwei aus Holland und einer aus Belgien ein. Mit dem zweiten Transport aus Holland kamen keine Juden, sondern Zigeuner, die allesamt in das Zigeunerlager eingewiesen wurden. Aus den drei ungarischen Transporten wurden insgesamt nur 12 Männer und 6 Frauen ins Lager eingewiesen; mehr als 12 000 Personen wurden vergast. Es war dies die in der Geschichte von Auschwitz bis dahin größte Zahl getöteter Personen an einem einzigen Tag. Doch es war eine Zahl, bei der es von nun an nur zu oft bleiben sollte.

Am 23. Mai kamen drei Züge in Auschwitz an: aus Italien, Frankreich und Ungarn. Von den Italienern wurde ein Großteil, von den Franzosen 410 und von den Ungarn 4000 vergast. Nur fünf Frauen aus dem viertausendköpfigen ungarischen Transport wurden vorläufig verschont und ins Lager eingewiesen. Aus einem weiteren Transport aus Paris, der einen Tag danach eintraf, wurden 188 Männer in die Baracken eingewiesen, während 1012 Männer, Frauen und Kinder vergast wurden. Sie waren in ihren plombierten Waggons vier Tage und Nächte lang unterwegs gewesen.

24. „Eine nicht zu bewältigende Zahl" von Flüchtlingen – die Folge eines unglaublichen Angebots der Gestapo

Am 24. Mai wußte man im Westen noch immer nichts von den nun schon seit neun Tagen anhaltenden Deportationen aus Ungarn. An diesem Tag rief der amerikanische Generalkonsul in Jerusalem, L. C. Pinkerton, in der Zentrale der Jewish Agency in Jerusalem an und hinterließ eine Botschaft für Shertok. Die Botschaft stammte aus Istanbul und lautete:

Warten Sie am Mittwoch in Lydda auf Sondermission im Zusammenhang mit Ungarn. Bereiten Sie für Mittwoch abend eilige Sitzung des Exekutivrats vor. Richten Sie sich auf umgehende Abreise nach Istanbul ein.[1]

Dieses Telegramm markierte das Anlaufen der Brand-Mission: Joel Brand selbst war, zusammen mit einem Begleiter, Andor Gross, in Istanbul eingetroffen. Noch am Abend dieses Tages telegrafierte der britische Botschafter in Ankara, Sir Hughe Knatchbull-Hugessen, sowohl nach London als auch nach Jerusalem, um zu berichten, daß Brand „die jüdische Gemeinde in Ungarn vertreten soll und angeblich für die Jewish Agency ein ihm von der Gestapo gemachtes förmliches Angebot für den Austausch der in den von den Achsenmächten kontrollierten Territorien noch verbliebenen Juden gegen Sachwerte oder ausländische Valuta mitgebracht hat". Der Botschafter fügte hinzu: „Die Vertreter der Jewish Agency in Istanbul nehmen das Angebot offensichtlich ernst, da sie einen gewissen Pomerantz nach Palästina entsandt haben, um dem zionistischen Exekutivrat Bericht zu erstatten."[2]

Die erste britische Reaktion auf die Nachricht von der Brand-Mission war lapidar: „Die amerikanischen Stellen", so vermerkte Ian Henderson in einer Aktennotiz, „werden diesen blockadebrechenden Plänen vermutlich wohlwollender gegenüberstehen als wir."[3]

Am Morgen des 26. Mai erklärten Ben Gurion und Shertok dem britischen Hochkommissar in Palästina, Sir Harold MacMichael, die von Brand mitgebrachten Vorschläge. Sollte das Angebot der Nazis abgelehnt werden, so würden diese, wie MacMichael erfuhr, „ihrem Programm gemäß mit der Vernichtung im großen Stil beginnen".

Gleich nach dieser Zusammenkunft übermittelte MacMichael telegrafisch einen ausführlichen Bericht über die Unterredung nach London. Ein Abschnitt dieses Berichts befaßte sich mit dem Los von zirka 300 000 ungarischen Juden, die nach Angaben Brands „bereits, als Vorstufe der Deportation, in Konzentrationslagern zusammengefaßt sind". Weitere Juden würden, so erklärte er, gegenwärtig zusammengetrieben. Es bestünden Pläne zur „Deportation von täglich 12 000 Juden zu den polnischen Schlachtstätten vom 22. Mai an", aber diese

Deportationen seien, so erklärten Ben Gurion und Shertok dem Hochkommissar, „dem Vernehmen nach in Erwartung der Verhandlungen aufgeschoben worden".

9. Joel Brands Reiseroute: auf der Autostraße von Budapest nach Wien, dann mit dem Flugzeug von Wien nach Istanbul und von dort mit dem Zug weiter nach Aleppo und Kairo.

Ben Gurion und Shertok beschworen die britische Regierung, das Brand-Angebot ernst zu nehmen. „Angesichts des oben erwähnten und früherer Erfahrungen" so notierte MacMichael, „befürchtet die Agency, daß das Schicksal der ungarischen, tschechoslowakischen und rumänischen Juden besiegelt ist, wenn sie nicht bald gerettet werden können."

MacMichael referierte im Text seines Telegramms vom 26. Mai unter anderem den Wortlaut zweier Äußerungen der Führer der Jewish Agency. Die Stelle lautete:

Sie sind der festen Hoffnung, daß die Dimension und der phantastisch anmutende Charakter des Vorschlags die hohen alliierten Stellen nicht davon abhalten wird, einen koordinierten und entschlossenen Versuch zur Rettung einer möglichst großen Zahl zu unternehmen. Sie sind sich vollkommen über die überwältigenden Schwierigkeiten im klaren, glauben jedoch, daß diese sich als überwindbar erweisen könnten, wenn die Aufgabe mit der Kühnheit angegangen wird, deren es angesichts einer solchen nie dagewesenen Situation bedarf.

Daß die Deportationen nach Auschwitz tatsächlich bereits am 15. Mai begonnen hatten, wußten am 26. Mai weder die Alliierten noch die Jewish Agency; sie hielten die Brand-Mission vielmehr für ein Zeichen dafür, daß die Nazis vorläufig noch stillhielten. Daher konnten Ben Gurion und Shertok noch darauf hoffen, daß die Alliierten „einen koordinierten und entschlossenen Versuch zur Rettung einer möglichst großen Zahl" unternehmen würden.

In seinem Telegramm vom 26. Mai berichtete der Hochkommissar weiter, die Nazis hätten Brands Angaben zufolge als „Alternative zur vollständigen Vernichtung" ihre Bereitschaft erklärt, „eine Million Juden" aus Ungarn, der Tschechoslowakei, Rumänien und Polen zu evakuieren und sie im Austausch gegen 10 000 Lastkraftwagen und bestimmte Mengen von „Kaffee, Tee, Kakao und Seife" nach Spanien und Portugal zu schicken, „jedoch, wie sie ausdrücklich erklärten, nicht nach Palästina". Die Nazis seien auch, so habe Brand berichtet, zum „Austausch von Juden gegen deutsche Kriegsgefangene" bereit.[4]

Die Jewish Agency sah in der Mission Brands eine Chance, wenigstens einen Teil der Hunderttausende ungarischer Juden zu retten, von denen man wußte, daß sie zum Tode verurteilt waren. Die politisch Verantwortlichen in England sahen jedoch unter der Oberfläche dieser zionistischen Hoffnungen noch einen anderen Aspekt. Wie R. M. A. Hankey am 27. Mai in einer Aktennotiz formulierte:

Es kann gut sein, daß dieses unglaubliche Angebot nichts weiter ist als ein Manöver im Rahmen der politischen Kriegführung der Deutschen. Es muß ihnen klar sein, daß es fast unmöglich wäre, eine Million Juden aus Osteuropa über Frankreich nach Spanien und Portugal zu transportieren, ohne daß unsere Bombenangriffe gegen französische Eisenbahnstrecken behindert, die Zweite Front beeinträchtigt, unsere Beziehungen zu Spanien und Portugal belastet, unsere Schiffskapazitäten im Mittelmeer und Atlantik beansprucht, eine Versorgungskrise in Spanien und Portugal ausgelöst und (falls die Flüchtlinge in den Nahen Osten streben) höchstwahrscheinlich die Schwierigkeiten in Palästina und Nahost auf die Spitze getrieben würden, wodurch britische Divisionen gebunden würden, die andernfalls für offensive Aufgaben zur Verfügung stünden.

Und selbst wenn wir dies alles akzeptierten, könnten wir unmöglich die Lastwagen nach Deutschland schicken, ohne dadurch wiederum unsere militärischen Operationen zur See und zu Lande zu beeinträchtigen.

Endlich, falls wir uns auf diese Weise erpressen ließen, würde es nicht bei dem Appell für eine Million Juden bleiben, sondern es würden dann Polen, Franzosen, Holländer usw. usw. kommen.

Unter diesen Umständen empfehlen wir dem Kolonialamt, zu antworten, daß wir nicht bereit sind, über ein Angebot dieser Art durch solche Kanäle zu diskutieren, daß bereits das Möglichste getan wird, um die Ausrottung der Juden und anderer unter deutscher Herrschaft stehender Völker zu verhindern, und daß die deutschen Unterhändler darauf

hingewiesen werden können, daß jeder Deutsche, der an der Tötung von Juden im Gefolge dieser oder anderer Drohungen teilnimmt, diese mit seinem Leben zu verantworten haben wird, wenn der Krieg zu Ende geht und die Verfahren gegen Kriegsverbrecher in
Gang kommen.

Hankey fügte hinzu: „Wir sollten Dr. Weizmann und Dr. Goldmann nicht informieren (auch wenn das Kriegsministerium meint, sie seien durch geheime
Kanäle bereits aufgeklärt)." Hankeys erster Impuls war, eine Ablehnung des
Vorschlags ohne vorherige Einweihung der Amerikaner zu empfehlen. Doch
sein Kollege Randall meinte, der amerikanischen Regierung, bei der „Mr. Morgenthau sehr aktiv um jüdische Zustimmung wirbt, wird es wahrscheinlich sehr
peinlich sein, wenn sie von uns aufgefordert wird, das Odium einer Ablehnung
des Planes – zumindest in seinen gegenwärtigen ungeheuerlichen Dimensionen
– mitzutragen, aber es ist, wie ich glaube, unbedingt erforderlich, daß wir die
Sache Washington vorlegen, mit allen Einwänden, die wir haben, und die Amerikaner nach ihrer Ansicht fragen". Randall fügte hinzu: „Der Jewish-Agency-
Mann in Istanbul wird der Fata Morgana nachjagen, aber es ist in der gegenwärtigen Situation durchaus vorstellbar, daß die Deutschen alle diese Vorschläge
vorwiegend mit dem Ziel, uns in eine Zwickmühle zu bringen, ins Spiel gebracht
haben."

Anthony Eden notierte nach der Lektüre dieser beiden Kommentare: „Ich
stimme mit der Auffassung des A. A. überein, sähe jedoch gerne eine Abseg-
nung durch das Kabinett." Übrigens hatte Oberst Montgomery, der Bruder des
Feldmarschalls, aus der Sicht des Geheimdienstoffiziers mittlerweile die Vermutung geäußert, „daß die ganze Geschichte mit diesem unglaublichen Angebot vielleicht von der Jewish Agency erfunden worden ist".[5] Was Joel Brand betraf, so konnte er nicht nach Jerusalem weiterreisen, sondern saß noch in Istanbul fest und wartete auf seine britischen Reisepapiere.

Am 27. Mai trat einer der vom britischen Kriegskabinett ins Leben gerufenen
Sonderausschüsse, der Technische Unterausschuß für Berichte zur Treibstoffla-
ge der Achsenmächte, zusammen, um die jüngsten Entwicklungen in der deutschen Ölproduktion zu erörtern. Unter den dem Ausschuß vorliegenden Berichten, die sowohl an die britischen als auch an die amerikanischen Nachrichtendienste weitergeleitet wurden, befand sich einer über die Fabrikanlage für synthetischen Treibstoff in Monowitz, die am 4. April fotografiert worden war. Der
entsprechende Abschnitt, überschrieben mit „Auschwitz" lautete:

Die Hydrieranlagen in der neuen Fabrik bei Auschwitz beginnen gerade erst zu arbeiten.
Wenn die jetzt in Gang befindlichen Bauarbeiten beendet sind, könnte diese Fabrik mit einem Ausstoß von 180 000 Tonnen pro Jahr arbeiten. Die geplante Endkapazität der Fabrik
liegt wahrscheinlich in der Größenordnung von einer halben Million Tonnen pro Jahr.[6]

Die Sonderberater des Kriegskabinetts hoben in ihrem Bericht das Ausmaß
der deutschen Abhängigkeit von der Treibstofferzeugung hervor, die sie als „le-
benswichtig" für die Fähigkeit Deutschlands zur Fortsetzung des Krieges be-

zeichneten. Dabei seien die Deutschen, wie betont wurde, in bezug auf die Treibstoffproduktion „heute verwundbarer als jemals zuvor", da schon die Zerstörung von nur „zwei bis vier" der auf die Produktion synthetischen Treibstoffes spezialisierten Fabriken „die deutsche Kriegsmaschinerie in Verzug bringen" würde.[7]

Am 27. Mai 1944 gelang eine weitere Flucht direkt aus Auschwitz. Die Flüchtigen waren ein junger polnischer Jude namens Czeslaw Mordowicz und ein slowakischer Jude namens Arnost Rosin. Rosin war Blockältester in demselben Lagerabschnitt gewesen, in dem Alfred Wetzler als Schreiber gearbeitet hatte. Er war nach Wetzlers Flucht, wie ein anderer Auschwitz-Häftling später schrieb,

... zum Verhör geholt und gefoltert worden. Man warf ihm Beihilfe zu Wetzlers Flucht vor und bestrafte ihn mit Zwangsarbeit in der Kiesgrube. Dort schloß er Bekanntschaft mit einem anderen jüdischen Häftling, Mordowicz, der ebenfalls zur Strafe in dieses Kommando versetzt worden war.

Die Häftlinge entdeckten bei ihrer Arbeit eine kurze, schmale Spalte in der Wand der Kiesgrube, eine Art Bunker, der nach einer Flucht anderer Gefangener mit Steinbrocken aufgefüllt worden war. Sooft sie während der Arbeit unbeobachtet waren, machten sie sich abwechselnd daran, den Bunker als Versteck zu präparieren; dann warteten sie auf eine passende Gelegenheit.[8]

Mordowicz selbst hatte, wie vor ihm schon Vrba, lange auf eine Gelegenheit zur Flucht gehofft. Später erinnerte er sich daran, daß ihm zwei nichtjüdische Mitgefangene, polnische Offiziere, bei der Präparierung des Bunkers geholfen hatten und daß er darauf bestanden hatte, daß der Bunker, falls er nach ihrer Flucht unentdeckt blieb, dazu benutzt werden sollte, auch ihnen die Flucht zu ermöglichen.

Mordowicz und Rosin hatten nicht die Absicht, sich südlich zu wenden und die Slowakei zu erreichen. Ihr Plan stand fest: Sie wollten von der Kiesgrube aus in östlicher Richtung das Flüßchen Sola überqueren, sich bis Krakau und von da aus nach Norden bis Warschau durchschlagen, dann einen der Ostseehäfen, möglicherweise Gdingen, erreichen und über die Ostsee in das neutrale Schweden übersetzen. Ihre Chance kam am 27. Mai: nachdem sie sich in dem Bunker verborgen hatten und bei den anschließenden Suchaktionen unentdeckt geblieben waren, schlichen sie sich aus der Kiesgrube und schlüpften durch die äußere Postenkette.

Indes, nach zwei Tagen, als sie den halben Weg nach Krakau zurückgelegt hatten, erfuhren sie von einer polnischen Bäuerin, daß in der Region, die sie durchqueren wollten, alle arbeitsfähigen Männer zur Zwangsarbeit eingezogen wurden, um beim Bau dringend benötigter Panzerabwehrstellungen östlich von Krakau eingesetzt zu werden. Die beiden Flüchtlinge entschlossen sich daraufhin, sich doch nach Süden zu wenden, um, wie Vrba und Wetzler, die slowakische Grenze zu erreichen. Zum Glück war einer der beiden, Rosin, Slowake, so daß das Sprachproblem nicht jene Gefahren heraufbeschwören würde, in die zwei nur polnisch sprechende Flüchtlinge möglicherweise geraten wären.[9]

Am 31. Mai, während Mordowicz und Rosin gen Süden der slowakischen Grenze zustrebten, schickte sich in London ein Ausschuß des Kriegskabinetts an, die Vorschläge von Joel Brand zu erörtern. Am selben Tag fertigte die SS in Auschwitz eine Aufstellung an, aus der hervorging, daß den Leichen der in den fünfzehn Tagen zwischen dem 17. Mai und dem Monatsende vergasten ungarischen Juden Goldplomben und -kronen im Gesamtgewicht von 40 Kilogramm entnommen worden waren. Mitgerechnet waren dabei bereits die am 31. Mai eingetroffenen Transporte, zwei Züge, von deren Insassen insgesamt 1 100 Männer und 1 000 Frauen ins Lager eingewiesen und alle übrigen vergast worden waren.

Ebenfalls am 31. Mai überflog zum zweiten Mal ein amerikanisches Aufklärungsflugzeug die Region Auschwitz. Auch diesmal war das zu fotografierende Objekt das Fabrikgelände von Monowitz. Aber zwei der Aufnahmen zeigten das gesamte Lager Birkenau, eine zeigte einen Teil des Stammlagers Auschwitz und einen Teil von Birkenau und drei zeigten Teile des Stammlagers Auschwitz, aufgenommen jeweils aus einer Höhe von 9 000 Metern.[10]

Schon vor der Absendung seiner Telegramme vom 16. und 23. Mai, in denen er die Bombardierung der polnischen Eisenbahnlinien forderte, hatte Rabbi Weissmandel eine jiddische Fassung des Vrba-Wetzler-Berichts in die Schweiz geschickt. Doch war die Sendung dort noch nicht angekommen; in der Tat hatten nicht einmal die Telegramme ihre Adressaten erreicht. Am 31. Mai schrieb Weissmandel aus Preßburg erneut an seine orthodoxen Glaubensbrüder im Westen: „Obgleich wir schon vor einigen Wochen geschrieben haben", mahnte er, „hat uns bis heute kein Hinweis darauf erreicht, daß das Schreiben angekommen ist; das beunruhigt uns." In diesem neuen Schreiben, das seinerseits länger als einen Monat brauchte, um in den Westen zu gelangen, ersuchte Rabbi Weissmandel verzweifelt um Maßnahmen zur Unterbindung der bereits seit zwei Wochen anhaltenden Deportationen.

Weissmandel erläuterte in diesem Schreiben auch detailliert die Vorschläge Eichmanns. „Falls die Juden nicht bereit sind, diese Bedingungen anzunehmen oder zu erfüllen", schrieb er, „werden sie allesamt deportiert." Falls die Bedingungen erfüllt würden, würden die Deutschen „einen großen Exodus aus diesem Land durch Deutschland–Frankreich–Spanien ... zulassen". Den Aussagen der Deutschen zufolge, so fügte Weissmandel hinzu, lebten „die schon Deportierten in Deutschland und werden dort als Geiseln festgehalten, bis die Juden die Bedingungen erfüllt haben". Er war allerdings überzeugt, daß es sich bei dieser letzteren Aussage um „eine glatte Lüge" handelte. Er selbst glaubte, daß die Deportierten nach Auschwitz-Birkenau geschickt und dort „mit Ausnahme eines ganz winzigen Teils vergast und verbrannt werden".

Gleichwohl müsse man, schrieb Weissmandel, wenn das Angebot von Eichmann Realität sei, die Verhandlungen „ohne Zögern und Säumen" führen, und die Juden müßten „unverzüglich etwas in die Waagschale werfen, nicht bloß Worte, sondern reale Werte, mehr Geld vielleicht und weniger Sachwerte". Falls die Verhandlungen sich jedoch als „eine Finte, ein Manöver, eine Geste der Täuschung" herausstellen sollten, darauf berechnet, bei den Juden falsche Zuversicht zu erwecken und „unsere ohnehin schwachen und dürftigen Widerstandskräfte" zu untergraben, dann sei es unerläßlich, „mit stärkstem Nachdruck" die Bombardierung der Eisenbahnverbindungen zwischen Ungarn und Polen zu verlangen.[11]

Dieses Schreiben mit seiner Mischung aus Skepsis und Hoffnung sollte, wie bereits erwähnt, erst nach über einem Monat in den Westen gelangen. Zur selben Zeit, als es abgefaßt wurde, erörterte der Flüchtlingsausschuß des britischen Kriegskabinetts – nominell unter dem Vorsitz von Anthony Eden[12] – die durch Joel Brand übermittelten Vorschläge.

Es war Randall, der, in Vertretung für den vorläufig nicht anwesenden Außenminister, die Diskussion eröffnete und der versammelten Runde erklärte, „das Auswärtige Amt sei der Auffassung, es gebe triftige Gründe dafür, sich von den Vorschlägen in ihrer vorliegenden Form zu distanzieren".

Man müsse jedoch, so führte er aus, wenn man diese Auffassung der amerikanischen Regierung übermittle, „daran denken", daß der Plan in Washington auf ein „unverdient großes Wohlwollen stoßen könnte, wo das Kriegsflüchtlingskomitee des Präsidenten, unterstützt von Mr. Morgenthau, sich, teilweise aus wahltaktischen Gründen, für die ‚Rettung' der Juden stark gemacht habe".

Das Kolonialministerium unterstützte die ablehnende Haltung des Auswärtigen Amtes gegenüber den Brand-Vorschlägen. Wie Oliver Stanley den Ausschußmitgliedern erklärte, müsse „von Anfang an deutlich gemacht werden, daß die Evakuierung von einer Million Flüchtlingen aus besetzten Gebieten und ihre Unterbringung und Versorgung in neutralen oder alliierten Ländern nicht durchgeführt werden könnte, ohne daß es zu größeren Veränderungen im Ablauf der militärischen Operationen käme, und daß der Plan in seiner vorliegenden Form daher nicht in Erwägung gezogen werden könne".

Im Lauf der sich daran anschließenden Diskussion wurden noch mehrere „zusätzliche Argumente" vorgebracht. Sie bezogen sich auf die von den einzelnen Sprechern in unterschiedlichen Formulierungen beschworenen „Gefahren" und „gefährlichen Komplikationen", die sich bei einer Annahme und Durchführung der Brand-Vorschläge ergeben würden. Wie es dazu im amtlichen Sitzungsprotokoll hieß:

Es schien eine gewisse Gefahr zu bestehen, daß der bloße Hinweis auf unsere eventuelle Bereitschaft, über eine der Schutzmächte mit der deutschen Regierung zu verhandeln, ausgenutzt werden und zu einem Angebot führen könnte, uns noch eine größere Zahl von Juden aufzuladen.

Eines der vorgebrachten zusätzlichen Argumente berief sich auf die „ebenso schwerwiegenden Einwände" gegen eine „massive Evakuierung" von Juden über die Türkei nach Palästina, da dies, wie es im Protokoll heißt, „dazu führen würde, daß wir gezwungen werden, eine nicht zu bewältigende Zahl in Palästina aufzunehmen, wodurch die gefährliche Komplikation entstehen würde, daß die

Einwanderungsquoten ausgerechnet zu einem besonders kritischen Zeitpunkt überschritten würden".

Ein weiteres Problem, das die Ausschußmitglieder im Falle einer Annahme der Brand-Vorschläge auf sich zukommen sahen, betraf das britische Mutterland selbst. Auch hier spricht das Protokoll eine offene Sprache: „Da eine große Zahl von Juden in Spanien nicht für längere Zeit untergebracht und versorgt werden könnte, würden wir unter starken Druck geraten, sie in unserem Land aufzunehmen. Unsere diesbezüglichen Kapazitäten wären jedoch äußerst beschränkt."[13]

Einen Tag später äußerte sich der Ausschuß für die Aufnahme und Unterbringung von Flüchtlingen gegenüber dem Kriegskabinett zu dem von Brand übermittelten Vorschlag: „Mit Befriedigung" habe man zur Kenntnis genommen, „daß die Regierung Seiner Majestät keine Möglichkeit sieht, darauf einzugehen". Bei der Sitzung des Kriegskabinetts am 1. Juni wurde diese Entscheidung abgesegnet. „Es liege auf der Hand", so heißt es im Protokoll dieser Sitzung, „daß der Vorschlag lediglich das Ziel verfolge, die alliierten Regierungen zu irritieren und in ihrer Kriegführung zu beeinträchtigen". Aber das Kriegskabinett kam am 1. Juni, in Gegenwart Churchills, auch darin überein, die britische Regierung solle „deutlich machen, daß sie ihr Möglichstes tun werde, um allen kleinen Gruppen von Juden, die die deutsche Regierung eventuell freizulassen bereit sei und die ohne eine Beeinträchtigung militärischer Vorgänge transferiert werden könnten, Asyl zu gewähren".[14]

Das Auswärtige Amt ging nun daran, das amerikanische Außenministerium über den Brand-Plan zu informieren und zugleich die Entscheidung des Kriegskabinetts zu erläutern. „Vorausgesetzt, dieser Vorschlag sei in der uns übermittelten Form tatsächlich von der Gestapo gemacht worden", so hieß es in dem am 2. Juni aufgesetzten Entwurf einer Note an Washington, „dann erscheint er uns wie ein klarer Fall von Erpressung oder politischer Kriegführung." Das darin enthaltene Ansinnen, „daß wir die Verantwortung für die Unterbringung und Versorgung einer zusätzlichen Million Menschen übernehmen sollen, kommt einer Forderung an die Alliierten gleich, auf grundlegende militärische Operationen zu verzichten." Weiter hieß es in dem Entwurf:

Es ist undenkbar, daß wir mit der Gestapo über irgendwelche Vorhaben verhandeln und uns zu einem Austausch von Menschenleben gegen militärische und wirtschaftliche Zugeständnisse bereiterklären, die darauf berechnet sind, die deutsche Niederlage hinauszuzögern. Die Forderung, daß wir praktisch die Blockade aufheben sollen, ist vollkommen indiskutabel, den deutschen 10 000 Lastwagen zu geben, käme einer bedeutenden militärischen Stärkung des Feindes gleich, und die Bedingung der Deutschen, daß als Ausreiseländer nur Spanien und Portugal in Frage kämen, scheint uns eindeutig darauf berechnet, den militärischen Operationen der Alliierten Fesseln anzulegen.

Das Auswärtige Amt griff im Textentwurf der Note an Washington auch den positiven Aspekt auf, der sich am Ende der Sitzung des Kriegskabinetts am Tag zuvor ergeben hatte; hierzu hieß es erläuternd:

1. *(oben)* „Illegale" jüdische Flüchtlinge auf einem Schiff unterwegs nach Palästina.

2. *(unten)* „Illegale" jüdische Flüchtlinge in Sichtweite der Küste Palästinas.

3. *(gegenüber oben links)* Richard Lichtheim, während des Zweiten Weltkriegs Vertreter der Jewish Agency in Genf.

4. *(gegenüber oben rechts)* Gerhart Riegner, Vertreter des Jüdischen Weltkongresses in Genf.

5. *(gegenüber unten links)* Chaim Pozner, Palästinabüro Genf.

6. *(gegenüber unten rechts)* Vorderansicht eines Passes der Republik El Salvador, ausgestellt in der Schweiz durch den dortigen Generalkonsul von El Salvador. Die Pässe wurden in das von Deutschland besetzte Polen geschickt, sobald die Paßbilder derjenigen, für die diese Pässe gedacht waren, in der Schweiz eintrafen.

7. *(rechts oben)* Eine Gruppe nackter Juden im von den Deutschen besetzten Teil Rußlands, offenbar kurz vor der Erschießung. Dies war das erste Foto von Opfern der NS-Mordkommandos, das aus dem NS-Herrschaftsbereich herausgeschmuggelt und Anfang 1942 in die Schweiz gebracht wurde.

8. *(rechts Mitte)* Deutsche beseitigen die Leichen getöteter Juden; ein weiteres Bild, das nach Genf gelangte.

9. *(rechts unten)* Eine Leiche wird „entsorgt": Das dritte Bild, das nach Genf gelangte. Die Empfänger dieser drei Fotografien waren sich nicht ganz sicher, ob es sich bei den Toten um Juden oder sowjetische Kriegsgefangene handelte.

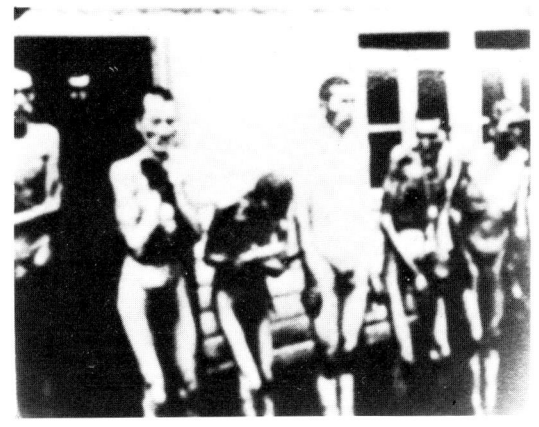

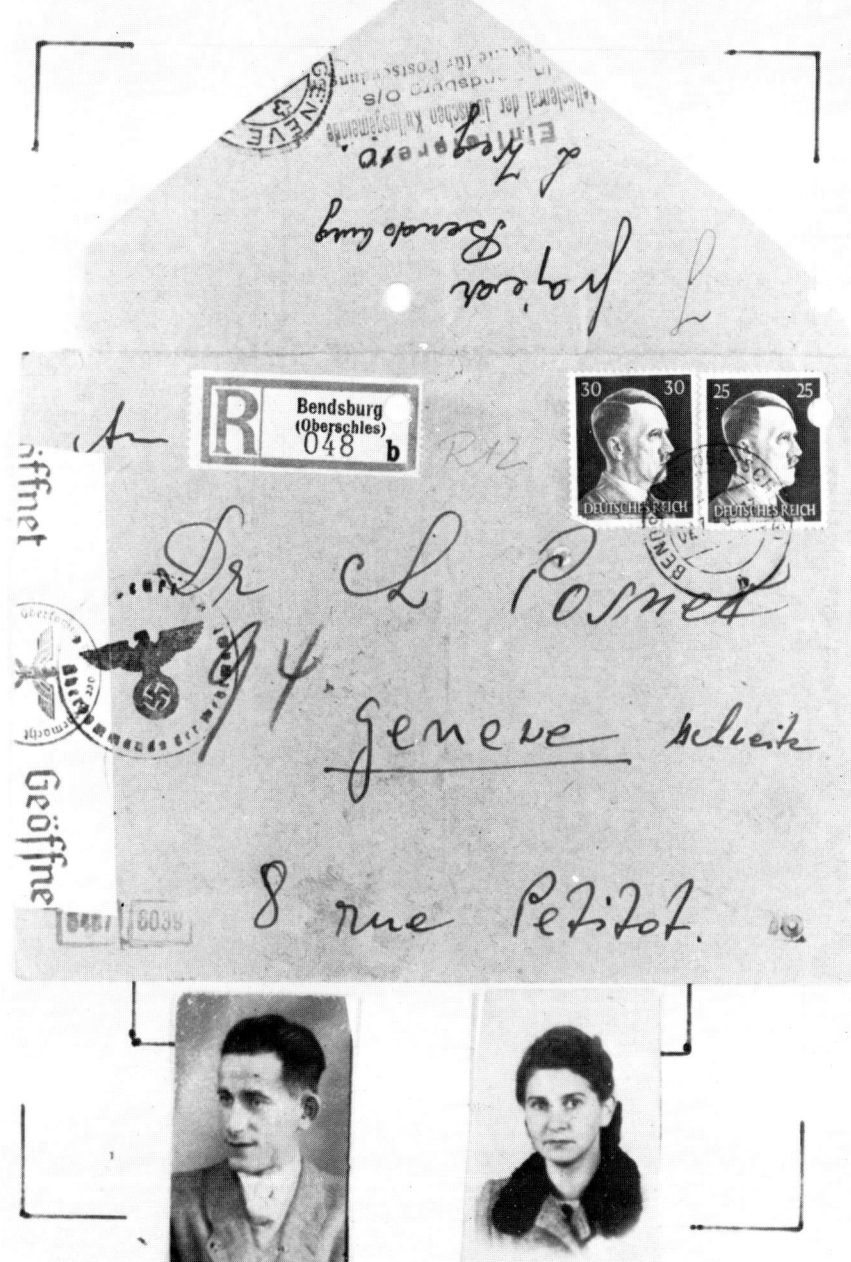

10. Ein in Bedzin (Bendsburg) in Oberschlesien aufgegebener Brief mit dem Absenderstempel der dortigen Jüdischen Kultusgemeinde; adressiert war der Brief an den Kodirektor des Palästinabüros in Genf, beigeschlossen waren ihm zwei zur Einsetzung in einen lateinamerikanischen Paß gedachte Fotos; der Paß sollte dann nach Bedzin geschickt werden. Der Brief war vom deutschen Zensor geöffnet worden und trägt an der linken Seite dessen Aufkleber und Hakenkreuzstempel; auf der Rückseite des Umschlags ist der Poststempel von Genf zu erkennen.

11. Postkarte von einem in einem Arbeitslager in Liebenau in Deutschland internierten polnischen Juden an den Kodirektor des Genfer Palästinabüros; der Absender bittet um die Ausstellung eines Palästina-Zertifikats für seine vierjährige Tochter, deren Fotografie er auf die Rückseite der Karte geklebt hatte. Die Karte trägt sowohl den Stempel der Lagerverwaltung als auch den des deutschen Zensors.

12. Der Dichter Yitzak Katznelson mit seinem Sohn. Das Foto wurde kurz vor Kriegsausbruch im polnischen Gebirgs-Ferienort Zakopane aufgenommen.

BLACK OUT.
LONDON
6.52 p.m.—7.57 a.m.
PLYMOUTH
6.21 p.m.—7.11 a.m.
BIRMINGHAM
6.46 p.m.—7.64 a.m.
(Supplied by Automobile Association)

The People

SPECIAL EDITION

Carbolic means Quality

HP sauce is now found. It is regretted that, until further notice, H.P. cannot be obtained in London and the S.E. Counties.

No. 3233   63rd Year   **OVER 3,000,000 CERTIFIED SALE**   [Registered at the G.P.O.]   **2D.**
SUNDAY, OCTOBER 17, 1943

Fifth And Eighth Armies Advancing

All Along The Line: Nine More Towns Taken By Storm

GERMANS PULLING OUT ON VOLTURNO

THE BATTLE OF THE VOLTURNO IS VIRTUALLY OVER. THE GERMAN COAST-TO-COAST LINE HAS BEEN PIERCED IN HALF A DOZEN PLACES, AND LAST NIGHT THE ENEMY FORCES WERE REPORTED TO BE PULLING OUT OF THEIR VOLTURNO POSITIONS TO AVOID A DANGER OF ENCIRCLEMENT. AS THEIR MAIN FORCES STREAM ALONG THE ROAD TO ROME, REARGUARDS ARE FIGHTING WITH THE UTMOST BITTERNESS TO SAFEGUARD THE RETREAT.

DEFENCE HOPES GONE

The Fifth and Eighth Armies, advancing all along the line, have captured nine more towns.

These are Calazzo, eight miles north-east of Capua; Amaroni, just north of the junction of the Volturno and Calore rivers; Cerrete, eight miles west of Pantelano—Bo; the twin communications centres of Vinchiature and Campobasso, in the central mountain sector; Morrone, 15 miles north-east of Campobasso, and three townships in the same area, St. Elia Aplanisi, Monaciglione and Trollo.

As a result of these great thrusts, Kesselring's forces are in danger of being split in two across the bed of the Appennines, while his troops on the Volturno plain face a threat of being outflanked from the hills above Capua.

In pulling out of the trap, the enemy are fighting with their customary skill and attempting to hold up the Allies with extensive demolitions.

The greatest potential danger to them is on the central front, where, in the words of this Allied communique, Vinchiature and Campobasso were captured by determined assault.

Seizure of these two places, presumably by the Eighth Army, cuts the Allies in position for a concerted drive along the mountain road to Rome in the direction of Isernia.

The two towns were essential to Kesselring to maintain his cross-country communications. Their capture will force him to fall back some 40 miles before he is able to find such good connections between his east and west armies.

On the Volturno front the Germans have been pushed off the craggy heights north of Capua, and American mountain-guns are pumping shells into the enemy's flank.

INCREASING PRESSURE

In the meantime the British forces are moving forward from their well-established bridgeheads over the river and exerting heavy pressure to roll up the enemy's coastal flank.

Punched by two sides, the enemy's whole river line is being forced inexorably backward.

In a last effort to save the position the enemy launched fierce counter-attacks against the permanent bridges which our sappers had thrown over the river. All three attacks were beaten off.

Yesterday, more and more troops and heavy equipment, including tanks, were pouring over the bridges to menace the enemy.

On one occasion 12 to 15 German fighter planes tried to blow up one of the bridges. Seven of them were shot down by A.A. guns, and a number of aircraft were destroyed.

The Luftwaffe is showing more activity than for a considerable time past, but all their efforts are being used for defensive purposes—to assist their hard-pressed ground forces to make an orderly withdrawal.

Our aircraft operating rapidly on their heels in bad weather conditions are giving them no peace in terrain which offers very poor cover.

The enemy is sowing numerous mines, and there is no indication so far that Allied tanks have been able to deploy in numbers on the plain.

The people of the Auso have lavishly accepted the surrender by which Britain has an end to all the facilities in the islands all day long but confidence in the Spanish.

Her two children were successful—"remained" in England, but she remained at her post of duty," was again caught, and fled last but Friday and Sunday.

Germany's 'Bombed-Outs'

From REGINALD LANGFORD

BOTH the German and Italian authorities are attempting to solve the problem of housing bombed-outs by employing and enlarging concentration camps to accommodate them.

The fate of the former inmates of these camps is not known. In Germany many bombed-outs are so miserable in their new surroundings, where conditions are unbearable, that they are attempting to return to their ruined homes.

But the authorities have declared that evacuees returning without special permits will receive no ration cards.

PARKED PLANES TOLL

Allies Hit Hangars

AIRFIELDS at Salonika, in Greece, were attacked yesterday (Friday) by medium bombers of the North-West African Air Forces, escorted by Lightnings. Direct hits caused fires and explosions in the hangar area, and the North African Air Communiques yesterday, and photographs show that many parked aircraft were destroyed.

Light bombers, fighters and fighter-bombers were over the Italian battle area. A road junction near Velinitia was attacked by light bombers.

Fighter - bombers attacked mixed transport and troops north of Capua, and an ammunition dump and a railway station near Potscilulo.

Increased enemy air opposition was encountered over the Fifth Army battlefront.

During these operations six enemy aircraft were destroyed. Three of our aircraft are missing.
—B.U.P.

'Nazis Get Ready To Evacuate Rome'

THE Germans are preparing to evacuate Rome, according to private reports from neutral sources which reached the United States yesterday.

They are said to be dismantling military installations, removing supplies to the rear and thinning out the troops garrisoning the city.

The reports, quoted by Reuter, state that the Germans are believed to have the intention of fighting stubborn delaying actions south of the city, but they have given up all hope of establishing a permanent defence line there.

Support for these statements was given yesterday in the Berlin correspondent of the Madrid newspaper "Madrid." He said that Allied pressure along the whole front had assumed proportions unprecedented in the campaign. The war mounted.

Hard above is the answer given by military quarters here in areas from Allied sources about the Germans probably evacuating the Italian peninsula up to the north of Rome.

"For the moment all seems to indicate that, evacuation or no evacuation, the German protection forces who are offered such stiff resistance on the Volturno to the central front and north of Termoli, will continue to fight, and the Allies will have to make a supreme effort in order to occupy the Italian capital."

OUR INCREASING PRESSURE

All reports from Axis sources of the fighting in Italy emphasise the strength of the Allies.

Pounce On Axis Ships In Adriatic

DURING the night of Orboli 14-15 British destroyers, operating in the Adriatic, intercepted and sank five ships carrying German fiddles north of the enemy, the Admiralty announced yesterday.

The destroyers which intercepted the ships were the Tumult, a new ship and the Eco, both of which...

H.M.S. Eco took part in the bombardment of Pantellaria before the island surrendered on June 11.

Early in September the destroyers, operating in the Adriatic, sank two Italian M.T.B.s in a reconnoitre' engagement, when the fleet swept on the Dodecanese Islands.

Huns Cracking In Battle For Key To Crimea

FROM HAROLD KING, REUTER'S SPECIAL CORRESPONDENT

Moscow, Saturday.

GERMAN forces, holding on grimly to Melitopol, key to the Crimea, are showing signs of cracking under the strain. They are counter-attacking strongly with whole divisions between Zaporozhe and Melitopol, and anything up to a hundred tanks, but Soviet troops are gradually gaining the upper hand in this great battle of exhaustion.

"Red Star" today gives a warning, however, that a heavy struggle for the southern front still lies ahead.

Inside Melitopol itself, and all other sectors of this front, battles are raging day and night. German sappers have received orders to shoot not only those who abandon the line, but also any soldiers who show signs of "instability."

The Nazis are still throwing in fresh troops and big tank forces in an attempt to break the Russian offensive.

UNLUCKY THIRTEEN

Latest news shows that the strain is beginning to tell on enemy reserves around Melitopol, where the Germans are maintaining their counter-attacks at top pressure.

In one phase of the Melitopol front they counter-attacked no fewer than 13 times in one day, but towards the end some of the battalions had lost nearly half their men.

They have already been forced to abandon the Crimea at a moment when the whole southern coast has become more vulnerable to Russian attacks.

Soviet forces have now shattered any hope the German High Command may have had of establishing a "winter line" from Vitu in Russia to the Lower Dnieper.

The lock has been forced and the Russians now have been forced well inside the door. All indications are that the present enemy struggles will eventually smash the whole line and force the Germans to withdraw to new positions much further west.

The Russians are now broadcasting their already extensive bridgeheads west of the Dnieper, and are punching hard at the two key bastions of Kiev and Gomel.

HUNS DILEMMA

German propaganda attempts to show that the present Soviet offensive is a series of uncoordinated blank attacks, then bring little consolation to Nazi field commanders who have evidence that Soviet strategy is perfectly coordinated.

Every blow by the Red Army in White Russia or beyond the Dnieper is designed to support the main operation now rolling up the enemy armies in Russia in the shortest possible time.

A prominent Soviet official summed up the situation this work with the remark: "We do not care how long the Germans go on shortening their line; pursuing we can go on shortening their heads."

The German Command dilemma is that the next line in this shortening process would mean the loss of very valuable bases and fortifications and leave the Russians better placed for new and more powerful attacks during the winter.

Luftwaffe Goes All Out

DNIEPER STRUGGLE FOR AIR MASTERY

Moscow, Saturday.

AS massed armoured forces battle day and night on the Dnieper, a fierce struggle for air mastery goes on in the sky above.

The Luftwaffe, concentrating all its forces on narrow decisive sectors, is doing its utmost to liquidate the Soviet bridgeheads west of the river, but the initiative is firmly held by the Red Air Force.

Luftwaffe pilots on some sectors are making as many as 1,500 sorties in a day according to a special correspondent of the "Red Star."

The Luftwaffe fighter command is most equally engaged with Messerschmitts, Focke-Wulfs are but rarely seen, the correspondent added.

"When they do appear they fly high and seem unwilling to engage in combat.

"It is clear that this model has not come up to expectations.

"On the other hand more moderated Messerschmitts are making their appearance, presumably the Me. 109G's of the highest series. These have more effective power—a proficient air-grille leads them other advantages."

The Junkers are the main dive bombers used by the enemy. Heinkels and Junkers heavy bombers are also operating in the land fighting—evidence of the keen the Germans have contained in tactical aircraft strength.

The increased aerial activity on the part of the enemy has not affected operations.

Stormovlks are helping to beat off counter-attacks and to support advances. Formation battles are frequent, but the initiative is firmly in Soviet hands.

The correspondent added that Russian Stormovik successes were due to fiercer formations invariably having powerful fighter escorts.—Reuter.

Red Army Using Magnetic Land Mines

DR. HOLZAUER, of the German Army Ordnance Department, disclosed yesterday that the Russians are using magnetic anti-tank mines.

"An insulating layer is now fitted to protect our tanks against magnetic mines," he said.

When more effective protective measures are available against "well applied" these are aerial shorts bursts on the tanks to weaken the piercing power of the bullets. New tanks from the conveyor belt are already fitted with these aprons, which have above splendidly to the heat."—Reuter.

Molotov Will Speak For Russia

M. Molotov will be the Soviet spokesman at the forthcoming three-Power War Conference, now in Moscow's "Izvestia" quoted by Exchange.

"Izvestia" also announces that an Allied Military and Political Commission has been formed on the initiative of the Soviet Union.

A QUISLING PAYS

The Hungarian Telegraphic Agency announces that the Croat Quisling, Colonel Mirko Zgage, has been killed in action by Partisans.

'People warned us that it couldn't last!'

SAYS WANDA THE WAR BRIDE

People said that we'd never make a bit of it... but it wasn't our romance that began to war...

MIRRO

Remember, Mirro will clean your pots and pans—and keep them bright, too, without scratching you because it actually absorbs the dirt instead of scraping it off the surface. Buy a 7d. Giant canister.

FOR SAFE SMOOTH CLEANSING USE

MIRRO 7d.

THE AMAZING SILVER SCRATCH CLEANSER

Thomas Hedley & Company, Limited. Newcastle-on-Tyne

'Hitler Won't Last Until Jan. 30'

From HAROLD HUTCHINSON

Washington, Saturday.

HITLER won't last long enough to celebrate his 11th anniversary of power on January 30, 1944.

This was said to me by a very well-informed man in Washington this week.

And, what is more, he was pre-disposed to name a fixed time.

The Anglo-American time-table on which all talk was going on in Washington last May was confirmed in Quebec in August, has had to be revised in London and Washington in October. That is how quick the war is moving.

This is a view shared by many people who may be presumed to be "in the know" in Washington.

THREE MONTHS AHEAD

Our high American military chief summed it up like this:

"The Russians are at least three months ahead of our military expectations. Southern Russia is wide open to the Red Army this spring is here.—B.U.P.

HEROINE FACES FIRING SQUAD

MADAME ALBRECHT, one of the leaders of the French Resistance Movement, has been executed by a Nazi firing squad. Ever since France fell in the summer of 1940, "Madame Albrecht" had fought the Nazis with unyielding courage.

Scorned Freedom To Die At Her Post

She kept the dual pamphlet which had developed into the newspaper "Combat," and it was she who brought together the first recruits and collected the first funds so that a sterner underground fight might be waged.

Liaison work between the Free and Occupied zones of France became her special mission.

The day came when she had to make the choice between her freedom and family and serving France completely.

When the Vichy police learnt of her activities she fled to safety in hiding, but ultimately she was trapped.

Every Big Air Raid Engages Million Huns

IF every big raid over any of Hun who takes part forces half a ton of explosives, and in the whole operation between 100,000 and 120,000 Huns are engaged.

Against that, nearly a million Germans would be engaged if we would otherwise be taking part in raids against us. Air-Marshal Sir Richard Peck gave these comparisons yesterday at Southampton. He went on:

The enemy has nearly doubled his fighter forces against us since January. Thus goes to impress what a tremendous headache the bombing is to him.

Bomber Command offensive is wearing down German strength, the King's blocked generals still going into the forces of Europe, and Bomber Command is scouring the Germans that is returnable to a point what the currency could not sustain for long period large-scale operations on land.

We shall thus, when the actual front opens, close in for it all at a price which will be some of thousands of lives from front lines otherwise would have to paid. Bomber Command has already made its 1,000,000 per cent. They were not to anything. They say they fled, and September a year ago.

Gets Two Traders From Us

BRITAIN yesterday offered two traders to Britain under the terms of the Azores agreement.

The people of the Azores have lavishly accepted the surrender by which Britain has an end to all the facilities in the islands all day long but confidence in the Spanish.

Her two children were successful—"remained" in England, but she remained at her post of duty," was again caught, and fled last but Friday and Sunday.

TELL YOUR FRIEND

THE ONLY WAY to be sure of obtaining regular order each week of the future the People every Sunday is to place a regular order and reserve the copy at your newsagent's.

The People

Germans To Evacuate Rome Reports say installations are being dismantled

Hitler Murdered Three Million Jews In Europe

Hitler has murdered or destroyed by planned starvation, pogroms, forced labour, and deportations, more than 3,000,000 of Europe's Jews, according to a statement of the Institute of Jewish Affairs published in the United States.

Russia and other countries have given asylum to 2,000,000 exiles, says the report, leaving only 3,300,000 of Europe's pre-war Jewish population of 8,300,000 unaccounted for.—B.U.P.

Hitler Murdered Three Million Jews In Europe

Hitler has murdered or destroyed by planned starvation, pogroms, forced labour, and deportations, more than 3,000,000 of Europe's Jews, according to a statement of the Institute of Jewish Affairs published in the United States.

Russia and other countries have given asylum to 2,000,000 exiles, says the report, leaving only 3,300,000 of Europe's pre-war Jewish population of 8,300,000 unaccounted for.—B.U.P.

13. *(oben)* Titelseite der Sonntagszeitung *The People* vom 17. Oktober 1943.

14. *(links)* Ausschnitt aus dem obigen Titelblatt: die in der linken Spalte ganz unten abgedruckte Meldung.

15. Die ersten drei aus Transnistrien in die Schweiz geschmuggelten Fotos (siehe S. 233 f.). Die Bilder sind hier in ihrer Originalgröße reproduziert.

16. Papiergeld aus dem Getto Theresienstadt. Dieser Schein wurde am 1. Januar 1943 gedruckt und trägt die Unterschrift von Jakob Edelstein, dem „Ältesten" des Gettos.

17. Polnisch-jüdische Kinder treffen am
17. Februar 1943, nach einer langen Reise
durch Rußland, Persien und über den Indischen Ozean, in Palästina ein.

18. Eines dieser „Teheran-Kinder", aufgenommen am 17. Februar 1943. Der Wollschal
war das einzige Andenken, das dieses Mädchen an seine von den Nazis ermordete Mutter besaß.

19. *(oben)* Das Krematorium II in Birkenau
kurz vor seiner Inbetriebnahme im Winter
1942.

20. *(unten)* Das Krematorium IV in Birkenau
kurz vor seiner Inbetriebnahme im Frühling
1943.

21. *(oben)* Rudolf Vrba, der im April 1944 aus Auschwitz-Birkenau entfloh.

22. *(rechts)* Das Gestapo-Telegramm, mit dem die Flucht von Vrba und Wetzler aus Auschwitz gemeldet wurde (siehe S. 232).

23. *(unten)* Die Wachtürme, der elektrisch geladene Zaun und die Baracken von Birkenau, von außerhalb der nördlichen Umzäunung gesehen. In dem Bereich, von dem aus dieses Foto aufgenommen wurde, wurden die als „Mexiko" bezeichneten neuen Baracken für die ungarischen Juden errichtet, und hier verbargen sich Vrba und Wetzler in einem Holzstapel.

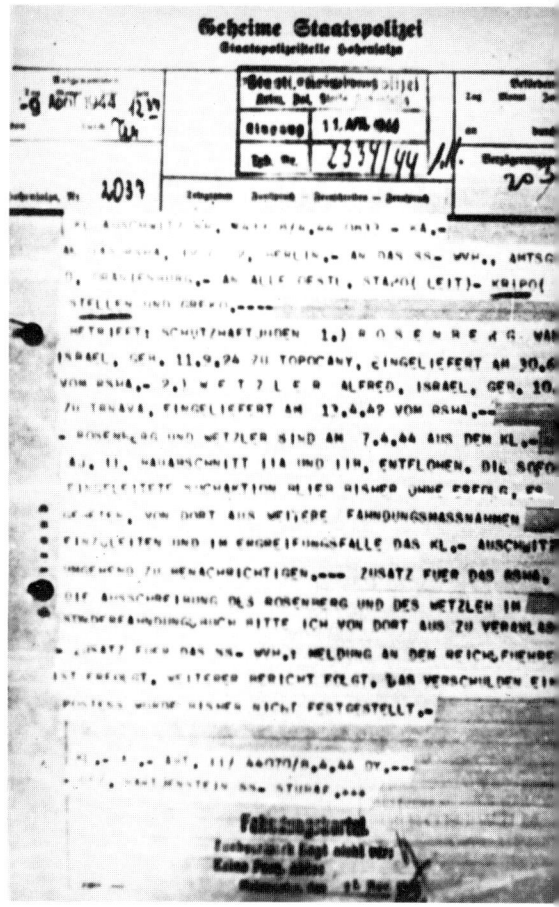

24. *(gegenüber)* Gleisanschluß und Haupttor in Birkenau (1980 fotografiert).

25. *(gegenüber oben)* Piloten und Mannschaften der „Operation Frantic" im Sommer 1944. Ganz hinten links ist Carl Foreman zu sehen, unter dessen Leitung damals ein Film über die „Operation Frantic" gedreht wurde.

26. *(gegenüber unten)* Die einspurige Bahnstrecke (entlang der Popper, zwischen Lubotin und Neusandez), auf der ein Großteil der Judentransporte aus Ungarn nach Auschwitz abgewickelt wurden (siehe Karte S. 295).

27. *(unten)* Luftaufnahme vom 26. Juni 1944, die Auschwitz I (Stammlager), Auschwitz II (Birkenau) und Auschwitz III (Buna) sowie das Werk Monowitz der I. G. Farben zeigt (siehe S. 293).

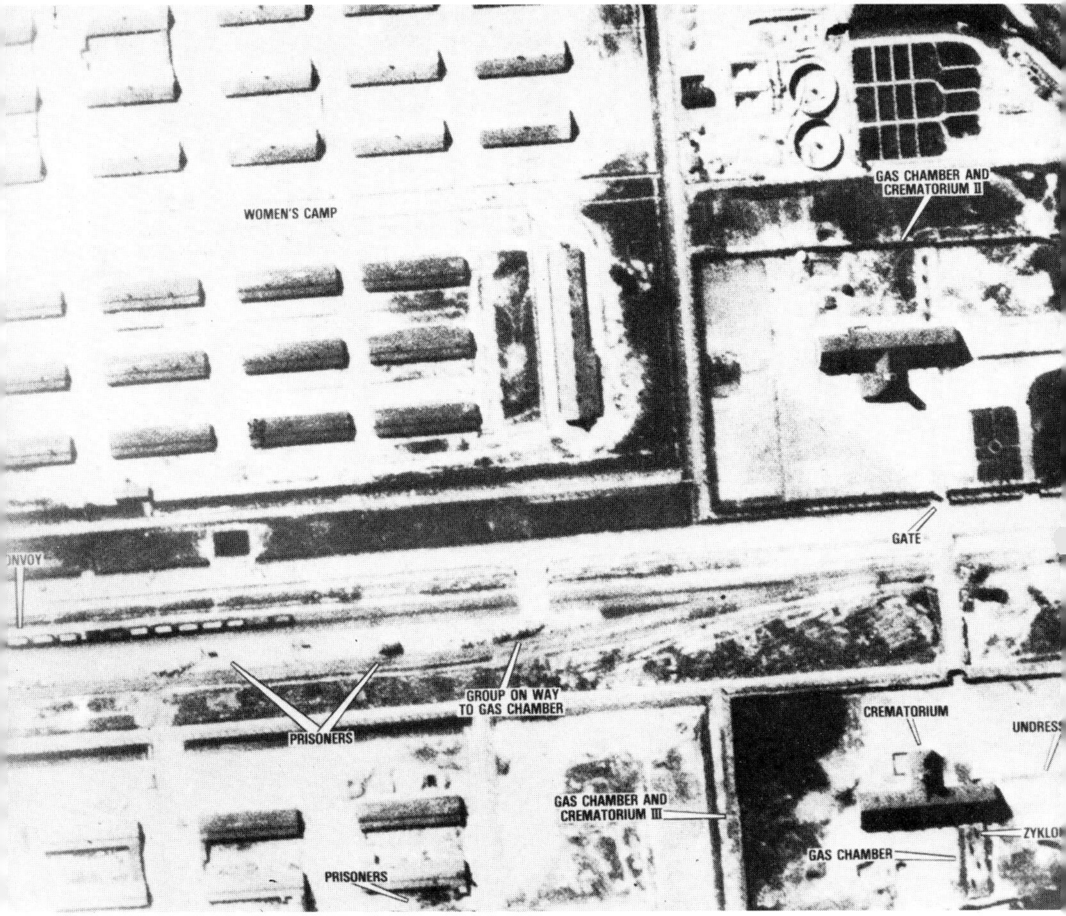

WOMEN'S CAMP

GAS CHAMBER AND CREMATORIUM II

GATE

INVOY

GROUP ON WAY TO GAS CHAMBER

PRISONERS

CREMATORIUM

UNDRESS

GAS CHAMBER AND CREMATORIUM III

GAS CHAMBER

ZYKLON

PRISONERS

28. *(oben)* Auschnitt aus einer Luftaufnahme vom 25. August 1944; sie zeigt die „Entlade-rampe" in Birkenau und die Krematorien II und III (bei ersterem steht das Tor offen); ne-ben den eigentlichen Krematorien sind die Entkleideräume und die größtenteils unter-irdischen Gaskammern zu erkennen.

29. *(links)* Ungarische Judenkinder bei der Ankunft in Birkenau.

30. *(gegenüber oben)* SS-Männer „selektieren" an der Rampe in Birkenau ungarische Juden. In der linken Schlange arbeitsfähige Män-ner, die in die Baracken eingewiesen werden; in der rechten alte Leute, Frauen und Kinder, die in wenigen Minuten zur nahegelegenen Gaskammer geschickt werden.

31. *(gegenüber unten)* Eine Gruppe alter Leute vor einem Viehwaggon; dieselbe Gruppe ist auf dem Bild darüber ganz rechts zu erken-nen.

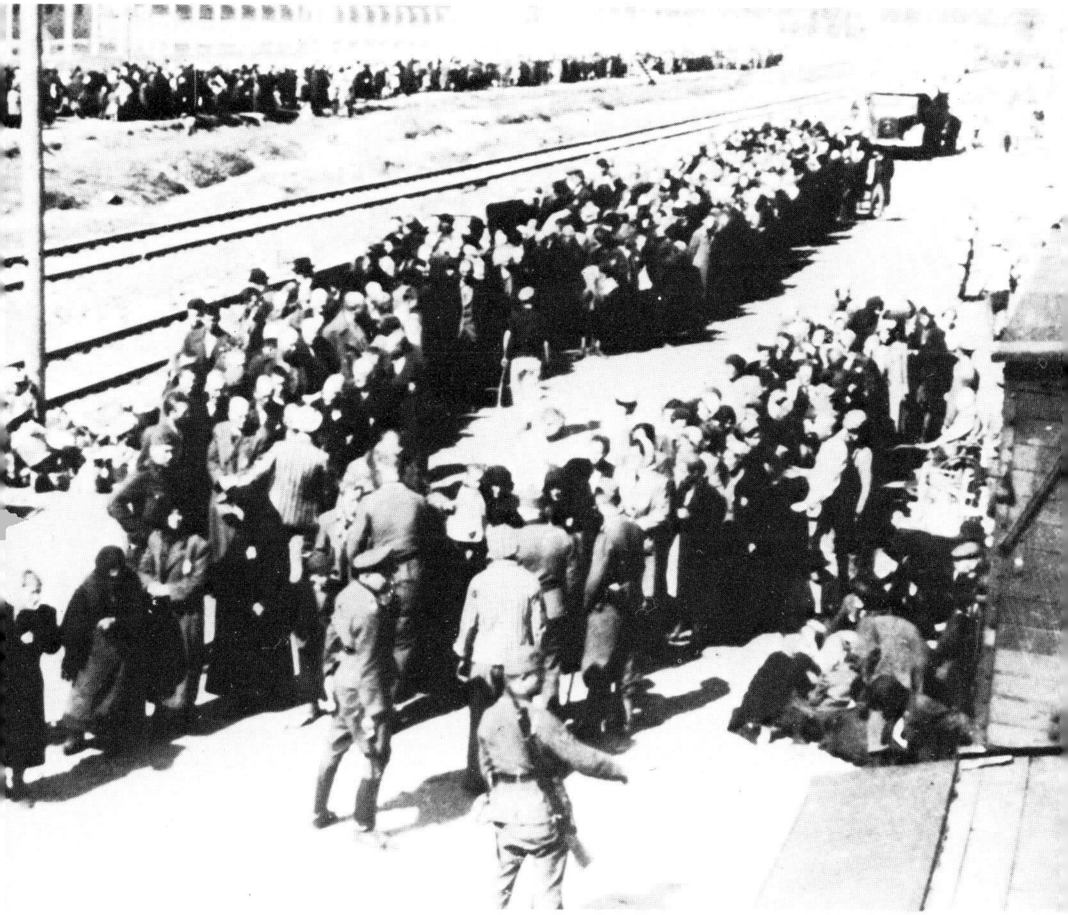

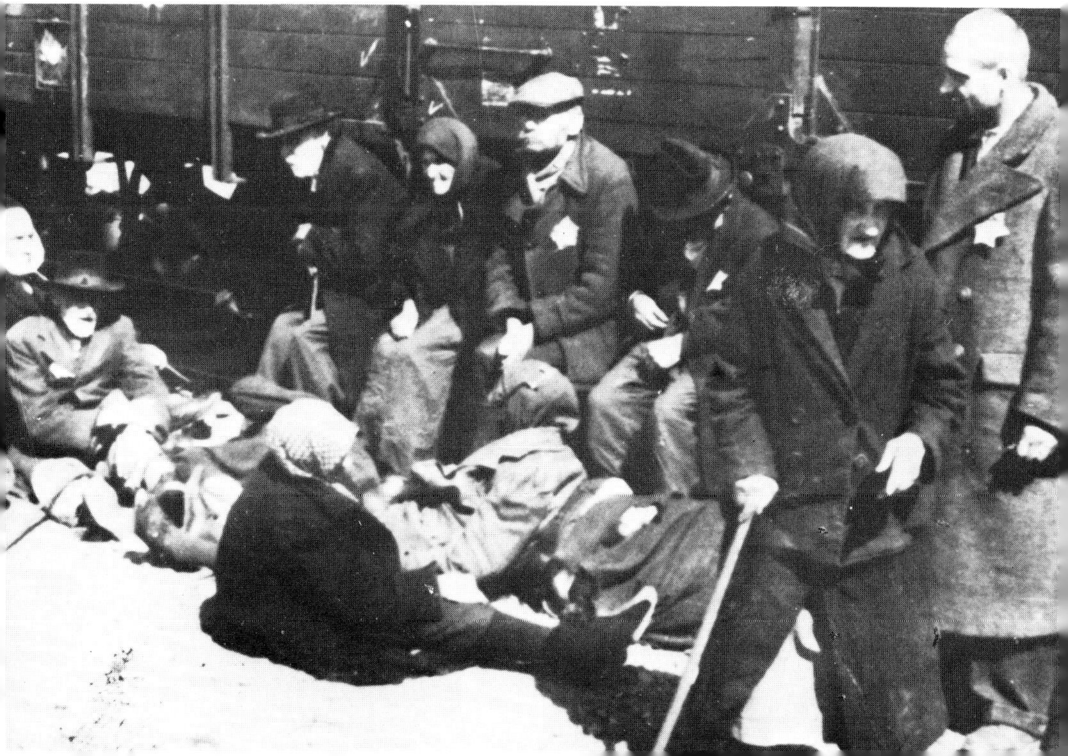

U.S. 500b. HE BOMBS

GAS CHAMBERS II & III

MAIN DISINFECTION BUILDING

GAS CHAMBERS IV & V

LOOT STORAGE AREA

TRANSPORTS

SS HQ

32. Luftaufnahme von Birkenau vom 13. September 1944; auf ihr sind acht scharfe Bomben zu sehen, die versehentlich über dem Lager abgeworfen wurden (siehe S. 369 f.).

33. *(oben)* Teil des Frauenlagers in Birkenau; im Vordergrund die Gleise, auf denen die Deportationszüge ankamen (aufgenommen 1980).

34. *(rechts)* Tor und Überreste von Krematorium III mit der „Gleisrampe" im Vordergrund und dem Birkenwäldchen im Hintergrund (aufgenommen 1980).

… wir erkennen an, daß es wichtig ist, sich nicht nur negativ ablehnend zu jedweden echten Vorschlägen im Zusammenhang mit der Rettung jüdischer und anderer Opfer zu stellen, wenn solche Vorschläge eine ernsthafte Prüfung durch die alliierten Regierungen verdienen. Die gesamte Bilanz der Flüchtlingspolitik der amerikanischen Regierung und der Regierung S.M. beweist ihre aktive Anteilnahme für die Opfer des Nazi-Terrors. Dementsprechend wären die Regierung S.M. und die Regierung der Vereinigten Staaten, falls die deutsche Regierung sich willens zeigte, jüdische Personen, die sich in extremer Not oder Gefahr befinden, freizugeben, auch bereit, die Möglichkeiten einer Überführung solcher Personen nach Spanien und Portugal und ihrer Unterbringung daselbst zu prüfen, solange durch derartige Aktionen keine lebenswichtigen militärischen Belange berührt würden.[15]

Dieser Entwurf fand die Zustimmung Edens und wurde am 3. Juni telegrafisch nach Washington übermittelt. Das Auswärtige Amt hatte unterdessen Weizmann über Details der Brand-Vorschläge informiert. „Es wird Sie vielleicht interessieren", telegrafierte Randall am 2. Juni an Lord Halifax, „daß Weizmann, als er in Kenntnis gesetzt wurde, dazu lediglich bemerkte, die Vorschläge der Gestapo kämen ihm wie ein erneuter Versuch der Deutschen vor, die britische und amerikanische Regierung in Verlegenheit zu setzen." Er habe allerdings hinzugefügt, er wolle „sich die Sache durch den Kopf gehen lassen und über eventuelle Entwicklungen auf dem laufenden gehalten werden".[16]

In einem weiteren, von J. G. Tahourdin stammenden Vermerk des Auswärtigen Amtes hieß es: „Dr. Weizmanns Kommentar lief darauf hinaus, daß dies eindeutig ein weiterer Versuch seitens der Deutschen sei, uns" – d.h. den Alliierten – „Schwierigkeiten zu bereiten".

Dieser Aktennotiz zufolge hatte Weizmann seinerseits „keine Vorschläge zu machen". Allerdings hatte er, wie es in dem Vermerk hieß, „sich gefragt, ob es nicht möglich wäre, daß der Premierminister und der Präsident gemeinsam eine Warnung an die Adresse der Deutschen richten, die seiner Ansicht nach ein Stück weit dazu beitragen könnte, daß die Abschlachtung der Juden eingestellt wird".[17]

Zwischen der Haltung des Auswärtigen Amts hinsichtlich des Angebots der Rettung von einer Million Juden und seinen Befürchtungen im Hinblick auf die „Gefahr" des Einströmens einer „nicht zu bewältigenden Zahl" von Juden nach Palästina bestand ein direkter Zusammenhang. Am 1. Juni hatte Eden Churchill ein streng geheimes, zehn Punkte umfassendes Kabinettspapier mit der Überschrift „Palästina" zukommen lassen, in dem er vor der Gefahr warnte, „den beherrschenden Platz in der arabischen Welt, den wir stets eingenommen haben und den wir im Sinne unserer eigenen strategischen Interessen – darunter Erdöl – auch weiterhin einnehmen sollten, an Amerika zu verlieren". Edens Vorschlag zielte auf einen „palästinensischen Staat" ab, dessen Souveränitätsrechte von den Vereinigten Nationen wahrgenommen würden, der jedoch regiert werden sollte von einem britischen Gouverneur, der seine Anweisungen aus London erhielt. Es würde dies kein zeitlich begrenztes Mandat, sondern eine auf Dauer geltende Regelung sein. Sie würde die Befürchtungen der Araber hinsichtlich einer auf einer jüdischen Bevölkerungsmehrheit fußenden permanenten politischen Regelung gegenstandslos machen. Es würden bis zu 400 000 weitere jüdische Einwanderer zugelassen; die Zahl der Juden könne „bis auf 100 000 an die der Araber" herankommen, aber niemals näher – das hieß, es würde niemals eine jüdische Mehrheit geben. Eden fügte hinzu:

Darüber hinaus würde es zu einer weiteren Beschwichtigung der arabischen Stimmung beitragen, wenn wir darauf hinweisen könnten, daß es neben Palästina noch weitere jüdische Einwanderungsgebiete in anderen Teilen der Welt gibt. Falls sich in Afrika keine geeignete Region für eine jüdische Besiedlung finden läßt, wäre es vielleicht möglich, die Amerikaner zur Zuweisung eines separaten Kontingents für jüdische Einwanderung zu bewegen...

Besondere Unruhe bereitete Eden der Gedanke, daß die Araber, falls ein Teilungsplan in irgendeiner Form angestrebt würde, sich gegen den hieraus entstehenden jüdischen Staat, wie klein dieser auch immer wäre, erheben würden, und daß dieser – „langwierige, kostspielige, vielleicht verheerende" – arabische Aufstand nicht „von den gegenwärtigen arabischen Herrschern und politischen Führern", sondern von „heute noch unbekannten Führergestalten: den potentiellen Titos der arabischen Welt" angeführt werden würden.[18]

Am Schluß seines am 22. Mai an Shertok geschickten Telegramms hatte Yitzak Gruenbaum, der Vorsitzende des Flüchtlingskomitees der Jewish Agency, empfohlen, endlich die „wiederholt vorgeschlagenen außerordentlichen Maßnahmen in Hinblick Verhinderung Deportation zu ergreifen". Er hatte jedoch nicht gesagt, welcher Art diese Maßnahmen sein könnten. Am 2. Juni jedoch, einen Tag, nachdem das Kriegskabinett in London beschlossen hatte, die Brand-Vorschläge zurückzuweisen, telegrafierte Gruenbaum über Pinkerton in Jerusalem an das Kriegsflüchtlingskomitee in Washington und ersuchte um die Bombardierung der für die Deportationen benutzten Schienenwege durch die amerikanische Luftwaffe.

Gruenbaums Telegramm bestand aus drei Abschnitten. Der erste befaßte sich mit der Notwendigkeit, ein Schiff aufzutreiben, um damit die Rettung von Juden aus Rumänien zu ermöglichen. Gruenbaum bezeichnete diese Angelegenheit als „sehr dringend", da die Hafenstadt Constanza jeden Augenblick von deutschen Truppen besetzt werden könne, die sich auf dem Rückzug vor der Roten Armee befanden. Im dritten Abschnitt wurde das Kriegsflüchtlingskomitee um finanzielle Unterstützung gebeten, die dem Internationalen Roten Kreuz zugute kommen und „Schutz und Hilfsmaßnahmen" für die ungarischen Juden ermöglichen sollte. Es war der mittlere Abschnitt des Telegramms, in dem von einem „endgültigen Entschluß der Deutschen" die Rede war, die systematische Deportation ungarischer Juden nach Polen „so rasch wie möglich voranzutreiben"; jeden Tag, so hieß es, sollten Deportationszüge nach Polen fahren. Tatsächlich seien „8 000 aus der Karpato-Ukraine[19] bereits fortgebracht worden". Gruenbaums Telegramm lautete weiter:

Ich nehme an, Deportationen würden stark behindert, wenn Eisenbahnen zwischen Ungarn und Polen bombardiert werden könnten. Schlage also vor, Warnungen an Ungarn vor Beteiligung an Verfolgung zu erneuern und Bulgarien in Warnung einzubeziehen, da deutscher Einfluß dort rapid zunimmt, einhergehend mit Massakern.[20]

In Wirklichkeit waren bis zum 2. Juni, dem Tag, an dem Gruenbaum sein Telegramm absandte, nicht 8 000, sondern bereits mehr als 250 000 Juden nach Auschwitz deportiert und dort zum größten Teil vergast worden. Die Angabe von Gruenbaum bezog sich auf die ersten Deportationen am 15. Mai, als 8 000 Juden aus der Karpato-Ukraine nach Auschwitz abtransportiert und dort am 16./17. bzw. 18. Mai eingetroffen waren. Gruenbaum erwähnte auch nicht ausdrücklich Auschwitz, sondern nannte lediglich „Polen" als Deportationsziel.

Was Gruenbaum ebensowenig wußte, war, daß der 2. Juni den Beginn einer neuen alliierten Operation markierte, der sogenannten Operation Frantic, in deren Rahmen eine Bombardierung der in Frage stehenden Eisenbahnlinien durchaus möglich gewesen wäre. Der Operation Frantic lag eine Vereinbarung zugrunde, der zufolge die von England und von Italien aus startenden US-Flugzeuge den sowjetischen Luftstützpunkt Poltawa anfliegen konnten; durch dieses System vergrößerte sich ihre Reichweite, und sie konnten Gebiete überfliegen, die zuvor außerhalb ihres Aktionsradius gelegen hatten.

Mit der Operation Frantic waren zwei Ziele verbunden, von denen keines automatisch eine Miterledigung der von Gruenbaum geforderten Einsätze ausgeschlossen hätte. Das erste Ziel war, den Russen „eine vorbildliche Luftkriegführung vorzuführen und damit bei ihnen Bewunderung und Zuversicht zu wecken". Das zweite Ziel war, „am Vorabend der alliierten Landung in der Normandie die Aufmerksamkeit der Deutschen abzulenken" (die Landung sollte vier Tage später stattfinden).[21]

Frantic-Einsätze wurden für die Dauer von mehr als vier Monaten geflogen. Beim ersten Angriff, am 2. Juni, wurden tausend Bomben auf das Rangiergelände des Bahnhofs von Debrecen abgeworfen. Dieser Angriff fügte dem Schienenverkehr beträchtlichen Schaden zu. „Sämtliche Geleise des Rangiergeländes waren aufgerissen", berichtete die Luftaufklärung, „und ein großer Teil des Rangierguts war beschädigt. Der Hauptbahnhof und die Hauptgebäude eines Werkstattkomplexes wurden von den Bomben zerstört oder in Brand gesetzt." Am Los der Juden von Debrecen änderte dies freilich nichts: Für sie war die einzige Folge des Bombenangriffs, daß man ihnen Strom und Gas sperrte. Debrecen war zwar ein Eisenbahnknotenpunkt, an dem sich mehrere Deportationsstrecken kreuzten, aber das Ziel des Bombenangriffs bestand darin, die deutschen Nachschublinien in einer Weise zu schädigen, die den zu diesem Zeitpunkt in den Karpaten stehenden sowjetischen Truppen zugute kommen würde.

Die amerikanischen Bomber warteten in Poltawa auf den Einsatzbefehl für den Rückflug. Eine Woche mit schlechtem Wetter zwang sie, am Boden zu bleiben. Als sie dann, am 10. Juni, zu ihrem Stützpunkt in Italien zurückkehrten, war

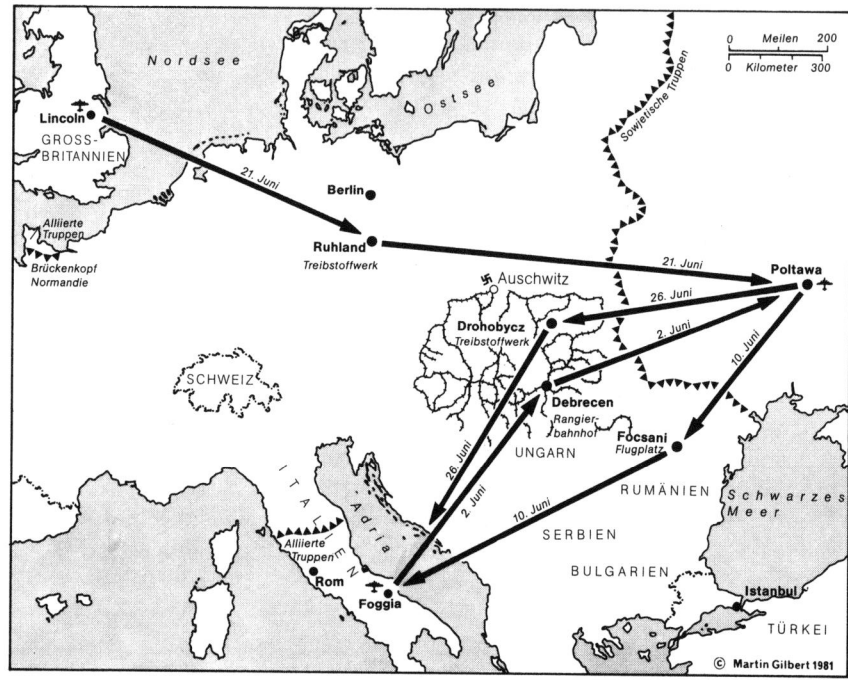

10. Flugrouten und Angriffsziele der „Operation Frantic" im Juni 1944; die Karte zeigt auch die bei der Deportation von Juden aus Ungarn nach Auschwitz zwischen dem 15. Mai und dem 8. Juli 1944 hauptsächlich benutzten Eisenbahnstrecken.

das Ziel, das sie unterwegs ansteuerten und bombardierten, der rumänische Flugplatz Focsani.

Die Frage, ob eine Bombardierung der Eisenbahnlinien zweckmäßig sei, war Gegenstand einer Denkschrift, die das Ministerium für wirtschaftliche Kriegführung am 2. Juni an das Auswärtige Amt schickte. Es ging darin, ganz unabhängig von der Deportation von Juden nach Auschwitz, um die Argumente, die für und gegen eine Bombardierung von Eisenbahnlinien sprachen. Die Denkschrift kam zu dem Schluß, daß eine solche Bombardierung im nordwestlichen Europa am wenigsten sinnvoll sein würde, „weil dort ein dichtes Schienennetz besteht; es würde den Feind dort vermutlich nur wenige Stunden oder Tage Arbeit kosten, eine alternative Route zu eröffnen und eine Stockung zu vermeiden." In Südosteuropa dagegen könnten durch eine Unterbrechung des Eisenbahnverkehrs weiterreichende Wirkungen erzielt werden. Die Stockungen, die als Folge von Angriffen gegen ungarische, rumänische, serbische und bulgarische Eisenbahnlinien entstehen könnten, würden, so stellte die Denkschrift fest, „von längerer Dauer sein als in Nordwesteuropa, weil es weniger Alternativstrecken und nur wenig verfügbare Reparatureinrichtungen gibt".[22]

Die von Joel Brand übermittelten Vorschläge waren für die Jewish Agency nunmehr ganz und gar in den Mittelpunkt ihrer Hoffnungen auf eine mögliche Rettung der ungarischen und in der Tat auch der tschechoslowakischen und polnischen Juden gerückt. Unter diesen Umständen begann der Wunsch, über diese Vorschläge weiter zu verhandeln, im Lauf des Juni zum beherrschenden Motiv in den Diskussionen innerhalb der Agency zu werden. Allerdings waren die Ablehnung der Vorschläge durch die britische Regierung noch die Gründe für diese Ablehnung der Agency bekannt. Im Schatten des Brand-Plans traten alle anderen Alternativen und Prioritäten, darunter auch die Forderung Gruenbaums nach einer Bombardierung der Eisenbahnverbindungen, in den Hintergrund des Denkens der Jewish Agency.

Am 5. Juni reisten Brand und Groß mit dem Zug aus Istanbul ab. Nach ihrer Ankunft in Aleppo am 6. Juni wurden sie von den Engländern in Gewahrsam genommen und bis zum Ende des Monats festgehalten, zunächst in Aleppo und dann in Kairo; Groß wurde vom 6. bis zum 22. Juni, Brand vom 16. bis zum 30. Juni verhört. Dies bedeutete einen weiteren Zeitverlust, Bestehen der falschen Hoffnungen, ein Fixiertbleiben auf die Brand-Vorschläge auf Kosten anderer denkbarer Rettungsalternativen.

Am 6. Juni landeten die alliierten Streitkräfte an der Küste der Normandie. Die so lange erwartete, für einen Sieg der Alliierten über Deutschland so grundlegend wichtige zweite Front war jetzt da. Damit war endlich jene militärische Situation geschaffen, die, wie man den Juden immer wieder erklärt hatte, allein geeignet war, wirkliche Hilfe und Rettung zu bringen.

Unterdessen trafen in Auschwitz weiterhin geheimgehaltene Transporte aus Frankreich, Ungarn und Italien ein. Von den 496 Juden, die am Tag X selbst, dem 6. Juni, in Auschwitz ankamen, wurden insgesamt 99 ins Lager eingewiesen, die übrigen 397 vergast.

Am selben Tag, am 6. Juni also, ging der britischen und der amerikanischen Luftaufklärung ein zweiter Auswertungsbericht über die Luftaufnahmen von Auschwitz III zu. Der Bericht umfaßte sechs Seiten und wurde durch einen detaillierten Plan ergänzt. Er stützte sich nach wie vor hauptsächlich auf den Aufklärungsflug vom 4. April und zusätzlich auf eine, wie es hieß, „Bewertung von Informationen aus verfügbaren Quellen am Boden", nicht also auf die Fotografien vom 31. Mai.

Auch dieser Bericht ging nicht auf die Baracken und anderen Gebäude von Auschwitz I oder Birkenau ein, obwohl fünf der Bilder vom 31. Mai das Stammlager Auschwitz ganz oder teilweise und drei das Lager Birkenau zeigten. Der Auswertungsbericht vom 6. Juni zielte darauf ab, die Fabrikanlagen für synthetischen Gummi und Treibstoff möglichst detailliert zu untersuchen und zu erfassen, und dies gelang auch mit bemerkenswerter Akkuratesse: Die Gleisanlagen von Monowitz, die genaue Lage und Ausdehnung der Fabrik und die einzelnen Baulichkeiten wurden kartographisch aufgenommen und, mit Nummern versehen, in einen übersichtlichen und detailtreuen Plan eingezeichnet, die Größe, der Zweck und die Kapazität beinahe jeden einzelnen Gebäudes wurden präzise angegeben. Beispielsweise: „Die Dampfemission aus dem im Durchmesser 37,5 Meter messenden Kühlturm (Nr. 79 im Plan) der Kompressorenhallen deutet darauf hin, daß Gas durch die Fabrik geleitet wird", oder: „Die Abfülltanks für die Hauptdestillationslage (95) und für die zweite Anlage (94) sind als liegende Zylinder gebaut. Etwa 35 von ihnen sind sichtbar, eine größere Zahl ist bereits eingegraben. Jeder von ihnen hat eine Länge von 11,50 Metern und einen Durchmesser von 2,50 Metern und ein Fassungsvermögen von 56 Kubikmetern; daraus errechnet sich eine sichtbare Lagerkapazität von mindestens 1600 Tonnen Öl..."[23]

Aus den Erläuterungen zum Plan geht deutlich hervor, daß die Auswerter wußten, welche Art von Arbeitskräften in Monowitz zum Einsatz kam. So bezeichneten sie beispielsweise das Gelände mit der Nummer 106 als „Konzentrationslager", das Gelände 122 als „Arbeitslager" und das Gelände 123 wiederum als „Konzentrationslager". Der Auswertungskommentar allerdings geht auf diese drei Komplexe mit keinem Wort ein. Tatsächlich war das mit Nummer 123 bezeichnete Gelände das Lager Monowitz für jüdische Arbeitskräfte auch aus Auschwitz I; es war exakt aus einer der zwei Monate zuvor entstandenen Luftaufnahmen übernommen und in den Plan eingezeichnet worden.[24]

Was sich hinter den in dem Bericht vom 6. Juni angesprochenen „Quellen am Boden" verbarg, erfuhr zwei Tage später der Technische Unterausschuß des Kriegskabinetts für Berichte zur Treibstoffsituation der Achsenmächte. Die Quelle war ein belgischer Student, der im Mai 1942 von Belgien nach Monowitz deportiert worden war, „um als Dolmetscher zu dienen". Nachdem ihm im Mai 1943 die Flucht gelungen war, hatte er es geschafft, englischen Boden zu erreichen, und war dort im Januar 1944 von Beamten des britischen Luftfahrtministeriums vernommen worden. Aus dem vollständigen Bericht des Studenten war deutlich geworden, daß „die Fabrik sehr groß werden wird, möglicherweise größer als jede der Anlagen in Blechhammer".[25]

Die Angaben des belgischen Studenten über die Existenz, den Zweck und die Kapazität der Fabrikanlage in Monowitz waren es, die dieses Gelände zu einem der wichtigeren Ziele in der alliierten Luftkriegführung machten, die es von der langen Liste der Fabriken mit „unbekannter Bestimmung" auf die kürzere Liste der „bekannten" Fabriken rücken ließen.[26]

Somit rückten also zwei verschiedene Lager des Auschwitz-Komplexes gleichzeitig in das Blickfeld der Alliierten: Birkenau mit seinen Gaskammern und Monowitz mit seinem Treibstoff. Das Wissen um den Treibstoff war allerdings erst zwei Wochen alt, und es war das Wissen um die Treibstoffproduktion in Monowitz, das den Ausschlag gab für die rasche Aufnahme von Erkundungsflügen und Bombenangriffen, – Operationen, in denen die Alliierten eine unbedingte strategische Notwendigkeit sahen.

Der Tag nach der alliierten Landung in der Normandie markierte, entsprechend den Planungen der SS, aber den Alliierten ebensowenig bekannt wie der Jewish Agency, das Ende der ersten Phase der Judendeportationen aus Ungarn: An diesem Tag traf der letzte Transport aus der Karpato-Ukraine und aus Siebenbürgen in Auschwitz ein; diesen Transport eingeschlossen, belief sich die Zahl der in einem Zeitraum von nur 23 Tagen Deportierten auf insgesamt 289 357, von denen die meisten vergast worden waren. Zur gleichen Zeit hielt die Hoffnung in den jüdischen Kreisen Jerusalems und Londons noch immer an, durch eine Weiterführung der Verhandlungen mit Brand eben diese (bereits vollzogenen) Deportationen noch hinauszögern zu können.

Ebenfalls am 7. Juni suchte Weizmann Außenminister Eden auf, um mit ihm die Brand-Mission zu erörtern. Einem von Randall zwei Tage später niedergelegten Vermerk zufolge erklärte Weizmann dem Außenminister, er habe „nie von Brand gehört", halte es aber für sehr wohl möglich, daß es sich um einen vertrauenswürdigen Mann handle. Angesichts dessen erklärte sich das Auswärtige Amt bereit, Shertok ein Gespräch mit Brand in Aleppo zu gestatten, nachdem es sich zuvor zwei Tage lang geweigert hatte, eine solche Begegnung zuzulassen.

Im Verlauf seines Gesprächs mit Eden hatte Weizmann die Möglichkeit „einer offiziellen und direkten Demarche" der englischen bei der ungarischen Regierung angesprochen. Einen gleichartigen Vorschlag hatte zuvor auch der Botschafter der Vereinigten Staaten in der Türkei, Laurence Steinhardt, gemacht, dem die Jewish Agency ebenfalls Einzelheiten der Brand-Vorschläge mitgeteilt hatte. Die bloße Tatsache des amerikanischen Eintretens für diesen Vorschlag erregte den Argwohn des Auswärtigen Amtes in London. Wie Randall am 7. Juni schrieb: „Man darf nicht vergessen, daß der US-Botschafter in Ankara ausdrücklich seine Absicht erklärt hat, die jüdischen Wähler New Yorks für die Demokraten zu gewinnen ..."

Ein anderer Vorschlag, den Weizmann ursprünglich bei einem Gespräch mit G. H. Hall am 2. Juni im Auswärtigen Amt vorgelegt hatte und den er Eden gegenüber am 7. Juni wiederholte, zielte darauf ab, Churchill und Roosevelt sollten „gemeinsam eine Warnung an die Adresse der Deutschen richten, die seiner Ansicht nach ein Stück dazu beitragen könnte, daß die Abschlachtung der Juden eingestellt wird". Weizmann machte Eden nun den Vorschlag, auch Stalin zu bitten, sich an einer solchen Erklärung zu beteiligen.

Ferner regte Weizmann an, England solle die ungarische Regierung auf offiziellem und direktem Weg vor jeder Beteiligung an der Judenverfolgung warnen. Doch das Auswärtige Amt sperrte sich gegen diesen Vorschlag. Wie Frank Roberts am 8. Juni notierte: „Ich sehe darin ein im großen und ganzen eher nutzloses Unterfangen."[27]

Die ersten Junitage 1944 sahen auch das tragische Scheitern eines schon vor längerer Zeit eingeleiteten Rettungsversuchs: Nachdem es der jungen Fallschirmspringerin Hannah Szenes am 7. Juni endlich gelungen war, die jugoslawisch-ungarische Grenze zu überwinden, wurde sie nach ganz kurzer Zeit verhaftet und nach längeren Folterungen im Hof eines Gefängnisses in Budapest von einem Erschießungskommando exekutiert. Bis zum Ende des Jahres erlitten sieben von ihren insgesamt zweiunddreißig abgesprungenen Mitkämpfern das gleiche Schicksal.

Am 2. Juni hatte der amerikanische Generalkonsul in Jerusalem, Pinkerton, eine Botschaft Yitzak Gruenbaums nach Washington übermittelt; darin ersuchte Gruenbaum die Amerikaner im Namen der Jewish Agency darum, die Ungarn in Rundfunksendungen über die Deportationen aufzuklären und sie davor zu warnen. „Sie können Gruenbaum mitteilen", kabelte Cordell Hall am 22. Juni an Pinkerton zurück, „daß Warnungen bezüglich Verfolgung der Juden beständig über Kurzwelle und auf andere Weise nach Ungarn übermittelt werden", und ferner, daß man über das Internationale Rote Kreuz „sowie durch verschiedene Kanäle im Ausland" Versuche zur Verbesserung der Lage der ungarischen Juden unternommen habe.[28]

Es hatte während der zweiten Juniwoche den Anschein, als ob die Geschicke der ungarischen Juden ebensosehr von örtlichen Bedingungen und Erwägungen innerhalb Ungarns abhängig seien wie von der Politik der Gestapo. Schon Weizmann hatte die Aufmerksamkeit des Auswärtigen Amtes darauf gelenkt, daß die antisemitischen Maßnahmen bei der ungarischen Bevölkerung keine Sympathie fänden, und am 9. Juni berichtete das Zentrum für Politische Aufklärung Nahost an das Kriegsministerium: „Es liegen Anzeichen dafür vor, daß die öffentliche Meinung auf die gewalttätige und sadistische Haltung, die die Regierung den Juden gegenüber gezeigt hat, mit Entrüstung reagiert."[29]

Unterdessen sah man im Auswärtigen Amt in London in dem Gedanken einer Rettung der ungarischen Juden durch eine Verwirklichung der von Brand übermittelten Vorschläge weiterhin in erster Linie eine Quelle neuer Probleme für die britische Nahostpolitik. Man müsse, so notierte R. M. A. Hankey am 14. Juni, stets mit der Möglichkeit rechnen, daß die Deutschen „den Nahen Osten mit Juden überfluten, um uns in Verlegenheit zu bringen", und er fügte hinzu: „Glücklicherweise gibt es bisher kaum Anzeichen hierfür, aber falls das Tohuwabohu wirklich mit einer solchen Entwicklung enden sollte, wird sich eine nur sehr schwer zu bewältigende Lage ergeben, sowohl politisch als auch vom Standpunkt der Flüchtlinge aus. Ein Trumpf für die politische Kriegführung der Deutschen."[30]

Die Amerikaner nahmen den Brand-Vorschlägen gegenüber zunächst eine etwas andere Haltung ein. Am 10. Juni telegrafierte das Außenministerium dem amerikanischen Botschafter in der Türkei, Steinhardt: „Wir sollten unser Möglichstes tun, die Deutschen davon zu überzeugen, daß das Interesse unserer Regierung an diesem Problem so groß ist, daß sie bereit wäre, ernstgemeinte Vorschläge zur Rettung und Unterstützung der Juden und anderer Opfer wohlwollend zu prüfen." Aus diesem Grund habe sich die amerikanische Regierung entschlossen, Ira Hirschmann als „Sonderbeauftragten des Kriegsflüchtlingskomitees" in die Türkei zu schicken, wo er mit Brand zusammentreffen und diesen davon überzeugen solle, daß die amerikanische Regierung „die Tür nicht zugeschlagen hat".

In ihrer vorliegenden Form könnten die Brand-Vorschläge allerdings, so wurde Steinhardt instruiert, „nicht akzeptiert werden, es sei denn in Absprache sowohl mit der britischen als auch mit der sowjetischen Regierung". Lord Halifax fügte dem Text dieses Telegramms, als er ihn nach London übermittelte, den

Kommentar hinzu, die Beamten des State Department betrachteten „die deutschen Vorschläge als unannehmbar"; die Entsendung Hirschmanns in die Türkei sei „lediglich ein Behelf, um Zeit zu gewinnen"; der „einzige Zweck dieses Manövers ist es, die Deutschen zum Innehalten zu verleiten".[31]

Wir stoßen hier also erneut auf die Überzeugung, die Deportation der ungarischen Juden würde so lange ausgesetzt, als die Alliierten den Eindruck erweckten, sich ernsthaft mit den von Brand übermittelten Angeboten zu beschäftigen. In Wirklichkeit aber wurden am 11. Juni, dem Tag, an dem die Depesche von Halifax in London eintraf und Hirschmann seine Reise in die Türkei gerade erst angetreten hatte, mehrere tausend ungarische Juden von Stuhlweißenburg und Siofok aus nach Auschwitz deportiert, ein Unternehmen, das nach nur vier Tagen bewältigt war. Ebenfalls am 11. Juni kehrte die erste Frantic-Einsatzstaffel, nachdem sie sieben Tage lang wegen Schlechtwetters in Poltawa festgehalten worden war, nach Italien zurück. Sie hatte eine nach Süden von der Luftlinie abweichende Route genommen, um unterwegs den rumänischen Flughafen Focsani zu bombardieren. Auf dem Weg von Focsani zurück nach Foggia wäre ein Bombenangriff auf die Bahnverbindung Stuhlweißenburg–Budapest möglich gewesen, aber die Tatsache, daß auf dieser Strecke vier aufeinanderfolgende Tage lang die Deportation von 50 000 Menschen abgewickelt wurde, war natürlich weder den Alliierten noch der Jewish Agency bekannt.

Am 12. Juni gab Anthony Eden seinen Kollegen vom Kriegskabinett bekannt, das Auswärtige Amt betrachte den Vorschlag des Oberrabbiners Hertz, die britische Regierung solle alle Juden in vom Feind besetzten Ländern unter ihren besonderen Schutz stellen, als „unannehmbar". Man kam darin überein, dem Rabbi „eine abschlägige Antwort" zu schicken. Wie allerdings aus einer Anmerkung zum Beschluß des Kriegskabinetts hervorgeht, hatte Churchill selbst Bedenken geäußert und dem Kriegskabinett geraten, die Lage nochmals zu prüfen, ehe man dem Oberrabbiner eine abschlägige Antwort erteilte.[32]

Das Antwortschreiben an Hertz wurde schließlich von Randall aufgesetzt, zur Zeichnung durch Eden. Dem Oberrabbiner wurde darin versichert, daß die Kabinettsrunde, der sehr daran gelegen sei, Möglichkeiten ausfindig zu machen, „wie wir im Rahmen der uns durch die Belange der Kriegführung auferlegten Grenzen diesen leidenden und verfolgten Menschen helfen können", habe die Angelegenheit „mit höchster Sorgfalt und größtem Wohlwollen geprüft"; gleichwohl, so hieß es weiter,

… wäre es ganz offensichtlich unmöglich, wenn wir Juden nichtbritischer Staatsangehörigkeit, worunter sich vermutlich eine große Zahl deutscher, österreichischer und staatenloser Personen befänden, ausnahmslos eine Priorität gegenüber britischen Staatsangehörigen einräumen würden. Dazu kommt, daß ein Angebot unsererseits, die Juden – und nur die Juden – dadurch, daß wir sie zu unter britischem Schutz stehenden Personen erklären, zu bevorrechtigten Flüchtlingen zu machen, die Tatsache übersehen würde, daß die Brutalität der Deutschen sich, vor allem in Polen, auch sehr weitgehend gegen Nichtjuden gerichtet hat. Wir würden nicht wünschen, den Unwillen unserer Alliierten zu erregen, in deren Ländern sehr viele nichtjüdische Bürger in großer Gefahr schweben.

Eden tröstete Hertz mit dem Hinweis, es gebe noch andere Wege, und man arbeite „geduldig an jeder praktikablen Möglichkeit zur Rettung gefährdeter Juden".[33] Die einzige Möglichkeit freilich, die zu diesem Zeitpunkt als praktikabel in Erwägung gezogen wurde, war die Brand-Mission, und sie warf Problem über Problem auf. Am 12. Juni, dem Tag, an dem Shertok in Aleppo mit Brand zusammentreffen sollte, informierte der britische Botschafter in Ankara, Sir Knatchbull-Hugessen, das Auswärtige Amt darüber, daß er die zur Debatte stehenden Vorschläge mit seinem amerikanischen Kollegen Steinhardt besprochen habe:

Seine persönliche Auffassung war, daß es sich bei diesem Projekt um eine nicht bloß gewöhnliche, sondern [unleserlich] Erpressung handle, die keine solide Basis habe. Das Quidproquo sei viel zu billig angesetzt, insofern als das Angebot, eine Million Juden gegen 200 Tonnen Güter verschiedener Art zu tauschen, lächerlich sei. Wenn in dem Vorschlag die Rede von einer Gegenleistung von einer Tonne Waren gegen jeden Juden wäre, würde er darin eher einen ernstgemeinten Erpressungsversuch sehen.

Der Botschafter scheint zu glauben, daß die Sache von einigen dort ansässigen Leuten, wahrscheinlich Gestapo-Agenten, aufgezogen worden ist, die sich die eigenen Taschen füllen wollen. In jedem Fall sei es eine vollkommen unausgegorene Sache, denn es sei absurd, zu glauben, man könne eine Million Juden nach Spanien und Portugal schicken, ohne sich vorher zu vergewissern, ob die Regierungen dieser Länder bereit sind, sie aufzunehmen. Mr. Steinhardt äußerte auch Zweifel daran, ob es letzten Endes überhaupt möglich sei, Lastwagen und Güter nach Mitteleuropa zu schicken und Juden herauszutransportieren.

„Alles in allem", resümierte Knatchbull-Hugessen, „wurde deutlich, daß der amerikanische Botschafter nicht daran dachte, das Projekt ernst zu nehmen."[34] Am 11. Juni, dem ersten Tag der Judendeportationen aus Stuhlweißenburg, hielt Shertok sich in Aleppo auf und sprach sechs Stunden lang mit Brand. Brand beteuerte energisch, es würden, selbst wenn bereits Deportationen stattfanden, keine Juden getötet, sondern die Deportierten würden am Leben gehalten, um im Rahmen des geplanten Tauschgeschäfts „Waren gegen Blut" an die „Alliierten verkauft" zu werden.

Einen der Gründe dafür, daß die Deutschen nicht zuließen, daß die ungarischen Juden über den Balkan den NS-Herrschaftsbereich verließen, sah Brand darin, daß die Deutschen „die Araber nicht gegen sich aufbringen" und auch nicht zur Entstehung eines „zu starken jüdischen Staates in Palästina" beitragen wollten. In einer anderen Hinsicht aber betrachteten die Deutschen den Exodus einer Million Juden als ihren Interessen dienlich: Sie sähen nämlich, so berichtete Brand, „in den Juden eine Art geistiger Seuche und wünschten sie als solche über ein weites Gebiet zu verteilen, um so den Alliierten einen demoralisierenden Bazillus zu injizieren". In diesem Sinne sei die von Eichmann – im Gesprächsprotokoll als Eichner bezeichnet – vorgeschlagene Massendeportation von Juden in den Westen als eine Art „Sabotageakt gegen die Alliierten" zu verstehen. Ein weiterer Grund für das vorgeschlagene Tauschgeschäft sei, so erklärte Brand Shertok, „daß die Deutschen sowohl als Einzelne wie auch als Volk, sich in den Augen der Alliierten und des gesamten Judentums eine gute Note verdienen und versuchen wollten, die Sünde der Ausrottung von sechs Millionen Juden durch die Freilassung der verbliebenen zwei Millionen wiedergutzumachen".

Dies war nicht nur das erste Mal, daß von „sechs Millionen" Toten die Rede war; es ist auch bemerkenswert, daß Brand hier, an diesem 11. Juni in Aleppo, die Möglichkeit zur Rettung von nicht nur einer, sondern zwei Millionen Juden aussprach. Anschließend listete Brand die Gegenleistungen auf, die zu erbringen wären: zwei Millionen Stück Seife, zehntausend Kilo Tee, vierzigtausend Kilo Kaffee, zehntausend Kilo Kakao und zehntausend Eisenbahnwaggons „zum Transport der Juden quer durch Europa".

Die ersten beiden Fragen, die Shertok an Brand richtete, zeigen, mit wieviel Ungeduld und auch mit wieviel Hoffnung man bei der Jewish Agency der Brand-Mission gegenüberstand:

Shertok: Ist die Rettung von Kindern eigens erwähnt worden?
Brand: Ja, Eichner war einverstanden, daß Kinder und alte Leute als erste gehen dürften; dagegen müßten diejenigen, die im arbeitsfähigen Alter sind, noch eine Weile bleiben, da die Deutschen sie noch benötigen. Bei der Erörterung dieser Frage widerrief Eichner bis zu einem gewissen Grad seine Zusage und sagte, es gebe natürlich auf der ganzen Welt nicht genug Geld, um die Evakuierung aller Juden aus Europa zu bezahlen.
Shertok: Hatten die Nazis irgendwelche Einwände dagegen, daß die Kinder gerettet werden?
Brand: Nein.

Shertoks dritte Frage betraf die Deportationen; Brands Antwort hierauf erklärt, warum man sich, selbst wenn man davon ausging, daß bereits Deportationen stattfanden, noch immer der Hoffnung hingab, die Juden kämen mit dem Leben davon, wenn die Brand-Mission nur erfolgreich zu Ende geführt werden könne. Im Gesprächsprotokoll heißt es:

Shertok: Haben Sie gefordert, daß die Deportationen ausgesetzt werden, solange die Verhandlungen andauern?
Brand: Ja, aber Eichner sagte, die Deportationen müßten weitergehen. Ich sagte, er könnte seinen guten Willen beweisen, indem er die Deportationen stoppt, und er antwortete, es würde niemand getötet, bis die Antwort käme, ich müßte mich jedoch beeilen, da die Deutschen unsere Frauen und Kinder nicht für unbegrenzte Zeit unterhalten könnten, da dies Geld koste. Als ich dieselben Fragen an Cummey[35] stellte, versuchte er mich zu beruhigen; er sagte mir, ich solle mir keine Sorgen machen; sobald die erste Nachricht über einen Erfolg meiner Mission eintreffe, würden die Deportationen beendet. Als dieselbe Frage Klages und Schroeder[35] gestellt wurde, war die erste Reaktion, daß sie glattweg abstritten, daß Deportationen überhaupt stattfanden. Aber später versuchten auch sie mich zu trösten, indem sie erklärten, man würde unsere Leute nicht allzu hart behandeln.

An einer späteren Stelle des Gesprächs erklärte Brand, falls die Vorschläge abgelehnt würden, werde es „sicherlich zu massenhaften Exekutionen kommen", auch dann, wenn er, Brand, nach Ungarn zurückkehre. Sollte er jedoch nicht zurückkehren, dann würden „alle Juden abgeschlachtet, auch meine Mutter, meine Frau und meine Kinder und insbesondere die Menschen aus meinem engsten Bekanntenkreis".

Brand berichtete Shertok sodann über die Einsperrung der Juden in Gettos im April und Mai 1944; er erzählte von 5 000 Juden, die den SS-Treibern entgangen waren, indem sie sich über die Grenze nach Rumänien abgesetzt hatten, von einer weiteren Fluchtroute, die nach Polen führte, von „Lastwagen voller Juden", denen „einheimische Bauern" in den Karpaten in die Freiheit verholfen hatten, von den vielen jüdischen Flüchtlingen, denen es gelungen war, die rumänische Polizei zu bestechen, und von der „sehr strengen" Bewachung der ungarisch-jugoslawischen Grenze, die eine Flucht nach Süden fast unmöglich mache.

Zwei entscheidende Fragen blieben offen: Waren Deportationen ungarischer Juden nach Polen bereits im Gang? Wenn nicht, konnten sie durch ein Eingehen auf die von Brand übermittelten Vorschläge verhindert werden? Noch in Istanbul hatte Brand ein Telegramm erhalten, in dem ihm mitgeteilt wurde: „Deportationen nicht unterbrochen. Große Lager für alte Leute und kleine Kinder sind in Deutschland eingerichtet worden." Für sich genommen, konnte diese Mitteilung bedeuten, daß es in den Lagern keine Tötung von Juden gab. Das Telegramm konnte aber auch bedeuten, daß *keine* Deportationen stattfanden, da es lediglich mit einem Familiennamen unterschrieben war und Brand vor seiner Abreise verabredet hatte, daß jede nur mit einem Familiennamen unterzeichnete Botschaft „als das gerade Gegenteil dessen zu lesen sein sollte, was sie besagte". Brand erklärte Shertok, er könne mit der Botschaft „nichts anfangen". Er habe mehrmals nach Ungarn telegrafiert und „deutlich gemacht, daß er die Mitteilung nicht verstand, aber keine Antwort erhalten".[36]

In Ungarn selbst wurde die Illusion eines möglichen Massenexodus in Form eines Tauschgeschäfts von der Gestapo weiterhin genährt: Sie erklärte sich am 13. Juni bereit, mit der Jewish Agency und den zionistischen Führern in Verhandlungen über die Freilassung einer „symbolischen" Gruppe von vielleicht tausend Juden – zu einem „Stückpreis" von jeweils $ 1 000 – einzutreten, um so ein Zeichen für ihren guten Willen zu setzen. Am selben Tag erklärte der bis dahin skeptisch gewesene amerikanische Botschafter Steinhardt, wie der britische Botschafter nach London berichtete, „seine Übereinstimmung mit der Auffassung des Flüchtlingskomitees, daß die Tür für ernstgemeinte Vorschläge nicht zugeschlagen werden sollte".[37]

Nicht nur aus Ungarn wurden weiterhin Juden nach Auschwitz deportiert. Am 14. Juni wurden die 1 800 jüdischen Bewohner der Insel Korfu mit dem Schiff aufs griechische Festland gebracht und dann, am 20. Juni, per Bahn in Viehwaggons nach Auschwitz weitertransportiert. Nach einer furchtbaren, zehn Tage dauernden Fahrt über 1 300 Kilometer durch Jugoslawien, Ungarn und die Slowakei trafen sie am 30. Juni in Auschwitz ein, wo 1 500 von ihnen unverzüglich in die Gaskammern geschickt wurden.

Doch noch immer hütete Auschwitz sein Geheimnis; als Richard Lichtheim aus Genf am 16. Juni über das Schicksal der in Vittel interniert gewesenen Juden nach Jerusalem berichtete, konnte er lediglich melden, „daß sie an einen anderen Ort gebracht worden sind"; der Name dieses Ortes sei jedoch „nicht angegeben worden".[38] Der Name des Ortes war Auschwitz.

Am 15. Juni wurde im Auswärtigen Amt in London ein Telegramm aus Washington erörtert, in dem Nahum Goldmann und Stephen Wise ihre Auffassungen zu den Brand-Vorschlägen darlegten. Goldmann hielt das Projekt für „ein ernstgemeintes Angebot, das die Gestapo-Chefs (ganz sicher Eichmann und möglicherweise Himmler) als ein Mittel zur Beschaffung von Devisen aufgezogen haben, im Hinblick darauf, daß sie Geld brauchen werden, wenn sie in die Lage kommen, aus einem besiegten und besetzten Deutschland fliehen zu müssen". Was die 10 000 Lastwagen angehe, so wüßten Eichmann und Himmler, wie Goldmann glaubte, ganz genau, daß diese Forderung „unter keinen Umständen akzeptiert werden kann"; es sei vermutlich eine taktische Forderung, die sie „in Bargeld umzuwandeln bereit sein dürften". Goldmann fügte hinzu:

Obgleich das Angebot in seiner vorliegenden Form ganz offensichtlich unannehmbar war, ist es sehr wohl denkbar, daß man die Deutschen dazu bringen kann, als Gegenleistung für große Summen Lösegeldes die Juden lebend in Konzentrationslagern in Ungarn zu verwahren, möglicherweise unter Aufsicht des Internationalen Roten Kreuzes oder der Schweiz.

Stephen Wise stand dem Angebot skeptischer gegenüber; seiner Ansicht nach war es vor allem als erpresserischer Schachzug im Rahmen der psychologischen Kriegführung gedacht. Aber sowohl er als auch Goldmann bekannten sich, wie Lord Halifax berichtete, „auf das nachdrücklichste zu der Notwendigkeit, die Diskussion im Hinblick auf die durch das Angebot eröffnete Aussicht auf die Rettung wenigstens einer gewissen Zahl von Juden in Gang zu halten", und beide befürworteten „die Unterbreitung von Gegenvorschlägen bei der ersten Gelegenheit".[39] Das Auswärtige Amt hegte Zweifel daran, daß mit derartigen Verhandlungen irgend etwas erreicht werden könne. „Den Deutschen ist sehr wohl zuzutrauen", so notierte A. E. Walker am 15. Juni, „daß sie das Geld nehmen und die vereinbarte Gegenleistung nicht erbringen."

Shertok war am 13. Juni aus Aleppo nach Jerusalem zurückgekehrt. Am Morgen des darauffolgenden Tages erstattete er dem Exekutivrat der Jewish Agency Bericht, und am 15. Juni ging er zusammen mit Ben Gurion zum Regierungsgebäude, um Sir Harold MacMichael seine Begegnung mit Brand zu schildern. Shertok erklärte MacMichael, er sei davon überzeugt, daß der Vorschlag Eichmanns ernst gemeint sei und „von wirklich verantwortlichen und hochrangigen deutschen Stellen" gedeckt werde. Er glaubte, die Nazis hofften, sie könnten dadurch, „daß sie es sich von uns als Verdienst anrechnen lassen, zwei Millionen Juden jetzt nicht hinzuschlachten, die Tatsache vergessen machen, daß sie bereits sechs Millionen Juden ermordet haben", und versuchten auf diese Weise, „ihre Haut zu retten". Shertok berichtete weiter, Eichmann habe Brand gesagt, die „zeugungs- und gebärfähige Kategorie" unter den Juden sei die „gegenwärtig am schwersten zu entbehrende, da man sie zur Arbeit benötige. Daher könne es sein, daß die Juden sich zunächst einmal mit den Alten und Kindern zufriedengeben müßten".

Shertok erklärte weiter, er sei „überzeugt", die Deutschen verfolgten „tatsächlich die Strategie, mit den Tötungen zunächst einmal aufzuhören"; und er fügte, wie MacMichael notierte, hinzu, „viele deutschen Männer und Frauen hätten sehr viel Mitgefühl für die Juden, wenn er auch einräumte, daß dies möglicherweise geheuchelt sei".

Obgleich Ben Gurion an einer Stelle des Gesprächs, Shertok ins Wort fallend, erklärte, er halte es für „sehr gut möglich, daß das ganze Unternehmen ein Trick ist", blieb Shertok nachdrücklich bei seiner Auffassung, die Angelegenheit müsse unbedingt weiterverfolgt und nach jeder Seite hin ausgelotet werden". Er hielt es für „entscheidend wichtig", daß es zu einer Zusammenkunft „mit akkreditierten deutschen Vertretern", etwa des Roten Kreuzes, mit Repräsentanten der Hohen Kommission der Vereinten Nationen für Flüchtlingsfragen oder des amerikanischen Kriegsflüchtlingskomitees kam.

Gegen Ende des Gesprächs äußerte Ben Gurion die Bitte, „wenn es irgend etwas gebe, das auf humanitärem Gebiet getan werden könne, ohne daß daraus dem Feind irgendwelche Vorteile entstünden oder die alliierte Kriegführung beeinträchtigt würde, so solle es doch getan werden".

Auf den Wunsch Shertoks nach der Eröffnung direkterer Verhandlungen mit den Deutschen eingehend, vermerkte R. M. A. Hankey am 20. Juni:

Dem armen Kerl geht es einzig und allein darum, so viele Juden, wie er nur kann, aus den Fängen der Nazis zu befreien (und nebenbei Palästina mit ihnen zu überschwemmen, ohne Rücksicht auf die dortige Situation), und er macht sich vermutlich nicht viel daraus, welche Folgen das für unsere Kriegstüchtigkeit hat.

Hankey fügte hinzu: „Ben Gurion, der in vielerlei Hinsicht extremer ist als Mr. Shertok, sieht das Problem klarer." Und er kam zu dem Schluß:

Es gilt sich zu vergegenwärtigen, daß wir selbst diesen Plan von Anfang an als „ein phantastisches Stück Erpressung im Sinne der politischen Kriegführung" betrachtet haben und daß diese unsere Auffassung vom britischen und amerikanischen Botschafter in Ankara, vom Hochkommissar in Palästina, von Lord Moyne und vom Oberbefehlshaber in Nahost geteilt wird. Und es scheint mir, daß mit dieser Auffassung auch Mr. Ben Gurion und, wie ich beinahe vermute, auch Dr. Weizmann liebäugelt.

Unter diesen Umständen bin ich mir sicher, daß es uns nicht gut bekommen würde, wenn wir in unserem Wunsch, mit den Amerikanern um die Ablehnung dieses Projekts Versteck zu spielen, zuviel Aufhebens von der Sache machen würden. Sonst könnte es uns passieren, daß wir uns letzten Endes gezwungen sehen, sie ernsthafter zu behandeln, als wir es eigentlich wollen.

„Die Sache ist zum größten Teil ein Hirngespinst", kommentierte ein anderer Beamter, „und mir gefällt der Gedanke nicht, daß wir in irgendeiner Weise die Verantwortung für die Weitergabe von Hirngespinsten von einem Zionisten zum anderen übernehmen."[40]

Ein weiteres und für die britische Regierung vermutlich entscheidendes Argument gegen ein Weiterverfolgen der Brand-Vorschläge stellte sich am 22. Juni ein, als deutlich wurde, daß die Sowjets, wie Randall notierte, „gegen Verhandlungen jedweder Art sind". Dies veranlaßte Ian Henderson zu folgendem Kommentar:

Zweifellos spielt Mr. Shertok in dieser Angelegenheit ein Spiel, wie es nach seinem Verständnis den Interessen der Jewish Agency am besten dienlich ist, nämlich: indem er darauf hinaus will, die Agency in eine Position zu bringen, in der sie behaupten kann, ihr sei es in erster Linie zu verdanken, daß ein gigantisches Projekt zur Rettung der Juden in die Tat umgesetzt worden sei.
Die Möglichkeit einer Verstimmung zwischen uns und den Russen wäre ihm ganz gleichgültig.

Bei der Zusammenkunft mit MacMichael am 15. Juni hatte Shertok um die Genehmigung gebeten, nach London zurückkehren zu können. Das Auswärtige Amt gab dazu am 17. Juni seine Zustimmung. Ebenfalls am 17. Juni wurde entschieden, daß Brand „bis zur Rückkehr Shertoks" in Kairo festgehalten werden und „keine Erlaubnis zur Rückkehr nach Ungarn" erhalten solle, ehe die Gespräche zwischen dem Auswärtigen Amt und Shertok nicht beendet waren.[41]

Shertok reiste über Kairo nach London. Am 17. Juni telegrafierte Lord Moyne an das Auswärtige Amt: „Schlage vor, ich versuche Shertok davon zu überzeugen, daß die völlige Undurchführbarkeit des Projekts Beweis dafür ist, daß es sich um ein Propagandamanöver handelt". Am selben Tag legte Ian Henderson im Auswärtigen Amt einen Aktenvermerk nieder, in dem es hieß, das von Lord Moyne aufgeworfene Bedenken, ob die Deutschen 15 000 Lastwagen als Kriegsmaterial haben wollten oder für den Transport der Juden nach Westen, sei geeignet, „den Eindruck zu bestärken, den wir bereits haben: daß dieser ganze Vorschlag einer Evakuierung der Juden ein Schachzug der politischen Kriegführung ist".[42]

Das trotz dieser Zweifel noch immer bestehende Moment der Ungewißheit hinderte die Engländer jedoch vorläufig noch an einer definitiven Absage an das Projekt. Es sei zwar, wie das Auswärtige Amt am 20. Juni an Lord Moyne telegrafierte, „unmöglich, diesen Plan, so wie er ist, zu akzeptieren, ... aber wir sehen auch, daß es wichtig ist, gegenüber ernstgemeinten Vorschlägen zu einer Rettung jüdischer Opfer nicht bloß mit einer negativen Haltung aufzuwarten".[43]

25. Juni 1944: Die Wahrheit über Auschwitz erreicht den Westen

Im Lauf der zweiten Juniwoche 1944 erreichten endlich jene Nachrichten Genf, die das Wissen der Alliierten um die Barbareien der Nazis auf eine neue Grundlage stellen sollten. Diese Informationen stammten aus der Slowakei und gingen auf zwei verschiedene Quellen zurück: auf den ausführlichen Bericht von Vrba und Wetzler über die Art und Weise der Vergasungen und auf die Informationen, die später von Mordowicz und Rosin überbracht worden waren, denen zufolge die Deportation der ungarischen Juden bereits im Gang war und daß auch sie vergast wurden.

Mordowicz und Rosin hatten die slowakische Grenze am 6. Juni erreicht und, wie vor ihnen Vrba und Wetzler, Verbindung mit den Führern des slowakischen Judentums aufgenommen. Sie hatten ihre Geschichte erzählt – nicht nur, wie vor ihnen Vrba und Wetzler, über das Leben und Sterben in Auschwitz-Birkenau, sondern auch über die Ankunft und Vernichtung zehntausender ungarischer Juden, die sie in der Woche vor ihrer Flucht mit angesehen hatten. Wie Vrba dazu später sagte: „Wetzler und ich erlebten die Vorbereitungen für das Massaker. Mordowicz und Rosin sahen das Massaker selbst."[1]

Nachdem sie in der Slowakei angekommen waren, hatte man Mordowicz und Rosin in das Bergstädtchen Lipovsky Mikulas geführt, wo man sie, wie Mordowicz sich später erinnerte, in ein Haus brachte, in dem, ein Zimmer weiter, bereits Vrba und Wetzler warteten; Oskar Krasnansky und andere Vertreter der slowakischen Juden nahmen beide Flüchtlingspaare ins Kreuzverhör und verglichen ihre Aussagen zu Einzelheiten des ‚Lageralltags' in Auschwitz: „Wie wir gekleidet waren, was wir zu essen bekamen, die Wirklichkeit des Lebens in Auschwitz. Das war für sie am schwersten zu glauben: die Alltagswirklichkeit. Wir nannten ihnen die Namen junger slowakischer Juden, die im Sonderkommando arbeiteten. Manche von ihnen kannten sie …"[2]

Mordowicz und Rosin erstatteten sodann Bericht über die Geschehnisse in Birkenau zwischen dem 7. April, dem Tag, an dem Vrba und Wetzler die Flucht gelungen war, und dem 27. Mai, dem Tag ihrer eigenen Flucht. Anfang April waren, wie sie berichteten, zirka 1 700 griechische Juden eingetroffen, von denen 200 „ins Lager eingewiesen" und die übrigen „unverzüglich vergast" worden waren. Zwischen dem 10. und dem 15. April waren ungefähr 5 000 Polen, Juden und Nichtjuden, angekommen, darunter 2 000 oder 3 000 Frauen aus Majdanek, und unter ihnen wiederum 300 jüdische Mädchen. Die Neuankömmlinge hatten Häftlingsnummern „ungefähr zwischen 176 000 und 181 000" eintätowiert erhalten; dann, drei Tage nach ihrer Ankunft in Birkenau, waren die 300 jüdischen Mädchen „alle vergast und verbrannt" worden.

Gegen Ende April waren weitere 3 200 griechische Juden in Birkenau eingetroffen, die bis auf 200 „eliminiert" wurden. Anfang Mai waren „kleinere Transporte mit holländischen, französischen, belgischen und griechischen Juden angekommen, von denen die meisten „zur Arbeit in die Buna-Fabrik" in Monowitz
gebracht wurden. Dann hatte es mit den „Massentransporten" aus Ungarn angefangen: „Der Gleisanschluß, der ins Lagergelände hinein direkt zu den Krematorien führte, wurde in großer Eile fertiggestellt", berichteten Mordowicz und
Rosin. „Die Bautrupps arbeiteten Tag und Nacht, weil man die Transporte ganz
nahe bei den Krematorien entladen wollte. Aus diesen Transporten wurden nur
ungefähr 10 Prozent ins Lager eingewiesen; alle anderen wurden sofort vergast
und verbrannt. Niemals seit der Errichtung von Birkenau waren so viele Juden
vergast worden."

Die Kapazität der Krematorien hatte, wie Mordowicz und Rosin ihren Befra-
gern berichteten, für die Bewältigung dieser Flut von Neuankömmlingen nicht
ausgereicht. Infolgedessen waren „beim ‚Birkenwald' wieder einmal (wie in der
Zeit vor dem Bau der Krematorien) große Gruben von 30 Metern Länge und
15 Metern Breite ausgehoben worden, wo Tag und Nacht Leichen verbrannt
wurden".[3]

Erschüttert von diesen Schilderungen, kehrte Krasnansky nach Preßburg zurück, wo er mit seinen Kollegen zusammen einen aus den Angaben von Vrba
und Wetzler sowie von Mordowicz und Rosin zusammengestellten Bericht zur
Übersendung in den Westen vorbereitete.[4] „Ich faßte die beiden Berichte zusammen und traf Anstalten, sie erneut loszuschicken", erinnerte Krasnansky sich
später.[5] Und diesmal erreichte ein Exemplar des zusammengefaßten Berichts
nach nur sieben Tagen mit Hilfe eines neuen Kuriers – dieses Mal eines zuverlässigen – die neutrale Schweiz. Der Empfänger war Dr. Jaromir Kopecky, der
Genfer Vertreter der tschechoslowakischen Exilregierung; er bekam den Bericht
am 13. Juni und zeigte ihn sofort auch Gerhart Riegner. Riegner stieß beim
Durchlesen auf den Abschnitt über das mit Tschechen aus Theresienstadt belegte Familienlager, das nach sechsmonatiger „Quarantäne" liquidiert worden war.
„Das war mir vollkommen neu", erinnerte Riegner sich später. „Sie waren ermordet worden, und dann hatte ein neues Quarantänelager angefangen. Sechs
Monate, dachte ich bei mir, was bedeutet das? Es bedeutete: In nur sieben Tagen
würde die zweite Quarantäne zu Ende sein."

Riegner brach die Lektüre ab. „Haben Sie diesen Abschnitt gelesen?" rief er
Kopecky erregt zu. „Diese Leute werden heute in sieben Tagen umgebracht. Wir
müssen handeln. Wir müssen sofort nach London telegrafieren. Die BBC kann
die Welt alarmieren."[6]

Dem Vrba-Wetzler-Bericht zufolge waren die Bewohner des zweiten Familienlagers am 20. Dezember 1943 aus Theresienstadt kommend in Birkenau eingetroffen. Ihre sechsmonatige „Quarantäne" würde am 20. Juni 1944 ablaufen.
Kopecky erkannte, daß er sofort handeln mußte, nicht nur, um die Alliierten mit
den im Vrba-Wetzler-Bericht mitgeteilten Tatsachen bekannt zu machen, sondern noch mehr, um die Welt auf die bevorstehende Liquidierung des Familien-

lagers aufmerksam zu machen, in der Hoffnung, sie damit verhindern zu können. Er rief daher sogleich Elizabeth Wiskemann an, eine Angehörige der britischen Botschaft in Bern, die als Tschechoslowakei-Expertin bekannt war, und erzählte ihr von der vermutlich bevorstehenden Liquidierung des zweiten tschechischen Familienlagers.

Noch am selben Tag schickte Kopecky eine Zusammenfassung der Tatsachen an Miss Wiskemann. Er schrieb:

Hier die Einzelheiten zu der dringlichen Botschaft über die bedrohte Gruppe von Juden in Birkenau.

Bitte tun Sie, was Sie können, damit diese Tatsachen so schnell wie möglich nach London übermittelt und sofort über die BBC gesendet werden usw.

Man wird allerdings vermeiden müssen, die Quelle zu nennen. Man könnte bei der Rundfunksendung einfach sagen: „Wie wir aus verläßlicher Quelle erfahren haben …"

Kopecky fügte hinzu, das Ersuchen, die Fakten über den Rundfunk zu verbreiten, ergehe in Übereinstimmung mit den Repräsentanten der jüdischen Organisationen. Der zusammenfassende Bericht über das Familienlager, wie Riegner ihn auf der Grundlage des Vrba-Wetzler-Berichts im Telegrammstil aufsetzte und an Miss Wiskemann schickte, lautete:

Gemäß Bericht zweier slowakischer Juden, die aus Birkenau nach Preßburg flohen und deren Zuverlässigkeit von dortigen jüdischen Repräsentanten verbürgt wird, sollen 3 000 tschechoslowakische Juden, die am 20. Dezember 1943 von Terezin nach Birkenau gebracht wurden, nach sechsmonatiger Quarantäne, also etwa am 20. Juni 1944, vergast werden.

Ersuchen dringend darum, daß diese Meldung sofort über BBC und Radio Amerika gesendet wird, um dieses neue Massaker im letzten Augenblick zu verhüten.

In Bericht, der haarsträubend eingehende Beschreibung von Massakern an Hunderttausenden von Juden aller Länder besetzten Europas in Gaskammern von Auschwitz-Birkenau enthält, wird mitgeteilt, daß erste Gruppe von zirka 4 000 tschechoslowakischen Juden, die Anfang September 1943 von Terezin[7] aus in Birkenau eintrafen, nach sechsmonatiger Quarantäne am 7. März 1944 vergast wurden.

Bericht enthüllt, daß Behandlung beider tschechoslowakischer Transporte (genannt SB-Transporte = Sonderbehandlungstransporte) auffällig abweichend von Behandlung gewöhnlicher Transporte.

Familien wurden nicht getrennt, nicht einmal Kinder; Schule wurde erlaubt und sechsmonatige Quarantäne vorgeschrieben, was absolut ungewöhnlich.

Angesichts Tatsache, daß erste Gruppe vollständig liquidiert wurde, Gefahr bevorstehender Liquidierung zweiter Gruppe sehr ernst.

Bitte richten Sie unverzüglich möglichst wirkungsvolle Warnung an deutsche Schlächter, die Massaker in Oberschlesien befehlen.

Preßburg darf nicht als Quelle genannt werden.

Weitere Berichte folgen.

Bitte informieren Sie umgehend auch die tschechoslowakische Regierung.

Miss Wiskemann handelte sofort: Sie gab sowohl Kopeckys Begleitbrief als auch Riegners telegrafische Zusammenfassung an Alan Dulles weiter, den Chef der amerikanischen Aufklärung in der Schweiz, und erklärte ihm: „Ich habe dies soeben nach Hause telegrafiert – könnten Sie dasselbe tun?" Aber Dulles schickte die Dokumente dem amerikanischen Botschafter in Bern, Roswell McClelland, und schrieb dazu: „Dies fällt wohl mehr in Ihr Fach." McClelland erhielt den Bericht und das Begleitschreiben am 16. Juni und übermittelte sie nach Washington.[8]

Nunmehr waren der Welt endlich die Augen über die Wirklichkeit von Auschwitz-Birkenau geöffnet. Der „unbekannte Ort im Osten" hatte jetzt einen Namen. Das Lager, in dem man bis dahin eines der vielen Arbeitslager in Oberschlesien gesehen hatte, enthüllte sich nun als die größte Todesfabrik im Herrschaftsgebiet der Nazis; wo früheren Berichten zufolge mehrere tausend Juden und mehrere tausend Polen ermordet worden waren, hatte, wie sich jetzt zeigte, in den vergangenen zwei Jahren ein planmäßiger Massenmord an eineinhalb Millionen Juden stattgefunden, die nicht nur aus Polen, sondern aus ganz Europa dorthin gebracht worden waren und weiterhin dorthin gebracht wurden, allein aus Ungarn die unglaubliche Zahl von 12 000 Menschen pro Tag.

In Genf waren alle diejenigen, die den Vrba-Wetzler-Bericht über die Vergasungen zu lesen bekamen, schockiert und ratlos. Am 18. Juni sendete die BBC eine kurze, zusammenfassende Meldung, wie Kopecky gefordert hatte, und einen Tag danach schrieb Richard Lichtheim eine eigene ausführliche Zusammenfassung nieder, die er an den Exekutivrat der Jewish Agency in Jerusalem schickte. In diesem Schreiben erklärte Lichtheim, aufgrund des nun vorliegenden Berichts wisse man jetzt „ganz genau, was passiert und wo es passiert ist". Nicht nur in den „wohlbekannten Todeslagern in Polen (Treblinka usw.)" seien europäische Juden „in sehr großer Zahl systematisch ermordet" worden, sondern auch in „ähnlichen Einrichtungen in oder bei dem Arbeitslager Birkenau in Oberschlesien". Lichtheim schrieb weiter:

Es *gibt* ein Arbeitslager in Birkenau, ebenso wie an vielen anderen Orten in Oberschlesien, und es *gibt* auch noch viele Tausend von Juden, die in Birkenau und benachbarten Orten (Jawischowitz usw.) arbeiten.
Aber neben den eigentlichen Arbeitslagern gibt es ein Birkenwäldchen unweit von Birkenau (Brezinky), in dem die ersten Massentötungen auf eine ziemlich „primitive" Weise stattfanden, wogegen sie später im Arbeitslager B. selbst mit allen dafür nötigen technischen Einrichtungen durchgeführt wurden, d. h. beispielsweise in eigens für diesen Zweck errichteten Gebäuden mit Gaskammern und Krematorien.

Weiter führte Lichtheim aus, daß dem jetzt vorliegenden Bericht zufolge, nicht nur „viele Hunderttausende" polnischer Juden nach Birkenau deportiert worden seien, sondern auch eine „ähnlich große" Zahl von Juden aus anderen Ländern, die entweder schon vorher in anderen Lagern in Polen gewesen waren oder „in den wohlbekannten Viehwaggons aus Deutschland, Frankreich, Belgien, Holland, Griechenland usw. direkt nach Birkenau abtransportiert wurden", und alle diese Deportierten seien „in diesen Anlagen getötet worden".

Die Leichen der Ermordeten seien, so berichtete Lichtheim, „in eigens errichteten Öfen verbrannt worden". Ebenfalls in diesen Öfen verbrannt würden alle

diejenigen, „die in den nahegelegenen Arbeitslagern an Unterernährung oder
Mißhandlungen sterben". Die Gesamtzahl der in oder bei Birkenau getöteten Juden werde, so meldete Lichtheim nach Jerusalem, „auf über eineinhalb Millionen geschätzt".

Konnte man dem Vrba-Wetzler-Bericht Glauben schenken? Wie Lichtheim
seinen Vorgesetzten von der Jewish Agency in Jerusalem in seinem Schreiben
vom 19. Juni erläuterte, enthalte der Bericht „viele Einzelheiten", die „durch einen zweiten, aus einer anderen Quelle stammenden Bericht bestätigt werden".
Dieser zweite Bericht sei ebenfalls im Juni in die Schweiz gelangt und sei von einem ehemaligen polnischen Offizier, einem Nichtjuden, verfaßt worden, der
nur unter der Bezeichnung „der polnische Major" bekannt sei. Er sei mit 60 anderen Polen am 24. März 1942 aus dem berüchtigten Montelupich-Gefängnis in
Krakau nach Auschwitz deportiert worden und später aus dem Lager entkommen. Sein insgesamt neunzehn Seiten umfassender Bericht über seine Erfahrungen in Auschwitz sei äußerst detailreich und befasse sich auf drei Seiten ausschließlich mit den Juden. Auch er gebe die Zahl der seit dem Frühjahr 1942 in
Birkenau vergasten Juden mit eineinhalb Millionen an.

Lichtheim referierte in seinem Schreiben vom 19. Juni auch noch einmal eingehend die im Vrba-Wetzler-Bericht gegebene Darstellung des Schicksals der
4 000[9] im September 1943 aus Theresienstadt nach Auschwitz verlegten Juden,
die sechs Monate lang im Familienlager untergebracht und dann vergast worden
waren – mit Ausnahme lediglich von elf Zwillingspaaren, die „am Leben gelassen und für biologische Experimente in ein Lazarett in Auschwitz geschickt wurden".[10] Auf diese furchtbare Episode eingehend, schrieb Lichtheim:

Wir wissen, daß nicht alle nach Theresienstadt deportierten Juden dort geblieben sind und
daß Theresienstadt für viele von ihnen nur als Durchgangslager diente.

Bis zum Herbst 1943 ist uns jedoch niemals bekannt geworden, daß Juden, die eine Zeitlang in Theresienstadt gewesen waren, nach Oberschlesien verlegt worden wären. Daher
waren wir höchst erstaunt, als wir erfuhren, daß mehrere tausend Juden – Männer, Frauen
und Kinder – plötzlich von Theresienstadt nach Birkenau gebracht worden waren.

Wir glaubten jedoch zu jener Zeit, dies geschehe, um noch mehr jüdische Arbeitskräfte
in den Industriegebieten Oberschlesiens ausbeuten zu können.

Von nun an konnte es keine Illusionen mehr geben: Bei Auschwitz-Birkenau
handelte es sich nicht um einen Teilkomplex einer Industriezone, sondern eindeutig um ein Vernichtungslager.

Lichtheim wandte sich sodann jenem Abschnitt des Vrba-Wetzler-Berichts
zu, der Gerhart Riegner in solche Erregung versetzt hatte, und machte seine
Adressaten darauf aufmerksam, daß eine zweite Gruppe von Juden aus Theresienstadt am 20. Dezember 1943 in Birkenau eingetroffen war.[11]

Wie die erste, war auch diese Gruppe zur „Sonderbehandlung" bestimmt.
„Wir wissen jetzt, was das bedeutet", fügte Lichtheim hinzu. Auch diesen Menschen habe man erklärt, sie würden für die Dauer einer sechsmonatigen „Quarantäne" im Familienlager untergebracht. Diese sechs Monate würden, so

schrieb er, am 20. Juni ablaufen. Und er fuhr, sich wiederum auf den Vrba-Wetzler-Bericht stützend, fort:

… man sollte daran denken, daß die Angehörigen der ersten Gruppe, die am 7. März liquidiert wurde, am 1. März an ihre Verwandten im Ausland schreiben mußten, sie seien bei guter Gesundheit, und daß diese Briefe auf den 23., 24. oder 25. März datiert werden mußten. Es beweist daher nichts, wenn von der zweiten Gruppe Briefe eintreffen, die nach dem 20. Juni datiert sind …

In Wirklichkeit wurde das zweite Familienlager erst in der zweiten Juliwoche liquidiert. Aber unter denen, die am 20. Juni in Birkenau getötet wurden, befand sich Jacob Edelstein, der ehemalige „Lagerälteste" des Gettos Theresienstadt, der sich nahezu zwei Jahre lang bemüht hatte, das Leben im Getto für seine jüdischen Glaubensgenossen erträglich zu machen. Edelstein war allerdings nicht vergast, sondern erschossen worden. Und vor seiner Exekution war er gezwungen worden, der Erschießung seiner Frau und seines kleinen Sohnes zuzusehen.[12]

Von diesem Vorgang wußte Lichtheim natürlich nichts. Auf jeden Fall war er überzeugt, daß der Vrba-Wetzler-Bericht die Wahrheit sagte. Und er schärfte den zionistischen Führern in Jerusalem ein: „Abgesehen von der Gefahr, die jetzt über den Juden in Theresienstadt schwebt, finden große Massendeportationen aus Ungarn statt."

Welches Schicksal stand den ungarischen Juden bevor? Lichtheim informierte Jerusalem in seinem Schreiben vom 19. Juni über „soeben erhaltene weitere Berichte", denen zufolge nun täglich 12 000 Juden aus Ungarn deportiert würden. Er meinte damit die Schilderung der beiden Auschwitz-Flüchtlinge Mordowicz und Rosin, die zusammen mit dem Vrba-Wetzler-Bericht im Juni in die Schweiz geschmuggelt worden war. Lichtheim schrieb in bezug auf diese täglich 12 000 Deportierten: „Sie werden ebenfalls nach Birkenau geschickt."

Was Birkenau war und was es bedeutete, nach Birkenau „geschickt" zu werden, stand nun endlich unmißverständlich fest. „Es wird geschätzt", schrieb Lichtheim, „daß von den insgesamt 1 800 000 oder mehr Juden, die bis dato nach Oberschlesien geschickt worden sind, 90 Prozent der Männer und 95 Prozent der Frauen auf der Stelle getötet wurden, ohne auch nur zur Arbeit eingeteilt zu werden."

Nur 5 Prozent der Frauen und 10 Prozent der Männer, „insbesondere die jüngeren und kräftigen Männer", seien, wie Lichtheim berichtete, „über die zahlreichen Arbeitslager in Oberschlesien verteilt worden".

Verwaltungsmäßig, so erläuterte Lichtheim, unterstehe das Lager Birkenau „dem Lager Auschwitz (Oświęcim), das vier Kilometer von Birkenau entfernt ist". In Auschwitz seien, so fügte er hinzu, viele nichtjüdische politische Gefangene infolge von Mißhandlungen „zugrunde gegangen". Dies sei der Grund dafür, daß „Oświęcim lange Zeit als ‚Todeslager' bekannt gewesen ist". Doch seien Nichtjuden, die nach Auschwitz kamen, „nicht bei der Ankunft massenweise abgeschlachtet worden wie 90 Prozent der in Birkenau eintreffenden Juden".

Das Geheimnis von Auschwitz (Oświęcim) und Birkenau sei, so schrieb Lichtheim, nun gelüftet: „Wir wissen jetzt in allen Einzelheiten, wie, wo und wann die Juden Europas getötet worden sind, nicht gerechnet die Hunderttausende, die in den Gettos und Todeslagern Polens den Tod gefunden haben."[13]

Das Warschauer Getto, das Getto von Lodz, die Lager Chelmno, Belzec, Sobibór, Treblinka, Majdanek: Sie alle waren im Bewußtsein und im Informationsaustausch der westlichen Öffentlichkeit lange vor Auschwitz-Birkenau präsent gewesen – teilweise mehr als zwei Jahre früher. Nun, nachdem die Wahrheit in Genf bekanntgeworden war, dauerte es nur noch eine Woche, und Auschwitz-Birkenau nahm den ihm gebührenden Platz an der Spitze der Liste der Massenvernichtungsstätten in Europa ein.

Der Vrba-Wetzler-Bericht war, obgleich er einzig und allein auf der Erinnungsfähigkeit zweier Menschen und einiger Freunde beruhte, in seinen Detailangaben bemerkenswert korrekt. Aber bereits bevor die Fakten aus diesem Bericht nach England, den Vereinigten Staaten oder Palästina gelangt waren, war dem Kriegsflüchtlingskomitee in Washington ein dringendes Ersuchen vorgelegt worden, in dem die Bombardierung der nach Auschwitz führenden Eisenbahnstrecken gefordert wurde.

Dieses Ersuchen ging zurück auf die beiden kurz gefaßten, kodierten Telegramme, die am 16. und 24. Mai aus der Slowakei in die Schweiz übermittelt worden waren. Absender beider Telegramme war die orthodoxe Gemeinde in Preßburg, der Empfänger war beide Male Isaac Sternbuch, der Schweizer Vertreter des Bundes Orthodoxer Rabbiner. Sternbuch hatte die Telegramme nach New York, an Jacob Rosenheim, den Präsidenten der Weltorganisation Agudas Israel,[15] weitergeleitet. Rosenheim wiederum hatte sie an das Kriegsflüchtlingskomitee geschickt.

Im ersten der beiden Telegramme, abgesandt am 16. Mai, wurde die „unverzügliche Störung aller Militär- und Deportationstransporte" durch die Royal Air Force und andere „Luftangriffe" gefordert und eine „Bombardierung" der Eisenbahnstrecke zwischen Kaschau[15] und Preschau[15] empfohlen. Ziel einer solchen Bombardierung solle es sein, „auch noch nicht deportierte Juden zu retten".

Das Telegramm schloß mit dem Satz: „Wir erwarten von Royal Air Force sehr überlegtes Handeln."

Rosenheim schickte an das Kriegsflüchtlingskomitee den Text des Telegramms, die oben zitierte entschlüsselte Fassung und einen kurzen Kommentar, in dem er erläuterte, daß die über Kaschau und Preschau führende Eisenbahnstrecke „die einzige Nahverbindung von Ungarn nach Polen" sei und daß von den weiter östlich verlaufenden Routen keine für den „Verkehr nach Polen" in Frage komme, da in diesen Gebieten bereits gekämpft werde. Er fügte hinzu:

Kaschau ist die Durchgangsstation und der Hauptknotenpunkt für alle militärischen Transporte, und Preschau ist die Stadt, durch die Deportationszüge kommen, wenn sie Kaschau passiert haben. Aus diesem Grund wird die Bombardierung dieser beiden Städte gefordert.

Wenn es gelänge, diese beiden Städte und diese Strecke unpassierbar zu machen, müßten die Deportationen auf dem langen Umweg über Österreich abgewickelt werden, und es scheint, nach der Empfehlung in dem Telegramm zu schließen, daß diese letztere Route für die Deutschen nicht in Frage kommt.

Das zweite der am 18. Juni an das Kriegsflüchtlingskomitee in Washington geschickten Telegramme war das vom 23. Mai. Auch in ihm wurden Briten und Amerikaner gedrängt, „Anweisungen zu massiven Luftangriffen" auf Kaschau, Preschau und Munkač zu geben, damit „die Bahnverbindungen unterbrochen" würden. Seit dem 15. Mai habe sich die Lage, so das Telegramm, „infolge der Nichtbombardierung" katastrophal und verzweifelt zugespitzt, da nun täglich 15 000 Menschen deportiert würden. Das Telegramm schloß mit dem eindringlichen Appell: „Es ist kein Tag zu verlieren. Helft endlich."

Dem kommentierenden Schreiben zufolge, das Rosenheim nach Washington mitschickte, wurden in diesem Telegramm drei Hauptforderungen erhoben:

1. daß ohne jeden weiteren Aufschub die Eisenbahnstrecken bei Kaschau und Preschau bombardiert werden, weil über diese kurze und störungsfreie Route von Ungarn nach Polen täglich 15 000 Menschen befördert werden,
2. daß darüber hinaus die Stadt Munkatsch bombardiert werden sollte,
3. daß diese Bombenangriffe sofort durchgeführt werden müssen, weil Tag für Tag weniger Menschen zu retten übrigbleiben und es sehr bald zu spät für jede Rettung wäre.[16]

Nahezu vier Wochen waren zwischen der Absendung dieses zweiten Telegramms aus der Slowakei und seiner Ankunft in Washington vergangen. In keinem der Telegramme war von Auschwitz oder Birkenau die Rede, lediglich von „Polen". Ungeachtet dessen bat Rosenheim, als er die Telegramme nach Washington weitergab, den Komiteevorsitzenden Pehle, seinen „entscheidenden Einfluß" geltend zu machen, damit der Plan verwirklicht würde; er beschwor ihn, die Entscheidung müsse „nach gründlicher Erwägung *ohne jeden Zeitverlust*" getroffen werden, denn: „Jeder Tag bedeutet, wie Sie sehen werden, die Vernichtung von Tausenden."

Am selben Tag schrieb Rosenheim einen Brief an Morgenthau, in dem er feststellte, bislang seien, wie es scheine, „ungefähr 30 000 Juden" aus Ungarn deportiert und in den „Gaskammern Polens ... getötet worden". Die Alliierten könnten das Tempo der Vernichtung verlangsamen, indem sie „den Eisenbahnverkehr zwischen Ungarn und Polen lahmlegen, insbesondere durch eine Bombardierung der wichtigsten Eisenbahnknotenpunkte Kaschau und Preschau".[17]

Am 24. Juni suchte Pehle den stellvertretenden Kriegsminister John J. McCloy auf, um mit ihm über die Frage der Bombardierung zu sprechen. In einem später am selben Tag zu den Akten gegebenen Memorandum schrieb Pehle, er habe McCloy erklärt, „daß ich ihm die Angelegenheit auf jeden Fall vortragen wolle, damit sie eine wie auch immer geartete Prüfung durch das Kriegsministerium erfahre". Er selbst habe jedoch, wie er hinzufügte, „mehrere Zweifel in bezug auf die Angelegenheit" gehegt.

Pehle listete sodann seine Zweifel auf:

(1) ob es zweckmäßig wäre, für diesen Zweck militärische Flugzeuge und Militärpersonal einzusetzen; (2) ob es nicht schwierig wäre, die Eisenbahnlinie für eine so lange Zeit unbenutzbar zu machen, daß es irgendeinen Nutzen bringt; und (3) ob es, selbst angenommen, diese Eisenbahnstrecken würden für einen gewissen Zeitraum unbrauchbar gemacht, den Juden in Ungarn tatsächlich helfen würde.

Nachdem Pehle diesen Zweifeln Ausdruck verliehen hatte, machte er, wie er selbst schrieb, „gegenüber Mr. McCloy sehr deutlich", daß er „zumindest in diesem Augenblick das Kriegsministerium nicht ersuchen werde, auf diesen Vorschlag hin etwas zu unternehmen, es sei denn, ihn gebührend zu prüfen".

McCloy versprach Pehle, er werde „sich die Sache ansehen".[18] Zwei Tage später hatte sich die Operationsabteilung im Generalstab des Kriegsministeriums mit der Frage befaßt und empfahl McCloy, dem Flüchtlingskomitee zu antworten, die vorgeschlagenen Lufteinsätze seien „undurchführbar", da sie „nur um den Preis einer Zersplitterung beträchtlicher Luftwaffenkapazitäten auszuführen wären, die unsere jetzt in entscheidende Operationen verwickelten Streitkräfte für einen erfolgreichen Kampf unbedingt benötigen". „Die wirksamste Hilfe für die Opfer deutscher Verfolgungen ist", so fügte die Operationsabteilung hinzu, „ein möglichst rascher Sieg über die Achsenmächte, ein Unterfangen, in dessen Dienst wir alle zu unserer Verfügung stehenden Mittel stellen müssen".[19]

Die „entscheidenden Operationen", von denen in diesem Brief die Rede war, bestanden in der Hauptsache weiterhin in dem Bemühen der Alliierten, die deutsche Kriegtüchtigkeit durch die Zerstörung möglichst aller Produktionsanlagen für synthetischen Treibstoff zu schwächen. Der anhaltende deutsche Widerstand gegen den alliierten Vormarsch in der Normandie machte den Krieg gegen die deutsche Treibstoffversorgung noch dringlicher.

Am 21. Juni, fünf Tage vor der Prüfung der von Jacob Rosenheim weitergegebenen Vorschläge durch die Operationsabteilung in Washington, begann in Europa die zweite Mission im Rahmen der Operation Frantic: Amerikanische Bomber starteten von ihrem Stützpunkt im britischen Lincoln zu einem Flug quer über Deutschland; sie bombardierten die Fabrik für synthetischen Treibstoff in Ruhland südlich von Berlin und flogen dann weiter nach Poltawa. Aber dann erlitt die Operation Frantic einen schweren Rückschlag: Deutsche Flugzeuge griffen den Flughafen Poltawa an; es gelang ihnen, 43 B-17-Bomber zu zerstören und 26 zu beschädigen, ferner 15 Mustang-Jagdflugzeuge des Begleitgeschwaders zu zerstören und zwei Millionen Liter Flugzeugbenzin in Brand zu setzen, das im Frühling unter großen Mühen nach Poltawa geschafft worden war. Ein Amerikaner und 25 Russen wurden getötet, die Rückkehr der Frantic-Maschinen mußte bis zum 26. Juni verschoben werden, und den ganzen Juli über konnten keine weiteren Einsätze geflogen werden, da man warten mußte, bis die Treibstofftanks in Poltawa wieder mit Benzin gefüllt waren, das über eine Strekke von vielen hundert Kilometern in Tanklastzügen vom Kaspischen Meer über den Kaukasus herbeigeschafft werden mußte.[20]

Von Mitte Juni an genoß das Bestreben, dem deutschen Treibstoffnachschub möglichst große Schäden zuzufügen, bei den Alliierten höchste Priorität. Für die Verantwortlichen der Jewish Agency hingegen hatte die Rettung der ungarischen Juden durch Verhandlungen mit der Gestapo Priorität.

Zu genau dem Zeitpunkt, als der Westen völlige Klarheit über die geographische Lage und die Aufgabe des Vernichtungslagers Auschwitz-Birkenau erhalten hatte, waren die Nazis entschlossen, die Liquidierung des ungarischen Judentums zu vollenden und verfolgten das großangelegte Täuschungsmanöver weiter, das sie selbst durch die Brand-Mission ins Rollen gebracht hatten. Seit sechs Wochen praktizierten sie es bereits mit Erfolg, einem Erfolg, der sich ablesen ließ an den qualvoll-hektischen Reaktionen und Bemühungen der jüdischen Führer in Jerusalem und London; sie waren in der Falle einer trügerischen Hoffnung, von der sie nicht zu lassen vermochten.

26. Das Gestapo-Angebot:
„Die Sache in Gang halten"

War die Jewish Agency schon bisher unaufhörlich bestrebt gewesen, die Alliierten zur Aufnahme von Verhandlungen mit der Gestapo im Hinblick auf die Rettung der ungarischen Juden zu drängen, so wurde sie erst recht zu fieberhafter Aktivität angestachelt, als in Istanbul am 17. Juni ein Telegramm von den zionistischen Repräsentanten in Budapest eintraf. Es forderte die sofortige Rückkehr Brands nach Ungarn. „Andernfalls", so hieß es weiter, „ist alles umsonst".[1]

Mosche Shertok, der sich auf dem Weg von Jerusalem nach Kairo befand, erhielt das Telegramm aus Budapest am 19. Juni. Er telegrafierte sofort an Weizmann in London und Nahum Goldmann in New York und beschwor beide, ihren Einfluß geltend zu machen und die britische bzw. amerikanische Regierung dazu zu bringen, daß sie die sofortige Rückkehr Brands nach Ungarn erlaubten. In seinem Telegramm an Weizmann legte Shertok dar, welche Hoffnungen die Verantwortlichen der Jewish Agency noch in die Brand-Mission setzten: daß mit ihrer Hilfe auch jetzt noch die Rettung eines beträchtlichen Teils der ungarischen Juden zu erreichen sei. Brand sei, so erklärte Shertok, als Abgesandter der „übriggebliebenen" europäischen Juden gekommen und um diese Übriggebliebenen zu retten, habe er seine Mission vom Feind auf der Basis der „eindeutigen Vereinbarung" übernommen, daß er mit einer Antwort zurückkehren werde.

Brand sei sich zwar darüber im klaren, daß er von den Nazis vielleicht auf der Stelle getötet würde, wenn er ohne „unmißverständliche Antwort" zurückkehrte, aber er sei gleichwohl, wie Shertok es ausdrückte, voller „verzweifelten Verlangens", mit einem Bericht über seine bis dahin geführten Gespräche zurückzufahren, in der Hoffnung, die Gestapo werde, wenn sie erfuhr, daß ihre Vorschläge „an hoher Stelle" erörtert wurden, wenigstens noch etwas Zeit verstreichen lassen, so daß „eine Beschleunigung des Unheils" vielleicht verhütet werden konnte.

Weiter führte Shertok in seinem Telegramm an Weizmann aus:

Wir betrachten seine Rückkehr als unabdingbar, falls die kleinste Chance einer Rettung erhalten bleiben soll. Wir betrachten dies als ersten unerläßlichen Schritt zur Verwirklichung der von Mr. Eden bejahten Strategie des Zeitgewinnens und Offenhaltens der Tür.

Aus demselben Grund betrachten wir es als gleichermaßen wichtig, daß der anderen Seite unverzüglich ein Zeichen für Verhandlungsbereitschaft hinsichtlich Rettung der Juden gegeben wird bei gleichzeitiger Forderung nach Unterbrechung der Deportationen und Massaker, solange verhandelt wird.

In seinem Telegramm an Nahum Goldmann berichtete Shertok, der Exekutivrat der Jewish Agency sei, nachdem er von seinem, Shertoks, Gespräch mit Brand erfahren habe, zu der Auffassung gelangt, es sei zwar denkbar, daß der „Austauschvorschlag bloße Augenwischerei ist und Möglichkeit von Hintergedanken angenommen werden muß", es sei aber „nicht unwahrscheinlich, daß auch vorläufige Verhandlungen schon zur Rettung beträchtlicher Anzahl führen könnten".

Shertok erläuterte sodann den Vorschlag der Agency: die Möglichkeit einer Zusammenkunft mit „deutschen Repräsentanten" in Lissabon oder Madrid zu erkunden, mit dem Ziel, die „Rettung der Juden zu erörtern, zugleich auf Unterbrechung von Deportationen und Massakern für Dauer der Verhandlungen zu drängen". Als Verhandlungspartner auf alliierter Seite könne, so fügte Shertok hinzu, das Internationale Flüchtlingskomitee oder das Kriegsflüchtlingskomitee oder das Rote Kreuz oder „irgendein anderes geeignetes Gremium" auftreten.[3]

Am 19. Juni gelang es zweien der führenden Zionisten Budapests, Mosche Krausz und Rudolf Kastner, telefonisch eine Botschaft nach Genf durchzugeben, die sogleich nach Jerusalem weitergeleitet wurde; sie forderten darin ein „kraftvolles Handeln" der alliierten Regierungen. Sie wollten drei Dinge: eine Warnung der Alliierten an die Adresse Deutschlands, daß „Vergeltung" geübt würde, falls es zu einem Massaker an den ungarischen Juden käme, und eine sofortige Entscheidung der Alliierten, „ungarischen Juden eine ausländische Staatsbürgerschaft zu garantieren".[4]

Eine Botschaft von mehreren der ungarischen Deportierten selbst traf am 23. Juni in Jerusalem ein. Sie war einen Monat zuvor, am 21. Mai, in Polen aufgegeben worden und in Istanbul am 19. Juni angekommen, war also 33 Tage lang unterwegs gewesen. Die Botschaft wurde in Jerusalem entschlüsselt und lautete wie folgt:

> Bin nicht weit weg von Vetter *Peecham* (Kohlenbergwerke). Traf dort letzte Woche *Rezach* (Mord) und *Kewer* (Grab). Bittet *Hafganah* (Demonstration), an Rotes Kreuz zu schreiben ... *Pachad* (Angst) mit uns.[5]

Am 21. Juni erhielt das Auswärtige Amt in London das von Shertok für Weizmann bestimmte Ersuchen um eine sofortige Reise Brands nach Ungarn. Wie Ian Henderson notierte, könne der Bescheid der britischen Regierung nur lauten, „daß wir ihn nicht gehen lassen, ehe wir nicht mit Mr. Shertok gesprochen haben ..." Shertok, so fügte Henderson hinzu, müsse „in London vernommen werden, und in London und Washington müssen auch die grundlegenden Entscheidungen getroffen werden". Ergänzend vermerkte Henderson noch: „Die Sowjet-Regierung hat jeden Gedanken an Verhandlungen zurückgewiesen."[6]

Das stimmte in der Tat. In einem Telegramm, das der britische Botschafter in Moskau, Sir Archibald Kerr, am 20. Juni nach London geschickt hatte, war eine Mitteilung des sowjetischen Außenministers Andrej Wyschinskij zitiert, der kategorisch erklärt hatte, die sowjetische Regierung betrachte es nicht als „angebracht oder statthaft, irgendwelche Verhandlungen mit der Regierung Hitler-Deutschlands über die in Ihrem Brief berührten Fragen zu führen".[7] Randall kommentierte diese Mitteilung in einem Aktenvermerk zwei Tage später wie folgt: „Das stärkt uns den Rücken für die bevorstehenden Gespräche mit Mr. Shertok, der ganz sicher auf Kontaktaufnahme mit den Deutschen drängen wird."

Im Auswärtigen Amt hatte sich inzwischen eine entschieden skeptische Einstellung nicht nur gegenüber den Brand-Vorschlägen, sondern sogar gegenüber den Motiven der Jewish Agency durchgesetzt. Randall von der Flüchtlingsabteilung schrieb am 22. Juni:

Ich denke, daß wir die Botschaft an Dr. Weizmann weiterleiten sollten, meine aber, wir befinden uns (wie wir es schon zu Beginn voraussahen für den Fall, daß wir aus politischen Gründen davon absehen würden, dem ganzen Projekt eine Absage zu erteilen) auf dünnem Eis und dürfen, so fürchte ich, von der Jewish Agency nur schwerlich erwarten, daß sie uns zu Hilfe kommt, wenn wir einbrechen. Wir werden uns daher von uns aus auf sicheren Boden zurückziehen müssen ...

Auch die Ostabteilung äußerte sich sehr bestimmt: „Wir müssen erkennen", schrieb Baxter, „daß die Interessen, die Mr. Shertok in dieser Angelegenheit vertritt, denen der Regierung S. M. entgegengesetzt sind, denn *sein* Hauptbestreben ist es, Palästina mit Juden zu füllen."

Im Namen der Zentralen Abteilung hob Frank Roberts hervor, man müsse unbedingt „vermeiden, auf noch dünneres Eis zu geraten oder gar noch den Eindruck erwecken, daß wir bereit sind, jetzt oder zu irgendeinem anderen Zeitpunkt mit Himmler zu verhandeln".[8]

Am Abend des 22. Juni ging im Auswärtigen Amt ein Telegramm ein, das Sir Hughe Knatchbull-Hugessen zwei Tage zuvor in Ankara aufgegeben hatte und in dem er berichtete, welche Auffassungen Ira Hirschmann, der Abgesandte des Kriegsflüchtlingskomitees in Istanbul, vertrat. Hirschmann scheine, so schrieb Knatchbull-Hugessen, alles andere als überzeugt davon, daß die Brand-Vorschläge realistisch seien, meine aber „unbedingt, daß man Brand, um Zeit zu gewinnen, mit irgendwelchen Vorschlägen nach Ungarn zurückschicken sollte, um „die Sache in Gang zu halten".

In einem am selben Tag abgeschickten, als „streng geheim" klassifizierten und persönlichen Telegramm führte der britische Botschafter ergänzend aus:

Mr. Hirschmann ist ein zupackender Typ, beharrt ziemlich eigensinnig auf seinen eigenen Vorstellungen und findet offizielle Methoden zu umständlich. Er betrachtet die ganze Frage der jüdischen Flüchtlinge hauptsächlich vom Gesichtspunkt der Präsidentschaftswahl in den Vereinigten Staaten aus und nimmt es meinem Eindruck nach etwas übel, daß die Vereinigten Staaten diese Angelegenheit nicht allein von sich aus, als ein rein amerikanisches Anliegen, behandeln können.[9]

Im Auswärtigen Amt fiel am 23. Juni die Entscheidung, Brand in Kairo festzuhalten, seine Verhandlungsmission jedoch nicht in Bausch und Bogen zu verwerfen. Wie Randall es formulierte: „Uns steht hier ein heikles Stück Ellbogenarbeit bevor, eingeklemmt zwischen der US-Regierung und den Zionisten, aber um unserer guten Beziehungen zu ersterer willen müssen wir, so glaube ich, versuchen, den Balanceakt durchzuhalten, wenigstens bis wir erreicht haben, daß der Verhandlungsort nach London verlegt wird." Randall fügte hinzu: „... angesichts dessen, daß es angeblich um Leben oder Tod geht, bin ich der Meinung, daß die letzte Entscheidung höheren Orts getroffen werden sollte."[10]

Am 21. Juni, während Shertok noch in Jerusalem weilte, war ihm von Lord Moyne die Erlaubnis verweigert worden, „über geheime Kanäle" eine Botschaft an Barlas in Istanbul zu senden. Moyne lehnte dies mit der Begründung ab, die Botschaft enthalte „eine Einschätzung der Politik der britischen Regierung aus der Sicht Shertoks, die sich letztlich als nicht zutreffend erweisen könnte". Es bestehe auch, so Moyne, die Gefahr, daß die in der Botschaft enthaltenen Detailinformationen „höchstwahrscheinlich binnen kurzer Zeit nach Budapest gelangen würden".[11]

Brand selbst hatte, darin von Shertok unterstützt, darum gebeten, nach Ungarn zurückgeschickt zu werden, um dort, wie Randall am 23. Juni vermerkte, „zu verkünden, daß wir dieses phantasmagorische Projekt weiterverfolgen". Brand habe erklärt, falls man ihn nicht zurückkehren lasse, würden daraus „für ihn und für die Juden Europas die furchtbarsten Konsequenzen entstehen".[12] Aber sowohl MacMichael als auch Moyne waren gegen eine Rückreise Brands, „solange die Lage nicht klarer ist", wie Moyne am 20. Juni nach London telegrafiert hatte.

Am 22. Juni erhielt Ira Hirschmann vom amerikanischen Kriegsflüchtlingskomitee die Erlaubnis, Brand in Kairo zu befragen. Brand berichtete Hirschmann, Eichmann habe außer Kaffee, Schokolade, Tee und Seife auch Geld verlangt, „Dollars, Schweizer Franken und einiges in südamerikanischen Währungen". Die Führer des ungarischen Judentums hofften, wie Brand weiter erklärte, Eichmann eine Million Dollar anbieten zu können. Die Befragung nahm folgenden Fortgang:[13]

H.: Wie stehen Ihrer Meinung nach die Chancen, daß diese Sache klappen könnte?
B.: Nach meiner Meinung würden sie ihr Wort halten.
H.: Warum?
B.: Zunächst einmal, weil sie alles Mögliche brauchen ...
H.: Woher wissen Sie das?
B.: Ich wußte es zu der Zeit, als ich aus Ungarn abreiste, daß sie alle möglichen Dinge benötigten.
H.: Dinge oder Geld?
B.: Ich dachte zuerst, ... ich weiß, daß sie Dinge brauchen. Ich weiß es aus meiner jahrelangen Arbeit, daß jeder von ihnen käuflich ist. Ich weiß das aus jahrelanger Arbeit – ich behaupte nicht, daß ich Eichmann oder Wisliceny[14] gekauft habe. Im Rahmen meiner Arbeit sind sehr viele von ihnen gekauft worden, und ich glaube ganz bestimmt, daß Verbrecher von der niedrigen Sorte, wie diese Männer es sind, für angebotenes Geld immer zu haben sind ...[15]

Als Hirschmann Brand fragte, welche Maßnahmen er sich wünsche, erwiderte Brand:

Ich glaube, das Beste wäre, wenn einer, zwei oder drei Offiziere aus Ungarn in ein neutrales Land, sagen wir Spanien oder die Türkei oder die Schweiz, kommen würden, und dazu englische und amerikanische Vertreter und ich selbst auch, und wir versuchen würden, zu einer Art Vereinbarung zu kommen. Das ist mein Vorschlag.

Brand war, wie er Hirschmann erklärte, überzeugt, er könne, wenn er mit einem solchen Vorschlag nach Ungarn zurückkehrte, „erreichen, daß die Verfolgungen – die schlimmsten Verfolgungen –, die im Gange sind, abgestellt werden, sofort abgestellt werden". Hirschmann erkundigte sich nun eingehend nach Art und Ausmaß dieser Verfolgungen. Das Protokoll der Befragung verzeichnet den folgenden Dialog:

H.: Sind diese Verfolgungen noch im Gang?
B.: Ich muß leider sagen, daß sie weitergegangen sind.
H.: Wieviele Personen sind deportiert worden?
B.: Bis zu der Woche, in der ich abreiste ... in der Woche, in der ich abreiste, fingen sie an, jeden Tag 12 000 zu deportieren.
H.: Wo?
B.: Kaschau, Klausenburg,[16] Munkatsch, Hust.
H.: Waren sie in Lagern?
B.: Sie wurden da und dort zusammengepfercht unter so fürchterlichen Bedingungen, wie man sie noch niemals erlebt hat.
H.: Wie wurden sie transportiert – mit Lastwagen?
B.: Nein, Eisenbahnwaggons, Güterwaggons, zu 60 oder 80 Personen in einem Wagen, und die Wagen plombiert.
H.: Starben welche unterwegs?
B.: Da bin ich sicher.
H.: Wohin wurden sie gebracht?
B.: Auschwitz und Birkenau.

Den Gesprächspartnern Brands an jenem 22. Juni in Kairo bedeuteten die Worte „Auschwitz" und „Birkenau" nichts. Die ersten zusammenfassenden Darstellungen der von den vier Auschwitz-Flüchtlingen erstatteten Berichte waren in Jerusalem und London noch nicht eingetroffen. Wenige Tage später lagen sie dort jedoch vor.

Am selben Tag, an dem Hirschmann diese Befragung durchführte, schickte Lord Halifax aus Washington eine Depesche nach London, in der er eine Deutung der Motive des Kriegsflüchtlingskomitees versuchte und vor der „Gefahr" einer, wie er sich ausdrückte, „unverantwortlichen Intervention" dieses Gremiums warnte. Was den Vorsitzenden des Kriegsflüchtlingskomitees und Chef Hirschmanns, Pehle, anging, so meinte Halifax, seine Reaktionen seien, „wie ich befürchte, in weiten Teilen von seinem Verlangen nach öffentlicher Selbstdarstellung und von seinem Wunsch bestimmt, in den Augen der jüdischen Welt als der Daniel des 20. Jahrhunderts dazustehen". Auf Hirschmanns eigene Aktivitäten eingehend, ergänzte Halifax, er halte diese für „gefährlich emotional". Er schloß sein Telegramm wie folgt:

... scheint mir aus hiesiger Sicht kein großer Unterschied zwischen uns und der amerikanischen Regierung in der Reaktion auf diesen Vorschlag zu bestehen; unter der Voraussetzung, daß die rein emotionale Erbitterung bei den Zionisten und beim Kriegsflüchtlingskomitee unter Kontrolle gehalten werden kann, ist meines Erachtens kein Grund vorhanden, warum wir nicht zu einer gemeinsamen Politik kommen sollten.[17,]

In einem Bereich zumindest sah es so aus, als seien sich Briten und Amerikaner in ihrer Einschätzung einig: Am 24. Juni berichtete Knatchbull-Hugessen aus Ankara, auch sein amerikanischer Kollege Steinhardt fange allmählich an, „sich über die individuellen Aktivitäten von Vertretern der verschiedenen jüdischen Organisationen zu ärgern; auch ist er sich des Gewichtes, das die jüdische Flüchtlingsfrage in bezug auf die Präsidentschaftswahl besitzt, sehr deutlich bewußt ..."[18]

Welche Motive das Kriegsflüchtlingskomitee auch leiten mochten, es hielt, wie Halifax nach London berichtete, an seiner Auffassung fest, die Brand-Vorschläge „könnten möglicherweise zu anderen und vielleicht weniger unannehmbaren Vorschlägen führen" und es könnten vielleicht „einige Leben gerettet werden, und sei es nur für so lange Zeit, wie wir die Verhandlungen hinziehen können".[19]

Im Exekutivrat der Jewish Agency wuchs die Frustration angesichts des schleppenden Fortgangs, den die Brand-Mission nahm. Erbitterung herrschte in Jerusalem auch darüber, daß, wie Shertok am 20. Juni vom Ersten Sekretär der Agency erfuhr, an eine Gruppe jemenitischer Juden, die sich im Niemandsland zwischen Aden und dem Jemen aufhielt, keine Palästina-Zertifikate ausgegeben werden durften, außer auf individuellen Antrag hin und nach Prüfung der Bedürftigkeit. „Habe völlige Unmöglichkeit individueller Antragsprozedur für Jemeniten betont", telegrafierte Shertok am 22. Juni an Linton und fügte hinzu, er habe den Ersten Sekretär darauf hingewiesen, daß es für die Zukunft des jüdischen Volkes, wie er sich ausdrückte, „unerheblich ist, ob Juden von Nazis in Europa ermordet werden oder in Südarabien Hunger oder Seuchen zum Opfer fallen".[20]

Es dauerte noch bis zum 23. Juni 1944, ehe die Alliierten erfuhren, daß in den vorausgegangenen 38 Tagen insgesamt mehr als 435 000 ungarische Juden nach Auschwitz deportiert worden waren. An diesem Tag erhielt der Kodirektor des Genfer Palästinabüros, Dr. Chaim Pozner, einen Brief aus Budapest, dessen Absender Mosche Krausz war, der Direktor des dortigen Palästinabüros. Die Nachrichten, die dieser Brief enthielt, schlugen in Genf ein wie keine andere in den Jahren zuvor erhaltene Meldung, denn man wußte nun genau, was „Auschwitz" bedeutete.

Der Brief war in Budapest am 19. Juni abgegangen und per Kurier in die Schweiz geschmuggelt worden. Ihm waren zwei Anlagen beigeschlossen. Die erste war eine weitere Abschrift des Vrba-Wetzler-Berichts, also der detaillierten Beschreibung der Vernichtungsmaschinerie in Auschwitz-Birkenau. Die zweite Anlage listete bis dahin im Westen unbekannte Einzelangaben zur Deportation von mindestens 435 000 ungarischen Juden nach Auschwitz zwischen dem 15. Mai und dem 23. Juni auf. Dieser zweiten Anlage zufolge wurden gegenwärtig weitere 350000 Juden zur baldigen Deportation in und bei Budapest zusammengezogen.

In seinem diese Dokumente begleitenden Brief vom 19. Juni schrieb Krausz, die gesamte jüdische Gemeinde Ungarns sei „zum Tode verurteilt"; er fügte hinzu: „Es gibt keine Ausnahmen, es gibt kein Entrinnen, es gibt keine Möglichkeit, sich zu verbergen, und wir müssen unserem Schicksal entgegensehen. Wir haben nicht einmal die Möglichkeit, in ein benachbartes Land zu fliehen."

Das brennende Anliegen, das aus dem Krausz-Brief sprach, war die Rettung der noch lebenden 350000 ungarischen Juden vor der Deportation nach Auschwitz.

Krausz äußerte „für den Fall, daß", wie er schrieb, „die christliche Welt sich zu dem Versuch entschließen sollte, Schritte zu unseren Gunsten zu unternehmen", einige Vorschläge. Er hielt es für „möglich, ein paar tausend Personen durch die Ausstellung von Palästina-Pässen zu retten, d.h. indem man den Betreffenden die palästinensische Staatsbürgerschaft garantiert". In diesem Fall müsse, so führte Krausz weiter aus, die Schweizer Botschaft in Budapest zur Ausgabe solcher Pässe ermächtigt und „mit den erforderlichen Paßformularen ausgestattet" werden. All dies müsse aber, wenn überhaupt, dann „unverzüglich geschehen, sonst ist es zu spät".

Ebensogut wie Palästina-Pässe könnten, wie Krausz weiter vorschlug, auch Pässe anderer neutraler Staaten ausgestellt werden. Sein Brief schloß mit den Worten: „Ich bitte Sie, vorzusprechen, wo Sie nur können, und an alle Menschen mit Gefühl zu appellieren. Wir sind sicher, daß die Amerikaner und Engländer uns helfen werden. Bitte helft uns."[21]

Pozner handelte sofort, ebenso wie auch die Schweizer Repräsentanten anderer jüdischer Organisationen, denen er den Krausz-Brief zeigte. Sie setzten die britischen und amerikanischen Stellen in der Schweiz von den Informationen, die ihnen zugegangen waren, in Kenntnis. Pozner schickte auch, ebenfalls noch am 23. Juni, eine Telegramm nach Istanbul, zur Weiterleitung an Jerusalem; darin forderte er „rasches Handeln" und eine „Antwort auf Haftzazis Vorschläge in dieser Angelegenheit".[22] Auch in diesem Text verbarg sich hinter einem scheinbaren Eigennamen ein hebräisches Wort: haftzaza, zu deutsch „Bombardierung". Gemeint war also der Vorschlag, die nach Auschwitz führenden Eisenbahnstrecken zu bombardieren, ja vielleicht den Versuch einer Bombardierung der Krematorien selbst zu machen, ein Vorschlag, den als erster Rabbi Weissmandel aus der Slowakei in seinem Telegramm vom 16. Mai gemacht hatte und der gerade in diesen Tagen vom Kriegsministerium in Washington endgültig verworfen worden war.

Ebenfalls noch am 23. Juni begaben sich der tschechoslowakische Vertreter in Genf, Dr. Jaromir Kopecky, Dr. Riegner vom Jüdischen Weltkongreß und Riegners tschechischer Kollege, Dr. Ullman, gemeinsam zur Zentrale des Internationalen Roten Kreuzes und baten, wie Riegner später seinen Vorgesetzten in New York berichtete, „aufs nachdrücklichste um sofortige Schritte des Roten

Kreuzes im Hinblick auf eine Unterbindung der Deportationen und Massaker mit allen denkbaren Mitteln".[23]

Nun kam Tempo in die Aktionen: Am 24. Juni, einen Tag nach Eintreffen des Krausz-Briefs in Genf, übersandte Riegner dem amerikanischen Botschafter in Bern, Roswell McClelland, eine Zusammenfassung des Vrba-Wetzler-Berichts. In einem Begleitschreiben wies er darauf hin, daß es sich um „zuverlässige" Angaben handle, und er ließ auch hier einen Hinweis auf den „polnischen Major" einfließen und referierte einige Details aus dem Bericht dieses Majors. Dann nannte er sechs Vorschläge, die, wie er schrieb, in Übereinstimmung mit Dr. Kopecky, dem Repräsentanten der tschechoslowakischen Exilregierung, nach Washington übermittelt werden sollten:

1. Die alliierten Regierungen sollten eine Warnung an die Adresse der Deutschen und der Ungarn veröffentlichen, daß sie Vergeltungsmaßnahmen gegen die in den alliierten Ländern lebenden Deutschen ergreifen werden.

2. Die Lager Auschwitz und Birkenau, insbesondere die Gebäude, in denen die Gaskammern und Krematorien untergebracht und die an ihrem hohen Kamin zu erkennen sind, ebenso auch die Wachen am Lagerzaun, die Wachtürme und die Industrieanlagen sollten aus der Luft bombardiert werden.

3. Die folgenden Haupt-Eisenbahnstrecken, die für die täglichen Transporte benutzt werden, sollten ebenfalls bombardiert werden:

a) Kosice (Kaschau) – Kysak – Presov[24] – Novy-Saez[24]

b) Nove Mesto pod Saterom – Medzilaborce

c) Munkatsch[24] – Lawoczne

d) Eisenbahnknotenpunkt Cop[24]

e) Galanta – Leopoldov – Trnava[24] – Nove Mesto –
　　Puchow – Trenzin[24] – Zilina[24] – Cadca

f) Legenye – Satoraljaujhely

4. Vorstehender Bericht sollte, ohne daß auch nur andeutungsweise erwähnt wird, aus welcher Quelle er stammt, durch Rundfunk und Presse weiteste Publizität erhalten, so daß die Deutschen merken, daß die Außenwelt über ihre Greueltaten voll informiert ist.

5. Die öffentlichen Warnungen der alliierten Nationen über den Rundfunk und über andere Instanzen sollten beständig wiederholt werden.

6. Der Heilige Stuhl sollte aufgefordert werden, diese Verbrechen in einer öffentlichen Erklärung aufs schärfste zu verurteilen.[5]

McClelland schritt nach Empfang des Riegnerschen Briefes sofort zur Tat: Er übermittelte Details aus dem Vrba-Wetzler-Bericht noch am gleichen Tag nach Washington. Er zählte ebenfalls die für die Deportationen wichtigsten Eisenbahnstrecken auf, obenan, wie auf der Liste von Riegner, die Strecke Kaschau – Preschau, und fuhr dann fort: „Alle Informanten in der Slowakei und in Ungarn verlangen mit Nachdruck, daß wichtige Abschnitte dieser Bahnstrecken, insbesondere Brücken ..., bombardiert werden, da dies einzig mögliches Mittel zur Verlangsamung oder Unterbindung weiterer Deportationen".

In seinem Telegramm an Washington regte McClelland darüber hinaus „britische und sowjetische Rundfunksendungen und insbesondere Flugblätter" an, mit denen diesen fortgesetzten Deportationen vielleicht ein gewisser „Einhalt"

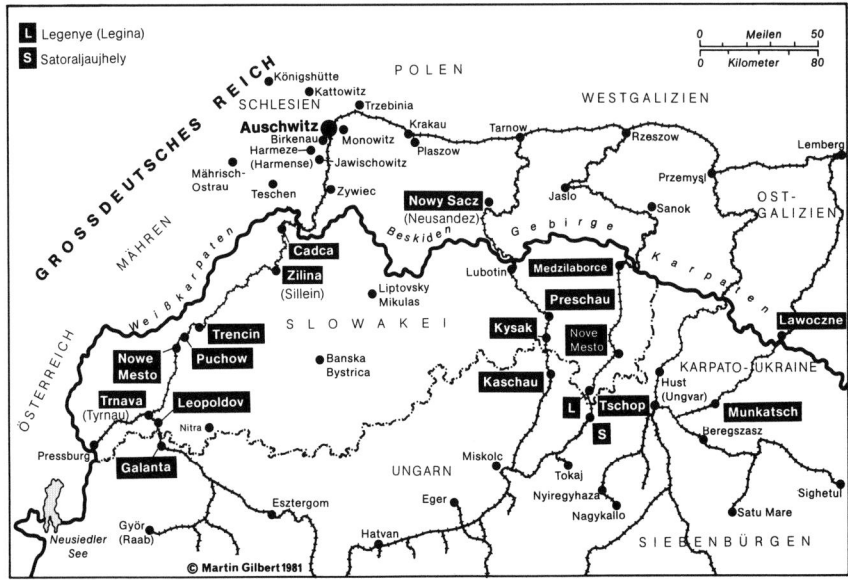

11. Die wichtigsten Eisenbahnlinien, über die die ungarischen Juden zwischen dem 15. Mai und dem 8. Juli 1944 nach Auschwitz deportiert wurden; die Karte zeigt auch (in weißer Schrift) die in dem Preßburger Appell erwähnten Städte, deren Eisenbahnlinien bombardiert werden sollten.

geboten werden könne, vor allem falls es gelänge, den Vatikan zu einer Beteiligung an solchen öffentlichen Erklärungen zu bewegen. Das Telegramm endete mit den Sätzen:

Es gibt kaum einen Zweifel daran, daß viele dieser ungarischen Juden in die Vernichtungslager von Auschwitz (Oświęcim) und Birke Nau (Rajska) im östlichen Oberschlesien geschickt werden, wo jüngsten Berichten zufolge seit dem Frühsommer 1942 mindestens 1500000 Juden ermordet worden sind. Es liegen Anhaltspunkte dafür vor, daß in diesen Lagern bereits im Januar 1944 Vorkehrungen zum Empfang und zur Liquidierung der ungarischen Juden getroffen wurden. Ein eingehender Bericht über diese Lager wird in Bälde telegrafisch übermittelt.

Als McClellands Telegramm zur Kenntnis des Kriegsflüchtlingskomitees gelangte, hinterließ es bei einem der Mitglieder dieses Gremiums, Benjamin Akzin, einen besonders tiefen Eindruck. In einer interministeriellen Mitteilung vertrat Akzin am 29. Juni gegenüber dem Kriegsministerium die Auffassung, die Zerstörung der „materiellen Anlagen" in Auschwitz und Birkenau könne „möglicherweise zu einer merklichen, wenigstens vorübergehenden Verzögerung des systematisch betriebenen Massenmords führen".

Akzins Brief unterstützte die Bemühungen derjenigen, die für die Bombardierung der Gaskammern und Krematorien eintraten. Angesichts des „methodischen Denkens" der Deutschen würde es, so glaubte er, einige Zeit dauern, bis die Anlagen wieder aufgebaut wären „oder bis an anderer Stelle ein ebenso leistungsfähiges Verfahren für den Massenmord und für die Beseitigung der Leichen entwickelt würde. Während dieser Zeit könne man zumindest das Leben einer gewissen Anzahl von Personen retten. Es sei aber auch denkbar, daß auf diese Weise eine „ganz beträchtliche" Zahl von Menschen gerettet würde, da, wie Akzin schrieb, „die deutschen Behörden angesichts der schweren Erschöpfung der deutschen Arbeitskraft- und Materialreserven möglicherweise gar nicht in der Lage sind, sich mit der Aufgabe zu befassen, neue Massenvernichtungszentren anzulegen und auszustatten".

Akzin sprach sich darüber hinaus auch „aus prinzipiellen Gründen" für eine Bombardierung aus, da sie, wie er schrieb, „das fühlbarste – und vielleicht das einzig fühlbare – Zeichen für die Entrüstung darstellen würde, die die Existenz dieser Schädelstätten ausgelöst hat".

Noch ein weiteres Argument für die Bombardierung von Auschwitz und Birkenau führte Akzin an: daß es bei einem Bombenangriff auch viele Todesopfer „unter den unmenschlichsten und niedrigsten aller Nazis" geben würde.

Eine Bombardierung von Auschwitz würde, so fügte Akzin hinzu, keinen „Abzug" amerikanischer Luftstreitkräfte von irgendwelchen wichtigen Einsatzgebieten und militärischen Zielen bedeuten, da Auschwitz mitten in einer solchen Zone lag, unweit des „Bergbau- und Industrreviers" von Kattowitz und Königshütte, das „eine wichtige Rolle innerhalb der deutschen Rüstungsindustrie spielt". Akzin schloß seinen Brief:

> Wahrscheinlich wird bei einem derartigen Bombenangriff eine große Zahl von Juden in diesen Lagern umkommen (andererseits könnten einige in der entstehenden Verwirrung vielleicht fliehen). Aber die Juden dort sind ohnehin zum Tod verurteilt. Die Zerstörung der Lager würde an ihrem Schicksal nichts ändern, wäre jedoch eine sichtbare Vergeltung an ihren Mördern und könnte so vielleicht das Leben potentieller anderer Opfer retten.
>
> Man sollte daran denken, daß das unentrinnbare Los der in den Gettos unweit der Industrie- und Eisenbahnanlagen Ungarns zusammengedrängten Juden für die alliierten Nationen kein Grund gewesen ist, mit dem Bombardement dieser Anlagen aufzuhören. Man kann von daher sagen, daß ein Verzicht auf eine Bombardierung der Vernichtungszentren einer ausgesprochen deplazierten Sentimentalität gleichkäme und weit grausamer wäre als der Entschluß, diese Zentren zu zerstören.[26]

Akzins Appell verpuffte wirkungslos. „Es war eigentlich nicht mein Job, Memoranden dieser Art zu schreiben", erinnerte er sich später. „Manchmal, wenn ich mich aufregte, brachte ich meine Gedanken zu Papier. Aber ich war dort der einzige Europäer – ich bin in Riga geboren. Alle anderen waren typische Amerikaner, die wenig über Europa wußten."[27]

Am selben Tag, an dem Benjamin Akzin seinen Antrag auf eine Bombardierung von Auschwitz und Birkenau unterbreitete, schickte der Vorsitzende des Kriegsflüchtlingskomitees eine Kopie von McClellands Telegramm an den stellvertretenden Kriegsminister John J. McCloy. McCloys rechte Hand, Oberst Harrison A. Gerhardt, hatte sich bereits drei Tage zuvor mit dem – abgelehnten – Ersuchen Rosenheims um eine Bombardierung der für die Deportationen wichtigen Eisenbahnstrecken beschäftigt. Als er McCloy nun den Appell Akzins vorlegte, tat er es mit dem folgenden Randvermerk: „Ich weiß, Sie sagten, ich solle diese Idee ‚abwürgen', aber inzwischen haben wir den beiliegenden Brief von Mr. Pehle bekommen. Ich schlage vor, den beiliegenden Antwortbrief abzuschicken." Dieser von Gerhardt aufgesetzte und von McCloy am 4. Juli ordnungsgemäß unterzeichnete und abgeschickte Antwortbrief enthielt eine Ablehnung der Vorschläge Akzins, die mit ähnlichen Argumenten begründet wurde wie die Verwerfung der Vorschläge Rosenheims durch die Operationsabteilung einige Tage zuvor.[28]

Unterdessen, am gleichen Tag, an dem McClelland seine Antwort nach Washington telegrafiert hatte, wurde eine weitere gekürzte Fassung des Vrba-Wetzler-Berichts nach London weitergeleitet; der Absender war Walter Garrett, der Korrespondent der britischen Nachrichtenagentur *Exchange Telegraph* in der Schweiz. Garrett informierte in seinem Telegramm vom 24. Juni sowohl über die Zusammentreibung der ungarischen Juden in Gettos als auch über ihre Deportation aus Ungarn. Er wies auch darauf hin, daß die Deportationen am 15. Mai zunächst „mit unbekanntem Ziel" begonnen hätten, daß sich dann aber Auschwitz als Bestimmungsort herausgestellt habe. Garrett bestätigte auch den Empfang von Nachrichten über, wie er in der Telegrammsprache formulierte,

dramatische Darstellung eines dunkelsten Kapitels moderner Geschichte, wie 1 715 000 Juden Vernichtungslagern Auschwitz, Birkenau und Harmense[29] (Oberschlesien) getötet. Ebendort erfüllt sich augenblicklich schreckliches Los Ungarnjuden.

Die Berichte, auf die Garrett seine Darstellung stützte, stammten, wie er seiner Zentrale mitteilte, von „zwei Birkenau entflohenen Juden, deren Angaben bestätigt". Im weiteren Verlauf seines Telegramms führte Garrett die im Vrba-Wetzler-Bericht genannten Zahlen an, wobei er versehentlich die 50 000 litauischen Juden ausließ, so daß er auf eine Gesamtzahl von 1 715 000 kam.

Garret beschloß seine telegrafische Zusammenfassung des Vrba-Wetzler-Berichts mit den Worten: „Absolute Korrektheit obigen Berichts unbestreitbar, und katholische Funktionäre mit guten diplomatischen Verbindungen Vatikan wünschen weitestmögliche weltweite Verbreitung."[30]

Unterdessen gingen die Deportationen aus Ungarn unablässig weiter; allein am 25. Juni, einen Tag nachdem McClellands Telegramm in Washington und Garretts Telegramm in London eingetroffen waren, wurden mehr als 15 000 ungarische Juden nach Auschwitz transportiert.

Am 26. Juni, während die Deportationen voll im Gang waren, flog das zweite *Frantic*-Einsatzgeschwader, von dem deutschen Angriff auf den Flughafen Poltawa erholt, nach Italien zurück. Unterwegs bombardierte es die Produktionsanlagen für synthetischen Treibstoff in Drohobycz. Im ganzen waren an dieser Mission 71 Maschinen vom Typ Flying Fortress und 51 Mustang-Jagdflugzeuge beteiligt.[31] Sie überflogen auf ihrem Weg mehrere für die Deportationen wichtige Bahnstrecken.

Ebenfalls am 26. Juni wurde, bei der dritten alliierten Luftaufklärungsmission, die Auschwitz und Birkenau überflog, aus einer Höhe von 10 000 Metern das Gelände beider Lager fotografiert. Wie bei den beiden vorausgegangenen Missionen war das zu fotografierende Ziel auch diesmal die Fabrik der I. G. Farben in Monowitz. Aber auch diesmal war ein weiterer Bereich aufgenommen worden, um sicherzustellen, daß die Kameras das Monowitz-Gelände auch wirklich erfaßten; infolgedessen zeigte eine der Aufnahmen das Lager Auschwitz und das Lager Birkenau jeweils in ihrer ganzen Ausdehnung.[32]

Unter den aufgenommenen Bildern war eines, auf dem sowohl Monowitz als auch Auschwitz I und Birkenau vollständig zu erkennen waren. Zwanzig Bilder zeigten nur Monowitz. Es war freilich auch nur Monowitz und nicht Auschwitz I oder Birkenau, auf das sich das fotografische Interesse der Alliierten richtete, und es war auch allein Monowitz, das, wenn die Fotografien eine genügend exakte Auswertung erlaubten, zu einem Angriffsziel für die alliierten Bomber werden würde.

Die erste Auswertung der Monowitz-Fotografien wurde zwei Tage später erstellt. „Die Gaswerke sind zwar in Tätigkeit", so wurde festgestellt, „aber für die Produktion synthetischen Öls liegen keine Anzeichen vor."

Eines der Generatorenhäuser der Wassergas-Anlage hatte „einen rauchenden Kamin", und fünf Gastanks waren voll. In der Buna-Sektion waren „beträchtliche Fortschritte erzielt worden". Ein zweiter Reaktorkessel war fertiggestellt, ein dritter stand „kurz vor der Vollendung". Auch an anderen Stellen war man mit dem Bauen „beträchtlich" vorangekommen, und es stand zu vermuten, daß die Buna-Sektion „im Augenblick mit etwa der Hälfte ihrer geplanten Kapazität arbeitet".[33]

Die Fotos vom 26. Juni wurden drei Tage nach der ersten einer zweiten, noch eingehenderen Auswertung unterworfen. „Der Gleisanschluß für das Werk", so wurde nunmehr festgestellt, „zweigt von der Strecke Oświęcim-Dziedzice ab. Die Bahn- und Straßenverbindungen zur umliegenden Region und zu den anderen Raffinerien und Werken für synthetisches Öl in der Gegend sind im allgemeinen gut." Die Bauarbeiten für die Treibstoff-Produktionsanlage seien seit dem ersten Erkundungsflug am 4. April „rasch fortgeschritten": „Eine der drei Hydrier-Einheiten scheint fertiggestellt zu sein, die anderen beiden scheinen kurz vor der Vollendung zu stehen." Was das „Personal" betraf, so zeigten die Fotos viele „über das Gelände verstreute" Personen sowie eine große Anzahl von Lastwagen, die „in vielen Teilen des Werksgeländes zu sehen sind – manche in Bewegung". An vielen Stellen waren „Bagger bei der Arbeit zu sehen", und zu erkennen waren auch, ebenfalls über das Fabrikgelände verteilt, „Stapel von Baumaterial und Gerätschaften, die darauf warteten, verbaut zu werden".

Trotz der erkennbaren Fortschritte zeigten die Luftaufnahmen vom 26. Juni doch auch, daß es noch eine „beträchtliche Zeit" bis zur Fertigstellung „aller Anlagen" dauern würde; waren sie jedoch erst einmal fertiggestellt, dann würden die Buna-Werke Monowitz eine jährliche Produktionskapazität von 20 000 Tonnen synthetischen Kautschuks und die Treibstoff-Fabrik einen Ausstoß von

375 000 Tonnen synthetischen Öls erreichen. Der augenblickliche Ausstoß an synthetischem Öl wurde allerdings, solange lediglich eine Hydrier-Einheit in Betrieb war, auf nur 62 500 Tonnen pro Jahr geschätzt, eine Kapazität, die sich bei einer Inbetriebnahme der beiden anderen, „anscheinend fertiggestellten" Einheiten auf 180 000 Tonnen erhöhen würde. Wie es in dem Auswertungsbericht hieß, seien die Fundamente für vier weitere Hydrier-Einheiten angelegt worden; von da her erklärte sich die genannte hohe Ziffer für die angenommene Endkapazität der Fabrik,[34] und von daher erklärte sich auch, warum Monowitz zu einem wichtigen Angriffsziel der alliierten Bomberverbände aufrückte.

Eines der am 26. Juni aufgenommenen Fotos wurde diesem zweiten Auswertungsreport beigeheftet; darauf waren insgesamt 62 Stellen markiert, unter anderem die fertiggestellten, beinahe fertiggestellten und geplanten Hydrier-Einheiten der Anlage für die Produktion synthetischen Öls sowie die für die einzelnen Stationen der Produktion synthetischen Kautschuks im Buna-Werk wichtigen Anlagen. Identifiziert wurde ferner eine im Bau befindliche Leichtmetallfabrik für die Aluminium-Reduktion und das „Konzentrationslager", das auch bereits auf den Fotografien vom 4. April gekennzeichnet und in dem auf ihnen beruhenden Plan eingezeichnet gewesen war.

Keiner der beiden Analyseberichte zu den Aufnahmen vom 26. Juni enthielt einen Hinweis auf die Fotografie, auf der auch Auschwitz I und Birkenau zu sehen waren. Für diejenigen, deren Aufgabe darin bestand, die industriellen Produktionsanlagen für Öl und Kautschuk ausfindig zu machen, waren diese Bildausschnitte eindeutig nicht von Interesse. Betrachtet man sich diese Fotografie heute, so kann man auf ihr mehrere der im Vrba-Wetzler-Bericht beschriebenen Örtlichkeiten und Bauten erkennen, unter anderem das kleine Wäldchen, die vier Gaskammern, die vier Krematorien und den von der Hauptstrecke abzweigenden, ins Innere des Lagers Birkenau führenden Gleisanschluß. An der „Rampe" steht sogar ein Zug.

Ebenfalls am 26. Juni schrieb Richard Lichtheim aus Genf an Jerusalem; er berichtete, sämtliche Provinzen des nördlichen und östlichen Ungarn seien bereits „judenrein", und selbst aus Budapest seien Briefe gekommen, aus denen hervorgehe, „daß unsere Freunde dort keinerlei Hoffnung mehr haben, davonzukommen. Im Grunde sagen sie uns Lebwohl." Täglich würden, so fügte Lichtheim hinzu, aus Ungarn „10 000 bis 12 000 Personen in die Todeslager deportiert". Er schloß seinen Brief mit der Feststellung: „Die einzige Methode, die wirksam gewesen wäre (und die auch in Vorschlag gebracht worden ist), ist bis jetzt noch kein einziges Mal angewandt worden: Repressalien."[35]

Der Gedanke, Repressalien gegen in alliierter Hand befindliche Deutsche zu ergreifen, war in den Augen der Alliierten immer schon eine zweischneidige Waffe gewesen, insbesondere angesichts der Tatsache, daß sich so viele alliierte Soldaten, darunter Piloten und Flugzeugbesatzungen, als Kriegsgefangene in deutschen Händen befanden. Allein bei Dünkirchen waren über 40 000 britische Soldaten in Gefangenschaft geraten.[36]

Am 26. Juni sandten die beiden Vertreter der Jewish Agency in Portugal über

die amerikanische Botschaft in Lissabon eine Depesche an die beiden Führer des
amerikanischen Judentums, Stephen Wise und Nahum Goldmann, in der sie
die am 19. Juni aus Budapest erhaltene Nachricht weitergaben, daß „bereits
400 000 Juden nach Polen geschickt" worden waren, und das Ersuchen der beiden führenden Budapester Juden Krausz und Kastner um ein „kraftvolles Handeln" der verbündeten Nationen „zur Rettung der Übriggebliebenen" übermittelte.

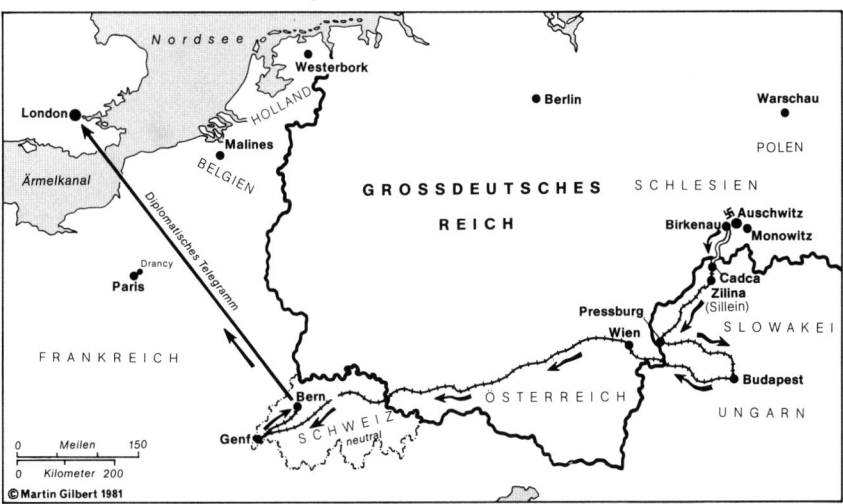

*12. Der Weg, auf dem der Vrba-Wetzler-Bericht und der Mordowicz-Rosin-Bericht über die Vor-
gänge in Auschwitz vom Lager Birkenau nach London gelangten.*

Im zweiten Teil dieses Telegramms aus Lissabon, das durch das Kriegsflüchtlingskomitee in Washington an die zionistischen Führer in New York weitergeleitet wurde, war von einem ganz anderen Problem die Rede: von jüdischen Kindern, für die es die Möglichkeit gäbe, Rumänien zu verlassen, wenn dafür ein
Schiff zur Verfügung gestellt würde. Diese Kinder waren nicht unmittelbar von
der Deportation bedroht. Nichtsdestoweniger würden sie in Palästina sicherer
aufgehoben sein. „Wie wir aus Istanbul erfahren", berichteten die Lissaboner
Kontaktleute, „steht Schiffsraum für 7 600 zur Verfügung", und sie fügten hinzu: „Riesige Summen umgehend benötigt", wobei sie unter anderem an eine
„Beihilfe" vom Kriegsflüchtlingskomitee dachten.[37]

Den jüdischen Organisationen in der Schweiz war sehr daran gelegen, die Informationen über Auschwitz und die Deportationen aus Ungarn zur persönlichen
Kenntnis von Churchill zu bringen. „Ich wäre Ihnen dankbar, wenn Sie so
freundlich wären, die beiliegende dringende Nachricht nach London zu telegrafieren", schrieb Lichtheim am 26. Juni an Douglas Mackillop von der britischen
Botschaft in Bern, und er fügte hinzu: „Es treffen immer mehr Berichte ein über

das grauenhafte Schicksal der ungarischen Juden und die von den Deutschen in den Todeslagern Polens und Oberschlesiens begangenen Massenmorde."[38]

Mackillop handelte umgehend; am Abend des 26. Juni, kurz vor 20 Uhr, übermittelte der britische Botschafter in Bern, Clifford Norton, dem Auswärtigen Amt in London den Text einer Botschaft, die Lichtheim für die Jewish Agency aufgesetzt hatte. Das zur Eilsache deklarierte Telegramm traf in London am 27. Juni um vier Uhr morgens ein. Sein erster Teil war eine Zusammenfassung des Krausz-Briefes vom 19. Juni und lautete:

Erhielten neue Berichte aus Ungarn besagend daß nahezu Hälfte von insgesamt 800 000 Juden in Ungarn bereits deportiert bei einer Rate von 10 000 bis 12 000 per diem. Die meisten dieser Transporte gehen ins Todeslager Birkenau nahe Oświęcim in Oberschlesien wo im Laufe letzten Jahres über 1 500 000 Juden aus ganz Europa getötet worden sind.

Wir besitzen detaillierte Angaben über Zahl der Getöteten und verwendete Methoden. Die vier Krematorien in Birkenau haben eine Vergasungs- und Verbrennungskapazität von 60 000[39] per diem.

In Budapest und Umgebung sind noch zwischen 300 000 und 400 000 Juden übrig einschließlich der zwangsweise Dienstverpflichteten. Dagegen sind in den Ost- und Nordprovinzen keine Juden mehr übrig, und einem Brief vom Direktor unseres Palästinabüros in Budapest zufolge haben die verbliebenen Juden in und um Budapest keine Hoffnung, davonzukommen.

Im zweiten Teil seines Telegramms listete Lichtheim die Maßnahmen auf, die die jüdischen Organisationen in Genf für dringlich erachteten: zunächst einmal, daß die Tatsachen selbst, „die durch verschiedene Briefe und Berichte aus verläßlichen Quellen belegt sind", „größtmögliche Publizität" erhalten sollten und daß die ungarische Regierung „noch einmal darauf hingewiesen werden sollte, daß sie zur Verantwortung gezogen werden wird, weil sie mit ihren eigenen Polizeikräften den Deutschen bei der Verhaftung und Deportierung und somit bei der Ermordung der Juden hilft". Es folgten dann vier weitere Vorschläge: erstens „Repressalien gegen Deutsche in alliierter Hand"; zweitens „Bombardierung von Eisenbahnstrecken zwischen Ungarn und Birkenau"; drittens gezielte „Bombardierung der Tötungsanlagen in den Vernichtungslagern"; viertens die Bombardierung „aller Regierungsgebäude" in Budapest. Das Telegramm endete mit der Aufforderung: „Bitte ziehen Sie diese oder andere Vorschläge in Erwägung, informieren Sie auch Jerusalem und New York über die Situation."[40]

Obgleich das Telegramm von Lichtheim am frühen Morgen des 27. Juni im Auswärtigen Amt in London eintraf, wurde es erst am 1. Juli an die Jewish Agency weitergeleitet. Allerdings wurden bereits am 27. Juni im Auswärtigen Amt etliche zur Weitergabe an die Mitglieder des Kriegskabinetts bestimmte Kopien davon erstellt. Eine dieser Kopien war es, durch die Churchill zum ersten Mal von den Deportationen aus Ungarn erfuhr. Er schickte sofort eine Notiz an Eden: „Was kann man tun? Was kann man sagen?"[41]

Genau am gleichen Tag, an dem Lichtheims Telegramm beim Auswärtigen Amt eingegangen war, veröffentlichte der *Manchester Guardian* einen Artikel, in dem das den ungarischen Juden bevorstehende Schicksal angedeutet war. Der Beitrag, der allerdings auf einer der inneren Seiten erschien, trug die Überschrift: SCHICKSAL DER UNGARISCHEN JUDEN. MASSAKER BEGINNEN. Der Artikel begann mit dem Satz: „Die Informationen, denen zufolge die Deutschen die systematische Ausrottung der ungarischen Juden betreiben, haben sich in den letzten Tagen erhärtet." Weiter hieß es, man habe Berichte „aus Polen" erhalten, aus denen hervorgehe, daß „Tausende von Juden im Konzentrationslager Oświęcim angekommen sind". Wie der *Manchester Guardian* weiter meldete, war „heute abend", d. h. am Abend des 25. Juni, eine weitere Nachricht eingetroffen, derzufolge die Zahl der ungarischen Juden, „die in den von den Deutschen in Polen eingerichteten Todeslagern bereits umgekommen sind", im Bereich von 100 000 liege. Diese Meldungen würden zwar, so fügte die Zeitung hinzu, „in London nicht bestätigt", aber es sei „bekannt, daß Deutschland schon seit einiger Zeit damit droht, das ungarische Judentum auszurotten".

Bei der Quelle, auf die sich der Artikel vom 25. Juni bezog, muß es sich um das Telegramm gehandelt haben, das Garrett einen Tag zuvor aus der Schweiz abgeschickt hatte. Ein anderer vom *Manchester Guardian* am 27. Juni in einer anderen Spalte zitierter Informant war der jüdische Vertreter des Polnischen Nationalrats, Dr. E. Scherer, der „gestern" eine Nachricht aus Polen erhalten habe, die besage, „daß die Deutschen die noch verbliebenen Reste der jüdischen Bevölkerung Polens jetzt im Konzentrationslager Oświęcim vergasen und abschlachten". Eine weitere, aus wieder anderer Quelle stammende Botschaft berichte, so hieß es ferner, „im Lauf des Monats Mai seien hunderttausend ungarische Juden nach Oświęcim gebracht und abgeschlachtet worden".

Die Jewish Agency in Jerusalem, die am 27. Juni die Botschaft aus der Schweiz mit der Nachricht von den Deportationen aus Ungarn und den Vorschlägen der Bombardierung der Bahnlinien noch nicht erhalten hatte, setzte unterdessen weiterhin vorrangig auf die Weiterverfolgung des Brand-Projekts. Shertok war am 21. Juni nach Kairo geflogen, um ein Gespräch mit Hirschmann zu führen. Er war am 23. Juni mit Lord Moyne zusammengetroffen und dann mit dem Flugzeug nach Jerusalem zurückgekehrt. Am 24. Juni flog er nochmals nach Kairo; für den darauffolgenden Morgen erhielt er einen Platz in einem Flugzeug nach London zugewiesen und traf am selben Abend dort ein.

Das Auswärtige Amt und das Kriegsministerium waren jedoch beide immer noch entschieden gegen ein Eingehen auf die Brand-Vorschläge. Am 26. Juni übermittelte A. J. Kellar von der Militärischen Aufklärung Randall vom Auswärtigen Amt die Auffassung der Nahost-Aufklärung, die Jewish Agency versuche, „uns zu einer raschen Antwort auf den deutschen Vorschlag zu drängen, während wir uns der dahinterstehenden Motive noch nicht sicher sind".[42] In einem zweiten Brief an Randall reichte Kellar am selben Tag noch zwei weitere Argumente nach, die von Brigadier Maunsell von der Nahost-Aufklärung stammten, der mit Ira Hirschmann gesprochen hatte und berichtete, Hirschmann vertrete „in der Angelegenheit offensichtlich eine weit objektivere und reserviertere Haltung, als die Vertreter der Jewish Agency in Palästina und der Türkei es bisher tun…". Ferner warnte Maunsell: „Das gewichtigste Gegenargument gegen eine Rückkehr Brands ist die Gefahr, daß er eine geheime und von uns nicht autorisierte Botschaft der Jewish-Agency-Repräsentanten in Nahost oder in der Türkei überbringen könnte."

Brigadier Maunsell empfahl der Militärischen Aufklärung, keine Gespräche mehr zwischen jüdischen Vertretern und Brand zuzulassen; wie er berichtete, hatte er sich, mit Lord Moynes Zustimmung, bereits geweigert, Shertok eine zweite Zusammenkunft mit Brand zu gestatten. Was Brands Begleiter Groß angehe, so sei er „ein Mehrfachagent, der für die Nachrichtendienste sechs verschiedener Länder arbeitet".[43]

Randall selbst machte, ebenfalls noch am 26. Juni, den Vorschlag, in Anbetracht der Ankunft von Shertok „und des zunehmenden Drucks von seiten der Jewish Agency" den Flüchtlingsausschuß des Kriegskabinetts „über die letzten Stationen des Gestapo-Angebots in bezug auf die Juden" zu informieren; eine von ihm in diesem Sinn aufgesetzte und von Eden unterzeichnete Note wurde noch am gleichen Tag zur Verteilung an die Kabinettsmitglieder ausgefertigt.

In dieser Note vom 26. Juni stellte das Auswärtige Amt fest, die Antwort auf das Ersuchen Shertoks nach Aufnahme von Verhandlungen solle zwei Aspekte deutlich machen; zum einen, daß „die Eröffnung von Gesprächen über materielle Vergütungen (soundsoviele Juden gegen soundsoviele Tonnen Seife usw.) einer endlosen Reihe von Erpressungen Tür und Tor öffnen würde und daher entschieden abgelehnt werden muß"; zum zweiten, daß es für die britische oder amerikanische Regierung unmöglich wäre, auf der von Brand vorgeschlagenen Basis in irgendwelche Kontakte mit der Gestapo oder „selbst mit der deutschen Regierung" einzutreten, „vor allem angesichts der entschiedenen Weigerung der sowjetischen Regierung, deren militärisches Interesse hier sehr stark ins Gewicht fällt, weil die Russen am nächsten bei Ungarn stehen, dem Land mit den meisten noch verbliebenen zusammenhängenden jüdischen Gemeinden".[45]

Am 27. Juni suchte Shertok in Begleitung von Joseph Linton das Auswärtige Amt auf. Sie wurden empfangen von Randall, Walker und Henderson. Shertok räumte gleich zu Anfang ein, daß jede Publizität in bezug auf die Brand-Vorschläge schädlich wäre; dagegen drängte er darauf, daß die britischen Behörden unter der vorläufig als gegeben anzunehmenden Voraussetzung, daß die „Vorschläge ernst gemeint" waren, Brand die sofortige Rückreise nach Budapest gestatten sollten, „mit einer Botschaft für die Gestapo, daß die Regierung S. M. und die amerikanische Regierung diese Vorschläge erörtern würden und daß die deutsche Regierung in Kürze von ihnen hören werde".

Shertok stimmte mit den Vertretern des Auswärtigen Amtes darin überein, daß der „einzig korrekte Weg der Kontaktaufnahme" zwischen der britischen und der deutschen Regierung „über die Schutzmacht" führte. Er fügte hinzu, er wünsche sich sehr, daß Vertreter der britischen und amerikanischen Regierung mit solchen der deutschen Regierung zusammenträfen, einmal „um den Deutschen einen Köder vor die Nase zu hängen", aber auch in der Hoffnung, „daß bei einem solchen Gespräch der eine oder andere praktische Vorschlag herauskommen könnte".

Die Vertreter des Auswärtigen Amtes machten deutlich, daß eine solche Zusammenkunft auf keinen Fall ohne das Einverständnis der sowjetischen Regierung stattfinden könne, und dieses zu erlangen, sei „mit ziemlicher Gewißheit unmöglich". Shertok entgegnete, „die Agency erkenne dies voll und ganz an"; er schlug jedoch vor, das Kriegsflüchtlingskomitee solle „direkt Verbindung mit den Deutschen" aufnehmen. Auch das spanische und das Internationale Rote Kreuz wurden als „möglicherweise geeignete Vermittler" ins Gespräch gebracht.

Shertok stimmte seinen Gesprächspartnern vom Auswärtigen Amt darin zu, daß „jeder Vorstoß, den die Regierung S. M. und die Regierung der Vereinigten Staaten unter Vermittlung der Schutzmacht unternehmen, auf die Unterbreitung von Gegenvorschlägen" abheben und daß „zunächst einmal" eine Anzahl ganz bestimmter Aktionen vereinbart und durchgeführt werden sollte; zwei solche denkbaren Aktionen wurden laut Protokoll des Gesprächs ausdrücklich erwähnt: „Transport von 20000 jüdischen Kindern in die Schweiz und von 5000 jüdischen Kindern mit Begleitpersonen aus der Balkanregion".

Als Anthony Eden das Protokoll dieses Treffens durchsah, vermerkte er zu dem von Shertok geäußerten Wunsch nach einer Zusammenkunft englischer und amerikanischer Regierungsvertreter mit Repräsentanten der deutschen Regierung: „Das kommt nicht in Frage."[46]

Am 28. Juni bat Shertok, auf Anregung Weizmanns, um eine Unterredung mit Eden selbst. Eden zögerte, sich hierzu bereitzuerklären. In einem Vermerk für seinen Privatsekretär schrieb er noch am selben Tag: „Was sagen Sie? Muß ich? Welcher meiner Kollegen kümmert sich um diese Angelegenheit? Staatssekretär oder Mr. Hall? Zumindest einer der Verantwortlichen sollte zum Gespräch mit diesen beiden Juden zur Verfügung stehen. Weizmann faßt sich normalerweise kurz."[47]

Es war George Hall, der sich bereiterklärte, Shertok und Weizmann am 30. Juni zu empfangen, ohne daß Eden zugegen sein mußte. Bei dieser Unterredung forderte Shertok erneut, Brand aus Kairo nach Budapest zurückreisen zu lassen. Seine Rückreise solle, so meinte Shertok, nur dann noch weiter verzögert werden, „wenn die Möglichkeit bestünde, daß er etwas später eine definitive Antwort mitnehmen kann".

Shertok wies sodann darauf hin, daß „die Zeit unerhört dränge", und forderte angesichts dessen zwei Sofortmaßnahmen: Die Alliierten sollten der deutschen Regierung durch Vermittlung der Schutzmacht die Botschaft übermitteln, sie seien „bereit, mit den Deutschen zusammenzutreffen, um über die Rettung der Juden im allgemeinen zu sprechen"; gleichzeitig solle das Kriegsflüchtlingskomitee „mit Vertretern der Gestapo zusammentreffen".

Shertok sprach sich für die Einschaltung des Kriegsflüchtlingskomitees aus, um eine offizielle Kontaktaufnahme über die Schutzmacht mit dem möglichen Ergebnis „einer förmlichen Absage" zu vermeiden. Jede Antwort auf die Brand-

Vorschläge solle, so forderte er darüber hinaus, die Feststellung enthalten, die Alliierten erwarteten, daß die Deportationen „für die Dauer der Verhandlungen eingestellt würden".

Am Schluß der Unterredung unterbreitete Shertok noch zwei weitere Vorschläge: „daß man über den Rundfunk eine Aufforderung an die ungarischen Eisenbahner ausstrahlen könnte, sie sollten die Beförderung der Juden in die Todeslager verweigern", und „daß die Todeslager bombardiert werden müßten", ein Vorschlag, der, wie Shertok sagte, auf Krausz zurückging.[48]

Die erste dieser beiden Anregungen wurde sofort weitergegeben und alsbald in die Tat umgesetzt. Fünf Tage später, am 5. Juli, verlas ein hoher Funktionär der Internationalen Transportarbeiter-Gewerkschaft über das Auslandsprogramm der BBC einen Appell an die ungarischen Eisenbahnarbeiter, sich der Beförderung der Juden in die Todeslager zu widersetzen; der Appell wurde einen Tag später nochmals wiederholt, und am 11. Juli wurde auf die besondere Bitte des Auswärtigen Amtes hin erneut ein ähnlich gehaltener Appell ausgestrahlt.[49]

Die zweite Anregung Shertoks, die sich auf die Bombardierung der Vernichtungslager bezog, wurde ebenfalls aufgegriffen.

Oberschlesien war zwar zu weit entfernt von den britischen Luftwaffenstützpunkten, als daß ein nächtlicher Präzisionsangriff durch die Royal Air Force auf Auschwitz-Birkenau möglich gewesen wäre, aber ein Angriff bei Tageslicht durch die amerikanische Luftwaffe war denkbar. Aber wenn es dazu kommen sollte, mußte einem solchen Angriff schon eine sehr hohe Priorität zugewiesen werden, denn die deutsche Treibstoffproduktion stellte immer noch einen kriegswichtigen, den alliierten Vormarsch sowohl im Osten als auch im Westen gefährlich hemmenden Faktor dar. Aus eben diesem Grund waren die Amerikaner ja gerade im Begriff, das an sie gerichtete jüdische Ersuchen um eine Bombardierung der Eisenbahnverbindungen abzulehnen. „Das Kriegsministerium", schrieb McCloy am 4. Juli an Pehle, „ist der Auffassung, daß die beantragte Luftoperation undurchführbar ist." Erläuternd fügte er hinzu:

Sie könnte nur um den Preis eines Abzugs beträchtlicher Luftwaffenkapazitäten durchgeführt werden, die für einen Erfolg unserer augenblicklich in entscheidende Operationen verwickelten Streitkräfte unverzichtbar sind, und ihre Wirksamkeit wäre in jedem Fall so zweifelhaft, daß wir darin kein praktikables Projekt sehen können.[50]

Ein Gegner des Vorschlags, die Lager selbst zu bombardieren, war Leon Kubowitzki, der Leiter der Rettungsabteilung des Jüdischen Weltkongresses. Zur selben Zeit, als das Kriegsministerium das Ersuchen um eine Bombardierung der Eisenbahnverbindungen ablehnte, vertrat Kubowitzki gegenüber dem Kriegsflüchtlingskomitee die Auffassung, eine Zerstörung der Vernichtungsanlagen aus der Luft könne nicht in Frage kommen, „da die ersten Opfer dabei die Juden wären, die in diesen Lagern untergebracht sind".

Kubowitzki machte noch einen zweiten Einwand geltend. Eine Bombardierung wäre, so schrieb er, „für die Deutschen ein willkommener Vorwand, zu behaupten, ihre jüdischen Opfer seien nicht von ihren deutschen Mördern massakriert, sondern durch die alliierten Bombenangriffe getötet worden".

Der Plan, den Kubowitzki bevorzugte und den er am 28. Juni bereits dem Kriegsflüchtlingskomitee gegenüber zur Sprache gebracht hatte, sah vor, daß die Amerikaner sich an die sowjetische Regierung wenden sollten „mit der Bitte, diese solle über Auschwitz Fallschirmjägertruppen absetzen, die das Gelände erstürmen, die Mordbrigaden liquidieren und die unglücklichen Lagerinsassen befreien sollten". Zugleich sollten die Amerikaner, so schrieb Kubowitzki, die polnische Exilregierung bitten, „die polnische Untergrundbewegung anzuweisen, diese und ähnliche Lager anzugreifen und die Werkzeuge des Todes zu zerstören".[51]

Das Ersuchen Kubowitzkis um einen Fallschirmjägereinsatz wurde vom Kriegsflüchtlingskomitee nicht einmal an das Kriegsministerium weitergeleitet. Wie Pehle selbst zwei Monate später in einem Brief an Morgenthau erläuterte:

Es erschien in diesem Stadium des Krieges nicht angebracht, dem Kriegsministerium die Abstellung militärischen Personals oder militärischen Geräts für nichtmilitärische Zwecke vorzuschlagen. Außerdem sind Luft- und Fallschirmjägerangriffe dieser Art notwendigerweise mit Verlusten auf seiten der Angreifer verbunden, und wir fühlten uns nicht berechtigt, vom Kriegsministerium eine Maßnahme zu fordern, die die Opferung amerikanischer Soldaten beinhaltet hätte.

Pehle äußerte sich auch zu der Anregung Kubowitzkis, die polnische Exilregierung solle „ihre Untergrund-Streitkräfte auf die Zerstörung der Todeslager und die Befreiung der dortigen Gefangenen ansetzen"; diese Bitte, so schrieb er, sei zum ersten Mal am 27. Juni von Dr. Schwarzbart vom Polnischen Nationalrat an den polnischen Premierminister herangetragen worden. Es sei daraufhin nichts unternommen worden. Pehle fügte hinzu:

Angesichts des allem Anschein nach tief verwurzelten Antisemitismus bei einem großen Teil der polnischen Regierung und Untergrundbewegung erschien es höchst unwahrscheinlich, daß die Polen guten Willens den Versuch machen würden, die Vernichtungszentren nachdrücklich anzugreifen, es sei denn unter starkem politischem Druck und bei Zusage politischer Unterstützung.

Tatsächlich ist es sehr zu bezweifeln, ob die Polen über die Kräfte verfügten, die zur Durchführung einer derartigen Operation erforderlich gewesen wären.[52]

Ein weiteres, bereits wesentlich früher vorgetragenes Ersuchen der Jewish Agency trug Ende Juni Früchte: die Bitte Weizmanns um eine Kontaktaufnahme mit Tito wegen der Rettung ungarischer Juden über jugoslawisches Territorium. Churchill hatte dieses Projekt unterstützt, und als die Jewish Agency am 28. Juni anfragte, ob Reuven Zaslani nach Bari fahren und Verbindung zu Titos dortigem Vertreter Velebit aufnehmen dürfe, telegrafierte Lord Moyne an den britischen Geschäftsträger in Algier: „Ich vermag die Chancen des Projekts nicht einzuschätzen, würde jedoch zögern, einem Plan, der die Flucht von Juden aus dem

Herrschaftsgebiet der Achsenmächte zu fördern geeignet ist, ohne triftigen Grund Steine in den Weg zu legen."[53]

Um nach London zurückzukehren: die beiden Unterredungen Shertoks mit dem Auswärtigen Amt hatten lediglich bewirkt, daß der offizielle Widerwillen, die Bitte der Jewish Agency um Verhandlungen zwischen den Alliierten und den Deutschen aufzugreifen, bestärkt wurde. Als Eden das Protokoll des Gesprächs zwischen Shertok und George Hall las, unterstrich er die zentrale Forderung Shertoks, die Alliierten sollten der deutschen Regierung mitteilen, sie seien „bereit, mit den Deutschen zusammenzutreffen", um über die Rettung der Juden zu sprechen, und fügte die Randbemerkung hinzu: „Sind wir Nicht."[54]

Unterdessen hatte der *Manchester Guardian* am 29. Juni eine Botschaft des Jüdischen Weltkongresses abgedruckt, in der es hieß, man habe am 17. Juni erfahren, „daß die Deutschen in der Zeit zwischen dem 15. und 27. Mai 62 mit jüdischen Kindern zwischen 2 und 9 Jahren vollgeladene Güterwaggons aus Ungarn abtransportiert hätten und daß täglich 6 Güterwaggons mit erwachsenen Juden auf der Reise zu einem unbekannten Bestimmungsort den Bahnhof von Plaszow bei Krakau passierten".

In dieser Meldung war nicht ausdrücklich von Auschwitz oder Birkenau die Rede. Es hieß dafür ergänzend, die polnische Exilregierung in London sei im Besitz einer vom 14. Juni datierten Nachricht, die bestätige, daß 100 000 ungarische Juden „in den Todeskammern der berüchtigten deutschen Vernichtungslager in Polnisch-Galizien[55] durch Massenvergasungen massakriert" worden seien und daß 750 000 noch in Ungarn befindliche Juden sich „in unmittelbarster Gefahr" befänden.

Eden hatte sein Nein zu jeglichen Verhandlungen mit den Deutschen um die „Rettung" von Juden bereits zum Ausdruck gebracht. Seine ablehnende Haltung war jedoch den Verantwortlichen der Jewish Agency unbekannt; in ihren Augen machten die beiden Telegramme, die am 30. Juni aus Jerusalem eintrafen, die von ihnen geforderten Verhandlungen zu einer nur noch dringenderen Notwendigkeit. Das erste, von Gruenbaum am 27. Juni abgeschickt, referierte zunächst den Text des Lichtheim-Telegramms und führte sodann die Maßnahmen auf, die der Exekutivrat der Jewish Agency für erforderlich hielt. Der erste dieser geforderten Schritte ging auf einen Vorschlag der Genfer Zionisten zurück und besagte, man müsse „größere Zahl Zertifikate und raschere Abwicklung Niederlassungsformalitäten fordern, auch besondere Schutzpapiere gestützt auf Einwanderungszertifikate herausgeben".

Der Exekutivrat der Agency sei, so fuhr Gruenbaum fort, überzeugt, daß „nichts außer beispiellos drastischen Maßnahmen Massenmord an ungarischen Juden stoppen kann". Der Exekutivrat habe hierzu fünf Punkte formuliert, von denen er wünsche, daß sie unverzüglich in Angriff genommen würden.

Die ersten vier Punkte bezogen sich auf spezielle Maßnahmen zur Rettung von Einzelpersonen mit Hilfe von Dokumenten: Das britische Auswärtige Amt sollte um die Ausstellung eines „amtlichen Dokuments" gebeten werden, das die schweizerische Regierung an alle Juden in Budapest weiterleiten konnte, die

„in unseren autorisierten Listen enthalten sind"; die Übermittlung dieser Listen sollte beschleunigt werden, damit die Papiere ihre Empfänger erreichten, ehe diese deportiert wurden; zu diesem Zweck sollte von den direkten Kontakten zwischen britischen und schweizerischen Diplomaten in der Türkei sowie von der Verbindung zwischen den schweizerischen Diplomaten in der Türkei und der Schweizer Botschaft in Budapest Gebrauch gemacht werden; zum dritten sollte eine „große Zahl von Passierscheinen" ausgestellt werden, die die ungarischen Juden die Aufnahme in die großen Flüchtlingslager garantierten, deren Errichtung die amerikanische Regierung angekündigt hatte; und schließlich sollte Weizmann persönlich an die „führenden Personen" in der Schweiz appellieren, mit dem Ziel, eine, wie es hieß, „effektivere Zusammenarbeit" zwischen dem Internationalen Roten Kreuz und anderen schweizerischen Hilfsorganisationen in bezug auf die Rettung der Juden zu erreichen.

Der fünfte Punkt in Gruenbaums Telegramm bestand aus der Aufforderung, seine schon früher gemachten Vorschläge zur Unterbindung der Deportation ungarischer Juden in die „Todeslager Polens" zu „wiederholen". „Meiner Ansicht nach", so schloß Gruenbaum sein Telegramm, „sind unsere Bemühungen ernsthaft bedroht, falls Deportationen weitergehen. Objekte könnten verschwinden."[56]

Das zweite Telegramm, das Shertok am 30. Juni erhielt, stammte ebenfalls von Gruenbaum und war am Tag zuvor in Jerusalem aufgegeben. Es befaßte sich direkt mit der Mission Brands und berichtete, aus Istanbul seien Nachrichten eingegangen, die „ausdrücklich" betonten, das „fortdauernde Festhalten" Brands und Groß' sei die „unmittelbare Ursache beschleunigter und intensivierter Deportation". Gruenbaum wiederholte die bereits früher von Krausz erhobene Forderung, die „Verantwortung" für die Deportationen „auf die Schultern derjenigen (zu) laden, (die) Festhalten veranlaßt". Das Telegramm schloß mit einer beschwörenden Bitte im Namen des Exekutivrats, doch noch einmal einen letzten Versuch zur Rettung der Brand-Initiative zu machen:

Bitte zuständigen Stellen einschärfen wir erbäten ihre Hilfe voller Zuversicht, daß wenn schon keine Hilfe gewähren können, dann wenigstens Dinge nicht verschlimmern. Dies aber durch Festhalten beider Männer bewirkt.

Daher bitte eins, sofortige Rückkehr beider Männer; zwei, sofortige Bestätigung Bereitschaft Treffen Lissabon; drei, unterdessen Ergreifung wiederholt vorgeschlagener außerordentlicher Maßnahmen Hinblick Störung Deportationen.

Die eine mögliche Maßnahme, auf die Gruenbaum in seinem zweiten Telegramm ausdrücklich Bezug nahm, war wiederum eine bereits früher von Krausz geforderte: „Vergeltungsmaßnahmen gegen in alliierten Ländern festgehaltene Deutsche". In solchen Maßnahmen müsse man, so schrieb Gruenbaum, das „einzig wirksame Mittel" sehen, dem Massenmord Einhalt zu gebieten.[57]

In Auschwitz war mittlerweile am 28. Juni ein Zug aus Ungarn eingetroffen, am 29. Juni deren zwei. Am 30. Juni kamen zwei weitere Transporte an, aber nicht aus Ungarn. Der erste brachte 2000 Juden aus Athen und Korfu, von denen 1423 und eine unbekannte Zahl von Frauen gleich nach Ankunft vergast wurden. Der zweite brachte 1 000 Juden aus dem Internierungslager Fossoli im von Deutschland besetzten Norditalien. Von ihnen wurden 582 – darunter auch Frauen, deren Zahl nicht bekannt ist – vergast; an diesem 30. Juni wurden in Birkenau somit knapp über 2 000 Menschen getötet.

Von Anfang Juli 1944 an trafen nicht nur weiterhin fast täglich Judentransporte in Auschwitz ein, sondern man intensivierte die Verschickung von Juden von Auschwitz zu Arbeitslagern in Mittel- und Westdeutschland, mit der man im Frühling 1944 begonnen hatte. So wirkungsvoll waren die alliierten Bombenangriffe, daß die Deutschen auf die jüdischen Arbeitskräfte nicht mehr verzichten zu können glaubten, wenn die Rüstungsfabriken des Reiches ihre Produktion aufrechterhalten sollten. So wurden am 1. Juli beispielsweise 2 000 jüdische Frauen aus dem Frauenlager in Birkenau per Bahn zu zwei Arbeitslagern bei Fabriken in Gelsenkirchen und Essen transportiert, die unter der Verwaltung des Konzentrationslagers Buchenwald standen. Auf der Fahrt durch Mitteldeutschland geriet der Zug in einen alliierten Bombenangriff, und 266 Frauen fanden den Tod.

In Birkenau wurde zwischen dem 2. und 11. Juli das zweite „Familienlager" liquidiert. Mehr als 3 000 im Dezember 1943 aus Theresienstadt nach Birkenau verlegte Frauen und Kinder wurden vergast; zugleich wurden aber 2 000 Frauen in die Arbeitslager Stutthof und Hamburg transportiert und 1 000 der jüngeren und halbwüchsigen Männer zum Wiederaufbau der schwer beschädigten Fabrik für synthetischen Treibstoff bei Schwarzheide an der Autobahn Berlin – Dresden abgestellt.

Auschwitz mußte nun also, ohne daß seine Vorrangstellung als Vernichtungszentrum aufgegeben worden wäre, nebenbei noch als Arbeitskräftereservoir für das Deutsche Reich dienen.

Am Abend des 1. Juli zeichnete Eden ein Telegramm an Lord Halifax ab, das die mit Shertok geführten Gespräche resümierte. Der von Randall aufgesetzte Text informierte den Botschafter darüber, daß die Brand-Vorschläge weiterhin in Betracht gezogen würden, „in der Hoffnung, das Unheil abwenden zu können und abzuwarten, ob sich nicht vielleicht etwas Annehmbares ergibt".

In einem etwas zuversichtlicheren Tenor als bis dahin gewohnt, stellte das Telegramm fest, es sei denkbar, daß die Regierung beschließen werde, Brand mit der Nachricht nach Ungarn zurückzuschicken, „daß er in alliierten Kreisen auf Besorgnis um das Schicksal der Juden gestoßen sei und den Eindruck habe, die Alliierten würden ihre Auffassungen durch die Schutzmacht übermitteln, so daß die deutsche Regierung erwarten könne, in Kürze etwas zu hören".

Für den Fall, daß eine solche Entscheidung gefällt würde, sollten, so wurde Halifax mitgeteilt, „der britische und amerikanische Botschafter in Bern angewiesen werden, sich an die schweizerische Regierung zu wenden ..."

Es folgte sodann der Text der für diesen Fall vorgesehenen Instruktion; die

zugrundeliegende Annahme war, daß England sich mit dem „Transfer einer festgelegten Zahl in Bedrängnis befindlicher Juden in den Verantwortungsbereich
anderer Länder" einverstanden erklärte, wobei die Deutschen mit einem „Zeichen des guten Willens" den Anfang machen sollten: mit der schon seit langem
geforderten Ausstellung von Passierscheinen, mit denen 5 000 jüdische Kinder
aus Südosteuropa nach Palästina und weitere 1 500 jüdische Kinder in die
Schweiz würden ausreisen können, wo sie „vorübergehendes Asyl erhalten würden". Ferner enthielten die vorgesehenen Instruktionen für die schweizerische
Regierung im Falle einer Kontaktaufnahme mit der deutschen Regierung zwei
weitere Vorschläge für „Zeichen des guten Willens", die die Deutschen setzen
konnten:

(c) Die Beförderung jüdischer Flüchtlinge zu den verschiedenen ihnen angebotenen
Heimstätten ist erschwert worden durch die Nichtzusicherung sicheren Geleits für die
zum Transport ausersehenen Schiffe seitens der deutschen Behörden. Die deutsche Regierung wird gebeten, ihre Einwände gegen die Gewährung sicheren Geleits zurückzuzie-
hen, insbesondere im Falle der M. S. *Tari,* die einzig und allein für den Transport ziviler
Flüchtlinge eingesetzt werden würde.

(d) Seit beträchtlicher Zeit werden der deutschen Regierung immer wieder Listen mit
den Namen von Juden übermittelt, die sofort eine Einwanderungserlaubnis für Palästina
erhalten würden. Es wäre gut, wenn die betreffenden Personen, soweit sie ausfindig gemacht werden können, jetzt die Genehmigung zur Ausreise erhielten; die Regierungen
des Vereinigten Königreichs und der Vereinigten Staaten werden, sobald sie erfahren, daß
dies geschehen ist, für die Bereitstellung von Transportmitteln sorgen.[58]

In einem zweiten, am gleichen Abend an ihn abgesandten Telegramm wurde
Halifax aufgefordert, diesen Vorschlag mit den „geeigneten" amerikanischen
Stellen zu erörtern und „anzufragen, ob sie sich an dem vorgeschlagenen Vor-
stoß bei der schweizerischen Regierung beteiligen würden ..."[59]

Der Text beider Telegramme wurde zur Verteilung an die Mitglieder des
Kriegskabinetts vervielfältigt. Churchill schrieb nach der Lektüre an Eden: „Sicherlich können wir mit den Deutschen nicht über diese Angelegenheit verhandeln, gewiß nicht ohne vorherige Beratung im Kabinett. Dies ist nicht die Zeit,
Verhandlungen mit dem Feind zu führen."[60] Eden entgegnete hierauf vier Tage
später, am 6. Juli, die beiden Telegramme machten deutlich, „daß es unserer Auffassung nach *keine* direkten Kontakte zwischen den Alliierten und den Deutschen geben kann". Aber, so setzte er hinzu, „da wir die jüdischen Interessen in
dieser Frage nicht gänzlich außer acht lassen können, hielten wir es für richtig,
der US-Regierung unsere Ansicht über alle denkbaren Mittel und Wege ausführlich darzulegen".[61]

Die Deportationen aus Ungarn nach Auschwitz gingen während der ersten Juliwoche ebenso weiter wie die Transporte aus Holland und Frankreich, von denen
die Jewish Agency in London am 3. Juli durch ein weiteres Telegramm von Lichtheim in Genf erfuhr. Allerdings sei, so Lichtheim, die Zahl der „von Westerbork
nach Belsen und Theresienstadt verlegten Juden" den nach Genf gelangten In-

formationen zufolge „unbekannt: vollständige Namenslisten Deportierten in
beide Lager sowie andere Einzelheiten, insbesondere Namen Zertifikatinhaber,
nicht erhältlich". Weiter berichtete Lichtheim:

Rotes Kreuz oder neutrale Beauftragte können diese Lager nicht besuchen. Habe viele Namen Theresienstadt wo Zahl Häftlinge während letzten zwei Jahre über zirka 40 000, wobei Deportationen beständig weitergingen, wahrscheinlich um Platz für Neuankömmlinge zu schaffen. Nur bestimmte bevorzugte Häftlingsgruppen dürfen schreiben.

Lichtheim gab ferner die schlechte Nachricht weiter, daß sich von den vier- bis
fünfhundert Juden mit ausländischen Pässen, die in Vittel interniert gewesen
waren, nur noch 283 dort befanden, während insgesamt 163 „dem Vernehmen
nach vor zwei Monaten mit unbekanntem Ziel deportiert worden sind". Tatsächlich waren sie nach Auschwitz gekommen.

Trotz des Vorwärtsdrängens der alliierten Streitkräfte in der Normandie wurde auch Drancy noch als Durchgangsstation für die Deportation von Juden aus
Paris in den Osten benutzt. Wie Lichtheim telegrafierte: „Drancy jetzt nur noch
Durchgangslager für Deportierte. Transport geht ab, jeweils sobald Zahl Insassen 1 000 bis 1 500 erreicht."[62] Diese Angabe traf zu: Am 30. Juni beispielsweise
war, ohne daß im Westen etwas davon bekannt wurde, ein Transport mit insgesamt 1 027 Juden von Paris nach Auschwitz abgegangen; während die alliierten
Truppen nur 200 Kilometer weiter westlich auf der Halbinsel Cotentin kämpften, fuhr der Zug mit diesen Deportierten von Drancy durch das östliche Frankreich und weiter durch das Rheinland, durch Sachsen und Schlesien seinem Bestimmungsort entgegen. Als er am 4. Juli in Auschwitz eintraf, wurden über
200 Frauen und nahezu 400 Männer ausgewählt und in die Baracken eingewiesen. Die übrigen, mehr als 400 Frauen, Kinder und alte Menschen, wurden vergast.

Die Nachrichten, die aus Ungarn eintrafen, schienen im Gegensatz hierzu einen kleinen Hoffnungsschimmer aufkommen zu lassen; am Vormittag des
4. Juli traf im Auswärtigen Amt in London ein für Shertok bestimmtes Telegramm der schweizerischen Zionisten ein, in dem es hieß, ein „Teil der nach Polen vertriebenen ungarischen Juden" werde von den Deutschen „interniert gehalten, wahrscheinlich als Auswanderungskandidaten".

Diese Meldung bezog sich auf die 1 658 Juden, die von der Gestapo aus Lagern in Budapest geholt und mit der Bahn nach Bergen-Belsen geschickt worden
waren – als Auftakt zu dem Tauschgeschäft (wenn sie ein solches wirklich plante), das die 350 000 nach den Deportationen vom Mai und Juni noch in Ungarn
befindlichen Juden umfassen sollte.

In dem Telegramm, das der Repräsentant der Jewish Agency in Portugal nach
London übermittelt hatte, hieß es ferner, es bestehe die Möglichkeit, daß
„1 000 Flüchtlinge nach Spanien einreisen" könnten, und die spanische Regierung sei darüber hinaus bereit, 5 Gruppen zu je 300 Kindern in ihrem Land aufzunehmen. Des weiteren seien in New York £ 800 000 für die „Überführung von
Balkan-Flüchtlingen nach Istanbul" bereitgestellt worden.[63]

Einem anderen seit langem vorgebrachten Anliegen der Zionisten versuchte Weizmann in der ersten Juliwoche Nachdruck zu verschaffen. Es betraf die erstmals bereits fünf Jahre zuvor, im ersten Kriegsmonat, und schon damals mit großem Engagement erhobene Forderung nach der Aufstellung einer eigenen jüdischen Militärtruppe, die, als eine Art „jüdische Brigade", Seite an Seite mit den anderen alliierten Truppen, den Engländern, den Amerikanern, den Franzosen, den Tschechen und Polen kämpfen sollte.

Die aktuelle Forderung, die Weizmann nun erhob, hatte die Aufstellung einer solchen jüdischen Kampftruppe zum Ziel. Der Vorschlag wurde am 4. Juli im Kriegskabinett erörtert, und Churchill plädierte dafür, dem Ersuchen zu entsprechen; er erklärte der Kabinettsrunde: „In Anbetracht der Leiden, die das jüdische Volk gegenwärtig erduldet, spricht sehr viel dafür, Projekte, die es betreffen, wohlwollend zu prüfen."

In Erwiderung hierauf erhob der Oberbefehlshaber Nahost heftigen Widerspruch gegen die Aufstellung einer spezifisch jüdischen Truppe. Ein solches Projekt diene, wie er meinte, „rein politischen" Zielen, insofern als es „ein erster Schritt in Richtung auf die Schaffung eines jüdischen Heers" wäre; er wies warnend auf die Möglichkeit hin, daß eine solche jüdische Brigade zu einem späteren Zeitpunkt nach Palästina zurückgeholt werden könnte, ein Vorgang, der „unvermeidlich zu bedeutsamen Unruhen und Zwischenfällen" führen würde. Außerdem stehe, so fügte er hinzu, für eine so große Sondertruppe „keine Ausrüstung" zur Verfügung.

Das Kriegskabinett beschloß, der Gedanke der Aufstellung einer jüdischen Kampftruppe sei „sorgfältig zu prüfen". Churchill war gleichwohl skeptisch. „Wenn das Kriegsministerium sagt, es will eine Sache sorgfältig prüfen", so schrieb er am 10. Juli an den Kabinettsminister, „meinen sie in Wirklichkeit, daß sie sie abwürgen wollen."[64]

27. „Tun Sie Ihr Möglichstes"

Am 4. Juli 1944 erreichte eine zusammengefaßte Version des Vrba-Wetzler-Berichts endlich auch das Auswärtige Amt in London. Die Stationen, über die dieses Schriftstück seinen Weg nach Whitehall gefunden hatte, waren der tschechoslowakische Vertreter in Genf, Jaromir Kopecki, und der De-facto-Außenminister der tschechoslowakischen Exilregierung in London, Hubert Ripka gewesen. „Beträchtliche Erweiterungen und Ergänzungen" habe der Bericht der beiden jüdischen Flüchtlinge, wie die tschechoslowakische Regierung kommentierend anfügte, durch Angaben erfahren, „die ein aus Oświęcim geflüchteter polnischer Major der Untergrundorganisation in der Slowakei gemacht hat".[1]

In dem Begleitbrief, den Ripka zusammen mit einem achtseitigen Kompilat aus den beiden Auschwitz-Berichten an das Auswärtige Amt schickte, machte er den Vorschlag, die alliierten Regierungen sollten „der deutschen Regierung angesichts dieser barbarischen Verbrechen einen leidenschaftlichen Protest und eine feierliche Warnung zukommen lassen". Präsident Benesch selbst sei bereit, so berichtete Ripka, „sich jedem Protest anzuschließen".

Die zusammenfassende Darstellung der beiden Auschwitz-Berichte, wie sie dem Auswärtigen Amt am 4. Juli übergeben wurde, lautete in vollem Wortlaut:

Oświęcim[2] und Birkenau

Das Konzentrationslager in Oświęcim war ursprünglich für politische Häftlinge vorgesehen, und es wurden dort zirka 15 000 Deutsche, Tschechoslowaken, Polen und Russen in „Schutzhaft" gehalten. Daneben wurden auch Berufsverbrecher dorthin geschickt, sowie asoziale Elemente, Homosexuelle, Bibelforscher und später auch Juden aus den besetzten Ländern. Über dem Eingangstor befindet sich in deutscher Sprache die Aufschrift „Arbeit macht frei".

Das Arbeitslager Birkenau, das vier Kilometer von Oświęcim entfernt liegt, und das landwirtschaftliche Arbeitslager Harmense unterstehen beide dem Kommandanten des Lagers Oświęcim. Innerhalb des Lagers Auschwitz befinden sich Werkstätten der deutschen Rüstungskonzerne Siemens und Krupp. Die Baracken im Lager sind in drei Reihen aufgestellt und bedecken eine Fläche von 500 × 300 Metern. Sie sind von einem drei Meter hohen, mit elektrischer Hochspannung geladenen Doppelzaun umgeben. In Abständen von jeweils 500 Metern befinden sich fünf Meter hohe, mit Maschinengewehrposten und Suchscheinwerfern besetzte Wachtürme. Das ist die „kleine Postenkette". Ein weiterer Ring von Wachtürmen verläuft in einem Umkreis von zwei Kilometern um das Lager, und die Werkstätten liegen zwischen den beiden Postenketten.

Das Lager Birkenau besteht aus drei Lagerteilen, die eine Fläche von 1600 × 850 Metern bedecken und ist ebenfalls von zwei Ringen von Wachtürmen umgeben. Der äußere Ring berührt die äußere Postenkette des Lagers Oświęcim, dazwischen verlaufen lediglich die Eisenbahngeleise. Der Name Birkenau rührt von dem kleinen Birkenwäldchen (auf polnisch Brzezinky) in der Nähe her. Bei der einheimischen Bevölkerung wurde dieser Ort gemeinhin „Rajsko" genannt.

Die Arbeitsbedingungen in Birkenau und Oświęcim sind unvorstellbar. Gearbeitet wird entweder im Lager oder in der Umgebung. Straßen werden gebaut. Gebäude aus Stahlbeton werden errichtet. Kies wird gefördert. Häuser in der Umgebung werden abgerissen. Neue Gebäude werden in den Lagern und auf dem Werkstattgelände errichtet. Gearbeitet wird auch in den benachbarten Kohlebergwerken oder in der Fabrik für synthetischen Kautschuk. Manche Personen arbeiten auch in der Lagerverwaltung.

Jede Person, die ihre Arbeit nicht zur Zufriedenheit des Aufsehers ausführt, wird zu Tode geprügelt oder geschlagen. Die Verpflegung besteht aus 300 Gramm Brot pro Kopf jeden Abend oder einem Liter Rübensuppe pro Kopf und etwas Kaffee. Das gilt für die Juden. Nichtjuden bekommen etwas mehr. Jeder, der nicht arbeiten kann und eine Temperatur von mindestens 38,6 Grad hat, kommt in den „Krankenbau".

Der deutsche Arzt teilt die Kranken in zwei Gruppen: heilbar und schwerkrank. Der Schwerkranken entledigt man sich mit einer Phenolinjektion in die Herzgegend. Bei den Nichtjuden wird das nur mit den wirklich schwer Erkrankten gemacht, während bei den Juden 80 bis 90 Prozent aller Kranken diese Injektion bekommen. 15 000 bis 20 000 Personen sind auf diese Weise bereits beseitegeschafft worden.

Besonders unmenschliche Szenen spielten sich ab, als nach Ausbruch einer Typhus-Epidemie die Kranken bei der Durchführung einer Entlausung en gros getötet wurden. Neben dem Krankenbau befindet sich das „Hygieneinstitut", wo an Frauen Sterilisationen und künstliche Befruchtungen vorgenommen und Blutuntersuchungen für Transfusionen durchgeführt werden. Für diese Experimente werden hauptsächlich Juden benutzt.

Seit März 1942 sind riesige Judentransporte nach Oświęcim und Birkenau gekommen. Ein sehr kleiner Teil der Deportierten ist in das Arbeitslager geschickt worden, während durchschnittlich 90 Prozent derjenigen, die kamen, geradewegs aus dem Zug geholt und getötet wurden. Diese Hinrichtungen wurden zu Anfang im Birkenwäldchen, in einem eigens zu diesem Zweck errichteten Bau durch Gasvergiftung durchgeführt. Nach der Vergiftung durch Gas wurden die Leichen verbrannt.

Ende Februar 1943 wurden vier neue Krematorien, zwei große und zwei kleine, im Lager Birkenau selbst gebaut. Zu jedem Krematorium gehört ein großer Vorraum, eine Gaskammer und ein Hochofen. Man läßt die Leute im Vorraum antreten, der 2000 Menschen faßt und den Eindruck eines Schwimmbads vermittelt. Sie müssen sich ausziehen und erhalten jeder ein Stück Seife und ein Handtuch, als ginge es zum Baden. Dann werden sie in die Gaskammer gepfercht, die hermetisch abgeschlossen wird.

Einige SS-Männer mit Gasmasken schütten dann durch drei Öffnungen an der Decke ein Präparat des Giftgases Megazyklon, das in Hamburg hergestellt wird, in die Kammer. Nach Ablauf von drei Minuten sind alle tot. Die Leichen werden dann auf Karren geladen und zur Verbrennung im Hochofen gebracht. Der Verbrennungsofen hat neun Kammern, jede von ihnen mit vier Öffnungen. In jede Öffnung passen drei Leichen auf einmal. Sie sind nach eineinhalb Stunden vollständig verbrannt. Somit können in jedem Krematorium täglich 1500 Leichen verbrannt werden. Die Krematorien erkennt man von außen an ihrem hohen Schornstein.

Grundsätzlich werden nur Juden durch Vergasung getötet, während es bei Ariern nur in außergewöhnlichen Fällen vorkommt. Arier werden auf einem besonderen Hinrichtungsplatz mit Pistolen erschossen, der sich im Lager Auschwitz zwischen Block 10 und 11 befindet. Die ersten Hinrichtungen fanden dort im Sommer 1941 statt und erreichten ein Jahr später ihren Höhepunkt, als sie zu Hunderten vollzogen wurden. Später, als dies Aufmerksamkeit erregte, wurde eine große Zahl von Nichtjuden, die zur Tötung bestimmt waren, direkt vom Zug auf den Hinrichtungsplatz geführt und nicht in den Häftlingslisten des Lagers registriert.

Nach sorgfältigen Berechnungen wurden in der Zeit zwischen April 1942 und April 1944 zwischen eineinhalb und eindreiviertel Millionen Juden durch Gas oder auf andere Weise getötet, wobei die Hälfte von ihnen polnische Juden waren, die anderen Juden aus Holland, Griechenland, Frankreich, Belgien, Deutschland, Jugoslawien, der Tschechoslowakei, Italien, Norwegen, Litauen und Österreich sowie Juden verschiedener anderer Nationalitäten, die aus anderen Lagern in Polen nach Oświęcim gebracht wurden.

Ungefähr 90 Prozent der Insassen der Transporte, die in Birkenau und Oświęcim eintrafen, wurden direkt vom Zug aus an die Stelle geführt, an der sie getötet werden sollten, während ungefähr 10 Prozent zu Lagerhäftlingen bestimmt wurden. Jeder der neuen Häftlinge wurde registriert und erhielt eine Nummer. Bis April 1944 waren insgesamt 180000 Personen als Lagerinsassen registriert, Juden und Nichtjuden zusammengerechnet. Von all denen, die bis dahin ins Lager gekommen waren, befanden sich jedoch Anfang April dieses Jahres nur noch 34000 dort, davon 18000 Nichtjuden. (In beiden Berichten, aus denen wir zitieren, bezieht sich diese Zahl auf die Insassen beider Lager zusammengenommen.) Die anderen sind durch schwere Arbeit, Krankheit, insbesondere Typhus- und Malariaepidemien, Mißhandlungen und schließlich durch „Selektion" getötet worden. Zweimal pro Woche suchte der Lagerarzt die zur Selektion bestimmten Personen aus. Diese Selektierten wurden alle vergast.

In einem einzigen Lagerabschnitt des Lagers Birkenau betrug die durchschnittliche Zahl von Todesfällen pro Woche 2000, von denen 1200 auf „natürliche" Ursachen und 800 auf „Selektion" zurückgingen. Über die Selektierten wird unter der Rubrik „SB" (Sonderbehandelte) gesondert Buch geführt. Die anderen Todesfälle werden der Leitung der Verwaltung aller Lager in Oranienburg schriftlich gemeldet.

Anfang 1943 erhielt die „Politische Abteilung (Lager-Gestapo)" in Oświęcim 500000 Entlassungsformulare. Der Kommandant ließ sie alle auf die Namen von Personen ausfüllen, die bereits vergast worden waren, und deponierte sie im Archiv des Lagers. Von den für die Barbareien in beiden Lagern verantwortlichen Personen müssen wir nennen:

Höß, Kommandant der Lager, Untersturmführer Schwarzhuber, Lagerführer, den „Tiroler" Leiter der Politischen Abteilung, Oberscharführer Palitzsch, Scharführer Stiwitz, SS-Scharführer Wygleff, SS-Mann Klehr, Standortarzt Wirths, Lagerarzt Entress.

Ferner folgende Berufsverbrecher, die im Lager Juden getötet haben:

Die Reichsdeutschen Alexander Neumann, Albert Hämmerle, Rudi Ostringer, Rudi Berekert, Arno Boem, Zimmer sowie die politischen Gefangenen Alfred Kien und Alois Staller.

Diese Tatsachen, so informierte die tschechoslowakische Exilregierung das Auswärtige Amt am 4. Juli, ließen sich den beiden Dokumenten entnehmen, die vor kurzem in ihre Hände gelangt seien. Außerdem, so erklärte sie, hätten diejenigen, denen die „Übermittlung der Dokumente in ein neutrales Land" geglückt war, zusätzlich sowohl Sonderinformationen als auch Vorschläge für eine Reihe denkbarer Maßnahmen unterbreitet.

Die zusätzliche Information lautete, daß 12000 Juden täglich aus der Karpato-Ukraine, aus Siebenbürgen und aus dem Bezirk Kaschau deportiert würden, „wo es früher 320000 Juden gegeben hat", und daß die Deportationen nach

Auschwitz gingen, „5000 täglich mit dem Zug über die Slowakei und 7000 über die Karpato-Ukraine".

Es folgten dann vier Vorschläge für mögliche Maßnahmen, Vorschläge, die dem Vrba-Wetzler-Bericht auf seinem Weg in die Schweiz ergänzend hinzugefügt worden waren: daß die alliierten Regierungen in einer gemeinsamen Erklärung an die Ungarn und die Deutschen „eine Androhung von Repressalien ... gegen die in den Händen dieser Regierungen befindlichen Deutschen" richten sollten; daß die Krematorien von Auschwitz und Birkenau, „die an ihrem hohen Schornstein und an den Wachtürmen zu erkennen sind", bombardiert werden sollten, ebenso auch die Haupteisenbahnverbindungen zwischen der Slowakei bzw. der Karpato-Ukraine und Polen; daß die öffentlichen Warnungen an die Deutschen und Ungarn „wiederholt werden sollten"; und daß der Vatikan „ersucht werden sollte, öffentlich eine strenge Verurteilung auszusprechen".[3]

In seinem Begleitschreiben an das Auswärtige Amt meinte Hubert Ripka: „Selbst wenn es der Fall sein sollte, daß der Bericht in einigen wenigen konkreten Einzelheiten unzutreffend ist, daß er beispielsweise die Zahl der Opfer in manchen Fällen übertrieben hoch angibt,[4] ist es unbestreitbar, daß diese fürchterlichen Greuel in großem Umfang, auf systematische Weise und einem bewußt organisierten Plan zufolge durchgeführt werden." Um dem etwas entgegenzusetzen, würde die tschechische Regierung „eine gemeinsame Erklärung" der alliierten Regierungen begrüßen, in der „diese den Juden von den Deutschen zugefügten unglaublichen Barbareien verurteilt" würden; sie halte es auch für erforderlich, daß die alliierten Regierungen „einen leidenschaftlichen Protest und eine feierliche Warnung an die Hitlerregierung richten, die durch ihre Organe zweifellos für diese organisierte Durchführung barbarischer Verbrechen verantwortlich ist".[5]

In der Zusammenfassung des Ripkabriefes und des beigeschlossenen Berichts, die das Auswärtige Amt für seinen internen Gebrauch erstellte, fanden die vier dem Vrba-Wetzler-Bericht beigefügten Vorschläge für mögliche Maßnahmen keine Erwähnung. Dafür fand der von Ripka selbst unterbreitete Vorschlag eines gemeinsamen alliierten Protests Beachtung; in bezug auf diesen Vorschlag erhielten die Tschechen drei Wochen später zur Antwort, man teile auf britischer Seite „voll und ganz ihre Entrüstung über die Behandlung der Juden in diesen Lagern", und England ergreife bereits jetzt – und werde dies auch weiterhin tun – alle praktisch durchführbaren Maßnahmen zur Rettung, soweit sie „mit einer erfolgreichen Weiterführung des Krieges vereinbar sind", und man beschäftige sich gleichzeitig auch mit der Frage einer „förmlichen Erklärung durch die alliierten Regierungen".[6]

Mit keinem Wort ging das Antwortschreiben auf die Forderungen nach Repressalien und nach der Bombardierung der Krematorien oder Haupteisenbahnverbindungen ein.

Am 5. Juli, einen Tag, nachdem die von den Tschechen angefertigte Zusammenfassung des Vrba-Wetzler-Berichts und des Berichts des polnischen Majors im Auswärtigen Amt eingegangen waren, wurde Anthony Eden im Unterhaus von Sydney Silverman gefragt, ob er irgendwelche Informationen über die „jetzt vor sich gehenden Massendeportationen von Juden aus Ungarn nach Polen zum Zweck des Massenmords" besitze und ob es irgendwelche Schritte gebe, „die die verbündeten Nationen tun können, um im Moment des Sieges die totale Ausrottung der europäischen Juden durch Hitlerdeutschland zu verhindern".

In seiner Antwort stellte Eden fest: „Die deutschen und ungarischen Behörden haben mit diesen barbarischen Deportationen bereits begonnen", in deren Verlauf „viele Personen getötet worden" seien. Weiter führte er aus:

> ... gibt es unglücklicherweise keine Anzeichen dafür, daß die wiederholten Erklärungen, in denen die Regierung Seiner Majestät in Verbindung mit den anderen verbündeten Nationen ihre Absicht bekanntgegeben hat, die Anstifter und die ausführenden Organe dieser furchtbaren Verbrechen zu bestrafen, die deutsche Regierung und ihre ungarischen Helfershelfer veranlaßt hätte, sei es einem wenn auch nur kleinen Teil ihrer Opfer die Ausreise zu gestatten, sei es ihre Verfolgungswut zu zügeln.

„Das Hauptgewicht der Hoffnungen auf eine Beendigung dieses Zustands kann", so fügte Eden hinzu, „weiterhin nur auf einem raschen Sieg der alliierten Nationen ruhen."   Silverman hakte mit einem konkreten Ersuchen an die Regierung nach: Er fragte Eden, ob die Alliierten nicht einen „nochmaligen Appell" veröffentlichen könnten, „nicht an die Mörderbande, die heute in Deutschland am Ruder ist, sondern an die ungarische Regierung, die in der Vergangenheit nicht zu Maßnahmen dieser Art gegriffen hat, sondern erst unter deutschem Druck dazu übergegangen ist". Sei ein solcher Appell nicht „noch immer möglich"?

Tatsächlich hatte Eden zwei Tage vorher vor dem Kriegskabinett erklärt, er sei gegen Warnungen, „denen wir keinen Nachdruck verleihen können", da dies dazu führe, daß sie „entwertet" würden.[7] In seinen Äußerungen vor dem Unterhaus beschränkte er sich jedoch darauf, die Initiative Roosevelts vom 24. März und seine eigene Erklärung vom 30. März in Erinnerung zu rufen. „Ich glaube nicht, daß wir dem irgend etwas hinzufügen können", sagte Eden, „obgleich wir uns natürlich der BBC bedienen werden, um der ungarischen Regierung die Gefühle dieses Hauses und der Nation in dieser Sache deutlich zu machen."[8] In der Tat sendete die BBC genau an diesem Tag, am 5. Juli, auf die Bitte Shertoks hin den Appell der Internationalen Transportarbeitergewerkschaft an die ungarischen Eisenbahner, nicht beim Transport von Juden zu den Vernichtungslagern mitzuhelfen.

Die Deportationen aus dem mittleren Ungarn gingen unterdessen weiter. Indes, am Abend des 4. Juli erklärte Admiral Horthy dem deutschen Gesandten Veesenmayer, er werde Tag für Tag mit Telegrammen bombardiert, darunter Botschaften vom Vatikan, vom schwedischen König und vom Präsidenten des Internationalen Roten Kreuzes, die ihn aufforderten, den Deportationen Einhalt zu gebieten. Einen Tag später, am 5. Juli, teilte der ungarische Premierminister Sztojay Veesenmayer mit, seine Regierung werde mit Telegrammen „überflutet"; der päpstliche Nuntius rufe ihn "mehrere Male" am Tag an, und auch die

Regierungen der Türkei, der Schweiz und Spaniens hätten ein Ende der Deportationen gefordert.

Dann las der ungarische Premierminister dem deutschen Diplomaten drei, wie er sagte, abgefangene Telegramme vor – möglicherweise waren sie den Ungarn in Wirklichkeit bewußt zugespielt worden, denn es handelte sich dabei um die am 26. Juni von Bern aus abgeschickten Botschaften des britischen und des amerikanischen Botschafters –, die Einzelheiten aus dem Vrba-Wetzler-Bericht referierten, unter anderem die Information, daß in Auschwitz bereits vor Beginn der Deportationen aus Ungarn eineinhalb Millionen Juden ermordet worden seien.

Premierminister Sztojay wies auf ein weiteres Detail in den drei Telegrammen hin, das die ungarische Regierung beunruhigte: die Forderung an die Alliierten, nicht nur die nach Auschwitz führenden Eisenbahnstrecken, sondern gezielt auch „alle mitarbeitenden ungarischen und deutschen Stellen" in Budapest selbst zu bombardieren. Wie Sztojay erklärte, waren dieser Forderung nach einem alliierten Luftangriff auf Budapest in der Tat sogar „genaue und zutreffende" Angaben über die Adresse und Lage ungarischer und deutscher Behörden beigefügt gewesen, die an den Deportationen beteiligt waren, außerdem die Namen von 70 ungarischen und deutschen Personen, von denen es hieß, sie seien unmittelbar an der Verschleppung der ungarischen Juden nach Auschwitz beteiligt.

Sztojay erweckte bei Veesenmayer den Eindruck, die drei Berner Telegramme hätten der ungarischen Regierung stärker zugesetzt als selbst die Proteste von päpstlicher und schwedischer Seite. In einem der Telegramme sei, so sagte er, die Forderung nach „weltweiter Propaganda mit einer eingehenden Beschreibung der Sachlage" erhoben worden.[10] Die ungarische Regierung fühle sich isoliert und schutzlos. Deutschland könne Budapest selbst beim besten Willen nicht vor einem alliierten Luftangriff bewahren oder die in der Liste der Namen verkörperte Strafandrohung mildern. Es sei klar, daß die Alliierten womöglich sehr bald in der Lage sein würden, die geforderten Vergeltungsaktionen durchzuführen, eine Tatsache, die durch einen ungewöhnlich schweren amerikanischen Bombenangriff auf den Rangierbahnhof von Budapest am 2. Juli unter Beweis gestellt worden sei.

Ungeachtet der weltweiten Proteste wurden am 6. Juli wiederum 1180 Juden, diesmal aus der südungarischen Stadt Fünfkirchen (Pecs) nach Auschwitz deportiert. Noch am gleichen Tag jedoch, weniger als 24 Stunden nach der Unterredung zwischen Sztojay und Veesenmayer, wurde der deutsche Botschafter erneut zum ungarischen Premierminister beordert, und man erklärte ihm, Horthy selbst habe die Einstellung der Deportationen angeordnet.[11]

28. „Holen Sie aus der Air Force heraus, was Sie können"

Am 6. Juli 1944 suchten die höchsten Repräsentanten der Jewish Agency in London, Chaim Weizmann und Mosche Shertok, Anthony Eden im Auswärtigen Amt auf. In erster Linie verfolgten sie mit dieser Unterredung das Ziel, die Rückkehr Brands nach Budapest zu beschleunigen, damit wenigstens noch eine kleine Möglichkeit offenblieb, den Deutschen ein Angebot für die Rettung der verbliebenen ungarischen Juden zu unterbreiten. Von dem Befehl Horthys, die Deportationen einzustellen, wußte man in London noch nichts. Sowohl die Alliierten als auch die Jewish Agency gingen vielmehr noch weitere zwölf Tage lang davon aus, die Deportationen seien noch voll im Gang.

Weizmann erklärte Eden, er habe ursprünglich geglaubt, „es lasse sich für die ungarischen Juden noch Zeit gewinnen". Nun jedoch sei er überzeugt, daß die „Katastrophe über sie hereinbreche". Worauf er und die Jewish Agency hofften, sei, daß man Brand gestatten werde, nach Budapest „zurückzugehen". Weizmann berichtete Eden weiter, „die andere Seite habe einem ihrer Freunde in Istanbul, Mr. Bader, das Angebot gemacht, nach Budapest zu reisen, und ihm seine wohlbehaltene Rückkehr garantiert". Weizmann meinte, es „wäre eine gute Sache", wenn dieser zweite Sendbote, Menachem Bader, mit Brand zusammen nach Budapest fahren würde.

Es war Mosche Shertok, der darauf hinwies, was für eine „bedeutsame Sache" der Vorschlag der Bader-Reise sei. Er zeige nämlich, „daß die Sache noch aktuell sei und daß die Deutschen anscheinend bereit seien, ein Geschäft zu machen". Selbst wenn man Brand nicht nach Budapest zurückkehren lassen, solle man Bader „erlauben, hinzufahren". Es sei vielleicht eine Falle. Aber andererseits könne es auch sein, „daß die Sache sich auf eine Frage des Geldes reduziert". Falls es so sei, dann war die Jewish Agency, wie Shertok Eden erklärte, der Überzeugung, daß „das Lösegeld bezahlt werden sollte".

Indes, Eden wies jeden Gedanken an „irgend etwas, das wie ein Verhandeln mit dem Feind aussähe", zurück. Dies sei, so sagte er, „zu gefährlich". Was jedoch Brand betraf, so eröffnete Eden seinem Gesprächspartner, die britische Regierung sei nun „bereit, ihn zurückfahren zu lassen". Das Problem dabei sei jedoch, daß dies keinesfalls ohne Zustimmung der Sowjets gehe und daß mit einer solchen eindeutig nicht zu rechnen sei.

Shertok entgegnete, wenn Brand den Deutschen nicht versichern könne, „daß es eine Zusammenkunft geben werde", habe „seine Rückkehr wenig Sinn", und er fügte hinzu: „Die Deutschen – zumindest diese bestimmte Gruppe – scheinen auf ein Treffen zu brennen, und die ganze Frage sei die: ob man diesen Wunsch nicht zu einem Hebel für die Rettung der Juden machen könne."

Eden bestätigte, daß es „beabsichtigt sei, durch die Schutzmacht" gewisse Vorschläge übermitteln zu lassen, beispielsweise hinsichtlich der Ausreise von 20 000 jüdischen Kindern in die Schweiz und eines ähnlichen Projekts in Zusammenarbeit mit Schweden, oder im Hinblick auf die Auswanderung von auf „beglaubigten Listen" aufgeführten Personen nach Palästina.

Dem von der Jewish Agency selbst angefertigten Protokoll der Unterredung zufolge ging Weizmann dann „kurz die anderen Punkte durch", die auf einem mitgebrachten Aide-mémoire verzeichnet waren und die „nichts mit der Mission Joel Brands zu tun hatten". Wie das Protokoll verzeichnet, sagte Eden eine Prüfung der Punkte zu und zeigte sich „besonders angetan von dem Vorschlag, man solle an Marschall Stalin herantreten und ihn bitten, eine öffentliche Warnung an die Adresse der Ungarn zu richten".[1]

Das Aide-mémoire, das Weizmann benutzte und das er bei Eden zurückließ, umfaßte sechs Abschnitte. Der erste beruhte auf den aus Genf und Istanbul eingetroffenen Berichten und insbesondere auf dem Krausz-Brief vom 19. Juni und erwähnte die Deportation von bereits 400 000 Juden „in die Vernichtungslager" sowie das Lager Birkenau selbst „wo es vier Krematorien mit einer Kapazität zur Vergasung und Verbrennung von 60 000 Personen pro Tag gibt und wo im Laufe des vergangenen Jahres mehr als 1 500 000 Juden aus ganz Europa getötet worden sein sollen". Der erste Abschnitt endete mit den Worten: „In und um Budapest harren noch mehr als 300 000 Juden ihres Untergangs. Der Botschaft aus Istanbul zufolge soll ihre Deportation in dieser Woche begonnen haben".

Der zweite Abschnitt des Aide-mémoire enthielt die Feststellung, daß „das Stadium des Hinhaltens in der Hoffnung, das Leben der Opfer zu verlängern", wohl vorbei sei und daß „unverzüglich einige entschlossene Schritte getan werden" müßten, wenn die, wie es hieß, „zugegebenermaßen hauchdünne Chance, die ungarischen Juden zu retten", nicht „vertan werden" sollte.

Die Jewish Agency wußte, wie dieser zweite Abschnitt zu verstehen gab, sehr wohl, daß ihre Vorschläge „unorthodox und vielleicht ohne Vorbild" waren. Sie sahen sie jedoch „durch die gegenwärtige Tragödie gerechtfertigt, die ebenfalls ohne Parallele und Vorbild ist".

Es folgten dann die Vorschläge der Jewish Agency, angefangen mit der Forderung, die das soeben geführte Gespräch mit Eden beherrscht hatte und im Zentrum der Bemühungen der Jewish Agency stand, seit Shertok am 12. Juni, vor mehr als drei Wochen, mit Brand zusammengetroffen war: daß „den Deutschen ein Hinweis gegeben werden sollte, daß ein geeignetes Gremium bereit ist, mit ihnen zur Erörterung der Rettung der Juden zusammenzutreffen". Zu diesem Vorschlag führte das Aide-mémoire folgendes aus:

… sollte sich ein Vertreter des amerikanischen Kriegsflüchtlingskomitees, falls nötig in Begleitung eines britischen Beamten, bereiterklären, in Istanbul mit einem Angehörigen der Budapester Nazigruppe zusammenzutreffen, um Möglichkeiten der Rettung auszuloten.

Joel Brand und, wenn nichts anderes möglich ist, sein damaliger Begleiter sollten die Erlaubnis zur Rückreise nach Ungarn erhalten, wobei Brand bevollmächtigt sein müßte, die andere Seite über den Kurs zu informieren, für den man sich dann entschieden haben wird.

Die Jewish Agency konnte, ja durfte vielleicht nicht von der Hoffnung lassen, daß ein Handel mit der Gestapo möglich sei. Daß bei jedwedem Angebot, das die Gestapo in bezug auf die Freilassung von Juden machte, „Hintergedanken im Spiel sein müßten, eingestandene oder geheimgehaltene", daran hege man, wie das Aide-mémoire hervorhob, keinen Zweifel. „Es sei jedoch nicht unwahrscheinlich", so hieß es weiter, daß die Deutschen „in der falschen Hoffnung, diese Ziele zu erreichen, bereit sein würden, eine bestimmte – kleine oder große – Zahl von Juden herauszulassen." Daher die Überzeugung der Agency, daß, falls es letztlich nur auf eine Geldfrage hinauslaufe, „das Lösegeld bezahlt werden sollte".

Das Aide-mémoire der Jewish Agency endete mit einem sechsten Abschnitt, in dem , „unabhängig von der Frage der Brand-Mission", fünf „dringliche Vorschläge" unterbreitet wurden.

Der erste Vorschlag lautete, die Alliierten sollten eine Erklärung veröffentlichen, in der sie „ihre Bereitschaft zum Ausdruck bringen, in allen ihren Territorien jüdische Flüchtlinge aufzunehmen" und ferner erklären, daß sie sich darin der Unterstützung der Neutralen – der Schweiz, Schwedens, Spaniens und eventuell der Türkei – sicher wissen, die Vorkehrungen träfen, jüdischen Flüchtlingen, die dem „Massaker" entkamen, „vorübergehendes Asyl" zu gewähren.

Als zweites wurde vorgeschlagen, die schweizerische Regierung „im besonderen" solle gebeten werden, ihren diplomatischen Vertretern in Ungarn mitzuteilen, daß sie bereit sei, jüdische Flüchtlinge in der Schweiz aufzunehmen, und daß sie gleichzeitig „für eine möglichst große Zahl von Personen Dokumente ausstellen" würde, „die geeignet sind, ihnen in der Zwischenzeit einen gewissen Schutz zu gewähren".

Der dritte Vorschlag der Jewish Agency zielte auf eine „zu veröffentlichende und im Rundfunk zu sendende strenge Warnung an die Adresse der ungarischen Beamten und Eisenbahner und der ungarischen Bevölkerung im allgemeinen, daß jeder, der der Teilnahme an der Verhaftung, Deportierung und Ausrottung von Juden überführt wird, als Kriegsverbrecher angesehen und dementsprechend behandelt werden wird".

Der vierte Vorschlag im letzten Abschnitt des Aide-mémoire der Jewish Agency war derjenige, von dem Eden sich beeindruckt gezeigt hatte: daß Stalin aufgefordert werden solle, „seitens der Sowjetunion eine ähnliche Warnung an Ungarn zu richten".

Der fünfte und letzte Vorschlag der Jewish Agency war kurz, aber unmißverständlich: „daß die von Budapest nach Birkenau führende Bahnlinie sowie die Todeslager in Birkenau und anderswo bombardiert werden sollten".[2]

Gegen Ende ihrer Unterredung erklärte Eden Weizmann und Shertok in bezug auf diesen letzten Punkt, er habe, „was Bombardierungen anbetrifft", bereits „Verbindung mit dem Luftfahrtministerium aufgenommen wegen einer Bombardierung der Todeslager". Er werde nun noch den Vorschlag einer Bombardierung der Bahnlinie nachreichen.

Gegen Ende der Unterredung sprach Weizmann den Außenminister noch auf einen letzten Punkt an: Seiner Überzeugung nach sei aus „der ganzen Tragödie *ein* Schluß zu ziehen, nämlich, daß nach all dem eine Lage geschaffen werden müsse, die eine Wiederholung dieser Tragödie unmöglich machen würde". Hiermit war nun das zentrale Anliegen der Zionisten berührt: das Verlangen nach einem eigenen Territorium mit eigener souveräner Regierung. Er hoffe, so sagte Weizmann, „daß sich bald eine Gelegenheit ergeben werde, diesen Aspekt des Problems mit Mr. Eden zu erörtern".[3]

In einem Bericht über die Unterredung mit Weizmann und Shertok, den er noch am selben Tag an Churchill schickte, kommentierte Eden den Appell Weizmanns, „daß wir etwas tun sollten, um das abscheuliche Massaker an den Juden in Ungarn einzudämmen". Er berichtete, nach Information der Jewish Agency würden „im Todeslager Birkenau" täglich 60 000 Juden „vergast und verbrannt", und meinte dazu: „Das wird wohl eine Übertreibung sein." Es war tatsächlich eine Übertreibung, die Folge eines telegrafischen Übermittlungsfehlers: Denn Mordowicz, Rosin und Krausz hatten die tägliche Zahl der Todesopfer jeweils zutreffend auf 12 000 beziffert.

Nichtsdestoweniger ging Eden in seinem Bericht an Churchill auf drei der von Weizmann im Anschluß an die Erörterung der Brand-Mission gemachten Vorschläge ein; er teilte mit, Weizmann habe „eingesehen, daß die Regierung Seiner Majestät wenig zu tun in der Lage ist", meine jedoch, es gebe vielleicht Möglichkeiten, „die Tätigkeit dieses Vernichtungslagers zu unterbinden", indem man die zu ihm und zu „ähnlichen Lagern" hinführenden Eisenbahnstrecken bombardierte und ebenso auch die Lager selbst, „so daß die für die Vergasung und Verbrennung benutzte Anlage zerstört wird".

Der Gedanke an eine Bombardierung der Bahnlinien sei, wie Eden weiter schrieb, „schon in der Erörterung gewesen",[4] er habe jedoch Weizmann gesagt, „ich würde ihn sowie den anderen Vorschlag, die Lager selbst zu bombardieren, erneut zur Diskussion stellen". Eden stellte klar: „Ich bin dafür, beide Vorschläge aufzugreifen."

Weizmann hatte es für möglich erachtet, daß „die Ungarn in ihrer Verstocktheit stärker erschüttert werden könnten", falls Stalin sich mit einer „in schärfster Form gehaltenen" Warnung an sie wandte, und Eden kommentierte dies mit den Worten:

Ich sagte Dr. Weizmann, daß ich diesen Vorschlag in Betracht ziehen würde. Ich bin dafür. Sie werden sich erinnern, daß die sowjetische Regierung sich 1942 einer Erklärung der Regierung Seiner Majestät und der amerikanischen Regierung anschloß, in der ähnliche Scheußlichkeiten verurteilt wurden und die drei Regierungen sich verpflichteten, Vergeltung zu üben. Die geeignetste Form eines Herantretens an die sowjetische Regierung wäre meiner Ansicht nach eine persönliche Botschaft von Ihnen an Marschall Stalin. Wären Sie bereit, dies zu tun?

Eden berichtete Churchill des weiteren über das Ersuchen Weizmanns, Menachem Bader nach Ungarn reisen zu lassen, und machte seine eigene Abneigung gegen „alles" deutlich, „was als ein Verhandeln mit dem Feind interpretiert werden könnte". Dazu komme, daß „keine Hoffnung bestünde, Marschall Stalin zu der vorgeschlagenen Erklärung bewegen zu können, wenn er argwöhnte, daß wir hinter seinem Rücken in Kontakt mit dem Feind stehen".[5]

Churchill beantwortete die Mitteilung Edens gleich nachdem er sie gelesen hatte. Er befürwortete sowohl die Bombardierungsvorschläge als auch das Ersuchen an Stalin; eine Weiterverfolgung der Brand-Mission in gleich welcher Form lehnte er dagegen ab. Seine vom 7. Juli datierte Notiz an Eden hatte folgenden Wortlaut:

Gibt es irgendeinen Grund, diese Fragen im Kabinett zur Sprache zu bringen? Wir beide sind vollkommen einer Meinung. Holen Sie aus der Air Force heraus, was Sie können, und schalten Sie mich, wenn nötig, ein. Appellieren Sie auf jeden Fall an Stalin. Auf keinen Fall auch nur die geringsten Verhandlungen, sei es direkt oder indirekt, mit den Hunnen. Bringen Sie es meinetwegen zur Sprache, wenn Sie wollen, aber ich halte es nicht für nötig.[6]

Nach diesem Vermerk Churchills vom 7. Juli war die Brand-Mission, auf die die Jewish Agency fast während der gesamten Dauer der jüngsten Deportationen den Großteil ihrer Hoffnungen konzentriert hatte, praktisch abgeschrieben, wenn auch noch nicht förmlich ad acta gelegt. Im Raum standen allerdings noch die Vorschläge, die sich auf die Bereitstellung „zeitweiligen Asyls" durch die alliierten Staaten, auf die Ausstellung „schutzgewährender" Dokumente durch die Schweiz, auf die „strengen Warnungen" an die Adresse der Ungarn, auf die „entsprechenden" sowjetischen Warnungen und die Bombenangriffe bezogen, um bei der im Aide-mémoire der Jewish Agency vorgegebenen Reihenfolge zu bleiben.

Daß man Papieren und Zertifikaten Vorrang vor Bombenangriffen einräumte, ist leicht verständlich. Durch die Ausstellung von Palästina-Zertifikaten und ausländischen Pässen war es im Laufe der verflossenen vier Jahre gelungen, immerhin mehrere tausend Juden aus dem NS-Herrschaftsbereich zu retten; wie diejenigen, die damals in den Palästinabüros in Genf oder Bukarest tätig waren, bestätigt haben, war diese Arbeit geprägt von schleppenden, frustrierenden Prozeduren, brachte zugleich aber auch Erfolgserlebnisse. So konnte etwa Chaim Barlas aus Istanbul am 6. Juli, dem Tag der Unterredung zwischen Weizmann, Shertok und Eden, telegrafisch nach Jerusalem melden: „Austauschtransport 283 Flüchtlinge aus Holland eingetroffen, darunter 222 aus Konzentrationslager Bergen-Belsen und 61 aus Vittel. Abfahren heute abend Zug nach Palästina."[7]

Bei diesen Personen handelte es sich freilich um „legale" Einwanderer im Sinne der britischen Behörden: Einige waren Palästina-Bürger, die in Europa vom Kriegsausbruch überrascht worden waren, andere waren im Besitz gültiger Zertifikate. Ausgetauscht wurden sie gegen eine Gruppe deutscher Zivilisten, die bei Kriegsausbruch in Palästina gelebt hatten.[8]

Eine der Ausgetauschten, Rosine de Jong, berichtete später aus der Erinnerung über mehrere Episoden, die sie während der Reise per Bahn von Belsen nach Istanbul erlebt hatte, vor allem über eine Begegnung mit ungarischen Juden in Wien, die in die umgekehrte Richtung unterwegs waren. Sie erinnerte sich auch daran, daß selbst die Leute vom Roten Kreuz sich scheuten, mit den Juden zu sprechen, aus Angst, sich mit einer Krankheit anzustecken, und daß sie die ganze Zeit über Handschuhe anhatten. Dann die Ankunft in der Türkei und das von den Türken gegebene Festessen, nach dem die gesamte Reisegruppe krank wurde; die erste Dusche, das Weißbrot, das ihnen in einem britischen Militärlager in Syrien angeboten wurde, die an die Fenster gepreßten Gesichter, als der Zug die Grenze nach Palästina überquerte, und schließlich die Fahrt durch Palästina, auf der die Lok den ganzen Weg über pfiff, und die vielen hundert Menschen, die an der Strecke standen und Blumen warfen.[9]

Die Gruppe der 283 „Ausgetauschten", die erste seit November 1942, die „offiziell" aus dem NS-Herrschaftsbereich ausreiste, erreichte Haifa vier Tage, nachdem sie Istanbul verlassen hatte. Wie Joshua Behar, der Sekretär der Einwanderungsabteilung der Jewish Agency, der die Gruppe bei ihrer Ankunft in Haifa abholte, in seinem Bericht notierte: „Die ganze Gruppe machte einen sehr erschütternden Eindruck. Alle sind abgemagert und schwächlich. In ihren Gesichtern kann man lesen, daß sie schweres Leid durchgemacht haben. Nicht weniger als 80 Personen erwiesen sich als krank, 40 davon mußten in stationäre Behandlung gebracht werden. Alle sind unterernährt. Der Eindruck ist fürchterlich."[10]

Ironischerweise hätten die alliierten Luftstreitkräfte der Ausreise dieses Flüchtlingstransports aus Europa beinahe ein vorzeitiges Ende gesetzt, denn nahe der bulgarischen Grenze war die Bahnlinie „von einem alliierten Bomberverband" angegriffen worden.[11]

Churchill hatte Eden mit seinem Vermerk vom 7. Juli die Vollmacht erteilt, im Sinne von zweien von der Jewish Agency gemachten Vorschlägen, der Bombardierung von Auschwitz und der Erklärung Stalins, tätig zu werden, und Eden verlor keine Zeit. Noch am 7. Juli schrieb er an den Luftfahrtminister Sir Archibald Sinclair einen als „geheim" und „dringlich" gekennzeichneten Brief über seine Unterredung mit Weizmann vom Vortag. Weizmann habe ihm, so teilte er dem Luftfahrtminister mit, „neue Informationen" über die „abscheuliche Verfolgung der Juden in Ungarn" gebracht, „deren Hauptpunkt war, daß den Berichten zufolge bereits 400 000 ungarische Juden zu den, wie er sich ausdrückte, ,Todeslagern' in Birkenau in Oberschlesien deportiert worden seien ...". Weiter führte Eden in seinem Brief aus:

Dr. Weizmann räumte ein, daß unsere Möglichkeiten, diesen Abscheulichkeiten Einhalt zu gebieten, weiß Gott beschränkt sind, aber er meinte – *und sowohl der Premierminister als auch ich teilen diese Auffassung –*, wir könnten vielleicht etwas tun, um die Tätigkeit dieser Todeslager zu unterbinden, indem wir

(1) die nach Birkenau (oder zu irgendwelchen anderen Lagern, falls wir von solchen erfahren) führenden Eisenbahnlinien bombardieren; und indem wir

(2) die Lager selbst bombardieren mit dem Ziel, die für die Vergasung und Verbrennung verwendete Anlage zu zerstören.

Lassen Sie mich hinzufügen, daß ich Weizmann schon mitgeteilt habe, daß wir, wie Sie vielleicht wissen, den obigen Vorschlag (1) bereits einmal erörtert hätten, daß ich ihn aber erneut prüfen würde und dazu auch den weitergehenden Vorschlag, die Lager selbst zu bombardieren.

„Könnten Sie mich wissen lassen", bat Eden Sinclair, „wie das Luftfahrtministerium die Durchführbarkeit dieser Vorschläge beurteilt?", und er fügte hinzu: „Ich hoffe sehr, daß es möglich sein wird, etwas zu unternehmen. Ich bin befugt, zu sagen, daß der Premierminister dafür ist."[12]

Dieses Schreiben hatte A. E. Walker für Eden aufgesetzt. Ehe der Außenminister die Vorlage abzeichnete, strich er den kursiv gesetzten Satzteil. Gestrichen wurden auch die Worte „in nächster Zeit" in dem Satz: „Könnten Sie mich *in nächster Zeit* wissen lassen, wie das Luftfahrtministerium die Durchführbarkeit dieser Vorschläge beurteilt?"[13]

Ebenfalls noch am 7. Juli setzte Eden den Text für eine persönliche Botschaft Churchills an Stalin auf. Der Entwurf basierte zur Gänze auf den Argumenten, deren Hervorhebung die Jewish Agency der britischen Regierung empfohlen hatte. Er erinnerte zunächst an die gemeinsame Erklärung der Alliierten vom 17. Dezember 1942, die das Augenmerk „auf die bestialischen Ausrottungsmaßnahmen" gerichtet habe, mit denen die Deutschen gegen die unter ihrer Herrschaft befindlichen Juden vorgingen, und „feierlich bekräftigt" habe, „daß die für diese Verbrechen Verantwortlichen der Strafe nicht entgehen würden". Weiter lautete der in Churchills Namen aufgesetzte Text:

Trotz einer ununterbrochenen Reihe militärischer Rückschläge im Lauf der vergangenen zwei Jahre und der Unausweichlichkeit ihrer letztendlichen Niederlage lassen die Deutschen in keiner Weise von der barbarischen Verfolgung der Juden ab. Es scheint vielmehr, als ob sie gerade das Gegenteil täten: Aus allen uns vorliegenden Informationen geht hervor, daß die Deutschen, seit sie Ungarn besetzt haben, mit stetig zunehmender Brutalität Methoden des Vergasens und Verbrennens anwenden und daß die Ungarn sich als willige Helfershelfer an diesen Verbrechen beteiligen. Als Folge hiervon sind viele Appelle an die Regierung S. M. gerichtet worden, eine neue Erklärung zu veröffentlichen, in denen diese Barbareien verurteilt werden.

In Anbetracht des siegreichen Vormarsches der sowjetischen Armeen könnte ich mir vorstellen, daß eine Erklärung seitens Ihrer Regierung, die in einer unmißverständlich klaren Sprache gehalten wäre und bekanntgeben würde, daß zusammen mit den sowjetischen Armeen auch die Strafe für diese Verbrechen in Ungarn einziehen wird, zumindest zu einem quantitativen Rückgang dieses scheußlichen Wütens gegen die jüdische Bevölkerung führen könnte.[14]

Sowohl das Schreiben ans Luftfahrtministerium mit der Bitte um Auskunft über die Möglichkeit einer Bombardierung der nach Auschwitz führenden Eisenbahnverbindungen und des Lagers selbst als auch der Entwurf für die Botschaft an Stalin tragen das Datum vom 7. Juli. Beide Projekte waren also binnen weniger als 24 Stunden nach ihrer Unterbreitung durch Weizmann und noch am

selben Tag in Angriff genommen worden, an dem Churchill sie ausdrücklich
gutgeheißen hatte. Ja, Churchill war sich der Tatsache, daß die Zeit drängte, so
sehr bewußt, daß er Eden riet, das Kabinett zu übergehen. Dabei war der Mitt-
sommer 1944, was die allgemeine Kriegslage betraf, keineswegs eine Zeit, in der
es für England – oder für Churchill – keinen Grund zu Angst und Sorge gegeben
hätte. Am 6. Juli beispielsweise, dem Tag der Unterredung zwischen Weizmann/
Shertok und Eden, hatte Churchill selbst vor dem Unterhaus bekanntgegeben,
daß bei feindlichen Bombenangriffen seit Mitte Juni, also in einem Zeitraum von
nur drei Wochen, insgesamt 2752 britische Zivilisten ums Leben gekommen waren.[15] Das alles beherrschende Thema in den Tagen zwischen dem 6. und 8. Juli
war die Möglichkeit eines Vorstoßes der alliierten Landungstruppen über den in
der Normandie gehaltenen Brückenkopf, die Halbinsel Cotentin, hinaus. Einen
Monat und drei Tage nach der Landung an der Küste waren sowohl Caen als
auch St. Lô am Rande der Landungszone noch in deutscher Hand. Es sollte noch
eineinhalb Wochen dauern, ehe St. Lô genommen war und die alliierten Streitkräfte zu bedeutsamen Vorstößen nach Frankreich hinein ansetzen konnten.

29. „Der denkbar lauteste Aufschrei"

Die Verantwortlichen der Jewish Agency kümmerten sich nicht nur um Bombenangriffe, sondern auch weiterhin um Papiere. Am 7. Juli suchte Mosche Shertok das Kolonialministerium auf; er trug den Plan vor, für die noch lebenden ungarischen Juden – als „das meistversprechende Mittel, wenigstens einige von ihnen zu schützen" – eine „fiktive Urkunde" zu schaffen, die sie, allein zum Zwecke der Rettung, zu „Bürgern Palästinas" machen würde, ohne daß sie, wie Shertok eilends hinzufügte, „auf Dauer" zu palästinensischen Bürgern würden.

Shertok räumte ein, daß es „natürlich vollkommen unorthodox wäre", die Möglichkeit einer solchen fiktiven Staatsbürgerschaft zu schaffen, man müsse aber bedenken, daß sich an diesen ungarischen Juden eine Tragödie vollziehe, „die keine Parallele hat". Um den Engländern die Zustimmung zu dieser Notlösung zu erleichtern, werde die Jewish Agency eine schriftliche Garantie abgeben, daß „keine Ansprüche auf eine volle Palästina-Staatsbürgerschaft" unter Berufung auf eine zu dem genannten Zweck ausgestellte Urkunde erhoben würden. Es sei denkbar, so meinte Shertok, daß die ungarische Regierung sich weigern würde, solche Palästina-Staatsbürgerschaften anzuerkennen, „aber man könnte es versuchen".

Im Kolonialamt wurde dieser Vorschlag Shertoks nicht glattweg zurückgewiesen. Der Ständige Unterstaatssekretär Sir George Gater war sich, wie die Akten ausweisen, „der verzweifelten Situation" bewußt und verstand, daß die Jewish Agency „irgendein Dokument" wollte, „das den Anschein einer Staatsbürgerschaftsurkunde für Palästina erwecken würde, in Wirklichkeit aber nur vorgetäuscht sein könnte und gegenstandslos werden würde, sobald die gegenwärtige Notlage vorüber wäre". Gater erteilte diesem Vorschlag nicht von vornherein eine Absage; er versprach vielmehr, ihn „wohlwollend zu prüfen". Shertok hob hervor, daß es „auf Schnelligkeit ankomme".[1]

Die britische Regierung benötigte jedoch drei Wochen, um zu einer Entscheidung über den Vorschlag zu gelangen; dann lehnte sie ihn ab, ebenso wie einen weiteren, aus nichtjüdischen Kreisen an sie herangetragenen Vorschlag, der vorsah, es mit britischen Staatsbürgerschaftsurkunden als Rettungsanker zu versuchen. Bei der Unterhaussitzung vom 28. Juli fragte der konservative Abgeordnete, Geschwaderführer Major Fleming, den Außenminister, ob er es unter Umständen für ratsam halte, „den restlichen Juden im NS-Besatzungsbereich" unter ähnlichen Voraussetzungen wie 1940, als man dem französischen Volk eine gemeinsame englisch-französische Staatsbürgerschaft angeboten habe, die britische Staatsbürgerschaft zu gewähren, „um ihren Mut zu stärken und sie in ihrem Kampf gegen die eigene Vernichtung zu unterstützen". Der Parlamentarische Unterstaatssekretär George Hall entgegnete, die britische Regierung sei davon

„überzeugt", daß die Gewährung „eines de facto nur auf dem Papier stehenden Schutzes jüdischer Personen in von Deutschland besetzten Territorien keine Vorteile bringen würde". Hall fügte hinzu: „Die Deutschen haben zwar insbesondere Juden angegriffen, aber sie haben auch viele Tausende von Nichtjuden angegriffen und ermordet (in Polen soll das Verhältnis etwa ausgeglichen sein)."[2]

Die beiden Weisungen Edens – zur Bombardierung von Auschwitz und zur Stalin-Erklärung – waren am 7. Juli ergangen. Einen Tag danach fand die letzte Massendeportation aus Ungarn statt.

In Auschwitz kamen immer noch auch Transporte aus anderen Ländern an. Aber von diesen anderen Deportationen war der Jewish Agency noch nichts bekannt, und so sollte es weitere sechs Wochen dauern, ehe sie zur Begründung neuer Forderungen nach einer Bombardierung der Eisenbahnverbindungen bzw. des Lagers angeführt wurden. Unterdessen fand am 8. Juli der vierte alliierte Aufklärungsflug über Monowitz statt. Von den dabei aufgenommenen Fotografien zeigten sechzehn das Objekt, auf das man es eigentlich abgesehen hatte, den Fabrikkomplex der I. G. Farben, wenn auch nur den östlichen Teil davon.[3] Nur ein Foto, das letzte, das vor dem Abschalten der Kameras gemacht wurde, zeigte einen Teil von Auschwitz I.[4] Aber auch diesmal beschäftigte sich der Auswertungskommentar mit nichts anderem als mit Monowitz.

Daß vom 8. Juli an keine Deportationen aus Ungarn mehr stattfanden, wußte man im Westen zunächst nicht. Gerade an diesem Tag vielmehr führte ein Mitarbeiter des amerikanischen Außenministeriums, Fletcher Warren, ein Gespräch mit einem Angehörigen der britischen Botschaft in Washington über die Brand-Mission und die Ausstellung „rettender" Papiere durch die Schweiz. Warren erklärte, trotz einer ersten Zahlung der ungarischen Juden an die Nazis seien die Deportationen weitergegangen „und würden auch jetzt noch fortgesetzt". Er fügte hinzu: „Es sei die Hoffnung aller Betroffenen gewesen, wir könnten dadurch, daß wir die Tür offenhalten und diese Vorschläge nicht glattweg ablehnen, den Status quo halten und insoweit den betreffenden Juden von Nutzen sein. Die eingegangenen Informationen hätten diese Hoffnung jedoch nicht bestätigt."[5]

Ein Teil dieser Informationen wurde vom Kriegsflüchtlingskomitee am 8. Juli weitergegeben. Es handelte sich um einen Bericht des amerikanischen Botschafters in Schweden, Herschel V. Johnson, der besagte, das schwedische Außenministerium habe Hinweise darauf erhalten, daß die aus Ungarn deportierten Juden „jetzt en masse getötet werden, viele von ihnen mittels einer Gaskammer jenseits der ungarischen Grenze in Polen". Johnson berichtete weiter unter Berufung auf den Sprecher des schwedischen Außenministeriums:

… Menschen jeden Alters, Kinder, Frauen und Männer, werden in Güterwaggons, in die man sie wie Ölsardinen hineinpackt, zu diesem abgelegenen Ort transportiert, und bei der Ankunft sind viele schon tot.

Diejenigen, die die Fahrt überlebt haben, müssen sich nackt ausziehen und bekommen einen kleinen viereckigen Gegenstand, der einem Stück Seife ähnelt; man erklärt ihnen, sie kämen jetzt ins Badehaus und müßten ein Bad nehmen. Das „Badehaus" sieht tatsächlich wie eine große Badeanstalt aus, es ist ein großes, von den Deutschen errichtetes Gebäude. Die Opfer werden in einen großen Raum mit einem Fassungsvermögen von 2000 Personen geschoben, wo sie dicht gedrängt stehen. Auf Geschlecht und Alter wird keine Rücksicht genommen, und alle sind vollständig nackt.

Wenn die Luft in diesem Raum durch die Körperwärme dieser Menschenmasse aufgeheizt ist, wird durch das Öffnen einer Vorrichtung an der Decke ein feines Pulver freigesetzt, das überall im Raum herabrieselt. Wenn dieses Pulver in Kontakt mit der erwärmten Luft kommt, entwickelt sich ein giftiges Gas, das alle in dem Raum befindlichen Personen tötet.

Die Leichen werden dann weggekarrt und verbrannt.[6]

Dieser Bericht wurde nicht veröffentlicht. Das Kriegsflüchtlingskomitee stellte ihn jedoch, als Bestandteil seiner vertraulichen wöchentlichen Übersicht über die Ereignisse in Europa, allen Ministerien und Dienststellen der amerikanischen Regierung zu, und nach einiger Zeit landete ein Exemplar des Berichts sogar auf dem Schreibtisch Churchills, wohin es nicht vom Kriegsflüchtlingskomitee, vom State Department oder von Roosevelt, sondern von Churchills Sohn Randolph geschickt worden war, der den Bericht, mehr als eineinhalb Monate nach seiner Entstehung, zufällig zu Gesicht bekommen hatte.[7]

Churchill kümmerte sich in der Folge weiter persönlich darum, was aus den von ihm gutgeheißenen Initiativen wurde; am 8. Juli schickte er Eden einen Vermerk zum Entwurf für die Botschaft an Stalin:

Wollen Sie auf eine Dreier-Erklärung von England, Amerika und Rußland hinaus oder auf eine britische Erklärung, hinter die sich die Russen stellen, oder auf eine russische Erklärung, hinter die sich England stellt? Das ist mir aus Ihrem Entwurf nicht klargeworden.

Ich werde jede dieser Lösungen unterstützen, glaube aber, daß die Botschaft über Sie an Molotow gehen sollte, anstatt direkt von meiner Person aus.

„Ich bin voll und ganz dafür", fügte Churchill hinzu, „daß der denkbar lauteste Aufschrei ertönt."[8]

In Beantwortung der Frage Churchills schrieb Pierson Dixon am 8. Juli an John Martin: „Mr. Eden glaubt, daß die Regierung S. M. die deutschen Greuel gegen die Juden in so vielen Erklärungen verurteilt hat, daß es wenig nützen würde, ihnen aus dem jetzigen Anlaß eine neue hinzuzufügen, und daß eine Erklärung von russischer Seite allein wahrscheinlich wirkungsvoller wäre."[9]

Churchill drängte seine Berater auch weiterhin, im Sinne der verschiedenen Ersuchen der Jewish Agency, mit denen er befaßt gewesen war, etwas zu unternehmen. Am 10. Juli, nur eine Woche, nachdem das Kriegskabinett beschlossen hatte, den Gedanken der Aufstellung einer jüdischen Kampfbrigade „sorgfältig" zu prüfen, forderte Churchill den Kabinettsminister zu einer raschen Entscheidung auf. „Ich habe", so schrieb er, „den Wunsch nach der Schaffung einer Brigade sehr wohl verstanden und bin sehr entschieden der Meinung, daß dies gemacht werden sollte … Die Angelegenheit muß daher für eine der ersten Sitzungen des Kriegskabinetts in dieser Woche anberaumt werden, und der Kriegsmi-

nister sollte erfahren, daß er sich auf meinen Widerspruch gefaßt machen
muß."[10]

Noch in einer weiteren Angelegenheit wurde Churchill in der zweiten Juliwoche tätig: Auf diplomatischer Ebene war eine Auseinandersetzung um 32 ungarische Juden entstanden, die sich ihre Freiheit erkauft hatten und aus Ungarn
nach Lissabon ausgeflogen worden waren. Am 8. Juli hatte der britische Botschafter in Lissabon, Sir Ronald Campbell, das Auswärtige Amt in London von
der Befürchtung des State Departments in Kenntnis gesetzt, das Ausfliegen dieser ungarischen Juden sei „ein deutscher Schachzug, um in den Köpfen der Sowjets Argwohn zu wecken", Argwohn, daß sich zwischen Deutschland und den
Westalliierten ein Separatfriede anbahnen könnte.[11] Aber Churchill wischte die
Bedenken des State Departments ohne weiteres vom Tisch; am 10. Juli schrieb er
an Eden:

Ganz gewiß bedeutet das nichts anderes, als daß diese armen Teufel sich um den Preis,
90 Prozent ihres weltlichen Hab und Guts ... darangeben zu müssen, die Möglickeit erkauft haben, dem Gemetzel zu entrinnen, das ihren Landsleuten bevorsteht.
Was Abschnitt 3 von Campbells Telegramm betrifft, so weckt diese Sache in meinem
Kopf nur den einzigen Argwohn, daß sich einige dieser deutschen Mörder mit Blick auf
ihre Zukunft die Taschen gut gefüllt haben. Ich nehme an, Sie werden jeden an den Haa-
ren herbeigezogenen russischen Argwohn zerstreuen, indem Sie ihnen alles über die Umstände erzählen, wobei Sie möglicherweise sogar die Deutung erwähnen können, die ich
diesem Vorgang gebe. Es ist ein nacktes Stück Erpressung unter Androhung des Todes.[12]

Auch die Brand-Vorschläge waren, ungeachtet der Äußerung Churchills vom
7. Juli, noch nicht ganz aus der politischen Diskussion in England verschwunden. Am 10. Juli fertigte Churchills Sekretariat auf seine Bitte hin ein kleines
Gutachten für ihn an, in dem die Auffassung des Auswärtigen Amtes zu der Frage kommentiert wurde, „welche Antwort auf die deutschen Vorschläge gegeben
werden sollte" und welchen Nutzen es hätte, wenn Brand mit einer Botschaft an
die Nazis nach Ungarn zurückkehren würde, die besagen würde, „daß die Alliierten den deutschen Behörden ihre Auffassung über die Schutzmacht mitteilen wollten". Churchills Sekretariat hob hervor, es treffe zwar in der Tat zu, daß
die Brand-Vorschläge, falls sie aufgegriffen würden, auf ein „indirektes Verhandeln mit dem Feind" hinauslaufen würden, es sei aber andererseits „sehr wohl
üblich, über die Schutzmacht mit dem Feind zu verhandeln", wie man es etwa in
bezug auf den Austausch von Kriegsgefangenen getan habe. „Es ist in anderen
Fällen", so wurde Churchill belehrt, „sogar mit dem Ziel gemacht worden, Juden
aus der Hand der Deutschen herauszubekommen."

Allerdings vertrete das Auswärtige Amt hier, so fügte Churchills Sekretariat
hinzu, eine etwas abweichende Auffassung: Nicht nur sei man dort von dem Gedanken eines Herantretens an die Deutschen über die Schutzmacht „nicht begeistert", sondern man habe überhaupt „den Ball hauptsächlich deswegen im Spiel
gehalten, weil man die mit einem glatten Nein verbundenen Gefahren und auch
das Geschrei der Londoner Juden vermeiden wollte".

„Man könnte", so schloß das Memorandum, „die Ansicht vertreten, daß es auf jeden Fall unlogisch ist, mit den Deutschen einerseits zu verhandeln und ihnen andererseits mit schlimmen Konsequenzen zu drohen, wenn sie den einzigen Trumpf, den sie haben, spielen sollten."[13]

Am 11. Juli rang Churchill sich endgültig zu dem Entschluß durch, das Ansinnen der Jewish Agency abzulehnen, mit Hilfe Brands Verhandlungen mit den Deutschen durch die Schutzmacht einzuleiten. Seine Mitteilung an Eden hatte folgenden Wortlaut:

Ohne Zweifel haben wir es hier mit dem wahrscheinlich schlimmsten und scheußlichsten Verbrechen zu tun, das in der gesamten Weltgeschichte jemals begangen worden ist, begangen unter Einsatz eines wissenschaftlichen Apparats durch nominell zivilisierte Menschen im Namen einer großen Nation und eines der führenden Völker Europas. Es ist ziemlich klar, daß alle an diesem Verbrechen Beteiligten, die uns irgendwie in die Hände fallen, auch wenn es Leute sind, die die Massaker lediglich in Befolgung von Befehlen durchgeführt haben, zum Tode verurteilt werden sollten, nachdem ihre Beteiligung an dem Gemorde unter Beweis gestellt worden ist.

Ich vermag daher nicht einzusehen, daß es sich hier um einen der normalen Fälle handelt, über die durch die Schutzmacht verhandelt wird, wie wenn es beispielsweise um mangelnde Ernährung oder sanitäre Verhältnisse in einem bestimmten Kriegsgefangenenlager geht. Man sollte daher meiner Meinung nach keinerlei Verhandlungen irgendwelcher Art über dieses Thema führen. Man sollte in der Öffentlichkeit Erklärungen abgeben, daß jedermann, der damit zu schaffen hat, aufgestöbert und zum Tode verurteilt werden wird.

Das Projekt, das durch sehr zweifelhafte Kanäle an uns herangetragen worden ist, scheint mir auch an und für sich eine sehr verschwommene Angelegenheit zu sein. Ich würde es nicht ernst nehmen.[14]

Allein, die Jewish Agency hoffte noch immer, der Brand-Mission könne neues Leben eingehaucht und durch indirekte Verhandlungen zwischen den Alliierten und den Deutschen könne einer Anzahl ungarischer Juden das Leben gerettet werden. In dem Bemühen, die Mission wieder in Schwung zu bringen, beschloß der Exekutivrat der Jewish Agency, sich direkt an Präsident Roosevelt zu wenden. Es war das erste Mal, daß ein solcher Versuch von dieser Seite unternommen wurde. In dem Telegramm, das am 11. Juli durch den amerikanischen Generalkonsul in Jerusalem an den Präsidenten übermittelt wurde, war von einem Vorschlag die Rede, der der Agency von allem Anschein nach einflußreichen feindlichen Kreisen in Budapest gemacht worden sei und in dem die Nazis ihre Bereitschaft erkennen ließen, „eine Million ungarische und rumänische Juden zu gewissen dem State Department bekannten Bedingungen freizugeben" und die Aufnahme von Verhandlungen hierüber anregten.

Das Telegramm der Jewish Agency setzte Roosevelt davon in Kenntnis, daß Brand in Kairo festgehalten wurde und ersuchte ihn, „diese einzigartige und möglicherweise letzte Chance zur Rettung Überreste europäischen Judentums" nicht ungenutzt verstreichen zu lassen, wenngleich man auf jüdischer Seite, wie es hieß, einsehe, daß die „Erfordernisse des Krieges" eindeutig Vorrang vor anderen Anliegen hätten.

Auch wenn man hinsichtlich der Brand-Vorschläge „in ihrer gegenwärtigen Form", so fuhr die Jewish Agency fort, „einige Zweifel" hegen könne, so „würden wir eindringlich und respektvoll zu bedenken geben, daß die Tür nicht zugeschlagen werden sollte und daß angemessene Vorkehrungen getroffen werden sollten für Diskussion der Vorschläge mit Vertretern feindlicher Kreise, von denen sie ausgingen".

Die Jewish Agency ersuchte Roosevelt sodann um seine Unterstützung für die Vorschläge, die sie der britischen Regierung bereits unterbreitet habe: „Erstens der anderen Seite durch geeignete Kanäle unverzüglich Bereitschaft signalisieren, Bevollmächtigten zu nominieren für Gespräch über Rettung und Überführung größtmöglicher Zahl Juden"; ferner die „andere Seite" zugleich wissen zu lassen, daß die „einstweilige Vorbedingung" für jedwedes Gespräch die „sofortige Einstellung" der Deportationen sei.[15]

In einem zweiten Telegramm forderte die Jewish Agency Roosevelt am 11. Juli auf, die Brand-Vorschläge weiterzuverfolgen, indem er zuließ, daß Vertreter des Kriegsflüchtlingskomitees in Istanbul mit „Mitgliedern der Budapester Gruppe" zusammentrafen, und indem er dafür sorgte, daß Brand sofort nach Budapest zurückfahren und dorthin die „Entscheidung zur Verhandlungsbereitschaft mitnehmen" konnte.

Für den Fall, daß das Warten auf eine solche alliierte Entscheidung die Rückkehr Brands weiter hinauszögern würde, sollte er, wie die Jewish Agency vorschlug, „unverzüglich" zurückgeschickt „und angewiesen werden, der anderen Seite mitzuteilen, daß er seine Botschaft überbracht habe, daß sie an höchster Stelle geprüft werde und daß baldige Schritte folgen würden".[16]

In dem Telegramm der Jewish Agency an Roosevelt war von Bombardierungen oder von irgendeinem anderen Schritt außer der Rückkehr Brands nach Budapest mit einer positiven Antwort nicht die Rede. Die Londoner Vertreter der Agency hatten hingegen eine „Note zum Vorschlag einer Bombardierung der Todeslager" ausgearbeitet. Darin wurden Einzelheiten über die Funktionsweise der Gaskammern in Auschwitz aufgeführt und ferner darauf hingewiesen, alle zur Verfügung stehenden Informationen deuteten darauf hin, „daß die Deportierten unmittelbar nach der Ankunft getötet werden". Der Note angefügt war eine Meldung der Jüdischen Telegrafenagentur, die von Informanten des tschechoslowakischen Untergrunds stammte und bereits eine Woche zuvor von der tschechoslowakischen Exilregierung an die britische Regierung weitergegeben worden war; sie enthielt einen Appell an die Alliierten, die „leicht an ihrem Kamin und den Wachtürmen erkennbaren" Krematorien in Auschwitz sowie die aus der Slowakei und der Karpato-Ukraine nach Polen führenden Eisenbahnlinien, „insbesondere die Brücke in Cop" (Tschop), zu bombardieren.[17] Alle in dem Bericht enthaltenen Angaben bezogen sich freilich auf die letzten Maiwochen und den Juni, einen Zeitraum also, in dem die Deportationen aus dem östlichen Ungarn tatsächlich noch in Gang gewesen waren. Die Menschen, deren Rettung der Appell dienen sollte, waren in Wirklichkeit längst tot. Er hatte die Jüdische Telegrafenagentur mindestens einen Monat zu spät erreicht.

Die Jewish Agency vertrat in ihrer Note vom 11. Juli die Auffassung, eine Bombardierung der Todeslager sei „kaum geeignet, in einem nennenswerten Ausmaß zur Rettung der Opfer beizutragen". Sie könne vielmehr, so hieß es weiter, nur „die Zerstörung von Anlagen und Personal und womöglich ein beschleunigtes Ende der bereits dem Tod Geweihten" bewirken.

Allerdings könne eine Unbrauchbarmachung „der deutschen Maschinerie für den systematischen Massenmord", so die Note weiter, die Liquidierung der verbliebenen 300 000 ungarischen Juden hinauszögern, und dies sei „ein Wert an sich, soweit es trägt, aber es wird vielleicht nicht sehr weit tragen, da sich andere Ausrottungsmittel rasch improvisieren lassen".

Den Autoren der Note zufolge sollte der „Hauptzweck" einer Bombardierung von Auschwitz in „ihrer vielfältigen und weitreichenden moralischen Wirkung bestehen".

Die Art und Weise dieser moralischen Wirkung erläuternd, fuhr die Note fort:

Zunächst einmal würde es bedeuten, daß die Alliierten der Vernichtung der Opfer der Nazi-Tyrannei – heute die Juden, morgen die Polen, Tschechen oder irgendein anderes Volk, das den Deutschen bei ihrem Rückzug und Zusammenbruch noch zum Opfer fallen mag – unmittelbar den Krieg erklärt haben.

Zweitens würde dies die oft wiederholte Behauptung von NS-Sprachrohren Lügen strafen, die Alliierten hätten in Wirklichkeit gar nicht so viel daran auszusetzen, daß die Nazis Europa von den Juden befreiten.

Drittens würde es sehr zu einer Zerstreuung der Zweifel beitragen, die auf alliierter Seite nach wie vor gegen die Berichte über die von den Nazis betriebene Massenvernichtung ins Feld geführt werden.

Viertens würde es der Androhung von Vergeltungsmaßnahmen gegen die Mörder Nachdruck verleihen, indem es zeigen würde, daß die Alliierten die Judenvernichtung ernst genug nehmen, um einen Einsatz von Luftwaffen-Kapazitäten für diesen Zweck zu rechtfertigen, und so eine abschreckende Wirkung erzielen.

Schließlich und endlich würde es diejenigen auf deutscher Seite, die noch immer auf die Nachsicht der Alliierten hoffen, davon überzeugen, daß die Alliierten es mit der Verurteilung des Massenmords an den Juden ernst meinen, und so möglicherweise intern eine gegen die Fortsetzung der Massaker gerichtete Strömung erzeugen. Die erste Nachrichtenmeldung, daß die R. A. F. oder die amerikanische Air Force die Todeslager in Oberschlesien bombardiert hat, wird bestimmt von demonstrativem Wert in bezug auf jede dieser Auswirkungen sein.

Die Note der Jewish Agency vom 11. Juli schloß mit der Bitte um „besondere Aufmerksamkeit" für die in dem tschechischen Bericht angesprochene Tatsache, „daß das Lager Oświęcim Werkstätten der deutschen Rüstungskonzerne Siemens und Krupp enthält".[18] Am 11. Juli sendete die BBC eine scharf formulierte Warnung an alle an der Deportation von Juden zu den Todeslagern Beteiligten. Gesprochen wurde der Aufruf von Lindley Fraser, dem führenden Nachrichtenkommentator des deutschsprachigen Programms der BBC. Im Laufe des verflossenen Monats habe, so erklärte er, „die Verfolgung der Juden, jener abscheulichste Auswuchs der nationalsozialistischen Ideologie, eine neue Phase erreicht.

Diesmal ist der Schauplatz Ungarn." Er verwies auf Berichte, denen zufolge „nicht weniger als 400 000 Juden, Männer und Frauen, in ein Konzentrationslager in Polen deportiert worden sind", wo sie der „Behandlung durch eine jener technischen Neuheiten" unterzogen würden, „auf die Hitler so stolz ist – die Gaskammer".

Wie Lindley Fraser weiter erklärte, seien in Ungarn noch 350 000 Juden übrig; jedoch hätten die „gegenwärtigen deutschen und ungarischen Beherrscher Ungarns nunmehr beschlossen, auch sie nach Polen deportieren und dem Tod durch Vergasung überantworten zu lassen". Diese Politik habe, wie er hinzufügte, „die Welt mit Abscheu und Entsetzen erfüllt". Fraser beendete die Sendung mit den Worten:

Was die Nationalsozialisten sich heute in Ungarn zu tun anschicken, ist natürlich nur die Fortsetzung dessen, was sie, in noch größerem Umfang, bereits in Polen selbst getan haben. Wir kennen den Menschenschlag, zu dem die Leute gehören, die eine solche Politik befehlen und ausführen. Aber sie sollen gewarnt sein. Jedermann, der sich an diesen Morden beteiligt, wird zur Rechenschaft gezogen und der vollen Strafe für seine Verbrechen zugeführt werden.

Und mag sich ein jeder auch fragen, ob die letzte Phase eines bereits verlorenen Krieges der richtige Zeitpunkt ist, um sich mit dem Makel eines Kriegsverbrechers und Mörders zu schmücken.

Ich richte diese Warnung an alle, die es angeht – ob Soldat oder Zivilist, Anstifter oder Ausführender, Deutscher oder Ungar. Sie mögen sich vorsehen. Für diejenigen, die sich zum Werkzeug der nationalsozialistischen Politik der Ausrottung der Juden machen, wird in der Welt der Zukunft kein Platz sein.[19]

Bei der Jewish Agency in Jerusalem war es noch immer die Brand-Mission, die das politische Handeln primär bestimmte. Am 13. Juli telegrafierte Ben Gurion persönlich an Shertok, das Auswärtige Amt in Berlin habe eine „dringende Aufforderung geschickt", derzufolge der Stellvertreter Brands, Menachem Bader, gefunden und bereits am 8. Juli mit dem einmal pro Woche nach Berlin abgehenden Flugzeug mitgeschickt hätte werden sollen. Da er sich nicht rechtzeitig habe finden lassen, erwarte man ihn nun mit dem nächsten Flugzeug, das am 15. Juli gehe. Bader selbst habe geäußert, die Deutschen hätten anscheinend noch nicht gemerkt, daß er sowohl Jude als auch, als Inhaber eines Palästina-Passes, Bürger eines Feindstaates sei.

Ben Gurion forderte Shertok auf: „Bitte sofort Baders letzte Entscheidung übermitteln."[20] Sein Telegramm kreuzte sich mit einem ebenfalls am 13. Juli abgeschickten Telegramm aus London, in dem Shertok meldete: „Joel-Angelegenheit noch Gegenstand interalliierter Beratungen."[21] In einer Denkschrift des Kriegsflüchtlingskomitees wurde unterdessen festgestellt, die meisten der „überdimensionalen und phantastischen" Vorschläge zur Rettung der ungarischen Juden seien zwar „von zweifelhafter Vertrauenswürdigkeit", das Komitee bleibe aber gleichwohl bei der Politik, „eine glatte Ablehnung des einen oder anderen dieser Vorschläge zu vermeiden, in der Hoffnung, daß vielleicht ein ernsthafter und akzeptabler Vorschlag eintrifft".[22]

Ebenfalls am 13. Juli jedoch erfuhr der Flüchtlingsausschuß des Kriegskabinetts in London von A. W. G. Randall vom Auswärtigen Amt, es sei dort soeben ein Bericht eingetroffen, der zeige, daß „der Vorstoß von Brand und Krausz" nicht zur Rettung von Juden, sondern „als Köder für einen intriganten Separatfriedensplan" gedacht gewesen sei. Es sei das Ziel der Gestapo gewesen, „vage angedeutete Friedensvorschläge" vorzulegen, die England von der Sowjetunion entfremden könnten.

Eden meinte zu dieser Meldung, sie bestätige den alten Argwohn des Flüchtlingsausschusses, daß die Brand-Vorschläge „nur eine Falle" seien.

Die Sprache kam sodann auf die Haltung der Vereinigten Staaten. Wie Sir Herbert Emerson erklärte, habe selbst der Vorsitzende des Kriegsflüchtlingskomitees, John W. Pehle, die Gefahr sehr wohl gesehen, „daß die Deutschen zu dem Trick greifen könnten, den verbündeten Nationen eine nicht zu bewältigende Zahl von Flüchtlingen zu offerieren". Wie Emerson hinzufügte, befinde sich die amerikanische Regierung allerdings unter „großem Druck seitens der Juden" des Landes, und dies so sehr, daß, wie er gehört habe, eine „negative Antwort" auf die Brand-Vorschläge für die amtierende Administration „möglicherweise sogar den Verlust der Stimmenmehrheit im Staat New York" bedeuten würde.

Man gelangte im Flüchtlingsausschuß schließlich zu der Auffassung, entweder die Deutschen „oder die Juden selbst" könnten das bis dato geheime Projekt jeden Augenblick in die Öffentlichkeit tragen, „zu unserem Nachteil". Gleichwohl kam man überein, daß die britische Regierung „den Gedanken an Verhandlungen irgendwelcher Art, ob direkt oder indirekt, unter den Tisch fallen lassen" sollte.[23]

Daß die Russen Argwohn hegten, wurde den Engländern immer wieder deutlich gemacht. Nur zwei Tage nach der soeben referierten Entscheidung des Flüchtlingsausschusses schrieb der britische Botschafter in Moskau, Sir Archibald Clark Kerr, einen persönlichen Brief an Eden, in dem er berichtete, der ehemalige sowjetische Botschafter in London, Iwan Maiskij, habe sich über das langsame Vordringen der alliierten Streitkräfte in der Normandie beschwert und den westlichen Alliierten indirekt „mangelnden Schwung" unterstellt. Die „andere Befürchtung" Maiskijs sei, so der Botschafter, „daß wir die Deutschen mit Samthandschuhen anfassen würden, wenn es soweit wäre. Dieses Gefühl ist ziemlich weit verbreitet und müßte im Auge behalten werden."[24]

Die Jewish Agency versteifte sich unterdessen auf einen neuen Versuch, die festgefahrene Brand/Bader-Mission durch ein Hilfsmanöver wieder in Bewegung zu bringen, obgleich der Widerwille der britischen Regierung gegen eine Autorisierung selbst ganz indirekter Verhandlungen zwischen England und den Nazis klar auf der Hand lag. Am 14. Juli telegrafierte Shertok an Ben Gurion: „Auswärtiges Amt hat Abreise Baders widersprochen." Aber, so schlug er vor, man könne Dr. G. G. Kullmann, den „Stellvertreter" Sir Herbert Emersons im Internationalen Flüchtlingskomitee, der schweizerischer Staatsbürger war, „bitten, unter Voraussetzung, daß andere Seite entsprechende Vorkehrungen trifft, nach Budapest zu gehen und Möglichkeiten zu erkunden".[25]

In einem Brief vom 14. Juli an das Auswärtige Amt hob Shertok hervor, nach Ansicht der Jewish Agency zeige die letzte aus Istanbul eingetroffene Botschaft, „daß das Projekt noch in Bewegung ist und daß die Deutschen etwas vorzulegen haben und bereit sind, die Dinge zu erörtern". Diese Einschätzung verleihe, so fuhr Shertok fort, „unserem Vorschlag hinsichtlich der Entsendung von Herrn Kullmann nach Budapest beträchtliches zusätzliches Gewicht".[26]

Das Auswärtige Amt wischte die Hoffnungen der Jewish Agency vom Tisch. „Natürlich", so notierte Ian Henderson, „möchten die Deutschen (oder zumindest hohe Gestapo-Kreise) das Projekt in Bewegung halten, als Mittel zur Vortäuschung von Separat-Friedensverhandlungen oder weil sie vielleicht wirklich Friedensfühler ausstrecken wollen, um uns von den Russen zu entzweien."[27]

In Ungarn fanden zwar nach dem 8. Juli keine neuen Deportationen mehr statt, aber mehrere vor diesem Datum in Bewegung gesetzte Transporte aus Ungarn wurden ihrem Bestimmungsort noch zugeführt. Zwei Züge trafen am 8. Juli in Auschwitz ein, einer am 9. Juli, drei am 10. Juli und die letzten beiden am 11. Juli. Aus diesen Transporten wurden zumeist jeweils nur wenige Personen ausgesondert und in die Baracken eingewiesen – lediglich einmal 999 Frauen –, während die übrigen vier- oder fünftausend vergast wurden – insgesamt mehrere zehntausend Menschen innerhalb von nur vier Tagen.

Im Aide-mémoire vom 6. Juli waren die Alliierten aufgefordert worden, ihre Bereitschaft „zur Aufnahme jüdischer Flüchtlinge in alle ihre Territorien" zu erklären und hinzuzufügen, daß sie sich hierbei der „Unterstützung der Neutralen" sicher wüßten. Am 15. Juli teilte Sir Hughe Knatchbull-Hugessen dem Auswärtigen Amt in einem Telegramm aus Ankara mit, er habe „laut Ermächtigung durch Ihr Telegramm Nr. 842 soeben den Präsidenten des Rats schriftlich davon in Kenntnis gesetzt", daß „alle jüdischen Flüchtlinge, die türkisches Territorium erreichen, von jetzt an Einreisevisa für Palästina erhalten". Es bestehe allerdings, so meinte der Botschafter, die Gefahr, daß die Türken glauben würden, „daß wir mit der Möglichkeit eines massenhaften Einströmens rechnen. Das würde sie verschrecken und wäre eher geeignet, den Uhrzeiger zurückzudrehen als die Sache voranzubringen". Er empfahl, aus diesem Grund – nur „beiläufig" – an die bereits früher geäußerte Bereitschaft der britischen Regierung zu erinnern, „falls erforderlich, mit Nahrungsmitteln oder Geld zu helfen", jede „förmlichere Zusicherung" jedoch bis zu einem Zeitpunkt zurückzustellen, an dem ein massenhaftes Einströmen von Flüchtlingen sich vielleicht tatsächlich abzeichnete.[28]

Am 15. Juli schrieb A. L. Easterman vom Jüdischen Weltkongreß an George Hall vom Auswärtigen Amt und schlug einen warnenden Aufruf von Churchill, Roosevelt und Stalin vor, in dem „die Völker der besetzten Länder aufgefordert werden, die Juden zu schützen". Ian Henderson überredete Hall, eine abschlägige Antwort zu erteilen. „Angesichts des offensichtlichen Umschwungs in der Judenpolitik der ungarischen Regierung", so schrieb Henderson, „wäre es im Interesse der Juden selbst kaum sehr klug, diesen Gedanken im Augenblick zu verfolgen", und er fügte hinzu: „Die Sowjets haben sich immer nur sehr ungern in jüdische Angelegenheiten hineinziehen lassen ..."[29]

Am 18. Juli wurden die Produktionsanlagen für synthetischen Treibstoff und Kautschuk in Monowitz nach sorgfältiger Analyse der Bilderausbeute aus den vier zuvor durchgeführten Aufklärungsmissionen erstmals als Bomberziel ausgewiesen. Bis zum ersten Bombenangriff sollte zwar noch etwas mehr als ein Monat vergehen, aber die Richtlinien dafür, welche Ziele im einzelnen angegriffen werden sollten, wurden noch im Juli festgelegt. Zunächst einmal wurde die Lage des Zielgeländes beschrieben: drei Kilometer östlich „der Ortsmitte von Oświęczim" und im Norden an ein nur spärlich bebautes Gebiet angrenzend, während sich im Westen und Süden „aus Baracken bestehende Arbeiterquartiere" anschlossen.

Sowohl die Fabrik für synthetischen Treibstoff als auch die Buna-Fabrik waren „noch im Bau", aber die Produktion war gleichwohl in beiden bereits „im Gang". Der Treibstoff wurde durch Kohleverflüssigung nach dem Bergius-Verfahren gewonnen, wobei die in der Umgebung geförderte Steinkohle Verwendung fand. Die einzelnen Gebäude waren „in der bei Fabriken für synthetischen Treibstoff gewohnten Weise" über das Gelände verteilt. Die einen Tiefanflug auf das Zielgelände behindernden Objekte waren Kamine und Kühltürme; das höchste Gebäude war „der Kamin des Kesselhauses (Nr. 7 auf der Karte), der zirka 130 Meter hoch ist. Eine Starkstromleitung mit 30 Meter hohen Masten läuft von der Trafostation (Nr. 16 auf der Karte) nördlich ..."

Die Einsatzanweisungen enthielten einen Abschnitt über die „wichtigen Teile", die zu treffen waren. Während die Hydriereinheiten selbst, wie es hieß, infolge der durch die hohen auftretenden Arbeitsdrücke im Inneren bedingten massiven Bauweise „praktisch unverwundbar" seien, zumal sie gewöhnlich „von schweren Betonschalen" eingehüllt seien, sei die Gaserzeugungsanlage, von der der Betrieb der gesamten Fabrik abhänge, sehr wohl angreifbar. War diese Anlage zerstört, würde die Treibstoffproduktion gänzlich zum Erliegen kommen. Dazu komme, daß die Gaserzeugungsanlage von allen Zielobjekten in Monowitz diejenige sei, die „die längste Reparaturdauer benötigen würde". Sie stellte daher einen „erstrangig wichtigen Teil" dar und wurde als solcher auch auf der zugehörigen Karte gekennzeichnet, auf der 24 solche Zielobjekte angekreuzt waren. Jedes dieser Ziele war ein Element im Treibstoff- oder Bunaproduktionsprozeß. Das Arbeitssklaven-Lager in Monowitz war auf der Fotografie zwar zu sehen, wurde aber in der Legende nicht benannt und war natürlich auch kein wirtschaftlich relevantes Angriffsobjekt.

Wie die Einsatz-Anweisungen vom 18. Juli ferner vermerkten, hatten die Fotografien vom 4. April „keine Tarnung und keine Rauchschleier erkennen lassen"; und was die Größenordnung der Treibstoff-Produktionsanlage in Monowitz betraf, so zählte sie laut Instruktion zu den zwölf größten, mit ihrer Produktionskapazität durchweg zwischen 200000 und 650000 Tonnen jährlich liegenden Werken dieser Art.[30]

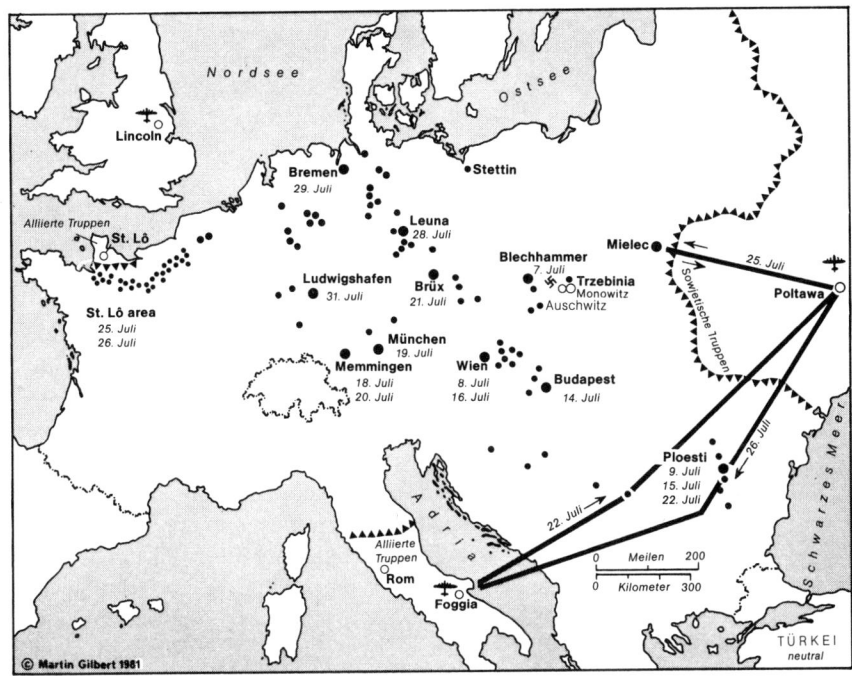

13. Zielorte alliierter Bombenangriffe gegen deutsche Treibstoffproduktionsstätten, -raffinerien und -lagerstätten (schwarze Punkte), ferner die Flugrouten der im Rahmen der „Operation Frantic" am 22., 25. und 26. Juli 1944 durchgeführten Einsätze.

Die alliierten Bombenangriffe auf Ziele im Bereich der deutschen Treibstoffversorgung waren den ganzen Juli über weitergegangen. Sie waren so erfolgreich, daß die Produktion synthetischen Treibstoffs von einem Maximum von 1043 Tonnen pro Tag am 1. Juli auf ein Minimum von 120 Tonnen am 21. Juli fiel. Trotz intensiv vorangetriebener Reparaturarbeiten und gesteigerter Produktion in den intakt gebliebenen Anlagen war bis zum 25. Juli erst eine Tagesproduktion von 417 Tonnen erreicht. Die Wirksamkeit dieser Bombenangriffe war so groß, daß Albert Speer Hitler in einem Brief vom 28. Juli dringend riet, zur Einsparung von Treibstoff den Passagier- und Kurierluftverkehr in Deutschland vollständig einzustellen.[31]

Möglich geworden waren diese erfolgreichen alliierten Schläge allerdings nur, wie der Stabschef der Luftwaffe am 31. Juli in einem Brief an Churchill schrieb, auf Kosten „vergleichsweise schwerer Verluste in den hellsten Nächten, als die Bomber bei fehlender Wolkendecke durch das Mondlicht zu einem gut beleuchteten Ziel für die deutschen Flugabwehrkanonen geworden" waren. Die erlittenen Verluste seien, wie der Stabschef hinzufügte, nicht „unbedingt typisch" gewesen, stellten aber gleichwohl einen neuen Hinweis „auf die zunehmende Wirksamkeit der Nacht-Abwehr des Feindes und den zunehmend

schwereren Widerstand (dar), auf den Bomberverbände über Deutschland stoßen". Weiter berichtete der Stabschef: „Es ist nicht zu übersehen, daß der Feind
im Begriff ist, die ihm durch unsere Radar-Störmaßnahmen bereiteten Schwierigkeiten zu überwinden, und daß es auf unserer Seite einer großen Flexibilität in
der Taktik sowie eines verbesserten Schutzes unserer schweren Bomber und eines Geleitschutzes bei den Nachteinsätzen bedarf, wenn die Verluste niedrig gehalten werden sollen."

Es sei dessen ungeachtet zu hoffen, so setzte der Stabschef der Luftwaffe hinzu, daß man den Umfang der Einsätze bei Tageslicht steigern und „mit zunehmender Erfahrung geeignete Ziele in Deutschland angreifen" könne.[32]

Am 14. Juli ergriff Churchill selbst ein weiteres Mal persönlich die Initiative,
diesmal zugunsten einer Gruppe ungarischer Flüchtlinge. Sie hatten beträchtliche Geldsummen aufgebracht, um nach Griechenland zu kommen; nicht nur an
die Deutschen hatten sie gezahlt, um Ungarn verlassen zu dürfen, sondern auch
an griechische Kommunisten, um durch Griechenland südwärts zur ägäischen
Küste reisen zu können. Der Gedanke, daß Kommunisten in die Sache verwik-
kelt waren, hatte Lord Moyne ebensosehr beunruhigt wie die offensichtliche Billigung und Unterstützung des Unternehmens durch die Vereinigten Staaten.
Churchill jedoch stellte sich auf einen anderen Standpunkt; er schrieb am 14. Juli
an Eden, es sei ja „durchaus denkbar, daß reiche Juden große Summen Geldes
bezahlen, um der Ermordung durch die Hunnen zu entgehen", und es sei auch
zweifellos „unschön", daß dieses Geld in die Hände der griechischen Kommunisten floß, aber „warum in aller Welt wir hingehen sollten und mit den Vereinigten Staaten darum rechten sollten, vermag ich nicht einzusehen". Churchill fügte
hinzu:

Wir würden eine große Verantwortung auf uns laden, wenn wir Juden – und wären es
auch reiche Juden – an der Flucht hinderten. Ich weiß, die moderne Ansicht ist die, daß alle
reichen Leute ins Jenseits befördert werden sollten, wann immer man ihrer habhaft wird,
aber es wäre traurig, wenn wir diese Haltung zum gegenwärtigen Zeitpunkt herauskehren
würden. Schließlich haben sie für ihre Freiheit ohne Zweifel einen so hohen Preis bezahlt,
daß sie in Zukunft nur mehr arme Juden sein werden, und daher stehen ihnen die gewohnten Rechte menschlicher Wesen zu.[33]

In London machte das Auswärtige Amt unterdessen ein weiteres Mal seinen
Einfluß den Wünschen der Jewish Agency dienstbar. Von der Agency darauf
aufmerksam gemacht, daß eine erste von den Nazis zum Zeichen ihres guten
Willens freigelassene Austauschgruppe von 1500 ungarischen Juden vielleicht
Schwierigkeiten an der spanischen Grenze bekommen könnte, schickte es am
15. Juli ein Telegramm an Sir Samuel Hoare, den britischen Botschafter in Ma-
drid, und forderte ihn auf, die spanischen Behörden um die „Erleichterung der
Einreise solcher Flüchtlinge" zu ersuchen. Das Telegramm lautete weiter:

Die nicht zur Aufnahme nach Palästina Berechtigten könnten vermutlich Erlaubnis zur
Einreise Kanada erhalten (wie bei vielen anderen geschehen, denen die Flucht auf die Ibe-

rische Halbinsel gelang) oder könnten nach Fedhala geschickt werden, wo für solche über die Pyrenäen hereinströmenden Flüchtlinge Unterbringungsmöglichkeiten reserviert sind.[34]

Am gleichen Tag erfuhr Shertok von Randall, der das Telegramm nach Madrid gutgeheißen hatte, in bezug auf den „letzten" Appell Weizmanns, daß dessen „Vorschläge hinsichtlich einer Bombardierung von den zuständigen Stellen aufmerksam geprüft werden".[35] Das war in der Tat der Fall, aber es bestand wenig Hoffnung, daß diese Prüfung positiv ausfallen würde. Ebenfalls am 15. Juli schrieb der Luftfahrtminister, Sir Archibald Sinclair, an Eden:

Sie schrieben mir am 7. Juli, um anzufragen, ob durch den Einsatz von Bombern der Mord an den Juden in Ungarn irgendwie aufgehalten werden könne. Ich bin ganz Ihrer Ansicht, daß wir verpflichtet sind, jedes denkbare Vorgehen, das helfen könnte, in Betracht zu ziehen; ich habe daher folgende Möglichkeiten geprüft:
a) Unterbrechung der Schienenwege
b) Zerstörung der Anlage
c) Andere Störungen der Tätigkeit der Lager
Wie ich versichert werde, liegt a) außerhalb unserer Möglichkeiten. Schon zur Unterbrechung der Verkehrsverbindungen in der Normandie benötigten wir eine enorme Konzentration von Bombern; die große Entfernung Schlesiens von unseren Stützpunkten schließt eine Operation dieser Art dort vollkommen aus.
Die Bombardierung der Anlage selbst liegt außerhalb der Möglichkeiten unserer Bomberflotte, weil die Entfernung für einen Nachtangriff zu groß ist. Die Amerikaner könnten vielleicht einen Angriff bei Tageslicht fliegen, aber das wäre eine kostspielige und waghalsige Operation. Sie könnte ein Schlag ins Wasser werden, und selbst wenn die Anlage zerstört würde, bin ich mir nicht sicher, ob es den Opfern wirklich helfen würde.
Es bleibt nur eine Möglichkeit, und zwar: die Lager zu bombardieren und möglicherweise zugleich Waffen abzuwerfen, in der Hoffnung, daß einem Teil der Opfer die Flucht gelingt. Wir haben eine Aktion dieser Art in Frankreich durchgeführt; dort bombten wir eine Bresche in die Mauer eines Gefangenenlagers, und wir nehmen an, daß es 150 Männern, die zum Tode verurteilt waren, gelang, zu entfliehen.[38] Etwas derartiges in Schlesien durchzuführen, wäre natürlich mit enorm viel größeren Schwierigkeiten verbunden, und selbst wenn der Angriff auf das Lager gelänge, wären die Chancen für eine Flucht freilich gering.

Sinclairs Brief schloß mit den Sätzen:

Dennoch möchte ich vorschlagen, das Projekt den Amerikanern zusammen mit allen Fakten vorzulegen und zu sehen, ob sie bereit sind, es zu versuchen. Ich hege allerdings große Zweifel daran, ob die Amerikaner das Projekt nach Prüfung für durchführbar halten werden, und möchte keinerlei Hoffnungen wecken. Aus diesem Grund und weil es nicht fair wäre, anzudeuten, daß wir die Sache befürwortet haben und die Amerikaner nicht zu helfen bereit waren, glaube ich, daß Sie Weizmann gegenüber diese Möglichkeit zu diesem Zeitpunkt vermutlich nicht erwähnen möchten. Sobald die Amerikaner die Sache geprüft haben, werde ich Sie das Ergebnis wissen lassen.

Eden war über Sinclairs Brief wenig erfreut. „Eine typische unbefriedigende Antwort", notierte er am 16. Juli und fügte hinzu: „Ich finde, wir sollten den

Schwarzen Peter beizeiten an die glühenden Zionisten weitergeben, d. h. Weizmann mitteilen, daß wir uns an Sir A. Sinclair gewandt haben u. andeuten, daß er ihn vielleicht gerne sprechen würde."

Zu der Äußerung Sinclairs, er sei sich, „selbst wenn die Anlage zerstört würde, ... nicht sicher, ob es den Opfern wirklich helfen würde", bemerkte Eden: „Er wurde nicht um seine Meinung dazu gebeten; er wurde gebeten, zu handeln."[39]

Weder Eden noch irgendeiner seiner Beamten im Auswärtigen Amt griff den Gedanken Sinclairs auf, möglicherweise Waffen über dem Lager abzuwerfen, um so jüdischen Häftlingen zur Flucht zu verhelfen. Dabei sollte nur zwei Wochen nach dem Brief Sinclairs das Luftfahrtministerium selbst besondere Anstrengungen unternehmen, ganz ähnlich denen, die das Projekt einer Bombardierung von Auschwitz-Birkenau gefordert hätte: Flugzeugverbände mit freiwilligen und regulären Besatzungen kamen dem Warschauer Aufstand durch den Abwurf von Kriegsmaterial zu Hilfe.

Die Anregung Sinclairs, die Bombardierungsvorschläge den Amerikanern vorzulegen, sorgte wirksam dafür, daß sie jetzt dem Gutdünken des amerikanischen Kriegsministeriums anheimfielen, das – was Sinclair und das britische Luftfahrtministerium nicht wußten – diese Vorschläge elf Tage zuvor abgelehnt hatte. Ein ähnliches Ende wurde den Brand-Vorschlägen bereitet. Am 16. Juli erklärte Eden Churchill die Gründe für die vom Flüchtlingsausschuß des Kabinetts drei Tage zuvor gefällte Entscheidung:

Wir hatten einen eben erst eingetroffenen Bericht aus britischen Geheimdienstquellen vorliegen, der unsere ursprüngliche Ansicht bestätigte (die wir aus Rücksicht auf den Appell von Dr. Weizmann und die Auffassungen der amerikanischen Regierung hintanstellten), daß es höchst gefährlich wäre, Brand zu den Deutschen zurückzuschicken oder auch nur irgendeinen Schritt auf sie zu zu machen, der als Antwort auf die indiskutablen Vorschläge der Gestapo gedeutet werden könnte.

Die neuen Informationen deuten darauf hin, daß diese Vorschläge von der Gestapo als Köder in dem Versuch gedacht waren, Friedensgespräche mit uns oder den Amerikanern anzuknüpfen, die zweifellos nicht ernstgemeint seien, sondern das Ziel verfolgen würden, unsere Beziehungen zur sowjetischen Regierung zu beeinträchtigen.

Nachdem er so die ausschlaggebenden Gründe benannt hatte, ging Eden auf jenen Aspekt des Brand-Projekts ein, der das britische Auswärtige Amt bewogen hatte, die Angelegenheit vielleicht ernster zu nehmen, als es ihm lieb gewesen wäre. Wie Eden es formulierte:

Wir waren uns der Meinungsverschiedenheiten sehr wohl bewußt, denen wir in Washington wahrscheinlich begegnen werden, wo wahltaktische Notwendigkeiten und das von Mr. Morgenthau unterstützte Kriegsflüchtlingskomitee die Bereitschaft erzwingen, mit jedem Plan, und sei er noch so zweifelhaft, zu spielen, der sich als Vorhaben zur Rettung europäischer Juden darstellen läßt (z. B. für Juden in Feindländern auszugebende Lizenzen auf Auslandswährungen oder die Preistreiberei bei den ortskundigen Führern auf unserer Fluchtroute zwischen Frankreich und Spanien).

Unsere wohlüberlegte Ansicht ist gleichwohl, daß wir den kombinierten Annäherungsversuch von Brand und Gestapo vollständig ignorieren sollten.

Churchill vermerkte zu Edens Brief: „Bin ganz derselben Meinung."[38]

Die neuen Informationen entstammten der Vernehmung von Andor Groß, der klargestellt hatte, daß der Auftrag, in dem er Brand nach Istanbul begleitet hatte, nicht nur lautete, ein wachsames Auge auf dessen Aktivitäten zu halten oder ihm als Leibwächter zu dienen, sondern ausdrücklich auch, den Versuch einer Anknüpfung von Gesprächen über einen Separatfrieden zwischen der Gestapo auf der einen sowie Engländern und Amerikanern auf der anderen Seite zu machen; ein solcher Friede würde Rußland isolieren und im Krieg gegen Deutschland alleinlassen. Groß war seinen Angaben zufolge von Otto Klages, dem SD-Chef in Budapest und nominellen Vorgesetzten Eichmanns, mit dem Auftrag betraut worden, nach Möglichkeit „eine Zusammenkunft zwischen zwei bis drei hohen SD-Offizieren und zwei bis drei hohen britischen und amerikanischen Funktionsträgern in irgendeinem neutralen Land zu arrangieren", bei der über die „Eröffnung von Verhandlungen zur Frage eines Separatfriedens zwischen dem SD und den Alliierten, ausgenommen Rußland", gesprochen werden sollte. Groß hatte geantwortet, er könne eine solche Zusammenkunft „sehr viel leichter" zustandebringen, „als es Brand fallen würde, Lastwagen zu kaufen…"[39]

Zwei Tage später, am 18. Juli, nahm die Geschichte der ungarischen Juden eine dramatische Wendung: An diesem Tag teilte das Auswärtige Amt den britischen Gesandten in Bern und Stockholm telegrafisch mit: „Hiesige jüdische Kreise berichten, daß die Deportationen von Juden aus Ungarn eingestellt worden sind."

Weiter hieß es in dem Telegramm, der Grund für diesen Stopp, der eine Tatsache zu sein schien, liege möglicherweise in „Transportschwierigkeiten". Allerdings wollten „jüdische Kreise" wissen, daß „die Ungarn und möglicherweise auch die Deutschen von Protesten beeindruckt sind und sich in diesem kritischen Augenblick von weiteren ähnlichen Aktionen vielleicht weiterhin beeindrucken lassen werden".[40]

Die Nachricht von der Einstellung der Deportationen wurde am 19. Juli in der Öffentlichkeit bekannt, als der Korrespondent der Nachrichtenagentur *Associated Press* in Bern über ein von Admiral Horthy gegebenes Versprechen berichtete, demzufolge aus Ungarn keine Juden mehr deportiert würden. Die tägliche Nachrichtenübersicht der Jewish Agency in London brachte die Meldung unter der Überschrift: Judendeportationen sollen aufhören – Horthy. Der Korrespondent von *Associated Press* berichtete ferner, Horthy habe nach in Bern zirkulierenden Meldungen das Rote Kreuz ermächtigt, „die Evakuierung jüdischer Kinder in aufnahmewillige Länder zu organisieren", und er habe ebenfalls „die Evakuierung aller im Besitz von Visa befindlichen Juden nach Palästina" genehmigt.[41]

Die Reaktionen, die die Nachricht von den Schritten Horthys im Auswärtigen Amt auslöste, hatten ebensoviel mit der britischen Palästinapolitik wie mit den Chancen und Möglichkeiten zur Rettung von Menschenleben zu tun. „Daraus ergeben sich gewichtige Fragen", notierte Randall am 19. Juli, „d.h. es kommt vielleicht eine Flut von Einwanderungsanträgen für Palästina auf uns zu usw. Wir werden achtgeben müssen."[42]

Der Jewish Agency war, ebenso wie der britischen Regierung, klar geworden, daß die Geschicke der ungarischen Juden jetzt nicht mehr von Verhandlungen mit der Gestapo oder von einer Bombardierung der Lager oder Eisenbahnlinien abhängig war, sondern vom Wohlwollen der ungarischen Regierung. In London sah man, zumindest auf den ersten Blick, in diesem Wohlwollen einen positiven Faktor. Am 20. Juli übersandte das Auswärtige Amt der Jewish Agency die Abschrift eines vom 19. Juli datierten und soeben eingetroffenen Telegramms des britischen Botschafters in Ankara. Der Text lautete:

Ich erfahre von Vertretern der Jewish Agency, daß der apostolische Gesandte in Istanbul über die katholische Kirche in Ungarn einen Appell zugunsten von 5000 Juden, deren Aufnahme in Palästina zugesagt ist, an die ungarische Regierung gerichtet hat. Die ungarische Regierung soll erklärt haben, sie werde diese 5000 jüdischen Personen respektieren, vorausgesetzt sie können schweizerische Zertifikate vorweisen ...[43]

Der apostolische Gesandte in Istanbul, dessen Appell die Regierung in Budapest soeben empfangen hatte, war Angelo Roncalli, derselbe katholische Diplomat, der bereits früher beim bulgarischen König interveniert hatte, um die Juden Bulgariens vor der Deportation in die Vernichtungslager zu bewahren.[44]

Aus Lissabon trafen am 20. Juli weitere Nachrichten ein, die keine Zweifel mehr daran ließen, daß ein neues, durch eine, wie Ian Henderson vom Auswärtigen Amt notierte, „radikale u. günstige Wendung der ungarischen Judenpolitik" gekennzeichnetes Kapitel angebrochen war. Die Meldung aus Lissabon lautete, die ungarische Regierung habe bereits drei Vorschläge „erhalten und gutgeheißen": ein Angebot der schwedischen Regierung, Juden, „die in Schweden ... Verwandte haben oder geschäftliche Beziehungen dorthin unterhalten, die Auswanderung nach Schweden oder Palästina" zu gestatten; einen „im Namen der britischen Regierung" von der Schweiz gemachten Vorschlag, die zuvor ausgesetzte Genehmigung zur Ausreise für Juden, die im Besitz eines gültigen Palästina-Visums waren, wieder zu erteilen; und ein Ersuchen des amerikanischen Kriegsflüchtlingskomitees, Hilfsmaßnahmen des Roten Kreuzes für die „in Lagern oder Gettos" in Ungarn lebenden Juden sowie die Evakuierung „jüdischer Kinder unter zehn Jahren nach Palästina" zu gestatten. Am Schluß des Berichtes hieß es:

Während diese Maßnahmen vollzogen werden, ist die Deportation von Juden aus Ungarn zu Arbeitsdiensten im Ausland – wozu nur ein Teil von ihnen herangezogen worden ist, während die übrigen, ähnlich wie die Ungarn selbst, zu Arbeitsdiensten im eigenen Land eingeteilt sind – unterbrochen worden.[45]

Die Jewish Agency begab sich nun auf die Suche nach neuen Prioritäten und neuen Zielen für ihre Forderungen an die Westalliierten. Nach dem Umschwung in Horthys Judenpolitik wurde der Kampf um Zertifikate, Dokumente, Ausreise- und Zufluchtsmöglichkeiten zum dringlichsten Erfordernis. In London suchte Shertok am 20. Juli erneut das Auswärtige Amt auf, wo er mit Randall über die von der ungarischen Regierung eröffneten Möglichkeiten sprach. Worauf die Jewish Agency nunmehr das Schwergewicht legte, war klar: darauf zu drängen, so viele ungarische Juden wie nur möglich nach Palästina zu bringen. Er sehe, so erklärte Shertok Randall gegenüber, „keinen Grund, warum Palästina nicht bis zu 400 000 Juden aufnehmen" könne. Palästina sei „das nächstliegende und beste Asylland für potentielle Emigranten".[46]

Dieser neue Vorstoß der Jewish Agency weckte im Auswärtigen Amt alte Ängste und lenkte die Konstellation der politischen Interessen und den Gegensatz der politischen Prioritäten in ein altvertrautes Fahrwasser zurück: Es standen nun nicht mehr jüdische Überlebensinteressen gegen die Erfordernisse der alliierten Kriegführung, sondern wieder zionistische Ambitionen gegen die britische Palästinapolitik.

In Auschwitz trafen unterdessen nach wie vor – und ohne daß die westliche Welt davon wußte – Transporte aus anderen Ländern ein; die 2500 jüdischen Bewohner von Rhodos wurden am 24. Juli mit dem Schiff über das Ägäische Meer abtransportiert und dann im Zug über die Balkanhalbinsel – unter anderem durch Ungarn – befördert; sie trafen in Auschwitz am 16. August ein und wurden in ihrer großen Mehrzahl sofort getötet.

Die Bemühungen der Jewish Agency richteten sich nach dem 20. Juli in erster Linie auf die Erlangung von Visa und Transportmöglichkeiten, hauptsächlich für und nach Palästina. Wie Randall in einer für Lord Halifax gedachten, aber dann wieder getilgten Instruktion schrieb: „Bitte vergewissern Sie sich der Ansicht der US-Regierung hierzu. Aber lassen Sie keinen Zweifel daran, daß wir, während wir einerseits willens sind, im weitestgehenden Maß, soweit mit der militärischen und wirtschaftlichen Lage in Palästina verträglich, zu helfen, andererseits in Anbetracht anderer Verpflichtungen nicht zulassen können, daß nunmehr ein nicht eindämmbarer Strom aus Ungarn nach Palästina gelenkt wird."[47]

30. Angst vor einer Flut

Auf die Aussicht, daß möglicherweise Zehn- oder gar Hunderttausende ungarischer Juden Zuflucht in Palästina suchen könnten, reagierte das Auswärtige Amt weiterhin mit Mißtrauen und Feindseligkeit. „Unserem Eindruck nach", so erfuhr Lord Halifax am 21. Juli aus London, „sind Vertreter der Jewish Agency dabei, starken Druck zugunsten einer stark gesteigerten jüdischen Einwanderung nach Palästina als Konsequenz aus den Angeboten der ungarischen Regierung auszuüben." Telegramme mit identischem Text wurden auch an die britischen Hochkommissare in Kanada, Australien, Neuseeland und Südafrika geschickt. „Die Frage alternativer Zufluchtsstätten", so hieß es darin, „muß daher ohne Verzug geprüft werden".

Das Auswärtige Amt machte auch mehrere Vorschläge im Hinblick auf solche Asyl-Alternativen: Die amerikanische Regierung, so hieß es, „könnte sich bereiterklären, mehr jüdische Flüchtlinge" in ihr Land aufzunehmen; England und die Vereinigten Staaten könnten sich gemeinsam an die lateinamerikanischen Republiken wenden mit der Bitte, „mehr jüdische Flüchtlinge zu akzeptieren"; und ein ähnlicher gemeinsamer Vorstoß könne auch bei der portugiesischen Regierung unternommen werden, „in der Hoffnung, in Angola ein Asyl für Juden zu finden".

Ferner regte das Auswärtige Amt an – um zu zeigen, daß „den Juden keine Zufluchtsmöglichkeit verbaut wird" –, die Regierungen der Commonwealth-Länder Kanada, Australien, Neuseeland und Südafrika könnten vielleicht „in Betracht ziehen, ob es nicht irgendwelche Maßnahmen gibt, die sie nützlicherweise ergreifen könnten ..."[1]

In Madrid bemühte sich die britische Botschaft in der letzten Juliwoche, die spanische Regierung dazu zu bringen, 1500 ungarische Juden, die nach Belsen verlegt worden waren, nach Spanien einreisen zu lassen. „Auch die US-Botschaft", telegrafierte Sir Samuel Hoare am 24. Juli ans Auswärtige Amt, „wird das Projekt in einer Note befürworten, d. h. ein ähnliches Ersuchen unter Berufung auf humanitäre Interessen stellen."[2]

Weitere Rettungskanäle taten sich in der letzten Juliwoche durch die Aktivitäten Ira Hirschmanns auf, des Gesandten des Kriegsflüchtlingskomitees in Ankara. Am 24. Juli teilte der Exekutivrat der Jewish Agency in Jerusalem dem Zionistischen Bund in Johannesburg telegrafisch mit: „Hirschmann überredete Alliierte, unsere Forderung Transportmöglichkeiten Türkei zu unterstützen. Dies wertvolle Hilfe für Rettungsaktivitäten, die uns vielleicht ermöglicht, in naher Zukunft Tausende aus Rumänien, möglicherweise Bulgarien, abzuholen."[3]

Die Genfer Vertreter der Jewish Agency, die als erste die Nachricht von den Deportationen aus Ungarn und später die Ersuchen um Bombardierung übermittelt hatten, wurden nun ihrerseits in den Bann der neuen Stimmung und der neuen Lage geschlagen. „Rotes Kreuz erörtert jetzt beste organisatorische Form der Unterstützung", telegrafierte Richard Lichtheim am 24. Juli nach London. „Hiesiger Vertreter Kriegsflüchtlingskomitee arbeitet aktiv mit, hat finanzielle Hilfe angeboten."

Das Telegramm von Lichtheim enthielt ferner mehrere sogar noch erfreulichere Details. Die Schweiz sei, so hieß es, bereit, eine „bestimmte Zahl von Kindern" aufzunehmen, und Schweden habe seine Bereitschaft erklärt, alle ungarischen Juden aufzunehmen, „für deren Unterhalt schwedische Bürger garantieren, wobei diese Garantien in großer Zahl gegeben werden".[4]

Am 26. Juli gelangte endlich die erste ungekürzte Fassung des Vrba-Wetzler-Berichts nach London. Sie kam zusammen mit der von Krausz verfaßten neunseitigen Schilderung der Vorgänge bei der Gettoisierung der ungarischen Juden drei Monate zuvor. Der den Vrba-Wetzler-Bericht betreffende Teil bestand aus einem fünfundzwanzigseitigen getippten Manuskript und einer fünfseitigen Zusammenfassung. Die britische Botschaft in Stockholm hatte diese Dokumente am 19. Juli nach London abgeschickt. „Wir senden Ihnen dies in der deutschen Originalfassung", schrieb die Botschaft in einem Begleitbrief, „um Zeit zu sparen, da wir fürchten, daß die Übersetzung mehrere Tage in Anspruch nehmen würde."[5]

Nachdem die Sendung am 26. Juli beim Auswärtigen Amt in London eingegangen war, wurde die vollständige Fassung des Vrba-Wetzler-Berichts zunächst der Flüchtlingsabteilung zugeleitet. „Selbst wenn man die gewohnte jüdische Übertreibung in Rechnung stellt", vermerkte Ian Henderson dazu am 26. August, „sind diese Geschichten abscheulich."

Niemand im Auswärtigen Amt hatte eine Veröffentlichung der gekürzten Fassung des Vrba-Wetzler-Berichts angeregt, die man am 4. Juli von der tschechoslowakischen Exilregierung erhalten hatte. Und auch jetzt, nach Empfang dieses zweiten, weit ausführlicheren Textes über die Stockholmer Botschaft, schlug niemand eine Veröffentlichung vor. Ian Henderson kam lediglich auf den Gedanken, die in dem Bericht mitgeteilten Einzelheiten könnten, wie er schrieb, „für jeden mit ‚Kriegsverbrechern' Befaßten von Interesse" sein und ließ das Dokument daher an die Zentrale Abteilung weiterleiten. Dies war jedoch schon die Endstation seiner Verbreitung, nachdem David Allen am 15. August dazu vermerkte: „Ich fürchte, es sieht so aus, als würde dies die Namhaftmachung verantwortlicher Einzelpersonen nicht allzu sehr erleichtern."[6]

Noch in der gleichen Woche wurde der Vrba-Wetzler-Bericht zu den Akten gelegt. Auch in Washington verpuffte er wirkungslos, bis er dreieinhalb Monate später zusammen mit dem Bericht des polnischen Majors wieder ans Tageslicht befördert und der Presse übergeben wurde. Zu diesem Zeitpunkt jedoch fanden in Auschwitz bereits keine Vergasungen mehr statt, und die Tötungsapparaturen wurden abgebaut und zum Versand an andere Lager in Deutschland selbst verpackt.

Am 27. Juli trafen aus Ungarn weitere ermutigende Neuigkeiten ein; an diesem Tag nämlich telegrafierte Eliezar Kaplan von der Jewish Agency, der in der Türkei gewesen war, an Shertok in London, die ungarische Regierung erkenne nunmehr nicht nur die „Gültigkeit aller Einwanderungszertifikate" für Palästina an, die für ungarische Juden ausgestellt wurden, sondern wünsche auch, daß diese Personen ihre Ausreise „unverzüglich antreten". Kaplan fügte hinzu: „Eindruck sie gewährleisten Aussetzung Vertreibungen solange Maßnahmen im Rahmen dieses Projekts andauern."[7]

Ebenfalls in den letzten Julitagen schrieb Eden in einem Brief an den Labour-Abgeordneten Emanuel Shinwell, der selbst Jude war, alle ungarischen Juden, denen Palästina-Zertifikate ausgestellt worden seien, würden, sobald die ungarische Regierung ihnen die Ausreise gestattete, „ohne weiteres" in Palästina aufgenommen. Die Zahl der davon Betroffenen sei, so fügte er hinzu, „beträchtlich".[8]

Churchill bedrängte derweil das Kriegsministerium weiterhin, der Bildung einer jüdischen Kampfbrigade zuzustimmen; in einer streng geheimen Note an den Kriegsminister schrieb er am 26. Juli: „Mir sagt der Gedanke zu, daß die Juden versuchen wollen, die Mörder ihrer Landsleute in Mitteleuropa zu stellen, und ich glaube auch, daß es den Vereinigten Staaten eine ziemliche Genugtuung bereiten wird."

Das Kriegsministerium sprach sich gegen eine Fahne für die jüdische Kampfbrigade aus. Aber Churchill ließ sich nicht überzeugen. „Ich vermag nicht einzusehen", notierte er am 26. Juli, „weshalb diesem gemarterten Volk, das über die Welt verstreut ist und in diesem Augenblick leidet wie kein anderes Volk zuvor, die Genugtuung, eine eigene Fahne zu haben, verwehrt werden sollte."[9]

Zweieinhalb Monate sollten noch vergehen, ehe das Kriegsministerium am 19. September die Aufstellung einer jüdischen Brigadegruppe „zur Teilnahme an aktiven Operationen" bekanntgab. Fünf Jahre waren somit vergangen, während derer es den Juden trotz ihrer stetig wiederholten Ersuchen versagt geblieben war, mit einer eigenen jüdischen Truppe am alliierten Kampf gegen den Nationalsozialismus teilzunehmen.

In Istanbul trafen nun in wachsender Zahl jüdische Flüchtlinge aus Rumänien ein. Diese Entwicklung wurde jedoch in London nicht sehr gern gesehen. Am 28. Juli schrieb Christopher Eastwood vom Kolonialministerium an Ian Henderson im Auswärtigen Amt, um die „Besorgnis" seines Hauses über das „zunehmende Einströmen von Flüchtlingen aus der Balkanregion nach Palästina" vorzutragen und die Einrichtung eines Flüchtlingslagers „möglichst weit von Palästina entfernt" vorzuschlagen. Falls dies nicht geschehe, könne der Druck auf die britischen Behörden, „sie den Weißbuch-Vereinbarungen zum Trotz in Palästina aufzunehmen, sehr stark werden". Der zur Verfügung stehende Platz sei, so fügte er hinzu, „beschränkt". „Wir haben die Befürchtung, daß uns womöglich eine Flut von Flüchtlingen ins Haus steht."

Henderson merkte zu dem Brief Eastwoods an: „Die Flüchtlingsabteilung ist sich völlig klar darüber, daß es wünschenswert ist, für die jüdischen Flüchtlinge, insbesondere für die große Zahl, die möglicherweise in nächster Zeit aus Ungarn zu erwarten ist, andere Zufluchtsstätten als Alternative zu Palästina zu finden."

Henderson schlug Sizilien als denkbaren Standort eines Flüchtlingslagers vor. Für Sizilien spreche, so schrieb er an Eastwood, daß es „von Präsident Roosevelt als mögliches Asyl für jüdische Flüchtlinge aus Jugoslawien ins Gespräch gebracht worden ist". Er fügte hinzu: „Wir teilen Ihre Abneigung gegen Syrien, das zu wenig weit von Palästina entfernt liegt."[10]

Die Entscheidungen des Kolonialministeriums waren nicht in allen Fällen negativ. Am 28. Juli teilte Eastwood selbst Henderson mit, der Kolonialminister habe sein Einverständnis dazu gegeben, daß die schweizerische Regierung ermächtigt würde, die Ausstellung von Zertifikaten an ungarische Juden „voranzutreiben", Zertifikaten, die den Inhaber berechtigten, „als Einwanderer" nach Palästina einzureisen, „zu welchem Zeitpunkt er (sie) auch immer das Territorium dieses Landes erreichen mag". Nach zwei Jahren Aufenthalt im Lande würde jedem Inhaber eines solchen Zertifikates das Recht auf die Erwerbung der palästinensischen Staatsbürgerschaft zustehen.[11]

Ein weiteres Zeichen ihrer Hilfsbereitschaft setzten die Engländer am 28. Juli, als das Ministerium für Wirtschaftliche Kriegführung trotz der über die Ostsee verhängten Blockade gestattete, daß das Rote Kreuz Extramengen von Lebensmitteln nach Schweden transportierte; bestimmt waren diese Vorräte für alle diejenigen ungarisch-jüdischen Kinder, die in Schweden Aufnahme finden würden, nachdem die ungarischen Behörden dem Internationalen Roten Kreuz zugesichert hatten, daß „alle jüdischen Kinder unter zehn Jahren, die im Besitz von Visa für die Empfängerländer sind, Ungarn verlassen dürften".[12]

Aus den Telegrammen und Botschaften, die sich mit den ungarischen Juden beschäftigten, sprach jetzt ein Gefühl der Erleichterung. „Lage Budapest ruhiger", telegrafierte Lichtheim am 28. Juli aus Genf an Bernard Joseph;[13] und am selben Tag teilte Clifford Norton aus Bern dem Auswärtigen Amt in London telegrafisch mit: „Erfahre von Schweizer Regierung, daß einem an Schweizer Botschaft Budapest gerichteten Telegramm zufolge Maßnahmen gegen Juden in Ungarn ausgesetzt sind bis von Schweizer Botschaft organisierte Auswanderungsaktion zu Ende."[14]

Ein Bericht, den eine aus Budapest zurückkehrende Delegation des Internationalen Roten Kreuzes am 1. August vorlegte, schien geeignet, die Befürchtungen weiter zu zerstreuen, daß die Juden von Budapest in Gefahr schwebten, deportiert zu werden. Dem Bericht zufolge, dessen Wortlaut noch am Abend desselben Tages von Bern aus telegrafisch an das Auswärtige Amt in London übermittelt wurde, verfügten die Juden in Budapest über „genügend Lebensmittel und Bekleidung", durften zwischen zehn und siebzehn Uhr einkaufen, konnten bei sich zu Hause und in den Internierungslagern von Vertretern des Roten Kreuzes besucht werden und durften in den Lagern auch Lebensmittel entgegennehmen. Erkrankte Juden wurden dem Bericht zufolge „in Krankenhäusern angemessen versorgt".

Weiter kündigte der Bericht des Roten Kreuzes an, daß 40 000 jüdische Männer, Frauen und Kinder zusammen mit 1000 Waisenkindern aus Ungarn über Rumänien nach Palästina geschickt würden. Der erste Zug mit 2000 Menschen würde „in etwa zehn Tagen" Budapest verlassen und bis Constanza von einem Rotkreuz-Delegierten begleitet werden. Als Reisedokument werde ihnen ein kollektiver schweizerischer Reisepaß dienen, und die rumänische Regierung habe dem Roten Kreuz bereits zugesichert, „daß alles getan werden wird, um die Durchreise durch Rumänien zu erleichtern".[15]

Aus Auschwitz selbst hatten die Alliierten in den letzten beiden Juliwochen keine weiteren Nachrichten erhalten. Dabei waren die Vergasungen dort auch nach der Einstellung der Deportationen aus Ungarn weitergegangen. Im Lauf von zwei Wochen waren Züge aus mehreren schlesischen und polnischen Arbeitslagern, aus Berlin, Paris, Triest und aus dem Konzentrationslager Majdanek eingetroffen, das um diese Zeit angesichts des Näherrückens sowjetischer Truppen geräumt wurde.

Auch die Verschickung von Juden aus Auschwitz in Konzentrationslager in Deutschland setzte sich die zweite Julihälfte über fort: Häftlinge aus den Barakken von Birkenau wurden in Lager in Hamburg, Buchenwald, Ravensbrück und Dachau verlegt und von diesen Lagern aus wiederum auf die Hunderte von Fabriken verteilt, die Arbeitskräfte benötigten; jüdische Arbeitssklaven wurden auf diese Weise rasch zu einem integrierten Bestandteil der deutschen Kampagne zur Instandsetzung von Bombenschäden und zur Aufrechterhaltung und Steigerung der Industrieproduktion.

Nach dem Auftauchen des Vrba-Wetzler-Berichts waren den Alliierten stetig weitere Details über von den Nazis begangene Greuel zugeflossen. Eine Stockholmer Abendzeitung hatte am 13. April 1944 einen Bericht über die Ermordung von Juden in Litauen veröffentlicht, der allerdings erst zehn Wochen später, am 29. Juni, vom amerikanischen Botschafter in Schweden, Herschel V. Johnson, nach Washington weitergeleitet wurde. Diese von einem nichtjüdischen Litauer stammende Schilderung stellt auch ausführlich dar, welche enormen Anstrengungen die Deutschen vom Dezember 1943 an gemacht hatten, um alle Spuren der bei Wilna und Kaunas veranstalteten Massaker zu tilgen, indem sie die Leichen mit Baggern ausgruben und das, was von ihnen übrig war, in „riesigen eisernen Öfen" verbrannten.[16]

Am 24. Juli hatte die amerikanische Botschaft in Lissabon einen ausführlichen Bericht über die nationalsozialistische Judenpolitik sowohl in Holland als auch in Polen nach Washington übermittelt. Diese Darstellung, die am 2. August in die Hände des Kriegsflüchtlingskomitees gelangte, beruhte auf Angaben von vier vor kurzem repatriierten amerikanischen Staatsbürgerinnen und war von Robert C. Dexter, einem Angehörigen der Lissaboner Botschaft, zusammengestellt worden; in seinem Begleitschreiben bemerkte Dexter zu den Schilderungen einer der vier Frauen, einer Mrs. Ida Johnson, sie seien „besonders wertvoll, weil sie eindeutig keine Jüdin ist".

Mrs. Johnson hatte Dexter erzählt, sie habe in Holland mit angesehen, wie ein alter Mann, „dem Aussehen nach 60 Jahre alt, ... niedergeschlagen und dann vorsätzlich zu Tode getreten wurde". Sie hatte auch miterlebt, wie einem anderen Mann „mit einem Ziegelstein ins Gesicht geschlagen wurde, bis (es) übel zerschunden war".

Eine der jüdischen Frauen, Miß Fanny Flinders, war unter anderem in Berlin, im Gefängnis am Alexanderplatz, inhaftiert gewesen. „Wenn den Wärtern zufällig danach zumute war", erzählte sie Dexter, „brachten sie die Gefangenen in gesonderte Zellen, in denen der Boden mit Glasscherben bedeckt war, und zwangen sie, entweder auf den Glasscherben zu tanzen oder sich darin zu wälzen. Wer diese Tortur überlebte, kam dann blutüberströmt in die gewöhnliche Zelle zurück." In Polen hatte Miß Flinders, wie sie weiter berichtete, gesehen, wie junge Mädchen nackt auf die Straße geworfen wurden, nachdem sie von Gestapo-Leuten vergewaltigt und gefoltert worden waren. „Sie wurden so mißhandelt", erzählte sie, „daß ihre Körper blutüberströmt und in vielen Fällen böse verstümmelt waren."

Sowohl Mrs. Johnson als auch Miß Flinders sagten, wie Dexter berichtete, „ganz offensichtlich die Wahrheit, wenn es auch schwerfällt, zu begreifen, wie Menschen so sadistisch sein können, wie die Gestapo-Leute und die deutschen Wärter es nach ihren Erzählungen gewesen sind".[17]

Am 2. August erhielt die Kirche von Schottland die Nachricht, daß eine ihrer Missionarinnen, Jane Haining, die Oberin des Mädchenheims der Budapester Mission der Kirche von Schottland, nach Auschwitz deportiert worden war. Später sollte bekannt werden, daß die Deutschen dieser überzeugten Missionarin, die seit mehr als zehn Jahren in Budapest tätig gewesen war, zum Vorwurf gemacht hatten, daß sie unter den Juden gearbeitet und daß sie geweint habe, wenn sie ihre Mädchen morgens mit dem gelben Stern auf der Kleidung vom Heim zur Schule aufbrechen sah. Jane Haining war am 17. Juli in Auschwitz umgekommen. Einen Monat später erhielt die Kirche von Schottland von der deutschen Botschaft in Budapest, übermittelt durch die schweizerische Regierung, eine zweite Mitteilung: die Sterbeurkunde von Miß Haining. Sie enthielt die Bemerkung:

Fräulein Haining, die wegen des begründeten Verdachts der Spionage gegen Deutschland verhaftet wurde, ist am 17. Juli an einer Kachexie im Gefolge eines Darmkatarrhs im Krankenhaus verstorben.[18]

Eine Kachexie ist ein allgemeiner Kräfteverfall des Körpers, der zu einem Zusammenbruch der Lebensfunktionen führt und durch Unterernährung, Krebs oder Tuberkulose verursacht sein kann.

Im September 1944 besuchte ein Delegierter des Internationalen Roten Kreuzes die Kommandantur des Lagers Auschwitz. Nach einer Unterhaltung mit dem Kommandanten – in Gegenwart einiger „höflicher aber schweigsamer" deutscher Offiziere – gelangte der Delegierte zu der Überzeugung, daß Rotkreuz-Pakete, die an Insassen des Lagers adressiert waren, unversehrt an diese ausgehändigt wurden. Während der Autofahrt von Teschen nach Auschwitz hatte der Delegierte eine Anzahl von Häftlingen gesehen, die unter SS-Aufsicht Straßenarbeiten durchführten, und hatte bemerkt, daß die Gesichter dieser Häftlinge von „blaßgrauer Farbe" waren. Aber es war ihm nicht möglich, mit ihnen zu sprechen, und auch das eigentliche Lager konnte er nicht besichtigen. Und er fühlte sich auch absolut nicht in der Lage, durch Fragen oder gar Ermittlungen einem Hinweis nachzugehen, den er bei seinem Besuch in Teschen vom Sprecher der britischen Kriegsgefangenen erhalten hatte – einem Hinweis auf Gerüchte über die Existenz eines „modernen, mit Duschen ausgestatteten Baderaums, in dem Häftlinge vergast würden".[19]

Die Rettung von Juden aus Rumänien war in geringem Umfang, aber mit beharrlicher Stetigkeit weitergegangen. Alle rumänischen Juden, die Istanbul erreichten, erhielten nun automatisch ein britisches Kollektivvisum für Palästina. Am 3. August hatten drei Motorschiffe den rumänischen Hafen Constanza in Richtung Istanbul verlassen: Die *Morina* mit 308 Flüchtlingen, die am 6. August in Istanbul einlief, die *Bulbul* mit weiteren 390 Personen, die am 6. August im Bosporus vor Anker ging, und die *Mefkure*, die 320 Flüchtlinge an Bord hatte. Die Passagiere aller drei Schiffe sollten in Istanbul vom britischen Paßkontrollamt ihr Kollektivvisum erhalten und dann mit der Bahn nach Palästina weiterfahren.

Am 5. August wurde die *Mefkure*, kurz nachdem sie in Sichtweite der türkischen Küste gelangt war, von einem deutschen Unterseeboot angegriffen und beschossen. Schreckliche Szenen spielten sich an Bord ab, als das Schiff im Meer versank. „Nur fünf Überlebende", telegrafierte Barlas nach London, sobald das Ausmaß der Tragödie bekannt wurde.[21]

Einer der fünf geretteten Passagiere war der zweiundzwanzigjährige Ladislav Fülop, ein in Ungarn wohlbekannter Schwimmsportler. Fülop hatte auch seine im achten Monat schwangere achtzehnjährige Frau Veronika retten können, die selbst Meisterin im Rückenschwimmen war.

Unter den beim Untergang der *Mefkure* Ertrunkenen befanden sich viele Ehepaare mit kleinen Kindern. Die meisten von ihnen stammten aus Bukarest und Czernowitz, es waren aber auch Polen darunter, die schon 1939 und 1940 vor den Nazis nach Rumänien geflohen waren. Unter den Ertrunkenen befanden sich 37 Kinder im Alter zwischen 7 und 12 Jahren und 11 Kinder unter 7 Jahren. Veronika Fülop mußte mit ansehen, wie ihre Mutter und ihr Bruder, als das Schiff angegriffen wurde, im Maschinengewehrfeuer tot zusammenbrachen.

Die fünf Überlebenden der *Mefkure* wurden an Bord der *Bulbul* gebracht und nachträglich in deren Kollektivvisum aufgenommen. Nachträglich aufgenommen werden mußte etwas später auch noch das Kind der Fülops, das in der Zeit zwischen dem Untergang der *Mefkure* und der Abfahrt des Zuges von Istanbul nach Palästina geboren wurde.[21]

Weitere Schiffe folgten, ungeachtet der Versenkung der *Mefkure*. Am 8. August erreichte die *Kazbek* mit 752 jüdischen Flüchtlingen an Bord Istanbul; die meisten von ihnen waren Kinder und Halbwüchsige, die aus den Todeslagern Transnistriens nach Rumänien zurückgekommen waren; fast alle hatten sie mit angesehen, wie ihre Eltern und Verwandten ermordet wurden oder an Hunger oder Krankheiten gestorben waren.[22]

Eine derjenigen, die an Bord der *Kazbek* in Palästina eintrafen, war Jona Schärf, eine fünfzehnjährige Schülerin. In Czernowitz geboren, war sie 1941, im Alter von zwölf Jahren, zusammen mit ihren Eltern, ihrer achtzehnjährigen Schwester und ihrer Großmutter in eines der Arbeitslager in Transnistrien, Verhovka, deportiert worden. Innerhalb von zehn Tagen nach der Ankunft in diesem Lager waren beide Eltern und die Großmutter gestorben; mehr als zwei Jahre lang hatte Jona um sich herum tagtäglich barbarische Brutalität, Hunger, Krankheit und Tod miterlebt.

Es schockierte und erzürnte Jona, als sie nach ihrer Ankunft in Palästina feststellen mußte, daß niemand ihren Schilderungen von den Schrecken des Konzentrationslagers Glauben schenken wollte, nicht einmal ihr Bruder und ihre anderen Verwandten, die bereits vor dem Krieg nach Palästina gezogen waren. „Sie glaubten nicht ein Wort von dem, was ich ihnen erzählte", erinnerte sie sich später. „Mein eigener Bruder glaubte mir nicht." Und sie berichtete weiter:

Sie glaubten mir nicht, daß in den Konzentrationslagern Menschen getötet wurden – ihre eigenen Verwandten. Sie glaubten mir nicht, daß die Menschen gezwungen wurden, ihr eigenes Grab auszuheben, und dann totgeschossen wurden.

Ich nehme an, es war wirklich zu schrecklich, um es glauben zu können. Aber ein bestimmtes Maß an Gleichgültigkeit spielte auch mit. Sie lebten in Palästina sehr gut.

Eine Dame sagte zu mir: „Die Leute hören solche Geschichten nicht gern, und sehen solche traurigen Gesichter nicht gern. Die Leute wollen ermutigende Geschichten, Jona, keine Geschichten, die sie in ihrem wohlgeordneten Leben aufstören."

Es wäre eine große Hilfe gewesen, wenn die Leute uns geglaubt hätten. Sie sagten, ich hätte es erfunden. Aber ich hätte das nicht erfinden können, selbst wenn ich gewollt hätte – das war es, was die Leute nicht begriffen haben.

Als ich meinem Bruder von unseren Eltern erzählte, sagte er: „Bist Du sicher?" und sah mich dabei eigenartig an.[23]

Im Angesicht des raschen Vormarsches der sowjetischen Armeen Ende Juli und Anfang August 1944 und der Befreiung Lublins sah die Jewish Agency sich mit neuen Problemen konfrontiert und ersuchte die Alliierten neuerdings um Hilfe. Am 1. August telegrafierte der Exekutivrat der Agency an Shertok, der sich noch immer in London aufhielt, und forderte ihn auf, beim sowjetischen Botschafter „wegen Genehmigung Lieferung Hilfsgütern an Juden im befreiten Polen" vorzusprechen und bei Russen, Briten und Amerikanern anzufragen, ob ein Vertreter der Agency persönlich in die befreiten Gebiete reisen dürfe.[24]

Ein anderer Bereich, in dem Jerusalem zu verstärkter Aktivität drängte, betraf die Zertifikate, mit deren Ausstellung durch die schweizerische Regierung das Kolonialministerium sich nunmehr einverstanden erklärt hatte und die ungarische Juden zur Einreise nach Palästina berechtigten. Die Tatsache, daß dieses neue Verfahren nun existierte, schien den Horizont der Hoffnung ganz entschieden zu erweitern, ähnlich wie die Ankunft Brands in Istanbul zweieinhalb Monate zuvor es getan hatte, wenngleich die Gesamtzahl der potentiell zu Rettenden in der Zwischenzeit beträchtlich kleiner geworden war. Falls die Zertifikat-Lösung auf andere Länder außer Ungarn ausgedehnt werden konnte, so könne dies, wie die Agency Shertok am 3. August in einem Telegramm belehrte, bedeuten, „daß Überreste unseres Volkes Westeuropa gerettet werden und dringend benötigter Schutz (zionistischer) Veteranen Balkanländer ausgedehnt würde ..."[25]

Vor dem kanadischen Parlament erklärte der liberale Abgeordnete Arthur Roebuck, er trete für eine großzügige alliierte Reaktion auf das Angebot Horthys ein. „Wir können nur entweder Retter oder Komplizen sein", sagte er und versicherte, eine große Zahl dieser Flüchtlinge könnte „heute in Palästina untergebracht werden, wenn die Regierungen der Commonwealth-Länder und der Vereinigten Staaten darauf bestehen würden, daß die Tür aufgemacht wird".[26]

Am selben Tag, an dem Roebuck in Kanada seine Erklärung abgab, trat der Flüchtlingsausschuß des Kriegskabinetts in London zur Erörterung des Horthy-Angebots zusammen. Er gelangte nicht zu einem Beschluß; gleichwohl enthüllen die Protokolle der Sitzung das Dilemma, in dem die drei in erster Linie zuständigen Ministerien, das Auswärtige Amt, das Kolonial- und das Innenministerium, sich zu befinden glaubten: Weigerten sie sich, den ungarischen Juden Asyl in Palästina anzubieten, so konnte das zum „Aufleben feindseliger Stimmungen hier und in den USA" führen; eine Aufnahme der Flüchtlinge andererseits konnte bedeuten, daß man die Gefahr eines Bürgerkriegs in Palästina infolge eines „massenhaften Einfalls ungarischer Juden in den Nahen Osten" heraufbeschwor.

Einer der Sitzungsteilnehmer, Kolonialminister Stanley, „wandte sich entschieden gegen die vom Internationalen Roten Kreuz vorgeschlagenen Vereinbarungen, in deren Gefolge 41 000 Juden in naher Zukunft Ungarn verlassen würden, um über Rumänien in die Türkei zu gelangen". Die allgemeine Ansicht der Sitzungsteilnehmer ging, wie das Protokoll vermerkte, dahin, daß es nicht ratsam sei, im Schlepptau der US-Regierung „einen Blankoscheck zu unterschreiben, den wir nicht einlösen könnten".

Der ranghöchste anwesende Vertreter des Innenministeriums, Sir Frank Newsam, stimmte mit dem Auswärtigen Amt darin überein, „daß wir das ‚Horthy-Angebot' als eine Geste akzeptieren und den Amerikanern zugleich mitteilen sollten, daß sie uns in der Frage der Bereitstellung von Zufluchtsstätten nicht das Unmögliche zumuten dürfen". Newsam wies auch darauf hin, „daß das Angebot von Hitler angeregt sein könnte, der vielleicht im Nahen Osten ernsthafte Probleme für die Alliierten heraufbeschwören wolle, indem er einen Auszug der Juden zulasse".

Man kam schließlich darin überein, das „obenerwähnte Dilemma" an das Kriegskabinett weiterzureichen.

Wie Oliver Stanley seinen Ausschußkollegen ergänzend erläuterte, „würde das plötzliche Einströmen einer großen Zahl jüdischer Flüchtlinge nach Palästina sofort eine höchst kritische Situation herbeiführen". Stanley erklärte weiter:

Es stehe nicht fest, ob aus der Zahl von 40 000 nicht vielleicht am Ende viel mehr werden, und er erinnere daran, daß in den vor kurzem vom Ausschuß erörterten Brand-Vorschlägen von 800 000 bis zu 1 Million Juden gesprochen worden sei. Er halte es für unbedingt erforderlich, daß rasch etwas unternommen würde, um diese Entwicklung zu stoppen, bis wir die Entscheidung über unseren generellen Kurs getroffen haben, und um zu verhindern, daß die Lawine noch ein Stück weiterrollt.

Zugleich sollte dem Internationalen Roten Kreuz deutlich gemacht werden, daß es nicht das Recht habe, zu versuchen, Flüchtlinge ohne Genehmigung in Länder zu schikken, für die die Regierung Seiner Majestät die Verantwortung trägt.

Gegen Ende der Ausschußdebatte bemerkte Osbert Peake, der Parlamentarische Unterstaatssekretär im Innenministerium, „daß es nunmehr (in England selbst) keine nennenswerten Unterbringungsmöglichkeiten mehr" gebe, und Oliver Stanley erklärte der Runde, „wiederholte Anfragen" des Kolonialministeriums hätten ergeben, daß es nirgendwo im Britischen Empire oder in anderen Ländern und Gebieten, die unter britischer Hoheit standen, Möglichkeiten der Unterbringung für asylsuchende jüdische Flüchtlinge gebe.[27]

Nach seiner Rückkehr von einem Besuch an der Normandie-Front stellte Churchill fest, daß noch immer eine feindselige Haltung gegenüber den 22 ungarischen Flüchtlingen bestand, die Mitte Juli mit dem Flugzeug in Lissabon angekommen waren. Erneut machte das State Department Befürchtungen geltend, die Russen würden die westlichen Alliierten bezichtigen, Verhandlungen über einen Separatfrieden zu führen. Churchill forderte Eden auf, diese Befürchtungen zu ignorieren; er schrieb ihm mit Datum vom 6. August:

Dies scheint mir eine ziemlich dubiose Geschichte zu sein. Diese unglücklichen Familien, in der Hauptsache Frauen und Kinder, haben wahrscheinlich unter Opferung von neun Zehnteln ihres Vermögens ihr Leben erkauft. Es gefiele mir nicht, wenn der Eindruck entstünde, England wolle ihnen den Rest geben. Erklären Sie von mir aus den Russen alles, was erforderlich ist, aber bitte lassen Sie nicht zu, daß wir aus Rücksicht auf die Russen diesen Leuten die Flucht verbauen.

Ich vermag nicht einzusehen, wie man an diese traurige Angelegenheit irgendeinen Verdacht im Hinblick auf Friedensverhandlungen knüpfen könnte.[28]

In einer nicht abgeschickten Fassung dieser selben Mitteilung hatte Churchill geschrieben: „Ich glaube nicht, daß wir gut daran täten, diesen Leuten den Krieg zu erklären. Sie haben sich mit neun Zehnteln ihrer Besitztümer ihr Leben erkauft. Wer argwöhnt in diesem Augenblick Friedensverhandlungen? Wie dem auch sei, ich will bei dieser Jagd nicht mithelfen."[29]

Am 8. August stellte das Auswärtige Amt dem Kriegskabinett eine Denkschrift zur Horthy-Offerte zu. Sie trug die Unterschrift Edens, der auf der Sitzung des Flüchtlingsausschusses vier Tage zuvor nicht anwesend gewesen war. Die Denkschrift betonte, wie „schwierig" es angesichts der Besorgnisse des Kolonialministeriums im Hinblick auf Palästina sein werde, ein Asyl für die Flüchtlinge zu finden. Man müsse aus verschiedenen Gründen davon ausgehen, daß die bestehenden Lager in Französisch-Nordafrika, Tripolitanien, Ägypten, Süditalien, Sizilien und Zypern „voll" seien. Gegen „Übergangslager" in Syrien und

Palästina erhebe das Kolonialministerium Einspruch. Dagegen sei das Auswärtige Amt, so die Edensche Denkschrift, der Auffassung, daß „das akute Problem, das der Strom jüdischer Flüchtlinge in den Nahen Osten aufwirft, so brennend werden kann, daß die Errichtung eines Übergangslagers in Syrien als praktische Abhilfe unverzüglich in Erwägung gezogen werden sollte", ohne daß man „die Bereitstellung dauerhafter Zufluchtsstätten" abwartete. Die Schaffung dieser letzteren lasse sich, so meinte Eden, am besten im Rahmen von Beratungen mit den Commonwealth-Regierungen gewährleisten.[30]

Das Kriegskabinett erörterte das Horthy-Angebot auf seiner Sitzung am Abend des 9. August. Diese Offerte sei, wie hervorgehoben wurde, von „ganz anderem Zuschnitt" als die Brand-Vorschläge. George Hall erläuterte die Auffassung des Auswärtigen Amtes, derzufolge England „den Amerikanern klarmachen müsse, daß wir praktisch nicht in der Lage seien, eine unbeschränkte Verpflichtung einzugehen". Oliver Stanley erklärte, in Palästina könnten, ohne daß man in Konflikt mit den Weißbuch-Vereinbarungen von 1939 geriet, nicht mehr als 11 000 Juden aufgenommen werden. Die Schweiz habe jedoch angeboten, „50 000 jüdische Kinder zu übernehmen". Dies sei, so meinte Stanley, „ein sehr großzügiges Angebot, das die Situation sehr wesentlich erleichtern würde".

Die Mitglieder des Kriegskabinetts äußerten sich sodann allgemein zustimmend zu der Auffassung, daß die Regierung der Vereinigten Staaten das ganze Ausmaß dessen, was Großbritannien seit Kriegsausbruch für Verfolgte und Flüchtlinge getan hatte, „nicht erkannt" habe und daß die britische Regierung für den Fall, daß die Horthy-Offerte zu einem „beträchtlichen Exodus" von Juden aus Ungarn führen sollte, die Amerikaner „nachdrücklich" auffordern müsse, ihren, wie es in der Formulierung des Kriegskabinetts hieß, „gerechten Anteil an der Bürde" zu übernehmen.

Das Kriegskabinett kam überein, die Vereinigten Staaten über die Quintessenz dieses Beschlusses zu informieren; Lord Halifax wurde angewiesen, hervorzuheben, daß die britische Regierung ihren Teil nur „im Rahmen ihrer materiellen Möglichkeiten" beitragen könne, und den Amerikanern, wie bereits gehört, deutlich zu machen, daß sie „ihren gerechten Anteil an der Bürde" übernehmen müßten. Drei Tage später jedoch telegrafierte Lord Halifax zurück, das Kriegsflüchtlingskomitee könne diese Formel nicht akzeptieren, da sie so klinge, als solle der amerikanischen Regierung eine „unbeschränkte Verpflichtung" zugeschoben werden.

Das Kriegskabinett erörterte bei seiner Sitzung am 9. August, nachdem kurz zuvor ein Anschlag auf Sir Harold MacMichael verübt worden war, auch die Frage des jüdischen Terrorismus. Es müsse, so erklärte Churchill einem Kollegen, „den verantwortlichen jüdischen Führern klargemacht werden, daß wir von ihnen erwarten, daß sie alle in ihrer Macht stehenden und praktisch möglichen Maßnahmen ergreifen, um die für solche Ausschreitungen verantwortlichen Banden unschädlich zu machen". Ferner wurde beschlossen, „zu einem baldigen Zeitpunkt" die Diskussion über die, wie es hieß, „allgemeinen unsere Palästinapolitik betreffenden Fragen" wieder aufzunehmen.[31]

31. Bomben auf Auschwitz: „Kosten ohne Nutzeffekt"

Anfang August ergaben sich – mit dem Warschauer Aufstand und dem Versuch der Polen, das deutsche Joch abzuschütteln, ehe sowjetische Truppen Warschau erreichen würden – neue Prioritäten. Sowohl England als auch die Vereinigten Staaten waren entschlossen, den Aufständischen jede erdenkliche Hilfe zu gewähren. Stalin jedoch, der fürchtete, daß in Polen womöglich eine nichtkommunistische Regierung an die Macht kommen würde, widersetzte sich solcher Hilfe und verweigerte den Alliierten die Genehmigung, die Flugplätze im östlichen Polen, die die Sowjets nun kontrollierten, als Operationsbasen für den Abwurf von Waffen und Versorgungsgütern auf Warschau zu benutzen.

Die westlichen Alliierten beschlossen daher, die Hilfsgüter für Warschau vom süditalienischen Luftstützpunkt Foggia aus loszuschicken. Wegen der Gefahren, die mit der Befliegung einer den gewöhnlichen Aktionsradius der Maschinen so weit übersteigenden Route verbunden waren, griff man für diese Einsätze hauptsächlich auf Freiwillige zurück, von denen sich mehrere Dutzend meldeten. Bei manchen dieser Einsätze war die Verlustquote höher als ein Sechstel. Der erste Flug von Süditalien nach Warschau fand am 4. August statt, zwei weitere folgten am 8. und 9. August. Dann wurden, an sechs aufeinanderfolgenden Tagen zwischen dem 12. und 17. August, zwei komplette Geschwader der Royal Air Force und ein südafrikanisches Geschwader zur Durchführung dieser Flüge eingesetzt; von insgesamt 93 teilnehmenden Flugzeugen kehrten 17 nicht zurück. Aus Anlaß dieser hohen Verluste wurden in dieser Mission während der folgenden Monate nur noch freiwillige polnische Besatzungen eingesetzt.

Am 12. August ersuchte Churchill Stalin in einer persönlichen Botschaft, den Polen die Maschinengewehre und die Munition zu schicken, um die sie so dringend gebeten hatten. „Können Sie nicht einigen Beistand leisten", fragte Churchill, „da die Entfernung von Italien so sehr groß ist?"[1]

Am 13. August startete die zweite Einsatzstaffel der Royal Air Force in Foggia zum Flug nach Warschau. Von den 28 Maschinen gingen 3 verloren, und ein großer Teil der Hilfsgüter ging in Gebieten nieder, die in deutscher Hand waren und gelangte daher nicht in polnische Hände. Am 20. August, nachdem die regelmäßigen Flüge der Royal Air Force ausgesetzt worden waren, telegrafierten Churchill und Roosevelt gemeinsam an Stalin, dessen Truppen in den östlichen Vororten von Warschau zum Stehen gekommen waren, und ersuchten um Hilfe von sowjetischer Seite; sie erklärten Stalin:

Wir denken an die Wirkung auf die Weltöffentlichkeit, falls die Nazifeinde in Warschau tatsächlich im Stich gelassen werden. Wir glauben, daß wir alle drei unser Äußerstes tun

müssen, um soviele der dortigen Patrioten zu retten, wie möglich. Wir hoffen, daß Sie sofort Kriegsmaterial und Proviant für die Polen in Warschau abwerfen, oder willigen Sie ein, unseren Flugzeugen zu helfen, es schnellstens zu tun?
Wir hoffen auf Ihre Zustimmung.

„Eile ist von größter Wichtigkeit", fügten Churchill und Roosevelt hinzu.

Auf der Sitzung des britischen Kriegskabinetts am 16. August waren sowohl der Warschauer Aufstand als auch das Angebot Horthys erörtert worden. Da Churchill an der italienischen Front weilte, führte in seiner Abwesenheit Clement Attlee den Vorsitz. Eden eröffnete die Sitzung mit detaillierten Angaben über die nach Warschau geschickten Hilfsgüter. Er kam sodann nochmals auf das Horthy-Angebot zu sprechen und erklärte seinen Kollegen, die amerikanische Regierung habe sich bereiterklärt, „jeden Überschuß, den wir nicht bewältigen könnten", aufzunehmen.

Die augenblickliche Nachfrage, so unterstrich Eden, „würde die Unterbringungsmöglichkeiten, die wir zur Verfügung stellen könnten, nicht überfordern". Gleichwohl werde England nicht die Verantwortung für „,alle Juden' übernehmen, die Ungarn verlassen dürfen", sondern lediglich für maximal sechzig- bis siebzigtausend Personen der im Horthy-Angebot genannten „spezifischen Kategorien". Allerdings könnte, wie er erklärte, die Zahl der Flüchtlinge, die man würde unterbringen müssen, angesichts der gemeldeten „Transportschwierigkeiten ... möglicherweise weit geringer sein".[3]

Wenige Tage später gaben die britische und die amerikanische Regierung eine gemeinsame Erklärung heraus, in der es hieß, sie hätten sich „ungeachtet der damit verbundenen großen Schwierigkeiten und Verantwortlichkeiten" gemeinsam entschlossen, das Angebot der ungarischen Regierung „zur Freilassung von Juden" anzunehmen und würden „Vorkehrungen zur Betreuung derjenigen aus Ungarn ausreisenden Juden treffen, die von Ungarn kommend ihr Staatsgebiet erreichen".

Die Annahme des Horthy-Angebots bedeute, wie in der gemeinsamen Erklärung hervorgehoben wurde, keineswegs, daß England und die Vereinigten Staaten „das Verhalten der ungarischen Regierung, die Auswanderung der Juden als Alternative zur Verfolgung und Vernichtung zu erzwingen, in irgendeiner Weise gutheißen".[4]

In einem Kommentar zur Annahme des Horthy-Angebots durch die westlichen Alliierten notierte Ian Henderson vom Auswärtigen Amt am 25. August in einem Aktenvermerk, die britische Regierung werde „zweifellos in den Vereinigten Staaten und anderswo großen Druck zu spüren bekommen, daß sie diesen Leuten die Einwanderung nach Palästina gestattet". Ein derartiges Ansinnen könne jedoch, wie er hinzufügte, „nicht eine Sekunde ernsthaft erwogen werden". Solange der Krieg andauere, sei es, wie er schrieb, „wesentlich", darauf zu achten, daß die in den Weißbuch-Vereinbarungen festgelegten Höchstgrenzen für die jüdische Einwanderung nicht überschritten würden. Falls man sich an diese Begrenzungen nicht halte, würde, so warnte er, „die Gefahr schwerwiegender Konsequenzen im Nahen Osten" heraufbeschworen, die sich in ernster Weise auf die Kriegführung auswirken könnten.

Henderson betonte, es müsse als Alternative zu Palästina ein anderes Asylland gefunden werden, zumindest bis zum Kriegsende, und er fügte hinzu, Kolonialminister Stanley halte „unbedingt dafür (und ich stimme dem zu), daß ein solches alternatives Asylland nicht (wiederhole: nicht) in der Nachbarschaft Palästinas liegen sollte".[5]

Welches Land sich in diesem Zusammenhang möglicherweise anbieten konnte, darüber herrschte freilich Unklarheit. Die britische Regierung streckte ihre Fühler nach Neuseeland und Südafrika aus. Aber sieben Wochen später stellte das Ministerium für die Dominions fest:

> Die neuseeländische Regierung hat entschieden, daß sie zur Zeit nicht in der Lage ist, zu helfen, und zwar aufgrund einer von ihr übernommenen Verpflichtung, etwa 840 polnische Flüchtlingskinder aufzunehmen. Die Regierung der Union hat angedeutet, daß sie sich bereits mit Kriegsflüchtlingen und Evakuierten – sie nennt eine Zahl von 14488 Personen – eingedeckt sieht; angesichts dessen und der von ihr eingegangenen Verpflichtung, italienische Kriegsgefangene unterzubringen, glaubt sie nicht, irgend etwas zur Unterbringung ungarischer Juden beitragen zu können.[6]

Trotz der am 19. Juli eingetroffenen Nachricht von der Aussetzung der Deportationen aus Ungarn und trotz seiner eigenen pessimistischen Beurteilung der Möglichkeit einer Bombardierung von Auschwitz hatte sich das Luftfahrtministerium weiterhin bemüht, die Amerikaner zur Durchführung der von Churchill und Eden befürworteten Einsätze zu überreden; am 26. Juli hatte der Zweite Privatsekretär des Luftfahrtministers berichtet, der Vize-Stabschef der Luftwaffe werde den amerikanischen General Spaatz auf die Sache ansprechen, „wenn dieser das nächste Mal ins Luftfahrtministerium kommt".[7]

Eine Woche später, am 2. August, hatte der Stellvertretende Stabschef der Luftwaffe, N. H. Bottomley, berichtet, Spaatz habe sich „höchst wohlwollend" geäußert. Allerdings sei es „erforderlich", wie Bottomley dem befehlshabenden Stabschef der Luftwaffe mitteilte, „mehr über die exakte Lage, Ausdehnung und Funktionsweise der Lager und Einrichtungen in Birkenau zu wissen". Insbesondere brauche man fotografisches Anschauungsmaterial. Bottomley fügte hinzu:

> Möchten Sie dieses bitte so rasch wie möglich besorgen, so daß die operativen Befehlsstellen und der Stellvertretende Oberbefehlshaber die operativen Möglichkeiten für wirksame Aktionen aus der Luft untersuchen können. Die Notwendigkeit einer absoluten Geheimhaltung dieser Erkundungen brauche ich nicht eigens zu betonen.[8]

Diese Bitte um fotografisches Aufklärungsmaterial wurde an das Auswärtige Amt weitergeleitet. Aber außer einer telefonischen Rückfrage vom Auswärtigen Amt am 5. August hörte das Luftfahrtministerium nichts mehr von der Sache.

Unterdessen waren die Vorbereitungen für eine Wiederaufnahme der amerikanisch-sowjetischen Luftoperation „Frantic" getroffen – nach fast sechswöchiger Zwangspause, herbeigeführt durch den deutschen Bombenangriff auf den

Stützpunkt Poltawa. Die erste Mission nach dieser Pause begann am 6. August, als 76 Bomber und 64 Jagdflugzeuge der amerikanischen Luftwaffe, aus England kommend, auf dem Weg nach Poltawa das Flugzeugwerk Focke-Wulf in Gdingen angriffen; dasselbe Geschwader flog am 7. August einen Sondereinsatz gegen die Ölraffinerien in Trzebinia und Blechhammer. In dem Auswertungsbericht über den Angriff auf Trzebinia war von „guten Ergebnissen und einigen Verlusten" die Rede.[9]

Die am 7. August bombardierten Raffinerien von Trzebinia lagen nur zwanzig Kilometer nordöstlich von Auschwitz. Am 8. August flog eine weitere alliierte Staffel, dieses Mal mit polnischen Besatzungen, auf dem Weg von Foggia in Süditalien nach Warschau, wo sie Nachschubgüter abwarf, wiederum in nur wenigen Kilometern Entfernung über Auschwitz hinweg. Die Männer in diesen Flugzeugen waren Freiwillige, die bewußt das Risiko in Kauf nahmen, über die normale Reichweite ihrer Maschinen hinauszugehen. Im Verlauf der folgenden sechs Wochen wurden weitere 22 dieser Flüge nach Warschau und zurück durchgeführt, bis zum 17. August mit Besatzungen der Royal Air Force, von da an mit freiwilligen polnischen Besatzungen. Von insgesamt 181 gestarteten Maschinen kehrten 31 nicht zurück.[10]

Für die Juden und andere Häftlinge in Birkenau war es eine quälende Erfahrung, wiederholt in großer Höhe alliierte Flugzeuge vorbeifliegen zu hören, die sich auf dem Weg zu entfernteren Zielen befanden. Wie Hugo Gryn, ein damals fünfzehnjähriger jüdischer Knabe aus Ostungarn, sich später erinnerte: „Einer der schmerzlichsten Gesichtspunkte des Lebens im Lager war das Gefühl, total vergessen zu sein."[11]

Die Deportation von Juden nach Auschwitz war während der ersten drei Augustwochen weitergegangen: aus Frankreich, aus Belgien, aus Norditalien, aus Berlin und aus der Slowakei, Polen, Ungarn sowie aus schlesischen Arbeitslagern.

Am 7. August wurden die Juden von Lodz, wo das größte der noch verbliebenen jüdischen Gettos bestand, zur Vernichtung bestimmt. Es gab zu diesem Zeitpunkt in Lodz noch über 60 000 Juden, die in Hunderten von Textil- und anderen Fabriken der Stadt für die Deutschen Sklavenarbeit leisteten.

Der erste Zug aus dem Lodzer Getto traf in Auschwitz am 15. August ein. Zwei weitere folgten am 16. August, dann einer am 21., einer am 22. und drei am 24. August; der überwiegende Teil der Ankömmlinge wurde sofort in den Gaskammern getötet.

Die Alliierten wußten nichts von diesen Deportationen aus Lodz, und ebensowenig erfuhren sie etwas von dem Transport, der, von der Insel Rhodos kommend, am 16. August in Auschwitz eintraf. Im Juli 1944 waren angesichts der absehbaren Besetzung der Insel durch die Alliierten die Juden von Rhodos mit dem Schiff auf das griechische Festland gebracht und dann mit der Eisenbahn nordwärts deportiert worden. Nach der Ankunft in Auschwitz wurden 346 Männer und 254 Frauen in die Baracken eingewiesen; die übrigen, darunter alle Kinder und alten Menschen – man kennt nur die Zahl der damals ermordeten Männer:

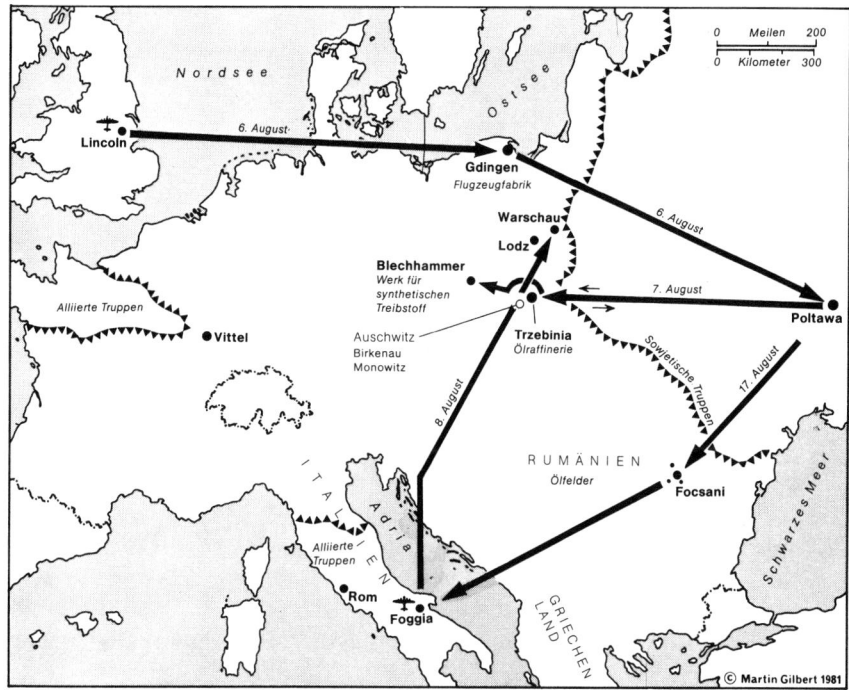

14. Luftangriffe im Rahmen der „Operation Frantic" am 6., 7. und 17. August, und alliierte Lufthilfe für die Aufständischen in Warschau am 8. August 1944.

1202 – wurden vergast. Von den 600 „Verschonten" starben die meisten im nächsten Jahr in Auschwitz, Mauthausen oder Ebensee an Unterernährung und Mißhandlungen; nur 150 von ihnen überlebten den Krieg.

Am 9. August war zum fünften Mal eine amerikanische Luftaufklärungsmission über Auschwitz hinweggeflogen. Zwar wurden dabei sowohl das Stammlager Auschwitz als auch Birkenau und Monowitz fotografiert, aber ein großer Teil des Films war so stark überbelichtet, daß die Fotos nicht auszuwerten waren, und einige Bilder waren auch unscharf. Am 12. August überflog eine sechste Luftaufklärungsmission Auschwitz. Wieder wurden das gesamte Stammlager Auschwitz sowie Birkenau und Monowitz fotografiert, aber auch diesmal waren die Bilder von schlechter Qualität.[12]

Auch nach der Einstellung der Deportationen aus Ungarn wurde über die fortgesetzten Judentransporte von anderswoher, unter anderem aus Paris, nach Auschwitz immerhin soviel bekannt, daß von jüdischer Seite unter Berufung hierauf ein neues Ersuchen um eine Bombardierung der Lager an die Alliierten erging. Dies geschah am 8. August in Form eines Appells, den der Jüdische Weltkongreß über Ernest Frischer, ein Mitglied der tschechoslowakischen Exilregierung in London, an das Kriegsflüchtlingskomitee in Washington richtete; darin wurde die Bombardierung der Gaskammern, der Krematorien und der nach Auschwitz führenden Bahnlinien gefordert. Frischer schrieb:

Ich bin überzeugt, daß die Zerstörung der Gaskammern und Krematorien in Oświęcim durch Bombardierung zum jetzigen Zeitpunkt von gewisser Wirksamkeit wäre. Die Deutschen sind zur Zeit dabei, Leichen zu exhumieren und zu verbrennen, in dem Bemühen, ihre Verbrechen zu verschleiern.

Dies könnte durch eine Zerstörung der Krematorien vereitelt werden, und ferner könnten die Deutschen möglicherweise mit den Massentötungen aufhören, besonders da ihnen nur mehr so wenig Zeit bleibt.

Eine Bombardierung der Eisenbahnverbindungen in dieser selben Region wäre auch von Bedeutung und von militärischem Interesse.[13]

Fünf Tage später, am 14. August, wurde dieses Ersuchen vom Stellvertretenden Kriegsminister John McCloy abgelehnt. Der vorgeschlagene Einsatz könne, so schrieb er ein weiteres Mal, „nur um den Preis eines Abzugs beträchtlicher Luftwaffenkapazitäten durchgeführt werden, die für einen Erfolg unserer augenblicklich in entscheidende Operationen verwickelten Streitkräften unverzichtbar sind, und ihre Wirksamkeit wäre in jedem Fall so zweifelhaft, daß ein Einsatz unserer Kräfte nicht gerechtfertigt wäre". Dies waren fast genau dieselben Formulierungen, die McCloy und sein Mitarbeiter Gerhardt schon einen Monat zuvor verwendet hatten. Allerdings fügte McCloy nun noch ein neues Argument hinzu: „Es gibt ernstzunehmende Meinungen, die besagen, daß eine solche Operation, selbst wenn sie durchführbar wäre, womöglich noch schlimmere Vergeltungsaktionen der Deutschen provozieren könnten."[14]

Unterdessen wurde im Auswärtigen Amt, wo der Befehl Horthys, die Deportationen ungarischer Juden nach Auschwitz einzustellen, Verwirrung geschaffen hatte, darüber diskutiert, ob Auschwitz, was die Bombardierungsvorschläge anging, noch als vorrangiges Zielobjekt anzusehen sei. Am 10. August schrieb Edens Zweiter Privatsekretär, Guy Millard, an Roger Allen: „... Birkenau liegt im ehemals polnischen Oberschlesien und wird von den Deutschen anscheinend als Einäscherungsstätte für deutsche & polnische wie auch für ungarische Juden benutzt?", und er fragte weiter: „Haben wir irgendwelche Informationen, die darauf hindeuten, daß es noch in Betrieb ist? Wenn ja, dann werden die Juden vermutlich noch immer wünschen, daß wir es bombardieren."

Roger Allen äußerte Zweifel daran, ob Auschwitz noch als ein vorrangiges Bomberziel anzusehen sei. „Ich weiß von keinen anderen Informationen", antwortete er, „als den in WR 276/10/9 enthaltenen, die besagen, daß Juden in Birkenau vergast und verbrannt werden. Dies mag sehr wohl der Fall sein, aber ich erinnere mich nicht, in letzter Zeit bestätigende Hinweise gesehen zu haben ..."[15]

Die Verärgerung, die im Londoner Luftfahrtministerium über das Auswärtige Amt herrschte, das es versäumt hatte, das angeforderte fotografische Aufklärungsmaterial über Auschwitz zur Verfügung zu stellen, führte zu einem Mahnschreiben des Brigadegenerals Grant an William Cavendish-Bentinck. Das

Schreiben begann mit den Worten: „Ich bin ungehalten, weil ich vom Auswärtigen Amt nichts mehr über das Problem Birkenau gehört habe, seit Allen mich am 5. dieses Monats angerufen hat." Weiter schrieb Grant:

Wie Sie verstehen werden, ist es, nachdem der Minister für Luftfahrt den Generalstab der Luftwaffe angewiesen hat, im Sinne des Ersuchens von Mr. Eden tätig zu werden, für mich eine Angelegenheit von größter Dringlichkeit, fotografisches Material über die Lager und Einrichtungen in der Region Birkenau zu bekommen. Was wir bisher an Informationen besitzen, reicht nicht aus, um einem Aufklärungsflugzeug eine vernünftige Chance zur Beschaffung des erforderlichen Materials zu gewährleisten, und nur das Auswärtige Amt kann die Information, die ich benötige, beschaffen.[16]

Ferner führte Grant aus, angesichts der „Dringlichkeit des Problems", das Eden selbst auf die Tagesordnung gesetzt habe, wäre er „dankbar, wenn ich auf mein Ersuchen in unverzüglichster Eile eine Antwort, ob positiv oder negativ, erhalten könnte". Grant erklärte Cavendish-Bentinck dann dazu:

Allen deutete mir bei unserem Gespräch an, das Auswärtige Amt sei im Begriff, die Bedeutung, die es einer Befreiung der Gefangenen von Birkenau beigemessen hatte, zu überprüfen. Das hilft mir jedoch nicht. Falls der Außenminister tatsächlich durch zusätzliche Informationen über die Absichten der Deutschen in bezug auf dieses besagte Lager zu einer Meinungsänderung veranlaßt worden ist, wird es erforderlich sein, daß er den Minister für Luftfahrt davon informiert; dieser wird dann zweifellos die Weisungen, die er dem Generalstab der Luftwaffe erteilt hat, modifizieren oder rückgängig machen.

Nur wenn – und nicht früher, als bis – eine solche offizielle Kurskorrektur erfolgen würde, könne die Priorität des Objekts Birkenau, „die im Augenblick mit die allerhöchste ist", zurückgestuft werden; Grant schloß seinen Brief mit der Aufforderung: „Ich werde Ihnen daher für alle Hilfe, die Sie mir erweisen können, dankbar sein, – sei es, daß Sie mir die Informationen, die ich benötige, um die gestellte Aufgabe zu erledigen, überlassen, oder daß Sie für Klarheit sorgen, falls das Auswärtige Amt seine Auffassungen im Hinblick auf die Wichtigkeit dieses Projekts geändert haben sollte."[17]

Als Luftfahrtminister Sinclair dieses Schreiben am 15. August las, vermerkte er dazu, Grant habe „alles und mehr als alles (getan), was vernünftigerweise von ihm erwartet werden konnte", und er fügte hinzu: „Der Schwarze Peter ist jetzt beim A. A."[18]

Das Auswärtige Amt wandte sich nun an die Jewish Agency und fragte an, ob diese angesichts der Meldungen von der Einstellung der ungarischen Deportationen ihr Ersuchen um eine Bombardierung des Lagers nicht vielleicht zurückziehen wolle. Doch Joseph Linton weigerte sich in seinem Antwortschreiben vom 16. August, hinzunehmen, daß dieses Ersuchen unter den Tisch fiel; er schrieb an Ian Henderson:

Die Gründe, die zugunsten einer Bombardierung der Todeslager angeführt wurden, sind nach wie vor stichhaltig. Noch befinden sich in den Händen der Deutschen viele Juden, die in diese Lager geschickt und dort dem Tod überantwortet werden können. Und noch aus einem anderen Grund ist die Zerstörung der Lager dringend erforderlich: In der Lage,

in der die Deutschen sich heute befinden, wird es schwieriger für sie sein, neue Lager anzulegen, und dies könnte das Mittel sein, das Leben vieler Juden zu retten.[19]

Linton war nicht bereit, sich von diesem – wie er meinte: dringenden – Anliegen abbringen zu lassen. Am 18. August telegrafierte Shertok aus London an die
Jewish Agency in Jerusalem: „Erfahre Ausführung Gruenbaums Idee mit technischen Schwierigkeiten verbunden. Sie fragen an, ob wir angesichts veränderter
Situation Weiterverfolgung wünschen. Antwortete bejahend."[20] Als Linton bei
einem Telefongespräch mit dem Auswärtigen Amt am 18. August erfuhr, daß
das Fehlen topographischer Unterlagen Ursache für die Verzögerung war, ließ er
sich von der polnischen Exilregierung in London sofort Karten und Ortsbe-
schreibungen sowohl von Auschwitz als auch von Treblinka geben und leitete
sie dem Auswärtigen Amt zu.[21]

Im Auswärtigen Amt jedoch war man, was die Bombardierung betraf, bereits
zu einer höchst entschiedenen Haltung gelangt. Wie Ian Henderson an jenem
selben 18. August in einem Aktenvermerk schrieb:

> Mr. Grant vom Luftfahrtministerium erklärt, dieses Projekt müsse mit dem Verlust briti-
> scher Menschenleben und Flugzeuge bezahlt werden, Kosten ohne Nutzeffekt. Ich glau-
> be, es ist eine Phantasmagorie und sollte fallengelassen werden. Wenn das Luftfahrtmini-
> sterium jedoch schwerwiegende Einwände hat, sollte es dies sagen, und wir können dann
> der Jewish Agency eine abschlägige Antwort erteilen.[22]

Mit dieser Einstellung stieß Henderson auf Kritik von seiten Roger Allens,
der drei Tage später, am 21. August, folgenden Vermerk anfertigte:

> Wir können jetzt nicht die Verantwortung auf das Luftfahrtministerium abschieben, in-
> dem wir die Leute dort auffordern, zu sagen, sie seien aus technischen Gründen gegen das
> ganze Projekt. Wenn die politische Situation sich geändert hat und wir aus politischen
> Gründen eine Weiterarbeit an dem Projekt nicht mehr wünschen, ist es an uns, dies dem
> Luftfahrtministerium in einer Form mitzuteilen, die das frühere Ersuchen des Außenmi-
> nisters an Sir A. Sinclair praktisch wieder außer Kraft setzt. Vom Standpunkt des Luft-
> fahrtministeriums aus ist diese Angelegenheit dringend, da diese Aufklärungsmission in
> die höchste Prioritätsstufe gesetzt worden ist und sie nichts tun können, bis wir sie entwe-
> der (a) in Kontakt mit der Quelle der topographischen Informationen bringen oder ihnen
> (b) sagen, daß der ganze Plan nunmehr gestorben ist.[23]

Der Brief Lintons mit den Lageplänen von Auschwitz und Treblinka traf im
Auswärtigen Amt am 22. August ein. „Diese Pläne könnten für das Luftfahrtministerium von Interesse sein", vermerkte A. Walker drei Tage später. „Andererseits gehe ich davon aus, daß wir nicht die Absicht haben, das Projekt einer Bombardierung der Lager weiterzuverfolgen (siehe Vermerk für den Minister)."[24]
Der Vermerk für Eden, auf den Walker verwies, war früher am gleichen Tag,
dem 25. August, von Ian Henderson aufgesetzt worden. Er enthielt eine allgemein gehaltene Darstellung der Aussetzung der Deportationen aus Ungarn und
der technischen Schwierigkeiten, die mit einer Bombardierung der Lager verbunden waren. Sechs Tage später, am 1. September, schrieb der Staatsminister
im Auswärtigen Amt, Richard Law, direkt an Weizmann; bezugnehmend auf

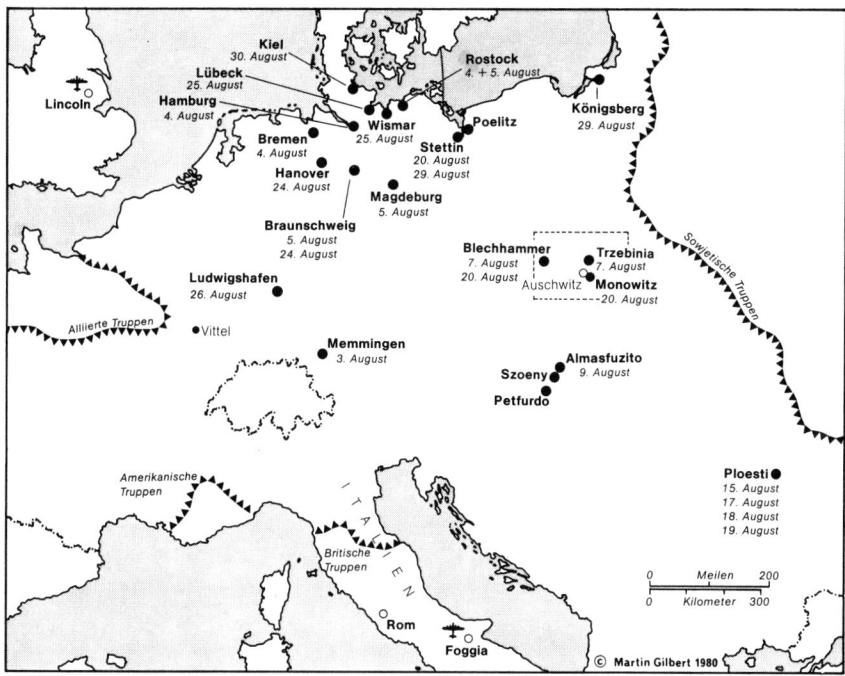

15. Zielorte alliierter Bombenangriffe gegen deutsche Treibstoffproduktionsstätten, -raffinerien und -lagerstätten im August 1944 (schwarze Punkte).

das von Weizmann am 6. Juli vorgebrachte Ersuchen um eine Bombardierung der Lager oder zu ihnen führenden Eisenbahnstrecken, erklärte er: „Es tut mir leid, Ihnen mitteilen zu müssen, daß uns in Anbetracht der sehr großen technischen Schwierigkeiten keine andere Möglichkeit bleibt, als von einer Weiterverfolgung des Vorhabens unter den gegenwärtigen Umständen Abstand zu nehmen."[25]

Ursprünglich war vorgesehen gewesen, daß Eden selbst diesen Brief unterzeichnen sollte. Der Entwurf enthielt zwei Passagen, die in der abgeschickten Fassung des Briefes fehlten. Nach dem Hinweis auf die „sehr großen technischen Schwierigkeiten" hatte es im ursprünglichen Text geheißen: „... gar nicht zu reden davon, daß hierfür Material bereitgestellt werden müßte, das in dieser entscheidenden Phase des Krieges anderswo von lebenswichtiger Bedeutung ist." In der zweiten später gestrichenen Stelle war davon die Rede, daß zu den technischen und materiellen Gründen noch verstärkend die Information hinzukomme, „daß die Deportationen praktisch aufgehört haben".[26]

Die Jewish Agency wußte freilich – und hatte dies dem Auswärtigen Amt auch mitgeteilt –, daß die Deportationen weitergingen, auch wenn es Wochen und manchmal Monate dauerte, bis die Nachricht von einem Judentransport in den Westen gelangte. So telegrafierte Linton beispielsweise am 17. August aus London an die Jewish Agency in Jerusalem, um mitzuteilen, daß unter den nach Drancy verlegten und dann mit „unbekanntem Ziel" deportierten ehemaligen Vittel-Internierten auch der Dichter Katznelson und seine Frau gewesen seien.[27] Bei dem unbekannten Ziel, so fügte Linton hinzu, handle es sich „wahrscheinlich um Oświęcim".[28]

Der erste Angriff auf die Produktionsanlagen für synthetischen Treibstoff und Buna in Monowitz fand am 20. August statt. Geflogen wurde er vom 15. Geschwader der US Air Force, Startflughafen war Foggia in Süditalien. Bei dem Angriff, der um 22.32 Uhr begann und 28 Minuten dauerte, warfen 127 Bomber vom Typ *Flying Fortress* aus einer Höhe von zwischen 8000 und 9000 Metern insgesamt 1336 hochexplosive Fünfhundert-Pfund-Bomben ab.

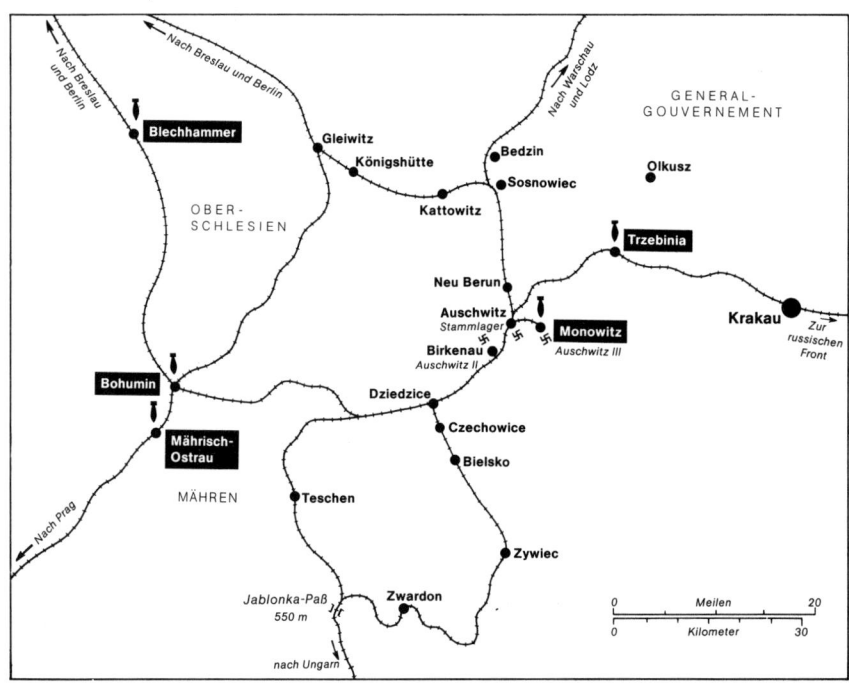

16. *Zielorte alliierter Bombenangriffe gegen deutsche Treibstoffproduktionsstätten, -raffinerien und -lagerstätten in der Region Auschwitz im August und September 1944.*

Nur einer der Bomber wurde abgeschossen. Den 19 deutschen Jägern, die zum Luftkampf gegen das Bombengeschwader aufstiegen, konnten die Amerikaner 100 eskortierende Mustang-Jäger entgegenstellen.

Die Auswertungsberichte über den Angriff auf Monowitz, die auf der eingehenden Analyse von Luftaufnahmen beruhten, die unmittelbar nach dem Angriff gemacht worden waren, lagen am 23. August vor. Wie es schien, hatte das „Schwergewicht des Angriffes" den mittleren und östlichen Teil der Fabrikanlagen getroffen, „wo sehr beträchtliche Schäden an Installationen und Gebäuden zu verzeichnen sind". Infolge der sehr aufgelockerten Anordnung der verschiedenen Produktionsanlagen seien allerdings „viele Treffer im freien Gelände zwischen den Gebäuden eingeschlagen, und die Schäden sind daher nicht so spektakulär, wie sie sonst hätten sein können". Es sei freilich „wahrscheinlich", daß die Druckwellen beim Einschlag dieser Treffer auf freiem Gelände „beträchtliche Schäden an den Installationen verursacht hätten, die auf den Fotografien nicht sichtbar seien. An mehreren Gebäuden der Fabrik für synthetischen Treibstoff seien „schwere Beschädigungen" zu sehen, und eine der drei in Betrieb befindlichen Hydriereinheiten habe „wahrscheinlich auch einige Detonationsschäden" abbekommen.

Wie die Luftaufnahmen auswiesen, war die Aluminiumfabrik schwer beschädigt worden; außerdem ließen sich „beträchtliche Schäden an Silos, Gebäuden, Baubaracken und Büros sowie an Schuppen und Gebäuden in den verschiedenen an die Fabriken angrenzenden Arbeitslager" erkennen.[29]

Zu denen, die in einem solchen „Schuppen" in einem der Arbeitslager in Monowitz untergebracht waren, gehörte Arie Hassenberg, ein damals 21 Jahre alter Jude aus Bedzin. Er war einer von 30000 zum größten Teil jüdischen Arbeitssklaven, die in Auschwitz III, dem ausschließlich der Versorgung von Außenlagern bei Rüstungsbetrieben mit Arbeitskräften dienenden Lagerkomplex, untergebracht waren. Sechsunddreißig Jahre später erinnerte er sich an jenen 20. August 1944: „Die Bombardierung war für uns wirklich ein glückliches Ereignis." Und er fügte hinzu: „Wir dachten, sie wissen jetzt alles über uns, sie treffen Vorbereitungen, uns zu befreien; wir könnten vielleicht fliehen, einige von uns könnten herauskommen, einige von uns könnten überleben."

Noch ein anderes Gefühl bemächtigte sich dieser bedauernswerten Sklaven, die, umgeben von elektrisch geladenen Stacheldrahtzäunen und bewacht von SS-Männern mit Maschinengewehren und Hunden, zur Arbeit angetrieben wurden, bis sie vor Erschöpfung zusammenbrachen. „Wir freuten uns wirklich über den Bombenangriff", erinnerte sich Arie Hassenberg. „Wir wollten einmal einen getöteten Deutschen sehen. Danach konnten wir besser schlafen, nachdem die Demütigung, nie etwas zurückgeben zu können, vorbei war. Einen toten Deutschen zu sehen: Das war es, warum wir uns über den Bombenangriff freuten."[30]

Das Zielgebiet Monowitz befand sich keine acht Kilometer östlich der Gaskammern von Birkenau, und unter den während des Angriffs gemachten Luftaufnahmen befanden sich auch drei, die sowohl Auschwitz I als auch Birkenau zeigten.[31] Zwei Tage später, am 22. August, flog ein Geschwader von 261 *Flying-Fortress*-Maschinen einen weiteren Angriff, diesmal auf die Ölraffinerien in Blechhammer und Bohumin;[32] die Rückflugroute des Geschwaders führte in sechzig Kilometer Entfernung an Auschwitz vorbei.

„Wir sahen viele Male die silbernen Kondensstreifen am Himmel", erzählte einer der Birkenau-Häftlinge, Erich Kulka, später rückblickend, und er fügte hinzu:

Alle SS-Männer pflegten in die Bunker zu laufen, aber wir kamen aus unseren Baracken und beteten darum, daß eine Bombe fallen oder Soldaten und Waffen an Fallschirmen herabschweben sollten, aber vergeblich.

Jedes Mal, wenn ein Angriff kam, rannte die SS davon. Wir blieben dann immer allein, vollkommen allein. Vielleicht hätten wir wegrennen können. Aber so vollkommen machtlos, wie wir waren, und so hilflos vergessen, wie wir uns fühlten, wußten wir nicht wohin.[33]

Am 22. August traf in Auschwitz ein Transport aus dem in Österreich liegenden Konzentrationslager Mauthausen ein. Nachdem 93 Männer aus diesem Transport in die Baracken eingewiesen worden waren, wurden die übrigen 326 Personen vergast. Aus einem am selben Tag eingetroffenen Transport aus der Slowakei wurden nur 3 Männer zum Weiterleben „selektiert". Zwei Tage später, am 24. August brachte ein weiterer Zug, während die alliierten Bombenangriffe auf Ziele in ganz Oberschlesien weitergingen, nochmals polnische Juden aus dem Getto von Lodz, von dessen Bewohnern inzwischen schon so viele in Auschwitz vergast worden waren. Eine derjenigen, die mit diesem Transport eintrafen, war eine fünfundzwanzigjährige Frau aus Lodz, Sarah Cender; sie erinnerte sich später:

Nach der Ankunft wurden wir von den männlichen Deportierten getrennt und vor ein Gebäude geführt, wo Haufen von Kleidungsstücken auf dem Boden lagen. Wir erhielten Befehl, uns schnell auszuziehen, und dann wurden wir nackt in eine stockdunkle Kammer geschoben (die wir naiv und hoffnungsfroh für einen Baderaum hielten – obwohl man uns weder Seife noch Handtuch gab).

Die Türen schlossen sich hinter uns. Angstvolle Sekunden und Minuten vergingen. Eine Zeitlang schien es, als würde gar nichts geschehen. Nur Schreie und Wehklagen und hysterisches Gezeter waren aus jeder Ecke der Kammer zu hören. Einige Frauen begannen ohne Anlaß zu husten; sie glaubten, giftiges Gas einzuatmen. Die Situation wurde unerträglich …

Plötzlich wurde der Ort von einem unerhörten Krachen erschüttert. In den ersten paar Minuten begriffen wir nicht, was passiert war, aber dann erkannten wir bald das vertraute Geräusch über uns hinwegfliegender Bomber. Das Krachen und die Erschütterungen gingen die ganze Nacht über weiter. Erschöpft, weder tot noch lebendig, uns aneinander festklammernd, steif und eingepfercht warteten wir in der Dunkelheit auf das Unentrinnbare.

Eine lange Zeit verging. Es kam uns vor wie eine Ewigkeit. Wir verloren unser Zeitgefühl. Wir versanken ins Delirium.

Und dann plötzlich waren Geräusche und schneidende Stimmen zu hören. Die Türen gingen auf. Man befahl uns, herauszukommen. An Körper und Geist gebrochen und vollkommen nackt wurden wir auf dem nahegelegenen Feld zusammengetrieben, und wieder mußten wir warten und warten …

Mehrere Stunden später kam eine Gruppe junger Nazis an; sie begutachteten uns, wählten die jünger aussehenden Frauen aus und ließen die übrigen abtransportieren …[34]

Alle, die abtransportiert wurden, mußten in die Gaskammer. Diejenigen, die zurückblieben, wurden in die „Sauna" und dann in die Baracken geschickt. Dort wurde ihnen der Kopf kahlgeschoren und ihre Häftlingsnummer auf den Unterarm tätowiert, und so präpariert, stießen sie zu den fast 40000 anderen Frauen, die der Verteilung auf die Arbeitslager in der Umgebung von Auschwitz und im übrigen Großdeutschland harrten.

An jenem 24. August gab es in Auschwitz, einschließlich der Frauen, insgesamt etwa 135 000 Häftlinge, etwa zwei Drittel davon Juden, von denen 30 000 in den zu Auschwitz III gehörenden Außenlagern arbeiteten.

Auch am 25. August flogen wieder amerikanische Flugzeuge über das Lager hinweg. Ihre Aufgabe war es wiederum, die Industrieanlagen in Monowitz zu fotografieren. Und erneut wurden dabei auch Bilder vom Stammlager Auschwitz, von Birkenau, von den Entladerampen, den Gaskammern und Krematorien gemacht. Die ungefähre Lage dieser Örtlichkeiten und insbesondere die Lage der Gaskammern, der Krematorien und des Birkenwäldchens waren, ebenso wie die Baracken in Birkenau und diejenigen im Stammlager Auschwitz, bereits auf der Kartenskizze eingezeichnet, die Linton am 18. August an das Auswärtige Amt geschickt und mit der man sich dort vier Tage später beschäftigt hatte. Eine der Fotografien vom 25. August zeigte übrigens eine Gruppe von Juden auf dem Weg von einem Zug zu einer Gaskammer, deren Tor, wie zu erkennen ist, in Erwartung dieser Ankömmlinge offensteht.

Auf der Fotografie vom 25. August sind zwei Gaskammern und Krematorien zu sehen. Von den unterirdischen Gaskammern sind nur die Umrisse sowie die Öffnungen in der Decke zu erkennen. Auch ein Element der bewußten Täuschungsstrategie der Nazis läßt sich ausmachen: die eigens angelegte Gartenlandschaft im Innern der Umzäunung unweit des Eingangstors; sie sollte, indem sie einen Eindruck von Normalität vermittelte, den Argwohn derjenigen zerstreuen, die in den Tod geführt wurden.

Auf der Fotografie vom 25. August hebt sich Krematorium II mit seinem Schornstein im gleißenden Sonnenlicht besonders deutlich ab. Hinter Krematorium II ist außerdem eine große Grube zu sehen, wahrscheinlich eine derjenigen, die für die Verbrennung von Leichen unter freiem Himmel benutzt wurden, wenn die Kapazität des Krematoriums selbst nicht ausreichte. An einer anderen Stelle derselben Aufnahme erkennt man eben angekommene Deportierte, die in einer Schlange vor dem Registrierungsgebäude warten.

Niemand im Auswärtigen Amt machte den Versuch, die Einzeichnungen auf der von Linton eingereichten Kartenskizze mit einer der seit dem 31. Mai entstandenen Luftaufnahmen des Lagers Birkenau zu vergleichen. Unterdessen wurden anderswo nach wie vor Pläne für Bombereinsätze in der Region Auschwitz ausgearbeitet. Am 25. August wurde in einem zweiten Auswertungsbericht zu dem fünf Tage zuvor erfolgten Bombenangriff auf Monowitz auf eine „beträchtliche Aktivität" von Fußgängern, Motorfahrzeugen und leichten Rangierlokomotiven „im gesamten Bereich der Anlage" hingewiesen – Anzeichen dafür, daß man sich mit der Reparatur der Bombenschäden beeilte, „insbesondere mit Dachreparaturen". Zwei der nur leicht beschädigten Gebäude, ein Gasspeicher und eine Wassergas-Anlage, wurden instandgesetzt, und es schien, als ob die Wassergas-Anlage „jetzt wieder in Betrieb ist". Außerdem sah es danach aus, als ob ein Versuch gemacht würde, einen Rauchschleier gegen Luftangriffe vorzubereiten; dies ließ sich „aus den über das Werksgelände verstreuten Rauchkesseln" ersehen.[35]

Der am 25. August durchgeführte Aufklärungsflug über Auschwitz diente einzig und allein dem Zweck, nochmals einen Eindruck von den bei dem Angriff vom 20. August erzielten Beschädigungen zu gewinnen und festzustellen, welche weiteren Reparaturen im Gang waren. Auf fünf der gemachten Aufnahmen sind wiederum Teile von Auschwitz I und Birkenau zu sehen.[36] Aber diese Bilder wurden im Auswertungsbericht nicht erwähnt – es gab ja auch keinen Grund dafür. Zu Monowitz hieß es, es seien dort „einige kleinere Aufräumungsarbeiten und Reparaturvorhaben zu sehen"; sodann ging der Bericht auf die sechs „erstrangigen Zielobjekte" ein: Beim ersten, dem Kesselhaus mit Generatorenhalle, waren „keine Schäden zu sehen"; beim zweiten, der Wassergas-Anlage, ebenfalls „keine Schäden zu sehen"; beim dritten, der Entschwefelungs-Anlage, ebenfalls „keine Schäden zu sehen"; bei der CO- und CO_2-Extraktionsanlage „kleine Installationsteile teilweise zerstört" und bei der Gasumwandlungs-Anlage und an den Pumpenhäusern „keine Schäden zu sehen".

Das war eine enttäuschende Bestandaufnahme. „Die erzielte Beschädigung", so das Fazit des Berichts, „ist nicht groß genug, um die Herstellung synthetischen Treibstoffs ernsthaft zu stören, und dürfte die Fertigstellung dieses Teils des Werkes nicht nennenswert verzögern." [37]

Ein diesem Bericht beigeheftetes Foto zeigt eine der am 25. August gemachten Luftaufnahmen von Monowitz. Darauf sind deutlich Hunderte von Bombenkratern zu erkennen. Beigegeben war der Fotografie eine Karte, auf der alle beschädigten und zerstörten Gebäude markiert waren. Darüber hinaus waren 151 weitere Baulichkeiten bezeichnet, darunter eine Gruppe von Gebäuden am südöstlichen Rand des Komplexes Monowitz, die als „Konzentrationslager" geführt wurden. Tatsächlich war dies das Arbeitslager Auschwitz III, in dem nahezu 10000 von Birkenau überstellte Arbeitssklaven untergebracht waren, zum größten Teil Juden. Dies wußten die Auswerter allerdings nicht. Über 70 Baracken und andere Gebäude waren auf dem Gelände dieses Lagers erkennbar; sie wurden nicht einzeln identifiziert; obgleich das ganze Gebäude als Konzentrationslager erkannt wurde, ging der Auswertungsbericht nicht weiter darauf ein. [38]

Die alliierten Bombenangriffe auf Produktionsanlagen für synthetischen Treibstoff in der Region Auschwitz-Birkenau wurden fortgesetzt. Am 27. August flogen 350 schwere Bomber einen Angriff auf Blechhammer, und am 29. August griffen 218 schwere Bomber Mährisch-Ostrau und Bohumin an,[39] die beide nicht weiter als 70 Kilometer von Auschwitz I und Birkenau entfernt lagen.

Die Piloten, Flugingenieure und Artillerie-Offiziere, die bei ihren Einsätzen immer wieder Birkenau überflogen, hatten nicht die geringste Ahnung davon, was dort unter ihnen lag.

Doch für manche von denen, die dort unten waren, war allein schon der Vorbeiflug der alliierten Geschwader ein denkwürdiges Ereignis. Es gab eine Gruppe von Juden, die vielleicht ihr Leben dem zufälligen Auftauchen alliierter Bom-

ber verdankten, die über Birkenau hinwegflogen; sie waren einige Wochen zuvor vom Arbeitslager Starachowice nach Auschwitz verlegt worden. In Starachowice hatte eine größere Gruppe von Juden beim Näherrücken der Roten Armee
einen Ausbruchsversuch aus dem Arbeitslager gemacht; die meisten waren jedoch von den Wachtposten niedergeschossen worden. Die übrigen waren dann
in plombierten Güterwaggons nach Auschwitz deportiert worden, wobei viele
gestorben waren. Nach der Ankunft in Auschwitz hatte man sie in einen leerste-
henden Teil des Zigeunerlagers gebracht, und zwar nur wenige Tage, bevor die
Zigeuner selbst mit Gewalt in die Gaskammer getrieben wurden. „Ich kann mich
noch gut an ihre Schreie um Mitternacht entsinnen", erinnerte sich ein damals
junger Mann, Shalom Lindenbaum, später, „als man sie vorwärtstrieb, Männer,
Frauen und Kinder – während unsere Baracken zugeschlossen blieben."

Eine Woche später wurden Lindenbaum und die mit ihm zusammen aus Starachowice Evakuierten kurz vor Sonnenaufgang plötzlich zu einem Zählappell
aus den Baracken geholt und mußten in die Richtung des Lagertors marschieren.
Wie er später schrieb, fürchteten sie alle,

… daß jetzt wir an der Reihe waren, weil normalerweise vor Tagesanbruch keine Transporte zu anderen Lagern abgingen. Auf der nahegelegenen Straße, die zur „Sauna" und zu
den Gaskammern führte, kam ein neuer Transport vorbei, der, wie wir später erfuhren, aus
dem Getto von Lodz angekommen war – zumeist Frauen und Kinder. Es bestand kein
Zweifel, wohin sie geführt wurden. Das bestärkte uns nur in unserer schlimmen Ahnung.
Ich weiß noch, wie ich nach vorne zu meinem Vater rannte, um in unserer, wie ich meinte,
letzten Stunde mit ihm zusammen zu sein.

In diesem Augenblick tauchten alliierte Bomber am Himmel auf. Es fällt mir schwer,
unsere Freude zu beschreiben. Wir beteten und hofften, daß sie uns bombardieren würden und daß uns so der hilflose Tod in den Gaskammern erspart bliebe. Bombardiert zu
werden, bedeutete, daß die Chance bestand, daß auch die Deutschen getötet wurden. Wir
waren daher tief enttäuscht und traurig, als sie, ohne eine Bombe abzuwerfen, über uns
hinwegflogen.

Zum Glück wurden wir, nach einer Leibesvisitation, zu den Baracken zurückgebracht.
Aber wir sprachen nicht über unsere unerwartete Rückkehr, unser Überleben, sondern
nur über die Bomber, über die Skrupel der Alliierten, die Gaskammern zu bombardieren.

„Wir beteten nicht um unser Leben", erinnerte Lindenbaum sich, „in bezug
auf das hatten wir keine Hoffnung – wir beteten um Vergeltung, um Menschenwürde, um die Bestrafung der Mörder."[40]

32. „Diese jammernden Juden"

Obwohl das Kriegsministerium in Washington die verschiedenen Ersuchen um eine Bombardierung der nach Auschwitz führenden Eisenbahnlinien oder der Gaskammern und Krematorien im Lager selbst abgelehnt hatte, ließ ein Funktionär des Kriegsflüchtlingskomitees in seinem Bemühen nicht locker, seine Vorgesetzten zum Handeln zu bewegen. Es war dies Benjamin Akzin; er schrieb am 2. September direkt an Pehle und gab ihm zu verstehen, das Nein des Kriegsministeriums beruhe „sehr wahrscheinlich auf dem gewohnten Widerwillen der Militärs gegen Vorschläge von ziviler Seite".

Akzin erinnerte Pehle daran, daß das Kriegsflüchtlingskomitee ausdrücklich zu dem Zweck gegründet worden war, den „Stillstand" und in manchen Fällen gar das „mangelnde Interesse" der diversen Ministerien „in bezug auf die Rettung jüdischer Opfer des NS-Regimes zu überwinden"; er forderte Pehle auf, sich persönlich an Roosevelt zu wenden. „Ich bin mir sicher", erklärte Akzin, „daß der Präsident, würde er erst einmal mit den Tatsachen vertraut gemacht, erkennen würde, um welche moralischen Werte es hier geht, und daß er die vom Trägheitsprinzip bestimmten Einwände des Kriegsministeriums vom Tisch fegen und die unverzügliche Bombardierung der betreffenden Objekte anordnen würde."

Doch der Präsident wurde nicht aufgesucht. Und auch auf einen weiteren von Akzin weitergeleiteten Appell erfolgte keine Reaktion: Im Namen des Rabbis von Nitra in der Slowakei richtete Isaac Sternbuch aus der Schweiz an Washington das Ersuchen, die Straßenknotenpunkte zwischen Budapest und Schlesien zu bombardieren, da seit dem 28. August „Judendeportationen aus Budapest" eingesetzt hätten und seitdem bereits 12 000 Juden „nach Oświęcim in Oberschlesien" deportiert worden seien.[1]

Auch die Jewish Agency in London hatte sich Tag für Tag weiter um neue Mittel und Wege der Rettung und Hilfe bemüht; verstärkte Aktivität des Roten Kreuzes (darunter Inspektionsbesuche in Lagern auf deutschem Boden), Ausstellung größerer Mengen von Palästina-Zertifikaten, Entsendung von Emissären der Agency sowie von Hilfsgütern in die unlängst befreiten Gebiete und Vorstöße bei der sowjetischen Regierung. Es war eine lange Liste und eine Vielzahl von Appellen, Vorschlägen und Ersuchen, und der quälende Hauch der Vergeblichkeit haftete jedem dieser Schritte an.

Manchmal schien die bloße Tatsache, daß eine Bitte geäußert wurde, schon eine Zumutung darzustellen. Als A. G. Brotman, der Sekretär des British Board of Deputies, am 7. September das Auswärtige Amt bat, im Interesse der Juden in den von der Roten Armee befreiten Gebieten Rumäniens an die Sowjetunion heranzutreten, kommentierte ein Beamter, A. R. Dew: „Meiner Meinung nach wird hier im Amt unverhältnismäßig viel Zeit für die Beschäftigung mit diesen jammernden Juden vergeudet." Er stieß mit dieser Bemerkung allerdings auf Widerspruch. Den Juden, so schrieb eine seiner Kolleginnen, Lady Cheetham, „sei Grund zum Jammern gegeben worden durch das, was das Nazi-Regime ihnen an Leiden zugefügt hat".[2]

Das Ersuchen des Board of Deputies wurde von Eden am 9. September abschlägig beschieden. „Angesichts der heiklen Natur eines solchen Ansinnens", so schrieb Eden an den Flüchtlingsausschuß des Kriegskabinetts, „und des Nichtvorliegens eines konkreten Plans schlage ich vor, den jüdischen Vereinigungen zu empfehlen, sich direkt an die Russen zu wenden." Und er fügte hinzu: „Sie verfügen über Kontakte zur sowjetischen Botschaft und zu anderen Stellen."

Eden setzte den Flüchtlingsausschuß auch von dem vom Internationalen Roten Kreuz am 1. August beschlossenen Plan in Kenntnis, 40 000 Juden in Gruppen zu je etwa 2 000 über Rumänien aus Ungarn ausreisen zu lassen. Ein beiliegender Bericht des Roten Kreuzes machte deutlich, daß der Plan inzwischen gescheitert war, weil die deutschen Besatzungsbehörden „die Ausstellung von Ausreisevisa verweigert" hatten und die ungarisch-rumänische Grenze „nunmehr geschlossen ist". Das Rote Kreuz hatte vorgeschlagen, daß England, die Vereinigten Staaten und Deutschland den ersten Zweitausend für ihre Fahrt auf einem Flußdampfer die Donau hinab bis zur bulgarischen Grenze sicheres Geleit garantieren sollten. Aber die Admiralität und das Luftfahrtministerium in London hatten dagegen eingewandt, „daß eine Geleitgarantie nicht gegeben werden kann angesichts der Tatsache, daß die Donau seit einiger Zeit durch Minen systematisch blockiert wird". Gleichwohl hatte die britische Regierung die Schweiz ersucht, „unverzüglich zu erkunden, ob es für eine Ausreise dieser Gruppe von 2 000 Juden irgendeine andere Möglichkeit gibt, z. B. in Richtung auf die Schweiz selbst".

Eden hatte in seiner Note an die Kollegen vom Flüchtlingsausschuß des weiteren „denkbare Asylstätten" für „diejenigen Personen, die eventuell Ungarn verlassen dürfen", erörtert. Die portugiesische Regierung sei, so schrieb er, bereit, sie „in Gruppen von circa 300 aufzunehmen, was darauf hindeutet, daß dabei an eine größere Zahl gedacht ist". Eine Zahl von 5 000 Kindern werde genannt. Weitere Flüchtlinge könnten vielleicht in Tanger Aufnahme finden; die spanische Regierung habe ihre Bereitschaft erklärt, „zu diesem Zweck eine gewisse Zahl von Visa" auszustellen. Die brasilianische Regierung sei „willens, 500 Kinder zu nehmen". Und die Vereinigten Staaten seien bereit, sowohl 5 000 Visa für die USA selbst zur Verfügung zu stellen als auch bei der Regierung der Republik Irland im Interesse weiterer Flüchtlinge zu „intervenieren".[3]

Alle diese Bemühungen wurden von der deutschen Regierung ad absurdum geführt. Am 22. September meldete der Repräsentant des Kriegsflüchtlingskomitees in der Schweiz, Roswell McClelland, nach Washington, es seien nun zwar 2 000 ungarische Juden im Besitz sowohl von Palästina-Zertifikaten als auch eines kollektiven Reisepasses, der von der Schweizer Botschaft in Budapest

„Ende Juli" ausgestellt worden war, aber die Deutschen hätten geltend gemacht, „die Ausreise dieser Leute nach Palästina würde ,das Verhältnis Deutschlands zu den Arabern' stören, und sie könnten diese Leute daher nicht gehen lassen". Möglicherweise würde jedoch das deutsche Auswärtige Amt einer Auswanderung dieser Leute wohlwollender gegenüberstehen, „falls diese Juden in amerikanisches oder britisches Territorium ausreisen würden". McClelland erklärte weiter:

Eine Möglichkeit, das Problem einer Ansiedlung einer solchen Gruppe nach dem Krieg zu vereinfachen, bestünde vielleicht darin – vorausgesetzt, daß man dies tun könnte, ohne den Argwohn der Deutschen zu erregen –, nur solche ungarischen Juden dafür auszuwählen, die den Wunsch hätten, in ihr Land zurückzukehren, sobald der Krieg vorüber ist. Der Gedanke, die Juden auf Dauer aus Europa hinauszubekommen, ist in gewissen Nazi-Kreisen eine fixe Idee, und sie werden eine Ausreise solcher Personen, die ihrem Eindruck nach vielleicht wieder zurückkehren wollen, nicht zulassen.

Eine weitere, etwas handfestere Alternative bestünde darin, ein konkretes Angebot zur Aufnahme einer Gruppe von tausend oder mehr ungarischen Judenkindern in Amerika zu unterbreiten, beispielsweise von solchen Kindern, deren Eltern deportiert worden sind [4]

Am 30. September erfuhr McClelland vom Kriegsflüchtlingskomitee, daß die amerikanische Botschaft in Bern bereits eine „umfassende Vollmacht" für die Ausstellung von Visa „zur Einreise in die Vereinigten Staaten" besitze; unter anderem sei am 21. August die Ausstellung von viertausend amerikanischen Visa für jüdische Kinder in Ungarn genehmigt worden. Ferner hätten Irland und „mehrere lateinamerikanische Republiken" nunmehr Zusicherungen erteilt, „daß sie mindestens zweitausend Kinder aufnehmen werden". Auch Mexiko habe sich jetzt bereit erklärt, für die Zeit bis zum Kriegsende Flüchtlinge aufzunehmen. Spanien habe die Ausstellung von zweitausend Visa für Kinder genehmigt, und Schweden habe zugesagt, nicht nur Kinder, sondern auch „zahlreiche Erwachsene" aufzunehmen. [5] Es sei also nunmehr an den Deutschen, zu reagieren: Wenn sie es ehrlich meinten, stünden bereits für Tausende von Kindern Zufluchtsorte bereit, sobald diese Kinder spanischen, schweizerischen oder schwedischen Boden erreichten.

Die Deutschen jedoch reagierten nicht, obgleich die Armeen der Westalliierten östlich von Paris und die Soldaten der Roten Armee an den Ufern der Weichsel standen.

In der ersten Septemberwoche trafen in Auschwitz weitere Judentransporte ein, aus der Slowakei, aus Ungarn, aus Lodz, aus Sosnowiec, aus Holland und Saarbrücken. Von den 1 019 Personen, die am 5. September aus Holland ankamen, wurden insgesamt 549, darunter 79 Kinder, für die Gaskammern „selektiert". Am 7. September kamen, aus Lodz, Wien, Ungarn, Triest und Berlin, vier Züge, am 8. September drei Züge in Auschwitz an, zwei aus Lodz und einer aus Frankreich. Die Stärke der Transporte scheint allmählich geringer geworden zu sein.

Aus dem Triester Transport wurden 56, aus dem Berliner 39 Männer und eine unbekannte Zahl von Frauen vergast. Drei Tage später wurden hundert jüdische Frauen aus Auschwitz ins weiter westlich gelegene Flossenbürg gebracht und zur Arbeit auf die Fabriken der dortigen Umgebung verteilt. Am 12. September trafen 300 jüdische Kinder aus Kaunas in Auschwitz ein. Bis auf 65 wurden sie alle vergast.

Über diese Deportationen und Tötungen war im Westen nichts bekannt. Aber im Laufe der ersten Septembertage – Admiral Horthy war inzwischen gestürzt worden, die Gestapo hatte wieder in Budapest Einzug gehalten – begannen bei der Jewish Agency in Jerusalem Informationen über neue Deportationen aus Ungarn einzugehen. Wie der amerikanische Generalkonsul in Jerusalem, L. C. Pinkerton, am 1. September (mit der Bitte um Weitergabe an die zionistischen Führer) an Cordell Hull in Washington kabelte:

Haben soeben Nachricht von erneut aufgenommenen Deportationen von täglich 12 000 aus Ungarn erhalten. Die Ungarn Näherstehenden fordern neue und verstärkte scharfe Warnungen an ungarische Behörden und Bevölkerung, ferner häufigen Abwurf von Flugblättern sowie Rundfunksendungen. Sehr wichtig energischer Vorstoß beim Papst und maximale Aktivierung Roten Kreuzes.[6]

Als Yitzak Gruenbaum von dieser neuen Bedrohung des ungarischen Judentums erfuhr, unternahm er nochmals einen Versuch, die Alliierten zu einer erneuten Überprüfung des Ersuchens um eine Bombardierung von Auschwitz zu überreden. Am 13. September telegrafierte er an Shertok in London, die neu eingesetzte ungarische Regierung habe die Wiederaufnahme der Deportationen angeordnet.[7] „Tägliche Transporte zehn-, zwölftausend Juden nach Oświęcim über Zilina, Pruska in Vorbereitung", schrieb er. Andere Juden, einem „verläßlichen Bericht" zufolge fünfzehntausend, seien nicht nach Auschwitz, sondern nach Deutschland deportiert worden.

Gruenbaum regte drei unmittelbare Maßnahmen an: eine Erklärung der Vereinten Nationen, in der zum Ausdruck gebracht würde, daß eine Duldung dieser erneuten Deportationen „Ungarn in eine sehr mißliche Lage bringen" würde; eine Bombardierung der über Zilina und Pruska nach Auschwitz führenden Bahnlinie und zum dritten eine Bombardierung von „Oświęcim selbst".[8]

Dem Telegramm von Gruenbaum war eine Liste beigefügt mit fünf verschiedenen Eisenbahnlinien zwischen Ungarn und Auschwitz, von denen sich allerdings zwei bereits zum großen Teil in sowjetischer Hand befanden.

Am gleichen Tag, an dem Gruenbaum sein Telegramm abschickte, flog die amerikanische Luftwaffe Bombenangriffe gegen Produktionsanlagen für synthetischen Treibstoff in Oderthal und Monowitz. In Monowitz stießen die Angreifer auf intensives und genau gezieltes Flak-Feuer, trafen aber dennoch ihr Ziel,[9] von dem die noch immer in Betrieb befindlichen Gaskammern von Birkenau keine zehn Kilometer entfernt lagen.

Versehentlich wurden bei diesem Angriff eine Reihe von Bomben auch auf Auschwitz I abgeworfen; sie trafen und zerstörten die dortigen SS-Unterkünfte, wobei 15 SS-Männer getötet und weitere 28 schwer verletzt wurden. Auch die Kleiderwerkstätte bekam einen vernichtenden Treffer ab, und 40 dort tätige Lagerinsassen, darunter 23 Juden, kamen um. Weitere 65 Insassen des Lagers wurden bei dem Angriff schwer verletzt.

Bei eben diesem Bombenangriff vom 13. September wurde versehentlich auch Birkenau von einer Garnitur Bomben getroffen. Eine der Bomben beschädigte das ins Lager führende Hauptgleis und die zu den Krematorien führenden Anschlußgleise. Eine zweite Bombe traf einen Schutzbunker zwischen den Krematoriums-Gleisanschlüssen und tötete 30 Arbeiter (die keine Lagerhäftlinge waren). Das eigentliche Ziel des Angriffs, die acht Kilometer entfernte Werksanlage der I. G. Farben in Monowitz, wurde leicht beschädigt; circa 300 Arbeitssklaven wurden verletzt. Am Tag darauf erhielten die Verletzten im Lagerlazarett Blumen, Milch und eine doppelte Portion Margarine.

Für die als Arbeitssklaven in Monowitz gehaltenen Juden selbst war dieser Bombenangriff vom 13. September ein Ereignis von beträchtlicher Bedeutung. Unter denen, die ihn miterlebten, war Shalom Lindenbaum, der nur wenige Tage zuvor aus Birkenau nach Monowitz verlegt worden war. Er beschrieb später, welche Reaktionen das Auftauchen der amerikanischen Bomber auslöste:

Wir hielten in der Arbeit inne, und die deutschen Soldaten und Zivilisten rannten in die Bunker. Die meisten von uns aber blieben oben. Wir brachten damit wahrscheinlich unser Überlegenheitsgefühl zum Ausdruck, eine Art von Vergeltung. Wir hatten nichts zu verlieren, warteten nur mit Freude auf die Vernichtung der großen Fabrik, die wir für die I. G. Farben Industrie dort aufbauten. Es war ganz natürlich.

Dieses Glücksgefühl blieb auch bestehen, nachdem die Amerikaner tatsächlich Bomben abzuwerfen begonnen hatten und klar war, daß auch wir Verluste hatten – Verwundete und Tote. Wie schön es war, zu sehen, wie Staffel auf Staffel vom Himmel herabgestürzt kam und ihre Bomben fallen ließ, die die Gebäude zerstörten und auch Angehörige des Herrenvolks töteten.

Diese Bomben hoben unsere Moral, und paradoxerweise weckten sie vermutlich Hoffnungen, wir könnten überleben, könnten dieser Hölle entrinnen. In unserer ungezügelten Phantasie sahen wir auch eine Absprache zwischen den Alliierten und der wirklich winzigen Untergrundbewegung im Lager, mit der ich in Kontakt stand. Wir malten uns eine koordinierte Zerstörungs- und Fluchtaktion aus; Zerstörung von oben durch die Bomber sowie von unserer Hand, während unserer Flucht, selbst wenn wir uns dafür zu lebendigen Bomben hätten machen, uns hätten töten lassen müssen. Unglücklicherweise ist es nie dazu gekommen.[11]

Der Bombenangriff vom 13. September auf Monowitz dauerte nur dreizehn Minuten, von 11.17 bis 11.30 Uhr. 96 schwere Bomber waren daran beteiligt, die aus einer Höhe von 7500 Metern knapp über tausend 500-Pfund-Bomben abwarfen.

Wie der Angriff vom 20. August bildete auch der vom 13. September einen Bestandteil des fortgesetzten Bemühens der Alliierten, die synthetische Treibstoffproduktion der Deutschen auszuschalten. Die Auswertung der während des Angriffs aufgenommenen Fotografien ergab freilich, daß „lediglich leichte Beschä-

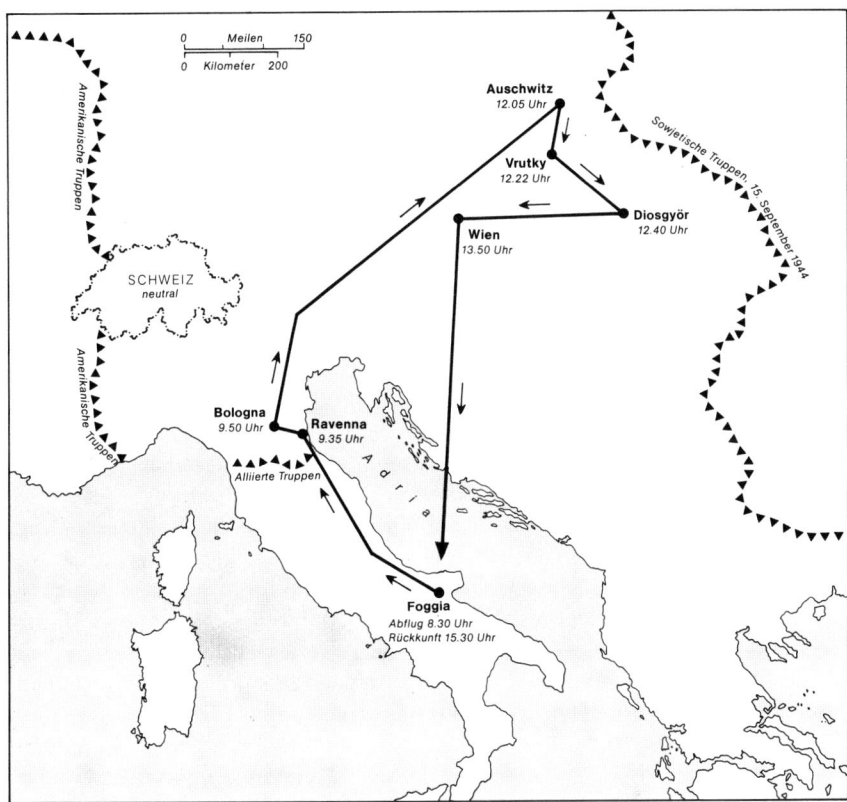

17. Flugroute einer alliierten Luftaufklärungsmission am 16. September 1944, mit genauer Zeitangabe, wann die Maschinen ihre Zielobjekte überflogen; die Route führte unter anderem über Auschwitz.

digungen" erzielt worden waren, zumeist an „kleinen Lagerschuppen, Gebäuden und Arbeiterbaracken". Zu erkennen war, daß im „Konzentrationslager" ebenfalls zwei Gebäude getroffen worden waren. Motorisierte Transportbewegungen waren in normalem Umfang zu erkennen. Ebenfalls erkennbar waren Reparaturarbeiten der „vorherigen Schäden" durch den Bombenangriff vom 20. August und „Fortsetzung der Neubautätigkeit".[11]

Im Rahmen des Luftangriffs vom 13. September war ein weiterer fotografischer Einsatz über Auschwitz, Birkenau und natürlich auch über Monowitz geflogen worden. Zweimal erfaßten ihre Kameras sogar die fallenden Bomben.[12] Die Aufnahmen von Birkenau zeigen ferner unter anderem die Gaskammern und Krematorien IV und V, wobei zu erkennen ist, daß letztere durch das Birkenwäldchen von den Blicken der Lagerinsassen abgeschirmt war.

Der 13. September hatte für das Lager Birkenau selbst sowohl Zugänge als auch Abgänge gebracht. Die Ankömmlinge waren Nichtjuden: 929 polnische

Männer und Knaben sowie 900 polnische Frauen und Kinder, die in Warschau beim Beginn des dortigen Aufstands von der Gestapo verhaftet worden waren. Am selben Tage wurden 524 Häftlinge aus Auschwitz ins Konzentrationslager Flossenbürg verlegt, um dort in umliegenden Fabriken zu arbeiten.

Diese „zweigleisige" Strategie setzte sich den ganzen September über fort: Am 15. und 18. wurden aus Lodz deportierte Juden zum größten Teil sofort vergast, am 17. und 18. wurden Häftlinge nach Mauthausen bzw. nach Flossenbürg überstellt. Auch selektiert wurde weiterhin: Am 19. September, dem jüdischen Neujahrstag, machten SS-Ärzte in allen Baracken „Visite", um in einer Sonderselektion die „Kranken" auszusondern. Ihre Wahl fiel auf mehrere hundert Juden und auf die übriggebliebenen 65 Kinder aus dem am 12. September eingetroffenen Transport aus dem Getto von Kaunas. Alle „Selektierten" wurden vergast.

Am 16. September starteten zwei Piloten des Geschwaders 680, Leutnant Tasker und Feldwebel Murphy, mit ihren Maschinen in Foggia, um Luftaufnahmen von acht der in jüngster Zeit bombardierten Treibstoffproduktions- und -lagerstätten zu machen. Ihr Flugauftrag führte sie über Ravenna, Bologna, Auschwitz, Vrutky, Diosgyör und Wien nach Foggia zurück. Sie überflogen Monowitz fünf Minuten nach zwölf Uhr mittags; die Fotografien, die sie dort aufnahmen, zeigten nur das westliche Drittel des Werksgeländes, den Teil, der unter dem Angriff drei Tage zuvor am wenigsten gelitten hatte. Was sie gleichwohl zeigten, war, daß der Kühlturm der zentralen Destillationsanlage zerstört worden und ein Lagerkessel für raffiniertes Benzin ausgebrannt war.[13]

Zwei Tage später, am 18. September, gelang es Major Allam und Leutnant Roth vom Geschwader 683 bei einem zweiten Aufklärungsflug, die beim Bombenangriff vom 13. September getroffenen Geländeteile von Monowitz vollständiger zu fotografieren; die „frischen Beschädigungen" waren jedoch, wie die beiden kommentierten, aufgrund der sehr stark aufgelockerten Bebauung des Werksgeländes „nicht so stark, wie sie es sonst hätten sein können". Zusätzlich zu den zwei Tage zuvor fotografierten Schäden zeigten die neuen Aufnahmen, wie die Analyse ergab, leichte Detonationsschäden an der Wassergas-Anlage; von den anderen erst- oder auch nur zweitrangigen Zielobjekten schien keines „sichtbar beschädigt" zu sein. Eindeutig „frische" Beschädigungen wiesen dagegen Lagerschuppen, Werkstätten und „die Arbeitslager im Süden und Südwesten des Werksgeländes" auf. Ferner hatten die Kameras Aufräumungsarbeiten und Dachreparaturen festgehalten, die im Gefolge „früherer Beschädigungen an mehreren Stellen im Gange" waren.[14]

Auch vom 60. Geschwader wurden am 18. September Luftbilder von Monowitz aufgenommen. Die Auswertung durch die Air Intelligence bestätigte die Eindrücke von Allam und Roth, fügte aber hinzu, es gebe „keine Anzeichen" dafür, daß irgendein Teil des Werkes derzeit in Betrieb sei, abgesehen von einer Rauch- oder Dampffahne, die am südlichen Ende aus dem Gebläsehaus der Wassergas-Anlage austrete, und der Tatsache, daß fünf Benzin-Lagerbehälter mit Benzin gefüllt seien. Darüber hinaus waren an Aktivitäten lediglich „die ge-

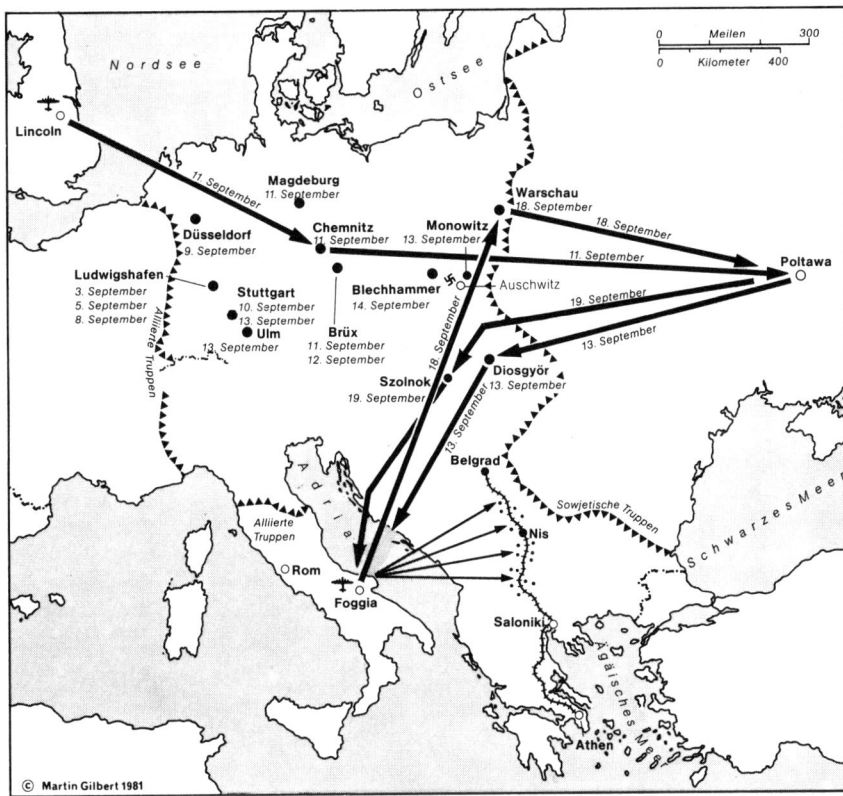

18. Alliierte Lufteinsätze am 11., 13., 18. und 19. September 1944 im Rahmen der „Operation Frantic" und die Lufthilfe-Mission für die Aufständischen in Warschau am 18. September; die Karte zeigt ferner Zielorte alliierter Bombenangriffe gegen deutsche Treibstoffproduktionsstätten, -raffinerien und -lagerstätten im September 1944.

wöhnlichen Bewegungen" von Lastwagen, Arbeitern, „Kränen und Trichterwagen sowie die Anwesenheit von Eisenbahnwaggons" zu vermerken. Die neu dazugekommenen Schäden würden, so das Fazit der Aufklärungs-Analytiker, „die Arbeit an der Fertigstellung der Treibstoff-Produktionsanlage wahrscheinlich nicht erheblich verzögern".[15]

Das Ersuchen Gruenbaums um eine erneute Prüfung der Möglichkeit einer Bombardierung von Auschwitz erreichte London am 20. September. Linton leitete es umgehend an Paul Mason im Auswärtigen Amt weiter. In seinem Begleitbrief schrieb er:

Wie Sie sehen, werden drei Vorschläge unterbreitet. Im Zusammenhang mit dem zweiten lege ich eine Skizze der vier Eisenbahnstrecken von Budapest nach Polen bei.

Was den dritten Vorschlag betrifft, so erfuhren wir vor einiger Zeit, einer Bombardierung des Lagers in Oświęcim stünden technische Schwierigkeiten im Wege. Soweit wir wissen, sind jedoch in der Zwischenzeit die Treibstoffdepots in der Region Auschwitz zweimal bombardiert worden.

Falls die Sachlage sich geändert hat, wäre es vielleicht möglich, die Frage einer Bombardierung des Lagers erneut zu prüfen.

„Wir wären sehr dankbar", fügte Linton hinzu, „für alles, was Sie in dieser Angelegenheit tun könnten."[16]

Die Bitte Lintons um eine nochmalige Prüfung der Bombardierungsfrage fand im Auswärtigen Amt keinerlei weitere Beachtung. Ironischerweise waren die Beamten dort zu dem Zeitpunkt, als dieses Ersuchen bei ihnen eintraf (am 20. September), noch immer mit der Kommentierung des besagten früheren Ersuchens und mit ihrer eigenen Entscheidung beschäftigt, und zwar damit, die Kartenskizzen von Auschwitz, die Linton ihnen – auf ihre eigene Anregung hin – einen Monat zuvor, am 18. August, zugeschickt hatte, nicht an das Luftfahrtministerium weiterzugeben.

Am 6. September hatte der Stellvertretende Stabschef der Luftwaffe, N. H. Bottomley, an Generalleutnant Spaatz geschrieben:

Das Auswärtige Amt hat nunmehr mitgeteilt, daß keine Juden mehr aus Ungarn deportiert werden; in Anbetracht dieser Tatsache und aufgrund der großen technischen Probleme, die mit einer solchen Bombardierung verbunden wären, hält man es im Auswärtigen Amt nicht für opportun, das Projekt weiterzuverfolgen.

Angesichts dessen unternehmen wir im Luftfahrtministerium nichts mehr, und ich schlage vor, daß Sie das Projekt zu den Akten legen.[18]

Mit keinem Wort erwähnte Bottomley die Bitte des Luftfahrtministeriums um Aufklärungsmaterial, ebensowenig die Tatsache, daß die Jewish Agency ebensolches Material prompt zur Verfügung gestellt hatte. „Wir sind daher in einem technischen Sinn schuldig", gab Paul Mason am 18. September zu den Akten, „zugelassen zu haben, daß das Luftfahrtministerium sich aus der Affäre zieht, ohne von uns (obwohl wir es hatten) das Informationsmaterial zu bekommen, das sie als Vorbedingung angefordert hatten." Gleichwohl trat Mason dafür ein, die Angelegenheit nicht weiter zu verfolgen. „Wie dem auch sei", schrieb er, „ich meine, wir täten vielleicht (wenn ich auch ein etwas unbehagliches Gefühl dabei habe) am besten daran, dies im Sande verlaufen zu lassen."

Am 20. September schrieb Edens Zweiter Privatsekretär Guy Millard, der Masons Überlegungen zur britischen Schuldfrage abzuwägen versuchte: „Gewiß wurde dieses Informationsmaterial in Betracht gezogen, als die Entscheidung gefällt wurde, die Angelegenheit nicht weiterzuverfolgen." „Das genau ist der springende Punkt", antwortete Mason am 21. September. „Es sieht so aus, als sei dies nicht geschehen."

In einem weiteren, an William Cavendish-Bentinck gerichteten Vermerk vom selben Tage schrieb Paul Mason: „Ich vermag nicht festzustellen, daß das uns von der Jewish Agency zur Verfügung gestellte topographische Informationsmaterial jemals ans Luftfahrtministerium weitergegeben worden wäre." Und er fügte hinzu: „Ich weiß nicht, ob das Luftfahrtministerium, wenn ihm dieses Ma-

terial (das nicht allzu vielversprechend aussieht) zugänglich gemacht worden
wäre, seine Einwände modifiziert hätte. Aber ich bin nicht ganz glücklich darüber, wie es gelaufen ist."

Die Angelegenheit bleibe, wie Mason ferner vermerkte, „aktuell", da „die Jewish Agency soeben, gestützt auf neue Informationen über deutsche Ausrot-
tungspläne, erneut das Ansinnen gestellt hat, die Lager zu bombardieren". Mason persönlich war, wie auch Lady Cheetham, der Ansicht: „Falls überhaupt jemand diese Sache macht, dann sollte es Aufgabe der Roten Luftwaffe sein, die
viel näher dran ist."

Roger Allen hatte weniger Skrupel als Mason. „Selbst mit dem Informationsmaterial", so notierte er am 22. September, „würde das Luftfahrtministerium zögern, wertvolle Menschenleben & Flugzeuge für eine möglicherweise nutzlose
Mission aufs Spiel zu setzen."[18] Die Verantwortlichen dort hätten dies, wie er
hinzufügte, nur getan, „wenn das Auswärtige Amt sich energisch für den Versuch ausgesprochen hätte". Tatsache sei aber, daß das Auswärtige Amt, wie aus
seinen Akten „ganz klar" hervorgehe, „schon im Abkühlen begriffen war". Allen
fuhr fort:

Unter diesen Umständen bin ich – obgleich ich bezweifeln möchte, ob es dem Luftfahrtministerium gegenüber von uns aus ganz fair gewesen ist, die Gründe für unser Nichtreagie-
ren auf das Ersuchen der Jewish Agency als rein technischer Natur darzustellen – nicht der
Meinung, daß der Umstand, daß wir das topographische Informationsmaterial nicht weitergegeben haben, die Haltung des Luftfahrtministeriums erheblich beeinflußt hat …
Ich schlage vor, daß wir es dabei bewenden lassen, es sei denn, die Sache würde erneut
aufgeworfen; in diesem Fall würden wir die topographischen Angaben ans Luftfahrtministerium schicken müssen.[19]

In der Tat war die Sache bereits wieder aufgeworfen worden, und zwar von
Linton in seinem Brief vom 20. September. Doch die Pläne wurden trotzdem
nicht ans Luftfahrtministerium geschickt.

Der Brief Lintons und der neue Appell Gruenbaums gingen dem Auswärtigen
Amt am 22. September zu. Sie gaben Anlaß zu zwei Stellungnahmen. In der ersten, von Lady Cheetham am 25. September niedergelegten, hieß es, nach Informationen der schweizerischen und der schwedischen Regierung hätten die Ungarn abgestritten, daß Juden zu irgendeinem anderen Zweck deportiert würden
als „zur Arbeit in Deutschland unter Bedingungen, wie sie in ähnlicher Form von
ungarischen Staatsbürgern akzeptiert werden". Außerdem habe die ungarische
Regierung der schweizerischen erklärt, „daß sie bereit ist, Juden ausreisen zu
lassen", daß die Deutschen jedoch keine Passierscheine für eine Durchreise
durch Deutschland in die Schweiz oder nach Schweden ausstellen würden. Aufgrund der militärischen Lage sei es für die Juden auch nicht möglich, aus Ungarn
über die Grenze nach Rumänien zu entkommen.

Es liege, so vermerkte Lady Cheetham, kein Beweis dafür vor, daß es in der
ungarischen Politik „wieder eine Kehrtwendung" gegeben habe; sie fügte hinzu: „Was eine Bombardierung der Eisenbahnlinien nach Oświęcim betrifft, so
wäre dies vielleicht etwas, das die Sowjets erwägen könnten."

Paul Mason kommentierte Lady Cheethams Vermerk wie folgt:

Die erste Frage lautet: Liegt irgendein authentischer Grund für die Annahme vor, daß die ungarische Regierung die Politik widerrufen hat, die Anfang August gültig war, und sich jetzt (zweifellos unter stärkstem deutschen Druck) anschickt, wieder Menschen in die Vernichtungslager in Schlesien zu schicken? Ich würde das, was die Jewish Agency sagt, sicherlich nicht ohne anderweitige Bestätigung akzeptieren.

Mason machte den Vorschlag, ein „kurzes Telegramm" an die schweizerische und schwedische Regierung zu schicken und anzufragen, ob man dort Grund hatte, zu glauben, „daß eine Politik der Deportation der Juden in Vernichtungslager bevorsteht oder schon im Gange ist". Von den Antworten aus Bern und Stockholm würde es, so meinte er, „abhängen, wie wir uns zu den von Mr. Linton vorgeschlagenen weiteren Alternativen stellen", von denen, wie er hinzufügte, seiner Ansicht nach auf den ersten Blick keine „wirklich in irgendeiner Weise praktikabel" sei.[20]

Unterdessen hatte das Kriegsflüchtlingskomitee in Washington ein weiteres Bombardierungsersuchen an das Kriegsministerium gerichtet. Anlaß dazu war ein Telegramm von James Mann gewesen, dem Stellvertretenden Geschäftsführenden Direktor des Komitees, der bei einem Englandbesuch von der polnischen Exilregierung erfahren hatte, daß „die Deutschen in allen polnischen Konzentrationslagern ihre Ausrottungsaktivitäten verstärken". Wie es in dem Telegramm Manns an Pehle hieß:

Das Kriegsflüchtlingskomitee wird von ihnen erneut ersucht, bei der Armee die Möglichkeit einer Bombardierung der Vernichtungskammern und der deutschen Kasernen in den größten polnischen Konzentrationslagern zu eruieren; wie sie sagen, sind diese Ziele für die Präzisions-Bombardierung geeignet, da sie in genügendem Abstand von den Konzentrationslagern liegen.

Mann fügte hinzu, die Polen hätten „zugesagt, mir neueste Karten zukommen zu lassen, die ich per Luftpost nach Washington weitersenden werde, wenn ich auch annehme, daß die Armeeführung über Karten von diesen Lagern verfügt".[21]

Am 3. Oktober schickte Pehle eine Kopie dieses Telegramms an John McCloy vom Kriegsministerium. Zwei Tage später schrieb Harrison Gerhardt an McCloy, er empfehle, „in bezug hierauf nichts zu unternehmen, da die Angelegenheit zuvor schon mehrere Male vollständig vorgelegt worden ist". Das Kriegsministerium, so fügte er hinzu, vertrete den Standpunkt, daß jedwede Bombardierung dieser Art unter die „operative Verantwortung" der russischen Streitkräfte fallen solle.[22]

Noch ein weiteres Ersuchen um eine Bombardierung der Lager war an die Adresse des amerikanischen Kriegsministeriums ergangen: Es war Nahum Goldmann, der es persönlich McCloy vortrug. Wie Goldmann sich später, in einem Brief an den Autor, erinnerte: „McCloy gab mir zu verstehen, daß die Amerikaner zwar Vorbehalte gegen mein Ansinnen hätten, es aber vielleicht dennoch akzeptieren könnten; jegliche Entscheidung über Ziele für Bombardierungen in Europa liege jedoch in den Händen der Briten. Man riet mir daher, mich an den britischen Vertreter beim Alliierten Oberkommando, General Dill, zu wenden..."

Nach einigen Schwierigkeiten gelang es Goldmann, einen Gesprächstermin bei General Dill zu bekommen. Ihre Unterredung war, wie er sich erinnerte, „eine der unvergeßlichsten und deprimierendsten meiner langen Laufbahn"; und er erzählte:

General Dill zeigte von Anbeginn an eine vollkommen ablehnende Haltung. Sein Argument war, daß eine Bombardierung der Lager zum Tod Tausender von Häftlingen führen würde.

Ich entgegnete ihm, sie seien ohnehin dazu bestimmt, vergast zu werden und erklärte, daß uns der Gedanke einer Bombardierung der Todeslager von der jüdischen Untergrundbewegung in Polen eingegeben worden war, mit der wir in gewissem Kontakt standen über die polnische Exilregierung in London, die regelmäßig, über das amerikanische Außenministerium, Botschaften der jüdischen NS-Opfer an uns – hauptsächlich an Rabbi Stephen Wise und mich – übermittelte.

Daraufhin gab General Dill seine wahren Beweggründe zu erkennen, indem er erklärte, die Engländer müßten sich ihre Bomben für militärische Ziele aufsparen, und die einzige Rettung für die Juden läge darin, daß die Alliierten den Krieg gewännen.

Ich erwiderte, die wenigen Dutzend Bomben, die benötigt würden, um die Todeslager zu treffen, würden den Ausgang des Krieges nicht beeinflussen und wies darauf hin, daß die Royal Air Force regelmäßig die nur wenige Kilometer von Auschwitz entfernten Fabriken der I. G. Farben bombardierte.

Am Ende unseres Gesprächs, das über eine Stunde dauerte, machte ich General Dill und seinen Mitarbeitern den Vorwurf, es mangele ihnen an menschlichem Verständnis für die schreckliche Tragödie der Vernichtungslager. Er betrachtete es als unhöflich von mir, meine Kritik so offen und deutlich zu äußern.[23]

Ohne daß Goldmann davon wußte, hatte am 16. Oktober eine weitere Luftaufklärungsmission Auschwitz überflogen. Der einzige Zweck dieser Mission war auch diesmal, den Fortgang der Reparaturen im Werk Monowitz der I. G. Farben zu überprüfen, nachdem nun seit dem zweiten der beiden Bombenangriffe etwas über ein Monat vergangen war. Die Aufnahmen, die Hauptmann Barry und Leutnant Jefferys mitbrachten, zeigten „eine sehr beträchtliche Reparatur- und Bautätigkeit" sowohl im Buna-Werk als auch in der Fabrik für synthetischen Treibstoff. Obwohl die „schleierigen Abzüge" die Auswertung der Bilder erschwerten, war es „offenkundig", daß die Instandsetzungsarbeiten seit dem letzten Aufklärungsbericht von Mitte September „an fast allen Stellen" vorangeschritten waren. Es folgte sodann eine Analyse des Standes der Reparaturarbeiten an dreizehn ausgewählten Gebäudekomplexen.[24]

Da Monowitz weiterhin produzierte, blieb es ein erstrangiges Bombenziel. Tatsächlich war Monowitz im Oktober 1944 die drittgrößte Produktionsstätte für synthetischen Treibstoff, nach Blechhammer-Nord und Oderthal.[25]

Die Aufregung der Jewish Agency über die erneuten Deportationen ungarischer Juden nach Auschwitz war nicht fehl am Platz gewesen, wenn auch die nu-

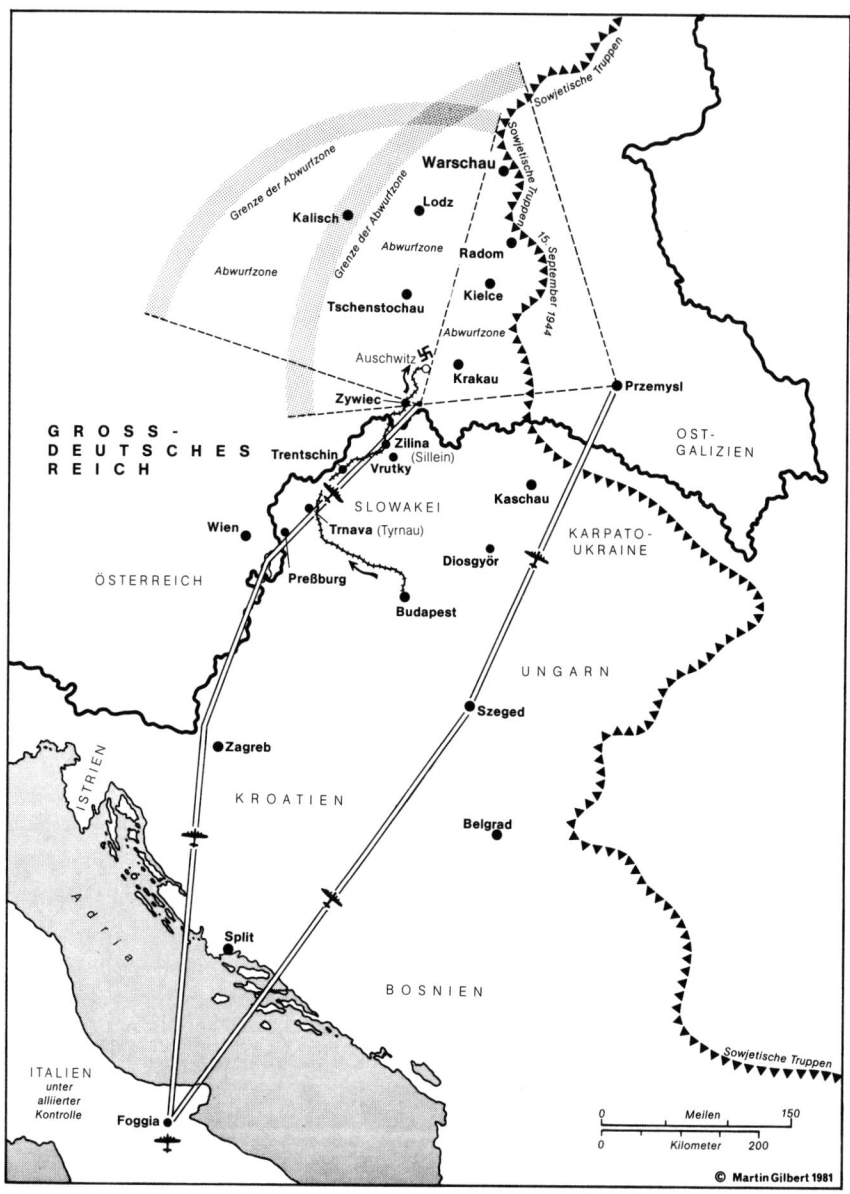

19. Alliierte Lufthilfe für Warschau zwischen Anfang August und Ende September 1944; die Karte zeigt die beiden Hauptflugrouten und die dazugehörigen Abwurfzonen, ebenso den Frontverlauf der Roten Armee am 15. September und die Bahnstrecke, auf der die Deportationen vom 4., 5., 15., 18. und 20. September 1944 aus Budapest nach Auschwitz abgewickelt wurden.

merischen Ausgaben zu diesen neuen Deportationen – „zwölftausend täglich" –
weit über das tatsächliche Maß hinausgingen. Tatsächlich waren Transporte mit
ungarischen Juden bereits im Juli, August und am 4., 5., 7., 15. und 18. September
in Auschwitz eingetroffen, aber mit jedem Zug waren „nur" ein paar hundert Juden gekommen. Ein sechster Zug traf, aus Budapest kommend, am 20. September in Auschwitz ein. 8 Männer wurden ins Lager eingewiesen, die übrigen 52
vergast. Später, am gleichen Tag, kam ein zweiter Zug aus Ungarn an: 31 Männer
und 22 Frauen wurden in die Baracken geschickt. Die übrigen 146 Personen wurden vergast.

Das einzige spezielle alliierte Luftunternehmen, das den September hindurch
fortgeführt wurde, war die Versorgung der noch immer gegen die Deutschen
kämpfenden Polen in Warschau mit Waffen und Hilfsgütern. Am 18. September
hatte die 8. Bomberstaffel der amerikanischen Luftwaffe den letzten Einsatz im
Rahmen der *Operation Frantic* geflogen. Die Maschinen waren in England gestar-
tet, hatten über Warschau die für die Polen bestimmten Ladungen abgeworfen
und waren nach Poltawa weitergeflogen. Insgesamt waren 107 Maschinen vom
Typ *Flying Fortress* beteiligt gewesen, die 1284 Behälter mit Waffen und Versorgungsgütern abgeworfen hatten. Nahezu tausend davon fielen in deutsche Hände. Weniger als hundert erreichten den eigentlichen Empfänger, die polnische
Heimatarmee.[26] Zwei Tage später, am 20. September, fand der letzte Flug freiwil-
liger polnischer Piloten und Besatzungen von Foggia nach Warschau statt; er
diente ebenfalls dem Zweck, Nachschubgüter abzuwerfen. Von zwanzig an dieser Mission teilnehmenden Maschinen wurden fünf abgeschossen. Seit Anfang
August waren bei diesen Warschau-Einsätzen zweihundert Piloten ums Leben
gekommen.

Aus einer Karte in den nachgelassenen Papieren Churchills lassen sich die
Flugrouten nach Warschau ersehen, die ein kleines Stück westlich von Krakau
vorbeiführten, praktisch direkt über Auschwitz hinweg.[27] Allein, es war die verzweifelte Lage Warschaus und nicht die verzweifelte Lage der Juden, die in den
telegrafischen Botschaften der alliierten Führer inzwischen zum beherrschenden Thema geworden war.

33. Das Ende von Auschwitz

In Auschwitz selbst lief die Tötungsmaschinerie weiter. Am 30. September wurden tausend Häftlinge des Stammlagers Auschwitz als arbeitsunfähig „selektiert" und vergast. Am gleichen Tag trafen in Birkenau 2499 jüdische Männer und Frauen aus Theresienstadt ein. Von ihnen wurden lediglich etwa 500 ins Lager eingewiesen, die übrigen vergast. Weitere 1500 Juden aus Theresienstadt kamen am 2. Oktober an; bis auf etwa 300 mußten alle in die Gaskammer. Ein Transport von ähnlicher Größe traf am 3. Oktober ein; mehr als die Hälfte wurde vergast. Am 6. Oktober wurden aus einem weiteren Transport aus Theresienstadt 271 Frauen und einige hundert Männer ins Lager eingewiesen, während die übrigen vergast wurden.

Am 7. Oktober kam es in Birkenau zu einer Revolte: Die Angehörigen eines „Sonderkommandos" aus jüdischen Häftlingen, die dazu gezwungen wurden, die Leichen aus den Gaskammern zu holen und zu den Krematorien zu transportieren, warfen zunächst einen deutschen Kriminellen, der ihnen als Kapo vorgesetzt war und damit drohte, ihr Vorhaben zu verraten, in die Flammen und töteten sodann vier SS-Männer; sie sprengten das Krematorium selbst (Krematorium IV) in die Luft und flohen durch die Lagerumzäunung. Es gelang etwa 450 Sonderkommando-Angehörigen, aus dem Lager auszubrechen. Aber ein Alarm war ausgelöst, und alle Flüchtigen wurden gestellt und erschossen. Zwei Tage später wurden vier Frauen, die man im Frauenlager von Auschwitz I und in Birkenau festgenommen hatte, weil man sie beschuldigte, für das Sonderkommando Sprengstoff geschmuggelt zu haben, gefoltert und am 6.1.45 aufgehängt.

Die Aufständischen hatten eines der vier Krematorien von Birkenau zerstört. Die verbleibenden drei arbeiteten ohne Unterbrechung weiter. Am 9. Oktober, nur zwei Tage nach der Revolte, wurden zweitausend Juden, die aus Triest und Theresienstadt gekommen waren, sowie zweitausend bei einer „Sonderselektion" ausgewählte Jüdinnen aus Birkenau vergast.

Auf dem Weg über die polnische Exilregierung waren Gerüchte über eine drohende weitere Verschärfung des Tempos der Vergasungen bis zum Auswärtigen Amt und zum State Department gedrungen; die polnische Exilregierung hatte einen vom „Rat für die Rettung der jüdischen Bevölkerung in Polen" abgefaßten Appell verbreitet, in dem darauf hingewiesen wurde, daß die Deutschen die Vernichtung aller in Auschwitz und Birkenau inhaftierten Personen vorbereiteten; alle verbündeten Regierungen wurden in dem Appell aufgefordert, „alles in ihren Möglichkeiten Stehende zu tun", um die Deutschen von diesem Vorhaben abzubringen, das auf nichts anderes hinauslaufen würde als auf die „Vernichtung der Reste der jüdischen Bevölkerung in Polen".[1]

Am 8. Oktober schickte der Stellvertretende Unterstaatssekretär im Auswärtigen Amt, Sir Orme Sargent, ein Telegramm an Eden, der zu diesem Zeitpunkt mit Churchill zusammen auf dem Weg nach Moskau war, und machte ihn darauf aufmerksam, daß von verschiedenen Seiten mit wachsendem Nachdruck eine alliierte Erklärung gefordert werde. Nicht nur die Polen, so erklärte er, drängten auf eine solche Erklärung, sondern auch „andere kleinere Verbündete", darunter die tschechoslowakische Exilregierung. Das Auswärtige Amt sei, wie Sargent hinzufügte, der Ansicht, daß „angesichts des wachsenden polnischen Drucks und des Interesses, das jüdische und humanitäre Organisationen an der Angelegenheit nehmen", eine Erklärung herausgegeben werden sollte. Leider habe sich, wie Sargent weiter erklärte, Churchill selbst gegen jede derartige Erklärung ausgesprochen und seine ablehnende Haltung kurz vor seiner Abreise nach Moskau in einem knappen Aktenvermerk zum Ausdruck gebracht: „Hiermit an die Öffentlichkeit zu gehen, könnte die Chance vereiteln, die große Zahl der Betroffenen zu retten."[2] Dies schien also Churchills Ansicht zu sein.

In Wirklichkeit war einem Sekretär beim Kopieren des Churchillschen Vermerks ein Fehler unterlaufen. Eigentlich hatte Churchill gemeint und geschrieben: „Hiermit an die Öffentlichkeit zu gehen, könnte die Chance *eröffnen*, die große Zahl der Betroffenen zu retten."[3] Sobald dieser Irrtum aufgeklärt war, nahm die britische Regierung Fühlung sowohl mit der amerikanischen als auch mit der sowjetischen Regierung auf, um Möglichkeiten des Reagierens zu erkunden. Die Amerikaner antworteten, sie seien für die Veröffentlichung einer feierlichen Warnung, in der angekündigt würde, daß, „falls diese Pläne ausgeführt werden, diejenigen, die sich solcher mörderischen Handlungen schuldig machen, zur Rechenschaft gezogen und der Strafe für ihre abscheulichen Verbrechen nicht entgehen werden". Die sowjetische Regierung reagierte nicht. Daraufhin einigten sich die Engländer mit den Amerikanern, die Warnung gemeinsam zu veröffentlichen; sie wurde am 10. Oktober im Rundfunk ausgestrahlt, und zwar von Washington aus um 12 Uhr mittags und von London aus, über die BBC, um 6 Uhr und nochmals um 9 Uhr abends. „Wir würden eine Veröffentlichung begrüßen", hatte das Auswärtige Amt erklärt.[4]

Weder in der Rundfunksendung noch in der eigentlichen Erklärung war von Juden die Rede. Die Erklärung sprach von Plänen der Deutschen, die auf eine „massenhafte Exekution der Menschen in den Konzentrationslagern Oświęcim und Brzezinki" abzielten. In diesen Lagern seien, so wurde erklärt, „tausende Menschen aus vielen europäischen Ländern eingesperrt". Weiter hieß es in der Erklärung, falls „dieses Vorhaben oder irgendein ähnliches Vorhaben andernorts ausgeführt wird", werde die britische Regierung „alle diejenigen zur Verantwortung ziehen, die in irgendeiner Weise darin verwickelt sind, von der höchsten Spitze bis zu den untersten Handlangern." In engster Zusammenarbeit und Übereinstimmung mit den Verbündeten werde man keine Mühe scheuen, die Schuldigen vor Gericht zu bringen.[5]

Zur Überraschung der Alliierten brachte die Warnung vom 10. Oktober eine prompte Reaktion aus Berlin: „Diese Berichte sind von A bis Z falsch", verkündete der Deutsche Telegrafendienst am 11. Oktober. Frank Roberts von der Zentralen Abteilung im Auswärtigen Amt kommentierte diese Verlautbarung mit den Worten: „Eine zufriedenstellende Reaktion. Dieses eine Mal ist unsere Erklärung vielleicht von Nutzen gewesen."[6]

Allein, so rasch diese Warnung der Alliierten veröffentlicht worden und so eindeutig sie formuliert war, sie führte doch nicht zu einem Nachlassen der Massentötungen. Am Tage ihrer Veröffentlichung waren 800 Zigeunerjungen und -mädchen vergast worden, und zwei Tage später, am 12. Oktober, wurden 3 000 jüdische Frauen aus dem Lager Birkenau „selektiert" und im Krematorium II vergast. Weitere 3 000 Frauen wurden am 13. Oktober aus den Baracken geholt und vergast, ebenso wie 2 000 Männer, Frauen und Kinder. Viele von diesen waren am Tag zuvor aus Theresienstadt eingetroffen. Jeder neue Tag sah neue Massen-Vergasungen. Auch diejenigen, die in Monowitz für die I. G. Farben arbeiteten, wurden nicht verschont: Am 17. Oktober wurden aus ihrer Mitte insgesamt 2 000 als „nicht mehr arbeitsfähig" selektiert und vergast, zusammen mit 155 Frauen; damit belief sich die Zahl der innerhalb dieser einen Woche Vergasten auf 800 Zigeuner und mehr als 20 000 Juden. Das war die höchste Tötungsrate seit mehreren Monaten. Die englisch-amerikanische Warnung hatte also nichts genützt. Auch in den darauffolgenden sieben Tagen rissen die Vergasungen nicht ab: Am 18. Oktober mußten 3 000 aus der Slowakei deportierte Juden, etwa 1 000 neuerdings aus Theresienstadt deportierte Juden, 300 aus Budapest verschleppte Juden und 13 polnische Nichtjuden in die Gaskammer. Am gleichen Tag gab die polnische Exilregierung bekannt, die Deutschen hätten in Auschwitz mit der „massenhaften Ermordung von Polen in Gaskammern" begonnen, und unter denen, die sich „in Gefahr" befänden, seien 12 400 nach dem Aufstand aus Warschau vertriebene Zivilisten.[7] Von Juden war in der Verlautbarung nicht die Rede.

Am folgenden Abend verlas Professor Lindley Fraser über das deutsche Programm der BBC einen Aufruf in deutscher Sprache, in dem die Namen von sieben „zum Personal der Lager" gehörenden Deutschen genannt wurden, darunter der Name des „Leiters der Politischen Abteilung" von Auschwitz. Diese Namen waren von der Widerstandsorganisation des Lagers mit der Bitte um Veröffentlichung hinausgeschmuggelt worden. Fraser bezeichnete Auschwitz als das „vielleicht abscheulichste und berüchtigtste von allen durch die Nazis eingerichteten Konzentrationslagern". Die Schlußpassage seines Aufrufs lautete:

Mögen alle Beteiligten gewarnt sein. Diese Greuel sind Kapitalverbrechen, die ihre Sühne finden werden. Mögen alle diejenigen, die, sei es als Anstifter oder als Ausführende oder auf irgendeine andere Weise, daran beteiligt sind, darüber nachdenken, ob sie klug daran tun, sich am Ende eines schon verlorenen Krieges so zu verhalten.

Und möge das deutsche Volk sich daran erinnern, daß die Männer, die es heute in ihrem eigenen Interesse zum nationalen Selbstmord auffordern, dieselben sind, die die direkte Verantwortung für eine Reihe von Verbrechen tragen, die einen untilgbaren Fleck auf der Ehre ihres Landes hinterlassen haben.[8]

In Auschwitz gingen die Vergasungen weiter, wobei die Opfer insbesondere Juden aus Theresienstadt waren. So extensiv wurde vergast, daß die Bilanz der 31 Oktobertage eine Zahl von über 50 000 getöteten Juden verzeichnete. Als aber am 12. Oktober A. G. Brotman im Namen des Board of Deputies of British Jews Paul Mason aufsuchte und ihn bat, in Absprache mit der sowjetischen Luftwaffe eine Bombardierung des Lagers ins Auge zu fassen, machte Mason ihn „auf die Gefahr aufmerksam, daß Deutschland hinterher behaupten könnte, *wir* hätten durch die Bombardierung des Lagers selbst nach Kräften an der Liquidierung seiner Insassen mitgewirkt".[9]

Am 29. September traf in Istanbul ein Telegramm von Krausz in Budapest ein, in dem mitgeteilt wurde, daß von den ehemals 800 000 Juden Ungarns „nur noch 200 000" am Leben seien.[10] Am 6. Oktober erfuhr die Jewish Agency, daß der schwedische Vertreter in Budapest, Raoul Wallenberg, die Ausstellung von 5 000 „Schutzpässen" arrangiert hatte (weitere 4 000 würden binnen der nächsten paar Tage zur Verfügung stehen), und daß die Inhaber dieser Pässe, da Deutschland es nunmehr definitiv abgelehnt hatte, ihnen die Durchreise durch deutsches Territorium zu ermöglichen, in besonderen Häusern in Budapest untergebracht wurden, wo sie „unter schwedischem Schutz" standen.[11] Das änderte nichts daran, daß gegen Ende des Monats in Budapest nahezu 100 000 Juden zusammengetrieben und gezwungen wurden, nach Westen, zur österreichischen Grenze hin, zu marschieren. Zehntausende gingen auf diesem Marsch zugrunde – Opfer von Hunger, Unterkühlung, individuellen Brutalitäten und Massenerschießungen.

Am 29. Oktober trafen an Bord der *Selahedine* 547 rumänische Juden in Istanbul ein. Sie alle wurden aufgrund eines kollektiven Reisepasses unverzüglich nach Palästina weitergeleitet.

In Auschwitz wurden am 1. November 73 Frauen aus den Baracken geholt und vergast. Eine weit größere Personenzahl jedoch, 1 717 Frauen, wurde mit der Eisenbahn aus Auschwitz nach Ravensbrück und 634 Frauen nach Bergen-Belsen überstellt, um dort den zunehmenden Bedarf an Arbeitssklaven decken zu helfen, der sich angesichts des Vormarsches der alliierten Armeen durchs östliche Frankreich dem Rhein zu im mittleren und westlichen Deutschland ergab. Am 2. November wurden 4 Frauen vergast, 795 nach Westen verschickt. Aber es konnte auch noch umgekehrt laufen: Am 3. November wurden von 990 Juden, die aus dem slowakischen Arbeitslager Sered nach Auschwitz überstellt worden waren, 481 unmittelbar nach der Ankunft vergast.

Die Massentötungen in Auschwitz standen kurz vor ihrem Ende. Im Hinblick auf die sowjetischen Truppen, die sich in den Karpaten auf ihre nächste Offensive vorbereiteten, wurden mehr und mehr Insassen von Auschwitz mit dem Zug in Konzentrationslager auf deutschem Boden überführt, um in das Reservoir der Arbeitssklaven eingegliedert zu werden; umgekehrt kamen in Auschwitz immer weniger Transporte an.

Erst jetzt, nachdem die Gaskammern von Auschwitz ihren Betrieb weitgehend eingestellt hatten, gelangten der Vrba-Wetzler-Bericht, der Mordowicz-Rosin-Bericht und der Bericht des polnischen Majors erstmals in ihrer vollständigen Fassung auf den Schreibtisch des Direktors des Kriegsflüchtlingskomitees, John W. Pehle.

Aufgerüttelt von dem, was er las, schrieb Pehle am 8. November an McCloy vom Kriegsministerium. Er habe, so schrieb er, „diese Augenzeugenberichte soeben" von Roswell McClelland in der Schweiz erhalten. Keine der dem Komitee bislang zur Kenntnis gelangten Darstellungen habe, so fügte Pehle hinzu, „die grausige Brutalität dessen, was in diesen Schreckenslagern vor sich geht, ganz eingefangen ..."

Nun endlich sprach Pehle selbst sich für eine Bombardierung der Lager aus. Wie er McCloy erklärte:

Wie die beiliegenden Berichte bezeugen, waren die Deutschen, um den Massenmord in solchem Umfang durchführen zu können, gezwungen, ein beträchtliches Maß an technischem Erfindungsgeist und administrativem Erfahrungswissen zu investieren. Falls die ausgeklügelten Mordanlagen in Birkenau zerstört würden, wäre es ziemlich klar, daß die Deutschen sie nicht so schnell wieder errichten könnten.

Bisher habe ich, obwohl von vielen Seiten dazu gedrängt, gezögert, mich für eine Zerstörung dieser Lager durch direkten militärischen Angriff einzusetzen. Aber ich bin überzeugt, daß jetzt ein Punkt erreicht ist, an dem ein solches militärisches Vorgehen gerechtfertigt wäre, vorausgesetzt, sachverständige militärische Stellen halten es für durchführbar.

Ich möchte dem Kriegsministerium hiermit dringend nahelegen, die Möglichkeit einer Zerstörung der Hinrichtungskammern und Krematorien in Birkenau durch eine direkte Bombardierung ernsthaft zu prüfen.

Im weiteren Verlauf seines Briefes an McCloy nannte Pehle zusätzliche Gründe, die für einen Bombenangriff auf Auschwitz zu diesem Zeitpunkt sprachen.

Es sollte nicht unbeachtet bleiben, daß ein solcher Angriff weitere Vorteile militärischer Art mit sich bringen würde. Die Fabriken von Krupp und Siemens, in denen unter anderem Gehäuse für Handgranaten hergestellt werden, sowie ein Buna-Werk, alle zu Auschwitz gehörend, würden zerstört werden. Ebenso würden auch die deutschen Kasernen und Wachunterkünfte zerstört und deutsche Soldaten getötet, die sich in diesem Bereich befinden.

Ferner wäre eine solche dramatische Demonstration alliierter Luftunterstützung womöglich geeignet, die Kampfmoral von Partisanengruppen beträchtlich zu heben, und ein Teil der in Auschwitz und Birkenau inhaftierten Personen könnte in der dem Bombenangriff folgenden Verwirrung vielleicht in die Freiheit entfliehen.

Daß es bereits einmal gelungen ist, mit solchen Methoden einen Massenausbruch aus einem Gefängnis zu ermöglichen, geht aus der beigelegten Kopie eines kürzlich in der *New York Times* erschienenen Artikels hervor, der die Befreiung von hundert französischen Patrioten aus dem Gefängnis von Amiens durch die RAF schildert.[12]

Pehle schloß seinen Brief mit einem eindringlichen Hinweis darauf, daß sein jetziger Appell durch die „Dringlichkeit" des Problems motiviert sei, und mit der Bitte an McCloy, ihm „sobald wie möglich" zu antworten.[13]

Wieder einmal, jetzt aber schon viel zu spät, wanderte das Ersuchen um eine

Bombardierung der Lager in das Kriegsministerium; auch diesmal machte es seinen Weg umsonst: Die Operationsabteilung lehnte es mit denselben Argumenten ab, die sie schon im Juni, Juli und August mit so durchschlagender Wirkung geltend gemacht hatte: daß dadurch Luftkriegskapazitäten vom Einsatz gegen wichtige industrielle Ziele abgehalten würden.

Das Kriegsflüchtlingskomitee erfuhr von diesen Argumenten durch einen am 18. November von McCloy im Kriegsministerium abgeschickten Brief. Darin hieß es, Auschwitz könne nur von in England stationierten schweren amerikanischen Bombern angegriffen werden, und dies „würde einen sehr riskanten, uneskortierten Rundstreckenflug von circa 3 000 Kilometern Länge über feindlichem Territorium erforderlich machen". Mit keinem Wort wurde der Stützpunkt Foggia erwähnt, ebensowenig wie die Tatsache, daß der „Rundstreckenflug", der im übrigen weit kürzer war als 3 000 Kilometer,[14] von amerikanischen Flugzeugen schon viele Male für die Bombardierung industrieller Ziele in der Region Auschwitz zurückgelegt worden war und daß bei jedem dieser Einsätze eine Eskorte aus Jägern nicht nur zur Verfügung gestanden, sondern sich auch als wirksam erwiesen hatte. In der Tat war es nicht die Reichweite der Bomber, sondern die Jäger-Eskorte gewesen, die diese Angriffe, darunter auch die Angriffe auf Monowitz und Trzebinia, die Auschwitz am nächsten gelegenen Ziele, möglich gemacht hatte.

McCloy teilte Pehle ferner mit:

> Im gegenwärtigen, entscheidenden Stadium des Krieges in Europa werden unsere strategischen Luftstreitkräfte zur Zerstörung industrieller Zielsysteme eingesetzt, die für das dahinschwindende Rüstungspotential des Feindes lebenswichtig sind; von diesen Einsätzen sollten sie nicht abgezogen werden. Die absolute Lösung dieses Problems liegt in einem möglichst baldigen Sieg über Deutschland, und diesem Ziel sollten wir unsere gesamten Kräfte widmen.[15]

Als diese abschlägige Auskunft beim Kriegsflüchtlingskomitee eintraf, entschloß man sich dort zu einem letzten Schritt: zu einer ungekürzten Veröffentlichung der drei Auschwitz-Berichte; am 25. November wurden sie der Presse übergeben. Vorangestellt war den drei Berichten eine kurze Erläuterung, die unter anderem die folgende Stellungnahme des Kriegsflüchtlingskomitees enthielt: „Die Greueltaten der Deutschen sind so unerhört und teuflisch, daß es zivilisierten Menschen schwerfällt, daran zu glauben, daß sie sich wirklich zugetragen haben." Jedoch seien, wie es weiter hieß, „die Regierungen der Vereinigten Staaten und anderer Länder im Besitz von Dokumentationsmaterial, das die Tatsachen eindeutig untermauert"; erst „unlängst" habe das Komitee „von einem in der Nähe des Geschehens weilenden Gewährsmann zwei Augenzeugenberichte über Ereignisse (erhalten), die sich in den von den Deutschen errichteten berüchtigten Vernichtungslagern zugetragen haben". Die Einleitung schloß mit den Sätzen:

> Das Komitee hat allen Grund zu glauben, daß diese Berichte ein zutreffendes Bild der ungeheuerlichen Vorgänge in diesen Lagern vermitteln. Es macht diese Berichte der Öffent-

lichkeit in der festen Überzeugung zugänglich, daß sie von allen Amerikanern gelesen und verstanden werden sollten.

Der Vrba-Wetzler-Bericht trug die Überschrift „No. 1, Die Vernichtungslager Auschwitz (Oświęcim) und Birkenau in Oberschlesien" und umfaßte 33 Seiten. Der Mordowicz-Rosin-Report folgte als siebenseitige Ergänzung zum Vrba-Wetzler-Bericht. Der Bericht des polnischen Majors trug die Überschrift „No. 2, Transport (Der Bericht des polnischen Majors)" und umfaßte 19 Seiten.[16]

Alle drei Berichte wurden von der *New York Times* am 26. November in großer Aufmachung gebracht; eine der Schlagzeilen ihrer Titelseite lautete an diesem Tag: US-Komitee enthüllt Einzelheiten über Greuel. Berichte von Augenzeugen aus polnischen Lagern. In dem anschließenden Artikel hieß es, dieser „erste ausführliche Bericht" von seiten einer amerikanischen Regierungsbehörde liefere „Beweise aus erster Hand für Massenmorde der Deutschen", Greueltaten, gegen die, wie die Zeitung erklärte, „die Schrecknisse von Lublin verblassen". Während in Lublin dem Vernehmen nach innerhalb von drei Jahren 1 500 000 Menschen getötet worden seien, hätten in Birkenau zwischen April 1942 und April 1944" 1 500 000 bis 1 765 000 Personen in den Folterkammern den Tod gefunden".[17] Darüber hinaus, so fuhr der Bericht fort, habe es „viele Tausende weiterer Todesfälle" durch „Phenolinjektionen, brutale Prügel, Unterernährung, Erschießungen usw." gegeben.[18]

Der Artikel ging auf Seite 2 über fünfeinhalb Spalten weiter; er referierte Einzelheiten aus dem Vrba-Wetzler-Bericht und dem Bericht des polnischen Majors nach dem vom Kriegsflüchtlingskomitee veröffentlichten Wortlaut. Am Tag darauf trat der Jüdische Weltkongreß in Atlantic City zu einer Sondersitzung zusammen, auf der Nahum Goldmann, Stephen Wise und Chaim Weizmann sprachen; die Versammlung forderte in einer Entschließung erneut die Aufhebung der geltenden Einschränkungen für die jüdische Einwanderung nach Palästina und ebenso die Aufhebung der für den Landerwerb durch Juden gültigen Einschränkungen, die in den Weißbuch-Vereinbarungen von 1939 festgelegt worden waren.[19]

In Budapest gewährten schwedische und britische Dokumente weiterhin mehreren tausend ungarischen Juden Schutz vor Pogromen und Todesmärschen. Paul Mason vom Auswärtigen Amt in London vermerkte am 3. November, es gebe in Budapest 4 500 Juden, die im Besitz schwedischer „Schutzpässe" seien und 8 000, die über „Zertifikate für die Aufnahme nach Palästina" verfügten. Wie Mason jedoch hinzufügte, sei ein solches Zertifikat nicht mehr als ein „Visum für einen vorübergehenden Aufenthalt in Palästina" und gewähre seinem Inhaber keine weitergehenden Ansprüche; das Kolonialministerium habe, so unterstrich er, der Ausstellung dieser Zertifikate lediglich „in der Überzeugung" zugestimmt, „daß sie nie eingelöst werden müßten". Er habe „neulich" sogar eine Äußerung aus dem Kolonialministerium gehört, aus der hervorgehe, daß man „diese Zertifikate dort als ‚Blüten' betrachtet und sie bei Vorlage nicht anerkennen würde".

Mason brachte seine „Bestürzung" über diese Haltung zum Ausdruck. Wenn dies bekannt würde, so meinte er, „könnten wir jede Hoffnung begraben, noch irgendwelche Juden, die im Besitz solcher Zertifikate sind, aus den deutschen Klauen zu befreien"; und sein Kollege G. Hall Patch vermerkte: „Falls echte Zertifikate ausgestellt worden sind, ist es für mich unvorstellbar, auch nur die Möglichkeit anzudeuten, daß sie bei Vorlage nicht anerkannt werden könnten. Eine derartige Handlungsweise würde eher den Traditionen einer anrüchigen Regierung eines Balkanstaats oder eines südamerikanischen Landes entsprechen als denen der Regierung S. M."[20]

Seit Juli waren die Rettungsbemühungen der jüdischen Organisationen, insbesondere die im Hinblick auf die ungarischen Juden unternommenen Anstrengungen, von Tag zu Tag mit dem Internationalen Roten Kreuz, der schwedischen Regierung, den Schweizern, Amerikanern und Engländern abgesprochen worden. In der ersten Novemberwoche jedoch kam es in der Zusammenarbeit mit den Engländern, die im Zusammenhang mit Palästina-Zertifikaten in jeder Hinsicht vonnöten war, unvermittelt zu einer schweren Verunsicherung, als Lord Moyne von zwei Mitgliedern der Stern-Bande erschossen wurde. David Ben Gurion und Mosche Shertok telegrafierten am 8. November an den ägyptischen Premierminister Ahmed Maher Pascha: „Gesamte organisierte jüdische Gemeinde Palästina und jüdische Weltöffentlichkeit über Ermordung britischen Geschäftsträgers für Nahost Lord Moyne am hellichten Tag in Kairo schockiert und bestürzt." Weiter hieß es in dem Telegramm: „Wir verurteilen Mörder als Verräter an Sache ihres Volkes und erklären uns einig mit ägyptischer Regierung in großer Betroffenheit über dieses Attentat."[21] Dieser Verurteilung der Mörder Lord Moynes durch die Spitzenvertreter der Jewish Agency schloß sich noch am selben Tag Chaim Weizmann an, der sich zu diesem Zeitpunkt in London aufhielt. „Rechne daß alles getan wird, um diese schreckliche Untat auszulöschen", telegrafierte er an seine Kollegen in Jerusalem; am Tag danach erwiderte Lord Moynes Sohn telegrafisch Shertoks Beileidswunsch: „Tief berührt von Ihrer Kondolenzbotschaft und insbesondere von der persönlichen Reverenz, die Sie meinem Vater erweisen..."[22]

Die britische Regierung ließ sich durch die Ermordung Lord Moynes nicht von der Politik der offenen Tür abbringen, die sie in Istanbul praktizierte. Die 88 jüdischen Kinder, die am 8. und 9. November aus Bulgarien kommend in Istanbul eintrafen, erhielten sofort Visa und konnten am 10. November mit dem Zug in Richtung Palästina weiterreisen.[23]

Am 11. November stellte die Vereinigte Alliierte Aufklärungseinheit einen streng geheimen Bericht über die Hauptproduktionsstätten der Deutschen für synthetischen Treibstoff zusammen. In Auschwitz-Monowitz war, so stand fest, der Bau der Buna-Fabrik „weiter fortgeschritten". Von den Kalköfen seien zwei „nunmehr fertiggestellt, und der dritte steht kurz vor der Vollendung". Als Folge der Bombenangriffe vom 20. August und 13. September war es, wie nun deutlich zu werden schien, zu einer „zwei- bis dreimonatigen Unterbrechung der Produktion" gekommen, und das Volumen der nunmehr wiederaufgenomme-

nen Produktion lag um ein Drittel niedriger als die frühere Kapazität des Werkes. Die Jahresproduktionskapazität an synthetischem Treibstoff schätzten die
Auswertungsexperten auf zwischen 24 000 und 33 000 Tonnen.[24]

Als praktische Konsequenz aus diesem Bericht wurde für den 29. November
ein weiterer Luftangriff auf Monowitz geplant. Unterdessen ordnete, natürlich
ohne daß dies den Alliierten bekannt wurde, Heinrich Himmler den Abbruch der
Krematorien in Auschwitz an, mit dem am 25. November begonnen wurde: Zuerst wurde der Motor entfernt, der zur Ventilation der Gaskammer diente und
der zum KZ Mauthausen versandt werden sollte. Die Rohre wurden zum Versand nach Groß-Rosen verpackt. Am 26. November wurden dann 170 dem „Sonderkommando" angehörende Häftlinge, nachdem die schrecklichen Dienste
dieses Kommandos nun nicht mehr benötigt wurden, ermordet.

Am Abbau von Krematorium II wurde weitergearbeitet, wie auch aus den vier
Tage später, am 29. November, von der amerikanischen Luftwaffe gemachten
Aufklärungsfotos hervorgeht. Zum ersten Mal seit den Luftaufnahmen vom
4. April, den ersten, die überhaupt gemacht wurden, war an den Entladerampen
von Birkenau kein Zug zu sehen. Auch die Überreste des beim Aufstand des
Sonderkommandos am 7. Oktober gesprengten Krematoriums IV lassen sich erkennen.[25]

Der aus der Analyse der Luftaufnahmen resultierende Auswertungsbericht
sprach die Krematoriums-Anlagen in Birkenau mit keinem Wort an. Aber dafür
nahm er zum ersten Mal Bezug auf Zahl und Zweck der Züge auf dem „Rangierbahnhof" Auschwitz-Birkenau. Obgleich die Fotografien unterbelichtet waren,
zeigten sie im „nördlichen Teil" des „Rangiergeländes" circa 220 bis 240 „Waggons unterschiedlicher Art", 5 Lokomotiven „unter Dampf" und 2 weitere Lokomotiven; im südlichen Teil machten die alliierten Analytiker etwa 160 Waggons
verschiedener Art, eine Lokomotive „unter Dampf" und, auf den Anschlußglei-
sen „im Industriewerk westlich des südlichen Rangiergeländes", 23 gedeckte
Güterwagen sowie, „in einer nicht identifizierten Zone" im Südwesten 2 Lokomotiven „unter Dampf" aus.[26]

Aus diesem Auswertungsbericht geht eindeutig hervor, daß diejenigen, die
ihn verfaßten, nichts über die wahre Funktion oder Rolle von Birkenau und seinen Gleisrampen wußten. Die Analyse des Monowitz-Geländes im selben Bericht war so eingehend und exakt wie immer. Rauch- und Dampfschwaden, die
aus mehreren Schloten und Anlagen austraten, deuteten darauf hin, daß „das
Werk in Betrieb ist". Fünf kleine Werkszüge, zwei kleine Lokomotiven und mehrere Lastwagen waren, wie zu erkennen war, „auf dem Fabrikgelände unterwegs". Ferner verzeichnete der Bericht „zahlreiche Belegschaftsmitglieder", die
„sich ebenfalls auf dem Gelände bewegen"; die Instandsetzungsarbeiten an den
beschädigten Anlagen waren, ebenso wie die Arbeit an „Neubauten", fortgesetzt
worden. An den Gleis-Laderampen von Monowitz waren etwa dreißig Güterwaggons zu sehen, circa hundert weitere Waggons waren „auf den Gleisanlagen
östlich des Werksgeländes" abgestellt.[27]

Hieraus wurde deutlich, daß in Monowitz noch produziert wurde; die Konsequenz aus dieser Erkenntnis war ein weiterer alliierter Bombenangriff auf den Komplex, der am 18. Dezember stattfand; die Industrieanlagen bekamen dabei einige Treffer ab, während andere Bomben auf das Arbeitslager fielen, und dies mit so gravierender Wirkung, daß, wie die erste Auswertungsanalyse ergab, fünf Baracken „durch direkte Treffer teilweise zerstört worden" waren. Aber es gab auch „Fehltreffer": So hatten beispielsweise zwölf Bomben in der „unbebauten Zone" eingeschlagen.[28] In einem zweiten, fünf Tage nach dem Angriff fertiggestellten Auswertungsbericht wurden „besonders schwere Beschädigungen" am Pumpen- und am Kompressorenhaus sowie an der „nördlichen Werkhalle", zugleich aber auch eine beträchtliche „Reparatur- und Bautätigkeit" an der Destillations- und der Kühlanlage, an den Kalköfen und in der Remise konstatiert. Ferner war zu erkennen, daß im „Konzentrationslager", das heißt also im unmittelbar zu Monowitz gehörenden Arbeitslager, „drei schwerbeschädigte Gebäude instandgesetzt worden sind".[29]

Am 4. Dezember lief ein weiteres Schiff aus Rumänien, die *Toros*, mit 908 jüdischen Flüchtlingen an Bord in Istanbul ein. 380 von ihnen waren jüdische Waisenkinder aus Transnistrien, 420 waren ungarische Flüchtlinge und 100 waren rumänische Juden. Sie alle erhielten vom britischen Paßkontrollamt in Istanbul ein kollektives Visum und reisten drei Tage später mit dem Zug nach Palästina weiter.[30]

In Auschwitz wurde weiter an der planmäßigen Vernichtung von Zeugen und Zeugnissen für das Geschehene gearbeitet. Am 5. Dezember wurde ein „Sonderkommando" aus jüdischen Frauen auf 150 vergrößert, das den Befehl hatte, alle in der Umgebung von Krematorium IV befindlichen Spuren der Massenverbrennungen von Leichen zu beseitigen.

Auf den Fotografien, die am 21. Dezember bei einer weiteren amerikanischen Aufklärungsmission – mit dem einzigen Ziel, das Ausmaß der bei dem drei Tage zuvor erfolgten Bombenangriff auf Monowitz erzielten Beschädigungen festzustellen – aufgenommen wurden, ist zu erkennen, daß eine große Zahl der Wachtürme und ein großer Teil der elektrisch geladenen Zäune an der Umgrenzung des Lagers Birkenau inzwischen abgebaut worden waren. Das Dach der zu Krematorium und Gaskammer II gehörenden Entkleidungshalle war entfernt, und das Dach und der Schlot des Krematoriums selbst wurden gerade abgetragen. Man erkennt auch, daß die Umzäunung des Krematoriums entfernt ist. Auch die Zäune um Krematorium III sind verschwunden, und die gesamte Fläche um das Gebäude herum ist mit Abfall und Trümmern übersät. Aber nichts von alledem erregte die Aufmerksamkeit oder gar das Mißtrauen der Auswerter, deren einzige Aufgabe darin bestand, aus den Aufnahmen weitere Erkenntnisse über Monowitz und seine Produktionskapazität zu gewinnen.

Bestehen blieb das Stammlager Auschwitz, ebenso auch der Lagerkomplex in Birkenau; die Lebensbedingungen dort waren auch weiterhin hart und wurden noch erschwert durch die große Kälte und häufige Schneefälle. Im Lauf des Dezembers starben in Auschwitz 2 093 Frauen; beim Lagerappell am 27. Dezember 1944 ergab sich eine Zahl von 18 751 noch verbliebenen Lagerinsassinnen.

Bei einem weiteren amerikanischen Bombenangriff auf Monowitz am 26. Dezember wurde ein Schwarm Bomben versehentlich auf Birkenau abgeworfen und schlug in der SS-Lazarettbaracke ein. Einer derjenigen, die Zeugen dieses Ereignisses wurden, war Erich Kulka. 35 Jahre später erinnerte er sich:

Ich war zusammen mit einem Mithäftling, der zur Reparaturkolonne gehörte, in das SS-Lazarett in Birkenau gerufen worden, weil die Leitungen der Zentralheizung über die Weihnachtstage durch Frost beschädigt worden waren. Wir erhielten Befehl, sie zu reparieren, und eilten hinüber zu den SS-Zimmern. In einem Raum fanden wir Orangen, Feigen und Schokolade, Dinge, die ich fünf Jahre lang nicht gesehen hatte. Als man uns für einige Minuten zur Ausführung der Reparatur allein ließ, nahmen wir die Nahrungsmittel an uns und versteckten sie in unseren Jacken; dann begannen wir mit der Arbeit.

Plötzlich hörten wir die Sirenen. Die SS nahm uns mit in den Heizungskeller. Während wir dort Schutz suchten, hörten wir das Geräusch einschlagender Bomben. Es waren ungefähr fünf Bomben. Eine von ihnen schlug neben diesem Heizungsbau ein. Wir wurden mit Schutt und Asche eingedeckt.

Als der Rauch sich verzog und wir aus dem Keller herauskamen, fanden wir einen toten SS-Mann an der Tür und noch einen vor den Fenstern. Ungefähr fünf SS-Männer waren bei dem Angriff umgekommen. Wir befanden uns in genau einer Meile Entfernung von den Vernichtungslagern.

Nach dem Angriff wurden wir in unser Lager zurückgebracht. Verdreckt und blutend betraten wir unsere Baracke; dann packten wir die Feigen und Orangen aus – als Weihnachtsgeschenk für unsere Freunde.

„Für uns", so fügte Kulka hinzu, „war das ein Abenteuer."[31]

Der Angriff vom 26. Dezember wurde als Erfolg gewertet; wie die alliierten Auswertungsexperten konstatierten, war im Werk für synthetischen Treibstoff „eine gute Konzentration von Treffern im gesamten Bereich erzielt worden". Viele Teilkomplexe der Anlage hatten direkte Treffer abbekommen. Viele andere waren „wahrscheinlich" durch indirekte Detonationswirkung beschädigt worden. Obwohl das Dach des Kokslagers „durch Druckwellen-Wirkung zwar schwer beschädigt" worden war, hatte dennoch dieser Teil der Anlage den Betrieb „anscheinend wieder aufgenommen". In der Buna-Fabrik waren mehrere wichtige Gebäude getroffen worden; der Ladekran war allem Anschein nach jedoch überhaupt nicht beschädigt, „obgleich in diesem Bereich viele Treffer erzielt worden sind".[32]

Der Produktionsprozeß in der Buna-Fabrik und im Werk für synthetischen Treibstoff ging trotz der Schäden durch den Bombenangriff vom 26. Dezember in einigen Teilbereichen weiter; Monowitz und die paar Dutzend weiteren Fabriken in der Region Auschwitz beschäftigten auch weiterhin tausende in Arbeitslagern gehaltene Männer und Frauen als Arbeitssklaven, in überwiegender Mehrheit Juden. Am 30. Dezember waren im Komplex Monowitz 2 036 und im benachbarten Union-Werk 1 088 KZ-Arbeiterinnen registriert. Von den männlichen Auschwitz-Häftlingen arbeiteten 35 000 in Monowitz und weitere 31 000 in anderen Betrieben der Region.

Seit Ende August 1944, als russische Truppen zum erstenmal in Rumänien einzogen und die Deutschen zurückdrängten, nahm die Zahl der jüdischen Flüchtlinge aus diesem Land rasch zu, und dies führte, zusammen mit dem Umstand, daß die rumänischen Häfen wieder für den Zivilverkehr geöffnet wurden, dazu, daß sich das Problem der britischen Palästinapolitik von neuem stellte. Am 22. Dezember legte die Jewish Agency sowohl in London als auch in New York Protest dagegen ein, daß 608 Flüchtlinge an Bord der *Stara Zagora* von den türkischen Behörden nach Bulgarien zurückgeschickt worden waren, nachdem die Engländer sich geweigert hatten, ihnen Visa für Palästina auszustellen.[33] Die britischen Behörden verwiesen darauf, daß die Dezember-Quote von 1500 Einwanderern bereits überschritten gewesen sei.[34] Weitere Flüchtlinge aus Rumänien wurden, mit nur geringen Lebensmittelvorräten und ohne jede medizinische Versorgung, an der bulgarischen Grenze festgehalten, weil die Türken ihnen die Genehmigung zur Weiterreise nach Istanbul verweigert hatten.

Aber diese Krise war nur von kurzer Dauer: Am 30. Dezember erhielt die britische Botschaft in Ankara Anweisung, unverzüglich alles Nötige zu veranlassen, damit die Flüchtlinge auf der *Stara Zagora* nach Palästina weiterreisen konnten.[35] Am 5. Januar 1945 trafen sie zum zweiten Mal in Istanbul ein, und zwei Tage später saßen sie im Zug nach Palästina. Die meisten von ihnen waren, wie sich herausstellte, in Polen und Ungarn geborene und nach Rumänien geflüchtete Juden.

Die Rote Armee rückte Auschwitz nunmehr immer näher. Sie hatte bereits im Juli 1944 Lublin erreicht und der Weltöffentlichkeit Fotografien von Leichen- und Skeletthalden auf dem Appellplatz des Lagers Majdanek vorgelegt. Vielen Menschen fiel es schwer, diesen Belegen für die Greueltaten der Nazis Glauben zu schenken. „Das britische und amerikanische Volk sind", so schrieb Hauptmann D. MacLaren von der Abteilung für Psychologische Kriegführung am 3. Januar 1945, „in ihrer Gesamtheit noch immer nicht bereit, die von den Deutschen im Ausland begangenen Scheußlichkeiten und den von der Gestapo im eigenen Land ausgeübten Terror auch nur annähernd in ihrem tatsächlichen Ausmaß zur Kenntnis zu nehmen." Er hielt es für ratsam, eine spezielle Bilddokumentation für die Öffentlichkeit vorzubereiten, „die die Bilanz der Gestapo-Aktivität zieht".

MacLarens Vorgesetzter in der Abteilung für Politische Aufklärung, Ritchie Calder, stimmte diesem Plan zwar zu, war aber skeptisch in bezug auf die damit erzielbare Wirkung. Es gebe, so schrieb er, in der Psyche des Menschen „einen Sättigungspunkt, und Leute, die sich in Friedenszeiten wahrscheinlich über die Mißhandlung eines Kindes oder eines Tiers ereifern würden, werden, wenn man ihnen jahrelang von Brutalitäten erzählt, schließlich selbst auf ein Lublin gleichgültig reagieren."

Ritchie Calder meinte ferner, die Deutschen selbst würden „nicht glauben oder nicht glauben wollen", was ihre Feinde ihnen über die Greueltaten ihrer Landsleute erzählen würden, und es bestehe die Gefahr, „daß sie vielleicht zu der Überzeugung kommen, daß wir diese Exzesse aufbauschen, nur um unsere nachfolgenden Exzesse zu rechtfertigen". Nichtsdestoweniger, so fügte er hinzu, müsse „die Anklageschrift ausgefertigt werden ..."[36]

Freilich, auf welche Fakten sollte sich diese „Anklageschrift" stützen? Ein Dokument, das das britische Auswärtige Amt am 9. Januar erreichte, war eine vom Internationalen Flüchtlingskomitee zusammengestellte Denkschrift mit dem Titel „Das Problem der jüdischen Flüchtlinge". Es war das Anliegen dieser Denkschrift, die Zahl derjenigen Juden zu schätzen, die sich nach Kriegsende um Anerkennung als Flüchtlinge und um eine neue Heimstatt bemühen würden. Die Unsicherheit bei der Schätzung der voraussichtlichen Zahl der Asylsuchenden resultierte zum Teil daraus, daß man die Zahl der Toten schätzen mußte. Ian Henderson schrieb dazu am 11. Januar: „Eine auffällige Tendenz in den jüdischen Berichten zu diesem Problem besteht darin, daß sie die Zahl der Deportierten und Toten übertreiben und dadurch die Zahl der Probleme aufwerfenden Überlebenden viel zu gering ansetzen."[37]

Gegen Ende der ersten Januarwoche 1945 begann die Gestapo, angesichts einer näherrückenden Roten Armee, Vorkehrungen für die Evakuierung von über 65 000 Häftlingen aus dem Lagerkomplex Auschwitz zu treffen, nachdem schon Monate vorher zahlreiche Häftlinge – neben Juden überwiegend Polen und Russen – in andere KZ's überstellt worden waren.[38] Die ersten, die – am 6. Januar – fortgebracht wurden, waren 1 000 Frauen aus Birkenau; sie kamen nach Bergen-Belsen.

Am 14. Januar flog die amerikanische Luftwaffe ihre zwölfte Aufklärungsmission über Monowitz. Auch diesmal wurden ganz Auschwitz und ganz Birkenau mitfotografiert. Wenn man die Aufnahmen heute studiert, ist der Fortgang der Arbeiten zur Beseitigung der Gaskammern und Krematorien unübersehbar. Deutlich zu erkennen sind auch die beträchtlichen Bombenschäden in Monowitz, wo man 44 beschädigte Gebäude und mehr als 940 Bombenkrater zählen kann. Und doch wurde in der Fabrik noch gearbeitet, und die Spuren, die vom Werk zu den Baracken von Auschwitz III führen, sind im Schnee deutlich erkennbar.[39]

Die acht Fotografien, die Geschwaderführer Friend und Flugoffizier Wheeler am 15. Januar als Ausbeute eines Aufklärungsfluges mitbrachten, zeigten, daß Reparaturarbeiten im Gang waren und daß das Kesselhaus der Produktionsanlage für synthetischen Treibstoff allem Anschein nach voll betriebsfähig war. Ferner waren auch „Bewegungen sowie vermutlich Be- und Entladungen" von Güterwagen an den Einspeisungsstellen für Kohle und Gas zu sehen, und im Buna-Werk gingen die Reparatur- und Neubauarbeiten weiter.[40]

Trotz der vier Bombenangriffe wurde in Monowitz noch immer synthetischer Treibstoff produziert. Aber der Gesamtausstoß in den ersten beiden Januarwochen betrug nur noch 500 Tonnen – im Dezember waren es 1 200, im November und Oktober noch jeweils 2 000 Tonnen gewesen.[41] Die Luftaufklärungsfotos vom 15. Januar ließen keinen Zweifel daran, daß bei einem beträchtlichen Teil der Fabrikgebäude entweder das Dach fehlte oder sonstige Beschädigungen vorlagen.

An dem Tag, an dem dieser letzte Aufklärungsflug stattfand, konnten die Menschen, die noch in Auschwitz waren, bereits das Geräusch fernen Artilleriefeuers hören, und drei Tage später, am 18. Januar, ordnete die SS die Evakuierung des Lagers an. Nur diejenigen, die zu krank zum Marschieren waren, wurden zurückgelassen: Nicht ganz 1 500 Personen im Stammlager Auschwitz, etwas mehr als 6 000 in Birkenau (davon 4 400 Frauen) und 850 in Monowitz; zur Pflege dieser 850 verblieben in Monowitz 18 Häftlingsärzte.

Den ganzen 18. und 19. Januar hindurch brachen riesige Menschenkolonnen, von denen manche aus bis zu 2 500 Häftlingen bestanden, bei eisigem Wetter zu Fuß gen Westen auf, in Richtung auf die oberschlesischen Städte. Jeder, der nicht mehr weitergehen konnte, der hinfiel und nicht wieder aufzustehen vermochte, wurde erschossen. Das geringste Aufmucken wurde von den bewaffneten Posten auf brutalste Weise bestraft. Die Todesmärsche hatten begonnen. Von einer ursprünglich 800 Mann zählenden Kolonne lebten nach 18 Tagen des Marschierens und des weiteren Transports und des Wütens der Posten nur noch 200. In einer anderen, 2 500 Köpfe zählenden Kolonne wurden im Lauf des ersten Marschtages 71 Männer erschossen.

Am 19. Januar, während die Häftlinge bereits westwärts marschierten, griffen alliierte Bomber noch einmal das Werksgelände von Monowitz an.[42] Eine Folge dieses Bombenangriffs war, daß die 850 zurückgelassenen Kranken von da an ohne Wasser und Strom waren. Im Lauf der folgenden 10 Tage starben 200 von ihnen.

Nicht nur die Häftlinge von Auschwitz, sondern auch die Insassen aller oberschlesischen Arbeitslager wurden nach Westen in Marsch gesetzt. Gleichzeitig griffen amerikanische Bomberstaffeln weiterhin Ziele in der gesamten Region an. Am 20. Januar bombardierten sie das Hydrierwerk in Blechhammer,[43] wo nahezu 4 000 Juden als Arbeitssklaven tätig waren – ausnahmslos Auschwitz-Häftlinge, da dieses Lager zum Komplex Auschwitz III gehörte.

Bei diesem Bombenangriff auf Blechhammer verließen die SS-Posten ihre Wachtürme, und es gelang 42 Juden, durch ein von einer Bombe in eine Mauer gerissenes Loch zu entkommen. Einer der Ausreißer wurde erschossen, aber die übrigen schafften es, einen nahegelegenen Wald zu erreichen, der ihnen Unterschlupf bot; von dort aus schlugen sie sich zu einem Vorposten der vorrückenden sowjetischen Truppen durch.

In Birkenau sprengte die SS am 20. Januar die Reste der bereits zum großen Teil abgetragenen Krematorien II und III in die Luft. Am selben Tag wurden von den 4 200 kranken Frauen 200 erschossen. Unterdessen wurden auf dem Todesmarsch zu den Städten Oberschlesiens täglich Hunderte von Menschen erschossen, darunter alle diejenigen, die zu schwach waren, um noch einmal aufstehen zu können. In einer der größeren Städte angekommen, wurden die Marschierer in Züge verladen und zu den Konzentrationslagern Groß-Rosen, Ravensbrück, Sachsenhausen, Nordhausen, Buchenwald, Mauthausen und Bergen-Belsen transportiert. Oft mußten sie die Reise in offenen Güterwaggons machen. Nachts fiel das Thermometer stets weit unter den Gefrierpunkt. Von 4 000 Männern, die am 22. Januar mit dem Zug von Gleiwitz aus nach Nordhausen abtransportiert wurden, starben unterwegs 600. Ebenfalls am 22. Januar brachen etwa 80 Männer und Frauen, die in Birkenau zurückgelassen worden waren, zu Fuß aus dem Lager auf, in der Hoffnung, anderswo bessere Überlebenschancen zu haben. Eine Stunde später nahmen Abteilungen der deutschen Wehrmacht ihre Verfolgung auf und eröffneten das Feuer. Zehn schafften es, wieder nach Birkenau zurückzukommen. Die übrigen fanden den Tod.

Die Jewish Agency versuchte auch jetzt noch, ein neues Austauschprojekt in die Wege zu leiten. Man hatte aus einem hinausgeschmuggelten Dokument erfahren, daß sich in Bergen-Belsen etwa 6 000 „Palästina-Juden" befanden – Juden, die über ein Zertifikat verfügten, das sie zur Einreise nach Palästina berechtigte. Aber wo ließen sich deutsche Zivilisten auftreiben, die man gegen sie austauschen konnte? Am 22. Januar führte die Jewish Agency eine Zählung durch. Die größte Gruppe potentiell Auszutauschender befand sich auch am weitesten weg: Es waren 600 in Neuguinea internierte deutsche Zivilisten. Im Nahen Osten befanden sich weitere 237 und in Belgisch-Kongo nochmals 75 Deutsche.[44]

Am 25. Januar stellte die Gestapo von den in Birkenau Gebliebenen 350 Juden (150 Männer und 200 Frauen) auf, die gezwungen wurden, wegzumarschieren. Viele der geschwächten Häftlinge fanden dabei den Tod. Einen Tag später wurden auch Gaskammer und Krematorium V von der SS gesprengt.

34. „Das schlimmste aller Lager"

Am 27. Januar 1945 um drei Uhr nachmittags erreichten die sowjetischen Truppen Auschwitz. Sie fanden in den Lagern mehr als 650 Leichen und 7 600 Überlebende: 1 200 Überlebende im Stammlager Auschwitz, 5 800 (darunter 4 000 Frauen) in Birkenau und 650 in Monowitz.[1] Seit der Inbetriebnahme der ersten Gaskammer vor mehr als zweieinhalb Jahren waren in diesen Lagern mindestens zwei Millionen Juden und viele Zehntausende sowjetische Kriegsgefangene, polnische Häftlinge, Zigeuner und Nichtjuden aus ganz Europa umgekommen.

Obwohl nun sowjetische Truppen Auschwitz erreicht hatten, wurden die Tatsachen über die Vorgänge in diesem Lager nicht sogleich bekannt. Mehr als zwei Wochen später, am 15. Februar, telegrafierte das Auswärtige Amt an die britische Botschaft in Moskau: „Presseberichten zufolge haben die sowjetischen Streitkräfte unlängst das sogenannte ,Vernichtungslager' in Oświęcim in Oberschlesien befreit; möglicherweise ist auch das ähnliche Lager in Birkenau befreit worden."[2] Da die britische Regierung, so teilte man dem Botschafter in Moskau mit, im Oktober 1944 eine Erklärung „über die abscheulichen dort herrschenden Bedingungen" veröffentlicht habe, „fangen die Leute hier natürlich an, zu fragen, ob wir irgendwelche Informationen darüber haben, was dort möglicherweise entdeckt worden ist".[3]

Vier Tage später, am 19. Februar, gab der britische Botschafter die Frage nach „Informationen" über Auschwitz an den sowjetischen Außenminister Wyschinskij weiter.[4] Indes, trotz einer Anmahnung durch den Botschafter kam acht Wochen lang keinerlei einschlägige Antwort. „Ich würde es gern nochmals versuchen", vermerkte Paul Mason am 25. April, als er von der ausbleibenden Antwort erfuhr, und er fügte den Gedanken hinzu: „Vielleicht könnten die Enthüllungen von Buchenwald und Belsen die Russen ansporen?"[5]

Zwei Tage später traf ein kurzes Telegramm von der Moskauer Botschaft ein. Wyschinskij habe, so berichtete der Botschafter, nunmehr mitgeteilt, „daß aus Untersuchungen über den Konzentrationslagerkomplex Oświęcim hervorgeht, daß die Deutschen mehr als 4 000 000 Bürger verschiedener europäischer Länder liquidiert haben". Außerdem habe Wyschinskij hinzugefügt: „Unter den Überlebenden wurden keine Engländer gefunden."[6]

Paul Mason in London kommentierte dieses Telegramm, als er es am 30. April las, mit den Worten: „Ein seltsames Telegramm: Wörtlich verstanden, könnte es bedeuten, daß 4 Millionen im Komplex Oświęcim (d. h.? Os und Birkenau) getötet wurden, aber so ist es, wie ich glaube, nicht gemeint. Ich glaube, es soll heißen, daß die dort gefundenen Unterlagen es zulassen, diese Schlußfolgerung im Hinblick auf ganz Europa zu ziehen; im anderen Falle ist diese Zahl ganz sicher stark übertrieben."[7]

In den Wochen und Monaten nach dem Einzug der russischen Truppen wurde eine Anzahl von Berichten über Auschwitz veröffentlicht. Der erste, von dem polnischen Leutnant Witlinski stammend, erschien am 23. Februar im *Polpress Bulletin,* und zwar in Form einer Korrespondenzdepesche aus Lublin. „Diejenigen, die überlebt haben", schrieb Witlinski, „sehen nicht mehr wie menschliche Wesen aus, sie sind bloße Schatten." Er erzählte dann von den medizinischen Experimenten und von den Vergasungen; er berichtete, die Zahl der Opfer sei in Auschwitz „so groß gewesen, daß es nicht möglich war, alle Leichen in den Öfen zu verbrennen. Die Deutschen waren gezwungen, sie in großen Haufen im Freien zu verbrennen."[8]

Am 7. Mai 1945 veröffentlichte die sowjetische Nachrichtenagentur Tass im Rahmen eines „Sonderbulletins" einen ausführlichen Bericht über die Vergasungs- und Verbrennungsprozedur in Auschwitz; dieser Bericht stützte sich auf die Erkenntnisse einer sowjetischen Untersuchungskommission, die mehr als zweitausend Überlebende befragt hatte.[9] Ian Henderson vom britischen Auswärtigen Amt schrieb, nachdem er diesen Bericht gelesen hatte, in einer Aktennotiz: „Man ist sich allgemein darin einig, daß Oświęcim das schlimmste aller Lager gewesen ist."[10]

Epilog

Mehrere Monate, bevor die Tatsache der massenhaften Tötungen in den Konzentrationslagern voll und ganz bekannt wurde, und mehr als eineinhalb Jahre, bevor Auschwitz selbst als die erste unter den Tötungsstätten identifiziert wurde, war der größere Teil des europäischen Judentums bereits liquidiert.

Das Hauptproblem, mit dem sowohl die Alliierten als auch die Juden in den alliierten Ländern das Jahr 1942 über konfrontiert waren, war der Mangel an Informationen. Der hatte seinen Grund vor allem in der bewußten Täuschungsstrategie, die die Nazis anwandten, um den Bestimmungsort der Deportationen und das Schicksal der Deportierten zu verschleiern und geheimzuhalten. Aber in dem Maß wie, vom Frühsommer 1942 an, Einzelheiten über die Massaker in Osteuropa in den Westen durchzusickern begannen, wurde deutlich, daß das Ausmaß des Mordens so unvorstellbar groß und haarsträubend war, daß die Alliierten in ihrer mit großem publizistischen Echo verbreiteten Erklärung vom 17. Dezember 1942 von „bestialischen Verbrechen" sprachen.

Zu diesem Zeitpunkt konnten die Alliierten schwerlich etwas anderes tun, als Warnungen und Erklärungen zu veröffentlichen. Die deutschen Streitkräfte beherrschten Europa vom Atlantik bis zum Schwarzen Meer. Ein weiteres Problem, mit dem sowohl Juden als auch Nichtjuden außerhalb des NS-Herrschaftsbereichs zu kämpfen hatten, war die Enormität dessen, was vorging, – es fiel einfach nicht leicht, an ein Verbrechen von solchem Ausmaß zu glauben, und manche, die die Berichte lasen, wollten wohl auch gar nicht daran glauben.

Als zunehmend Einzelheiten über die Massaker nach Westen zu strömen begannen, gingen mehrere verantwortliche Staatsbeamte soweit, die Berichte mit Hinweis auf die, wie ein Beamter es nannte, „gewohnte jüdische Übertreibung" abzufertigen. In denselben ministerialen Kreisen herrschte auch ein anhaltender Widerwille gegen eine Politik der offenen Tür für diejenigen jüdischen Flüchtlinge vor, denen die Flucht vor den Nazis gelang, und dies, obgleich die Forderung nach einer solchen Politik in mehreren großen Debatten im britischen Parlament laut geworden war.

Viele der politisch Verantwortlichen, die sich den Appellen zur Aufnahme der Flüchtlinge verschlossen, taten dies insbesondere, weil sie die, wie sie es ausdrückten, „Gefahr" einer „Überflutung" Palästinas – und auch Großbritanniens – mit Juden befürchteten. Sie vertraten den Standpunkt, schon die Ankunft von ein paar tausend jüdischen Flüchtlingen in England selbst werde zu einem offenen Ausbrechen antisemitischer Stimmungen führen. Dieselben politisch Verantwortlichen glaubten auch, sich gegen eine weitere „Gefahr" wappnen zu müssen: die Gefahr, wie es einer von ihnen ausdrückte, auf jüdische „Rührgeschichten" hereinzufallen – womit in diesem speziellen Fall eine Reihe von Be-

richten gemeint war, die im November 1942 von Juden in den Westen gebracht
worden waren, die man gegen deutsche Staatsbürger in alliierter Hand ausgetauscht hatte und die Nazi-Greuel geschildert hatten, deren Zeuge sie selbst geworden waren.

Die Namen und die geographische Lage der vier Vernichtungslager Chelmno,
Treblinka, Sobibór und Belzec waren spätestens im Sommer 1942 in den alliierten Ländern bekannt. Dagegen blieb das Geheimnis der Gaskammern von
Auschwitz-Birkenau von der ersten Maiwoche 1942 an, dem Zeitpunkt ihrer Inbetriebnahme, bis zur dritten Juniwoche 1944 gewahrt; die Tatsache, daß die vielen hundert Deportationszüge aus Frankreich, Holland, Belgien, Italien, Griechenland und anderswo allesamt nach Auschwitz-Birkenau gingen, blieb im
Westen ebenso unbekannt wie die schreckliche Wahrheit, daß an der Endstation
für die allermeisten der dorthin deportierten Juden der sofortige Tod wartete.

Die Tatsache, daß solche Deportationen aus West- und Südeuropa stattfanden, war den Alliierten wohl bekannt. Doch war der eigentliche Bestimmungsort
der Transporte zwei Jahre lang unklar geblieben; immer wieder war von einem
„unbekannten Ort" die Rede, den man zunächst „irgendwo im Osten" und später „irgendwo in Polen" vermutete. Wo genau in Polen, war den Verantwortlichen im Westen zu der Zeit noch nicht bekannt. Und man war sich jene ganzen
zwei Jahre über auch niemals ganz sicher, ob die Deportierten ermordet oder in
ihrer Mehrzahl einer Reservearmee von Sklavenarbeitern zugeführt wurden.

Daß es ein Konzentrationslager namens Auschwitz gab, war im Westen seit
seiner „Inbetriebnahme" im Juni 1940 und sogar schon früher bekannt gewesen.
Aber Auschwitz wurde immer nur als ein Lager betrachtet und bezeichnet, in
dem schreckliche Dinge an polnischen Nichtjuden verübt wurden – vor allem an
„arischen" Polen, die wegen politischer oder militärischer Widerstandstätigkeit
auf polnischem Boden verhaftet worden waren.

Von den zwischen Mai 1942 und Juni 1944 in den Westen gelangten Berichten
hatte fast keiner Auschwitz als Bestimmungsort für Judendeportationen oder als
Massenmordzentrum benannt. Und selbst bei denjenigen, die sich ein, wie sie
glaubten, zunehmend vollständiges Bild davon zusammensetzten, was mit den
Juden geschah, machte der Name Auschwitz in diesen Jahren kaum von sich reden. Die Orte Chelmno, Treblinka, Sobibór und Belzec wurden, ebenso wie Majdanek und Mauthausen, immer wieder in alliierten Erklärungen und Berichten
oder in Appellen der Jewish Agency erwähnt, nicht dagegen Auschwitz-Birkenau. Es gehörte der wohlbekannten und häufig zitierten Liste der Tötungsstätten
nicht an. In der großen Mehrzahl der in den Westen gelangenden Berichte über
die Liquidierung der Juden tauchte der Name Auschwitz-Birkenau nicht auf,
auch nicht, nachdem Chelmno, Treblinka, Sobibór und Belzec zu arbeiten aufgehört und auch – um die Jahresmitte 1943 – ihre Aufgabe weitgehend erfüllt hatten.

Wie dieses Buch zeigt, gab es in den Berichten, die den Westen erreichten, immerhin doch einige Hinweise darauf, daß in Auschwitz Juden getötet wurden.
Aus unterschiedlichen Gründen erregte jedoch keiner dieser Hinweise irgend-

welche Aufmerksamkeit: weder der Bericht der Frau aus Sosnowiec vom 25. November 1942 (s. S. 105 f.) noch der am 18. April 1943 in London zu Protokoll gegebene Bericht (s. S. 153), weder der kurze Hinweis in der *Times* vom 26. Mai 1943 (s. S. 170) noch die nochmalige, längere Meldung in der *Times* vom 1. Juni 1943 (s. S. 170), weder der am 17. Juli 1943 aus der polnischen Stadt Bedzin herausgeschmuggelte Brief (s. S. 178) noch der am 1. September 1943 aus Preßburg in die Schweiz geschmuggelte Bericht (s. S. 96) noch auch der hektographierte Artikel, den das polnische Generalkonsulat in Istanbul am 15. März 1944 veröffentlicht hatte (s. S. 212).

Im Rückblick – aus der historischen Vogelperspektive, aber im Grunde auch schon vom Standpunkt dessen aus, was man im Juni 1944 hätte überblicken können – fügen sich diese „verschollenen" Hinweise auf Auschwitz-Birkenau eigentlich zu einem eindeutigen und detaillierten Bild zusammen, das, wäre es zur Kenntnis genommen worden, sehr wohl als Grundlage für eine breite Information der Öffentlichkeit und für Bemühungen um Publizität, um warnende Verlautbarungen oder um ein politisches oder militärisches Eingreifen hätte dienen können. Dagegen war eine alliierte Reaktion auf Auschwitz bis zum Juni 1944, also während der ersten beiden „Betriebsjahre" dieses Vernichtungszentrums – zweier Jahre, in deren Verlauf mehr als eineinhalb Millionen Juden ermordet wurden – aufgrund des bis dahin objektiven Informationsmangels undenkbar.

Als dann die Wahrheit über Auschwitz im Gefolge der von den vier Geflüchteten gelieferten Berichte bekannt wurde, war die Forderung nach einer Bombardierung – sei es des Lagers, sei es der dorthin führenden Schienenwege – nur eine unter vielen von den jüdischen Organisationen im Westen erhobenen Forderungen, und zwar hauptsächlich deshalb, weil diese Organisationen – und insbesondere die Jewish Agency – zwischen Mitte Mai und Mitte Juli 1944 ihrerseits einem bewußten Täuschungsmanöver der Nazis auf den Leim gingen: daß Verhandlungen mit der Gestapo möglich seien und in der Tat *der* vielversprechendste Weg zur Rettung von über einer Million jüdischen Menschen sein könnten. An dieser von der Gestapo fleißig genährten Illusion hielt die Jewish Agency bis in die zweite Juliwoche hinein fest; erst dann räumte sie der Forderung nach Bombenangriffen Vorrang ein.

Der Augenblick der Wahrheit für die Bereitschaft der Alliierten, etwas zu unternehmen, kam im Sommer 1944, als die politisch Verantwortlichen in England und Amerika aufgefordert wurden, Auschwitz zu bombardieren. Zum Zeitpunkt dieser Forderung verfügte die amerikanische Regierung über eine große Menge von Informationen über Auschwitz: Man kannte die geographische Lage und wußte um die Funktion des Lagers, und man war technisch in der Lage, sowohl die nach Auschwitz führenden Eisenbahnlinien als auch die Gaskammern im Lager selbst zu bombardieren. Dazu hatten die britischen Entscheidungsträger auch noch die persönliche Vollmacht Winston Churchills, einen Bombereinsatz gegen Auschwitz im Hinblick auf seine praktische Verwirklichung zu prüfen. Doch eine Handvoll von Personen sabotierte diese Anweisung des Premierministers, weil, wie einer von ihnen es seinerzeit formulierte, die Entsendung britischer Piloten zur Durchführung eines solchen Einsatzes bedeutet hätte, daß man „wertvolle" Menschenleben riskierte. Dabei wurde genau zur selben Zeit das Leben vieler alliierten Flugzeugbesatzungen aufs Spiel gesetzt, die, zum großen Teil im freiwilligen Einsatz, über Warschau Nachschub für die aufständischen Polen abwarfen – und bei diesen Missionen überflogen diese Piloten und Mannschaften wiederholt die Region Auschwitz.

Auch das amerikanische Kriegsministerium lehnte alle auf einen Bombereinsatz zur Zerstörung der Gaskammern in Auschwitz gerichteten Ersuchen ab, obgleich amerikanische Bomber das Lager den ganzen August und September 1944 über regelmäßig überflogen, es schon mehrmals aus der Luft fotografiert und sogar versehentlich Bomben auf es abgeworfen hatten. Das Kriegsflüchtlingskomitee in Washington, im Januar 1944 ausdrücklich zu dem Zweck ins Leben gerufen, Mittel und Wege zur Rettung verfolgter Juden zu erkunden, bedrängte das Kriegsministerium mehrmals mit Ersuchen um Bombardierung, versäumte es jedoch über mehr als drei Monate, diesen Forderungen „offiziell" Nachdruck zu verleihen, und als es dies dann tat, war es zu spät.

Die Geschichte der abschlägigen alliierten Antworten auf einen Großteil der jüdischen Hilfsvorschläge und -ersuchen ist zum Teil eine Geschichte der Begriffsstutzigkeit und des Mangels an Vorstellungsvermögen im Angesicht des „Unglaublichen". Auch vielen Juden fiel es schwer, an ein Massaker solchen Ausmaßes zu glauben. Einer, der die ungeheuerliche Größenordnung der hier verübten Verbrechen sehr wohl begriff, war Winston Churchill, der im Juli 1944 an Anthony Eden schrieb: „Es besteht kein Zweifel, daß hier das vermutlich größte und abscheulichste Verbrechen vor sich geht, das in der Geschichte der Menschheit jemals begangen worden ist." Was die praktisch-politischen Entscheidungen auf alliierter Seite betraf, war Churchill freilich nicht immer derjenige, der den letzten Ausschlag gab; in vielen Fällen, und nicht zuletzt in der Frage einer Bombardierung von Auschwitz, wogen andere Stimmen und andere Erwägungen schwerer.

Vor allem jedoch ist die Geschichte, die in diesem Buch erzählt wird, eine Geschichte vieler Versäumnisse und zweier Erfolge. Die Versäumnisse lagen auf seiten der Alliierten, und zwar gleichermaßen aller Alliierten: Mangel an Vorstellungsvermögen, Mangel an Reaktion, Mangel an nachrichtendienstlicher Aufklärung, an Fähigkeit, das bereits Bekannte zu einem Gesamtbild zusammenzufügen und Schlüsse daraus zu ziehen, Mangel an Koordination, an Initiative und zuweilen auch an Solidarität mit den Verfolgten und Ermordeten. Die Erfolge lagen anderswo, bei den Nazis: Sie erreichten ihre Ziele, einmal durch die Massenvernichtungen an sich, des weiteren durch eine Anzahl gespenstischer Täuschungsmanöver, die dafür sorgten, daß der Massenmord über mehr als drei Jahre hinweg in gigantischem Maßstab und fast ohne Unterbrechung fortgeführt werden konnte.

Vierter Teil

Anhang

Anmerkungen

Erster Teil: Die Endlösung

Einleitung: Hitlers Prophezeiung:
„Die Vernichtung der jüdischen Rasse in Europa"

1. Adolf Hitler, *Mein Kampf*, München 1932, S. 772
2. Zitiert nach Domarus, *Hitler: Reden*, Neustadt a. d. Aisch, 2 Bde., II, S. 1058.
3. *The Times* vom 16. Dezember 1939
4. Das Lager, das nördlich von Oranienburg gelegen war, ist bekannter unter dem Namen des nahegelegenen Dorfes Sachsenhausen.
5. Ministry of Foreign Affairs, Republic of Poland, *The German Occupation of Poland;* London 3. Mai 1941. Appendix 168A wurde am 15. November 1941 unter dem Titel „Oswięcim Concentration Camp" in der *Polish Fortnightly Review* nochmals gedruckt; hinzugefügt wurde der Satz: „Die Kapazität der Krematoriumsöfen reichte während der Wintermonate nicht aus, um alle anfallenden Leichen zu verbrennen."
6. „Plan to Combat the Apathetic Outlook of ‚What Have I Got To Lose Even if Germany Wins' ", *Dokumente des Informationsministeriums* I/251.
7. *Dokumente des Foreign Office*, 371/26515, C 13440.
8. *Dokumente des Foreign Office*, 371/26515, C 13826.
9. *Dokumente des Foreign Office*, 371/26515, C 13706.
10. Brief an Nahum Goldmann, *Archiv des Jüdischen Weltkongresses*, Generalsekretariat.
11. *Central Zionist Archives*, Z 4/14779.
12. Später (im Januar 1942) durch die sowjetischen Botschaften in Washington und London als gesondertes Informationsbulletin veröffentlicht.
13. The Inter-Allied Information Committee (London), *Punishment for War Crimes*, His Majesty's Stationery Office, Januar 1942.
14. *Dokumente des Foreign Office*, 371/30917; Brief vom 16. Mai 1942 von General Sikorski an den Board of Deputies of British Jews.
15. Hansard, 27. Januar 1942.
16. Protokolle der Wannsee-Konferenz in: Nürnberger Dokumente NG-2586, gedruckt bei Poliakov-Wulf, *Das Dritte Reich und die Juden*, S. 122 f.
17. Der hier zitierte Wortlaut der Hitler-Rede ist eine Rückübersetzung des vom Foreign Broadcast Monitoring Service, Federal Communications Commission, aufgefangenen und verbreiteten Textes, veröffentlicht in: Franklin Watts (Hrsg.), *Voices of History 1942–43*, New York 1943, S. 121. Dieser Text weicht freilich, vermutlich aufgrund technischer Mängel beim Empfang der Rundfunksendung, in zum Teil stark sinnentstellender Weise vom tatsächlichen Wortlaut der Hitler-Rede vom 30. 1. 1942 ab, wie er bei Domarus, *Hitler: Reden und Proklamationen*, Neustadt a. d. Aisch 1962–63, Bd. II, abgedruckt ist; hier zum Vergleich die entsprechenden Passagen bei Domarus: „Wir sind uns im klaren darüber, daß ... das Judentum aus Europa verschwindet. Ich habe am 1. September 1939 im Deutschen Reichstag es schon ausgesprochen – und ich hüte mich vor voreiligen Prophezeiungen –, daß dieser Krieg nicht so ausgehen wird,

wie es sich die Juden vorstellen, nämlich daß die europäisch-arischen Völker ausgerottet werden, sondern daß das Ergebnis dieses Krieges die Vernichtung des Judentums sein wird. Zum ersten Mal wird diesmal das echt altjüdische Gesetz angewendet: Aug' um Aug', Zahn um Zahn.

Und je weiter sich diese Kämpfe ausweiten, umso mehr wird sich – das mag sich das Weltjudentum gesagt sein lassen – der Antisemitismus verbreiten. Er wird Nahrung finden in jedem Gefangenenlager, in jeder Familie, die aufgeklärt wird, warum sie letzten Endes ihr Opfer zu bringen hat. Und es wird die Stunde kommen, da der böseste Weltfeind aller Zeiten wenigstens auf ein Jahrtausend seine Rolle ausgespielt haben wird."

18. Stanislaw Piotrowski (Hrsg.), *Dziennik Hansa Franka*, Warschau 1956, S. 303–4.

1. Menschlichkeit und hohe Politik im Widerstreit

1. *Dokumente des Foreign Office*, 371/25242, W 2451, Bl. 229.
2. Die *Struma* war 1867 in Newcastle gebaut worden und zunächst unter dem Namen *Xantha* zur See gefahren. 1888 war sie verlängert und gründlich umgebaut worden; bis 1902 blieb sie in britischem Besitz, dann wurde sie von einem griechischen Reeder erworben. 1934 lief sie als *Esperos* unter bulgarischer Flagge. 1942 war sie unter dem Namen *Struma* in Panama registriert, (226 Bruttoregistertonnen, 140 Tonnen Ladekapazität) und fuhr unter einem bulgarischen Kapitän und mit bulgarischer Mannschaft.
3. Das Telegramm des Botschafters sowie die Aktennotizen von Luke und Boyde befinden sich in: *Dokumente des Kolonialministeriums*, 733/449/P3/4/30.
4. Trotz strenger Kontrollen wurde unter diesen Flüchtlingen kein einziges Mal ein NS-Agent entdeckt. Ronald W. Zweig untersucht in seiner Doktorarbeit ‚British Policy To Palestine, May 1939 to 1943' (Cambridge, Juni 1978) das „Agentenargument" sorgfältig und zeigt, daß es sachlich unbegründet war und nur politischen Zwecken diente.
5. Lord Moynes Brief befindet sich in: *Dokumente des Kolonialministeriums*, 733/449.
6. *Central Zionist Archives*, Z 4/14908, II.
7. *Dokumente des Kolonialministeriums*, 733/446/76021/42, Telegramm Nr. 257 (als „streng geheim" klassifiziert).
8. *Dokumente des Kolonialministeriums*, 733/446/76021/42, Telegramm Nr. 359 (als „streng geheim" klassifiziert).
9. Persönliche Aktennotiz des Premierministers, M 27/2, *Papiere des Premierministers*, 4/51/1.
10. *Dokumente des Kolonialministeriums*, 733/446/76021/40, Bl. 63.
11. Kriegskabinett, Sitzung 29/1942, *Kabinettsdokumente* 65/25.
12. *Central Zionist Archives*, Z 4/14908, II.

2. Warnungen und Vorzeichen

1. Gerhart Riegner im Gespräch mit dem Autor, am 1. Oktober 1980 in Genf.
2. *Central Zionist Archives*, L 22/45.
3. *Central Zionist Archives*, L 22/27.
4. *Central Zionist Archives*, Z 4/14901.
5. *Central Zionist Archives* L 22/338, Brief Nr. 469.
6. *Central Zionist Archives* L 22/149, Brief Nr. 506.
7. *Archiv des Jüdischen Weltkongresses*, Generalsekretariat.

8. *Central Zionist Archives*, L 22/134, Telegramm vom 8. November 1941.

9. *Central Zionist Archives*, L 22/134.

10. *Central Zionist Archives*, L 22/10.

11. *Dokumente des Foreign Office*, 371/30898, C 2345.

12. *Dokumente des Foreign Office*, 371/30898, C 1898.

13. *Dokumente des Foreign Office*, 371/30898, C 2642.

14. *Central Zionist Archives*, L 22/134, Brief Nr. 633.

15. *Barlas-Papiere*.

16. *Central Zionist Archives*, L 22/10.

17. *Central Zionist Archives*, L 22/134.

18. *Central Zionist Archives*, L 22/149.

19. *Central Zionist Archives*, L 22/149.

20. *Central Zionist Archives*, L 22/149.

21. *Central Zionist Archives*, L 22/134.

22. *Dokumente des Kolonialministeriums*, 733/445/76021/42.

23. Diese Frauen aus Ravensbrück waren keine Jüdinnen. Bei vielen von ihnen handelte es sich um gerichtlich verurteilte Prostituierte oder andere Frauen, die von den Nazis als „Asoziale" abgeschoben worden waren. Sie wurden in Auschwitz zu dem Reservoir, aus dem die ersten Kapos und Blockältesten des Frauenlagers rekrutiert wurden. Einige von ihnen zählten später zu den grausamsten und gefürchtetsten Mitgliedern des „Personals" von Birkenau.

24. Diese Details sowie alle nachfolgenden Angaben über die Ankunft von Zügen in Auschwitz und über das Los der Deportierten sind übernommen aus Danuta Czech, ‚Kalendarium der Ereignisse im Konzentrationslager Auschwitz-Birkenau', veröffentlicht in: *Hefte von Auschwitz*, Bd. 3, Auschwitz 1960, sowie in nachfolgenden Heften dieser Reihe.

25. Namen, Alter, Geburtsort und Schicksal aller zwischen 1942 und 1944 aus Frankreich Deportierten sind aufgeführt in: Serge Klarsfeld, *Le Mémorial de la Déportation des Juifs de France*, Paris 1978.

26. *Central Zionist Archives*, L 22/10, Brief Nr. 725.

3. England im Zwiespalt

1. Telegramm Nr. 359 (geheim), *Dokumente des Kolonialministeriums*, 733/445, 76021/42 (als streng geheim klassifiziert).

2. *Dokumente des Foreign Office*, 371/32663, W 5318.

3. ‚Illegal Immigration into Palestine', Dokument 209/1942 des Kriegskabinetts, vorgelegt vom Kolonialministerium; *Kabinettsdokumente* 66/24.

4. Kriegskabinett, Sitzung 64/1942, *Kabinettsdokumente* 65/26.

5. *Central Zionist Archives*, Z 4/14908.

4. „Unglaubliche Verbrechen": Mai 1942

1. Zitiert nach einem Bericht der *New York Times* vom 10. Mai 1942.

2. *Central Zionist Archives*, Z 5, Protokolle der Notgemeinschaft vom 9. Mai 1942.

3. *Central Zionist Archives*, L 22/10, Brief Nr. 710 via Istanbul.

4. Siehe *Obozy hitlerowskie na ziemiach polskich 1939–1945: Informator encyklopedyczny*, Warschau 1979, S. 129–30.

5. Der volle Wortlaut des Bund-Reports in der ursprünglichen polnischen Fassung sowie in englischer Übersetzung findet sich abgedruckt in Yehuda Bauer, ‚When Did They Know?', *Midstream*, April 1968.

6. Nach einem Bericht der *Times* vom 10. Juni 1942.

7. Allgemeine Weisung vom 24. Juni 1942, *Schriftenarchiv der BBC*.

8. Polnisches Außenministerium, ‚German Administration of Occupied Countries', Abschrift in: *Dokumente des Foreign Office*, 371/30900, Bl. 96.

9. Allgemeine Weisung vom 25. Juni 1942, *Schriftenarchiv des BBC*.

10. *Daily Telegraph* vom 25. Juni 1942.

11. Aus dem Archiv des *Polish Institute*.

12. *Jewish Chronicle* vom 10. Juli 1942.

13. *Polish Fortnightly Review* vom 1. Juli 1942.

14. Siehe Karte auf S. 228 und Lagerplan S. 231.

15. Protokoll der 21. Sitzung zur Erörterung der polnischsprachigen Sendungen der BBC, abgehalten am 3. Juli 1942; *Schriftenarchiv der BBC*.

16. *Daily Telegraph* vom 10. Juli 1942.

17. *The Times* vom 10. Juli 1942.

18. *Schriftenarchiv der BBC*.

19. *Lourie-Papiere*.

20. *Central Zionist Archives*, L 22/49.

21. *Central Zionist Archives*, L 22/10, Brief Nr. 779.

22. *Central Zionist Archives*, L 22/10, Brief Nr. 785.

23. *Lourie-Papiere*.

24. *Papiere des Premierministers*, 4/51/9.

5. Nachrichten- und Informationslücken

1. Entwurf für die Antwort des Premierministers, *Dokumente des Foreign Office*, 371/30916, C 6108.

2. *Dokumente des Foreign Office*, 371/30916, C 6108.

3. *Dokumente des Foreign Office*, 371/30917.

4. Ortschaft 35 Kilometer südwestlich von Warschau an der Eisenbahnlinie Warschau-Lodz.

5. *Polish Fortnightly Review* vom 15. Juli 1942.

6. *News Review* vom 16. Juli 1942.

7. ‚Pologne:communiqué par le Gouvernement polonais', Abschrift in: *Dokumente des Foreign Office*, 371/30917.

8. *The Times* vom 22. Juli 1942.

9. Zitiert nach einem Bericht der *New York Times* vom 22. Juli 1942.

10. *Dokumente des Foreign Office*, 371/30917.

11. ‚Persecution of Jews', Abschrift in: *Dokumente des Foreign Office*, 371/30900, Bl. 178–80.

12. *Dokumente des Foreign Office*, 371/30900, C 7610, Aktennotiz von A. David unterzeichnet.

13. *Central Zionist Archives*, L 22/177.

14. *The Times* vom 3. August 1942. In der Tat lagen Lublin und das „Lublin-Land" innerhalb der im Oktober 1939, nach der Eroberung Polens durch die Deutschen, festgelegten Grenzen des Großdeutschen Reiches.

15. Hier und fortlaufend im Text die korrekte polnische Schreibweise: Oświęcim.
16. *The Times* vom 8. August 1942.

6. „Es werden Lager eingerichtet"

1. *New York Times* vom 29. Juli 1942.
2. *The Times* vom 29. Juli 1942.
3. Mein Dank gilt Dr. Chaim Pazner (früher Pozner) für die Überlassung des Textes dieser Botschaft, die er sich erinnert, dem britischen Paßkontrollbeamten in Bern, V. C. Farrell, zur Weiterleitung nach London übergeben zu haben; außerdem übergab er sie den führenden Vertretern der jüdischen Gemeinde der Schweiz sowie, zur Weiterleitung nach Washington, einem in der Schweiz ansässigen einflußreichen amerikanischen Staatsbürger, dem Präsidenten der Bank für Internationalen Zahlungsausgleich.
4. Persönliche Erinnerungen von Gerhart Riegner, dem Autor bei einem Gespräch in Genf am 1. Oktober 1980 mitgeteilt.
5. Entwurf eines Telegramms von Riegner an Stephen Wise, datiert vom 8. August 1942, *Archiv des Jüdischen Weltkongresses*, Generalsekretariat.
6. *Dokumente des Foreign Office*, 371/30917, C 7853; Telegramm Nr. 2831, Bern an Foreign Office. Dr. Pazner vermutet, daß die Botschaft, die Sommer ihm schickte, für das Telegramm, das Riegner nach London und Washington schickte, die unmittelbare und einzige Quelle gewesen ist. Allerdings erwähnt das Riegner-Telegramm ausgerechnet den Hauptpunkt der Sommer-Botschaft nicht: daß es vielleicht möglich sei, die Inbetriebnahme der „Gasöfen" zu vereiteln, indem man täglich über die Sender der BBC Warnungen veröffentliche. Ferner war in der Sommer-Botschaft von russischen Kriegsgefangenen die Rede, während Riegner in seinem Telegramm davon nichts berichtete. Auch sprach die Sommer-Botschaft von einer Liquidierung durch „Gas", das Riegner-Telegramm dagegen von „Blausäure", von der in der Sommer-Botschaft nicht die Rede war. Schließlich berichtete das Riegner-Telegramm davon, daß über verschiedene „Tötungsarten" diskutiert werde; die Sommer-Botschaft dagegen erwähnte nur Gas. Diese Diskrepanzen haben mich zu der Überzeugung gebracht, daß es unwahrscheinlich ist, daß die von Riegner nach London und Washington geschickte Botschaft lediglich eine Telegramm-Version der Pozner-Botschaft war, obgleich beide über das Vorhandensein eines Ausrottungsplans berichteten.
7. Belege für die Reaktion des State Department auf das Telegramm Riegners in: *Nationalarchiv der Vereinigten Staaten*, 826–4016, ‚Race Problems, Germany', 2234.
8. *Archiv des Jüdischen Weltkongresses*, Generalsekretariat; Schreiben vom 24. August 1942.
9. Das Foreign Office verwechselte hier Chaim Weizmann mit Stephen Wise.
10. Belege für die Reaktion des Foreign Office auf das Telegramm Riegners in: *Dokumente des Foreign Office*, 371/30917; C 7853.
11. *Central Zionist Archives*, L 22/177.

7. Deportationen „mit unbekanntem Ziel"

1. Nach Treblinka. Ursprünglich hatte die SS vorgesehen, die Warschauer Juden in Sobibór zu liquidieren, aber da der Tötungsprozeß dort nach fünf Monaten unausgesetzten Massenmordens chaotische Formen angenommen hatte, beschlossen die SS-Führer, die Warschauer Juden stattdessen nach Treblinka zu schicken.
2. *The Times* vom 17. August 1942.

3. *Dokumente des Foreign Office*, 371/30918, C 8108.

4. *Nationalarchiv der Vereinigten Staaten*, 740–00116, European War 1939/536.

5. Zitiert nach Arthur D. Morse, *While Six Million Died: A Chronicle of American Apathy*, New York 1967, S. 11–12.

6. *Central Zionist Archives*, L 22/149.

7. *Central Zionist Archives*, L 22/149.

8. *Central Zionist Archives*, L 22/177.

9. *Central Zionist Archives*, L 22/177.

10. *Central Zionist Archives*, L 22/149.

11. Zitiert nach: Walter Laqueur, *Was niemand wissen wollte. Die Unterdrückung der Nachrichten über Hitlers ‚Endlösung‘*, Berlin/Frankfurt 1981, S. 223–4.

12. *Central Zionist Archives*, L 22/134.

13. *Lourie-Papiere*.

14. *Central Zionist Archives*, L 22/136.

15. *The Times* vom 7. September 1942.

16. *Hansard*, 8. September 1942.

17. *The Times* vom 9. September 1942.

18. *The Times* vom 11. September 1942.

19. *Central Zionist Archives*, L 22/136.

20. *Central Zionist Archives*, Z 4/14901.

21. *Nationalarchiv der Vereinigten Staaten*, 121–866A/302.

22. *Nationalarchiv der Vereinigten Staaten*, 740–00116 European War 1939/605.

23. *Central Zionist Archives*, L 22/149.

24. *Central Zionist Archives*, L 22/134.

25. *Central Zionist Archives*, L 22/136.

26. *Central Zionist Archives*, L 22/218/1.

27. Zitiert nach dem in Deutschland veröffentlichten Text: *Rede Adolf Hitlers zur Eröffnung des Kriegswinterhilfswerks 1942/43 im Berliner Sportpalast, 30. 9. 1942*, S. 11–16 passim.

28. Zitiert nach: Danuta Czech, ‚Kalendarium der Ereignisse im Konzentrationslager Auschwitz-Birkenau‘, veröffentlicht in: *Hefte von Auschwitz*, Bd. 3, Auschwitz 1960 (Eintrag für den 2. September 1942).

29. *Central Zionist Archives*, L 22/136.

30. *Central Zionist Archives*, L 22/136.

8. Rettungen und Zufluchten

1. Diese und die folgenden Äußerungen vom August 1942 über Kriegsverbrechen und die Möglichkeit einer jüdischen Nationalität finden sich in: *Dokumente des Foreign Office*, 371/30917.

2. *Central Zionist Archives*, Z 4/14908, I.

3. ‚Gespräch mit Mr. Boyd im Kolonialministerium, 10. September 1942, 15.30 Uhr‘, *Central Zionist Archives*, Z 4/14908 I.

4. Persönliche Notiz des Premierministers, D. M. 1/2; *Papiere des Premierministers* 4/52/5. Der Freund war Sir Edward Spears, der Vertreter der britischen Regierung in Syrien.

5. *Dokumente des Foreign Office*, 371/32683. Aktenvermerke vom 8. September 1942.

6. Sitzung des Kriegskabinetts am 23. September 1942, *Kabinettsdokumente* 26/29/18.

7. Bericht über Unterredung, Dr. Kahany an Joseph Linton, 23. September 1942, *Central Zionist Archives*, L 22/136.

8. *Central Zionist Archives*, L 22/136.
9. *Central Zionist Archives*, Z 4/15161.
10. Brief von Nahum Goldmann an Mosche Shertok, *Central Zionist Archives*, S 25/1681.
11. *Central Zionist Archives*, Z 4/14797.
12. *Dokumente des Foreign Office*, 371/32.698, W 15197.
13. *Dokumente des Kolonialministeriums*, 733/438.

9. Massaker im Osten

1. Es handelte sich um den am 8. Oktober 1923 geborenen Gabriel Ziwian, der zur Zeit des deutschen Einmarsches in Rußland Medizin studierte. Im Oktober 1941 in das Getto von Riga zwangseingewiesen, entfloh er von dort im Dezember 1941 und verbarg sich bis zum März 1942 im „arischen" Teil Rigas; dann schlug er sich zum Ostseehafen Stettin durch. Von Juni bis August 1942 arbeitete er in einem Stettiner Krankenhaus; im September entkam er in die Schweiz; in Genf traf er am 22. September 1942 ein.
2. *Central Zionist Archives*, L 22/136.
3. *Central Zionist Archives*, L 22/136.
4. *Central Zionist Archives*, L 22/136.
5. In Wirklichkeit waren im Oktober 1942 fünf Tötungszentren „in Betrieb": Chelmno, Belzec, Treblinka, Sobibór und Auschwitz-Birkenau.
6. *Central Zionist Archives*, L 22/149, Brief Nr. 845.
7. *Central Zionist Archives*, L 22/136.
8. ‚Vermerk über die aus der Slowakei Deportierten', Genf, 20. Oktober 1942; *Central Zionist Archives*, Z 4/14901.
9. Persönliche Erinnerung von Gerhart Riegner, im Gespräch mit dem Autor am 1. Oktober 1980.
10. Telegramm vom 8. Oktober 1942, unterzeichnet von Nahum Goldmann und Irving Miller, *Archiv des Jüdischen Weltkongresses*, Generalsekretariat.
11. Brief vom 8. Oktober 1942, gekennzeichnet als „streng vertraulich", *Archiv des Jüdischen Weltkongresses*, Generalsekretariat.
12. Gerhart Riegner im Gespräch mit dem Autor am 1. Oktober 1980 in Genf.
13. ‚Vermerk über die deutsche Politik der vorsätzlichen Ausrottung des europäischen Judentums', 22. Oktober 1942, *Central Zionist Archives*, L 22/56.
14. Gerhart Riegner in einem Brief an den Autor vom 28. August 1980.
15. *Manchester Guardian* vom 27. Oktober 1942.
16. *Central Zionist Archives*, L 22/56.
17. *Central Zionist Archives*, L 22/218/4.
18. Brief an Dr. A. Hantke, *Central Zionist Archives*, L 22/136.
19. *Jewish Frontier*, Bd. 9, November 1942; Sonderausgabe ‚Jews Under The Axis, 1939–1942'.

10. Augenzeugen

1. *Central Zionist Archives*, L 22/218/1.
2. *Central Zionist Archives*, S 25/1681.
3. *Palestine Post* vom 23. November 1942.
4. *Palestine Post* vom 1. Dezember 1942.

5. Brief an Leo Lauterbach, *Central Zionist Archives*, L 22/218/4, Brief Nr. 913.

6. Finnland dagegen hatte sich, wiewohl mit Deutschland im Krieg gegen die Sowjetunion verbündet, mit Erfolg geweigert, von seinen zweitausend jüdischen Bürgern noch weitere zu deportieren, nachdem elf jüdische Flüchtlinge, die die finnische Regierung auf Ersuchen der deutschen Regierung an Deutschland ausgeliefert hatte, ermordet worden waren. Auch Bulgarien, Italien und Ungarn hatten mehrmals deutsche Ersuchen um eine „Umsiedlung" von Juden ins „Generalgouvernement" abgelehnt.

7. *Central Zionist Archives*, S 25/1681, Telegramm.

8. *Central Zionist Archives*, S 25/1681, Brief.

9. *Central Zionist Archives*, L 22/218/1.

10. Sitzungsprotokolle des Vorstands der Allgemeinen Jüdischen Arbeitervereinigung (unveröffentlicht).

11. *Central Zionist Archives*, zitiert in: Walter Laqueur, *Was niemand wissen wollte. Die Unterdrückung der Nachrichten über Hitlers 'Endlösung'*, Frankfurt/Berlin 1981, S. 239 u. Anm. S. 239–40.

11. „Diese bestialische Politik"

1. Graf Raczynski, Brief an den Autor vom 18. September 1980. Siehe auch Raczynskis Buch *In Allied London*, London 1963, S. 127–8.

2. Der Bericht vom 25. November 1942 und die dazugehörigen Vermerke des Foreign Office finden sich in: *Dokumente des Foreign Office*, 371/30923, C 11, 923, Bl. 62–7 und Bl. 71–3.

3. Ein Protokoll der Unterredung zwischen Raczynski und Eden sowie die dazugehörigen Kommentare der Foreign-Office-Beamten finden sich in: *Dokumente des Foreign Office*, 371/30923; C 11.923, Bl. 68–70.

4. Reynaud, Daladier und Blum – die alle zeitweilig Premierminister von Frankreich gewesen waren – überlebten den Krieg. Mandel, ehemals französischer Kolonialminister und wie Blum Jude, wurde 1944 von der Gestapo an die Vichy-Miliz ausgeliefert und erschossen.

5. 'Annihilation of European Jewry, Hitler's Policy of Total Destruction', 1. Dezember 1942. Ein Exemplar befindet sich in: *Dokumente des Foreign Office*, 371/30923; C 11923, Bl. 122–4.

6. *Dokumente des Foreign Office*, 371/30923; C 11923, Bl. 72.

7. Der Bericht Edens über seine Unterredung mit Maisky findet sich in: *Dokumente des Foreign Office*, 371/30923; C 11923, Bl. 113–14.

8. *Dokumente des Foreign Office*, 371/30923; C 12147, Bl. 149.

9. *Dokumente des Foreign Office*, 371/30923; C 12201, Bl. 186.

10. *Dokumente des Foreign Office*, 371/30923; C 12201, Bl. 188.

11. *Dokumente des Foreign Office*, 371/30923; C 12147.

12. Der Bericht über dieses Gespräch, den der Kolonialminister telegrafisch an den Hohen Kommissar in Palästina übermittelte, findet sich in: *Dokumente des Foreign Office*, 921/10.

13. *Central Zionist Archives*, Z 4/14758.

14. *Dokumente des Foreign Office*, 921/10.

15. *Dokumente des Foreign Office*, 921/7.

16. *The Times* vom 4. Dezember 1942.

17. *The Times* vom 5. Dezember 1942.

18. *Dokumente des Foreign Office,* 371/30923; Telegramm Nr. 7686. Verteiler: Mitglieder des Kriegskabinetts.
19. *Central Zionist Archives,* Z 4/14758.
20. *Dokumente des Foreign Office,* 371/30924; C 12313. Der Bericht wurde fast unverzüglich veröffentlicht: Republic of Poland, Ministry of Foreign Affairs, *The Mass Extermination of Jews in German Occupied Poland,* London, Dezember 1942.
21. *Lourie-Papiere.*
22. *Spectator* vom 11. Dezember 1942.
23. Protokolle des Kriegskabinetts, *Kabinettsdokumente* 65/28.
24. *Papiere des Premierministers,* 4/51/2.
25. Der endgültige Text findet sich in: *Papiere des Premierministers,* 4/100/3, Anhang Nr. 4 zum Sitzungsprotokoll des Kriegskabinetts vom 14. Dezember 1942.
26. *Hansard,* 17. Dezember 1942.
27. *Palcor Bulletin,* 17. Dezember 1942.
28. *Schriftenarchiv der BBC.*
29. *Dokumente des Foreign Office,* 371/34361.
30. *Foreign Relations of the United States 1942,* Bd. 1, Washington 1960, S. 70–71.
31. *War and Peace of the United Nations, September 1, 1939–Dezember 31, 1942,* Boston 1943, S. 626.
32. *Foreign Relations of the United States 1943,* Bd. 3, Washington 1963, S. 911–13.
33. *Dokumente des Foreign Office,* 371/34363; C 216.
34. *Central Zionist Archives,* L 22/218/1. In dem Monat vor Veröffentlichung der alliierten Erklärung waren, ohne daß die Alliierten oder die führenden jüdischen Persönlichkeiten im Westen die geringste Ahnung davon hatten, aus Holland sechs Züge nach Auschwitz abgegangen: am 20. November (726 Deportierte), am 24. November (709 Deportierte), am 30. November (826 Deportierte), am 4. Dezember (812 Deportierte), am 8. Dezember (927 Deportierte) und am 12. Dezember (757 Deportierte). *Overzicht van de uit Nederland Gedeporteerde Joden,* Staatlich-Niederländisches Institut für Kriegsdokumentation, Amsterdam, o. J.

Zweiter Teil: Hoffnung und Hoffnungslosigkeit

12. „Alles muß versucht werden"

1. Das Memorandum und die anderen hier im Zusammenhang mit dem polnischen Ersuchen nach Repressalien und der britischen Antwort darauf zitierten Dokumente befinden sich in: *Papiere des Premierministers,* 3/351/4.
2. *Dokumente des Luftfahrtministeriums,* 8/433.
3. Foreign Office London an Washington, Telegramm Nr. 234, in: *Papiere des Premierministers,* 3/351/4.
4. *Central Zionist Archives,* S 25/1681.
5. *Papiere des Premierministers,* 4/51/8.
6. Kriegskabinett, 172. Beratung des Jahres 1942. Abschrift in: *Papiere des Premierministers* 4/51/8.
7. Zu diesem Zeitpunkt standen nach den Weißbuch-Vereinbarungen noch über 30 000 reguläre und weitere 3000 Palästina-Zertifikate für Not- und Härtefälle zur Verfügung. Siehe Kapitel 14, Anm. 27.
8. War Cabinet Committee on the Reception and Accommodation of Jewish Refugees

(Ausschuß des Kriegskabinetts für die Aufnahme und Unterbringung jüdischer Flüchtlinge), 1. Sitzung, 31. Dezember 1942, *Kabinettsdokumente* 95/15.

9. War Cabinet Committee on the Reception and Accommodation of Refugees, 2. Sitzung, 7. Januar 1943, *Kabinettsdokumente* 95/15.

10. Telegramm vom 8. Januar 1943, *Kabinettsdokumente* 95/15.

11. Am 7. Dezember 1942, dem Tag, an dem die Augenzeugenberichte bei der Jewish Agency in London eingetroffen waren, hatte Blanche Dugdale sich bereit erklärt, einen Artikel für den *Spectator* zu schreiben, und Professor Namier hatte seine Absicht erklärt, mit Kingsley Martin, dem Chefredakteur des *New Statesman,* „in Verbindung zu bleiben". *Central Zionist Archives,* Z 3/14758.

12. Lord Dacre (vormals als Hugh Trevor-Roper Lehrstuhlinhaber für Geschichte in Oxford und während des Krieges Angehöriger des britischen Geheimdienstes mit Sitz in Großbritannien) hat geschrieben: „Ich entsinne mich noch gut des Augenblicks, als ich zum ersten Mal die Belege – äußerst fragmentarische Belege – für die Vernichtung der Juden zu Gesicht bekam. Sie waren unmißverständlich, faktisch, dokumentiert. Aber konnte man ihnen Glauben schenken? Zwischen dem Vorliegen eines Belegs und dem Überzeugtsein von seiner Stichhaltigkeit liegt eine breite psychologische Kluft; und in Kriegszeiten, wo so vieles unsicher ist – wo der Haß die Leidenschaft züchtet und die Leidenschaft von der Propaganda ausgebeutet wird – tut man klug daran, mit seinem Urteil zu warten. Ich erinnere mich, daß ich mein eigenes Urteil vertagte und erst allmählich, viele Monate später, aus jenem schrecklichen Beweisstück den Schluß zog, den es nahelegte." (*The Listener* vom 1. Januar 1981).

13. Tatsächlich standen noch 33 000 Zertifikate zur Verfügung; siehe Kapitel 14, Anm. 27.

14. *New Statesman* vom 9. Januar 1943.

15. *Hansard,* 19. Januar 1943.

16. War Cabinet Committee on the Reception and Accommodation of Refugees, 3. Sitzung, 27. Januar 1943, *Kabinettsdokumente* 95/15.

17. *Archiv von Yad Vashem,* P 12/29 (Pazner-Papiere).

18. *New Judaea,* Januar 1943.

19. *Central Zionist Archives,* S 25/1,675.

20. Eine Abschrift des Lichtheim-Riegner-Briefs, wie er dem britischen Konsul übergeben wurde, befindet sich in: *Central Zionist Archives,* L 22/56.

21. Zur Person von Wilhelm Fildermann siehe die biographische Kurzinformation auf S. 444.

22. Eine Abschrift des Fildermann-Berichts, wie London ihn erhielt, befindet sich in: *Central Zionist Archives,* Z 4/14901.

23. *Central Zionist Archives,* S 6/4683.

24. *Central Zionist Archives,* L 15/191.

25. Am 29. Januar 1943 hatte das SS-Baukommando gemeldet, daß das Krematorium II bis auf ein paar „kleinere Konstruktionsdetails" fertiggestellt war (*Nürnberger Prozeßdokumente,* NO 4473). Der Tag der endgültigen Fertigstellung war der 20. Februar 1943.

13. Rettungen und Massaker

1. *Hansard,* 3. Februar 1943.

2. *Central Zionist Archives,* L 22/168.

3. Joseph Linton im Gespräch mit dem Autor am 1. Juli 1980 in London.

4. *Central Zionist Archives,* S 25/1670.

5. Eleanor Rathbone, ,The Nazi Massacres of Jews and Poles: What Rescue Measures Are Practically Possible?' Exemplar in: *Central Zionist Archives* Z 4/14758.

6. Note des Foreign Office vom 18. Februar 1943, *Kabinettsdokumente* 95/15.

7. War Cabinet Committee on the Reception and Accommodation of Refugees, 4. Sitzung, 19. Februar 1943, *Kabinettsdokumente* 65/15.

8. *Hansard*, 25. Februar 1943.

9. *Central Zionist Archives*, L 22/146.

10. *Central Zionist Archives*, L 22/146, Brief Nr. 1005.

11. *Central Zionist Archives*, L 22/146.

12. Es handelte sich hierbei um die „Fabrikaktion" vom 27. Februar 1943, bei der 7000 Juden aus Berlin und mindestens 3000 weitere aus Hamburg, aus dem Ruhrgebiet und aus München zu den Todeslagern im Osten deportiert wurden. Vorausgegangen waren dieser Aktion drei separate Transporte aus Berlin nach Auschwitz: am 3. Februar (952 Personen), am 19. Februar (1000 Personen) und am 26. Februar (913 Personen).

13. *Central Zionist Archives*, L 22/146; Brief Nr. 1006 via Istanbul.

14. Zwischen dem 11. Juli 1942 und dem 23. Februar 1943 gingen aus Holland neun Transportzüge (mit insgesamt 7877 Deportierten) nach Auschwitz. Zwischen dem 2. März und dem 20. Juli 1943 wurden alle holländischen Juden nach Sobibór gebracht (19 Züge mit mehr als 32 000 Deportierten), danach, von August 1943 bis September 1944, gingen die meisten Transporte wieder nach Auschwitz (16 Züge mit über 12 000 Deportierten); siehe auch S. 171.

15. Danuta Czech, ,Kalendarium der Ereignisse im Konzentrationslager Auschwitz-Birkenau', veröffentlicht in: *Hefte von Auschwitz*, Bd. 4, Auschwitz 1961.

16. *Central Zionist Archives*, L 22/146.

17. *Agence Télégraphique Suisse*, 23. März 1943.

18. Chaim Barlas im Gespräch mit dem Autor am 15. April 1980 in Jerusalem.

19. Eine Darstellung der Rettung des bulgarischen Judentums findet sich bei: Frederick B. Chary, *The Bulgarian Jews and the Final Solution, 1940–1944*, Pittsburgh 1972.

20. *Central Zionist Archives*, L 22/146; Brief Nr. 1031 via Istanbul.

21. ,Zusammenfassung' für den amerikanischen Gesandten in Bern, Leland Harrison (zugestellt am 19. März 1943) und den britischen Gesandten Clifford Norton (zugestellt am 22. März 1943); *Archiv des Jüdischen Weltkongresses*, Generalsekretariat.

22. *Central Zionist Archives*, L 22/146.

23. Brief Nr. 438/43 g, *Nürnberger Prozeßdokumente*, NG-2652/B. Der Briefschreiber war SS-Obersturmbannführer Adolf Windecker, Vertreter des Auswärtigen Amtes beim Reichskommissar Ostland.

14. Warschau und die Bermudas

1. Aide-Mémoires vom 19. und 26. Februar 1943, *Kabinettsdokumente* 95/15.

2. War Cabinet Committee on the Reception and Accommodation of Refugees, 5. Sitzung, *Kabinettsdokumente* 95/15.

3. *Weizmann-Papiere*; zitiert nach Michael J. Cohen (Hrsg.), *The Letters and Papers of Chaim Weizmann*, Bd. 21, Serie A, Jerusalem 1979, S. 14–15.

4. *Hansard*, 23. März 1943.

5. Zwischen 1942 und Kriegsende wurden amtlichen Feststellungen zufolge insgesamt 371 683 deutsche und 50 273 italienische Kriegsgefangene per Schiff über den Atlantik

in die Vereinigten Staaten transportiert. *History of Prisoner of War Utilization by the U. S. Army, 1776–1946*, Department of the Army, Washington, Juni 1955.

6. Nach den Aufzeichnungen eines auf amerikanischer Seite Beteiligten, Harry Hopkins, veröffentlicht in: *Foreign Relations of the United States 1943*, Bd. 3, Washington 1963, S. 38–9.

7. Telegramm an Bernard Joseph, *Central Zionist Archives*, S 25/1670.

8. Note des Foreign Office vom 31. März 1943, *Kabinettsdokumente* 95/15.

9. War Cabinett Committee on the Reception and Accommodation of Refugees, 6. Sitzung, 1. April 1943; *Kabinettsdokumente* 95/15.

10. *The Times* vom 3. April 1943.

11. *The Times* vom 6. April 1943.

12. *The Times* vom 10. April 1943.

13. Brief an Lauterbach in: *Central Zionist Archives*, L 22/156.

14. ‚Note for the Foreign Office Concerning the Assistance to the Jews', *Dokumente des Foreign Office*, 371/36661; W 7159.

15. Gerhart Riegner an Stephen S. Wise, Telegramm vom 14. April 1943, *Archiv des Jüdischen Weltkongresses*, Generalsekretariat.

16. Insgesamt gingen aus Saloniki neunzehn Transportzüge nach Auschwitz ab, und im Zeitraum von vier Monaten wurden insgesamt 43 850 Juden deportiert, was einem Anteil von 95 Prozent der jüdischen Bevölkerung von Saloniki entspricht.

17. ‚Report Drafted on the 18th of April in London'; Exemplar des *Yad-Vashem-Archivs*, S. 0–67.

18. *The Times* vom 19. April 1943.

19. *The Times* vom 22. April 1943.

20. *Central Zionist Archives*, L 21/168.

21. Bermuda-Konferenz, Protokoll der Debatte vom 24. April 1943, *Dokumente des Foreign Office*, 371/36725.

22. Tagebücher und Aufzeichnungen von Oliver Harvey (Lord Harvey of Tasburgh), Tagebucheintragung vom 25. April 1943, zitiert nach: Bernard Wasserstein, *Britain and the Jews of Europe 1939–1945*, London und Oxford 1979, S. 34.

23. Kriegskabinett, Dokument Nr. 178 von 1943, *Kabinettsdokumente* 66/36.

24. Kriegskabinett, Nr. 59 von 1943, Protokoll Nr. 3. Entsprechend der dem Flüchtlingsausschuß des Kriegskabinetts zugeleiteten Note; *Kabinettsdokumente* 95/15.

25. War Cabinet Committee on the Reception and Accommodation of Refugees, 7. Sitzung, *Kabinettsdokumente* 95/15.

26. *Dokumente des Foreign Office* 371/36731, W 6933.

27. *Dokumente des Kolonialministeriums* 733/436/SF 308/42, „geheim". Dem von Mac Michael vorgelegten statistischen Überblick zufolge betrug die Gesamtzahl jüdischer Einwanderer nach Palästina (legale und illegale) zwischen dem 1. April 1939 und dem 31. März 1943 41 169. Das hieß, daß es noch 33 831 Freiplätze gab.

28. Kriegskabinett, Nr. 67 von 1943, 10. Mai 1943; Protokoll entsprechend der dem Flüchtlingsausschuß des Kriegskabinetts am 11. Mai 1943 zugeleiteten Fassung; *Kabinettsdokumente* 95/15.

29. *Dokumente des Foreign Office*, 371/36661; W 7131.

30. *Central Zionist Archives*, L 15/90.

31. Barlas-Papiere.

32. Die englischen Dokumente zum Afghanistan-Projekt finden sich in: *Dokumente des Foreign Office*, 371/34934.

33. Jüdische Telegrafenagentur, *Daily News Bulletin*, Bd. 24, Nr. 102, 4. Mai 1943.
34. Zygielbojms Abschiedsbrief wurde von der *New York Times* am 4. Juni 1943 unter der Überschrift ‚Pole's suicide note pleads for Jews' (‚Pole bittet in Abschiedsbrief für Juden') abgedruckt. Eine weitere Überschrift lautete: ‚Er brandmarkte die Gleichgültigkeit'.
35. ‚Bermuda-Konferenz', Bericht in: *Dokumente des Kolonialministeriums, 733/449/76208/2*. Gedruckt für das Kriegskabinett als W. P.(43)193, als „geheim" klassifiziert.
36. Am 12. Mai 1943 hatte der ins Exil verbannte ehemalige Mufti von Jerusalem, Haj Amin el-Husseini, bei Hitler dagegen protestiert, daß Deutschland die Möglichkeit erwog, 4500 bulgarische Juden nach Palästina ausreisen zu lassen (*Nürnberger Prozeßdokumente*, NG 2757). Er hatte mit seinem Protest Erfolg. Zwei Jahre zuvor, bei einer Zusammenkunft am 8. August 1941, hatte Haj Amin Hitler seine aktive Hilfe beim Zu-Fall-Bringen der „englisch-jüdischen Koalition" angeboten (*Nürnberger Prozeßdokumente*, NG 5720).
37. Protokoll der Sitzung des Kriegskabinetts vom 17. Mai 1943, dem Flüchtlingsausschuß des Kriegskabinetts am 18. Mai 1943 zugeleitet; *Kabinettsdokumente* 95/15.
38. *Lourie-Papiere*.
39. *The Times* vom 18. Mai 1943.

15. Die Debatte vom 19. Mai 1943

1. Ein im Zusammenhang mit diesem Argument relevanter Aspekt ist der Transport von Kriegsgefangenen per Schiff; siehe dazu Kapitel 14, Anm. 5.
2. *Hansard*, 19. Mai 1943.
3. *Foreign Relations of the United States, The Conferences at Washington and Quebec 1943*, Washington 1970, S. 345.
4. Persönliches Telegramm des Premierministers, T. 910/3, persönlich und streng geheim, *Papiere des Premierministers*, 4/51/4.

16. „Ich habe die schrecklichen Qualen niemals vergessen"

1. Brief Himmlers vom 8. Februar 1943 zitiert nach: Raul Hilberg, *The Destruction of the European Jews*, New York 1979, S. 584.
2. Sir Charles Webster und Noble Frankland, *The Strategic Air Offensive Against Germany 1939–1945*, Bd. 4, Ergänzungen und Anhänge, Appendix 23, S. 273–83.
3. *Weizmann-Papiere*.
4. Brief an Chaim Barlas, *Central Zionist Archives*, L 22/168.
5. *Central Zionist Archives*, L 22/168.
6. Näheres über die Geschichte und die Erfahrungen Katznelsons siehe in: *Yitzhak Katznelson, Vittel Diary*, Kibbuz Lohamei Hagettaot (Israel), 1972.
7. *New York Times* vom 22. Mai 1943. Der Standort der „Gaskammern" wurde nicht erwähnt.
8. *The Times* vom 25. Mai 1943.
9. *The Times* vom 26. Mai 1943.
10. *The Times* vom 1. Juni 1943. Krakau liegt nur knapp 60 Kilometer östlich von Auschwitz.
11. *Central Zionist Archives*, S 25/1670.
12. Genaue Angaben über die Zahl der deportierten ungarischen Juden einschließlich der Deportationsdaten sind zu finden in: *Overzicht van de uit Nederland Gedeporteerde Joden,*

Amsterdam o. J. (herausgegeben vom Staatlich-Niederländischen Institut für Kriegsdokumentation).

13. *Archiv des Jüdischen Weltkongresses*, Generalsekretariat.
14. War Cabinet Committee on the Reception and Accommodation of Refugees, 8. Sitzung, 28. Juni 1943, *Kabinettsdokumente* 95/15.
15. Note vom 1. Juli 1943, *Dokumente des Kolonialministeriums*, 733/446.
16. *Papiere des Premierministers*, 4/52/5, Bl. 1130–2.
17. *Papiere des Premierministers*, 4/52/5. Memorandum von Sir Stafford Cripps vom 1.7.1943.
18. Kriegskabinett, Nr. 92 von 1943; Protokolle 1, 2 und 3. Exemplar in: *Papiere des Premierministers*, 4/52/5.
19. *Papiere des Premierministers*, 4/51/8.

17. Die NS-Herrschaft breitet sich weiter aus

1. *The People's Verdict: A Full Report of the Proceedings at the Krasnodar and Kharkov German Atrocity Trials*, London 1944. Die Berichte über den Prozeß von Krasnodar finden sich auf S. 7–44.
2. Dokumente des Foreign Office, 371/34551.
3. Siehe Serge Klarsfeld, *Le Mémorial de la Déportation des Juifs de France*, Paris 1978.
4. ,Auszüge aus einem Brief aus Istanbul (übersetzt aus dem Hebräischen)', *Central Zionist Archives*, Z 4/14758.
5. *Yad-Vashem-Archiv*, o–67.
6. Brief vom 20. Juli 1943, *Central Zionist Archives*, Z 4/14779.
7. *Papiere des Premierministers*, 4/52/5, Bl. 1074–5.
8. Persönliches Telegramm des Premierministers, T. 1102/3; *Papiere des Premierministers*, 4/52/5.
9. Brief von Eve Gibson vom 17. Mai 1980 an den Autor. Gibson selbst fiel im September 1944.
10. *Central Zionist Archives*, L 22/92.
11. Den Aufstand in Treblinka schildern: Jean-François Steiner, *Treblinka*, London 1967, sowie Samuel Rajzman, ,Uprising in Treblinka', in: Yuri Suhl (Hrsg.), *They Fought Back: The Story of Jewish Resistance in Nazi Europe*, London 1968, S. 150–7.
12. Den Gettoaufstand von Bialystok schildern: Szymon Datner, *Walka i zaglada bialostokkiego ghetta*, Lodz 1946 und Reuben Einstein, ,The Bialystock Ghetto Revolt', in: Yuri Suhl (Hrsg.), *They Fought Back: The Story of Jewish Resistance in Nazi Europe*, London 1968, S. 158–66.
13. Das (deutschsprachige) Originalexemplar des Berichts aus Preßburg vom 1. September 1943 befindet sich in: *Central Zionist Archives*, S 26/1428.
14. *Central Zionist Archives*, L 22/143; Brief Nr. 1173 via Istanbul.
15. Eine Schilderung der Rettung der dänischen Juden findet sich bei Raul Hilberg, *The Destruction of the European Jews*, New York 1979, S. 357–63. Siehe auch Leni Yahil, *The Rescue of Danish Jewry*, Philadelphia 1969.
16. *Lourie-Papiere*.
17. *Central Zionist Archives*, L 22/338; Brief Nr. 1178 via Istanbul.
18. *Central Zionist Archives* S 25/1670.
19. *Central Zionist Archives*, S 25/1670.
20. Der Name des Offiziers war Alexander Petscherskij. Er überlebte den Aufstand, stieß wieder zur Roten Armee und lebte 1980 noch in Rostow am Don.

21. Eine Darstellung des Todeslagers Sobibór und des Aufstandes findet sich bei Miriam Novitch, *Sobibór Martyrdom and Revolt: Documents and Testimonies,* New York 1980.
22. Kriegskabinett, Beratung Nr. 137 von 1943. Protokoll 2. Exemplar: *Papiere des Premierministers,* 4/100/9.
23. Persönliches Telegramm des Premierministers, T. 1601/3. Persönlich und streng geheim. *Papiere des Premierministers,* 4/100/9, Bl. 511–4.
24. *Papiere des Premierministers,* 4/100/9, Bl. 508.
25. *Archiv des Jüdischen Weltkongresses,* R & R/Rotes Kreuz 1943. Brief adressiert an Dr. S. Z. Kantor.
26. Dr. Menachem Kahany im Gespräch mit dem Autor am 2. Oktober 1980 in Genf.
27. Persönliches Telegramm des Premierministers, T. 1682/3, persönlich und geheim; *Papiere des Premierministers,* 4/100/9, Bl. 487.
28. *Papiere des Premierministers,* 4/100/3.
29. *The People* vom 17. Oktober 1943. Siehe dazu Fotografien Nr. 13 und 14.
30. *Archiv des Jüdischen Weltkongresses,* Generalsekretariat.

18. „Eine nicht mehr zu bewältigende Flut"

1. *Central Zionist Archives,* S 25/1670.
2. Der Absender dieses Briefes war Yitzak Zuckermann, einer der führenden Köpfe des jüdischen Widerstands in Polen; er überlebte den Krieg und ließ sich danach in Israel nieder. Sein Brief wurde veröffentlicht vom Ghetto Fighters' House (Haus der Gettokämpfer), Kibbuz Lokamei Haghettaot (Israel) in dessen Zeitschrift *Historical Records,* Nr. 10, 1958.
3. War Cabinet Committee on the Reception and Accommodation of Refugees, Note des Staatsministers, 2. Dezember 1942; *Kabinettsdokumente* 95/15.
4. *Weizmann-Papiere.*
5. *The Times* vom 30. September 1943.
6. *Central Zionist Archives,* S 25/1670.
7. *Central Zionist Archives,* S 25/1670.
8. Brief Nr. C. S. 408, streng geheim, *Dokumente des Kolonialministeriums,* 733/445, 75998/2.
9. Viscount Halifax, Telegramm Nr. 5630, Verteiler: Kriegskabinett; Exemplar in: *Papiere des Premierministers,* 4/52/5.
10. Foreign Office, Telegramm Nr. 8792, Verteiler: Kriegskabinett; Exemplar in: *Papiere des Premierministers,* 4/52/5.
11. *Hansard,* 14. Dezember 1943.
12. Gerhart Riegner im Gespräch mit dem Autor am 1. Oktober 1980 in Genf.
13. Riegner an Wise, Telegramm vom 14. April 1943, *Archiv des Jüdischen Weltkongresses,* Generalsekretariat.
14. Stephen Wise, *Challenging Years,* London 1951, S. 193–4.
15. Zitiert nach: Bernard Wasserstein, *Britain and the Jews of Europe 1939–1945,* London und Oxford 1979, S. 247.
16. Daniel J. Reagan (Handelsattaché) am 21. Dezember 1943 an Gerhart Riegner; *Archiv des Jüdischen Weltkongresses,* Generalsekretariat. Trotz Präsident Roosevelts persönlicher Unterstützung für den Plan vergingen zwischen dem Zeitpunkt, als Riegner ihn erstmals vorschlug, und der Zustimmung durch das State Department fünf Monate. „Die Geschichte mag daher für alle Zukunft festhalten", schrieb Stephen Wise in seiner Autobiographie, „daß ohne den bürokratischen Schlendrian und die Dickfelligkeit

des State Department und des Foreign Office Tausende von Menschen gerettet und die jüdische Katastrophe teilweise abgewendet hätte werden können." (*Challenging Years*, S. 174).

17. *Dokumente des Foreign Office*, 371/36747, W 17687.
18. *Central Zionist Archives*, L 15/108.
19. *Central Zionist Archives*, L 15/108.
20. *The People's Verdict. A Full Report of the Proceedings at the Krasnodar and Kharkov German Atrocity Trials*, London 1944. Der Bericht über den Prozeß von Charkow findet sich auf S. 45–124.
21. Danuta Czech, ‚Kalendarium der Ereignisse im Konzentrationslager Auschwitz-Birkenau', veröffentlicht in: *Hefte von Auschwitz*, Bd. 6, Auschwitz 1962.
22. *Archiv des Jüdischen Weltkongresses*, New York, R & R; Rotes Kreuz 1943.
23. Wiederveröffentlicht als Bestandteil von: Arthur Koestler, *Der Yogi und der Kommisar*, Frankfurt 1974.

19. Eine „Zweite Front" ist in Sicht

1. Ausschnitt aus der Zeitung *Davar* (Ausgabe vom 30. Dezember 1943), vom britischen Hauptquartier Palästina an Lord Moyne übersandt; *Dokumente des Foreign Office*, 921/152, 6(5), 144/2.
2. ‚Political Intelligence Centre Middle East, Political and General Intelligence Summary (Non-Operational)', Ausgabe Nr. 18, *Dokumente des Kriegsministeriums*, 169/15698.
3. Brief Nr. C.5.300, streng geheim, *Dokumente des Foreign Office*, 921/152, 6(5), 144/1.
4. Streng geheim (gesperrt), Nr. 1256, *Papiere des Premierministers*, 4/52/5, Bl. 1029.
5. ‚Personal Report to the President', geheim, 16. Januar 1944; *Archiv des War Refugee Board* (Kriegsflüchtlingskomitee), Franklin D. Roosevelt Library, Hyde Park, New York.
6. State Department, ‚Radio-Bulletin Nr. 19', in der am 23. Januar 1944 von der amerikanischen Botschaft in Bern veröffentlichten Fassung, in: *Central Zionist Archives*, L 22/135.
7. Note des britischen Außenministers vom 7. Februar 1944, *Kabinettsdokumente* 95/15.
8. Brief vom 16. Mai 1944, *Kabinettsdokumente* 95/15.
9. Israel kam beim gleichen Flugzeugunglück ums Leben wie Leslie Howard. Möglicherweise wurde ihr Flugzeug mit dem von Churchill verwechselt (der Premierminister befand sich ebenfalls auf dem Rückflug nach England). Näheres über die Laufbahn Israels in: *Wilfrid Israel, July 11th, 1899–June 1st, 1943*, London 1945. Mit ihm zusammen stürzten 97 von ihm ausgefertigte Palästina-Zertifikate in die Biscaya.
10. *Central Zionist Archives*, L 22/56.
11. *Central Zionist Archives*, L 17/914.
12. *Central Zionist Archives*, L 22/135.
13. ‚Notes and Statistics (Provisional) on Displaced Population in Greece', *Dokumente des Kriegsministeriums*, 169/15698, P. I. C. 156/21.
14. Menachem Bader, *Sad Missions*, Tel Aviv 1979, S. 87.
15. Lord Moyne an Oliver Stanley, streng geheim, *Dokumente des Kolonialministeriums*, 733/461, Teil Eins.
16. Foreign Office, Telegramm Nr. 1922, Abschrift in: *Dokumente des Kolonialministeriums*, 733/461, Teil Vier.
17. *Dokumente des Foreign Office*, 371/42790, W 4399.

18. Persönlicher Vermerk des Premierministers, M.252/4, Handschrift in: *Dokumente des Foreign Office*, 371/42790, W 4399.
19. Handschriftlicher Vermerk von Eden, *Dokumente des Foreign Office*, 371/42790, W 4399.
20. Persönlicher Vermerk des Premierministers, M.245/4, *Papiere des Premierministers*, 4/52/5.
21. Viscount Halifax, Telegramm Nr. 1208, sowie Churchills handschriftliche Anmerkung dazu; *Papiere des Premierministers*, 4/52/5.
22. Note des Außenministers, 10. März 1944, *Kabinettsdokumente* 95/15.
23. Memorandum des Außenministers, 13. März 1944, *Kabinettsdokumente* 95/15.
24. War Cabinet Committee on the Reception an Accommodation of Refugees, 14. März 1944, *Kabinettsdokumente* 95/15. Zum endgültigen Wortlaut der im Unterhaus abgegebenen Erklärung siehe Seite 218 f.
25. Ein Bericht über die Liquidierung des Familienlagers, geschrieben 1946 in Prag von den beiden Installateuren selbst, findet sich in: O. Kraus und E. Kulka, *The Death Factory*, Oxford 1966, S. 172–4, sowie bei: Erich Kulka, *Utek z tabora smrti*, Prag 1966, Kapitel ,Operation Heydebreck' und S. 69–71.
26. Zitiert nach: Erich Kulka, ,Five Escapes from Auschwitz', in Yuri Suhl (Hrsg.), *They Fought Back: The Story of Jewish Resistance in Nazi Europe*, London 1968, S. 224.
27. *Polska pod Okupacja Niemiecka*, Bd. 5, Nr. 5, 15. März 1944, herausgegeben vom Büro des polnischen Generalkonsuls in Istanbul, A. N. Kurcyusz.

20. Deutschland besetzt Ungarn

1. Lemberg, russ. Lvov, poln. Lwow.
2. ,Massacres Precede German Evacuation of Lwow', 13. März 1944, polnisches Informationsministerium, Nr. 37, Exemplar in: *Dokumente des Foreign Office*, 371/42790.
3. *Dokumente des Foreign Office*, 371/42790, W 4298.
4. *Dokumente des Foreign Office*, 371/42790, W 4298.
5. *Dokumente des Foreign Office*, 371/42790, W 4299.
6. *Dokumente des Foreign Office*, 371/42790, W 4298.
7. Von Ungarn annektiert wurden: Die südliche Slowakei (mit 78 000 Juden), die Karpato-Ukraine (mit 72 000 Juden), die Batschka (von Jugoslawien, mit 20 000 Juden) sowie Nordsiebenbürgen (mit 149 000 Juden).
8. Persönliche Erinnerung von Reuven Dafni im Gespräch mit dem Autor am 23. März 1980.
9. Protokoll der Sitzung des Kronrats am 19. März 1944, zitiert nach: Eugene Levai (Hrsg. Lawrence P. Davies), *The Black Book of the Martyrdom of Hungarian Jewry*, Zürich 1948, S. 78.
10. *Central Zionist Archives*, S 25/1678.
11. Telegramm an Stephen Wise, *Archiv des Jüdischen Weltkongresses*, Generalsekretariat.
12. Niederschrift in: Franklin D. Roosevelt Library, ,FDR Press Conferences 1933–1945', Nr. 944, Bl. 112–5.
13. *Central Zionist Archives*, S 26/1281.
14. *Papiere des Premierministers*, 4/51/10, Bl. 1424.
15. *Papiere des Premierministers*, 4/51/10, Bl. 1421.
16. *Hansard*, 30. März 1944.
17. Telegramm vom 3. April 1944, *Central Zionist Archives*, S 25/1678.
18. *Central Zionist Archives*, S 25/1678.

19. ‚Record of an Interview …', *Dokumente des Kolonialministeriums*, 733/462.
20. *Papiere des Premierministers*, 4/52/5, Bl. 981.
21. *Papiere des Premierministers*, 4/51/10, Bl. 1413.
22. Foreign Office, Telegramm-Entwurf, W 4878/15/48. Abschrift in: *Papiere des Premierministers*, 4/51/10, Bl. 1417. Eine Geheimnote des Foreign Office vom 21. Juni 1944 berichtete: „Marschall Tito hat zugesagt, das Weiterkommen jüdischer Flüchtlinge aus Ungarn durch seine Linien hindurch zu erleichtern; er geht dabei davon aus, daß sie über Dalmatien nach Süditalien gelangen." In: ‚Summary of Recent Activities of His Majesty's Government on behalf of refugees', Abschnitt II, *Kabinettsdokumente* 95/15.
23. *Central Zionist Archives*, L 22/135.
24. ‚Memorandum Concerning the Jews of Hungary', Genf, 4. April 1944, *Archiv des Jüdischen Weltkongresses*, Generalsekretariat.
25. *Central Zionist Archives*, L 22/56.

Dritter Teil: Das Geheimnis Auschwitz wird gelüftet

21. Flucht aus Auschwitz, April 1944

1. Die damals angefertigte Analyse findet sich in: ‚Interpretation Report D. 377A' vom 18. April 1944, ‚Locality Oświęcim (Auschwitz): Synthetic Rubber and Synthetic Oil Plant', *United States Strategic Bombing Survey*, Record Group 243.
2. Siehe S. 254
3. *Central Zionist Archives*, L 22/56.
4. *The Book of Alfred Kantor*, New York 1971, Tafel 51.
5. Ich danke Erich Kulka dafür, daß er mich auf diesen besonderen Kunstgriff der Täuschung aufmerksam gemacht hat, nachdem er meinen Text über die Kantor-Postkarte gelesen hatte. Zitat aus: Erich Kulka, Brief an den Autor vom 17. September 1980.
6. Rudolf Vrba, Brief an den Autor vom 30. Juli 1980.
7. Rudolf Vrba, Brief an den Autor vom 11. Juli 1980.
8. ‚Erklärung von Dr. Vrba … zur Vorlage beim Prozeß gegen Adolf Eichmann', Israelische Botschaft, London, 16. Juli 1961, nachgedruckt in: Vrba, Rudolf und Bestic, Alan, *Ich kann nicht vergeben*, München 1964, Anhang I.
9. Rudolf Vrba, Brief an den Autor vom 30. Juli 1980.
10. Das Grauen der Zählappelle in Auschwitz ist von vielen Überlebenden geschildert worden – so etwa von Filip Müller, *Auschwitz Inferno*, London 1979, S. 1–6. Am 28. Oktober 1940 z. B. fanden bei einem einzigen frühmorgendlichen Appell im Stammlager Auschwitz 84 Polen den Tod (s. den am 31. Oktober 1942 von der polnischen Untergrundbewegung abgesandten und in London am 28. Mai 1943 eingetroffenen Bericht, zugänglich im Archiv des *Polish Institute and Sikorski Museum*, PRM 76/1/13).
11. Der Text des Telegramms findet sich in: Erich Kulka, ‚Five Escapes from Auschwitz', in: Yuri Suhl (Hrsg.), *They Fought Back: The Story of Jewish Resistance in Nazi Europe*, London 1968, S. 232.
12. Rudolf Vrba, Brief an den Autor vom 29. November 1980.
13. ‚Report of an interview', *Dokumente des Foreign Office*, 921/152, 6(5), 44/14; streng geheim. Nach den Aufzeichnungen des Gesprächspartners verfolgte Zaslani das Ziel, den von der Jewish Agency betriebenen Plan einer „Einschleusung von Juden nach Ungarn und Rumänien zur Anfachung des Widerstands bei den dortigen Juden" weiter voranzubringen.

14. ‚Note betr. Besuch bei Amerikanischer Botschaft Bern am Freitag, den 7. April 1944', Genf, den 11. April 1944; Exemplar in: *Central Zionist Archives,* L 22/92.

22. Die Zionisten in einer verzweifelten Lage: Rettungsmöglichkeiten schwinden dahin

1. *Central Zionist Archives,* S 25/1682.
2. Balkan Political Intelligence Notes, Hungary (Aufzeichnungen der Politischen Aufklärung Balkan, Ungarn), *Dokumente des Kriegsministeriums,* 201/1619.
3. *Central Zionist Archives,* L 22/92, Telegramm an Stephen Wise.
4. *Central Zionist Archives,* L 22/92.
5. *Central Zionist Archives,* L 22/92.
6. *Central Zionist Archives,* L 22/92, Huddle an Lichtheim, 24. April 1944.
7. ‚Memorandum', geheim, dringlich, *Nationalarchiv der Vereinigten Staaten,* 840/48 Refugees/605.
8. *Central Zionist Archives,* L 15/117 I.
9. Auslassung im Originalprotokoll des Verhörs.
10. Interrogation report (Verhörbericht), Akte Nr. SIME/P 7769, S. 18, in: *Dokumente des Foreign Office,* 371/42811. Der verhörende Offizier war Leutnant W. B. Savigny.
11. Rudolf Vrba, Brief an den Autor vom 30. Juli 1980.
12. Oskar Krasnansky in einem Gespräch mit dem Autor am 22. Dezember 1980 in Tel Aviv.
13. Zitiert nach: Erich Kulka, ‚Five Excapes from Auschwitz', in: Yuri Suhl (Hrsg.), *They Fougth Back: The Story of Jewish Resistance in Nazi Europe,* London 1968, S. 233. Erste Veröffentlichung des Begleitschreibens von Krasnansky am 26. November 1944 durch das Kriegsflüchtlingskomitee in Washington im Rahmen der amtlichen Veröffentlichung des Vrba-Wetzler-Berichts (siehe dazu S. 386 dieses Buches).
14. Oskar Krasnansky in einem Gespräch mit dem Autor am 22. Dezember 1980 in Tel Aviv.
15. Bericht Nr. 2144 (A. E. S. 7679/44), abgeschickt in Preßburg am 22. Mai 1944, im Vatikan kommentiert am 22. und 26. Oktober 1944. Das Begleitschreiben Burzios vom 22. Mai 1944 ist in vollem Wortlaut abgedruckt in: *Actes et Documents du Saint Siège Relatifs à la Seconde Guerre Mondiale,* Bd. 10, ‚Le Saint Siège et les Victimes de la Guerre', Januar 1944 bis Juli 1945, Vatikan 1980.
16. Erklärung von Oskar Krasnansky und Dr. Neumann, *Yad-Vashem-Archiv.*
17. Rudolf Vrba, Brief an den Autor vom 30. Juli 1980.
18. Rettungsausschuß der Jewish Agency für Palästina, *Bulletin,* Jerusalem, Januar 1945, S. 7.
19. Gerhart Riegner in einem Gespräch mit dem Autor am 1. Oktober 1980.
20. *Central Zionist Archives,* L 22/135. Eliezer Gruenbaum überlebte den Krieg und wanderte nach Palästina aus; er fiel im ersten arabisch-israelischen Krieg von 1948.
21. *Central Zionist Archives,* S 26/1190.
22. *Central Zionist Archives,* L 22/56.

23. Mai 1944: Die Deportationen aus Ungarn beginnen

1. *Central Zionist Archives* S 25/1682, Telegramm Nr. 2308.
2. *Central Zionist Archives,* S 25/1682, o. Nr.

3. Eaker an Spaatz, Spaatz-Papiere, Box 143, F, ,Operational Planning: Attacks against Oil Targets'. Mein Dank gilt Professor David S. Wyman für die Übersendung des vollständigen Textes dieses Dokuments, von dem er Teile in seinem Artikel ,Why Auschwitz Was Never Bombed', verwendete (veröffentlicht in: *Commentary*, Bd. 65, Nr. 5, New York, Mai 1978, S. 42).

4. Zitiert nach: Sir Charles Webster und Noble Frankland, *The Strategic Air Offensive Against Germany 1939–45*, Bd. 4, Ergänzungen und Anhänge, S. 326–9.

5. *Papiere des Premierministers*, 4/51/8, Bl. 443.

6. Zwischen 1939 und 1945 wurden ungefähr drei Millionen polnische Juden von den Nazis ermordet (die gesamte jüdische Bevölkerung Polens betrug etwas weniger als 3,5 Millionen). Während desselben Zeitraums wurden auch drei Millionen nichtjüdische Polen getötet (die gesamte nichtjüdische Bevölkerung Polens betrug mehr als 25 Millionen).

7. *Papiere des Premierministers*, 4/51/8, Bl. 437–9.

8. Der Text dieser Telegramme und eine Darstellung der Reaktion der amerikanischen Regierung darauf findet sich auf S. 278 f. dieses Buches.

9. Sziget heißt auf ungarisch korrekter Máramarossziget; auf rumänisch Sighetul. 1941 lebten in Sziget 10 144 Juden, was 39 Prozent der Einwohnerschaft der Stadt entsprach; damit hatte Sziget von allen ungarischen Städten den höchsten jüdischen Bevölkerungsanteil. Fast alle Juden der Stadt wurden nach Auschwitz deportiert, weniger als zweitausend überlebten. Einer der Überlebenden war der Schriftsteller Elie Wiesel.

10. *Nationalarchiv der Vereinigten Staaten*, 840.48, ,Refugees' 6/37.

11. *Central Zionist Archives*, L 22/135.

24. „Eine nicht zu bewältigende Zahl" von Flüchtlingen – die Folge eines unglaublichen Angebots der Gestapo"

1. *Central Zionist Archives*, S 25/1678.

2. *Dokumente des Foreign Office*, 371/42758, W 8465, Telegramm Nr. 794, geheim. Pomerantz war ein junger, aus Polen gebürtiger Jude, der sich in Istanbul als einer von mehreren mit der illegalen Einwanderung nach Palästina und mit der Weiterleitung von Botschaften in das und aus dem besetzten Europa befaßten Vertretern der Jewish Agency betätigt hatte (siehe auch die Kurzbiographie auf Seite 451).

3. *Dokumente des Foreign Office*, 371/42758, W 8465, Note vom 27. Mai 1944.

4. Palästina-Telegramm Nr. 683, streng geheim, Exemplar in: *Dokumente des Foreign Office*, 371/42758, W 8626, sowie in: *Kabinettsdokumente 95/15*.

5. *Dokumente des Foreign Office*, 371/42758, W 8626, Bl. 50–3.

6. *United States Strategic Bombing Survey*, Record Group 243. Die Akten des Technischen Unterausschusses befinden sich in: *Kabinettsdokumente*, 77/19–28.

7. ,The Oil Position in Axis Europe, First Six Months of 1944' War Cabinet Technical Sub-Committee on Axis Oil (Technischer Unterausschuß des Kriegskabinetts für die Treibstoffsituation der Achsenmächte), *Kabinettsdokumente*, 77/24, A. D. (44) 41 (Final) vom 27. Mai 1944. Vorsitzender des Unterausschusses war Sir Harold Hartley, der im Ersten Weltkrieg im britischen Munitionsministerium den Bereich „Chemische Kriegführung" unter sich gehabt hatte. Ein weiterer Angehöriger des Ausschusses war S. P. Vinter vom Statistischen Stab des Premierministers.

8. Erich Kulka, ,Five Escapes from Auschwitz', in: Yuri Suhl (Hrsg.), *They Fought Back: The Story of the Jewish Resistance in Nazi Europe*, London 1968, S. 235–8.

9. Czeslaw (heute Peter) Mordowicz in einem Gespräch mit dem Autor am 22. Dezember 1980 in Ramat Gan (Israel).

10. Akten der Defense Intelligence Agency (RG 373), ‚Aerial photographs of Auschwitz and Birkenau', Mission 60 PRS/462, Büchse D 1508, Aufnahmen Nr. 3055-7, Büchse D 1509, Aufnahmen Nr. 4056-8, und Büchse D 1510, Aufnahmen 5018-20.

11. Der vollständige Wortlaut des Weissmandel-Briefs vom 31. Mai 1944 findet sich in: Lucy S. Dawidowicz (Hrsg.), *A Holocaust Reader*, New York 1976, S. 321-7.

12. Es war Eden jedoch nicht möglich, der Sitzung bis zum Ende beizuwohnen. Ein weiterer Angehöriger des Kriegskabinetts, der die ganze Sitzung über anwesend war, war Kolonialminister Stanley. Außerdem nahmen teil: G. H. Hall, Parlamentarischer Unterstaatssekretär im Foreign Office; Lord Selborne, Minister für wirtschaftliche Wohlfahrt; zwei Vertreter des Innenministeriums; ein Repräsentant der im Kriegskabinett vertretenen Ministerien, und A. W. G. Randall.

13. War Cabinet Committee on the Reception and Accommodation of Refugees, 2. Sitzung 1944, 31. Mai 1944, geheim; *Kabinettsdokumente 95/15*.

14. Kriegskabinett, Nr. 71 von 1944, Beschluß Nr. 3, Abschrift in: *Papiere des Premierministers*, 4/51/10, Bl. 1396.

15. *Dokumente des Foreign Office*, 371/42758, W 8507, Telegramm Nr. 4936.

16. *Dokumente des Foreign Office*, 371/42758, W 8507, Telegramm Nr. 4938.

17. *Dokumente des Foreign Office*, 371/42758, Vermerk vom 2. Juni 1944.

18. ‚Palestine', streng geheim, *Dokumente des Kolonialministeriums*, 733/461, Teil Eins.

19. Karpato-Ukraine, auch als Karpato-Rußland bekannt; bis 1918 zu Ungarn gehörig, dann der Tschechoslowakei zugesprochen; 1939 wieder von Ungarn annektiert; seit 1945 als Transkarpatien zur Sowjetunion gehörig.

20. Kriegsflüchtlingskomitee, Box 34, ‚Measures Directed Towards Halting Persecution', F: Hungary, Bd. 2.

21. Zu den Hintergründen und Zielen der Operation Frantic siehe Wesley Frank Craven und James Lea Cate (Hrs.), *The Army Air Forces in World War II*, Bd. 3, Chicago 1951.

22. ‚Attacks on Railways in 1944', *Dokumente des Foreign Office*, 898/318.

23. Auswertungsbericht Nr. D.389. ‚Location: Oświęcim (Auschwitz)', *United States Strategic Bombing Survey*, Record Group 243.

24. Oświęcim: I. G. F. Synthetic Rubber and Synthetic Oil Plant. A. C. I. U. Plant No. D.410. Neg. No. 38618 R. Based on Cover of 4.4.44.' *United States Strategic Bombing Survey*, Record Group 243.

25. ‚Report E. O. C. 74-1, prepared by the Western Axis Sub-Committee of the Enemy Oil Committee in Washington', Exemplar in: *Kabinettsdokumente*, 77/24, A. O. (44)44.

26. War Cabinet Technical Sub-Committee on Axis Oil Reports, Abschrift in: *Kabinettsdokumente*, 77/24, A. O. (44)44.

27. Die Unterlagen zur Diskussion zwischen Weizmann und Eden am 7. Juni 1944 sowie die dazugehörigen Kommentare des Foreign Office finden sich in: *Dokumente des Foreign Office*, 371/42758, W 9102.

28. *Nationalarchiv der Vereinigten Staaten*, 840.48, ‚Refugees' 6193, geheim.

29. Balkan Political Intelligence Notes (Aufzeichnungen der Politischen Aufklärung Balkan), Ausgabe Nr. 84, *Dokumente des Kriegsministeriums*, 201/1619. Nachdem im August 1941 12 000 ungarische Juden in den Osten deportiert und zwischen Januar und März 1942 mehrere tausend Juden in den von Ungarn besetzten Teilen Jugoslawiens getötet worden waren (beides geschah unter dem Premierminister Bardossy), war es 1943 zum Prozeß gegen die für die Tötungen in Jugoslawien Verantwortlichen gekommen, und

die ungarische Regierung hatte sich geweigert, ungarische Juden ins polnische Generalgouvernement zu deportieren (beides unter dem Premierminister Kallay). Hitler selbst hatte bei der ungarischen Regierung zweimal, zuerst im April 1943 und dann nochmals im März 1944, wegen ihrer „unentschlossenen und uneffektiven" Handhabung der jüdischen Frage protestiert. Auch nach der Ablösung Kallays durch Sztojay im März 1944 und der Besetzung Ungarns durch die Deutschen lösten die antisemitischen Maßnahmen in breiten Kreisen Ungarns Kritik aus. So berichtete der deutsche Wirtschaftsbeauftragte in Ungarn am 14. Mai 1944 nach Berlin, daß die Schließung von 18 000 jüdischen Geschäften in Budapest (insgesamt gab es in der Hauptstadt 30 000 Geschäfte) „beträchtliche Unruhe" ausgelöst habe. Und am 15. Mai 1944 forderte der päpstliche Nuntius in Budapest, Angelo Rotta, die ungarische Regierung nachdrücklich auf, „diesen Krieg gegen die Juden nicht über die von den Naturgesetzen und den Geboten Gottes gezogenen Grenzen hinaus fortzuführen", eine Forderung, der sich im Laufe der darauffolgenden drei Wochen mehrere führende ungarische Kirchenmänner anschlossen.

30. *Dokumente des Foreign Office,* 371/42 758, W 9317.
31. Viscount Halifax, Nr. 3134, *Dokumente des Foreign Office,* 371/42 758, W 9317.
32. Kriegskabinett, Nr. 75 von 1944, Beschluß 4, Abschrift in: *Papiere des Premierministers,* 4/51/8, Bl. 433.
33. *Dokumente des Foreign Office,* 371/42 758, W 9616.
34. Telegramm Nr. 876, geheim, *Dokumente des Foreign Office,* 371/42 758, W 9350.
35. Kummey: Hermann Krumey, Eichmanns Stellvertreter. Otto Klages war Chef der Gestapo in Budapest. Schröder war Leiter des Sicherheitsdienstes (SD) in Budapest.
36. Die zwölfseitige Niederschrift des Gesprächs Brand-Shertok vom 11. Juni 1944 befindet sich in: *Dokumente des Foreign Office,* 371/42 759, W 10 406, streng geheim; Assistant Defence Security Office, Northern Syria; sie ist datiert vom 12. Juni 1944.
37. Telegramm Nr. 907, *Dokumente des Foreign Office,* 371/42 758, W 9449.
38. *Central Zionist Archives,* L 22/135.
39. Viscount Halifax, Nr. 3188, geheim, *Dokumente des Foreign Office,* 371/42 758, W 9523, Telegramm und Kommentierungen.
40. Palästina-Telegramm Nr. 761, streng geheim, *Dokumente des Foreign Office,* 371/42 758, W 9647, Telegramm und Kommentierungen.
41. *Dokumente des Foreign Office,* 371/42 758, W 9644, Telegramm Nr. 1465 und Kommentierungen.
42. *Dokumente des Foreign Office,* 371/42 758, W 9643.
43. *Dokumente des Foreign Office,* 371/42 758, W 9644.

25. Juni 1944: Die Wahrheit über Auschwitz erreicht den Westen

1. Rudolf Vrba, ‚Footnote to Auschwitz Report', in: *Jewish Currents,* März 1966.
2. Czeslaw (Peter) Mordowicz in einem Gespräch mit dem Autor am 22. Dezember 1980 in Ramat Gan (Israel).
3. ‚German Extermination Camps – Auschwitz and Birkenau': Englische Fassung des Vrba-Wetzler-Berichts und des Mordowicz-Rosin-Berichts in dem vom Büro des Präsidenten des Kriegsflüchtlingskomitees in Washington D.C. am 26. November 1944 veröffentlichten Wortlaut.
4. Über das weitere Schicksal von Mordowicz schreibt Rudolf Vrba: „Nach seiner Flucht aus Auschwitz wurde Mordowicz im September 1944 in Preßburg ein zweites Mal von

der Gestapo ergriffen, aber ohne daß man seine Identität entdeckte. Er wurde verhaftet, als er versuchte, einer jüdischen Familie zu helfen. Er wurde der Waffen-SS übergeben, die ihn nach Birkenau zurückbrachte. Dort wurde er während der Prozedur des Tätowierens von Häftlingen erkannt, und diese Häftlinge tätowierten ihm sofort eine neue Nummer auf den Arm und über die alte Nummer einen Fisch. Die Häftlinge im Hauptschreibbüro sorgten unverzüglich dafür, daß dieser ‚neue' Gefangene einem zur Fronarbeit in einem auswärtigen Kohlenbergwerk bestimmten Transport zugeteilt wurde, so daß er dem Tod entging." (Brief an den Autor vom 30. Juli 1980).

5. Oskar Krasnansky in einem Gespräch mit dem Autor am 22. 12. 1980 in Tel Aviv.

6. Persönliche Erinnerung von Gerhart Riegner in einem Gespräch mit dem Autor am 1. Oktober 1980 in Genf.

7. Tschechischer Name von Theresienstadt.

8. Kriegsflüchtlingskomitee, Box 61, ‚General Correspondence of R. McClelland, F: Miscellaneous Documents and Reports re. Extermination Camps for Jews in Poland'.

9. Tatsächlich waren es genau 5007.

10. Tatsächlich wurden noch etwa 45 weitere Insassen des Familienlagers von der Vergasung im März 1944 ausgenommen.

11. In zwei Transporten: 2504 Personen am 4. Dezember 1943 (von denen 262 den Krieg überlebten) und 2503 am 18. Dezember (von denen 470 überlebten).

12. Am 21. Juli, einen Monat *nach* diesen Erschießungen, meldete Gerhart Riegner aus Genf der tschechoslowakischen Exilregierung in London telegrafisch: „Edelstein arbeitet seit einigen Monaten im Osten. Seine Frau Miriam und sein Sohn Arieh haben am 25. 3. 1944 aus Birkenau geschrieben und um Hilfe und Austausch-Zertifikate gebeten." (*Archiv des Jüdischen Weltkongresses*, Generalsekretariat).

13. *Central Zionist Archives*, L 22/135.

14. Bekannt auch als ‚Union of Universally Organized Orthodox Jewry' (Vereinigung des weltweit organisierten orthodoxen Judentums).

15. Slowakische Stadt; 1939 von Ungarn annektiert. Ungarisch Kassa, slowakisch Kosice. Zwischen 1918 und 1939 sowie ab 1945 zur Tschechoslowakei gehörig.

16. Der ursprüngliche Wortlaut der beiden Telegramme vom 16. und 23. Mai findet sich, zusammen mit dem decodierten Text und den Kommentaren, in: *Archiv des Kriegsflüchtlingskomitees*, Box 62, ‚General Correspondence of R. McClelland, F: Union of Orthodox Rabbis: Representative in Switzerland (I. Sternbuch), January–Juni 1944'.

17. Die beiden Briefe Rosenheims vom 18. Juni 1944 befinden sich in: *Archiv des Kriegsflüchtlingskomitees*, Box 35, ‚Measures Directed Towards Halting Persecution, F: Hungary No. 5'.

18. ‚Memorandum for the Files' (Memorandum für die Akten), *Kriegsflüchtlingskomitee*, Box 35, ‚Measures Directed Towards Halting Persecution, F: Hungary, No. 5'.

19. Brief von Generalmajor Thomas T. Hardy, Stellvertretender Stabschef; *National Archives Record Service*, RG 165, Records of the War Department General and Special Staff, OPD 383–7, Section II, Case 21.

20. Wesley Frank Craven und James Lea Cate (Hrsg.), *The Army Air Forces in World War II*, Bd. 3, Chicago 1951. Im Kommentar eines im Herbst 1944 entstandenen amerikanischen Films über die Operation Frantic heißt es, zu den nach Poltawa transportierten Nachschubgütern hätten gehört: Treibstoff, von Persien her über eine Entfernung von 4500 Kilometern herbeigeschafft, Funkausrüstung und Funker, über Ägypten und Palästina herantransportiert, sowie Nahrungsmittel und andere für die Durchführung der Missionen notwendige Güter, die 2000 Meilen per Schiff von Liverpool nach

Murmansk und von dort aus weitere 3000 Kilometer auf der Schiene nach Poltawa befördert wurden. (Mein Dank gilt Carl Foreman, der mir den Text dieses Filmkommentars zur Verfügung gestellt hat.)

26. Das Gestapo-Angebot: „Die Sache in Gang halten"

1. *Central Zionist Archives,* S 25/1678.
2. *Dokumente des Foreign Office,* 371/42 759, W 9885, Telegramm Nr. 779 von Sir Harold MacMichael an den Kolonialminister (mit dem Telegramm Shertoks für Weizmann als Anlage).
3. *Central Zionist Archives,* S 25/1682.
4. *Central Zionist Archives,* Z 4/14 870.
5. *Central Zionist Archives,* S 25/1678.
6. *Dokumente des Foreign Office,* 371/42 759, W 9885.
7. Moskau-Telegramm Nr. 1653, *Dokumente des Foreign Office,* 371/42 759, W 9875.
8. Aufzeichnungen von Randall, Baxter und Roberts, *Dokumente des Foreign Office,* 371/42 759, W 9885.
9. Telegramm Nr. 953, persönlich und streng geheim, *Dokumente des Foreign Office,* 371/42 759, W 10 023.
10. *Dokumente des Foreign Office,* 371/42 759, W 9885.
11. Lord Moyne, Mitteilung Nr. 1494, streng geheim, *Dokumente des Foreign Office,* 371/42 759, W 9943.
12. *Dokumente des Foreign Office,* 371/42 759, W 9944.
13. *Dokumente des Foreign Office,* 371/42 807, WR 34.
14. Dieter Wisliceny war aktiv an der Deportation von Juden aus der Slowakei (1942), aus Griechenland (1943) und aus Ungarn (1944) beteiligt. 1948 hingerichtet.
15. „Der schlaueste Trick, dessen Eichmann sich bei diesen schwierigen Verhandlungen bediente", hat Hannah Arendt geschrieben, „war, dafür zu sorgen, daß er und seine Männer so handelten, als seien sie korrupt." Hannah Arendt, *Eichmann in Jerusalem,* London 1977, S. 196.
16. Klausenburg in Siebenbürgen, rumänisch Cluj, ungarisch Kolozsvar.
17. Viscount Halifax, Telegramm Nr. 3361; Verteiler: Kriegskabinett; *Dokumente des Foreign Office,* 371/42 759, W 10 024.
18. Sir H. Knatchbull-Hugessen, Telegramm Nr. 973, streng geheim; *Dokumente des Foreign Office,* 371/42 759, W 10 248.
19. Viscount Halifax, Telegramm Nr. 3433, *Dokumente des Foreign Office,* 371/42 759, W 10 324.
20. Telegramm Nr. 214, *Central Zionist Archives,* L 25/1682.
21. *Yad-Vashem-Archiv,* Pazner-Papiere, 12/88.
22. *Central Zionist Archives,* L 15/80.
23. Drei Tage später, am 26. Juni 1944, hatte Riegner nochmals das Büro des Internationalen Roten Kreuzes in Genf aufgesucht, um, wie er später nach New York berichtete, „nochmals auf sofortige Absendung wichtigen Rotkreuz-Vertreters nach Budapest zu drängen", und am 4. Juli 1944 forderte der schweizerisch-jüdische Rechtsgelehrte Professor Guggenheim den Präsidenten des Internationalen Roten Kreuzes, Max Hüber, dringend auf, den ungarischen Regenten Admiral Horthy in einem „persönlichen handschriftlichen Appell" um die Einstellung der Deportationen zu ersuchen. (Riegner an Nahum Goldmann, Telegramm vom 5. Juli 1944, *Archiv des Jüdischen Weltkongresses,* Generalsekretariat).

24. Presov, dt.: Preschau; Novy-Sandz, dt.: Neu Sandez, poln.: Nowy Sacz; Munkacs, dt.: Munkatsch; Cop, dt.: Tschop; Trnava, dt.: Tyrnau; Trenzin, dt.: Trentschin; Zilina, dt.: Sillein; Legenye, dt.: Legina.

25. *Archiv des Jüdischen Weltkongresses,* Generalsekretariat.

26. *Kriegsflüchtlingskomitee,* Box 35, ,Measures Directed Towards Halting Persecution, F. Hungary', Nr. 5.

27. Benjamin Akzin in einem Gespräch mit dem Autor am 23. Dezember 1980 in Jerusalem.

28. Den Vermerk Gerhardts zitiere ich nach: David S. Wyman, ,Why Auschwitz was never Bombed', in: *Commentary,* Bd. 65, Nr. 5, New York, Mai 1978, S. 39.

29. Polnisch: Harmeze; ein zwei Kilometer südwestlich von Birkenau gelegenes Dorf; es lag innerhalb des Verwaltungsbereichs des Lagers Auschwitz und diente als angeschlossenes landwirtschaftliches Arbeitslager.

30. Garrets Telegramm ist vollständig wiedergegeben bei: Jenó Lévai, *Zsidósors Európáhan,* Budapest 1948, S. 68–72. Das Telegramm umfaßte 837 Wörter und wurde in vier separaten Teilen nach London übermittelt.

31. Wesley Frank Craven und James Lea Cate (Hrsg.), *The Army Air Forces in World War II,* Bd. 3, Chicago 1951.

32. Aufnahme Nr. 5022, Büchse C 1172, Mission 60/PR522SQ, Maßstab 1 : 60 000; *United States Strategic Bombing Survey,* Record Group 373.

33. Interpretation Report (Auswertungsbericht) Nr. D 326 R, Abzüge Nr. 4043 bis 4048; *United States Strategic Bombing Survey,* Record Group 243.

34. Mediterranean Allied Photo Reconnaissance Wing (Alliiertes Luftbildaufklärungsgeschwader Mittelmeerraum), Bericht Nr. H. 1.11 (P) vom 1. Juli 1944, ,Activity at the I. G. Farbenindustrie Synthetic Oil and Synthetic Rubber Works at Oswiecim (Poland)'; *United States Strategic Bombing Survey,* Record Group 373.

35. *Central Zionist Archives,* L 22/135.

36. Einer Schätzung des britischen Nachrichtendiensts vom 5. September 1944 zufolge befanden sich zu diesem Zeitpunkt insgesamt 160 000 Kriegsgefangene aus Großbritannien und anderen Commonwealth-Ländern in deutscher Hand (davon über 100 000 östlich der Elbe), ferner mehr als 30 000 Amerikaner, drei Viertel von ihnen östlich der Elbe); M. R. D. Foot und J. M. Langley, *M. I. 9,* London 1979, S. 288.

37. Lissabon-Telegramm Nr. 1981, *Nationalarchiv der Vereinigten Staaten,* 840.48, ,Refugees' 6-2644. Die Vertreter der Jewish Agency in Lissabon waren Eliahu Dobkin und Fritz Lichtenstein. Ihr Telegramm wurde von der amerikanischen Botschaft in Lissabon an das State Department in Washington übermittelt, wo es am selben Abend um 18.30 Uhr einging.

38. *Central Zionist Archives,* L 22/56.

39. Bei dieser Zahl handelte es sich um einen telegrafischen Übermittlungsfehler. Die im Originalbericht angegebene und korrekte Zahl war 12 000 Personen pro Tag. In den fünfzig Tagen zwischen dem 18. Mai und dem 7. Juli 1944 waren in den vier Gaskammern Birkenaus mehr als 400 000 ungarische Juden ermordet worden, was einem täglichen Durchschnitt von 8000 bis 9000 Personen über den gesamten Zeitraum hinweg entspricht.

40. Norton-Telegramm, Nr. 2949, dringlich; Verteiler: Kriegskabinett; Exemplar in: *Papiere des Premierministers,* 4/51/10.

41. *Papiere des Premierministers,* 4/51/10.

42. *Dokumente des Foreign Office,* 371/42 759, W 10 266, Bl. 148–9.

43. *Dokumente des Foreign Office,* 371/42759, W 10266, Bl. 150–1.
44. *Dokumente des Foreign Office,* 371/42759, W 10386.
45. ‚Note by the Secretary of State for Foreign Affairs‘ (Note des Außenministers), 26. Juni 1944, *Kabinettsdokumente* 95/15.
46. ‚Record of Interview with Mr. Shertok, Jewish Agency for Palestine‘ (Protokoll eines Gesprächs mit Herrn Shertok von der Jewish Agency für Palästina), *Dokumente des Foreign Office,* 371/42759, W 10260, Bl. 146.
47. *Dokumente des Foreign Office,* 371/42807, WR 49, Bl. 70.
48. ‚Record of an Interview granted by Mr. Hall to Dr. Weizmann and Mr. Shertok‘ (Protokoll eines Gesprächs, das Herr Hall den Herren Dr. Weizmann und Shertok gewährte), *Dokumente des Foreign Office,* 371/42807, WR 49, Bl. 73.
49. *Dokumente des Foreign Office,* 371/42807, WR 49, Bl. 70–1.
50. Zitiert nach: David S. Wyman, ‚Why Auschwitz was Never Bombed‘, in: *Commentary,* Bd. 65, Nr. 5, New York, Mai 1978, S. 39.
51. Brief vom 1. Juli 1944, *Kriegsflüchtlingskomitee,* Box 35, ‚Measures Directed Towards Halting Persecutions, F: Hungary‘, Nr. 5.
52. Brief vom 6. September 1944, *Kriegsflüchtlingskomitee,* Box 33, ‚Measures Directed Towards Halting Persecutions, F: Hungary‘, Nr. 1.
53. *Dokumente des Foreign Office,* 371/42810, WR 331, Kairo-Telegramm, Nr. 369.
54. *Dokumente des Foreign Office,* 371/42807, WR 49, Bl. 73.
55. Vor 1914 war Auschwitz ein Grenzort am westlichen Rand der österreich-ungarischen Provinz Galizien gewesen. Zwischen 1919 und 1939 gehörte es zu Polen; im Oktober 1939 wurde es dem Deutschen Reich (Region Oberschlesien, Bezirk Östliches Oberschlesien) einverleibt.
56. *Dokumente des Foreign Office,* 371/42807, WR 49, Bl. 75.
57. *Dokumente des Foreign Office,* 371/42807, WR 49, Bl. 74.
58. Foreign Office an Washington, Telegramm Nr. 5958, 1. Juli 1944; Verteiler: Kriegskabinett; *Kabinettsdokumente* 95/15.
59. Foreign Office an Washington, Telegramm Nr. 5959, 1. Juli 1944; Verteiler: Kriegskabinett; *Kabinettsdokumente* 95/15.
60. Persönlicher Vermerk des Premierministers, M 782/4, *Dokumente des Foreign Office,* 371/42759, W 10025, Bl. 68.
61. Antwortentwurf von Valentine Lawford; *Dokumente des Foreign Office,* 371/42759, W 10025, Bl. 69.
62. *Central Zionist Archives,* S 25/1678.
63. Sir R. Campbell, Telegramm Nr. 1163, *Dokumente des Foreign Office,* 371/42807, WR 55.
64. Beschlüsse des Kriegskabinetts und Bemerkungen Churchills zitiert aus: *Papiere des Premierministers,* 4/51/9.

27. „Tun Sie Ihr Möglichstes"

1. Britische Botschaft an tschechoslowakische Regierung, Brief Nr. 91, in: *Dokumente des Foreign Office,* 371/42809, WR 218, Bl. 34.
2. Im ganzen Bericht falsch Oswieczim geschrieben. Die korrekte Schreibweise des polnischen Namens von Auschwitz ist Oświęcim.
3. Report on Conditions in the Concentrations Camps of Oświęcim and Birkenau (Bericht über die Zustände in den Konzentrationslagern Auschwitz und Birkenau), Note Nr. 4951/duv/44, tschechoslowakische Regierung an Foreign Office; *Dokumente des*

Foreign Office, 371/42 809, WR 218, Bl. 44. Das an das State Department in Washington geschickte Exemplar dieses Berichts befindet sich in: *Nationalarchiv der Vereinigten Staaten* 840.48 ,Refugees' 7/544; es ging beim Kriegsflüchtlingskomitee am 14. Juli 1944 ein.

4. Die wesentlichen Angaben des Vrba-Wetzler-Berichts, insbesondere über Umfang und Datierung der in Auschwitz zwischen März 1942 und April 1944 eingetroffenen Deportationszüge, über die Tatsache der Vergasung der Mehrzahl der Ankömmlinge unmittelbar nach dem Eintreffen und über die Gesamtzahl der Vergasten, bestätigten sich als vollkommen zutreffend; sie entsprechen den bei Danuta Czech ,Kalendarium der Ereignisse im Konzentrationslager Auschwitz-Birkenau' (*Hefte von Auschwitz:* Bd. 3, Auschwitz 1960, Bd. 4, Auschwitz 1961, Bd. 6, Auschwitz 1962, sowie Bd. 7 und 8, Auschwitz 1964) mitgeteilten Fakten und Zahlen.

5. *Dokumente des Foreign Office,* 371/42 809, WR 218, Bl. 35.

6. *Dokumente des Foreign Office,* 371/42 809, WR 218; Entwurf von I. L. Henderson, Bl. 45.

7. Kriegskabinett, Nr. 85 von 1944, Abschrift in: *Papiere des Premierministers,* 4/51/10, Bl. 1388.

8. *Hansard,* 5. Juli 1944.

9. Bericht Veesenmayers an Ribbentrop vom 6. Juli 1944, *Nürnberger Prozeßdokumente* NG 5684.

10. Bericht Veesenmayers an Berlin vom 6. Juli 1944, *Nürnberger Prozeßdokumente* NG 5523.

11. Bericht Veesenmayers an Berlin vom 6. Juli 1944, *Nürnberger Prozeßdokumente,* NG 5523.

28. „Holen Sie aus der Air Force heraus, was Sie können"

1. ,Note of Interview with the Right Hon. Anthony Eden, Foreign Office, Thursday July 6th, 1944, at 3.15 p. m.' (Gedächtnisprotokoll eines Gesprächs mit Herrn Minister Anthony Eden im Foreign Office am Donnerstag, den 6. Juli 1944, um 15.15 Uhr), geheim, *Central Zionist Archives,* Z 4/14 870.

2. ,Aide-Mémoire', *Central Zionist Archives,* Z 4/14 870.

3. ,Note of Interview ...', *Central Zionist Archives,* Z 4/14 870.

4. Sowohl bei seiner Diskussion mit Weizmann und Shertok als auch in seinem Bericht über diese Diskussion an Churchill verwies Eden auf eine frühere Prüfung des Ersuchens um Bombardierung durch die britischen Behörden. Doch haben bisher weder meine eigenen Nachforschungen in den Archiven des Premierministers, des Foreign Office und des Luftfahrtministeriums noch die Nachforschungen anderer irgendwelche Anhaltspunkte dafür geliefert, was Eden damit gemeint hat bzw. daß in dieser Gelegenheit schon etwas unternommen worden war.

5. Vermerk des Außenministers, P. M. 44/501, *Papiere des Premierministers,* 4/51/10, Bl. 1365-7.

6. Persönliche Anmerkung des Premierministers, M 800/4, *Papiere des Premierministers* 4/51/10.

7. *Central Zionist Archives,* S 25/1678.

8. Unter den freigekommenen Juden aus Belsen und Vittel waren: Dr. Max Plaut, der letzte Vorsitzende der Jüdischen Gemeinde Hamburg, Gertrud Van Tijn, eine altgediente zionistische Aktivistin aus Holland, die zwischen 1933 und 1940 nach Holland geflüchtete Deutsche betreut hatte, Rabbi Lazar Duenner, der zuletzt Oberrabbiner von Amsterdam und davor Rabbi in Köln gewesen war, Jacob von Belitz, ein holländischer Sozialistenführer, Ignatz Bergenthal, ein deutscher Bankier und Volkswirt-

schaftler, und Professor Albert Levkovitz, der Lehrer am Breslauer Rabbinerseminar gewesen war.

9. Persönliche Erinnerungen von Rosine de Jong, überliefert von ihrem Neffen Yaacov Yannay in einem Brief an den Autor vom 23. Juni 1980.

10. ‚A Note in Connection with the Group of Immigrants Who Arrived Under the Exchange Scheme' (Eine Notiz im Zusammenhang mit der Einwanderergruppe, die im Rahmen des Austauschprojekts angekommen ist), *Central Zionist Archives*, Z 4/15 136.

11. Bericht der Jüdischen Telegrafenagentur, abgedruckt in ihrem *Daily News Bulletin*, 12. Juli 1944.

12. *Dokumente des Luftfahrtministeriums*, 19/218.

13. Entwurf in: *Dokumente des Foreign Office*, 371/42 809, WR 276/10/9, Bl. 141.

14. Entwurf in: *Papiere des Premierministers*, 4/51/10, Bl. 1359.

15. *Hansard*, 6. Juli 1944.

29. „Der denkbar lauteste Aufschrei"

1. ‚Record of Discussions with members of the Jewish Agency at the Colonial Office on the 7th July, 1944' (Protokoll der Gespräche mit Angehörigen der Jewish Agency im Kolonialministerium am 7. Juli 1944), *Dokumente des Kolonialministeriums*, 733/462.

2. *Hansard*, 28. Juli 1944. Diese Argumentation war nicht neu (siehe Seite 245).

3. Mission 325–72, Büchse B 8803, Maßstab 1 : 59 000; *Strategic Bombing Survey*, Record Group 243.

4. Ebenda, Aufnahme Nr. 5015. Derselbe Bereich ist, allerdings aus stärker schräggeneigter Perspektive, auf den Aufnahmen Nr. 1016 und 2016 zu sehen.

5. Viscount Halifax, Telegramm Nr. 3682; Exemplar in: *Papiere des Premierministers*, 4/51/10.

6. *Kriegsflüchtlingskomitee*, vertraulicher wöchentlicher Bericht für die Woche vom 3. bis 8. Juli 1944.

7. Randolph Churchill händigte diesen Bericht seinem Vater am 26. August 1944 persönlich aus. Bis dahin hatten weder der Premierminister persönlich noch sein Büro ein Exemplar des Berichtes erhalten.

8. Persönlicher Vermerk des Premierministers, M 806/4, *Papiere des Premierministers*, 4/51/10, Bl. 1357.

9. *Papiere des Premierministers*, 4/51/10, Bl. 1341.

10. Persönlicher Vermerk des Premierministers, C 45/4.

11. Sir R. Campbell, Telegramm Nr. 3685, Abschrift in: *Papiere des Premierministers*, 4/51/10, Bl. 1329.

12. Persönlicher Vermerk des Premierministers, M 818/4, streng geheim, *Papiere des Premierministers*, 4/51/10, Bl. 1331.

13. *Papiere des Premierministers*, 4/51/10, Bl. 1346–8.

14. Persönlicher Vermerk des Premierministers, M 844/4, *Dokumente des Foreign Office*, 371/42 809, WR 274.

15. Jerusalem-Telegramm Nr. 97, *Nationalarchiv der Vereinigten Staaten*, 840.48, ‚Refugees'/ 7–1144.

16. *Central Zionist Archives*, S 25/1682.

17. *Central Zionist Archives*, Z 4/14 870.

18. *Central Zionist Archives*, Z 4/14 870.

19. ‚Sonderbericht, Room 407, Hungarian Jews', *Schriftenarchiv der BBC*.

20. *Central Zionist Archives*, S 25/1682. Bader veröffentlichte seine eigene Darstellung in dem Buch: Menachem Bader, *Sad Missions*, Tel Aviv 1979.

21. *Central Zionist Archives*, S 25/1678.

22. ‚Summary of Steps Taken by War Refugee Board with Respect to the Jews of Hungary' (Übersicht über die vom Kriegsflüchtlingskomitee im Hinblick auf die ungarischen Juden unternommenen Schritte), *Kriegsflüchtlingskomitee*, Box 33, ‚Measures Directed Towards Halting Persecutions in Hungary', Nr. 1.

23. War Cabinet Committee on the Reception and Accommodation of Refugees, 13. Juli 1944; *Kabinettsdokumente* 95/15.

24. *Dokumente des Foreign Office*, 800/302, Bl. 106.

25. *Dokumente des Foreign Office*, 371/42 809, WR 238, Bl. 70.

26. *Dokumente des Foreign Office*, 371/42 809, WR 238, Bl. 67.

27. *Dokumente des Foreign Office*, 371/42 809, WR 238, Bl. 66.

28. Sir H. Knatchbull-Hugessen, Telegramm Nr. 1095, *Dokumente des Foreign Office*, 371/42 809, WR 265, Bl. 93.

29. *Dokumente des Foreign Office*, 371/42 809, WR 291, Bl. 161 und 163.

30. Target Information Sheet, GS. 5612 vom 18. Juli 1944. ‚Target No. 2(f)38. Place Oświęcim or Auschwitz, Category: Chemicals and Explosives. Sub Category: Rubber and Plastics' (Ziel Nr. 2(f)38. Ort Oświęcim oder Auschwitz, Kategorie: Chemikalien und Sprengstoffe. Unterkategorie: Gummi und Kunststoffe), *Strategic Bombing Survey*, Record Group 243.

31. Veröffentlicht in: Sir Charles Webster und Noble Frankland, *The Strategic Air Offensive Against Germany 1939–1945*, Bd. 4; Ergänzungen und Anhänge, S. 326–9.

32. *Papiere des Premierministers*, 3/14/4.

33. Persönlicher Vermerk des Premierministers, M 862/4.

34. Telegramm Nr. 861, *Dokumente des Foreign Office*, 371/42 807, WR 55.

35. *Central Zionist Archives*, Z 4/14 870.

36. Dabei handelte es sich um die „Operation Jericho", die die Royal Air Force im März 1944 gegen das Gefängnis von Amiens durchführte.

37. *Dokumente des Foreign Office*, 371/42 809, WR 277, Bl. 147–8.

38. Vermerk des Außenministers, P. M. 44/530, *Papiere des Premierministers*, 4/51/10, Bl. 1335–7.

39. SIME-Bericht Nr. 3, SIME/P. 7755, streng geheim; *Dokumente des Foreign Office*, 371/42 811, S. 37.

40. Telegramm Nr. 581 (nach Stockholm) und Nr. 2355 (nach Bern), *Dokumente des Foreign Office*, 371/42 809, WR 215.

41. *Daily Press Survey*, Bd. 5, Nr. 460.

42. *Dokumente des Foreign Office*, 371/42 809, WR 285, Bl. 150.

43. Ankara-Telegramm Nr. 1108, *Dokumente des Foreign Office*, 371/42 810.

44. Vierzehn Jahre später wurde er Papst (als Johannes XXII.)

45. *Dokumente des Foreign Office*, 371/42 811, WR 443.

46. *Dokumente des Foreign Office*, 371/42 810, Bl. 216.

47. *Dokumente des Foreign Office*, 371/42 810, Bl. 217.

30. Angst vor einer Flut

1. *Dokumente des Foreign Office*, 371/42 810.

2. Sir S. Hoare, Telegramm Nr. 1118, *Dokumente des Foreign Office*, 371/42 811, WR 418.

3. *Central Zionist Archives*, S 24/1682.

4. Telegramm in: *Dokumente des Foreign Office,* 371/42 811, WR 452; eingegangen in London am 27. Juli 1944 und noch am selben Tag vom Foreign Office an die Jewish Agency weitergeleitet.

5. *Dokumente des Foreign Office,* 371/42 811, WR 402. Die Akte wurde im Foreign Office unter der Bezeichnung 'Situation of the Jews in Hungary' geführt, obgleich sich von den 39 Seiten nur 9 auf Ungarn bezogen, während die anderen 30 Seiten von Auschwitz handelten.

6. Aufzeichnungen von Henderson and Allen, *Dokumente des Foreign Office,* 371/42 811, WR 402.

7. *Central Zionist Archives,* S 25/1682.

8. *Dokumente des Foreign Office,* 371/42 811, WR 437.

9. Persönlicher Vermerk des Premierministers, M.901/4, *Papiere des Premierministers,* 4/51/9.

10. *Dokumente des Foreign Office,* 371/42 811, WR 453.

11. *Dokumente des Foreign Office,* 371/42 811, WR 454.

12. *Dokumente des Foreign Office,* 371/42 811, WR 481.

13. *Central Zionist Archives,* S 25/1678.

14. Norton, Telegramm Nr. 3521, *Dokumente des Foreign Office,* 371/42 811, WR 479.

15. Norton, Telegramm Nr. 3587, *Dokumente des Foreign Office,* 371/42 814; Verteiler: Kriegskabinett; Exemplar in: *Kabinettsdokumente* 95/15.

16. Stockholm-Telegramm Nr. 3610, *Nationalarchiv der Vereinigten Staaten,* 840.48, 'Refugees'/6–2444.

17. Lissabon-Depesche Nr. 764, *Nationalarchiv der Vereinigten Staaten,* 840.48, 'Refugees'/7–2444.

18. Zitiert nach: David McDougall, *Jane Haining of Budapest,* Edinburgh 1949, S. 19.

19. Danuta Czech, 'Kalendarium der Ereignisse im Konzentrationslager Auschwitz-Birkenau', veröffentlicht in: *Hefte von Auschwitz,* Bd. 8, Auschwitz 1964.

20. *Central Zionist Archives,* L 15/117 II.

21. 'Report on the Sinking of the M/V „Mefkure"' (Bericht über die Versenkung der MS „Mefkure"), *Central Zionist Archives,* L 15/117 II. Ein weiterer Bericht gestützt auf eine Schilderung von Fülop selbst, findet sich auch in: Ehud Avriel, *Open the Gates!: A Personal Story of Illegal Immigration to Israel,* London 1975, S. 171–3.

22. *Central Zionist Archives,* L 15/117 II.

23. Jona Schärf in einem Gespräch mit dem Autor am 24. März 1980.

24. *Central Zionist Archives,* S 25/1682.

25. *Central Zionist Archives,* S 25/1682.

26. Nach dem amtlichen Protokoll der Sitzungen des kanadischen Unterhauses: *Debates: House of Commons,* Bd. 6, 1944, S. 5952.

27. War Cabinet Committee on the Reception and Accommodation of Refugees, 4. Sitzung 1944, *Kabinettsdokumente* 95/15.

28. Persönlicher Vermerk des Premierministers, M.928/4. *Papiere des Premierministers,* 4/51/10, Bl. 1322.

29. Churchill an Eden (unterzeichnet, aber dann rückgängig gemacht), *Papiere des Premierministers,* 4/51/10, Bl. 1323.

30. 'Hungarian Offer to Allow to Leave Hungary' (ungarisches Angebot, den Juden die Ausreise aus Ungarn zu gestatten), Dokument des Kriegskabinetts Nr. 434 von 1944; in: *Dokumente des Foreign Office,* 371/42 814, WR 682.

31. Kriegskabinett, Nr. 104 von 1944, *Kabinettsdokumente* 65/43.

31. Bomben auf Auschwitz: „Kosten ohne Nutzeffekt"

1. Winston S. Churchill, *Der Zweite Weltkrieg*, Bd. 6, Stuttgart 1954, S. 164.
2. Winston S. Churchill, *Der Zweite Weltkrieg*, Bd. 6, Stuttgart 1954, S. 167–8.
3. Kriegskabinett, Nr. 107 von 1944, Items 1 und 2, Abschriften in: *Papiere des Premierministers*, 4/52/5.
4. *Dokumente des Foreign Office*, 371/42 814, WR 705, Bl. 138.
5. *Dokumente des Foreign Office*, 371/42 814, WR 708, Bl. 156.
6. *Dokumente des Foreign Office*, 371/42 818, WR 1246, Brief vom 12. Oktober 1944 an das Australia House.
7. *Dokumente des Luftfahrtministeriums*, AIR 19/218, M 8694.
8. *Dokumente des Luftfahrtministeriums*, AIR 19/218, ‚S of S 475', 15/28.
9. Wesley Frank Craven und James Lea Cate (Hrsg.), *The Army Air Force in World War II*, Bd. 3, Chicago 1951.
10. Hilary St. George Saunders, *Royal Air Force 1939–1945*, Bd. 3, London 1954, S. 239–41.
11. Hugo Gryn in einem Gespräch mit dem Autor am 21. Oktober 1980.
12. *Akten der Defense Intelligence Agency* (RG 373), Luftaufnahmen von Auschwitz und Birkenau Mission USEC/R–79 (9. August 1944), Aufnahmen Nr. 1018–25, sowie Mission USEC/R–82 (12. August 1944), Aufnahmen Nr. 3017–9.
13. *Kriegsflüchtlingskomitee*, Box 35, ‚Measures Directed Towards Halting Persecutions, F: Hungary', Nr. 5.
14. Zitiert nach: David S. Wyman, ‚Why Auschwitz was Never Bombed', in: *Commentary*, Bd. 65, Nr. 5, New York, Mai 1978, S. 40. Zu der einen Monat früher verwendeten Spielart dieser Argumentation siehe S. 300 f. dieses Buches.
15. Vermerke von Millard und Allen, in: *Dokumente des Foreign Office*, 371/42 809, WR 731. Zu Allens Vermerk WR 276 siehe S. 319 f. dieses Buches.
16. Das erforderliche fotografische Material lag in Wirklichkeit schon seit dem 31. Mai 1944 vor (siehe S. 254); weitere Luftaufnahmen von Birkenau waren am 26. Juni gemacht worden (siehe S. 292 f.). Alle diese Fotografien waren bis dahin nur im Hinblick auf die Industrieanlagen von Monowitz analysiert worden. Sie hätten indes schon wenige Tage nach ihrer Entstehung für weitergehende Analysen zur Verfügung gestanden; man hätte sie lediglich im fünfzig Meilen westlich von London gelegenen Medmenham anzufordern brauchen. Tatsächlich wurde jedoch zu keinem Zeitpunkt in den Monaten August, September und Oktober 1944, als die Ersuchen der Jewish Agency diskutiert wurden, nach diesen Fotografien gesucht, und daher konnten sie auch nicht im Hinblick auf Birkenau ausgewertet werden. In der Tat wurde die erste Analyse der Luftaufnahmen von Birkenau, bei der die Gaskammern, Krematorien, Gleisrampen, die an den Rampen stehenden Züge, die Schuppen usw. identifiziert wurden, erst 35 Jahre später vorgenommen, anläßlich der Veröffentlichung des Buches: Dino A. Brugioni und Robert G. Poirer, *The Holocaust Revisited: A Retrospective Analysis of the Auschwitz-Birkenau Extermination Complex*, Washington 1979.
17. *Dokumente des Foreign Office*, 371/42 814, WR 749, Bl. 190.
18. *Dokumente des Luftfahrtministeriums*, 19/218/M.8565/S.2294.
19. *Dokumente des Foreign Office*, 371/42 814, WR 749, Bl. 191.
20. *Central Zionist Archives*, S 25/1678.
21. *Dokumente des Foreign Office*, 371/42 806, WR 823, Bl. 31–34 (Plan von Auschwitz und Legende), Bl. 35–39 (Plan von Treblinka und Legende). Die Kartenskizze von Auschwitz zeigte 28 einzeln numerierte Elemente des Stammlagers Auschwitz (darunter

Wachttürme, Maschinengewehrposten, ein Munitionsdepot, das Krematorium, die „Effektenlager", die SS-Baracke und das Wohnhaus für die Offiziere); in Auschwitz-Birkenau waren unter anderem gekennzeichnet: „SS-Baracke, Vorplatz, Hundezwinger, Konzentrationslager für Frauen, Gaskammern in einem Wäldchen westlich von Brzezinki/Birkenau" sowie „Krematorium in einem Wald, wahrscheinlich westlich der Baracken". Die Skizze von Birkenau enthielt einige Fehler, aber die allgemeine Anlage und Anordnung der Gebäude war zutreffend wiedergegeben, und insbesondere der Barackenbereich des Frauenlagers war sehr detailtreu und genau skizziert.

22. *Dokumente des Foreign Office*, 371/42 814, WR 749, Bl. 188.

23. *Dokumente des Foreign Office*, 371/42 814, WR 749, Bl. 188.

24. *Dokumente des Foreign Office*, 371/42 806, WR 823, Bl. 27.

25. *Dokumente des Foreign Office*, 371/42 814, WR 749, Bl. 200.

26. *Dokumente des Foreign Office*, 371/42 814, WR 749, Bl. 199.

27. Tatsächlich war Frau Katznelson mit zweien ihrer drei Kinder nahezu zwei Jahre früher aus Warschau nach Treblinka deportiert und dort getötet worden. Was Katznelson selbst betraf, so traf die von Linton weitergegebene Information zu: Er war am 29. April 1944 aus Drancy nach Auschwitz deportiert und dort getötet worden.

28. *Central Zionist Archives*, S 25/1678.

29. Mediterranean Allied Photo Reconnaissance Wing (alliiertes Luftbildaufklärungsgeschwader Mittelmeerraum), Auswertungsbericht Nr. D. B. 189 vom 23. August 1944, GS-5612: Polen, Oświęcim (11.15 Uhr) Werk für synthetischen Treibstoff und Gummi. *United States Strategic Bombing Survey*, Record Group 243.

30. Arie Hassenberg in einem Gespräch mit dem Autor am 24. Juli 1980.

31. Mission USEC/R86; Büchse B 10658; Aufnahmen Nr. 5018, 5019 und 5020, Maßstab 1 : 52 000, Höhe 7930 m.

32. Wesley Frank Craven und James Lea Cate (Hrsg.), *The Army Air Force in World War II*, Bd. 3, Chicago 1951.

33. Erich Kulka in einem Gespräch mit dem Autor am 4. Februar 1980 in Jerusalem.

34. Brief vom 17. Januar 1980 von Sarah Altusky (geb. Cender) an Lilli Kopecky in: Kopecky-Papiere.

35. Mediterranean Allied Photo Reconnaissance Wing (alliiertes Luftbildaufklärungsgeschwader Mittelmeerraum), Auswertungsbericht Nr. D. B. 191 vom 25. August 1944, G. S. 5612: Polen, Oświęcim (10.35 Uhr), Werk für synthetischen Treibstoff und Gummi. *United States Strategic Bombing Survey*, Record Group 243.

36. Aufnahmen Nr. 3182 und 3185, Mission 60 PR/694, 60 SQ, Büchse F 5367, Maßstab 1 : 10 000, Höhe 9150 m. *United States Strategic Bombing Survey*, Record Group 243.

37. Mediterranean Allied Photo Reconnaissance Wing, Auswertungsbericht Nr. D. B. 95, vom 30. August 1944, G. S. 5612; Polen, Ort: Oświęcim (Auschwitz). *United States Strategic Bombing Survey*, Record Group 243.

38. Es war dies die Aufnahme Nr. 4176, Mission 60 PR/694, 60. Geschwader, 25. August 1944; Höhe 9150 m. Der Plan liegt unter: ‚Oświęcim: I. G. F. Synthetic Rubber and Synthetic Oil Plant. D. Section. Map RW. Copied from A. C. I. U. Plan No D/410'. *United States Strategic Bombing Survey*, Record Group 243.

39. Wesley Frank Craven und James Lea Cate (Hrsg.), *The Army Air Force in World War II*, Bd. 3, Chicago 1951.

40. Shalom Lindenbaum in einem Brief vom 13. Juni 1980 an den Autor.

32. „Diese jammernden Juden"

1. *Kriegsflüchtlingskomitee*, Box 34, ,Measures Directed Towards Halting Persecutions, F: Hungary', Nr. 5.
2. *Dokumente des Foreign Office*, 371/42 817, WR 993, Vermerk von A. R. Dew, 1. September 1944; Vermerk von Lady Cheetham, 7. September 1944.
3. ,Note by the Secretary of State for Foreign Affairs' (Note des Außenministers), geschrieben am 9. September 1944, verteilt am 29. September 1944; War Cabinet Committee on the Reception and Accommodation of Refugees, *Kabinettsdokumente* 95/15, J. R.(44)23.
4. Bern-Telegramm Nr. 6276, *Nationalarchiv der Vereinigten Staaten*, 840.48, ,Refugees'/9–2244.
5. Telegramm Nr. 3378, *Nationalarchiv der Vereinigten Staaten*, 840.48, ,Refugees'/9–2244.
6. Jerusalem-Telegramm Nr. 124, *Nationalarchiv der Vereinigten Staaten*, 840.48, ,Refugees'/9–2244.
7. Sztojay war am 25. August von General Lakatos als ungarischer Premierminister abgelöst worden.
8. ,Copy of cable from Jewish Agency, Jerusalem, dated 13th Sept. 1944', (Kopie eines Telegramms von der Jewish Agency Jerusalem, datiert den 13. September 1944), *Dokumente des Foreign Office*, 371/42 818, Bl. 31. Die Liste mit den Eisenbahnstrecken ist als „Bl. 32" bezeichnet.
9. Wesley Frank Craven und James Lea Cate (Hrsg.), *The Army Air Force in World War II*, Bd. 3, Chicago 1951.
10. Shalom Lindenbaum in einem Brief an den Autor vom 13. Juni 1980. In dem Brief Lindenbaums heißt es weiter: „Vielleicht erweckt eine solche Erinnerung den Eindruck der Oberflächlichkeit, den Eindruck einer rückwirkend phantasierten Rekonstruktion. Zum Beweis rief ich vier meiner Freunde aus Monowitz an, die in meiner Nähe wohnen, und fragte sie nach ihren Erinnerungen. Es war bei allen dasselbe. Das heißt nicht, daß es keine anderen Reaktionen gegeben hätte; wahrscheinlich gab es andere, aber soweit ich und meine Freunde uns erinnern, dachten wir damals kaum an das eigene Überleben, sondern wir genossen die fallenden Bomben, gemischt mit einer natürlichen menschlichen Angst."
11. Luftbild-Auswertungsbericht Nr. G 361, I. G. F. Werk für synthetischen Treibstoff und Gummi, Oświęcim, Polen (15.15 Uhr). Beruhend auf Aufnahmen Nr. 4053, 4054 und 4055. *United States Strategic Bombing Survey*, Record Group 243.
12. Die auf Birkenau fallenden Bomben sind zu sehen auf Aufnahme 3 VI; Mission 464 BG: 4 M 97; Büchse B 8413, Maßstab 1 : 23 000, Höhe 7000 m. Die über Auschwitz abgeworfenen Bomben sind zu sehen auf Aufnahme 4 V 2. Insgesamt ist Birkenau auf zwei, Auschwitz auf sechs der Fotografien zu erkennen. *United States Strategic Bombing Survey*, Record Group 243.
13. Mediterranean Allied Photo Reconnaissance Wing (alliiertes Luftbildaufklärungsgeschwader Mittelmeerraum), Auswertungsbericht Nr. D. B. 214 vom 16. September 1944, Abzüge Nr. 4044 und 4045. *United States Strategic Bombing Survey*, Record Group 243.
14. Mediterranean Allied Photo Reconnaissance Wing. Auswertungsbericht Nr. D. B. 217 vom 18. September 1944. Abzüge Nr. 3019–3024, 4019–4025 und 4022. *United States Strategic Bombing Survey*, Record Group 243.
15. Mediterranean Allied Photo Reconnaissance Wing. Auswertungsbericht Nr. D. P. 110

vom 21. September 1944. Abzüge Nr. 4020–4023. *United States Strategic Bombing Survey,* Record Group 243.

16. *Dokumente des Foreign Office,* 371/42 818, WR 1174, Bl. 30.

17. *Dokumente des Luftfahrtministeriums,* 19/218, 12/22.

18. Auch die britische Lufthilfe für die Aufständischen in Warschau war unter Berufung auf das Argument des unnötigen Risikos in Frage gestellt und beeinträchtigt worden, aber doch nur in einem weit geringeren Grade. Nachdem die ersten drei Missionen nach Warschau (am 4., 8. und 9. August) durchgeführt waren, hatte sich der Stellvertretende Oberbefehlshaber der alliierten Mittelmeer-Luftflotte, Sir John Slessor, unter Hinweis auf die Risiken gegen eine Weiterführung solcher Flüge ausgesprochen. Unter Druck gesetzt, erklärte er sich jedoch mit sechs weiteren Missionen der Royal Air Force und der südafrikanischen Luftwaffe an sechs aufeinanderfolgenden Tagen (12. bis 17. August) einverstanden. Bei diesen sechs Missionen gingen 17 von 93 eingesetzten Maschinen verloren; daraufhin setzte Slessor durch, daß diese Flüge nur noch von polnischen Freiwilligen durchgeführt wurden. Was die von Roger Allen angesprochenen Risiken bei *Aufklärungsflügen* betraf, so waren solche Flüge spätestens seit September ein regelmäßiger Bestandteil der Erfolgsprüfung und -bewertung nach alliierten Bombenangriffen; tatsächlich wurde von den Flugzeugen, die im Rahmen von Aufklärungsaufträgen über Auschwitz hinwegflogen, um Monowitz zu fotografieren (am 16. September, zweimal am 18. September und am 6. Oktober), keines abgeschossen (siehe auch Karte auf Seite 371).

19. *Dokumente des Foreign Office,* 371/42 806, WR 823.

20. *Dokumente des Foreign Office* 371/42 818, WR 1174, Bl. 29.

21. *Kriegsflüchtlingskomitee,* Box 35, ‚Measures Directed Towards Halting Persecution, F: Hungary', Nr. 5.

22. *National Archives and Records Service,* RG 107, 400.38, Jews.

23. Nahum Goldmann in einem Brief an den Autor vom 27. Februar 1981.

24. Auswertungsbericht Nr. D. B. 241, 60. Geschwader; Mission 60/792 vom 16. Oktober 1944. Polen, Oświęcim, Werk für synth. Treibstoff und Gummi (13.49 Uhr). Abzüge Nr. 3011–15. *United States Strategic Bombing Survey,* Record Group 243.

25. Umfang der synthetischen Treibstoffproduktion Deutschlands im Oktober 1944 (in Tonnen): Blechhammer Nord 3400, Odertal 3600, Monowitz 2000. Weitere Werke mit geringeren Produktionsmengen waren Trzebinia mit 1500 Tonnen, Kolin mit 1500, Schwechat mit 800 und Pardubitz mit 200 Tonnen. Wöchentlicher Nachrichtenüberblick der Luftstreitkräfte Mittelmeerraum und Süd, Nr. 9, 5. März 1945. *United States Strategic Bombing Survey,* Record Group 243.

26. Wesley Frank Craven und James Lea Cate (Hrsg.), *The Army Air Force in World War II,* Bd. 3, Chicago 1951.

27. *Papiere des Premierministers,* 3/352/11. Am 2. Oktober 1944 teilte Stalin mit, daß der Flughafen Poltawa für britische oder amerikanische Lufteinsätze zur Unterstützung des Warschauer Aufstands nicht mehr zur Verfügung stehe.

33. „Das Ende von Auschwitz"

1. Botschafter Winant an Außenminister, Telegramm Nr. A-1225, *Nationalarchiv der Vereinigten Staaten,* 840.48, ‚Refugees'/10/944.

2. *Papiere des Premierministers,* 3/352/4, Bl. 78 und 80.

3. *Papiere des Premierministers,* 3/352/4, Bl. 70. *Anmerkung des Übersetzers:* Die Verwechs-

lung der beiden Verben wird nur verständlich, wenn man den betreffenden Satz in seiner ursprünglichen englischen Fassung betrachtet. Churchill hatte geschrieben: „Surely publicity given about this might *have* a chance of saving the multitudes concerned." Für „have" hatte der Sekretär „ban" eingesetzt.

4. *Dokumente des Foreign Office*, 371/39 454, C 13 943.

5. *Home News Bulletin*, 10. Oktober 1944, 18.00 Uhr, S. 11; *Schriftenarchiv der BBC*. Der endgültige Wortlaut der Erklärung findet sich in: *Dokumente des Foreign Office*, 371/39 454, C 13 943.

6. *Dokumente des Foreign Office*, 371/39 454, C 13 914.

7. *Daily Telegraph* vom 19. Oktober 1944 (unter der Überschrift: ‚Mass Murder of Poles').

8. Eine englischsprachige Fassung des von Fraser gesprochenen Textes findet sich in: *Dokumente des Foreign Office*, 371/39 454, C 14 402 (‚More Polish Atrocities').

9. *Dokumente des Foreign Office*, 371/39 454, C 14 201.

10. Das Telegramm war am 4. September von Budapest aus nach Istanbul abgeschickt worden. Aus Istanbul wurde es am 29. September nach London weitergeleitet; wo es am 7. Oktober ankam. Exemplar in: *Dokumente des Foreign Office*, 371/42 818, WR 1301.

11. *Central Zionist Archives*, S 25/1678.

12. Es war dies die im März 1944 ausgeführte und bereits vier Monate zuvor vom britischen Luftfahrtminister als ein mögliches Vorbild angeführte „Operation Jericho" (siehe auch Seite 335 dieses Buches).

13. *Kriegsflüchtlingskomitee*, Box 6, ‚Deutsche Vernichtungslager'.

14. Die Entfernung vom amerikanischen Luftstützpunkt Foggia nach Auschwitz und zurück betrug, Abweichungen zur Umfliegung des Luftraums unmittelbar über der sowjetisch-deutschen Front mit eingerechnet, knapp 2100 Kilometer.

15. *National Archives and Records Service*, RG 107, ASW 400.38, Länder-Deutschland.

16. Büro des Präsidenten des Kriegsflüchtlingskomitees, ‚German Extermination Camps – Auschwitz and Birkenau'. Beim Nürnberger Prozeß wurde dieses 59 Seiten umfassende Dokument unter der Nr. 022-L zu den Akten genommen.

17. Von Auschwitz abgesehen, waren in den Vernichtungslagern des von Deutschland besetzten Polen zwischen Januar 1942 und Januar 1944 über zwei Millionen Juden umgekommen. Die ungefähre Zahl der in diesen Lagern Getöteten betrug, Nachkriegsschätzungen zufolge: in Treblinka 840 000, in Belzec 600 000, in Chelmno 360 000, in Sobibór 250 000 und in Majdanek 125 000. Lange Zeit verband sich im Westen die Vorstellung von Folter, Entsagung und Massentötung mit dem Bezirk Lublin, eine Gedankenverbindung, die aus der Zeit des „Reservats" Lublin-Land stammte (siehe S. 14). Majdanek ist ein Vorort von Lublin, Sobibór liegt 96, Belzec 130, Treblinka 180 und Chelmno 350 Kilometer von Lublin entfernt.

18. *New York Times* vom 26. November 1944.

19. *New York Times* vom 27. November 1944.

20. ‚Jews in Hungary' (Juden in Ungarn), *Dokumente des Foreign Office*, 371/42 828, WR 1814.

21. *Central Zionist Archives*, S 25/1682.

22. *Central Zionist Archives*, S 25/1678.

23. *Central Zionist Archives*, L 15/106 II.

24. Auswertungsbericht Nr. D. 907 R vom 11. November 1944, ‚Deutsche Bunawerke', *United States Strategic Bombing Survey*, Record Group 243.

25. *Records of the Defense Intelligence Agency* (Akten der Stelle für Abwehr-Aufklärung), (RG 373), Luftaufnahmen von Auschwitz und Birkenau, Mission 15 S 6/887 5 PG, Büchse D 1610, Aufnahmen Nr. 4058-61.

26. Fotografischer Auswertungsbericht Nr. G.430 vom 29. November 1944. ‚Polen, Rangierbahnhof Oświęcim/Brzezinka (und Industrie)'. Fotos Nr. 3068–70, 4059 und
4060. *United States Strategic Bombing Survey,* Record Group 243.

27. Fotografischer Auswertungsbericht Nr. G.430 vom 29. November 1944. ‚Polen, Werk
für synthetischen Treibstoff und Gummi, Oświęcim (13.15 Uhr)'. Fotos Nr. 4036–67,
United States Strategic Bombing Survey, Record Group 243.

28. Fotografischer Auswertungsbericht Nr. G.453 vom 21. Dezember 1944. ‚Polen, Werk
für synthetischen Treibstoff und Gummi, Oświęcim', Fotos Nr. 4027–30. *United States
Strategic Bombing Survey,* Record Group 243.

29. Fotografischer Auswertungsbericht Nr. G.286 vom 23. Dezember 1944. ‚Polen, Werk
für synthetischen Treibstoff und Gummi, Oświęcim (12.09 Uhr)'. Abzüge Nr. 4065–71.
United States Strategic Bombing Survey, Record Group 243.

30. *Central Zionist Archives,* L 15/106 II.

31. Gespräch mit Erich Kulka am 4. Februar 1980 in Jerusalem.

32. Fotografischer Auswertungsbericht Nr. D. B. 245 vom 4. Januar 1945. Mission 328/635
(Lt. Smith). ‚Polen, Oświęcim O/R und Werk für synthetischen Gummi (11.10 Uhr)',
Abzüge Nr. 4002-08. *United States Strategic Bombing Survey,* Record Group 243. Unter
den an dieser Aufklärungsmission teilnehmenden Flugzeugen befand sich auch eine
Maschine des 60. Geschwaders der südafrikanischen Luftwaffe (mit Leutnant Rodseth
und Flugoffizier Starbuck).

33. Goldin-Telegramm Nr. 6154, *Central Zionist Archives,* L 15/116.

34. *Dokumente des Foreign Office,* 371/42 824.

35. Barlas-Telegramm Nr. 5032, *Central Zionist Archives,* L 15/116.

36. *Dokumente des Foreign Office,* 898/422.

37. *Dokumente des Foreign Office,* 371/51 134, WR 89/14/48, Bl. 59.

38. Am 7. Januar 1945 betrug die Zahl der jüdischen Häftlinge in Auschwitz: 10 000 Männer und 6000 Frauen im Stammlager Auschwitz, 10 000 Frauen und 4000 Männer in
Birkenau und 35 000 Männer und Frauen in Monowitz.

39. Fotografischer Auswertungsbericht Nr. G.494 vom 14. Januar 1945. ‚Polen: Werk für
synthetischen Treibstoff und Gummi, Oświęcim (12.30 Uhr)', Fotos Nr. 3018–20 und
4020. *United States Strategic Bombing Survey,* Record Group 243.

40. Fotografischer Auswertungsbericht Nr. D. B. 300 vom 15. Januar 1945. ‚Polen: Werk
für synthetischen Treibstoff und Gummi, Oświęcim (13.50 Uhr)', Abzüge Nr. 3002–06
und 4003–05. *United States Strategic Bombing Survey,* Record Group 243.

41. Wöchentliche Nachrichtenübersicht der Luftwaffenkommandos Mittelmeerraum
und Süd, Nr. 9 vom 5. März 1945, *United States Strategic Bombing Survey,* Record Group
243.

42. Wesley Frank Craven und James Lea Cate (Hrsg.), *The Army Air Force in World War II,*
Bd. 3, Chicago 1951.

43. Wesley Frank Craven und James Lea Cate (Hrsg.), *The Army Air Force in World War II,*
Bd. 3, Chicage 1951.

44. *Central Zionist Archives,* L 22/56.

34. „Das Schlimmste aller Lager"

1. Danuta Czech, ‚Kalendarium der Ereignisse im Konzentrationslager Auschwitz-
Birkenau', veröffentlicht in: *Hefte von Auschwitz,* Bd. 8, Auschwitz 1964.

2. Auschwitz und Birkenau waren natürlich Abteilungen eines einzigen Konzentrations-

lagers; sie lagen nur knappe zwei Kilometer auseinander; von Mai 1942 an wurde die Vergasung der jüdischen Deportierten ausnahmslos in den vier Gaskammern des Lagers Birkenau vorgenommen.

3. Telegramm Nr. 703, *Dokumente des Foreign Office*, 371/51 185, WR 514.

4. Britische Botschaft Moskau, 220/5/45, *Dokumente des Foreign Office*, 371/51 185, WR 514.

5. *Dokumente des Foreign Office*, 371/51 185, WR 874. Am 15. April 1945 hatten britische Truppen Belsen genommen.

6. *Dokumente des Foreign Office*, 371/51 185, WR 874.

7. *Dokumente des Foreign Office*, 371/51 185, WR 1208. In Auschwitz waren auch über 50 aus Großbritannien gebürtige Juden umgekommen, zumeist junge Männer und Frauen, die in der Zwischenkriegszeit nach Frankreich, Belgien oder Holland ausgewandert waren. Abgesehen von Miss Jane Haining führte das Foreign Office noch mehrere britische Staatsbürger auf, von denen vermutet wurde, daß sie in Auschwitz umgekommen waren: Mrs. Alice Nathan, geboren 1867 oder 1868 in Triest, Mrs. Helen Bulford, Mrs. L. Franz mit ihren Kindern und Mr. Samuel Richter (*Dokumente des Foreign Office*, 371/51 185, WR 1417, Vermerk vom 27. Juni 1945).

8. *Polpress Bulletin*, Nr. 16.

9. *Soviet Monitor*, Nr. 5999, ‚Special Bulletin: The Oświęcim Murder-Camp‘.

10. *Dokumente des Foreign Office*, 371/51 185, WR 1417.

Biographische Nachweise

(Die vom Autor zusammengetragenen Angaben und Daten erfassen nur die Personen, die in dem Buch eine bedeutende Rolle spielen)

Benjamin Akzin, geboren 1904 in Riga. Besuchte russische und deutsche Schulen. Studierte an den Universitäten Wien (1922) und Paris (1926); Assistent an der Harvard University (1934–36); studierte 1936–38 in London. Arbeitete aktiv für den Zionismus. Trat 1941 in Washington als Spezialist für internationales Recht in den Dienst der US-Regierung, und zwar in den Library of Congress Legislative Reference Service. 1944 dem Kriegsflüchtlingskomitee zugeteilt. 1947–48 Politischer Sekretär des American Zionist Emergency Council in New York. Emigrierte 1949 nach Israel. Danach Professor für Politische Wissenschaft und Verfassungsrecht an der Hebräischen Universität in Jerusalem.

Chaim Barlas, geboren 1898 in Brest-Litowsk. 1919–25 Direktor des Palästina-Büros Warschau. Emigrierte 1925 nach Palästina. Direktor der Einwanderungsabteilung der Jewish Agency, 1929–39 mit Sitz in Jerusalem, 1940–45 mit Sitz in Istanbul. 1939–40 Vertreter der Jewish Agency in Genf; 1940–45 in der Türkei. 1941–45 Repräsentant des Jüdischen Weltkongresses in der Türkei. 1948–49 Generaldirektor im israelischen Einwanderungsministerium. Lebt in Jerusalem (1981).

David Ben Gurion, geboren 1886 in Plonsk (Russisch-Polen). Emigrierte 1906 nach Palästina. Diente 1918 in der Jüdischen Legion des britischen Heers. 1921–35 Generalsekretär der Jüdischen Arbeitervereinigung in Palästina (Histadrut). 1935–48 Vorsitzender des Exekutivrats der Jewish Agency. 1948–53 und 1955–63 israelischer Premierminister. Gestorben 1974.

Norman Bottomley, geboren 1891. Diente 1915–18 im Royal Flying Corps. 1938–40 Stabsoffizier der Luftwaffe in der Kommandozentrale für Bombereinsätze. Kommandierte 1940–41 eine Bomberstaffel. 1941 und 1943–45 Stellvertretender Stabschef der Luftwaffe. 1944 zum Ritter geschlagen. 1945–47 Chef des Bomberkommandos. 1948–56 Verwaltungsdirektor der BBC. Gestorben 1970.

Joel Brand, geboren 1906 in Ungarn. Schulbesuch in Erfurt, wo sein Vater eine Telefon-Installationsfirma gegründet hatte. Schloß sich 1919 der Zionistischen Arbeiterjugend, 1921 der kommunistischen Jugendbewegung an. 1923 Abschluß der Höheren Gewerbeschule in Erfurt. 1924–26 Reisen durch Amerika, wo er in verschiedenen Autofabriken und bei Baufirmen arbeitete. Kehrte nach Deutschland zurück, nachdem sein Vater gestorben war, und wurde Ko-Direktor in der väterlichen Firma. Wandte sich 1931 wieder vom Kommunismus ab und dem Zionismus zu. 1933–34, nach Hitlers Machtergreifung, in Erfurt ein Jahr lang in Haft. Gründete 1935 in Budapest eine kleine Strickwarenfabrik. 1939 ins Zentralkomitee der Zionistischen Organisation Ungarns gewählt. 1940 Mitglied des Ausschusses des Palästina-Büros in Ungarn. Mitglied des Zionistischen Hilfs- und Rettungskomitees seit dessen Gründung im Januar 1943, verantwortlich für die heimliche Ausschleusung von Juden aus Polen. Reiste im Mai 1944 als Unterhändler nach Istanbul.

Mai bis Oktober 1944 von den Engländern zunächst in Aleppo, dann in Kairo festgehalten. Freigelassen am 7. Oktober 1944 in Jerusalem. 1961 als Zeuge beim Prozeß gegen Eichmann in Jerusalem. Gestorben 1964 in Frankfurt, während er als Zeuge gegen die Helfershelfer von Eichmann, darunter Hermann Krumey, vernommen wurde.

Boris von Bulgarien, geboren 1896. Wurde nach der Abdankung seines Vaters, „Foxy" Ferdinand, im Oktober 1918 König. Überlebte 1925 einen Attentatsversuch. Hielt 1939–41 die Neutralität Bulgariens aufrecht. Schloß im Frühjahr 1941 unter dem Druck Hitlers ein Bündnis mit den Achsenmächten, ließ seine Regierung im Dezember 1941 den westlichen Verbündeten, nicht aber der Sowjetunion, den Krieg erklären. Widersetzte sich 1942–43 den immer weitergehenden Forderungen der Nazis an sein Land. Gestorben am 28. August 1943 nach einer Unterredung mit Hitler – ob an einem Herzanfall oder eines gewaltsamen Todes, blieb ungeklärt.

William Cavendish-Bentinck, geboren 1897. Trat 1919 als Dritter Gesandtschaftssekretär in Warschau dem britischen Diplomatischen Dienst bei. Teilnehmer der Konferenzen von Lausanne (1922–24) und Locarno (1925). 1939–45 Vorsitzender des Joint Intelligence Committee der Stabschefs. 1945–47 Botschafter in Polen.

Sarah Cender, geboren 1919 in Lodz, wo sie das Gymnasium besuchte. 1940–42 in Zdunska Wola ansässig. 1942 mit ihren Eltern aus Zdunska Wola ins Getto von Lodz deportiert. 1944 nach Auschwitz deportiert. Emigrierte nach dem Krieg in die Vereinigten Staaten, heiratete dort Hirsh Altusky, den Herausgeber der Veröffentlichungen der Widerstandsorganisation des Warschauer Gettos.

William Cluse, geboren 1875. Wurde als Fünfjähriger Waise. Bis zum fünfzehnten Lebensjahr Lehrling und Gehilfe eines Druckers. Diente 1914–18 im Royal Army Medical Corps. 1923–31 sowie 1935–50 Abgeordneter der Labour Party. Parlamentarischer Privatsekretär des Transportministers (1940–41) und des Ministers für Flugzeugproduktion (1942–45). Gestorben 1955.

Arthur Colegate, Betriebsdirektor; Präsident des Komitees für Industrievermögen bei der Internationalen Handelskammer (1925–29). 1941–45 sowie 1950–55 Konservativer Unterhausabgeordneter. Vizepräsident der Midland Union of Conservative Associations. 1955 zum Ritter geschlagen. Gestorben 1956.

Lord Cranborne, geboren 1893. 1929–41 Konservativer Unterhausabgeordneter. 1940–42 sowie 1943–45 Staatssekretär im Ministerium für die Dominions. Vom 22. Februar 1942 bis zum 21. November 1942 Minister für die Kolonien. Wurde 1947 in der Nachfolge seines Vaters zum 5. Marquis von Salisbury. 1951–57 Vorsitzender des Oberhauses. 1952 Staatssekretär für Commonwealth-Beziehungen. Gestorben 1972.

Norman H. Davis, geboren 1878 in Tennessee. Trat als junger Mann ins Bankgeschäft ein. Nachdem er es im Alter von 35 Jahren zum Millionär gebracht hatte, zog er sich aus dem aktiven Geschäftsleben zurück, um in den Staatsdienst zu treten. Wurde 1917 beim US-Schatzamt als Finanzberater für ausländische Anleihen tätig. War 1931 Mitglied der amerikanischen Delegation bei der Weltabrüstungskonferenz in Genf. Als persönlicher Freund Präsident Roosevelts und als dessen weltweiter Sonderbotschafter wirkte er 1933–38 auch als Berater des Weißen Hauses in europäischen Angelegenheiten. 1938 von Roosevelt zum Vorsitzenden des Amerikanischen Roten Kreuzes ernannt. Wurde im November 1943 Präsident des Rates für Auswärtige Beziehungen. Gestorben im Juli 1944.

Arminius Drew, geboren 1906. Trat 1928 in den britischen Diplomatischen Dienst ein. War 1938–39 in Moskau und 1940–41 in Belgrad tätig. 1941 ins Auswärtige Amt versetzt. Starb (zusammen mit mehreren weiteren Beamten des Auswärtigen Amtes) 1945 bei einem Flugzeugunglück auf dem Weg zur Konferenz von Jalta.

Eliahu Dobkin, geboren 1898 in Bobruisk (Rußland). Studium an der Universität von Charkow. Emigrierte 1932 nach Palästina. 1939–45 Direktor der Einwanderungsabteilung der Jewish Agency in Jerusalem. Danach Vorsitzender des Zentralkomitees der United Israel Appeal. Er starb 1976.

Blanche Dugdale, geboren 1880. Nichte von Lord Balfour und mit Chaim Weizmann befreundet. Arbeitete 1915–19 in der Aufklärungsabteilung der britischen Marine. 1920–28 Chefin der Aufklärungsabteilung der League of Nations Union in London. Gehörte 1930–45 zum inneren, politisch verantwortlichen Zirkel der Londoner Zionisten. Sie starb am 16. Mai 1948, zwei Tage nach der Errichtung des Staates Israel.

Ira C. Eaker, geboren 1898. Als einer der herausragenden amerikanischen Militärflieger führte er am 17. August 1942 den ersten amerikanischen Bombenangriff auf Westeuropa. Trat nachdrücklich für Bombenangriffe bei Tageslicht ein. 1943 Befehlshaber der 8. Luftwaffendivision. Januar 1944 Oberbefehlshaber der alliierten Streitkräfte in Italien, August 1944 der alliierten Luftstreitkräfte für die Landung in Südfrankreich.

Alexander Easterman, geboren 1890 in Schottland. Journalist; 1926–33 Ressortleiter Ausland beim *Daily Express.* 1934–40 Auslands-Chefkorrespondent für den *Daily Herald;* 1940 Kriegskorrespondent in Paris. 1941–45 Politischer Sekretär bei der britischen Sektion des Jüdischen Weltkongresses. 1943–49 Vorsitzender des Palästina-Komitees beim Board of Deputies of British Jews. 1945–46 Vertreter des Jüdischen Weltkongresses bei den Nürnberger Prozessen, 1946 bei der konstituierenden Konferenz der Vereinten Nationen in San Francisco. Lebt in Großbritannien (1981).

Adolf Eichmann, geboren 1906 in Deutschland. Zog im Alter von acht Jahren mit seinen Eltern ins österreichische Linz um. Schulbesuch in Linz. 1928–33 als Staubsaugervertreter für die Firma Socony tätig. Trat 1932 der NSDAP bei, im gleichen Jahr der SS, 1934 Referent im SD-Hauptamt in Berlin und in der Abteilung IV B4a (Judenreferat), dann beim SD-Führer des SS-Oberabschnitts Donau, wobei er im Rahmen einer nachrichtendienstlichen Mission auch nach Palästina reiste. Wurde im März 1938 nach Wien versetzt, um die Organisation der Zentralstelle für jüdische Auswanderung zu übernehmen, und zwang Tausende von Juden zum Verlassen Österreichs. Errichtete im März 1939 auch in Prag eine „Zentralstelle für jüdische Auswanderung". Oktober 1939 Geschäftsführer der Reichszentrale für die jüdische Auswanderung, Dezember 1939 Versetzung in das Reichssicherheitshauptamt, wo er im Amt IV (Gestapo) das Referat IV D4 (Auswanderung und Räumung, dann das Referat IV B4 (Judenangelegenheiten, Räumung) übernahm. 1941 Ernennung zum Obersturmbannführer. Ab 1941 war seine Dienststelle das Zentrum für Deportation und Liquidierung von Millionen Juden aus den besetzten Teilen Europas. März–Juli 1944 Befehlshaber des Sonderkommandos Ungarn. Entkam 1945 aus einem amerikanischen Kriegsgefangenenlager. Wurde im Mai 1960 vom israelischen Geheimdienst in Argentinien aufgespürt und nach Israel entführt. 1961 in Jerusalem abgeurteilt, am 1. Juni 1962 hingerichtet.

Herbert Emerson, geboren 1881. Trat 1905 in Indien in den öffentlichen Dienst ein. 1933 zum Ritter geschlagen. 1933–38 Gouverneur des Pandschab. 1939–46 Hoher Kommissar für Flüchtlingsfragen beim Völkerbund, 1939–47 Direktor des Interstaatlichen Flüchtlingskomitees. Gestorben 1962.

Harold Farquar, geboren 1894. Trat 1922 als Dritter Gesandtschaftssekretär in Warschau dem britischen Diplomatischen Dienst bei. Diente danach in Madrid, Budapest, Rom, Mexiko und Helsinki. 1941–45 als Generalkonsul in Barcelona. 1946 britischer Generalbevollmächtigter in Addis Abeba. 1948–51 Botschafter in Stockholm. 1950 zum Ritter geschlagen. Gestorben 1953.

Wilhelm Fildermann, geboren 1882 in Bukarest. Ab 1913 Mitglied des Zentralkomitees des Bundes Rumänischer Juden. 1919 Angehöriger des Ausschusses Jüdischer Delegationen bei der Pariser Friedenskonferenz. 1929 als nichtzionistischer Delegierter beim Züricher Kongreß der Jewish Agency. 1931 zum Präsidenten der jüdischen Gemeinde von Bukarest gewählt. Er überlebte den Krieg, emigrierte 1948 nach Paris und starb 1963.

Judah Fishman, geboren 1875 in Bessarabien. 1905–13 Rabbi von Ungeni in Bessarabien. Wanderte 1913 nach Palästina aus. Wirkte 1918 bei der Errichtung des Oberrabbinats in Palästina mit. Von 1935 an Vertreter der Mizrachi-Bewegung bei der zionistischen Exekutive. Widersetzte sich 1944–45 der Unterdrückung jüdischer Terroristen durch die Haganah. Führte den Vorsitz in der Exekutive der Jewish Agency, als er im Juni 1946 von den Briten gefangengesetzt wurde. 1948 Religionsminister und Minister für Kriegsverluste in der Provisorischen Regierung Israels. Gestorben 1962.

Ernest Frischer, gebürtig aus Mährisch-Ostrau. In der Zwischenkriegszeit eine der führenden jüdischen Persönlichkeiten des öffentlichen Lebens in der Tschechoslowakei. Von 1925 an Mitglied des Jüdischen Nationalrats. 1935 Kandidat der Jüdischen Partei für den tschechischen Senat; 1935–39 Vorsitzender der Jüdischen Partei. 1940–45 Mitglied der tschechoslowakischen Exilregierung und des tschechoslowakischen Staatsrats (in London); er vertrat in dieser Funktion die Interessen der tschechischen Juden. War nach dem Krieg der erste Präsident der jüdischen Gemeinde in Prag, die er wieder aufbaute. Starb in der Tschechoslowakei.

Harrison A. Gerhardt, geboren 1909. Als Absolvent der Militärakademie von West Point war er 1939–43 ebendort tätig. Danach, 1943–45, arbeitete er als rechte Hand des amerikanischen Kriegsministers. 1944 zum Oberst befördert. Nahm als Stabsoffizier des Kriegsministers an den Konferenzen von Kairo (1943) und Potsdam (1945) teil. 1945–48 als US-Staatssekretär beim Alliierten Kontrollrat in Berlin. 1949–51 Assistent des amerikanischen Hohen Kommissars für Deutschland (John J. McCloy). 1952–54 beim NATO-Ministerrat. 1957 Brigadegeneral. 1958–59 Stabschef des 1. Korps in Korea. 1962–64 Befehlshabender General Southern European Task Force.

Nahum Goldmann, geboren 1895 in Litauen. Wanderte als Fünfjähriger mit seinen Eltern nach Deutschland aus. Besuchte 1913 Palästina. 1914–18 Mitglied des Referats für jüdische Angelegenheiten im deutschen Außenministerium. 1931 Vorsitzender des Politischen Ausschusses des 17. Zionistischen Kongresses. Verließ Deutschland 1933. 1935 als Repräsentant der Jewish Agency beim Völkerbund. 1936 Mitbegründer (mit Stephen Wise) des Jüdischen Weltkongresses. Ging 1939 nach New York und gründete dort die Notgemeinschaft Zionistischer Organisationen. 1948–56 Ko-Direktor der Exekutive der Zionistischen Organisation, 1956–68 deren Präsident. Von 1949 an Präsident des Jüdischen Weltkongresses; 1951 Präsident der Claims Conference, 1965 Präsident der Memorial Foundation for Jewish Cultur. Verließ 1962 die Vereinigten Staaten und wurde israelischer Staatsbürger. Erwarb 1968 die schweizerische Staatsbürgerschaft.

Andor Gross oder *Grosz*, bekannt als „Bandi"; Aliasnamen: Andre Gyorgy und Andreas Grainer. Geboren 1905 in Beregszasz (damals zu Österreich-Ungarn gehörig). Besuchte 1915–19 eine jüdische Schule in Budapest; 1919–23 Besuch der Höheren Handelsschule. Trat 1923 in eine Speditionsfirma ein. Kaufte 1926 ein Café, mit dem er jedoch 1929 bankrott machte. Begann 1931 mit Schmuggel- und Schwarzmarkttätigkeit. Widmete sich 1938 dem Goldschmuggel zwischen Ungarn und der Schweiz. Wurde in Budapest als „Schmugglerkönig" bekannt. 1941 wegen Schmuggelei zu zehn Jahren Gefängnis verurteilt. Die Deutschen halfen ihm, als Gegenleistung für Spionagedienste, um die Verbüßung dieser Strafe herumzukommen. Im Mai 1942 wurde er von den Deutschen in einer Spionagemission in die Schweiz geschickt; danach folgten viele weitere Reisen in neutrale Länder. 1946–53 in der Türkei wegen Spionage inhaftiert.

Yitzak Gruenbaum, geboren 1879 in Warschau. Journalist und Agitator. 1905 Delegierter beim 7. Zionistischen Kongreß. 1919–32 Abgeordneter im polnischen Parlament. 1922 Mitgründer des „Minderheitenblocks". 1933 Auswanderung nach Palästina. 1935–48 Mitglied des Exekutivrats der Jewish Agency und Leiter des Arbeitsministeriums. 1939–45 Leiter des Rettungskomitees der Jewish Agency. 1948 Innenminister der Provisorischen Regierung Israels. Entschiedener Befürworter einer Säkularisierung des Staates. 1949–50 Schatzmeister der Jewish Agency. Gestorben 1970.

Jane Haining, geboren 1897. Arbeitete 1917–22 als Schreibkraft. Begann 1922 für das Jewish Mission Committee der Kirche von Schottland zu arbeiten. 1932–44 Oberin des Mädchenheims in der Budapester Mission der Kirche von Schottland, wo sie jüdischen Kindern das Christentum nahebrachte. Im Mai 1944 wurde sie nach Auschwitz deportiert, wo sie zwei Monate später starb.

George Hall, geboren 1881 in Wales. Begann im Alter von zwölf Jahren in einer Kohlenzeche zu arbeiten. 1922–46 Unterhausabgeordneter der Labour Party. 1929–31 Civil Lord der Admiralität. 1940–42 Parlamentarischer Unterstaatssekretär im Kolonialministerium; 1943–45 im Auswärtigen Amt. 1945–46 Minister für die Kolonien. 1946–51 Erster Lord der Admiralität. 1946 zum Viscount geadelt. Gestorben 1965.

R. M. A. Hankey, geboren 1905. Trat 1927 in den britischen Diplomatischen Dienst ein. Diente 1939–45 im Auswärtigen Amt. Danach britischer Botschafter in Stockholm (1954–60) und Vorsitzender des Wirtschaftspolitischen Ausschusses im Auswärtigen Amt (1960–65). 1963 wurde er in der Nachfolge seines Vaters zum Zweiten Baron Hankey ernannt.

Leland Harrison, geboren 1883 in New York. Schulbesuch und Jurastudium in Harvard. Trat 1907 in den amerikanischen Diplomatischen Dienst ein. 1919 als Diplomatischer Sekretär der amerikanischen Verhandlungskommission bei der Pariser Friedenskonferenz. 1927–29 Botschafter in Schweden, 1929–30 in Uruguay, 1935–37 in Rumänien, 1937–46 in der Schweiz. Gestorben 1951.

Arie Hassenberg, geboren 1923 in Bedzin in Südwestpolen. 1933–39 Besuch der Realschule. Arbeitete 1941–42 in einer Elektrowerkstatt, 1943 in einer Schusterwerkstatt. 1943 nach Auschwitz deportiert. Im März 1944 zur Arbeit im I. G.-Farben-Werk in Buna-Monowitz abgestellt. Am 22. Januar 1945 floh er bei der Räumung des Buna-Werks aus einem Zug und wurde fünf Tage später bei Gleiwitz von der Roten Armee befreit. Im August 1945 half er mit, die „illegale" Emigration aus Polen nach Palästina zu organisieren. Im Oktober 1946 gelangte er selbst „illegal" nach Palästina. Von den Engländern nach Zypern deportiert und dort interniert, kehrte er im April 1947 nach Palästina zurück. Diente von November 1947 bis April 1948 in der Haganah, von Mai 1948 bis September 1949 bei der israelischen Verteidigungstruppe. 1950 Jura-Examen an der Hebräischen Universität in Jerusalem. Von 1957 an als Anwalt in Tel Aviv tätig. Begann 1979 mit der Erforschung der Rolle des Roten Kreuzes im Zusammenhang mit den Konzentrationslagern während des Weltkriegs.

Ian Henderson, geboren 1906. Trat 1924 in den britischen Konsularischen Dienst ein. 1933 Konsul in Innsbruck. Fungierte 1938 bei der Einverleibung der sudetendeutschen Bezirke der Tschechoslowakei in das Deutsche Reich nach dem Münchener Abkommen als Beobachter. 1942–45 Dient im Auswärtigen Amt. 1946 Handelsattaché in Prag. 1952–53 Botschafter in Paraguay, 1956 in Panama. 1958 zum Ritter geschlagen. 1960 Rückzug aus dem aktiven Dienst.

Joseph Hertz, geboren 1872 in der Slowakei. Kam im Alter von zwölf Jahren in die Vereinigten Staaten. 1894–96 Rabbi in Syracuse im Staate New York. 1896–1911 Rabbi von Johannesburg in Südafrika. 1911–13 nochmals in New York. Von 1913 bis zu seinem Tod 1946 Oberrabbiner der Vereinigten Hebräischen Gemeinden des britischen Commonwealth.

Kardinal Arthur Hinsley, geboren 1870. Von 1935 bis zu seinem Tod im März 1943 katholischer Erzbischof von Westminster. 1937 zum Kardinal ernannt.

Ira Hirschmann, geboren 1906 in Baltimore, Maryland. Bankier und Geschäftsmann. Mitautor von *Nazism: An Assault on Civilisation* (1934). 1942–44 Sondermitarbeiter beim National War Labor Board. 1944 Sonderbotschafter des Kriegsflüchtlingskomitees in der Türkei. 1946 Generalinspektor der United Nations Relief and Rehabilitation Agency (UNRRA). Autor des Buches *Lifeline to a Promised Land* (1949).

Axel Hojer, geboren 1890 in Schweden. 1930–35 bei der Städtischen Gesundheitsbehörde in Malmö. 1935–52 Generaldirektor von *Medicinalstyrelsen* in Stockholm. 1952–54 Vorsteher der Trivandrum Medical School in Indien. Sodann Mitarbeiter der Weltgesundheitsorganisation (WHO), Leiter von Projekten in Assam (Indien) 1956–57 und in Ghana 1958–60. Gestorben 1974.

Miklos Horthy, geboren 1868. Admiral der österreichisch-ungarischen Marine. 1920–44 ungarischer Reichsverweser. Von den Deutschen im Oktober 1944 zur Abdankung gezwungen und interniert. 1945–48 in amerikanischer Haft. Die Amerikaner weigerten sich, ihn an Ungarn auszuliefern, und ließen ihn 1948 frei. Lebte danach im Exil in Estoril in Portugal, wo er 1957 starb.

Bernard Joseph, geboren 1899 in Montreal. 1917 Präsident der Zionistischen Bewegung „Junges Judäa" in Kanada. Trat 1918 in die Jüdische Legion ein und kämpfte in Palästina. Ließ sich 1921 in Jerusalem nieder. Tätigkeit als Anwalt, dann auch als Rechtsberater der Politischen Abteilung der Jewish Agency. 1945–46 Mitglied des Exekutivrats der Jewish Agency. 1948 Militärgouverneur von Jerusalem. 1948 Eintritt in das israelische Kabinett als Minister für Versorgung und Rationierung, danach Minister für Handel und Industrie, für Justiz, für Entwicklung, für Gesundheit und wiederum für Justiz (1961–66). Gestorben 1980.

Menachem Kahany, geboren 1898 in Krakau, das damals zur österreichisch-ungarischen Monarchie gehörte. 1916–18 Militärdienst an der Italienfront (einer seiner Brüder fiel an der rumänischen Front). Wollte Arzt werden, konnte jedoch aufgrund der in Polen geltenden Beschränkungen des Anteils jüdischer Studenten an der Universität von Krakau nicht Medizin studieren. Promovierte 1922 in Krakau zum Doktor der Rechte. 1922–24 in Palästina. 1924–26 als Korrespondent einer Krakauer Tageszeitung in Paris. 1926–46 Politischer Sekretär der Jewish Agency beim Völkerbund in Genf, sowie, 1926–39, Vertreter der Jewish Agency bei der Ständigen Mandatskommission in Genf. 1940–44 Angehöriger der Vereinigung der Auslandskorrespondenten in der Schweiz. Von 1948 an Sonderberater der israelischen Delegation bei den Vereinten Nationen in Genf. Lebt in der Schweiz (1981).

Jan Karski, geboren 1914 in Lodz, das damals zu Russisch-Polen gehörte. Jurastudium an der Universität Lemberg. 1935–36 Militärdienst im polnischen Heer. 1938 Eintritt ins polnische Außenministerium. 1939 Leutnant der Artillerie. Von den Russen gefangengenommen und, da er sich als Zivilist verkleidet hatte, rückgebürgert (während alle polnischen Offiziere in russischer Gefangenschaft blieben). Arbeitete als Kurier zwischen Warschau und dem Polnischen Nationalrat, wobei er zunächst von Frankreich, dann von England aus operierte. Hielt sich 1941–42 im Warschauer Untergrund auf. Kam im November 1942 nach London, reiste dann in die Vereinigten Staaten weiter. 1944 veröffentlichte er *Story of a Secret State*. Seit 1940 in den Vereinigten Staaten wohnhaft; Professor an der Fakultät für Verwaltungswesen der Georgetown University.

Rudolf Kastner, geboren 1906 in Klausenburg in Siebenbürgen (das damals Teil der österreichisch-ungarischen Monarchie war). Auch als Reszo Kasztner bekannt. Arbeitete 1925–40 für die in ungarischer Sprache erscheinende zionistische Tageszeitung in Klausenburg. 1925–40 Sekretär der Parlamentsfraktion der Nationalen Jüdischen Partei. 1943–45 Leiter des Jüdischen Rettungskomitees in Budapest und Stellvertretender Vorsitzender der ungarischen zionistischen Organisation. Aufgrund seiner Verhandlungen mit der SS in Ungarn während des Krieges kam es zu einem Prozeß in Israel, wo ein Bezirksgericht den gegen ihn erhobenen Vorwurf der Kollaboration bestätigte. Am 3. März 1957, kurz nach Verkündung des Gerichtsurteils, wurde Kastner von einem jungen Mann ermordet, der unter dem Einfluß der gegen Kastner erhobenen Beschuldigungen stand. Am 17. Januar 1958 hob der Oberste Gerichtshof das Urteil des Bezirksgerichts auf.

Hughe Knatchbull-Hugessen, geboren 1886. Britischer Diplomat. 1936 zum Ritter geschlagen. 1936–37 Botschafter in China, 1939–44 in der Türkei, 1944–47 in Belgien. Gestorben 1971.

Arthur Koestler, geboren 1905 in Budapest. Studium an der Universität Wien. Arbeitete von 1926 an als Journalist im Nahen Osten, in Paris und Berlin. Während des spanischen Bürgerkrieges 1936–37 Reporter für den *News Chronicle*. Von Franco eingesperrt. Diente 1939–40 in der französischen Fremdenlegion, 1941–42 im britischen Pioneer Corps. Zu seinen frühen Veröffentlichungen gehören *Spanisches Testament* (1938), *Sonnenfinsternis* (1948), *Scum of the Earth* (1941), *Ein Mann springt in die Tiefe* (1945) und *Versprechen und Erfüllung* (1949). Lebt in London (1981).

Jaromir Kopecky, tschechoslowakischer Diplomat. Diente zwischen den Kriegen sowohl als ständiger Delegierter für das tschechoslowakische Rote Kreuz als auch als ständiger tschechoslowakischer Vertreter beim Völkerbund, beides in Genf. Er erfüllte diese beiden Funktionen auch in den Kriegsjahren. Kehrte 1945 in die Tschechoslowakei zurück, wo er nach 1948 als Historiker arbeitete.

Oskar Krasnansky, geboren 1902 in Nitra in der Slowakei (die damals Teil der österreichisch-ungarischen Monarchie war). Ausbildung in Wien an der Höheren Handelsschule und an der Hochschule für Außenhandel. In den dreißiger Jahren slowakischer Repräsentant des Zement-Kartells. Betätigte sich in zionistischen Kreisen in Preßburg. 1939 einer der slowakischen Vertreter beim Zionistischen Kongreß in Genf. Half 1939–40 mit, die „illegale" Emigration aus der Slowakei nach Palästina zu organisieren. 1942–44 Mitglied des Rettungskomitees der jüdischen Gemeinde Preßburg. Emigrierte 1949 nach Israel. In den fünfziger Jahren israelischer Attaché in Köln. Lebt in Tel Aviv (1981).

Miklos Krausz, geboren 1908 in einem kleinen Dorf in Ostungarn. Bekannt auch als Mosche. Schloß sich 1929 der Zionistischen Organisation in Ungarn an. 1932 Generalsekretär des Palästinabüros der Jewish Agency in Budapest; 1937–44 Leiter des Budapester Palästinabüros. 1946 Delegierter zum 22. Zionistischen Kongreß in der Schweiz. Wanderte 1948 nach Israel aus, wurde dort zum Leiter der Abteilung für Rehabilitation im Ministerium für soziale Wohlfahrt. Lebt in Jerusalem (1981).

Leon Kubowitzki, geboren 1896 in Litauen. Emigrierte nach Belgien, wo er es zum angesehenen Anwalt brachte. In der Zwischenkriegszeit einer der führenden Köpfe des belgischen Judentums; betätigte sich 1933 in der antinazistischen Boykottbewegung. Von 1940 an in den Vereinigten Staaten; 1943–44 Leiter der Abteilung für Angelegenheiten des europäischen Judentums beim Jüdischen Weltkongreß. 1945–48 Generalsekretär des Jüdischen Weltkongresses. 1948 Emigration nach Israel. Nahm den Nachnamen Kubovy an. 1949–53 israelischer Gesandter in Polen und der Tschechoslowakei, 1957–58 in Argentinien, Chile und Paraguay. Von 1959 bis zu seinem Tod 1966 Vorsitzender der Yad Vashem Remembrance Authority in Jerusalem.

Erich Kulka, geboren 1911 in Mähren. Technischer Experte in der holzverarbeitenden Industrie. 1939 von der Gestapo verhaftet. 1940 in Dachau, 1941 in Neuengamme. Im Oktober 1942 nach Auschwitz deportiert. Bei der Räumung des Lagers Auschwitz entfloh er mit seinem zwölfjährigen Sohn; beide wurden von Partisanen in den Bergen nahe der slowakisch-mährischen Grenze versteckt. Seit 1946 freiberuflicher Autor, zuerst in der Tschechoslowakei, von 1968 an in Israel. Eine seiner vielen Veröffentlichungen war *Five Escape from Auschwitz* (1975). Lebt in Jerusalem (1981).

Leo Lauterbach, geboren 1886 in Drohobycz in Galizien (damals Provinz von Österreich-Ungarn). Studium an den Universitäten Wien und Lemberg. 1912–13 Vorsitzender der zionistischen Studentenvereinigung von Galizien. 1915–18 Kriegsdienst im österreichisch-ungarischen Heer. Wurde 1919 Mitarbeiter der Zionistischen Weltorganisation in London; 1921 daselbst Direktor der Organisationsabteilung; dann Geschäftsführender Sekretär, 1935–36 in London, 1936–48 in Jerusalem. Gestorben 1968 in Jerusalem.

Richard Law, geboren 1901. Sohn des britischen Premierministers Andrew Bonar Law. 1931–50 Unterhausabgeordneter der Konservativen Partei. 1941–43 Parlamentarischer Unterstaatssekretär im Auswärtigen Amt; 1943–45 Staatsminister. 1945 Erziehungsminister. 1954 zum Baron Coleraine ernannt. Gestorben 1980.

Richard Lichtheim, geboren 1885 in Berlin. Schulbesuch und Studium in Berlin und Freiburg. Schloß sich 1905 der zionistischen Studentenvereinigung an. 1910 erste Reise nach Palästina. 1911–13 Journalist und Redakteur der wichtigsten zionistischen Zeitung in Berlin. 1914–17 einer der führenden Köpfe unter den nach Istanbul gesandten zionistischen Repräsentanten, die versuchten, die Türken von extremen Maßnahmen gegen die Juden in Palästina abzubringen. 1921–23 Angehöriger der zionistischen Exekutive in London und Leiter ihrer Organisationsabteilung. Als Gegner der von Weizmann betriebenen Politik schloß er sich 1925 der Revisionistischen Partei von Jabotinsky an, trennte sich von ihr jedoch 1933 aus Protest gegen „ihre separatistischen und faschistischen Tendenzen" wieder. 1923–33 Geschäftsführer einer Versicherungsgesellschaft in Berlin. Emigrierte 1934 nach Jerusalem. 1939–45 Vertreter der Jewish Agency in Genf. Starb 1963 in Jerusalem.

Schalom Lindenbaum, geboren 1926 in Przytk, einem polnischen Dorf, in dem es 1936 zu einem berüchtigten Judenpogrom kam. Er wurde 1940 nach Zentralpolen und anschließend in ein Zwangsarbeitslager deportiert; dort erlebte er einmal mit, wie 120 der 600 Häftlinge vor den Augen der übrigen erschossen wurden. Im Juli 1944 nach Auschwitz verlegt. Dann nach Monowitz abkommandiert. Am 18. Januar 1945 aus Monowitz evakuiert. Zum „Todesmarsch" nach Buchenwald gezwungen, auf dem mehr als 80 Prozent der Häftlinge durch Erschießen, Erfrieren, Hunger oder Krankheit umkamen. Entkam am 22. Januar 1945 aus der Marschkolonne. Wurde in der Nähe von Gleiwitz von zwei polnischen Frauen versteckt. Am 27. Januar 1945 von der Roten Armee befreit. Schloß sich 1946 der IZL (Irgun) an. Emigrierte im August 1946 nach Palästina; bis April 1947 auf Zypern interniert. Diente 1948–50 in der israelischen Verteidigungstruppe. Arbeitete in Haifa, zunächst als Hilfsarbeiter im Hafen, dann als Schulfaktotum, dann als Schulsekretär. Arbeitete anschließend in einer Bank. Machte 1956 sein Diplom in hebräischer Literatur und Geschichte. Seit 1959 Lektor an der Bar-Ilan-Universität in Israel.

Joseph Linton, geboren 1900 in Ozorkow bei Lodz (damals Russisch-Polen). Emigrierte kurz vor dem Ersten Weltkrieg nach England. Begann in London 1919 für den Zionismus zu arbeiten. Bekannt unter dem Namen Ivor. 1930–40 Finanz- und Verwaltungssekretär der Jewish Agency in London, 1940–48 ihr Politischer Sekretär. 1949–50 israelischer Generalkonsul und Berater der Botschaft in London. 1950–52 israelischer Gesandter in Australien und Neuseeland, 1952–54 in Japan, 1954–57 in Thailand. 1958–61 Botschafter in der Schweiz. Lebt seit 1961 in London.

H. B. Livingston, geboren 1895. Trat 1919 in den britischen Konsularischen Dienst ein. 1933–36 Konsul in Leipzig, 1936–38 in Dresden und 1938–45 in Genf. 1955 Generalkonsul in Los Angeles. 1946 Mitglied der Kontrollkommission für Deutschland. 1946–50 Generalkonsul in Baden-Baden; 1950–51 Generalkonsul in Marseille. Gestorben 1968.

Breckenridge Long, geboren 1881 in St. Louis in Missouri. Rechtsanwalt. Trat 1917 in den Auswärtigen Dienst ein. 1928 gescheiterte Kandidatur für den amerikanischen Senat. 1933–36 Botschafter in Italien. 1940–44 Staatssekretär. Gestorben 1958.

Roswell McClelland, geboren 1914 in Palo Alto in Kalifornien. Studierte 1936–37 an der Duke University sowie in München und Perugia. 1940–44 Delegierter des American Friends Service Committee in der Schweiz. 1944–45 Vertreter des Kriegsflüchtlingskomitees in der Schweiz. 1945–49 Sondermitarbeiter des amerikanischen Geschäftsträgers in der Gesandtschaft der Vereinigten Staaten in Bern. 1949–53 Innendienst im State Department. Dann im Diplomatischen Dienst in Spanien (1953–56), im Senegal (1960–64) und in Rhodesien (1964–65). 1967–70 amerikanischer Botschafter in Griechenland; 1970 Botschafter in Niger.

John J. McCloy, geboren 1895 in Philadelphia. 1917–18 Kriegsdienst (mit Auszeichnungsmedaille). 1921–40 praktizierender Anwalt in New York. April 1941 bis November 1945 Stellvertretender Kriegsminister. 1947–49 Präsident der Weltbank. 1949–52 amerikanischer Militärgouverneur und Hoher Kommissar für Deutschland. (Durch seinen „Gnadenakt" vom Januar 1951 wurden die Gefängnisstrafen vieler verurteilter Nazis wesentlich verkürzt.) Bankier und Geschäftsmann. 1961–63 Koordinator des amerikanischen Abrüstungsprogramms. 1961–74 Vorsitzender des Allgemeinen Beratenden Ausschusses des Präsidenten für Rüstungskontrolle und Abrüstung.

Douglas Mackillop, geboren 1891. Studium an den Universitäten Manchester und Lyon. Trat 1919 in den britischen Diplomatischen Dienst ein. 1936–37 britischer Geschäftsträger in Moskau. 1937 Botschaftsrat der Britischen Gesandtschaft in Peking; desgleichen 1938–40 in Riga und September 1940 bis November 1945 in Bern. Danach Leiter der Flüchtlingsabteilung und der Wiedergutmachungsabteilung im Auswärtigen Amt (1945–49). 1949–51 Generalkonsul in München. Gestorben 1959.

Harold MacMichael, geboren 1882. Trat 1905 in den politischen Dienst des Sudans. 1905–53 Dienst auf verschiedenen Posten im Sudan. 1932 zum Ritter geschlagen. 1933–37 Gouverneur und Oberbefehlshaber im Tanganjika-Territorium. 1938–44 Hoher Kommissar und Oberbefehlshaber für Palästina. 1945 britischer Sondergesandter in Malaya. 1946 Verfassungskommissar in Malta. Gestorben 1969.

Luigi Maglione, geboren 1877 bei Neapel. Trat 1908 in das Staatssekretariat des Vatikans ein. 1920 päpstlicher Nuntius in der Schweiz, dann in Frankreich. 1935 zum Kardinal ernannt. Von 1939 bis zu seinem Tod am 22. August 1944 päpstlicher Staatssekretär.

John Martin, geboren 1904. Trat 1927 in das Ministerium für die Dominions ein. 1936 Sekretär der Palestine Royal Commission. 1940–41 Privatsekretär Winston Churchills; 1941–45 sein Erster Privatsekretär. 1956–65 Stellvertretender Unterstaatssekretär im Kolonialministerium. 1965–67 britischer Hoher Kommissar in Malta. 1952 zum Ritter geschlagen.

Kingsley Martin, geboren 1897. 1923–27 Dozent an der London School of Economics. Von 1930–60 Redakteur des *New Statesman* und der *Nation.* Gestorben 1969.

Paul Mason, geboren 1904. Trat 1928 in den britischen Diplomatischen Dienst ein. Diente 1941–43 in Lissabon. 1944 Leiter der Flüchtlingsabteilung im Auswärtigen Amt. 1949–51 Gesandter in Sofia. 1951–54 Zweiter Unterstaatssekretär. 1954–60 Botschafter in Den Haag. 1960–63 Ständiger Vertreter Großbritanniens bei der NATO. 1963 Leiter der ständigen britischen Delegation bei der Konferenz über Abrüstung und Kernwaffenversuche in Genf. 1954 zum Ritter geschlagen.

Guy Millard, geboren 1917. Trat 1939 in das britische Auswärtige Amt ein. 1941–45 Zweiter Privatsekretär Anthony Edens. 1955–56 Privatsekretär Edens (der nunmehr Premierminister war). 1971–74 Botschafter in Schweden, 1974–76 in Italien. 1972 zum Ritter geschlagen.

Czeslaw Mordowicz, geboren 1921 in Mlawa in Polen. 1943 nach Auschwitz deportiert; im Mai 1944 von dort entflohen. Arbeitete nach dem Krieg in einem Betrieb für Elektrowaren in Preßburg. Emigrierte 1966 nach Israel. Wohnhaft in Israel (1981).

Henry Morgenthau, geboren 1891 in New York City. Landwirt und Landwirtschaftspolitiker. Trat in die Roosevelt-Administration als Leiter des Federal Farm Board und der Farm Credit Administration ein (1933–34). 1934–45 Finanzminister. Schlug 1945 die Teilung Deutschlands und seine Umwandlung in ein im wesentlichen agrarisches Land vor (der sogenannte Morgenthau-Plan). 1950–53 Vorsitzender des United Jewish Appeal, 1950–53 der Israel Bond Drive. Gestorben 1967.

Herbert Morrison, geboren 1888. 1920–21 Bürgermeister von Hackney. 1923–24, 1929–31 und 1935–59 Unterhausabgeordneter der Labour Party. 1929–31 Transportminister. 1940–45 Innenminister und Minister für Innere Sicherheit. 1942–45 Angehöriger des Kriegskabinetts. 1945–51 Stellvertretender Premierminister; 1951 Außenminister. 1959 zum Peer auf Lebenszeit ernannt. Gestorben 1965.

Lord Moyne, geboren 1880. 1907–31 Unterhausabgeordneter der Konservativen Partei (als Walter Guinness). 1914–18 Militärdienst. 1932 zum Baron Moyne ernannt. Vom 8. Februar 1941 bis 22. Februar 1942 Minister für die Kolonien (abgelöst durch Lord Cranborne). 1942–44 Stellvertretender Staatsminister in Nahost. Vom 28. Januar 1944 bis zu seiner Ermordung durch jüdische Terroristen (von der Stern-Bande) am 6. November 1944 in Kairo ständiger britischer Bevollmächtigter in Nahost.

Lewis Namier, geboren 1888 in Galizien als Kind jüdischer Eltern, die zum römisch-katholischen Glauben übergetreten waren. Studium an den Universitäten von Lemberg und Lausanne, an der London School of Economics und am Alliol College in Oxford. Erhielt 1913 die britische Staatsbürgerschaft. Arbeitete 1917–18 im Propagandaamt in London, 1918–20 in der Abteilung für Politische Aufklärung im Auswärtigen Amt. 1929–31 Politischer Sekretär der Jewish Agency in London. 1931–53 Professor für Neuere Geschichte in Manchester. 1936–39 einer der einflußreichsten Berater der Exekutive der Jewish Agency in London. 1939–45 für kriegswichtige Arbeiten für die Jewish Agency freigestellt. 1947 (bei seiner Heirat) in die russisch-orthodoxe Kirche aufgenommen und getauft. 1952 zum Ritter geschlagen. Gestorben 1960.

Clifford Norton, geboren 1891. 1914–18 Militärdienst in Gallipoli und Palästina. 1919–20 politischer Beamter in Damaskus, Haifa und Deraa. Trat 1921 in den britischen Diplomatischen Dienst ein. 1937–39 Legationsrat in Warschau. 1942–46 Gesandter in Bern. 1946–51 Botschafter in Athen. 1946 zum Ritter geschlagen.

Francis d'Arcy Osborne, geboren 1884. Direkter Nachkomme des fünften Herzogs von Leeds (der 1783–91 britischer Außenminister gewesen war). 1931–35 britischer Generalbevollmächtigter in Washington, 1936–47 am Heiligen Stuhl. 1963 zwölfter Herzog von Leeds; er starb 1964.

Eugenio Pacelli, geboren 1876 in Rom. Trat 1901 in das Staatssekretariat des Vatikans ein. 1925–35 päpstlicher Nuntius in Deutschland. Wesentlich beteiligt an der Aushandlung des Konkordats vom 20. Juli 1933 zwischen dem Heiligen Stuhl und dem Dritten Reich. Von 1939 an bis zu seinem Tod 1958 Papst als Pius XII.

Osbert Peake, geboren 1897. 1916–18 Militärdienst in den Coldstream Guards. 1923 Anwalt. 1929–55 Unterhausabgeordneter der Konservativen Partei. 1939–44 Parlamentarischer Unterstaatssekretär im Innenministerium. 1944–45 Finanzsekretär beim Schatzamt. 1953–55 Minister für Pensionen und Staatliche Versicherungen. 1955 zum Viscount Ingleby ernannt. Gestorben 1966.

John W. Pehle, geboren 1909. 1934–40 Sachverständiger für Währungsangelegenheiten beim US-Schatzamt. 1940–44 Direktor der Aufsichtsbehörde für Fremdvermögen in Washington. 1940–44 Stellvertreter des Finanzministers. Februar 1944 bis Januar 1945 Geschäftsführender Direktor des Kriegsflüchtlingskomitees, danach Rückkehr ins Schatzamt.

Venya Pomerantz, geboren 1918 in Ostpolen. Zionist und Sozialist. Emigrierte als Fünfzehnjähriger nach Palästina. Arbeitete 1933–42 im Kibbuz Ramat Rahel südlich von Jerusalem. 1942 von den Organisatoren der legalen Palästina-Einwanderung nach Istanbul geschickt. 1942–48 in Istanbul, Paris und Sofia an der Organisation der illegalen Einwanderung beteiligt. Danach unter dem Namen Zvi Hadari Professor für Ingenieurwissenschaften an der Fakultät für Nukleartechnik der Ben-Gurion-Universität im Negev in Israel.

Chaim Pozner, geboren 1899 in Russisch-Polen. Von 1918 an in der zionistischen Erziehungs- und Bildungsbewegung aktiv. Studium in Königsberg und Basel. 1934–38 Leiter des Palästinabüros in Danzig. 1940–45 Kodirektor des Palästinabüros in Genf. 1945–48 Europa-Repräsentant des „Finanzministeriums" der Jewish Agency, 1948–53 des Finanzministeriums von Israel. Ließ sich 1953 in Israel nieder (als Chaim Pazner). Arbeitete 1953–57 im israelischen Finanzministerium. 1957–60 Wirtschaftsattaché der israelischen Botschaften in Argentinien und Uruguay. 1960–62 als Sachverständiger für Wirtschaftsfragen bei der israelischen Botschaft in Schweden. 1963–67 Direktor des Revenue and Service Department (Ertrags- und Tilgungsverwaltung) in der Abteilung für Auslandswährungen des israelischen Finanzministeriums. Von 1967 an Vizepräsident der Gedenk- und Dokumentationsstätte für den Völkermord, Yad Vashem, in Jerusalem.

Edward Raczynski, geboren 1891 in Polen. Studium an den Universitäten Krakau und Leipzig und an der London School of Economics. Trat 1919 in die Dienste des polnischen Außenministeriums. 1934–45 polnischer Botschafter in London; 1941–42 Geschäftsführender Außenminister (der polnischen Exilregierung in London); 1942–43 Staatsminister für Auswärtiges im Kabinett von General Sikorski. Vorsitzender des polnischen Forschungszentrums in London. Seit 1979 polnischer Exilpräsident.

A. W. G. Randall, geboren 1892. Trat 1919 in das britische Auswärtige Amt ein. Arbeitete 1939–42 in der Flüchtlingsabteilung; 1942–44 Leiter der Flüchtlingsabteilung. 1947–52 Botschafter in Dänemark. 1949 zum Ritter geschlagen. Gestorben 1977.

Eleanor Rathbone, geboren 1872. 1909–34 erstes weibliches Mitglied des Stadtrates von Liverpool. 1929–46 unabhängige Unterhausabgeordnete für die Combined English Universities. Geschäftsführerin des Vereinsausschusses für Flüchtlingsfragen. Gestorben 1946.

Gerhart Riegner, geboren 1911 in Berlin. Studierte in Deutschland Jura, wurde Gerichtsreferendar und hatte das Ziel, Professor der Jurisprudenz zu werden. Durch das Gesetz vom 1. April 1933 als Jude von jeglichem öffentlichen Amt ausgeschlossen. Emigrierte im Mai 1933 nach Frankreich. Studierte in Paris weiter, wurde aber in seinen Aussichten durch ein französisches Gesetz beeinträchtigt, das die Ausübung eines juristischen Berufes während der ersten zehn Jahre nach der Einbürgerung untersagte. 1934 Mitglied des Kollegiums des Graduate Institute of International Studies in Genf. Wurde Mitarbeiter des neugegründeten Jüdischen Weltkongresses (einer 1933 zur Bekämpfung der Judenverfolgung ins Leben gerufenen Organisation); 1936 Syndikus des Jüdischen Weltkongresses; 1939–45 Direktor des Genfer Büros; 1948 Mitglied des Direktoriums; 1964 Generalsekretär. Verhandelte in den fünfziger Jahren (zusammen mit A. L. Easterman) in Nordafrika über die Rechte und den Status der nordafrikanischen Juden. In den sechziger Jahren tätig im Rahmen der Beziehungen des Judentums zu den christlichen Kirchen, unter anderem zum Vatikan und zum Weltrat der Kirchen. Wohnhaft in Genf (1981).

Hubert Ripka, geboren 1895. 1934–39 Dozent für internationale Politik an der Universität Prag und Redakteur einer Prager Tageszeitung. Floh im März 1939 nach Frankreich, im Juni 1940 weiter nach England. 1940–45 Stellvertretender (und Geschäftsführender)

Außenminister der tschechoslowakischen Exilregierung (in London). 1945–48 Außen-handelsminister in Prag. Trat 1948 zurück. Lebte von 1948 bis zu seinem Tod 1958 im Exil in England.

Frank Roberts, geboren 1907. Trat 1930 in das britische Auswärtige Amt ein. Tätigkeit in Pa-ris und Kairo. 1937–45 wieder Dienst im Auswärtigen Amt. Später Botschafter in Belgrad (1954–57), in Moskau (1960–62) und in Bonn (1963–68). 1953 zum Ritter geschlagen.

Angelo Roncalli, geboren 1881 in Bergamo in Italien. 1931–34 Apostolischer Delegierter in Bulgarien, 1934–44 in der Türkei und in Griechenland. Half einzelnen jüdischen Personen und Gruppen in der Slowakei, in Jugoslawien, Ungarn, Italien und Frankreich. Nach der Befreiung von Paris im August 1944 zum dortigen päpstlichen Nuntius ernannt. 1953 Kar-dinal und Patriarch von Venedig. 1958 als Johannes XXIII. zum Papst gewählt. Auf seine Veranlassung hin wurde 1959 der Begriff „perfidi", der sich auf die Juden bezog, aus dem Karfreitagsgebet verbannt. Gestorben 1963.

Jacob Rosenheim, geboren 1876 in Frankfurt. Bei der Konferenz von Kattowitz 1912 einer der Gründer der Organisation „Agudas Israel" der orthodoxen Juden. 1905–35 Redakteur der Wochenzeitschrift der Agudas Israel, *Der Israelit*. Emigrierte 1935 nach London, 1941 nach New York, 1950 nach Israel. Starb 1965, wenige Tage vor seinem 90. Geburtstag, in Jerusalem.

Arnost Rosin, geboren 1914 in der Slowakei. Im April 1942 nach Auschwitz deportiert; von dort im Mai 1944 entflohen. Arbeitete 1945–68 als Verwaltungsbeamter beim staatlichen Fernsehen in Preßburg. Seit 1968 Funktionär der jüdischen Gemeinde in Düsseldorf, 1978–80 deren Gesandter in Jerusalem.

Jona Scharf, geboren 1929 in Czernowitz. Mit ihrer Familie 1941 nach Transnistrien depor-tiert. Gelangte 1944 an Bord der *Kazbek* nach Palästina. Machte dort ihre schulische Aus-bildung zu Ende und arbeitete anschließend als Sekretärin. Heiratete und lebt heute als Jona Malleyron in Tel Aviv (1981).

Ignacy Schwarzbart, geboren 1888 in Galizien (damals Provinz der österreichisch-ungari-schen Monarchie). 1921–24 Chefredakteur einer polnischsprachigen zionistischen Tages-zeitung. Vorsitzender des Zionistischen Bundes von Westgalizien und Schlesien. Von 1933 an Mitglied des Zionistischen Generalrats, 1933–39 des polnischen Parlaments und 1940–45 des polnischen Nationalrats in London. Lebte von 1946 an in den Vereinigten Staaten und fungierte dort als Direktor der Verwaltungsabteilung des Jüdischen Welt-kongresses. Autor eines 1958 veröffentlichten Buches über jüdisches Leben im Krakau der Zwischenkriegszeit. Gestorben 1961.

Mosche Shertok, geboren 1894 in Cherson in Rußland. Ging 1906 mit den Eltern nach Palä-stina. Diente 1915–17 im türkischen Heer. 1921–24 Studium an der London School of Eco-nomics. 1933–48 Leiter der Politischen Abteilung der Jewish Agency. Benannte sich 1948 in Sharett um; 1948–56 erster Außenminister des Staates Israel. 1955–56 Premierminister. Von 1960 bis zu seinem Tod 1965 Vorsitzender des Exekutivrats der Jewish Agency.

Wladyslaw Sikorski, geboren 1881. Schule und Studium in Lemberg. 1914–18 Oberstleut-nant der Polnischen Legionen. 1918 an der Verteidigung von Lemberg und Przemysl ge-gen die ukrainischen Truppen beteiligt. 1920 Befehlshaber des 5. und 3. Armeekorps' im Kampf gegen die Rote Armee. 1922–23 Premierminister von Polen. 1923–25 Heeresmini-ster. Von Oktober 1939 bis zu seinem Tod bei einem Flugzeugabsturz am 4. Juli 1943 Premierminister der polnischen Exilregierung in London und Oberbefehlshaber des polnischen Heeres.

Archibald Sinclair, geboren 1890. Wurde 1912 in der Nachfolge seines Vaters zum 4. Baronet Sinclair. 1915–18 aktiver Militärdienst. 1918–22 Privatsekretär bei Churchill. 1922–45 Unterhausabgeordneter der Liberalen. 1935–45 Fraktionsführer der Liberalen Partei. 1940–45 Luftfahrtminister. 1952 zum Viscount Thurso erhoben. Gestorben 1970.

Katerina Singerova, geboren in der Slowakei. Bekannt unter dem Namen Katja. War im Frühjahr 1942 eine der ersten nach Auschwitz deportierten Jüdinnen; ihre eintätowierte Häftlingsnummer war 2098. Erich Kulka schreibt über sie: „Sie war ein junges, hübsches, kräftiges Mädchen; sie beherrschte die deutsche Sprache gut und wurde der Kommandantin des Frauenlagers als Laufmagd zugeteilt. Später wurde sie Sekretärin, und in dieser Funktion half sie vielen weiblichen Häftlingen und stand auch in Kontakt mit der konspirativen Bewegung im Männerlager." *(Brief vom 6. November 1980 an den Autor).* Sie überlebte den Krieg, war von 1948 an in Prag ansässig, heiratete und wurde später Direktorin des tschechoslowakischen Nationalfonds' für kreative Künstler.

Thomas Snow, geboren 1890. Schule und Studium in Winchester und am New College in Oxford. Trat 1923 in den britischen Diplomatischen Dienst ein. 1935–37 Tätigkeit in Kuba, 1937–40 in Finnland. 1940–41 Leiter der Flüchtlingsabteilung im Auswärtigen Amt. 1941–44 Dienst in Kolumbien; 1944–45 daselbst Botschafter. 1946–49 Botschaftsrat in der Schweiz. Trat 1950 in den Ruhestand. Wohnhaft in der Schweiz.

Carl Spaatz, geboren 1891 in Pennsylvania. Kriegsdienst in Mexiko (1917) und an der europäischen Westfront (1918). Januar 1944 bis Mai 1945 Oberbefehlshaber der strategischen Luftstreitkräfte der Vereinigten Staaten in Europa, anschließend (bis 1946) in Japan. 1947–48 Stabschef der Luftwaffe.

Oliver Stanley, geboren 1896 als Sohn des 17. Earls von Derby. 1924–50 Unterhausabgeordneter der Konservativen Partei. 1940 Kriegsminister; 22. November 1942 bis 23. Mai 1945 Kolonialminister (als Nachfolger von Lord Cranborne); Mai bis Juli 1945 Minister für die Dominions. Gestorben 1950.

Laurence A. Steinhardt, geboren 1892 in New York. 1917–18 Militärdienst. 1918–19 Jurist im Kriegsministerium. 1920–33 private Anwaltstätigkeit. 1932 einer der ersten Anhänger und Wahlkampfhelfer von Roosevelt. Später amerikanischer Gesandter in Schweden (1933) und Peru (1937), dann Botschafter in der Sowjetunion (1939–41), in der Türkei (1942–45), in der Tschechoslowakei (1945–48) und in Kanada (1948–50). Gestorben 1950.

Dome Sztojay, geboren 1883. 1935–44 ungarischer Gesandter in Deutschland. März bis August 1944 ungarischer Premierminister. Wegen seiner Beteiligung an der Deportation ungarischer Juden verurteilt und im Januar 1946 in Budapest hingerichtet.

Myron C. Taylor, geboren 1874. Rechtsanwalt und Industrieller. 1932–38 Vorstandsvorsitzender von US Steel. 1938 amerikanischer Vertreter bei der Konferenz von Evian über Flüchtlingsfragen (zugleich Konferenzpräsident). 1939–50 persönlicher Gesandter von Präsident Roosevelt (und später von Präsident Truman) bei Papst Pius XII. Arbeitete 1946 am Aufbau des Italienischen Roten Kreuzes mit. Gestorben 1959.

Fritz Ullman, geboren 1902 in Karlsbad (damals zur österreichisch-ungarischen Monarchie gehörig). 1929–39 Tätigkeit in der Zionistischen Organisation der Tschechoslowakei.

1939–45 Vertretung der Interessen des tschechischen Judentums in Genf. 1946 Mitglied der Organisationsabteilung der Jewish Agency in Jerusalem; wurde 1947 bei einem Angriff arabischer Terroristen auf das Gebäude der Jewish Agency schwer verletzt. Gestorben 1972.

Edmund Veesenmayer, geboren 1894. Trat als SS-Angehöriger ins deutsche Auswärtige Amt ein und wirkte 1938 aktiv an der Gleichschaltung dieser Behörde mit. Wurde 1940 zum „Generalbevollmächtigten für Irland" ernannt, wo er Pläne für die Mobilisierung von Angehörigen der Irish Republican Army (IRA) gegen England schmiedete. Bei einem Aufenthalt in Belgrad im September 1941 sprach er sich für die Deportation aller serbischen Juden aus. Im Mai 1943 beschwerte er sich bei Ribbentrop darüber, daß Ungarn nicht zur Deportation seiner Juden bereit war. 1944 deutscher Gesandter in Ungarn. 1946 in Nürnberg zu 25 Jahren Gefängnis verurteilt. Seine Strafe wurde später vom amerikanischen Hohen Kommissar in Deutschland, John J. McCloy, auf zehn Jahre herabgesetzt, tatsächlich wurde er jedoch bereits im Dezember 1951 aus der Haft entlassen.

Rudolf Vrba, geboren 1924 in der Tschechoslowakei. Wurde zunächst nach Majdanek deportiert (wo an einem einzigen Tag im November 1943 18 000 Juden exekutiert wurden, darunter sein Bruder Sam), dann nach Auschwitz. Entkam von dort im April 1944. Kämpfte vom September 1944 bis April 1945 bei den Partisaneneinheiten des tschechischen Heers; ehrenvolle Entlassung am 3. Mai 1945. 1945–49 Studium an der Fakultät für Organische Chemie der Technischen Universität Prag; 1949–51 am Lehrstuhl für Biochemie und Fermentierung. 1953–58 als Pharmakologe im Dienst des tschechoslowakischen Gesundheitsministeriums. Emigrierte 1958 nach Israel, wo er Mitarbeiter des tierärztlichen Forschungsinstituts beim Landwirtschaftsministerium wurde. Emigrierte 1960 nach Großbritannien, arbeitete dort in der Neuropsychiatrischen Forschungsanstalt des Medical Research Council. Dann Emigration nach Kanada; 1967–75 Außerordentlicher Professor am Lehrstuhl für Pharmakologie an der University of British Columbia, ab 1975 an der medizinischen Fakultät. Autor von über fünfzig wissenschaftlichen Beiträgen, außerdem Autor der Bücher *I Cannot Forgive* (1963) und *Factory of Death* (1964).

Dov Weissmandel, geboren in einem Teil der österreichisch-ungarischen Monarchie, der nach dem Ersten Weltkrieg zur Tschechoslowakei und nach 1938 zum unabhängigen slowakischen Staat gehörte. Ausbildung zum jüdisch-orthodoxen Rabbi. 1944 nach Auschwitz deportiert; es gelang ihm jedoch, in einem Brotlaib eine Säge in den Zug zu schmuggeln, mit ihr eine Luke in den Boden des Waggons zu schneiden und aus dem Zug zu springen. Nach dem Krieg emigrierte er in die Vereinigten Staaten, wo er ein orthodoxes Seminar begründete. Er starb 1957.

Chaim Weizmann, geboren 1874 in Rußland. Studium in Deutschland. 1898 Delegierter beim zweiten Zionistischen Kongreß. 1902 Dozent für Chemie an der Universität Genf. 1906 Dozent für Biochemie an der Universität Manchester. 1910 britische Staatsbürgerschaft. 1916–19 Direktor der Admiralty Laboratories. Aktiv an der Vorbereitung der Balfour-Erklärung vom 2. November 1917 beteiligt, in der die britische Regierung sich für eine „Nationale Heimat der Juden" in Palästina aussprach. 1921–31 und 1935–41 Präsident der Zionistischen Weltorganisation und der Jewish Agency für Palästina. Von 1949 an bis zu seinem Tod 1952 erster Präsident des Staates Israel.

Alfred Wetzler, geboren 1918 im tschechoslowakischen Nitra. Nach Auschwitz deportiert, wo er als Schreiber arbeitete. Entfloh von dort im Mai 1944. Veröffentlichte 1945 in Kaschau eine Broschüre mit dem Titel *„Auschwitz, das Grab von vier Millionen Menschen",* in der er den Vrba-Wetzler-Bericht und den Mordowicz-Rosin-Bericht in vollem Wortlaut zitierte. Schloß sich der kommunistischen Partei an. Später verhaftet und aus der Partei ausgeschlossen. Anschließend wieder rehabilitiert. Arbeitete als Redakteur bei einer kleinen slowakischen Zeitung in Preßburg. Lebt in Preßburg (1981).

Stephen S. Wise, geboren 1874 in Budapest. Kam im Alter von siebzehn Monaten in die Vereinigten Staaten. 1893 in New York zum Rabbi geweiht. 1897 Gründer der New York Federation of Zionist Societies. 1898–1904 Sekretär der Federation of American Zionists. 1909 Mitbegründer der National Association for the Advancement of Coloured People (NAACP). 1936–38 Präsident der Zionist Organization of America. 1936 Mitbegründer und Präsident des Jüdischen Weltkongresses. 1940–45 Vorsitzender der amerikanischen Notgemeinschaft zionistischer Organisationen. Gestorben 1949.

Elizabeth Wiskemann; Studium am Newham College in Cambridge. Arbeitete im Royal Institut of International Affairs und bereiste von 1930 an weite Teile Europas. Wurde im Juli 1936 in Berlin von der Gestapo verhaftet und aus Deutschland abgeschoben. Veröffentlichte 1938 *Czechs and Germans.* 1940–44 nachrichtendienstliche Tätigkeit in Bern als Zweiter Presseattaché, spezialisiert auf die besetzte Tschechoslowakei. 1946–47 als Korrespondentin des *Economist* in Rom. 1958–61 Professorin für Internationale Beziehungen an der Universität Edinburgh. 1961–64 Tutorin für Neuere Europäische Geschichte an der Universität von Sussex. Gestorben 1971.

Reuven Zaslani, geboren 1909 in Jerusalem. Experte für arabische Angelegenheiten und seit 1936 Angehöriger der Politischen Abteilung der Jewish Agency. Hatte die Aufgabe, mit den Alliierten den Kriegsbeitrag der palästinensischen Juden zu koordinieren. Leitete die israelische Delegation, die 1949 den Waffenstillstand mit Transjordanien aushandelte. Nachdem er den Namen Shiloah angenommen hatte, baute er den politischen Nachrichtendienst des neuen israelischen Staates auf und war aktiv an der Aufnahme geheimer Kontakte mit arabischen Staatsmännern beteiligt. Von 1953–57 Gesandter an der israelischen Botschaft in Washington. Er starb 1959.

Szmul Zygielbojm, geboren 1895 in der Provinz Lublin (damals Russisch-Polen). Beim ersten Parteitag der polnischen Sektion der Allgemeinen Jüdischen Arbeiterbundpartei (des „Bundes") Delegierter für Chelm. Von 1924 an Mitglied des Warschauer Zentralkomitees des Bundes. 1926 Mitglied des Stadtrates von Warschau, 1936 des Stadtrates von Lodz. Reiste im Auftrage des Bundes in den Westen, um dort über die Zustände in den von Deutschland besetzten polnischen Gebieten zu berichten: 1940 nach Belgien, 1940–42 in die Vereinigten Staaten, 1942 nach England. 1942–43 Repräsentant des Bundes beim Polnischen Nationalrat in London. Nahm sich am 12. Mai 1943 in London das Leben.

Verzeichnis der Karten

(eigens für dieses Buch gezeichnet)

Verzeichnis der Fotografien

(nach S. 256)

Danksagungen

Eine große Hilfe bei der Arbeit an diesem Buch waren mir diejenigen Personen, die an den geschilderten Ereignissen selbst teilhatten und mir sowohl durch die Mitteilung ihrer persönlichen Erinnerungen als auch dadurch behilflich waren, daß sie mir ihre privaten Aufzeichnungen zugänglich machten. In diesem Zusammenhang gilt mein Dank Benjamin Akzin, Sarah Altusky, Chaim Barlas, Arieh Ben-Tov (früher Hassenberg), Reuven Dafni, Frau Eve Gibson, Dr. Nahum Goldmann, Frau Rosine de Jong, Dr. M. Kahany, Frau Lilli Kopecky (Generalsekretärin der Vereinigung der Überlebenden von Auschwitz in Israel), Dr. M. Krausz, Erich Kulka, Professor Shalom Lindenbaum, Joseph Linton, dem verstorbenen Arthur Lourie, Frau Jona Malleyron, Oskar Krasnansky, Graf Edward Raczyński und Ya'acov Yannay.

Bedeutsame Hilfe wurde mir auch von drei weiteren Augenzeugen der von mir geschilderten Geschehnisse zuteil: von Chaim Pazner (früher Pozner), Zweiter Vorsitzender des Direktoriums von Yad Vashem in Jerusalem, der mich mit Hilfe von Dokumenten und persönlichen Erinnerungen mit seiner Arbeit in Genf während der Kriegszeit vertraut machte und mir in jedem Stadium der Arbeit an diesem Buch seinen höchst ermutigenden Zuspruch zuteil werden ließ; von Gerhart Riegner, der mir das Genfer Archiv des Jüdischen Weltkongresses zur Verfügung stellte, das Manuskript prüfte und mir im persönlichen Gespräch von den Ereignissen und der Atmosphäre jener Jahre berichtete; von Professor Rudolf Vrba, der mit außerordentlicher Geduld meine vielen Fragen zu seiner Flucht aus Auschwitz im Frühjahr 1944 beantwortete und mir Material über diese Flucht zur Verfügung stellte. Auch ein zweiter Auschwitz-Flüchtling, Czeslaw Mordowicz, gab mir eine detaillierte Schilderung des Weges, auf dem er und sein Fluchtgenosse den ersten Augenzeugenbericht über die Ermordung ungarischer Juden in Auschwitz im Mai 1944 in den Westen brachten.

Da dieses Buch aus zwei Vorträgen entstanden ist, die ich gebeten wurde, in Yad Vashem in Jerusalem zu halten, möchte ich ganz besonders dem Anreger dieser Vorträge, Dr. Yisrael Gutman, für seinen ermunternden persönlichen Zuspruch, und seinem Mitarbeiter Dr. Shmuel Krakowski, dem Direktor des Archivs von Yad Vashem, für die schier endlose Geduld danken, mit der er während der gesamten Zeitspanne, die meine Recherchen in Anspruch nahmen, meine vielen Anfragen beantwortete und mir dokumentarisches Material zugänglich machte. Die Zuvorkommenheit und Aufmerksamkeit all derer, die im Yad-Vashem-Archiv unter Leitung des Vorsitzenden des Direktoriums, Dr. Yitzhak Arad, beschäftigt sind, wird auf keinen, der dort arbeitet, ihren Eindruck verfehlen.

Bedeutsame Unterstützung wurde mir auch zuteil durch den Direktor der Central Zionist Archives in Jerusalem, Dr. Michael Heymann, sowie von seiten seiner Mitarbeiter; insbesondere bin ich zu Dank verpflichtet dem Stellvertretenden Direktor der Central Zionist Archives, Israel Philipp, der mir half, mich in der umfassenden Dokumentensammlung aus der Kriegszeit, über die das Archiv verfügt, zurechtzufinden.

Mein Dank gilt auch all den Bibliothekaren, Archivaren und Leitern verschiedener anderer Institutionen, die mir bislang unveröffentlichte Materialien zugänglich gemacht haben: Dem Schriftenarchiv der BBC in Caversham; der Jewish Chronicle Library; dem Institute of Jewish Affairs; der Kressel Collection des Oxford Centre for Postgraduate Hebrew

Studies; der Bibliothek und dem Archiv des Polish Institute and Sikorski Museum in London; dem Public Record Office in London (für die Akten des Luftfahrt-, des Kolonial- und des Informationsministeriums sowie des Foreign Office, des Büros des Premierministers, des Kriegskabinetts und des Kriegsministeriums); der Franklin D. Roosevelt Library in Hyde Park (für die Akten des Präsidenten und des Kriegsflüchtlingskomitees); dem Nationalarchiv der Vereinigten Staaten (für die Akten der Defense Intelligence Agency, des State Department und des United States Strategic Bombing Survey); dem Weizmann Institute in Rehovot (für die Weizmann-Papiere); dem Archiv des Jüdischen Weltkongresses in New York und dem Archiv des Jüdischen Weltkongresses, Generalsekretariat, in Genf.

Jedes neue Buch, das irgendeinen Aspekt der jüdischen Geschichte im Zweiten Weltkrieg behandelt, sollte sich von bereits veröffentlichten oder in Arbeit befindlichen Büchern und Artikeln inspirieren und leiten lassen. Ich möchte in diesem Sinne all jenen Historikern und Autoren danken, deren Arbeiten mir Anregungen für die Richtung meiner eigenen Forschungen gegeben haben. Besonderen Dank schulde ich den Pionierarbeiten von Yehuda Bauer, John Conway, Jósef Garliński, Serge Klarsfeld, Walter Laqueur, Miriam Novitch, Bernard Wasserstein und Ronald W. Zweig; jeder von ihnen hat in sehr wohlwollender und großzügiger Weise verschiedene Themen mit mir diskutiert und mir Material zur Verfügung gestellt. Danken möchte ich auch Danuta Czech, Raul Hilberg und dem verstorbenen Arthur D. Morse; die Veröffentlichungen dieser drei Autoren sind ein Muß für jeden, der sich dem Studium der Kriegsjahre widmet.

Dank schulde ich ferner David S. Wyman, dessen Arbeiten auf diesem Gebiet ihn ebenfalls als Pionier ausweisen und der mir Kopien vieler bedeutsamer Dokumente aus dem Archiv des Kriegsflüchtlingskomitees zusandte, darunter sehr Vieles, das bislang unveröffentlicht war.

Dem Direktor der Franklin D. Roosevelt Library in Hyde Park, New York, William R. Emerson, sowie Frau Louise Sieminski verdanke ich es, daß mir der vollständige Wortlaut von Henry Morgenthaus ‚Personal Report to the President' vom 16. Januar 1944 und der vom Kriegsflüchtlingskomitee am 26. November 1944 veröffentlichten kombinierten Fassung des Vrba-Wetzler-Berichts und des Mordowicz-Rosin-Berichts zur Verfügung standen.

Viele weitere Einzelpersonen haben mir spezifische Fragen beantwortet oder mich mit denjenigen in Verbindung gebracht, die mir weiterhelfen konnten. Mein Dank gilt hier in erster Linie folgenden Personen: Martin J. Callow vom Library and Records Department des Foreign and Commonwealth Office; George C. Chalou, Stellvertreter Leiter der Nachweisstelle der Allgemeinen Archivabteilung in der General Services Administration des National Archives and Records Service in Washington D.C.; Rudolf A. Clemen jr., Nachforschungsspezialist in der Bibliothek des Amerikanischen Roten Kreuzes in Washington D.C.; Dan Clemmer, Bibliothekar im State Department in Washington D.C.; James N. Eastman jr., Leiter der Nachforschungsabteilung im Albert F. Simpson Historical Research Centre an der Maxwell Air Force Base, Alabama; Barbro Edwards von der Kulturabteilung der schwedischen Botschaft in London; Dr. Elizabeth E. Eppler, Stellvertretende Direktorin des Institute of Jewish Affairs; Oded Eran; Emanuel Frieder, Vorsitzender der Hitachduth Oley Czechoslovakia in Israel; Mark Friedman vom Jüdischen Weltkongreß in New York; Roland Gant; Lloyd Heaslip, Direktor der Informations- und Dokumentationsstelle der Library of Parliament in Ottawa; G. Ronald Howe vom Nationalrat der YMCA-Vereinigungen; Gwyniver Jones vom Schriftenarchiv der BBC; Dr. L. de Jong vom Staatlich-Niederländischen Institut für Kriegsdokumentation in Amsterdam; Richard Judd, Bibliothekar am Oxford Centre for Postgraduate Hebrew Studies; Jaqueline Kavanagh vom Schriftenarchiv der BBC; Warren Kimball; Arthur Koestler; Roland de Lagerie, Leiter der Personalverwaltung beim Büro der Vereinten Nationen in Genf; A. J. van der Leeuw, wissenschaftlicher Mitarbeiter am Staatlich-Niederländischen Institut für Kriegsdokumentation in Amsterdam; Elana Markowitz; Reverend W. R. G. Marshall vom Overseas Council der Kirche von Schottland; E. Martinez, Staatssekretär im Vatikan; David Massel, Sekretär des Board of Deputies of British Jews; Yoram Mayorek von den Central Zionist Archives; Hauptmann Waclaw Milewski, Archivar am Polish Institute and Sikorski Museum in London; Eric Moonman; Timothy P. Mulligan von der Modern Military Branch der Military Archives Division bei der General Services Administration des National Archives and Records Service in Washington D. C.; Hochwürden Monsignore David Norris; Avi Pazner von der Israelischen Botschaft in Washington D. C.; Françoise Perret, Beauftragte für Information und Dokumentation beim Comité International de la Croix-Rouge in Genf; Gordon Phillips, Archivar und Rechercheur bei Times Newspapers Ltd.; General Porret vom Service Historique, Etat-Major de L'Armée de Terre, Ministère de la Defense, Vincennes; M. V. Roberts, Leiter des Nachforschungsdienstes der Guildhall-Bibliothek; Jakob Samek, Stellvertretender Vorsitzender der Hitachduth Oley Czechoslovakia in Israel; Dr. Anton Schlögel, Generalsekretär des Deutschen Roten Kreuzes in Bonn; Elizabeth Scott von Reader's Digest; Mary L. Shaffer, Direktorin der Army Library, Department of the Army, United States Army Service Center for the Armed Forces in Washington D. C.; Michael Wallach; Mrs. M. Wojakowska, Bibliothekarin am Polish Institute and Sikorski Museum; sowie Caroline Zelka.

Danken möchte ich ferner all denen, die mir Zugang zu ihren fotografischen Beständen gewährten und deren Fotografien in diesem Buch abgedruckt sind: den Central Zionist Archives in Jerusalem für die Fotografien Nr. 10 (L 17/2266) und 11 (L 17/931/2); der Sammlung Martin Gilbert für die Fotografien Nr. 22, 24, 26, 33 und 34; Hasifria Hazionit in Tel Aviv für Fotografie Nr. 3; der International Publishing Corporation für die Fotografien Nr. 13 und 14; Keren Hayesod in Jerusalem für die Fotografien Nr. 1, 2, 17 und 18; Erich Kulka für die Fotografien Nr. 19, 20 und 23; dem National Archives and Records Service in Washington für die Fotografien Nr. 27, 28 und 32; dem Nowoczesny Zaklad Fotograficzny ‚Polonia' in Zakopane für Fotografie Nr. 12; Dr. Chaim Pazner für die Fotografien Nr. 5, 6, 7, 8, 9 und 15; Dr. Gerhart Riegner für Fotografie Nr. 4; dem United States Signal Corps, Still Section, Studio Division, für Fotografie Nr. 25; Professor Rudolf Vrba für Fotografie Nr. 21; dem Archiv des Generalsekretariats des Jüdischen Weltkongresses in Genf für Fotografie Nr. 16; dem Yad-Vashem-Archiv in Jerusalem für die Fotografien Nr. 29, 30 und 31.

Beträchtliche Unterstützung erhielt ich im Zuge meiner Nachforschungen von Dr. Christopher Dowling, dem Verwalter der Abteilung für Bildung und Publikationen am Imperial War Museum in London, der im Zusammenhang mit den von Süditalien aus unternommenen alliierten Bombereinsätzen in der Region Auschwitz bedeutsames dokumentarisches Material beisteuerte; von Carl Foreman O. B. E., der mir seinen 1944 gedrehten Film über die Operation Frantic, die Pendelmission zwischen Italien und der Ukraine, zugänglich machte; von Rabbi Hugo Gryn, der das Manuskript durchsah; von Taffy Sassoon, die mir half, die ungeheure Menge des gesammelten Materials zu sortieren; von Richard Grunberger und Anita Mittwoch, die bei den erforderlichen Übersetzungsarbeiten mithalfen; von T. A. Bicknell, der bei der Fertigstellung der Karten mitwirkte; von Gerry Moeran vom Studio Edmark in Oxford, der zusammen mit seiner Assistentin Jean Hunt fotografische Spezialarbeiten erledigte; und von all denen, die sich um das Abtippen des

Manuskripts in seinen verschiedenen Entstehungsstadien verdient gemacht haben: Judy Holdsworth, Phyllis Jenkinson, Esther Gerber und Sue Rampton.

Wertvollen Beistand beim Zusammentragen des dokumentarischen Materials leistete mir in jedem Stadium der Arbeit Larry P. Arnn aus Claremont in Kalifornien, der für mich mehrere Zeitungsarchive durchforstete. Danken möchte ich auch Michael O'Mara, Erica Hunningher und Elizabeth Blair vom Verlag George Rainbird Ltd. für die eindrucksvolle Kombination aus ansteckendem Enthusiasmus und harter Arbeit, die jeder von ihnen einbrachte, um es möglich zu machen, daß dieses Buch der Öffentlichkeit vorgelegt werden konnte.

Vor allem jedoch schulde ich meiner Frau Susie Dank, deren Urteil und Ratschlag durch nichts aufzuwiegen war.

Register

Wichtige Bücher zur Zeitgeschichte

John H. Backer

Die Entscheidung zur Teilung Deutschlands

Die amerikanische Deutschlandpolitik 1943–1948
Vom Verfasser autorisierte Übersetzung aus dem Englischen
von Henning Behrens. 1981. 215 Seiten. Paperback

In einer sorgfältigen Quellenanalyse revidiert der Autor die geläufigen Auffassungen zur
deutschen Teilung.

Manfred Görtemaker

Die unheilige Allianz

Die Geschichte der Entspannungspolitik 1943–1979
1979. 253 Seiten. Paperback

Diese Gesamtdarstellung der Entspannungspolitik beschreibt die grundlegende weltpoli-
tische Orientierung der Gegenwart vor dem Hintergrund der Nachkriegsgeschichte und
des Ost-West-Konflikts und läßt so die Möglichkeiten und die Grenzen der Entspannung
deutlich werden.

Benno Zündorf

Die Ostverträge

Die Verträge von Moskau, Warschau, Prag, das Berlin-Abkommen
und die Verträge mit der DDR. 1979. 375 Seiten. Paperback

„... ist als ein politisch-historisches Standardwerk mit vollständiger Dokumentation der
Texte der Ostverträge zu bezeichnen. Man könnte es als Handwerkszeug für jeden Politiker, für Wirtschaftler und alle politisch Interessierten bezeichnen." *Berliner Liberale Zeitung*

Hans Georg Lehmann

In Acht und Bann

Politische Emigration, NS-Ausbürgerung und Wiedergutmachung
am Beispiel Willy Brandts
1976. 387 Seiten mit 21 Abbildungen und einer Dokumentation
der Ausbürgerungspapiere Willy Brandts. Paperback

Ein wichtiger Beitrag zum Thema der politischen Emigration ist diese zugleich wissen-
schaftlich fundierte und glänzend geschriebene Monographie über die NS-Ausbürgerun-
gen, ihre Hintergründe und Konsequenzen bis in die Gegenwart. Sie wurde kombiniert
mit einer Fallstudie en détail, mit dem „Fall Willy Brandt". Es ist die erste Arbeit über
Brandts Exil, die wissenschaftlichen Erfordernissen genügt.

Verlag C. H. Beck München

Weitere Bücher zum Themenkreis Drittes Reich
aus der „Beck'schen Schwarzen Reihe"

Richard Saage

Faschismustheorien

Eine Einführung
3. durchgesehene Auflage. 1981. 184 Seiten. Paperback (BSR 141)

Der Göttinger Politologe gibt einen orientierenden und kritischen Überblick über den
Stand der Faschismus-Diskussion heute.

Im Gegensatz zu in Mode gekommenen personalisierenden und dämonisierenden Darstellungen stellt Richard Saage die sozialökonomische Dimension des Nationalsozialismus heraus.

Ger van Roon

Widerstand im Dritten Reich

Ein Überblick
Aus dem Niederländischen übertragen von Marga E. Baumer-Thierfelder
2., verbesserte Auflage. 1981. 252 Seiten. Paperback (BSR 191)

Dieses Buch gibt einen Überblick über die bisherigen Forschungsergebnisse und entwirft
ein differenziertes Bild der unterschiedlichen Widerstandsbewegungen. Wer mit dem
Thema „Widerstand" allenfalls noch das Attentat vom 20. Juli oder die Aktionen der „Weißen Rose" verbindet, wird durch diese klar geschriebene Einführung über zahlreiche andere Erscheinungsformen der Regimegegnerschaft informiert.

Günther Anders

Besuch im Hades

Auschwitz und Breslau 1966. Nach „Holocaust" 1979
1979. 218 Seiten. Paperback (BSR 202)

Aus den Tagebüchern 1941–1966, die 1967 unter dem Titel „Die Schrift an der Wand" erschienen (und vergriffen) sind, liegt hiermit auf vielfachen Wunsch der zweite Teil über
den Besuch in Auschwitz und Breslau, Anders' Geburtsstadt, wieder vor.

Verlag C. H. Beck München